金治圈

100个金融疑难案例与裁判逻辑

李小文　诸奇红◎编著

JUDGMENT LOGIC
OF
100 FINANCIAL
HARD CASES

法律出版社 LAW PRESS · CHINA

序

诉为非诉，以讼止讼。一案含百理，一理通百案。败诉乃胜诉之母！

自《金讼圈之100个典型疑难金融案例与裁判规则》一书于2018年4月出版发行以来，我们收到了读者的大量好评、鼓励与建议。读者的热心反馈不断激发我们对金融案例研究的热情。为此，我们从金讼圈微信号中再次精选了100个典型金融案例，汇编成《100个金融疑难案例与裁判逻辑》一书。

本书案例范围涵盖管辖、保全、程序、借贷、担保、私募基金、家事金融、房地产金融、信托、收益权、债转股、金融票证、执行、金融犯罪及其他十六篇。每一篇案例均由案例索引、案例导读、裁判要旨、裁判逻辑、交易结构图、主要案情、法院观点、律师提示八大栏目组成。

本书基本延续了《金讼圈之100个典型疑难金融案例与裁判规则》汇编栏目风格。例如，案例导读重在说明案例的亮点和价值；律师提示则力图为读者提供点睛式实务建议，或进行类案对比，或总结得失意见，或建议非诉操作，或提示法律风险。但本书在栏目安排方面也有所创新，例如，增加了"裁判要旨"栏目，力求一句话概括案例的裁判观点，以便读者识记；鉴于本书选取案例绝大部分并非指导性案例，使用"裁判规则"似有误导读者的嫌疑，为此将以前的"裁判规则"栏目改为"裁判逻辑"栏目，旨在重点阐述论证判决理由的详细逻辑过程；将以前的"案情介绍"与"裁判结果"栏目合并为"主要案情"栏目，并对案情经过内容进行适度精简；别具一格地设置了"家事金融篇"与"房地产金融篇"，以期金融商事交叉领域有所深入。

2019年9月11日，最高人民法院出台《全国法院民商事审判工作会议纪要》，提出了著名的"四个注意"审判理念。一是注意：辩证理解并准确把握契约自由、平等保护、诚实信用、公序良俗等民商事审判基本原则；二是注意：树立请求权基础思维、逻辑和价值相一致思维、同案同判思维，通过检索类案、参考指导案例等方式统一裁判尺度，有效防止滥用自由裁量权；三是注意：处理好民商事审判与行政监管的关系，通过穿透式审判思维，查明当事人的真实意思，探求真实法律关系;四是特别注意:外观主义系民商法上的学理概括,并非现行法律规定的原则,现行法律只是规定了体现外观主义的具体规则。

一份优秀的判例,不仅要力求达到法律效果与社会效果统一,还要实现逻辑与价值统一,并能为法律理论界与实务界提供有研究价值的参考,为中国司法裁判规则的统一做出贡献。法律从业者研究案例的意义愈显重大。

自 2016 年创办"金讼圈"微信号以来,我们逐步将研究重心放在了案例研读上,似乎成了金融司法案例的"崇拜者""追求者""狂热者",以期用司法判例预测裁判结果、制定诉讼策略。本着这样的初心,我们从未间断搜集、研读好案例,甚至自诩为一名"金融案例挖矿者"。

王泽鉴老师曾说:"案例是学习法律的根本。"在律师行业协会活动、高校法科生实务课程、法学会论坛等众多公开场合,我们多次倡议法律从业者(特别是律师)必须加强金融案例研究的深度和广度,并和同行们交流案例研究经验。

如何高效研读司法案例?在我们看来,至少从以下四方面入手:

第一,如何快速熟悉案情?我建议综合运用案情时间表、交易结构图、争议焦点清单三个可视化工具,帮助重现案情全貌。

第二,如何准确归纳案例裁判规则?实务者分析案例最需要的就是借助裁判规则来支撑自己的观点。法律有逻辑与经验之美。我认为必须整理案例的裁判逻辑链,从环环相扣的逻辑中提炼出裁判要旨。

第三,如何检验和甄别案例裁判规则是否正确?裁判审级不同、裁判时间不同、监管政策不同、价值取向不同的情况下,相似案例也会有截然相反的裁判结果。做实务研究的人,最忌讳"拿着鸡毛当令箭",找到一个看似于己有利的案例就大做文章,全然不顾案例之间的区别。为此,我们也部分借鉴英美法系的"案例区别技术",即批量研读相似案例,找出案例之间的差别,正反运用案例裁判要旨及裁判规则。

第四,如何将案例研读成果运用到实务?律师业务有诉讼与非诉之分,但律师实务中两者必须相通。正所谓"诉为非诉,以讼止讼",研究一个案例,我们必须复盘该案例当事人的诉讼得失经验,总结非诉参考意见。

若大家认为以上四点过于复杂,我们简化提出研究金融案例的三个技巧:第一,善于使用案例区别技术,学会类案对比;第二,善于提炼裁判逻辑链,总结法院论证过程;第三,善于从诉讼与非诉角度总结得失经验,加强实务预判能力。

案例很多,学习很枯燥;案例很长,研读很费时。每当面对浩如烟海的案例库,我们深感自己研究程度的浅薄。每当收获一个新鲜裁判要旨,我们为知识体系得到进一步完善而感到欣喜。优秀的司法案例如同金矿一般珍贵。我们希望有更多的法律界朋友加入研读金融司法案例的队伍中来,做快乐的案例挖矿者。

本书得以出版,要感谢提供指导的金赛波老师,感谢撰写案例的法官,感谢法律出版社的高级编辑刘秀丽老师,感谢帮助编辑的团队同事们。

本书不足与错误在所难免,欢迎读者批评指正。

李小文　诸奇红

2020 年 5 月

目　录

Contents

第四章 借 贷 篇

第五章 担 保 篇

第六章 家事金融篇

第七章 房地产金融篇

第八章 私募基金篇

第九章 信 托 篇

第十章 收 益 权 篇

第一章　管　辖　篇

001 管辖权条款独立有效是否应以合同成立为前提？

案例索引

最高人民法院(2015)最高法民二终字第428号民事裁定书。

案例导读

本案是最高人民法院关于管辖权异议裁判的经典案例，对诸如形式标准、起诉时标准、审查范围限定、合同成立的前提、争议条款独立性前提、是否审查表见代理抗辩、接受货币一方所在地为合同履行地适用前提、重复诉讼、刑事案件是否影响管辖权审查等问题，进行了充分说理并给予了明确意见。

裁判要旨

有关解决争议方法的条款具有一定的独立效力，但仅适用于已经成立的合同，亦即应当真实存在，体现双方当事人真实意思表示，且达成合意。

裁判逻辑

一、管辖权异议审查阶段，一般结合诉讼请求对当事人提交的证据材料进行形式要件审查，以认定涉及确定管辖的要素，如原告住所地、被告住所地、合同履行地、合同签订地、财产所在地、侵权行为地、诉讼标的额、案件影响程度以及是否存在有效的管辖条款等，且确定管辖权以起诉时为标准。

二、虽然《合同法》第57条规定，“有关解决争议方法的条款”具有一定的独立效力，但该规定仅适用于已经成立的合同，亦即应当真实存在，体现双方当事人真实意思表示，且达成合意。经司法鉴定合同印章盖印不真实，按照立案时形式审查标准，可以认定合同不成立，相应“有关解决争议方法的条款”亦不成立。

三、管辖权异议的审查阶段,不能以表见代理成立为由主张管辖条款发生效力。即使经过实体审理认定表见代理成立,也只涉及案件当事人有关民事责任的承担,不影响人民法院对管辖权异议的处理。

四、在管辖权异议的审查阶段,尚不能确定合同是否实际履行的情况下,根据有关司法解释"接收货币一方所在地为合同履行地"的主张不能成立。

五、在一方当事人向另一法院立案在先,其后另一方当事人提起本案诉讼的情形下,虽然从双方当事人在两案中的诉讼请求上来看,后诉的诉讼请求如果成立,存在实质上否定前诉裁判结果的可能。但是,本案诉讼请求不能完全涵盖于前诉的裁判结果之中,后诉和前诉的诉讼请求所依据的民事法律关系并不完全相同,故本案诉讼不符合重复诉讼。

六、案件移送后,案件原告的诉讼请求是否在另案中通过反诉解决,超出了管辖异议的审查和处理的范围,应由受移送的人民法院结合当事人对诉权的处分等情况,依据有关规定依法处理。

七、民事案件是否涉及法院审理的相关刑事案件,并非民事案件确定管辖的法定理由。

交易结构图

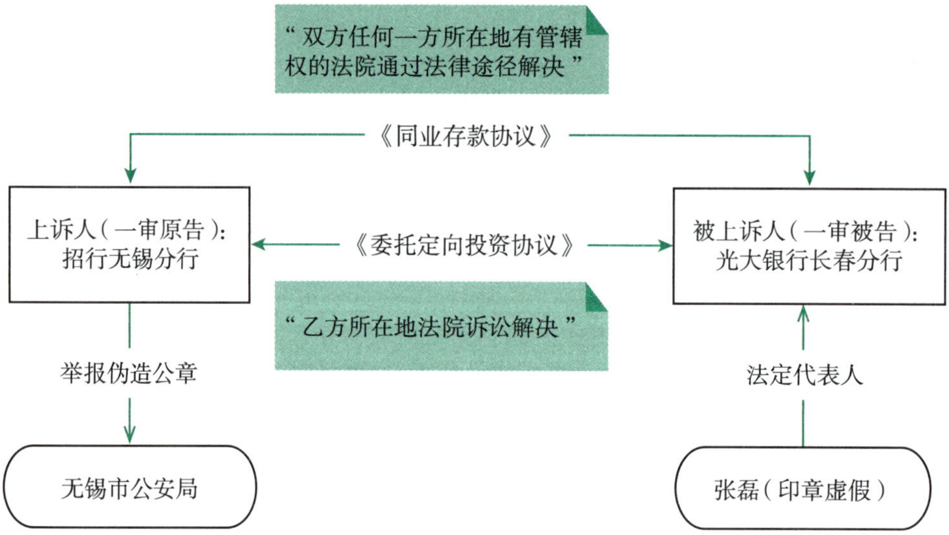

主要案情

上诉人(一审原告):招商银行股份有限公司无锡分行。

被上诉人(一审被告):中国光大银行股份有限公司长春分行。

上诉人招商银行股份有限公司无锡分行(以下简称招行无锡分行)因与被上诉人中国光大银行股份有限公司长春分行(以下简称光大银行长春分行)委托合同纠纷管辖权异议一案,不服江苏省高级人民法院(2015)苏商初字第00031号民事裁定,向最高人民法院提起上诉。

2014年5月30日,光大银行长春分行(甲方)与招行无锡分行(乙方)签订编号为光大-

招商 20140526 的《委托定向投资业务合作总协议》(以下简称《委托定向投资协议》)。该协议第 13 条约定,与本协议有关的一切争议,双方应协商解决,协商不成时,双方同意将争议提交乙方所在地法院诉讼解决。该协议尾部加盖有光大银行长春分行的印章及其法定代表人王守坤的名章。经吉林公正司法鉴定中心和无锡市公安局物证鉴定所鉴定,该协议上光大银行长春分行的印章印文及王守坤的名章印文与送检的样本印文不是同一印章加盖形成。

2014 年 5 月 30 日,招行无锡分行和光大银行长春分行签订编号为 20140530 - 1 的《金融机构定期同业存款协议》(以下简称《同业存款协议》)一份,约定光大银行长春分行在招行无锡分行开立资金存款账户,用于资金存放,存款金额为 3.5 亿元,存款期限为 364 天,起息日以资金到账日为准,存款利率为年利率 6.2%。该协议第 9 条约定,双方同意就该协议项下的任何争议应首先通过友好协商的方式解决,双方协商不成的,可提交双方任何一方所在地有管辖权的法院通过法律途径解决。

2015 年 6 月,光大银行长春分行以《同业存款协议》为依据诉至吉林省高级人民法院,请求判令招行无锡分行向其支付存款本金 3.5 亿元及存款利息和违约金。该院于 2015 年 7 月 2 日立案受理,案号为(2015)吉民二初字第 16 号。招行无锡分行其后提出管辖权异议,该院于 2015 年 8 月 3 日作出(2015)吉民管初字第 4 号民事裁定,驳回招行无锡分行的管辖权异议。招行无锡分行不服该裁定,提出上诉。

2014 年 8 月 13 日,招行无锡分行向无锡市公安局经济犯罪侦查支队报案称,光大银行长春分行的张磊等人伪造公章,以光大银行长春分行名义与其签订《委托定向投资协议》,为柳河米业公司刘孝义从"资管通道"平安银行深圳分行诈骗 3.5 亿元贷款。2014 年 8 月 14 日,无锡市公安局直属分局依法对此事予以立案侦查。

2015 年 5 月 22 日,江苏省无锡市人民检察院就被告人刘孝义、张磊涉嫌合同诈骗犯罪案向无锡市中级人民法院出具锡检诉刑诉[2015]36 号起诉书,查明事实包括:"2014 年 5 月 23 日至 5 月 30 日期间,张磊通过光大银行长春分行将 3.5 亿元转至招行无锡分行,并将其加盖了伪造的光大银行长春分行公章、法人印章的虚假的《委托定向投资协议》《投资指令》及其制作的虚假的光大银行长春分行对柳河米业公司授信批复、调查报告等资料提供给招行无锡分行。据此,招行无锡分行按照协议将上述 3.5 亿元通过中山证券公司转至平安银行深圳分行。2014 年 5 月 30 日,刘孝义等人携带伪造的《采购合同》及公司资料与平安银行深圳分行签订《委托贷款合同》。平安银行深圳分行于当日将 3.5 亿元放贷至柳河米业公司在该行开立的贷款账户。刘孝义安排人员将资金全部转入其实际控制的北京新良粮油工贸有限公司的账户后,用于归还柳河米业公司及其个人的民间借款、银行贷款及投资期货等。"

上诉人(一审原告)招行无锡分行一审诉讼请求:被告光大银行长春分行提出管辖异议,请求移送吉林省高级人民法院审理。

一审法院裁定:被告光大银行长春分行提出的管辖异议成立,案件移送吉林省高级人民法院审理。

二审法院最高人民法院于 2016 年 2 月 3 日作出裁定:驳回上诉,维持原裁定。

法院观点

一、关于《委托定向投资协议》中管辖条款的效力问题

招行无锡分行提起案件诉讼，向人民法院提交了落款日期均为2014年5月30日的《委托定向投资协议》《同业存款协议》以及《投资指令》等材料。经吉林公正司法鉴定中心和无锡市公安局物证鉴定所鉴定，上述《委托定向投资协议》和《投资指令》尾部加盖的光大银行长春分行的印章及其法定代表人王守坤的名章均与送检的样本印文非同一印章盖印形成。招行无锡分行对该鉴定结论没有异议。招行无锡分行并未向人民法院提交光大银行长春分行在其他场合使用了加盖在《委托定向投资协议》上的“公章”的证据，故不能认定《委托定性投资协议》上的“公章”是真实的。

合同效力是对已经成立的合同是否具有合法性的评价，依法成立的合同，对当事人具有法律约束力。合同成立之前不存在合同效力的问题。《中华人民共和国合同法》(以下简称《合同法》)第57条“合同无效、被撤销或者终止的，不影响合同中独立存在的有关解决争议方法的条款的效力”的规定适用于已经成立的合同，“有关解决争议方法的条款”亦应当真实存在，体现双方当事人真实意思表示，且达成合意。招行无锡分行应当提交具备客观真实性、关联性、合法性的证据，足以证明其依据的“有关解决争议方法的条款”符合法定的成立条件。上述鉴定结论证明《委托定向投资协议》上并没有加盖真实的光大银行长春分行的公章或法定代表人签章，故上述协议中管辖条款在成立要件上存在重大瑕疵，不能认定存在有效的管辖条款。招行无锡分行关于涉案管辖条款具有独立性，即便合同无效亦不影响无效合同中管辖条款的约束力的上诉请求，不能成立，最高人民法院不予支持。

此外，合同经办人张磊的行为是否构成表见代理以及表见代理与管辖协议的效力问题。在对当事人提出的管辖权异议进行审查的阶段，注重程序公正和司法效率，既要妥当保护当事人的管辖异议权，又要及时矫正、遏制当事人错用、滥用管辖异议权。此阶段一般结合诉讼请求对当事人提交的证据材料进行形式要件审查，以认定涉及确定管辖的要素，如原告住所地、被告住所地、合同履行地、合同签订地、财产所在地、侵权行为地、诉讼标的额、案件影响程度以及是否存在有效的管辖条款等，且确定管辖权以起诉时为标准。依据《合同法》第49条“行为人没有代理权、超越代理权或者代理权终止后以被代理人名义订立合同，相对人有理由相信行为人有代理权的，该代理行为有效”以及最高人民法院《关于当前形势下审理民商事合同纠纷案件若干问题的指导意见》第13条“合同法第四十九条规定的表见代理制度不仅要求代理人的无权代理行为在客观上形成具有代理权的表象，而且要求相对人在主观上善意且无过失地相信行为人有代理权。合同相对人主张构成表见代理的，应当承担举证责任，不仅应当举证证明代理行为存在诸如合同书、公章、印鉴等有权代理的客观表象形式要素，而且应当证明其善意且无过失地相信行为人具有代理权”的规定，表见代理制度的举证责任较为严格。招行无锡分行在管辖权异议的审查阶段，并未提交形式上清晰明确、内容上无疑义、无争议的证据材料，以证明其有理由相信张磊有代理权签订管辖协议条款，且对光大银行长春分行构成约束,故其不能以表见代理成立为由主张管辖条款发生效力。即使经过实体审理认定表见代理成立,也只涉及案件当事人有关民事责任的承担,不影响人民法院对管辖权异议的处理。招行无锡分行上诉认为,“一审法院一方面认定《委托定向投资协议》对光大长春分行不产生效力,另一方面认为如果张磊的行为构成表见代理则该协议对长春分行将产生效力,存在矛盾”,混淆了不同诉讼程序阶段的不同任务和不同认定标准,该上诉理由不能成立。

二、关于一审法院是否具有管辖权的问题

招行无锡分行起诉时称,2014 年 5 月 30 日,光大银行长春分行存入指定账户 3.5 亿元,但招行无锡分行未按《同业存款协议》的要求向其正式交付开户证实书,也未交付进账单,一审法院对于招行无锡分行提起的本案诉讼的起诉权利予以保护是正确的。至于《委托定向投资协议》是否实际履行,必须经过案件实体审理才能认定,现尚不能确定《委托定向投资协议》是否实际履行,故对招行无锡分行关于“根据司法解释,合同对履行地点没有约定或者约定不明确,争议标的为给付货币的,接收货币一方所在地为合同履行地,案件主要诉讼请求为要求光大银行长春分行支付 175 万元的代理手续费,即便《委托定向投资协议》中的管辖条款不适用于本案,本案亦应当由一审法院管辖”的上诉理由不予支持。一审法院对案件没有管辖权,一审裁定依据被告住所地确定管辖法院并无不当。

三、关于招行无锡分行的诉讼请求能否通过反诉解决以及能否根据刑事案件确定本案的管辖的问题

2015 年 6 月,光大银行长春分行以《同业存款协议》为依据另案诉至吉林省高级人民法院,请求判令招行无锡分行向其支付存款本金 3.5 亿元以及存款利息和违约金。吉林省高级人民法院立案在先。其后,招行无锡分行提起本案诉讼。从双方当事人在两案中的诉讼请求来看,后诉的诉讼请求如果成立,则存在实质上否定前诉裁判结果的可能。但是,招行无锡分行的诉讼请求不能完全涵盖于前诉的裁判结果之中,后诉和前诉的诉讼请求所依据的民事法律关系并不完全相同,故一审裁定认定招行无锡分行提起本案诉讼不符合最高人民法院《关于〈中华人民共和国民事诉讼法〉的司法解释》(以下简称《民事诉讼法解释》)第 247 条规定的重复诉讼,是正确的。

根据《中华人民共和国民事诉讼法》(以下简称《民事诉讼法》)第 36 条“人民法院发现受理的案件不属于本院管辖的,应当移送有管辖权的人民法院,受移送的人民法院应当受理”的规定,没有管辖权的人民法院可以裁定将案件移送有管辖权的人民法院。案件原告的诉讼请求是否在另案中通过反诉解决,超出了管辖异议的审查和处理的范围,应由受移送的人民法院结合当事人对诉权的处分等情况,依据《民事诉讼法解释》第 232 条、第 233 条等有关规定依法处理。故招行无锡分行关于其诉讼请求无法在另案中通过反诉或抗辩实现的上诉理由,最高人民法院不予审理。一审裁定关于招行无锡分行依据《委托定向投资协议》所主张的诉请也可在该案中通过反诉解决的认定超出审查范围,最高人民法院予以纠正。

案件是否涉及无锡市中级人民法院审理的相关刑事案件,并非民事案件确定管辖的法定理由,招商银行无锡分行以此主张应由江苏省高级人民法院审理本案的理由不能成立。

律师提示

合同未成立,并不完全意味着争议解决条款也不成立,尤其是仲裁条款。例如,最高人民法院于2019年9月18日作出的(2019)最高法民特1号民事裁定书,就有如下意见:

一、如何判断仲裁条款或仲裁协议是否成立?仲裁协议是否成立,主要是指当事人双方是否有将争议提交仲裁的合意。判断双方是否就仲裁达成合意,应适用《合同法》关于要约、承诺的规定。从本案磋商情况来看,当事人双方一直共同认可将争议提交仲裁解决。一方发出的合同草签版的仲裁条款,已将仲裁机构确定为深圳国际仲裁院,就仲裁条款而言,这是运裕公司等发出的要约;另一方在合同草签版上盖章,表示同意,并将盖章合同文本送达运裕公司,这是承诺。根据《合同法》相关规定,双方就仲裁达成合意,仲裁条款成立。

二、合同本身未成立,是否影响仲裁协议效力?仲裁条款独立于合同,应涵盖合同未成立不影响仲裁协议的效力的含义。当事人在订立合同时就争议达成仲裁协议的,合同未成立不影响仲裁协议的效力。

002 确认之诉如何确定级别管辖法院?

案例索引

最高人民法院(2012)最高法民二终字第125号民事裁定书。

案例导读

一、除了地域管辖,级别管辖也往往会是诉争各方抢夺的阵地。有的是千方百计想把案件留在基层法院管辖,而有的则是绞尽脑汁把案件在一审时就提至省高院管辖。例如,万科工会与宝能系关于损害股东权益的纠纷案件,被告方认为一审案件法院管辖级别太低,需要由广东省高级人民法院管辖。而本案中,被告则认为一审案件放在省高院管辖级别太高了,十分有意思。

二、本案是关于级别管辖的经典指导案例。确认之诉是否存在标的数额?确认之诉与给付之诉能否同时提起?级别管辖标准依据到底包括哪些因素?最高人民法院通过本案例均给出了明确答案。

裁判要旨

财产案件和非财产案件的案件受理费交纳标准不同,是否属于非财产案件系确定案件受理费的依据,而非确定案件级别管辖的依据。

裁判逻辑

一、关于级别管辖问题的规定,人民法院应依据案件造成的影响、案件的性质、案情的复杂程度、诉讼标的金额的大小等因素确定案件的级别管辖。

二、财产案件和非财产案件的案件受理费交纳标准不同,是否属于非财产案件系确定案件受理费的依据,而非确定案件级别管辖的依据。

三、一审法院以案件确认之诉是否属于非财产案件为标准确定其级别管辖,法律依据不足。

四、案件系公司决议效力纠纷,各方当事人对该决议涉及的增资数额为 2 亿元并无异议,故本案确认之诉的诉讼标的额为 2 亿元。

五、董事会、股东会决议被确认无效,客观上有无法恢复原状的可能,当事一方依法有权提起赔偿损失之诉。案件确认之诉与给付之诉之间并不存在必然的冲突,两项诉讼请求能否得到人民法院的支持,需要根据实体审理的结果确定。

交易结构图

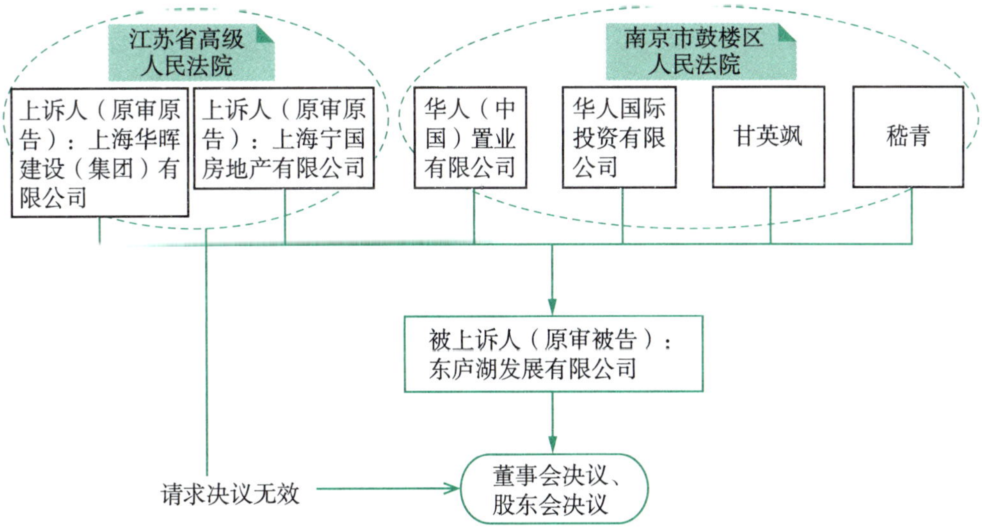

主要案情

上诉人(原审原告):上海华晖建设(集团)有限公司、上海宁国房地产有限公司。

被上诉人(原审被告):东庐湖发展有限公司、华人(中国)置业有限公司、华人国际投资有限公司、甘英飒、嵇青。

上诉人上海华晖建设(集团)有限公司(以下简称华晖公司)、上海宁国房地产有限公司(以下简称宁国公司)对与被上诉人东庐湖发展有限公司(以下简称东庐湖公司)、华人(中国)置业有限公司(以下简称华人置业公司)、华人国际投资有限公司(以下简称华人国际公司)、甘英飒、嵇青公司决议效力确认纠纷一案,不服江苏省高级人民法院(2012)苏商初字第0002号民事裁定,向最高人民法院提起上诉。

东庐湖公司于2012年1月11日、2012年1月19日分别作出董事会决议、股东会决议,将东庐湖公司注册资本由1亿元增至3亿元,并决议设立全资子公司。华晖公司、宁国公司认为,该决议严重损害了其股东权益,向江苏省高级人民法院提起公司决议无效纠纷诉讼,请求法院判令:1.确认东庐湖公司2012年1月11日关于增资的董事会决议和2012年1月19日关于增资和设立全资子公司的股东会决议无效;2.华人置业公司、华人国际公司、甘英飒、嵇青连带赔偿华晖公司、宁国公司经济损失1.19亿元。东庐湖公司、华人置业公司、华人国际公司在提交答辩状期间对本案级别管辖提出异议。

上诉人(原审原告):华晖公司、宁国公司一审请求将本案纠纷移送南京市鼓楼区人民法院审理。

一审法院裁定:1.驳回华晖公司、宁国公司对东庐湖公司、华人置业公司、华人国际公司、甘英飒、嵇青的第二项诉讼请求的起诉;2.将华晖公司、宁国公司对东庐湖公司、华人置业公司、华人国际公司、甘英飒、嵇青的第一项诉讼请求移送南京市鼓楼区人民法院审理。

二审法院最高人民法院于2012年11月29日作出裁定:1.撤销江苏省高级人民法院(2012)苏商初字第0002号民事裁定;2.对华晖公司、宁国公司提起的"请求确认东庐湖公司2012年1月11日关于增资的董事会决议和2012年1月19日关于增资和设立全资子公司的股东会决议无效"之诉,江苏省高级人民法院继续审理;3.对华晖公司、宁国公司提起的"请求华人置业公司、华人国际公司、甘英飒、嵇青连带赔偿华晖公司、宁国公司经济损失1.19亿元"之诉,江苏省高级人民法院应予以立案受理。

法院观点

一、关于案件确认之诉的级别管辖问题

一审法院以案件确认之诉是否属于非财产案件为标准确定其级别管辖,法律依据不足。根据《诉讼费用交纳办法》的规定,财产案件和非财产案件的案件受理费交纳标准不同,是否属于非财产案件系确定案件受理费的依据,而非确定案件级别管辖的依据。根据《民事诉讼法》和最高人民法院《关于适用〈中华人民共和国民事诉讼法〉若干问题的意见》关于级别管辖问题的规定,人民法院应依据案件的影响、案件的性质、案情的复杂程度、诉讼标的金额的大小等情况确定案件的级别管辖。最高人民法院《关于审理民事级别管辖异议案件若干问题的规定》第10条规定:"经最高人民法院批准的第一审民事案件级别管辖标准的规定,应当作为审理民事级别管辖异议案件的依据。"最高人民法院《关于调整高级人民法院和中级人民法院管辖第一审民商事案件标准的通知》规定,确定第一审民商事案件级别管辖法院的主要标准是诉讼标的额,根据文件的规定,江苏省高级人民法院可管辖诉讼标的额在1亿元以上且当事人一方住所地不在本辖区的第一审民商事案件。案件系公司决议效力纠纷,各方当事人对该决

议涉及的增资数额为2亿元并无异议，故本案确认之诉的诉讼标的额为2亿元，华晖公司、宁国公司住所地不在江苏省高级人民法院辖区，且本案不属于最高人民法院《关于调整高级人民法院和中级人民法院管辖第一审民商事案件标准的通知》规定的一般应由基层人民法院管辖的婚姻、继承、家庭、物业服务、人身损害赔偿、名誉权、交通事故、劳动争议等案件及群体性纠纷案件。故案件的确认之诉部分应由江苏省高级人民法院作为第一审民商事案件审理。

二、关于案件给付之诉是否符合人民法院受理案件条件的问题。董事会、股东会决议被确认无效，客观上有无法恢复原状的可能，华晖公司、宁国公司依法有权提起赔偿损失之诉。案件确认之诉与给付之诉之间并不存在必然的冲突，两项诉讼请求能否得到人民法院的支持，需要根据实体审理的结果确定。《民事诉讼法》第108条第3项规定，起诉必须有具体的诉讼请求和事实、理由。华晖公司、宁国公司第二项诉讼请求为华人置业公司、华人国际公司、甘英飒、嵇青连带赔偿华晖公司、宁国公司经济损失1.19亿元。该诉讼请求的赔偿义务人、赔偿权利人、赔偿项目和赔偿数额具体明确，华晖公司、宁国公司也提出了该诉讼请求依据的事实和理由。故一审判决以该诉讼请求不符合《民事诉讼法》第108条第3项规定且与确认之诉相互矛盾为由驳回起诉，系适用法律不当，最高人民法院予以纠正，江苏省高级人民法院应受理该给付之诉。

律师提示

一、关于级别管辖，虽然《民事诉讼法》及最高人民法院司法解释等文件有一定的规定，但每个地方由于社会经济发展不平衡等原因，级别管辖的分级标准及参考因素各不相同，需要我们在决定诉讼策略时予以具体研究。

二、由于案件的影响、案件的性质、案情的复杂程度等均是主观判断因素，因此，法院关于案件（尤其是确认之诉）级别管辖裁定自由裁量余地很大。

三、在级别管辖的选择权方面，原告实际上拥有更大的主动权，因此被告提起级别管辖异议则相对较难。万科工会与宝能系案件的级别管辖之争案例便是例证。

003 合同纠纷以侵权之诉可否排除管辖约定？

案例索引

最高人民法院（2017）最高法民辖终26号民事裁定书。

案例导读

一、本案是合同纠纷以侵权之诉可排除合同约定法院管辖的经典案例。在违约责任与侵权责任竞合的情况下,原告提起侵权责任诉讼,可否排除合同约定的法院管辖?最高人民法院通过本案例,给予了明确肯定回答。

二、同理,在合同明确有仲裁条款的情况下,原告可否也以侵权为由提出诉讼,以此来实现排除仲裁呢?

裁判要旨

原告以当事人在履行各自合同义务时存在重大过错并对原告造成财产损失为由,提起侵权责任之诉,应由侵权行为地或被告住所地法院管辖。

裁判逻辑

一、根据《合同法》关于"因当事人一方的违约行为,侵害对方人身、财产权益的,受损害方有权选择依照本法要求其承担违约责任或者依照其他法律要求其承担侵权责任"的规定,合同当事人有权根据自己的利益判断选择行使请求权。

二、原告以当事人在履行各自合同义务时存在重大过错并对原告造成财产损失为由,提起侵权责任之诉,应由侵权行为地或被告住所地法院管辖。

三、根据《民事诉讼法》关于"同一诉讼的几个被告住所地、经常居住地在两个以上人民法院辖区的,各该案人民法院都有管辖权"的规定,原告选择侵权行为地法院管辖并无不当。

交易结构图

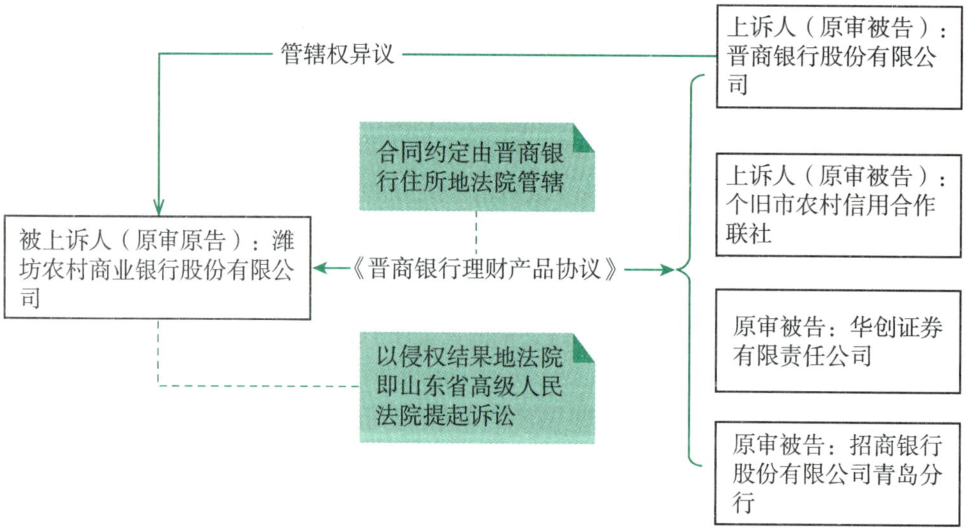

主要案情

上诉人（原审被告）：晋商银行股份有限公司、个旧市农村信用合作联社。

被上诉人（原审原告）：潍坊农村商业银行股份有限公司。

原审被告：华创证券有限责任公司、招商银行股份有限公司青岛分行。

上诉人晋商银行股份有限公司（以下简称晋商银行）、个旧市农村信用合作联社（以下简称个旧农信联社）与被上诉人潍坊农村商业银行股份有限公司（以下简称潍坊农商银行）以及原审被告华创证券有限责任公司（以下简称华创证券公司）、招商银行股份有限公司青岛分行（以下简称招商银行青岛分行）合同纠纷管辖权异议一案，晋商银行、个旧农信联社不服山东省高级人民法院（2016）鲁民初114号之一民事裁定，向最高人民法院提出上诉。

潍坊农商行因《晋商银行理财产品协议》与个旧农信联社、晋商银行、华创证券公司、招商银行青岛分行产生的侵权纠纷一案，根据合同约定，应由晋商银行住所地法院管辖，即山西省高级人民法院管辖。但潍坊农商行不按合同约定管辖，而是以侵权之诉的侵权结果地法院即山东省高级人民法院提起诉讼。

晋商银行提出管辖异议，要求移送由晋商银行住所地法院管辖，即山西省高级人民法院管辖。

一审法院裁定：驳回晋商银行的管辖权异议。

二审法院最高人民法院于2017年2月23日作出裁定：驳回上诉，维持原裁定。

法院观点

根据《合同法》第122条关于"因当事人一方的违约行为，侵害对方人身、财产权益的，受损害方有权选择依照本法要求其承担违约责任或者依照其他法律要求其承担侵权责任"的规定，潍坊农商银行有权根据自己的利益判断选择行使请求权。现潍坊农商银行以晋商银行、华创证券公司、招商银行青岛分行、个旧农信联社四被告在履行各自合同义务时存在重大过错并对其造成财产损失为由，提起案件之诉，属侵权纠纷，应由侵权行为地或被告住所地法院管辖。个旧农信联社等被告的侵权行为，侵害了潍坊农商银行的合法权益，侵权结果发生地为潍坊农商银行的住所地，且案件被告之一招商银行青岛分行住所地为山东省青岛市，根据《民事诉讼法》第28条和《民事诉讼法解释》第24条之规定，案涉侵权行为地和被告住所地均在山东省境内，故山东法院对案件享有管辖权。

根据《民事诉讼法》第21条第3款关于"同一诉讼的几个被告住所地、经常居住地在两个以上人民法院辖区的，各该案人民法院都有管辖权"的规定及最高人民法院《关于调整高级人民法院和中级人民法院管辖第一审民商事案件标准的通知》的规定，案件由山东省高级人民法院管辖并无不当。

律师提示

关于合同纠纷能否以侵权之诉排除管辖约定的问题，实务中有不同裁决结果的案例。举例而言,在2017年12月21日的(2017)最高法民申4996号中国中金科技股份有限公司侵权责任纠纷案中,争议双方于2007年9月6日在北京市西城区所签订的《购销合同》中明确约定双方"如发生纠纷,应共同协商解决,如协商不成,可提请签约地人民法院解决"。后原告中国中金科技股份有限公司以侵权责任为由提起诉讼,结果一审、二审法院均持驳回原告的起诉请求。在最高人民法院再审裁定书中写道:"经查,本案基础法律关系是合同关系,中金公司主张的侵权系因当事人履行合同义务所造成,亦即该侵权系因合同而产生,与一般侵权行为不同。中金公司与个旧金属公司于2007年9月6日在北京市西城区签订的《购销合同》中明确约定,双方'如发生纠纷,应共同协商解决,如协商不成,可提请签约地人民法院解决',体现了双方的意思自治,该约定并未排除双方基于合同侵权提起的诉讼不予适用,故本案应以当事人的协议管辖确定管辖法院。此外,中金公司提起诉讼时,将防城外轮公司作为共同被告,防城外轮公司作为履行《购销合同》约定的交付义务的第三人,亦应受到作为案涉基础合同《购销合同》协议管辖的约束。据此,原审法院以其并非合同签订地人民法院为由裁定不予受理中金公司的起诉,适用法律正确,且裁定中已明确当事人可以按照约定向有管辖权的人民法院提起诉讼,处理适当,本院予以支持。"

我们认为在处理这类案件管辖权问题时,首先要准确判断案由是合同纠纷还是侵权责任纠纷。合同纠纷原则上由被告住所地、合同履行地法院管辖(含有效协议管辖所确定的法院),侵权责任纠纷由侵权行为地或被告住所地法院管辖。在合同违约责任和侵权责任竞合的情形下,应赋予受损害方选择权的权利。有兴趣的还可参阅最高人民法院(2014)最高法民申字第282号裁定书。

004 侵权之诉可否排除仲裁条款约束?

案例索引

最高人民法院(2015)最高法民四终字第15号民事裁定书。

案例导读

一、原告提起侵权之诉可否排除合同约定仲裁条款的约束?本案一审法院福建省高级人民法院给了肯定答案,但最高人民法院却给出了否定答案。然而,从本案最高人民法院的裁定结果来看,却没有支持被告提出的管辖异议,还是维持了一审法院福建省高级人民法院的裁定,这又是因为什么呢?看了本案裁判逻辑三、四,会让你对此有新的理解。

二、本案例展现的管辖异议裁判规则丰富,实务指导意义非常大,欢迎仔细阅读本案例并参考文末律师提示。

裁判要旨

如侵权争议因违反合同义务而产生，违约责任和侵权责任有竞合关系，则原告即使选择以侵权为由提出诉讼，仍应受到合同仲裁条款的约束，不应允许当事人通过事后选择诉因而逃避仲裁条款的适用。

裁判逻辑

一、合同仲裁条款约定的仲裁事项为"因协议或协议项下进行交易而产生的任何或所有争议"，采取的是概括性约定仲裁事项的方式。依照通常理解，该条款约定了两方面的条件：一是提交仲裁的争议性质为任何争议，即不仅限于合同争议，也包括非合同性质的侵权争议或其他争议；二是提交仲裁的争议必须是因该协议项下进行交易而产生的，即争议应当基于该协议权利义务关系而产生，与该协议项下的权利行使或义务履行有关。

二、在解释仲裁条款范围时，如侵权争议因违反合同义务而产生，违约责任和侵权责任有竞合关系，则原告即使选择以侵权为由提出诉讼，仍应受到合同仲裁条款的约束，不应允许当事人通过事后选择诉因而逃避仲裁条款的适用，且即便原告提起诉讼时增列了未签订仲裁协议的其他被告，亦不影响有仲裁协议的原被告之间的纠纷适用仲裁协议。

三、在解除合同后，合同一方当事人以"另一方当事人向合同以外的当事人传递其不实信息"为由，提起名誉权诉讼，虽然与合同有一定的事实关联，但本身并不属于合同权利义务的调整范畴，也不是因该协议项下权利的行使或义务的履行而产生的，而是一项独立的民事法律行为，与合同项下的违约责任并无竞合关系。

四、合同双方当事人在另一案件中共同达成了放弃仲裁协议的合意，且双方亦未达成仍然保留部分争议事项提交仲裁的协议，该仲裁条款据此已经失效。

五、因侵权行为提起的诉讼，由侵权行为地或者被告住所地人民法院管辖；两个以上人民法院都有管辖权的诉讼，原告可以向其中一个人民法院起诉。

交易结构图

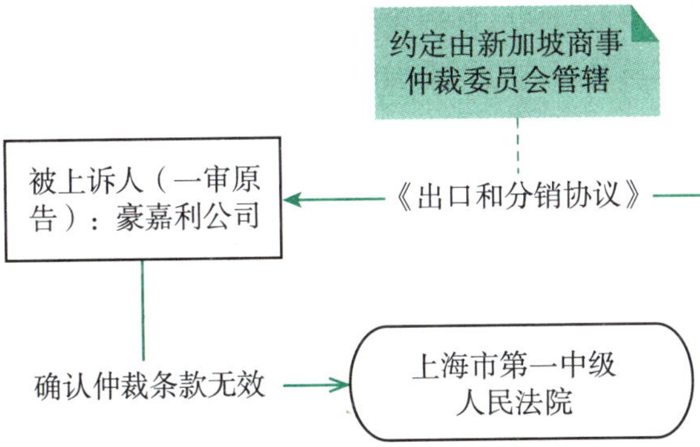

主要案情

上诉人(一审被告):洋马发动机(上海)有限公司。

被上诉人(一审原告):厦门豪嘉利商贸发展有限公司。

一审被告:洋马株式会社。

上诉人洋马发动机(上海)有限公司(以下简称洋马公司)因与被上诉人厦门豪嘉利商贸发展有限公司(以下简称豪嘉利公司)以及一审被告洋马株式会社名誉权纠纷管辖权异议一案,不服福建省高级人民法院(2014)闽民初字第114号民事裁定,向最高人民法院提起上诉。

洋马公司是日本国企业法人洋马株式会社在中国上海投资设立的外商独资公司。2008年3月1日,洋马公司和豪嘉利公司签订英文文本《出口和分销协议》(Exportand Distribution Agreement)。该协议第19条约定:“本协议解释和法律效力均受新加坡法律管辖。因本协议或本协议项下进行交易而产生的任何或所有争议,均在新加坡仲裁。仲裁根据新加坡商事仲裁委员会的商事仲裁规则作出。”[“Article19(Settlement of Dispute) The construction and legal validity of this Agreement shall be governed by the laws of Singapore. Any and all disputes arising from this Agreement or transactions under this Agreement shall be settled by arbitration to be held in Singapore, under the rules of Commercial Arbitration of the Singapore Commercial Arbitration Association.”]各方当事人对中文译本的内容均无异议。

2010年6月4日,豪嘉利公司以上述仲裁条款约定的新加坡商事仲裁委员会及其商事仲裁规则客观上并不存在为由,向上海市第一中级人民法院申请确认该仲裁条款无效。上海市第一中级人民法院于2010年8月17日作出(2010)沪一中民认(仲协)字第7号民事裁定,认定:仲裁条款约定的仲裁地点为新加坡,应当适用新加坡的法律确定其效力。依据在新加坡施行的《新加坡国际仲裁法》和《国际商事仲裁示范法》的规定,仲裁协议应当有明确的仲裁意愿,并采用书面形式,而并不要求约定明确具体的仲裁机构或者仲裁规则,因此,依照新加坡法律,仲裁机构、仲裁规则约定不正确、不明确的,并不能导致仲裁协议无效。当事人双方在书面合同中的仲裁条款所约定的仲裁意愿明确,应当认定为有效。据此,裁定驳回豪嘉利公司申请确认仲裁协议无效的请求。

豪嘉利公司又以洋马公司2009年5月单方解除《出口和分销协议》构成严重违约为由,向上海市第一中级人民法院对洋马公司提起联营合同纠纷之诉。洋马公司在该案中提起反诉,主张其基于豪嘉利公司拖欠货款而解除协议的行为系合法解除,请求判令豪嘉利公司支付货款及利息。该案由上海市高级人民法院于2013年5月20日作出(2013)沪高民二(商)终字第9号终审民事判决。

上述事实有《出口和分销协议》、上海市第一中级人民法院(2010)沪一中民认(仲协)字第7号民事裁定、上海市高级人民法院(2013)沪高民二(商)终字第9号民事判决等证据予以证实。

2014年10月,豪嘉利公司向福建省高级人民法院起诉,称洋马公司及洋马株式会社在与豪嘉利公司发生经销权争议期间,向豪嘉利公司业务的网络成员及国内外各关联方长期不断传递因豪嘉利公司过错才被解除洋马产品分销权等不实信息,导致豪嘉利公司在中国机械行业长期积累的良好口碑和声誉受到侵害,请求判决:1. 认定洋马公司、洋马株式会社共同侵犯豪嘉利公司的名誉权,并共同赔偿豪嘉利公司因此而遭受的部分损失计人民币 7500 万元;2. 洋马公司、洋马株式会社就诉争的侵权行为消除影响、恢复名誉;3. 洋马公司、洋马株式会社共同赔偿豪嘉利公司评估费支出人民币 21 万元;4. 洋马公司、洋马株式会社共同承担本案全部诉讼费和保全费。洋马公司、洋马株式会社共同赔偿豪嘉利公司评估费人民币 21 万元;4. 洋马公司、洋马株式会社共同承担案件全部诉讼费和保全费。

洋马公司在提交答辩状期间提出管辖权异议,请求案件由新加坡商事仲裁委员会管辖。

一审法院裁定:驳回洋马公司对案件管辖权提出的异议。

二审法院最高人民法院于 2015 年 5 月 26 日作出(2015)民四终字第 15 号民事裁定:驳回上诉,维持原裁定。

法院观点

本案系名誉权纠纷管辖权异议之诉,争议焦点为案件纠纷是否受《出口和分销协议》仲裁条款的约束而应当提交仲裁,福建省高级人民法院对案件纠纷是否享有管辖权。

(一)关于审查案件的法律依据

我国法律确立了当事人不得就有效仲裁协议约定的仲裁事项提交法院诉讼解决的原则。《民事诉讼法》第 271 条第 1 款规定:“涉外经济贸易、运输和海事中发生的纠纷,当事人在合同中订有仲裁条款或者事后达成书面仲裁协议,提交中华人民共和国涉外仲裁机构或其他仲裁机构仲裁的,当事人不得向人民法院起诉。”《仲裁法》第 5 条规定:“当事人达成仲裁协议,一方向人民法院起诉的,人民法院不予受理,但仲裁协议无效的除外。”我国加入的《承认及执行外国仲裁裁决公约》第 2 条第 3 款亦规定:“当事人就诉讼事项订有本条所称之协定者,缔约国法院受理诉讼时应依当事人一造之请求,命当事人提交仲裁,但前述协定经法院认定无效、失效或不能实行者不在此限。”

案件中洋马公司和豪嘉利公司签订的《出口和分销协议》含有仲裁条款,且该仲裁条款已经由上海市第一中级人民法院生效裁定认定为有效,对此各方当事人均无异议。争议在于应当如何解释案涉仲裁条款约定的仲裁事项,即案件纠纷是否属于仲裁条款的范围。

(二)关于案件纠纷是否属于仲裁条款范围的问题

仲裁条款是当事人围绕争议解决方式而订立的合同,因此判断当事人关于仲裁事项的合意时,应当遵循合同解释的基本原则。从案件仲裁条款使用的措辞来看,其约定的仲裁事项为“因协议或协议项下进行交易而产生的任何或所有争议”,采取的是概括性约定仲裁事项的方式。依照通常理解,该条款约定了两方面的条件:一是提交仲裁的争议性质为任何争议,即不仅限于合同争议,也包括非合同性质的侵权争议或其他争议;二是提交仲裁的争议必须是因《出口和分销协议》或该协议项下进行交易而产生的。即争议应当基于《出口和分销协议》权利义务关系而产生，与该协议项下的权利行使或义务履行有关。

洋马公司上诉认为，案件诉称侵权行为与《出口和分销协议》的解除行为具有实质关联，两者密不可分，实质仍属于《出口和分销协议》而产生的纠纷。但从豪嘉利公司起诉主张来看，其诉称的侵权行为是洋马公司在解除《出口和分销协议》后，向豪嘉利公司的业务网络成员即合同以外的当事人传递豪嘉利公司已被解除分销权等不实信息。上述诉称行为虽然与洋马公司的解除合同行为有一定的事实关联，但上述行为本身并不属于《出口和分销协议》合同权利义务的调整范畴，也不是因该协议项下权利的行使或义务的履行而产生的，而是一项独立的民事行为。因上述行为所产生的名誉权侵权责任，与《出口和分销协议》项下的违约责任并无竞合关系，不存在重复审理的问题。因此，福建省高级人民法院认定案件纠纷不属于涉案仲裁条款约定的仲裁事项，并无不当，最高人民法院予以维持。

需要指出的是，在解释仲裁条款范围时，如侵权争议因违反合同义务而产生，违约责任和侵权责任有竞合关系，则原告即使选择以侵权为由提出诉讼，仍应受到合同仲裁条款的约束，不应允许当事人通过事后选择诉因而逃避仲裁条款的适用。且即便原告提起诉讼时增列了未签订仲裁协议的其他被告，亦不影响有仲裁协议的原被告之间的纠纷适用仲裁协议。因此，福建省高级人民法院认为对仲裁协议范围的认定不涉及请求权竞合的审查，其关于法律适用的表述欠准确，最高人民法院予以纠正。

（三）关于洋马公司的诉讼行为是否构成放弃仲裁协议的问题

最高人民法院注意到，在上海市高级人民法院审理的联营合同纠纷案中，豪嘉利公司基于《出口和分销协议》提起合同之诉后，洋马公司清楚地意识到双方之间有仲裁条款，但未提出仲裁协议效力异议，并同样也基于《出口和分销协议》提出反诉，且本诉和反诉请求均已在该案中审理完毕。洋马公司在诉讼程序中的行为表明其对因《出口和分销协议》而产生的纠纷，已与豪嘉利公司共同达成了放弃仲裁协议的合意，且双方亦未达成仍然保留部分争议事项提交仲裁的协议，《出口和分销协议》仲裁条款据此已经失效。洋马公司认为其仅在特定诉讼中放弃仲裁管辖，并非对仲裁约定的完全放弃，该种解释方法将使当事人无法合理预见仲裁协议的效力及范围，并且会产生同一协议项下纠纷分别由仲裁与诉讼解决的问题，不利于纠纷的解决，最高人民法院对该项理由不予采纳。

（四）关于福建省高级人民法院对案件纠纷是否享有管辖权的问题

由于案件纠纷不属于仲裁条款约定的仲裁事项，根据《民事诉讼法》第28条的规定，因侵权行为提起的诉讼，由侵权行为地或者被告住所地人民法院管辖。根据最高人民法院《关于审理名誉权案件若干问题的解释》第1条的规定，受侵权的法人住所地，可以认定为侵权结果发生地。故福建省高级人民法院作为诉称受侵权的豪嘉利公司住所地法院，对本案纠纷依法享有管辖权。《民事诉讼法》第35条规定：“两个以上人民法院都有管辖权的诉讼，原告可以向其中一个人民法院起诉。”《民事诉讼法解释》第36条规定：“两个以上人民法院都有管辖权的诉讼，先立案的人民法院不得将案件移送给另一个有管辖权的人民法院。”洋马公司关于案件应移送洋马公司住所地法院管辖的上诉理由，缺乏法律依据，最高人民法院不予支持。

律师提示

一、原告提起侵权之诉可否排除合同约定仲裁条款的约束？从最高人民法院展现的裁判理由来看，最关键要看侵权责任与合同责任有无竞合关系。

二、最高人民法院2005年12月26日发布的《第二次全国涉外商事海事审判工作会议纪要》第7条规定："涉外商事合同的当事人之间签订的有效仲裁协议约定了因合同发生的或与合同有关的一切争议均应通过仲裁方式解决，原告就当事人在签订和履行合同过程中发生的纠纷以侵权为由向人民法院提起诉讼的，人民法院不享有管辖权。"我们认为，在合同约定仲裁条款的前提下，当事人不能以侵权之诉突破仲裁条款。

三、宁波市海曙区人民法院于2019年12月16日作出的(2019)浙0203民初14375号民事裁定书，认同在案涉争议的主合同基金合同中已有仲裁条款的前提下，原告主张的"侵权行为地与被告住所地重合，本案应以被告住所地确定管辖"，裁定案件移送至第一被告所在地北京市西城区人民法院审理。但是，笔者认为该案件或许不能在北京市西城区人民法院成功受理。

四、放弃仲裁协议必须谨慎，因为仲裁协议在任何一起案件中放弃即意味着失效，其他合同纠纷也许只能选择法院诉讼。

005 法院如何审理"或裁或审"争议管辖条款？

案例索引

最高人民法院(2016)最高法民辖终39号民事裁定书。

案例导读

一、合同争议管辖条款具有独立性，但应以合同成立为前提。管辖异议审查阶段如何审查合同是否成立？是形式审查？还是实质审查？审查的标准是什么？最高人民法院确立的"审查受理案件以及确定管辖之判断标准"，值得研究。

二、如果合同不具有真实性，当然合同就很难成立。本案被告主张"合同及函件上印章并非被告公司加盖"，为何法院没有理会呢？这也正是本案争议最大、最难把握的地方。

三、"或裁或审"争议管辖条款的效力如何判断？是整体条款无效？还是仅是仲裁协议部分无效？最高人民法院通过本案例确立了"仲裁协议部分无效，不影响诉讼管辖协议部分效力"的裁判规则，这种区分为两部分裁判的思路值得注意。

四、假如“或裁或审”争议管辖条款的诉讼管辖协议部分因“约定了与合同无实际联系的法院管辖”而无效，那么，仲裁协议部分是否一定无效？

裁判要旨

当事人约定“合同争议可以向仲裁机构申请仲裁也可以向人民法院起诉”的“或裁或审”条款，其中仲裁协议无效。

裁判逻辑

一、当事人起诉时提交的证据已符合人民法院审查受理案件以及确定管辖之判断标准，合同的真实性属于实体审查范畴，不应当在审理管辖权异议的程序中解决。

二、当事人约定“合同争议可以向仲裁机构申请仲裁也可以向人民法院起诉”的“或裁或审”条款，其中仲裁协议无效，但“或裁或审”条款中约定了与争议有实际联系的地点的人民法院管辖的部分有效。

交易结构图

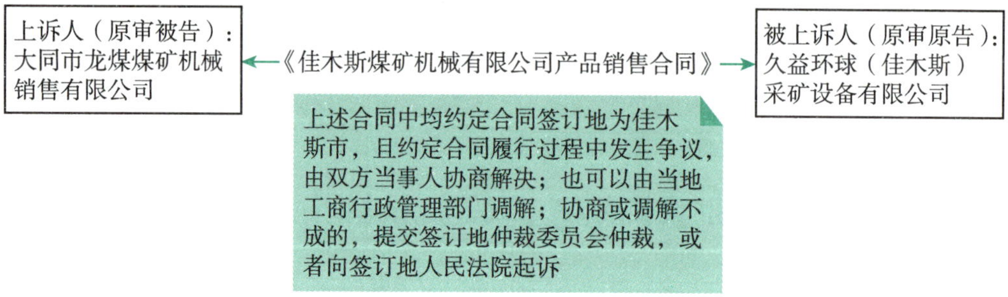

主要案情

上诉人（原审被告）：大同市龙煤煤矿机械销售有限公司。

被上诉人（原审原告）：久益环球（佳木斯）采矿设备有限公司（原佳木斯煤矿机械有限公司）。

上诉人大同市龙煤煤矿机械销售有限公司（以下简称龙煤机械销售公司）因与被上诉人久益环球（佳木斯）采矿设备有限公司（以下简称佳木斯采矿设备公司）买卖合同纠纷一案，不服黑龙江省高级人民法院作出的（2015）黑高立民初字第 4 号管辖权异议裁定，向最高人民法院提起上诉。

佳木斯采矿设备公司于 2015 年 5 月 15 日向黑龙江省高级人民法院提起诉讼，请求判令龙煤机械销售公司支付货款 93,183,305.18 元，并支付自 2015 年 1 月 15 日至货款付清之日的利息 1,704,736.80 元，合计 94,888,041.98 元。其举示的主要证据是：1. 双方当事人于 2010 年 2 月 20 日至 2012 年 12 月 17 日签订的 33 份《佳木斯煤矿机械有限公司产品销售合同》（以下简称销售合同）原件，约定龙煤机械销售公司购买佳木斯采矿设备公司生产的掘进机及配件；上述合同中均约定合同签订地为佳木斯市，且约定合同履行过程中发生争议，由双方当事人协商解决；也可以由当地工商行政管理部门调解；协商或调解不成的，提交签订地仲裁委员会仲裁，或者向签订地人民法院起诉。2. 佳木斯采矿设备公司于2013年12月31日向龙煤机械销售公司发出的询证函，主要内容为，截至2013年12月31日，龙煤机械销售公司欠款123,996,924.70元，要求其核对后回复。龙煤机械销售公司核对后回复的数额为99,776,924.70元，且加盖龙煤机械销售公司财务专用章。3. 佳木斯采矿设备公司于2014年12月31日向龙煤机械销售公司发出的催款函，主要内容为要求其支付欠款93,183,305.18元。

龙煤机械销售公司向黑龙江省高级人民法院提出管辖权异议后，举示的证据是：1. 双方当事人于2012年2月7日签订的销售与服务中心代理商协议，主要约定龙煤机械销售公司代理销售佳木斯采矿设备公司的产品和备件，第三方的付款直接支付给佳木斯采矿设备公司，其按照付款比例支付给龙煤机械销售公司代理费；合同期限自签订之日至2012年度结束。该合同未约定管辖法院。2. 龙煤机械销售公司与久益环球国际煤机集团于2013年11月1日签订的代理协议，主要约定龙煤机械销售公司代理销售佳木斯采矿设备公司掘进机及配件，合同期限1年，约定合同如有争议，协商解决，协商未果，向法院起诉。

案件原审原告在一审起诉时名称为佳木斯煤矿机械有限公司，2015年10月10日，即在一审诉讼过程中，佳木斯煤矿机械有限公司更名为久益环球（佳木斯）采矿设备有限公司。

龙煤机械销售公司提出管辖权异议，请求案件由被告龙煤机械销售公司所在地山西省的法院审理。

一审法院裁定：驳回龙煤机械销售公司对本案管辖权提出的异议。

二审法院最高人民法院于2016年3月16日作出（2016）最高法民辖终39号民事裁定：驳回上诉，维持原裁定。

法院观点

本案系佳木斯采矿设备公司依据销售合同及询证函等证据主张机械产品销售价款所引发的诉讼，属于买卖合同纠纷。销售合同第13条约定的争议解决方式为：双方当事人协商解决，也可以由当地工商行政管理部门调解；协商或者调解不成的，提交签订地仲裁委员会仲裁，或向签订地人民法院起诉。根据最高人民法院《关于适用〈中华人民共和国仲裁法〉若干问题的解释》第7条之规定，当事人约定争议可以向仲裁机构申请仲裁也可以向人民法院起诉的，仲裁协议无效。故双方关于仲裁的约定无效。

销售合同载明的签订地点为佳木斯，该合同同时约定，协商或者调解不成的，向签订地人民法院起诉，即存在约定管辖情形，该约定符合《民事诉讼法》第34条关于约定管辖地应与争议有实际联系的规定。由于佳木斯采矿设备公司起诉的标的额为94,888,041.98元，且争议双方不在同一省辖区，根据最高人民法院《关于调整高级人民法院和中级人民法院管辖第一审民商事案件标准的通知》的规定,黑龙江省高级人民法院对本案行使管辖权,并无不当。

关于龙煤机械销售公司提出的销售合同及询证函不具有真实性等主张,属于实体审查范畴,需在案件实体审理过程中通过双方举证、质证,以及法庭认证等程序综合予以认定,并作为衡量佳木斯采矿设备公司的诉讼请求能否成立之判断依据。佳木斯采矿设备公司在起诉时提交了销售合同及询证函的复印件,原审法院组织询问时,其亦向法庭举示了销售合同的原件,其所举示的证据已符合人民法院审查受理案件以及确定管辖之判断标准。据此,黑龙江省高级人民法院裁定驳回龙煤机械销售公司的管辖权异议,符合法律规定及合同约定,应当予以维持。

律师提示

一、本案被告主张"合同及函件上印章并非被告公司加盖",但由于原告不仅提交了合同原件,还提交了经被告盖章的询证函及催款函,其所举示的证据已符合人民法院审查受理案件以及确定管辖之判断标准,这是本案原告管辖异议胜诉的关键,值得律师诉讼实务借鉴。

二、假设"或裁或审"争议诉讼管辖部分因"约定了与合同无实际联系的法院管辖"而无效,仲裁协议部分是否有效应该根据具体情况而定:如果仲裁协议部分是具体明确的应认定为有效。因为根据"管辖条款应当具体明确"及"诉讼管辖优先原则",此时因诉讼管辖协议部分无效,已经与仲裁协议没有冲突了。

006 将非涉外国内争议提交境外仲裁的仲裁条款是否有效?

案例索引

北京市第二中级人民法院(2013)二中民特字第10670号民事裁定书。

案例导读

一、本案是一起关于无涉外因素的国内争议提交境外仲裁并申请承认和执行的案件,此类案件争议焦点在于仲裁条款是否有效。

二、本案法院从国际公约、涉外民事案件定义和范围、仲裁条款效力认定的法律依据等方面阐述了非常明确的观点并给出了相应的意见。

裁判要旨

将无涉外因素的争议案件约定由外国仲裁机构仲裁的仲裁条款无效。

裁判逻辑

一、我国为加入1958年联合国《承认及执行外国仲裁裁决公约》，外国仲裁机构所在国也为该公约加入国的，应依据该公约的相关规定审理申请承认及执行仲裁裁决案件。

二、当事人一方或者双方是外国人、无国籍人、外国企业或者组织，或者当事人之间民事法律关系的设立、变更、终止的法律事实发生在外国，或者诉讼标的在外国的民事案件，为涉外民事案件。

三、涉外经济贸易、运输、海事中发生的纠纷，当事人可以通过所订立合同中的仲裁条款或者事后达成的书面仲裁协议，提交我国仲裁机构或者其他仲裁机构仲裁，但法律并未允许国内当事人将其不具有涉外因素的争议提请外国仲裁。

四、不具有涉外因素的合同及所包含的仲裁条款之适用法律，无论当事人是否作出明示约定，均应确定为中国法律，将无涉外因素的争议案件约定由外国仲裁机构仲裁的仲裁条款无效。

交易结构图

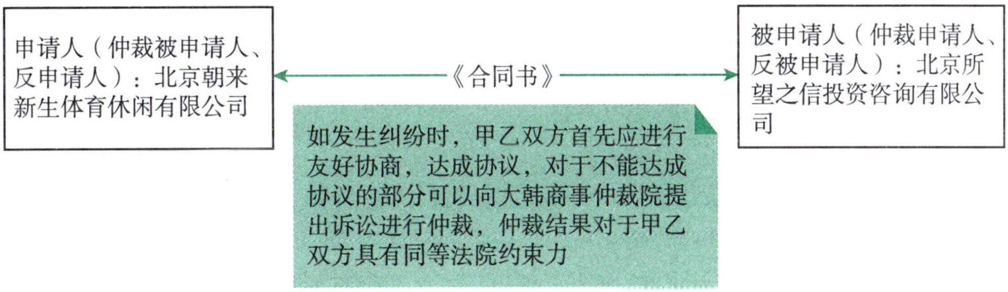

主要案情

申请人（仲裁被申请人、反申请人）：北京朝来新生体育休闲有限公司。

被申请人（仲裁申请人、反被申请人）：北京所望之信投资咨询有限公司。

北京朝来新生体育休闲有限公司（以下简称朝来新生公司）是在北京市工商行政管理局朝阳分局注册成立的有限责任公司（自然人独资）；北京所望之信投资咨询有限公司（以下简称所望之信公司）是在北京市工商行政管理局注册成立的有限责任公司（外国自然人独资），股东（发起人）安秉柱，大韩民国公民。

2007年7月20日，甲方朝来新生公司与乙方所望之信公司签订《合同书》约定，甲乙双方本着友好协商的基础就甲方现有的高尔夫练习场、足球场及食堂等有关事宜与乙方正式达成合作伙伴关系，并就有关具体事宜达成以下协议：1. 甲方同意将现有的北京朝来新生体育休闲有限公司之股份的50%以人民币800万元转让给乙方，双方以50%对50%的股份比例共同经营。2. 乙方应向甲方支付投资金额人民币800万元整，分3次向甲方支付。第一次：甲乙双方签订合同时乙方应向甲方支付总投资金额的30%即人民币240万元整作为定金。第二次：截至2007年9月30日，乙方应向甲方支付总投资金额的20%即人民币160万元整。第三次：2007年12月31日前乙方应将所有余额即人民币400万元向甲方付清（合同定金可在2007年7月31日前支付）。3. 乙方如不能按照合同上所约定的投资金额向甲方支付投资金的，甲方也应当按照乙方已投资的实际金额所占比率承认其股份的存在（如乙方只向甲方支付人民币400万元时，则乙方所占股份比例为25%，甲方给予认证）。4. 甲乙双方的合同期限与土地经营使用权的合同期限一致为50年。5. 甲方可以将乙方所支付的投资金额用于施工，争取在2007年10月1日左右能够将高尔夫练习场及练习场所需的基本设施建设完工并开始营业（足球场建设及其他设施另行协议）。6. 高尔夫练习场由甲乙双方共同经营，总管社长由乙方担任。7. 关于利润的分配，以高尔夫练习场及其附带设施的营业收益扣除经营费后，按照双方股份比例分配。8. 甲方确定现在公司不存在与其他公司有任何债权纠纷、诉讼或仲裁问题。9. 双方同意将合同书内容在北京市的公证处做公证（合同签定后3日内）。10. 为最大限度地提高公司收益，甲乙双方可以就公司经营管理方面的人事权和财务支配权等进行友好协商。11. 甲方的保证人为黄港国际高尔夫球场社长薛明福先生。12. 没有双方的书面同意，甲乙任何一方不得将自己所持的股份私自转予他人。13. 如发生纠纷时，甲乙双方首先应进行友好协商，达成协议，对于不能达成协议的部分，可以向大韩商事仲裁院提出诉讼进行仲裁，仲裁结果对于甲乙双方具有同等法律约束力。14. 合同书自甲乙双方签字之日起有效。15. 合同书韩文、中文两式两份，双方各持一份，具有同等的法律效力。16. 甲乙双方在相互信赖的基础上于2007年7月20日在中国北京签订该合同，双方保证遵守诚实、守信的原则，友好合作。

合同签订后，双方开始经营高尔夫球场，在经营过程中，高尔夫球场土地租赁合同解除，土地被收回。因土地租赁合同解除，高尔夫球场获得补偿款1800万元，双方因土地补偿款的分配问题发生纠纷。2012年4月2日，所望之信公司向大韩商事仲裁院提起仲裁，请求：1. 朝来新生公司支付所望之信公司人民币248万元；2. 仲裁费用由朝来新生公司负担。朝来新生公司提起反请求：1. 所望之信公司应给付朝来新生公司人民币1100万元整及利息，利息自2011年11月5日起到完结日为止按年息5%计算；2. 反申请所产生的仲裁费用由所望之信公司负担。

大韩商事仲裁院受理了所望之信公司的仲裁申请及朝来新生公司反请求申请，受理依据是：2007年7月20日朝来新生公司与所望之信公司签订的《合同书》第13条约定，“如发生纠纷时，甲乙双方首先应进行友好协商，达成协议，对于不能达成协议的部分可以向大韩商事仲裁院提出诉讼进行仲裁，仲裁结果对于甲乙双方具有同等法律约束力”。

大韩商事仲裁院裁决的法律适用：所望之信公司及朝来新生公司签订的合约（《合同书》）中没有指定所望之信公司与朝来新生公司之间关于以上合约发生纷争时适用的法律，因此，应根据事件的仲裁地大韩民国的仲裁法，即《大韩民国仲裁法》第29条进行决议，具体条例如下：第1项仲裁判定部应根据当事人指定的法律进行判定，没有明细指定特定国家的法律或法律体系的情况下，不依据特定国家的国际司法，而是根据纷争的实际情况指定适用的法律。第

2 项没有第 1 项指定的情况下，仲裁判定部应选择与纷争对象最密切关联的国家的法律进行判定。因此，根据以下理由，选定与事件的纷争对象有最密切关联的中华人民共和国的法律，理由如下：①事件中作为行为主体出现的申请人和被申请人，利害关系人朝阳新生公司、北京市朝阳区来广营乡新生村经济合作社均根据中华人民共和国法律设立，且均位于中华人民共和国主权地区北京市。②事件纷争的对象土地位于中华人民共和国主权地区北京市朝阳区来广营乡新生村和朝阳区孙河乡雷家桥村。③事件的纷争对象因以上②中记载的土地的合作协议的解除存在补偿金的归属问题。

2013 年 5 月 29 日，大韩商事仲裁院作出第 12113－0011 号（原申请）、第 12112－0012 号（反申请）仲裁裁决，裁决主文：1. 所望之信公司应给付朝来新生公司中华人民共和国货币人民币壹仟万元整，自 2011 年 12 月 6 日起到完结日为止按年息 5% 计算之利息。2. 所望之信公司及朝来新生公司其余之请求驳回。3. 由此次申请产生的仲裁费用（韩币：壹仟叁佰玖拾万叁仟伍佰叁拾壹元）和反申请所产生的仲裁费用（韩币：贰仟柒佰伍拾壹万元整）中 10/11 由所望之信公司负担，反申请产生的费用中 1/11 由朝来新生公司负担。

2013 年 6 月 17 日，朝来新生公司向北京市第二中级人民法院提出申请，要求承认及执行大韩商事仲裁院于 2013 年 5 月 29 日作出的第 12113－0011 号（原申请）、第 12112－0012 号（反申请）仲裁裁决。北京市第二中级人民法院于 2014 年 1 月 20 作出（2013）二中民特字第 10670 号民事裁定：驳回朝来新生公司要求承认和执行大韩商事仲裁院于 2013 年 5 月 29 日作出的第 12113－0011 号（原申请）、第 12112－0012 号（反申请）仲裁裁决的申请。

法院观点

我国和韩国均为加入 1958 年联合国《承认及执行外国仲裁裁决公约》的国家，朝来新生公司申请承认和执行大韩民国大韩商事仲裁院作出的仲裁裁决，北京市第二中级人民法院应依据《承认及执行外国仲裁裁决公约》的相关规定审理案件。

《承认及执行外国仲裁裁决公约》第 2 条规定："一、当事人以书面协定承允彼此间所发生或可能发生之一切或任何争议，如关涉可以仲裁解决事项之确定法律关系，不论为契约性质与否，应提交仲裁时，各缔约国应承认此项协定。二、称'书面协定'者，谓当事人所签订或在互换函电中所载明之契约仲裁条款或仲裁协定。三、当事人就诉讼事项订有本条所称之协定者，缔约国法院受理诉讼时应依当事人一造之请求，命当事人提交仲裁，但前述协定经法院认定无效、失效或不能实行者不在此限。"第 5 条规定："一、裁决唯有于受裁决援用之一造向声请承认及执行地之主管机关提具证据证明有下列情形之一时，始得依该造之请求，拒予承认及执行：（甲）第二条所称协定之当事人依对其适用之法律有某种无行为能力情形者，或该项协定依当事人作为协定准据之法律系属无效，或未指明以何法律为准时，依裁决地所在国法律系属无效者；（乙）受裁决援用之一造未接获关于指派仲裁员或仲裁程序之适当通知，或因他故，致未能申辩者；（丙）裁决所处理之争议非为交付仲裁之标的或不在其条款之列，或裁决载有关于交付仲裁范围以外事项之决定者，但交付仲裁事项之决定可与未交付仲裁之事项划分时,裁决中关于交付仲裁事项之决定部分得予承认及执行;(丁)仲裁机关之组成或仲裁程序与各造间之协议不符,或无协议而与仲裁地所在国法律不符者;(戊)裁决对各造尚无拘束力,或业经裁决地所在国或裁决所依据法律之国家之主管机关撤销或停止执行者。二、倘声请承认及执行地所在国之主管机关认定有下列情形之一,亦得拒不承认及执行仲裁裁决:(甲)依该国法律,争议事项系不能以仲裁解决者;(乙)承认或执行裁决有违该国公共政策者。"

根据《民事诉讼法》和《仲裁法》的规定,涉外经济贸易、运输、海事中发生的纠纷,当事人可以通过订立合同中的仲裁条款或者事后达成的书面仲裁协议,提交我国仲裁机构或者其他仲裁机构仲裁,但法律并未允许国内当事人将其不具有涉外因素的争议提请外国仲裁。

最高人民法院《关于适用〈中华人民共和国民事诉讼法〉若干问题的意见》第304条规定:"当事人一方或者双方是外国人、无国籍人、外国企业或者组织,或者当事人之间民事法律关系的设立、变更、终止的法律事实发生在外国,或者诉讼标的在外国的民事案件,为涉外民事案件。"

《外资企业法》第2条规定:"本法所称的外资企业是指依照中国有关法律在中国境内设立的全部资本由外国投资者投资的企业,不包括外国的企业和其他经济组织在中国境内的分支机构。"第8条规定:"外资企业符合中国法律关于法人条件的规定的,依法取得中国法人资格。"所望之信公司是在中华人民共和国境内注册成立的由外国自然人独资成立的有限责任公司,根据前述规定,所望之信公司系中国法人。

本案中朝来新生公司与所望之信公司均为中国法人,双方签订的《合同书》,是双方为在中华人民共和国境内经营高尔夫球场设立的合同,转让的系中国法人的股权。双方之间的民事法律关系的设立、变更、终止的法律事实发生在我国境内,诉讼标的亦在我国境内,不具有涉外因素,故不属于我国法律规定的涉外合同。该合同及所包含的仲裁条款之适用法律,无论当事人是否作出明示约定,均应确定为中国法律。因此,《合同书》中关于如发生纠纷可以向大韩商事仲裁院提出诉讼进行仲裁的约定违反了我国《民事诉讼法》《仲裁法》的相关规定,该仲裁条款无效。

因大韩商事仲裁院受理的所望之信公司与朝来新生公司《合同书》项下的纠纷所依据的仲裁条款为无效条款,根据《承认及执行外国仲裁裁决公约》第5条第1款(甲)项之规定,北京市第二中级人民法院对大韩商事仲裁院于2013年5月29日作出的第12113-0011号(原申请)、第12112-0012号(反申请)仲裁裁决不予承认及执行。

律师提示

本案法院从1958年联合国《承认及执行外国仲裁裁决公约》,我国《民事诉讼法》及《仲裁法》等依据出发,论证了"非涉外国内争议提交境外仲裁无效"的观点,并据此裁定不予承认和执行相应裁决,论证过程逻辑严密,值得借鉴和学习。

实务中就本案争议的问题,也有两种观点。一种认为应当尊重当事人之间的意思自治,另一种则认为有涉外因素的案件才可约定涉外仲裁条款。

在最高人民法院《关于适用〈中华人民共和国涉外民事关系法律适用法〉若干问题的解释(一)》和《民事诉讼法解释》第522条中均明确规定了“其他情形”的兜底条款。兜底条款赋予了法官认定涉外因素自由裁量权。从法理上来看，只要民事关系的主体、内容、客体之一存在涉外因素，那么该民事关系就有了“涉外基因”，可适用提交境外仲裁条款的成功率会大大增加。可如果确无涉外因素呢？

最高人民法院于2012年8月31日作出了《关于江苏航天万源风电设备制造有限公司与艾尔姆风能叶片制品(天津)有限公司申请确认仲裁协议效力纠纷一案的请示的复函》。该案中，江苏省南通市中级人民法院认为：依据《合同法》第128条的规定，“涉外合同的当事人可以根据仲裁协议向中国仲裁机构或者其他仲裁机构申请仲裁”。只有涉外民商事案件的当事人才可以约定提请外国仲裁机构仲裁，而非涉外民商事案件的当事人协议约定外国仲裁机构仲裁的，违反我国法律规定，仲裁协议无效。对此，江苏省高级人民法院《关于审理民商事仲裁司法审查案件若干问题的意见》第17条予以进一步明确：“对没有涉外因素的民商事纠纷，当事人约定提请外国仲裁机构仲裁或者在外国进行仲裁的，仲裁协议无效。”

2004年，在最高人民法院民四庭编著并颁布的《涉外商事海事审判实务问题解答(一)》中认为：“国内当事人将其不具有涉外因素的合同或者财产权益纠纷约定提请外国仲裁机构仲裁或者在外国进行临时仲裁的，人民法院应认定有关仲裁协议无效。”

以上内容和本案例的裁判要旨是统一的。笔者认为，当前的仲裁法体系中并没有明确禁止无涉外因素争议提交境外仲裁，但在司法实践中基本已认定无涉外因素约定境外仲裁的仲裁协议无效。

参考法条

最高人民法院关于适用《中华人民共和国涉外民事关系法律适用法》若干问题的解释(一)

第一条　民事关系具有下列情形之一的，人民法院可以认定为涉外民事关系：

(一)当事人一方或双方是外国公民、外国法人或者其他组织、无国籍人；

(二)当事人一方或双方的经常居所地在中华人民共和国领域外；

(三)标的物在中华人民共和国领域外；

(四)产生、变更或者消灭民事关系的法律事实发生在中华人民共和国领域外；

(五)可以认定为涉外民事关系的其他情形。

最高人民法院关于适用《中华人民共和国民事诉讼法》的解释

第五百二十二条　有下列情形之一，人民法院可以认定为涉外民事案件：

(一)当事人一方或者双方是外国人、无国籍人、外国企业或者组织的；

(二)当事人一方或者双方的经常居所地在中华人民共和国领域外的；

(三)标的物在中华人民共和国领域外的；

(四)产生、变更或者消灭民事关系的法律事实发生在中华人民共和国领域外的；

(五)可以认定为涉外民事案件的其他情形。

007 合同约定交货地是否属于约定合同履行地?

案例索引

最高人民法院(2016)最高法民辖16号民事裁定书。

案例导读

一、本案是一起最高人民法院审理的极具指导意义的管辖权纠纷案例。一起标的不到50万元的案件,缘何仅因管辖权争议纠纷而诉至最高人民法院?是否与新老民事诉讼法及司法解释关于合同履行地规定存在重要细节区别有关?

二、如何理解"合同约定履行地点的"?为何合同约定了交货地点≠合同约定了合同履行地?如何确定案件的"争议标的"?如何判定"争议标的为给付货币"?最高人民法院通过本案例,解释清楚了"争议标的为给付货币"的判定方法和逻辑路径。

裁判要旨

合同中仅仅约定了交货地点,不足以证明对合同履行地作出了明确约定。

裁判逻辑

一、最高人民法院《关于适用〈中华人民共和国民事诉讼法〉若干问题的意见》已经失效,该意见第19条的规定"购销合同的双方当事人在合同中对交货地点有约定的,以约定的交货地点为合同履行地"不再适用。

二、《民事诉讼法解释》第18条第1款规定的"合同约定履行地点的",是指合同当事人对合同履行地有书面的、明确的约定。

三、合同中仅仅约定了交货地点,不足以证明对合同履行地作出明确约定。

四、合同中未约定合同履行地的,应根据《民事诉讼法解释》第18条第2款的规定,结合当事人的诉讼请求和合同的性质及履行情况来确定本案的争议标的,从而确定合同履行地。

五、原告基于被告在涉案合同履行过程中的不完全履行行为和延迟履行行为,向被告提起返还货款和支付违约金的诉讼请求,原告诉讼主张均指向被告在涉案合同履行过程中的违约行为,故本案的争议标的为被告的违约责任纠纷,而非给付货币。

六、鉴于本案是一般的货物买卖合同纠纷,而非单纯的金钱债务纠纷,虽然原告的诉讼请求中包含了给付货币的请求,但减少价款、支付违约金只是以货币形式来承担违约责任的一种方式而已,并非本案的争议标的。

交易结构图

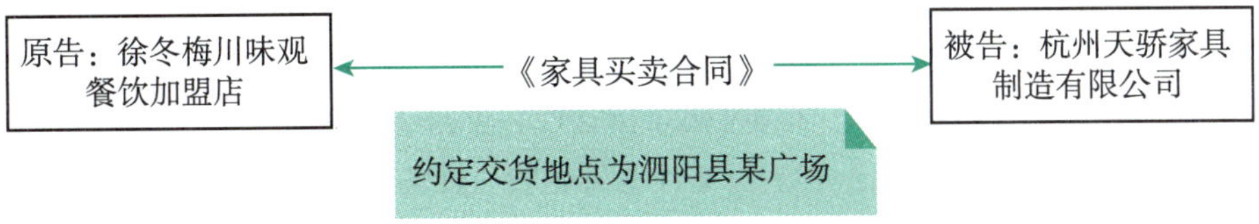

主要案情

原告：泗阳县众兴镇徐冬梅李世川味观餐饮加盟店，经营者：徐冬梅。

被告：杭州天骄家具制造有限公司（杭州市余杭区）。

2014 年 12 月 18 日，泗阳县众兴镇徐冬梅李世川味观餐饮加盟店（以下简称徐冬梅川味观加盟店）与被告杭州天骄家具制造有限公司（以下简称天骄公司）签订家具买卖合同，购买天骄公司生产的家具用于餐厅经营。合同约定该批家具价款为 193,800 元，材质为全实木水曲柳，款式以天骄公司展示的样品为准。为确保徐冬梅川味观加盟店能于 2015 年 1 月 19 日按时开业，双方商定将家具交付时间定为 2015 年 1 月 18 日，在泗阳县人民中路海欣哥伦布广场交货。

2015 年 1 月 27 日，天骄公司才向徐冬梅川味观加盟店交付该批次家具，并且经徐冬梅川味观加盟店验货发现，该批次家具材质并非水曲柳，且其款式、用料、尺寸与天骄公司所提供的样品均不相符，实际价值低于合同价款。由于徐冬梅川味观加盟店系加盟店，家具经总店验收不合格，不允许开业，给徐冬梅川味观加盟店造成了巨大的经济损失。

2015 年 6 月 16 日，原告徐冬梅川味观加盟店于江苏省泗阳县人民法院立案起诉被告天骄公司。原告徐冬梅川味观加盟店一审诉讼请求判令天骄公司返还家具价差 10 万元，并支付违约金 387,600 元。被告天骄公司提出管辖权异议，要求案件移送浙江省杭州市余杭区人民法院审理。

2015 年 8 月 25 日，江苏省宿迁市中级人民法院作出（2015）宿中商辖终字第 00049 号民事裁定：撤销江苏省泗阳县人民法院（2015）泗商初字第 00470 号民事裁定，本案移送浙江省杭州市余杭区人民法院审理。

2016 年 3 月 16 日，浙江省高级人民法院以宿迁市中级人民法院二审裁定将案件移送浙江省杭州市余杭区人民法院审理存在不当为由，报请最高人民法院指定管辖。

最高人民法院于 2016 年 12 月作出（2016）最高法民辖 16 号民事裁定：案件由浙江省杭州市余杭区人民法院审理。

法院观点

《民事诉讼法解释》第 18 条第 1 款规定的“合同约定履行地点的”，是指合同当事人对合同履行地有书面的、明确的约定。本案立案于 2015 年 6 月 16 日，此时最高人民法院《关于适用〈中华人民共和国民事诉讼法〉若干问题的意见》已经失效,该意见第19条的规定“购销合同的双方当事人在合同中对交货地点有约定的,以约定的交货地点为合同履行地”不再适用。本案中,涉案合同中并未对合同履行地作出明确约定,应当依照《民事诉讼法解释》第18条第2款的规定确定合同履行地。案件争议标的是交付家具的行为,属于其他标的,履行义务一方即天骄公司所在地为合同履行地。根据《民事诉讼法》第23条的规定,杭州市余杭区人民法院作为被告住所地和合同履行地法院,对案件有管辖权。江苏省泗阳县不是被告住所地或合同履行地,该地法院对案件没有管辖权,宿迁市中级人民法院裁定将案件移送杭州市余杭区人民法院审理符合《民事诉讼法》第36条的规定。

律师提示

本案合同明确约定了交货地点,然而案件在交货地所在法院起诉却因管辖权争议纠纷而诉至最高人民法院,最后还败诉了,案件被移送异地管辖。笔者认为,本案管辖权纠纷的法院裁决结果一定是让原告及原告代理律师始料未及,那么,应如何有效避免产生此类管辖争议的出现?

一、对于一般商务合同而言,通常都为双务合同或多种义务合同,合同标的相应也至少存在两项或以上。因此,单纯仅仅约定合同一项义务的履行地点,确实从逻辑上不够周全,难以得出“合同明确约定了合同履行地”的结论。

二、最高人民法院的裁定感觉未免过于机械。既然合同约定了交货地点,本案争议标的是交货迟延,以合同约定的交货地点为合同履行地应该没有问题,本案浙江省高级人民法院的观点也许更为准确。最高人民法院如此裁定,也许是为了避免案件跨省移送出去后又跨省移送回来的尴尬吧。

三、鉴于本案最高人民法院“合同约定了交货地点≠合同约定了合同履行地”的裁判规则,还是建议当事人如果想将争议提交合同履行地所在法院管辖,最好在合同中明确约定合同的履行地以避免争议。

008 代位权纠纷特殊地域管辖效力是否高于约定管辖?

案例索引

最高人民法院(2018)最高法民辖终107号民事裁定书。

案例导读

本案是最高人民法院审理的一起典型的代位权纠纷管辖争议案件。亮点为:合同明确约定了合同签订地法院管辖，结果因为代位权纠纷特殊地域管辖的规定，硬生生地改成了被告所在地法院管辖。本案具有很高的实务操作参考价值。

裁判要旨

代位权之诉是一种特殊地域管辖，其效力高于当事人间的约定。

裁判逻辑

一、关于债权人代位权之诉的法院管辖是由司法解释规定的一种特殊地域管辖，其效力高于当事人间的约定。

二、债务人与次债务人争议管辖约定如与《关于适用〈中华人民共和国合同法〉若干问题的解释（一）》［以下简称《合同法解释（一）》］第 14 条规定相冲突，应当依据《合同法解释（一）》第 14 条规定，由次债务人（被告）住所地法院管辖。

交易结构图

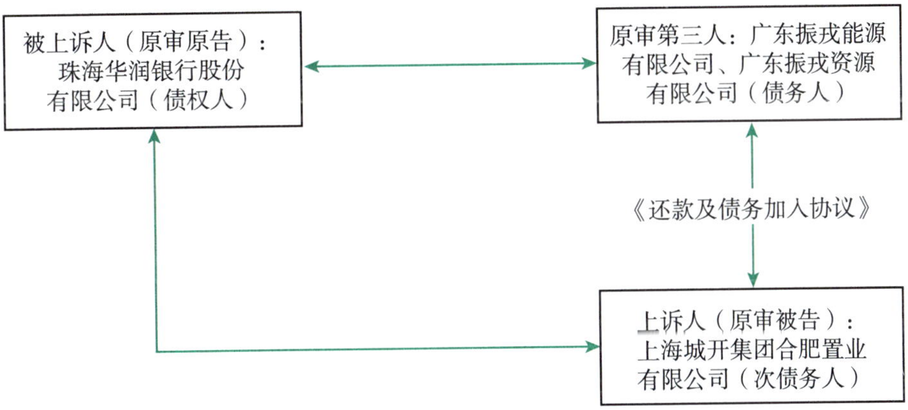

主要案情

上诉人（原审被告）：上海城开集团合肥置业有限公司（次债务人）。

被上诉人（原审原告）：珠海华润银行股份有限公司（债权人）。

原审第三人：广东振戎能源有限公司、广东振戎资源有限公司（债务人）。

上诉人上海城开集团合肥置业有限公司（以下简称城开集团）因与被上诉人珠海华润银行股份有限公司（以下简称华润银行）及原审第三人广东振戎能源有限公司（以下简称振戎能源公司）、广东振戎资源有限公司（以下简称振戎资源公司）债权人代位权纠纷管辖权异议一案，不服安徽省高级人民法院（2017）皖民初 1 号之一民事裁定，向最高人民法院提起上诉。

城开集团认为，华润银行作为债权人与城开集团之间没有直接的合同关系，华润银行提起代位权诉讼,也是基于城开集团与振戎能源公司之间《还款及债务加入协议》的相关约定,所以华润银行作为债权人在代位权诉讼中也应受到该协议内容的约束。《还款及债务加入协议》第5条约定:“如无法达成一致意见,应将争议事项提交本协议签订地有管辖权的法院审理。”即使城开集团没有及时履行对振戎能源公司的债务,也只构成违约,而不导致其在《还款及债务加入协议》中约定的管辖法院处理纠纷这一程序上的权利被剥夺,因此应由协议约定的有管辖权的法院管辖。且该协议第一页已明确协议的签订地点为广州市天河区,又因案件诉讼标的额为1.57394993亿元,根据《民事诉讼法》第34条关于“合同或者其他财产权益纠纷的当事人可以书面协议选择被告住所地、合同履行地、合同签订地、原告住所地、标的物所在地等与争议有实际联系的地点的人民法院管辖”的规定,本案应由合同签订地法院即广东省广州市中级人民法院立案管辖。因此,原审裁定违反了《民事诉讼法》关于协议管辖的规定,依法应当移送至广州市中级人民法院审理。

城开集团上诉请求依法撤销安徽省高级人民法院(2017)皖民初1号之一民事裁定,将本案移送至广州市中级人民法院管辖审理。

最高人民法院于2018年4月26日作出的(2018)最高法民辖终107号民事裁定:驳回上诉,维持原裁定。

法院观点

关于债权人代位权之诉的法院管辖是由司法解释规定的一种特殊地域管辖,其效力高于当事人间的约定。本案中,城开集团主张华润银行行使代位权应该受振戎能源公司与城开集团等之间《还款及债务加入协议》第5条的约定管辖条款约束与《合同法解释(一)》第14条规定相冲突,《还款及债务加入协议》第5条不能作为债权人华润银行对振戎能源公司等次债务人提起代位权诉讼的管辖依据,因此,原审法院认为本案管辖法院应为城开集团的住所地法院有法律依据。另外,根据最高人民法院《关于调整高级人民法院和中级人民法院管辖第一审民商事案件标准的通知》第2条的规定,安徽省高级人民法院对当事人一方住所地不在受理法院所处省级行政辖区,诉讼标的额1亿元以上一审民事案件享有管辖权。本案中,华润银行住所地不在安徽省,且华润银行的诉讼请求标的额超过了1亿元,因此安徽省高级人民法院对本案享有管辖权。综上,城开集团上诉认为本案应由广州市中级人民法院管辖没有事实及法律依据,最高人民法院不予支持。原审法院裁定驳回城开集团对管辖权提出的异议适用法律正确,最高人民法院予以维持。

律师提示

举一反三,如果本案合同约定有仲裁协议的话,又将如何协调管辖?在实务中应如何巧妙地运用呢?是否可为破解协议管辖难题提供思路呢?

一、《合同法解释(一)》第14条规定:“债权人依照合同法第七十三条的规定提起代位权诉讼的,由被告住所地人民法院管辖。”

二、地域管辖优先顺序一般应依次为：专属地域管辖、特殊地域管辖、协议管辖、一般地域管辖。

三、代位权属于实体法上的权利，由于我国合同法规定代位权只能以向法院提起诉讼的方式行使，并没有规定可以通过仲裁的方式行使，债权人根据法律规定行使债务人对次债务人的权利，因其并非仲裁协议的当事人，不应受债务人与次债务人之间仲裁协议的约束。

第二章　保　全　篇

009 保全金额超过判决金额是否属于申请保全错误?

案例索引

江苏省东台市人民法院(2014)东民初字第530号民事判决书。

案例导读

本案是《最高人民法院公报》2016年第6期案例,对正常诉讼的申请保全金额超过法院判决金额是否属于申请保全错误的问题,法院给予了明确的答案,具有现实指导意义。

裁判要旨

在双方当事人存在争议且因原告不及时给付工程款引起诉讼的情况下,不能仅以原告诉请标的额与法院判决的金额不一致为由,认定被告申请保全错误。

裁判逻辑

一、申请人申请财产保全错误,造成被申请人财产损失,属于以过错责任为归责原则的一般侵权行为。

二、根据《侵权责任法》的基本理论,一般侵权责任的构成要件应当包括行为的违法性、损害事实的存在、违法行为与损害后果之间有因果关系、行为人主观有过错四个要件。

三、在双方当事人存在争议且因原告不及时给付工程款引起诉讼的情况下,原告以诉请标的额与法院判决的金额不一致为由,认定被告申请保全错误,缺乏事实和法律依据,故对原告要求被告赔偿因保全错误造成损失的诉讼请求,依法不予支持。

交易结构图

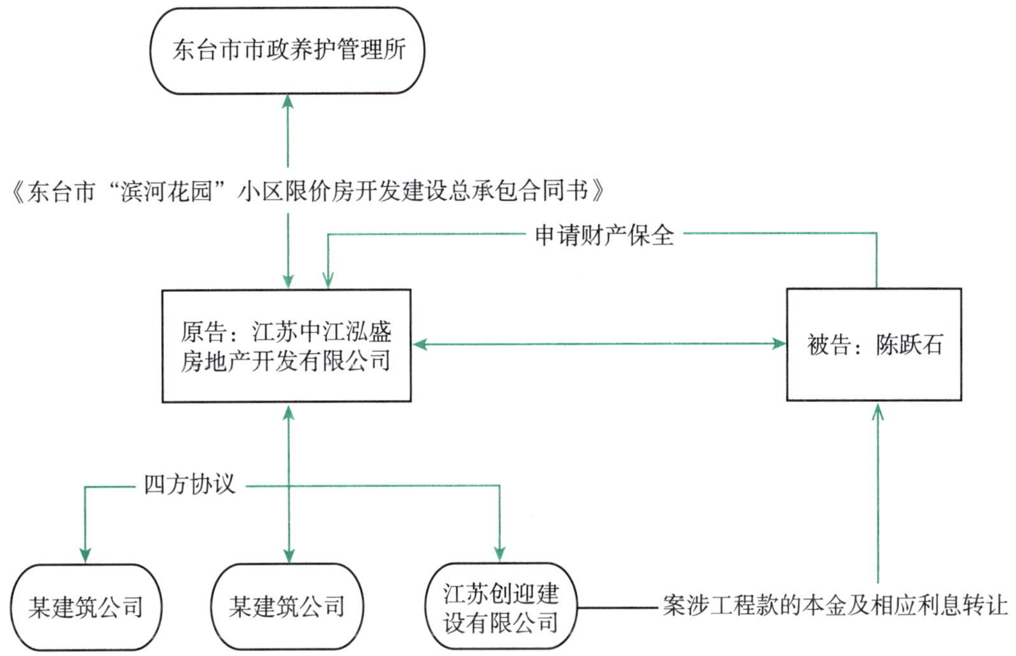

主要案情

原告：江苏中江泓盛房地产开发有限公司。

被告：陈跃石。

原告江苏中江泓盛房地产开发有限公司（以下简称中江泓盛公司）与被告陈跃石因申请诉中财产保全损害责任纠纷一案，东台市人民法院于 2014 年 4 月 25 日受理后，依法由审判员王元元适用简易程序公开开庭进行了审理。

2007 年 11 月，中江泓盛公司经招投标被确定为滨河花园小区限价房开发建设总承包人。东台市市政养护管理所与中江泓盛公司签订东台市滨河花园小区限价房开发建设总承包合同书。

2007 年 12 月 3 日，中江泓盛公司（甲方）与东台市第二建筑工程有限公司、盐城金盛建筑工程有限公司、盐城万盛建筑工程有限公司（乙方）签订协议（以下简称四方协议）一份，甲方将位于东台镇海新村二组滨河花园部分工程发包给乙方，其中东台市第二建筑工程有限公司（以下简称二建公司）承建 15#、18#、20#、21#楼，建筑面积计 15，987.78 平方米。

2008 年 7 月 25 日，东台市市政养护管理所、中江泓盛公司作为招标人向二建公司出具中标通知书，确定其为滨河花园（二标段）中标人。同日，中江泓盛公司与二建公司签订建设工程施工合同（以下简称备案合同，该合同已在东台市招标投标管理中心备案），约定中江泓盛公司将滨河花园二标段工程发包给二建公司，合同价款为 1922.685 万元，采用固定价格合同。

后案涉建设工程完工并经竣工验收。

2010 年 1 月 27 日，二建公司经批准变更为江苏创迎建设有限公司（以下简称创迎公司）。

2012 年 11 月 24 日，创迎公司向中江泓盛公司及泓建集团公司出具《债权转让通知书》，将案涉工程款的本金及相应利息均转让给陈跃石，并书面通知中江泓盛公司、泓建集团公司。该《债权转让通知书》载明泓建集团公司、中江泓盛公司与创迎公司（原二建公司）于 2008 年 7 月 25 日签订了一份建设工程施工合同，约定将中江泓盛公司承建的滨河花园二标段工程发包给创迎公司，总价款为 1922.685 万元。后创迎公司如期完工，该工程也通过了竣工验收。中江泓盛公司除在施工进程中陆续给付创迎公司工程款 1001 万元外，其余一直未付。现创迎公司将中江泓盛公司拖欠的上述工程款以及该工程的所有合同权利，依法转让给陈跃石。请中江泓盛公司立即将拖欠创迎公司的工程款本金及相应的利息一并支付给陈跃石。因中江泓盛公司未能及时给付工程款，陈跃石于 2012 年 12 月 10 日诉至江苏省盐城市中级人民法院，要求中江泓盛公司立即支付工程款 699.3686 万元，支付逾期利息 60.89107 万元（暂计算至 2012 年 11 月 27 日，请求人民法院计算至给付之日），并承担诉讼费。审理中，陈跃石向盐城市中级人民法院提出财产保全申请，并提供担保，请求依法查封中江泓盛公司、泓建集团公司价值人民币 400 万元的资产或相应资金。

2013 年 1 月 9 日，盐城市中级人民法院作出（2012）盐民初字第 0232－1 号民事裁定书，裁定查封、扣押、冻结中江泓盛公司、泓建集团公司价值人民币 400 万元的资产或相应资金，并于当日冻结了中江泓盛公司在中国建设银行股份有限公司东台支行账户存款 400 万元，冻结期满后进行多次续冻至 2014 年 7 月 7 日止。后于 2014 年 5 月 23 日解除了冻结。

盐城市中级人民法院于 2013 年 11 月 14 日作出（2012）盐民初字第 0232 号民事判决，认定四方协议和备案合同均为无效合同，案涉工程款应当以实际履行的四方协议作为结算依据，遂判决中江泓盛公司于判决生效后十日内给付陈跃石工程款 161.5771 万元，并负担以 626.5771 万元为基数从 2009 年 12 月 26 日起至 2011 年 1 月 31 日止、以 311.5771 万元为基数从 2011 年 2 月 1 日起至 2012 年 1 月 21 日止、以 161.5771 万元为基数从 2012 年 1 月 22 日起至判决确定履行之日止按中国人民银行同期同类贷款利率计算的利息；泓建集团公司对上述款项承担连带清偿责任。

陈跃石不服一审判决，上诉至江苏省高级人民法院，该院于 2014 年 4 月 9 日判决驳回上诉，维持原判。判决生效后，中江泓盛公司于 2014 年 5 月 13 日、2014 年 5 月 15 日、2014 年 5 月 21 日通过法院共给付陈跃石工程款 161.5771 万元、利息 83.912884 万元，合计 245.489984 万元。随后中江泓盛公司诉至东台市人民法院，要求判令陈跃石赔偿保全错误的损失 10.004629万元[（400 万元－判决应给付工程款 161.5771 万元－利息 83.912884 万元）×（按中国人民银行公布的同期同档次基准年贷款利率 6% 上浮 15% 再加上 25% 的服务费计算为 8.4% －中国人民银行同期年存款利率 3.35%）]，并负担诉讼费。本案审理过程中，中江泓盛公司向江苏省东台市人民法院提出保全申请，并提供担保，要求对陈跃石价值 11 万元的财产予以诉讼保全。江苏省东台市人民法院于 2014 年 4 月 29 日作出（2014）东民初字第 0530－1

号民事裁定，冻结陈跃石 11 万元的银行存款或查封、扣押其等值财产，并于 2014 年 5 月 15 日对陈跃石账户存款 11 万元进行了冻结。

原告中江泓盛公司一审诉讼请求：判令被告赔偿原告损失 10.004629 万元，并由被告负担诉讼费。

江苏省东台市人民法院于 2014 年 7 月 18 日作出（2014）东民初字第 530 号民事判决：驳回原告江苏中江泓盛公司要求被告陈跃石赔偿损失的诉讼请求。

法院观点

公民、法人的合法权益受法律保护。《民事诉讼法》第 105 条规定："申请保全有错误的，申请人应当赔偿被申请人因保全所遭受的损失。"申请人申请财产保全错误，造成被申请人财产损失，属于以过错责任为归责原则的一般侵权行为。根据我国《侵权责任法》的基本理论，一般侵权责任的构成要件应当包括：行为的违法性、损害事实的存在、违法行为与损害后果之间有因果关系、行为人主观有过错四个要件。

本案中，从债权转让通知载明的内容来看，陈跃石在接受债权转让时，知悉的事实是：工程总工程价款为 1922.685 万元，中江泓盛公司在施工进程中陆续给付工程款 1001 万元，创迎公司将案涉工程款的本金及相应利息均转让给陈跃石。陈跃石与中江泓盛公司建设工程施工合同纠纷一案中，陈跃石起诉时扣除甲供材料等项目 222.3164 万元，其诉讼标的为 699.3686 万元及其利息，陈跃石的起诉属于正常的诉讼行为，并未恶意行使权利，不存在主观上的过错。审理中，陈跃石申请对中江泓盛公司价值 400 万元的资产或相应资金予以冻结，并提供了相应的担保，其申请诉讼保全的数额未超出其诉讼请求的标的额，陈跃石申请诉讼保全的行为符合法律规定，不存在违法性。

当事人对自己提出的主张有责任提供证据。本案中，中江泓盛公司要求陈跃石赔偿因保全错误造成的损失，是以保全的标的与法院判决支持的给付工程款数额之间的差额，按中国人民银行同期贷款利率（加上上浮率及服务费）与中国人民银行同期存款利率之差计算的，对因保全造成的损失，原告仅提供了农业银行的《固定资产借款合同》和《银行服务协议》，原告未能提供诉讼保全期间实际向银行借款的证据，本案原告要求赔偿损失依据不足。

律师提示

看来实务中要打赢财产保全损害赔偿案子还是很难的。正常的诉讼行为，如果未恶意行使权利，不存在主观上的过错，即便诉讼请求金额与生效判决金额存在出入，亦不能认定财产保全申请错误。

010 财产保全错误赔偿的构成要件有哪些?

案例索引

最高人民法院(2017)最高法民终 118 号二审民事判决书。

案例导读

一、本案是一起典型的诉讼财产保全损害责任赔偿纠纷案,申请人不断增加诉讼请求错误保全金额至 3.9 亿元,法院最终判决赔偿数额超过 6600 万元,可谓近年来诉讼保全损害赔偿天价第一案。

二、诉讼财产保全损失赔偿责任主体是谁? 侵权责任构成要件有哪些? 过错认定标准为什么为故意或重大过失,而非一般过错? 财产保全损害的损失应如何计算? 财产保全担保与一般民事担保有何不同? 诉讼担保人应该承担何种责任? 以上 6 点疑问,最高人民法院通过本案例均给出了清晰的裁判规则,值得学习。

裁判要旨

财产保全赔偿责任主体为保全申请人,而是否需要承担赔偿责任,则要根据其诉讼请求及所依据的事实和理由考察其提起的诉讼是否合理,或者结合申请保全的标的额、对象及方式等考察其申请财产保全是否适当,来判断申请人的过错程度是否达到故意或重大过失。

裁判逻辑

一、关于财产保全的赔偿责任

(一)赔偿责任主体为申请人

依当事人申请裁定的财产保全,虽系人民法院对申请进行形式审查后作出的司法措施,但其前提和基础是当事人的财产保全申请,如因申请保全人权利行使不当造成他人财产损失的,应由申请保全人承担侵权赔偿责任。

(二)过错程度需要达到故意或重大过失

申请保全人是否有过错,不仅要看其诉讼请求最终是否得到支持,还要看其是否存在故意或重大过失,一般过失无须承担赔偿责任。

(三)故意或重大过失的认定方法

申请保全人是否存在故意或重大损失,要根据其诉讼请求及所依据的事实和理由考察其提起的诉讼是否合理,或者结合申请保全的标的额、对象及方式等考察其申请财产保全是否适当(诉讼是否合理;保全是否适当)。

二、关于保全财产损失的计算方法

（一）错误财产保全赔偿的是被保全人的实际损失，且该损失的发生与申请保全人的行为有直接的因果关系。

（二）被保全财产因市场变化而产生的价值贬损，系被保全人应自行承担的风险，与申请财产保全行为没有直接的因果关系。

（三）申请保全人不同意被保全人自行处分的，则被保全人因不能行使处置权而产生的财产损失与申请保全人的行为有直接的因果关系，在财产保全错误时应由申请保全人承担相应的赔偿责任。

（四）被保全人的实际损失，应为被保全财产在保全开始与保全结束两个时点的价差，以及开始时的价款对应的资金利息损失。

（五）被保全人提供证据证明该资金系向他人借贷或被冻结之前已签订合同借贷他人的，该利息损失为实际损失，但该利息损失加上被冻结资金的银行利息之和不应超过最高人民法院《关于审理民间借贷案件适用法律若干问题的规定》中年利率 24% 的上限；否则，被保全人的资金利息损失，可参照中国人民银行同期贷款基准利率，或者最高人民法院《关于审理民间借贷案件适用法律若干问题的规定》中关于未约定期内及逾期利率的情况下资金占用利息为年利率 6% 的标准确定。

三、关于诉讼保全担保人责任

（一）为财产保全提供的担保系向人民法院出具的司法担保，而非平等民事主体之间的担保，对被保全人的损失，应当按照承诺承担相应的担保责任。

（二）因财产保全错误导致损失的，申请保全人是侵权行为人，提供担保的担保人不是共同侵权，不应承担共同侵权赔偿责任。

交易结构图

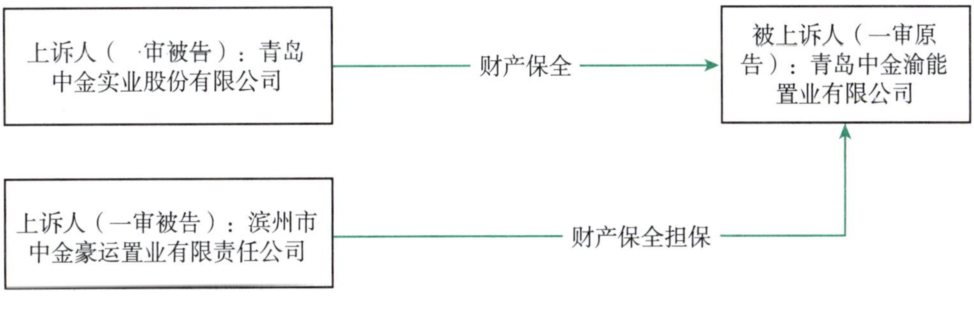

主要案情

上诉人（一审被告）：青岛中金实业股份有限公司。

上诉人（一审被告）：滨州市中金豪运置业有限责任公司。

被上诉人（一审原告）：青岛中金渝能置业有限公司。

上诉人青岛中金实业股份有限公司(以下简称中金实业公司)、滨州市中金豪运置业有限责任公司(以下简称中金豪运公司)因与被上诉人青岛中金渝能置业有限公司(以下简称青岛渝能公司)申请诉讼财产保全损害责任纠纷一案,不服山东省高级人民法院(2014)鲁民一重初字第1号民事判决,向最高人民法院提起上诉。

2005年9月22日,青岛渝能公司经青岛市工商行政管理局市南分局注册成立,公司类型为有限责任公司,企业法人,经营范围为房地产开发及销售等。案件所涉"青岛国际贸易中心"项目由其开发建设。

2008年4月3日,为解决项目资金短缺问题,青岛渝能公司的股东重庆渝能产业有限公司、山东基德生态科技有限公司、中金实业公司、中铁公司、青岛渝能公司五方签订《合作框架协议》。该协议约定,重庆渝能产业有限公司、山东基德生态科技有限公司、中金实业公司同意分别将其享有的青岛渝能公司50%、24.5%、17.5%的股权转让给中铁公司。中铁公司通过外资进入的方式向青岛渝能公司投资,进行项目的开发经营,并享受项目销售带来的收益。

2008年4月13日和5月9日,中铁公司(甲方)、中金实业公司(乙方)、青岛渝能公司(丙方)就项目具体合作事项先后签订了《补充协议》和《投资合作协议》。《投资合作协议》第5条约定甲方对公司的投资属战略性投资、阶段性持股,甲方在收回投资(股权投资除外)及收益后,同意乙方对甲方所持公司股权进行回购。第7条约定项目达到预售条件后,公司即行销售,销售回款首先应偿还甲方投资本金及收益。该条还约定投资收益按年计算,每年为该年度公司实际占用甲方投资总额的30%,并于当年12月20日前清算并支付完毕。第8条约定了乙方回购甲方所持公司全部股权的条件。回购对价按照甲方股权投资额加上股权投资额每年溢价30%的金额计算;乙方回购甲方全部股权应在协议签订后5年内进行。第11条第5款约定项目开发经营过程中,除资产处置、股权转让、对外担保之外的其他经营活动,甲方有权自行决定,但乙方享受知情权。另外,乙方有权对项目的营销策划提供方案,最终方案须经公司董事会通过。第6款约定为保证本协议约定的各项内容的顺利进行,一方遇有协助义务的,另一方应积极协助与配合。第12条约定各方应当按照协议约定全面履行各自的义务,一方违约给其他方造成损失的,应对其他方赔偿相应损失。

上述协议签订后,青岛渝能公司召开股东会,通过了协议约定的股权转让事宜,作出了章程修正案,青岛渝能公司的股东变更为中铁公司(出资额9200万元)和中金实业公司(出资额800万元)。在章程修正案中还同时删除了原章程第28条关于"公司利润分配按照《公司法》及有关法律、法规,国务院财政主管部门的规定执行"的规定。

之后,中铁公司开始介入青岛渝能公司,陆续投入和筹集资金,推动了项目的开发建设。2010年3月31日,青岛渝能公司与荣置地公司签订了《青岛中心项目销售代理合同》,委托荣置地公司对项目进行销售。2011年1月19日,青岛渝能公司召开董事会会议,对青岛国际贸易中心项目价格策略方案进行审议。该次会议最终以5名董事中4名同意、1名反对(中金实业公司)的结果,通过了该价格策略方案,同时责成公司经理层办理项目预售许可证,并授权其择机确定开盘时间。2011年3月7日,青岛渝能公司取得了青岛国际贸易中心的预售许可证。在其备案的商品房预售方案中载明,预售部分楼房的价格为:住宅均价 41,111 元/平方米,办公楼均价 41,637 元/平方米,商业楼均价 73,371 元/平方米,公寓式酒店均价 36,667 元/平方米。

2011 年 1 月 24 日,中金实业公司以中铁公司、青岛渝能公司、荣置地公司为被告提起诉讼称,2008 年 5 月 9 日,中金实业公司、中铁公司、青岛渝能公司签订《投资合作协议》,根据该协议,在回购条件成就时,中金实业公司有权回购中铁公司享有的青岛渝能公司 92% 的股权。同时,在回购条件成就前,中金实业公司有权引入战略投资者受让中铁公司一定比例的股权。中金实业公司享有进行股权回购及引进战略投资者的权利。2010 年 7 月 9 日,中金实业公司向中铁公司及青岛渝能公司发出配合股权回购的函,要求配合启动相应的股权回购程序。中铁公司及青岛渝能公司拒绝配合实现股权回购条件,恶意阻扰条件成就,严重违反了投资合作协议第 11 条约定的“积极协助与配合”的义务。而且,股权回购条件均需中铁公司和青岛渝能公司的协助与配合方能成就。中铁公司及青岛渝能公司恶意阻扰股权回购条件成就,根据《合同法》规定,应当视为条件已经成就。中金公司于 2010 年 7 月 9 日便提出了回购请求,因中铁公司和青岛渝能公司拒不配合而未能完成,中铁公司因此无权再享有 7 月 9 日之后的年投资回报率。投资合作协议签订后,中铁公司利用其阶段性股东身份,挪用项目公司资金达 12 亿元,恶意以低于市场价的内部销售方式造成中金实业公司 18 亿元的损失,强行对项目进行停工造成项目每天损失上百万元,擅自用项目公司 1.2 亿元的现金提供担保。中铁公司的这些行为严重违反了投资合作协议第 11 条的约定,依法应赔偿中金实业公司所遭受的损失。上诉人请求法院判令:1. 中金实业公司在中铁公司履行合同约定的协助、配合义务的情况下,有权进行股权回购;2. 中铁公司、青岛渝能公司配合中金实业公司即日起(2011 年 6 月 29 日)实现投资合作协议第 8 条第 2 款约定的股权回购条件;3. 中铁公司、青岛渝能公司协助中金实业公司将中铁公司名下 92% 的股权办理工商变更登记到中金实业公司或中金实业公司指定的第三方战略投资者名下;4. 中铁公司根据投资合作协议享有的年投资回报率 30% 截至计算至 2010 年 7 月 9 日;5. 被告立即停止对项目任何形式(包括但不限于销售、停止施工、抵押、资金占用等)的恶意处置行为,并承担因此所造成的损失约 30 亿元人民币,暂主张 4.8 亿元(经多次变更后),以法院审核为准;6. 诉讼、审计、评估、保全等费用均由中铁公司、青岛渝能公司负担。

2011 年 1 月 26 日,根据中金实业公司的申请,山东省高级人民法院作出(2011)鲁商初字第 2-1 号民事裁定,对青岛渝能公司的财产进行了诉讼保全。中金豪运公司以在其名下的山东省滨州市渤海十七路以东、黄河七路以南新都心世贸广场 192 号的房产提供担保。2011 年 1 月 28 日,山东省高级人民法院对青岛渝能公司所开发建设的青岛国际贸易中心项目的土地使用权予以实际查封。为了解除该查封,保证项目的正常销售,青岛渝能公司从中铁公司筹措 1.2 亿元的存款作为担保,申请解除上述查封。2011 年 2 月 23 日,山东省高级人民法院作出(2011)鲁商初字第 2-3 号民事裁定,解除了对青岛国际贸易中心项目土地使用权的查封,同时冻结了青岛渝能公司的 1.2 亿元存款。2011 年 3 月 7 日,青岛渝能公司取得了商品房预售许可证。2011年2月25日,中金实业公司将诉讼请求标的额增加至2.4亿元,继续申请对青岛渝能公司的财产保全,中金豪运公司继续以其相应价值房产提供担保。2011年3月2日,山东省高级人民法院作出(2011)鲁商初字第2-5号民事裁定,裁定对青岛渝能公司的青岛国际贸易中心项目土地使用权进行查封。2011年3月9日,山东省高级人民法院对青岛国际贸易中心项目土地使用权进行了实际查封。此后,中金实业公司又多次变更诉讼请求,申请增加财产保全的数额。截至2011年6月29日,中金实业公司最终将其主张的经济损失赔偿数额提高到4.8亿元。在中金豪运公司的担保支持下,2011年9月8日,山东省高级人民法院作出(2011)鲁商初字第2-8号民事裁定,将青岛渝能公司财产保全的限额提高到3.9亿元。

2011年9月13日,山东省高级人民法院作出(2011)鲁商初字第2号民事判决,以证据不足为由,判决驳回了中金实业公司的诉讼请求。中金实业公司向最高人民法院提起上诉,最高人民法院2012年3月15日(2011)民二终字第108号民事判决驳回了中金实业公司的上诉请求。

2012年4月10日,根据中铁公司和青岛渝能公司的申请,山东省高级人民法院作出(2011)鲁商初字第2-11号民事裁定,解除了对青岛渝能公司青岛国际贸易中心项目土地使用权的查封,解除了对青岛渝能公司在中国银行股份有限公司山东省分行账户23×××56的冻结。

2010年10月26日,中国银行股份有限公司山东省分行向青岛市房产登记中心出具证明一份,该证明载明,青岛渝能公司开发的青岛国际贸易中心项目,位于青岛市××××乙,计划总投资418,000万元(不含地价款),现工程已投入建设资金85,592万元(不含地价款),其中:前期工程费24,530万元、建安工程费104,853万元、开发间接费56,209万元,占总投资额的44%。同日,中国工商银行股份有限公司青岛市南第二支行出具证明称,青岛渝能公司开发的青岛国际贸易中心项目,位于青岛市××××乙,土地证号为:青房地权市字第201065164号,已将使用权抵押给我行,属于土地抵押(抵押范围不包含公共配套设施),我行同意该公司办理预售许可证,对外销售。同日,中国农业银行股份有限公司青岛市南支行也出具了与中国工商银行股份有限公司青岛市南第二支行相同的证明。2011年3月7日,青岛渝能公司取得了青房注字(2011)第009号青岛市商品房预售许可证。该证载明的项目名称为青岛国际贸易中心,坐落地点为市南区香港××路××乙××楼、戊、己,地上部位建筑面积为212,252.80平方米。2011年3月7日,青岛渝能公司制作的商品房预售方案载明,预售总套数656套,预售面积212,252.80平方米。在该项目土地使用权被查封期间,商品房预售许可证所许可销售的商品房未能实际销售。

2011年1月28日,青岛市人民政府办公厅发布青政办发〔2011〕8号《关于进一步做好房地产市场调控工作促进房地产市场平稳健康发展的意见》,决定实行限定购房套数政策,严格限制投机性购房。该政策自该意见发布之日起至2011年12月31日,在青岛市区(市××区)实行住房限购措施。

青岛国际贸易中心项目的销售机构为荣置地公司。2012年4月14日,荣置地公司向青岛渝能公司提供的《关于青岛国际贸易中心项目销售情况预测报告》载明，开盘时间为2011年1月28日前，开盘一周内预计销售进度为22%，开盘一月内预计销售进度为30%，开盘一年内预计销售进度为61%。开盘时点所处背景为市场状况良好，沿海一线无新的竞品项目推出，项目形象健康、定价合理具有标志性，备受客户瞩目与期待。开盘时间为2011年3月，开盘一周内预计销售进度为17%，开盘一月内预计销售进度为19%，开盘一年内预计销售进度为47%。开盘时点所处背景为项目官司缠身，财产被查封，引起社会广泛质疑，客户渐渐流失，新国八条、青岛限购令相继出台，项目处于尴尬局面。开盘时间为2012年3月，开盘一周内预计销售进度为10%，开盘一月内预计销售进度为13%，开盘一年内预计销售进度为30%。开盘时点所处背景为房地产市场调控一年来，青岛高端房产价格回落明显，项目维持原价销售已不现实，建议降低销售价格。

青岛渝能公司主张的损失额为项目销售迟延半年的利息损失189,553,873.10元，1.2亿元资金被冻结半年的利息损失351万元。其计算方法为，项目全部销售后的总价值10,013,411,148.72元，按开盘销售最低30%计算，该等款项仅一年利息损失为189,553,873.10元；1.2亿元资金被冻结按半年期贷款利率5.85%计算（2011年2月23日至8月23日）为利息损失351万元（1.2亿元×5.85%×0.5）。上述两项合计为193,063,873.10元。

2014年12月18日，最高人民法院作出（2013）民申字第161号民事裁定，驳回了中金实业公司对于（2011）民二终字第108号民事判决的再审申请。

案件申请及实施保全措施时，中国人民银行公布的贷款利率为：半年期利率5.85%，一年期利率6.31%。

被上诉人（一审原告）青岛渝能公司一审诉讼请求法院判令：1.中金实业公司赔偿青岛渝能公司因申请财产保全错误造成的损失193,063,873.10元；2.中金豪运公司与中金实业公司对青岛渝能公司因财产保全错误的损失193,063,873.10元承担连带赔偿责任。

一审法院判决：1.中金实业公司于判决生效之日起10日内赔偿青岛渝能公司因申请财产保全错误造成的损失66,694,624.35元；2.中金豪运公司对判决第一项承担连带赔偿责任；3.驳回青岛渝能公司的其他诉讼请求。

二审法院最高人民法院于2017年12月8日作出（2017）最高法民终118号二审民事判决：1.维持山东省高级人民法院（2014）鲁民一重初字第1号民事判决第一项、第三项；2.变更山东省高级人民法院（2014）鲁民一重初字第1号民事判决第二项为青岛渝能公司有权就判决第一项确定的债权对中金豪运公司名下滨州市渤海十七路以东、黄河七路以南都心世贸广场192号房产折价或者拍卖、变卖价款优先受偿。

法院观点

一、关于中金实业公司是否应因申请财产保全而赔偿青岛渝能公司损失的问题

《民事诉讼法》第100条规定："人民法院对于可能因当事人一方的行为或者其他原因，使判决难以执行或者造成当事人其他损害的案件，根据对方当事人的申请，可以裁定对其财产

进行保全、责令其作出一定行为或者禁止其作出一定行为”;第105条规定:“申请有错误的,申请人应当赔偿被申请人因保全所遭受的损失”。财产保全制度的目的在于保障将来生效裁判文书的执行,申请财产保全是当事人重要的诉讼权利。依当事人申请裁定的财产保全,虽系人民法院对申请进行形式审查后作出的司法措施,但其前提和基础是当事人的财产保全申请。如因申请保全人权利行使不当而造成他人财产损失的,应由申请保全人承担侵权赔偿责任。侵权责任的认定,应当适用《侵权责任法》第6条“行为人因过错侵害他人民事权益,应当承担侵权责任”的规定。申请保全人是否有过错,不仅要看其诉讼请求最终是否得到支持,还要看其是否存在故意或重大过失。申请保全人是否存在故意或重大损失,要根据其诉讼请求及所依据的事实和理由考察其提起的诉讼是否合理,或者结合申请保全的标的额、对象及方式等考察其申请财产保全是否适当;申请保全人提起的诉讼合理且申请财产保全适当的,不属于故意或重大过失,否则系存在过错。首先,中金实业公司提起山东省高级人民法院(2011)鲁商初字第2号案的诉讼缺乏合理性。按照《合作框架协议》《补充协议》《投资合作协议》的约定,中铁公司投资青岛渝能公司是为获得项目销售带来的收益,股权回购的前提也是中铁公司要已按约定比例获得正常经营期间的投资收益。根据最高人民法院(2011)民二终字第2号生效民事判决的认定,案涉项目尚未进行销售,中铁公司在项目中的投资风险并未释放完毕,在案涉项目的建设、销售完成之前,中金实业公司不享有请求中铁公司立即实现约定股权回购条件的权利,并最终驳回了中金实业公司的全部诉讼请求。在中铁公司投资入股青岛渝能公司推动项目开发经营后尚未通过项目销售获得收益的情况下,中金实业公司以行使股权回购权为由,对中铁公司提起山东省高级人民法院(2011)鲁商初字第2号案的诉讼,并要求巨额赔偿,明显不符合双方在合同中关于股权回购的约定;中金实业公司在没有相应证据证明青岛渝能公司的经营行为明显损害公司利益的情况下,将青岛渝能公司列为共同被告,并要求青岛渝能公司停止项目任何形式的处置行为,缺乏事实基础。其次,中金实业公司的诉讼保全行为缺乏适当性。一方面,中金实业公司在可以通过冻结青岛渝能公司房屋销售账户以保护其实现股权回购后的利益的情况下,采取保全措施查封青岛渝能公司土地使用权,阻止了案涉项目的正常销售,其申请保全的对象和方式不适当。另一方面,在青岛渝能公司提供1.2亿元存款作为担保置换解封了项目土地使用权的情况下,中金实业公司为对抗青岛渝能公司的解封不断增加诉讼请求标的额及查封限额,导致项目土地使用权长达一年多时间处于被查封状态,该保全行为也明显不适当。因此,在山东省高级人民法院(2011)鲁商初字第2号案件中,不仅是中金实业公司的诉讼请求被全部驳回,而且其提起该案诉讼缺乏合理性、申请财产保全措施缺乏适当性,主观上明显存在过错,客观上也给青岛渝能公司造成损失,按照《民事诉讼法》第105条的规定,中金实业公司应因其申请财产保全错误而赔偿青岛渝能公司所遭受的损失。

二、关于中金实业公司赔偿数额如何确定的问题

青岛渝能公司在案件中诉讼主张的损失为两个方面,一是其提供1.2亿元换封资金被冻结半年的利息损失,二是项目因诉讼财产保全而迟延销售一年对应的房款利息损失。

关于青岛渝能公司1.2亿元被冻结的利息损失。中金实业公司、中金豪运公司上诉主张青岛渝能公司未及时申请解除冻结存在过错,该损失不存在,即使存在也应为存款利息,并因系违法借贷而应予收缴。最高人民法院认为,申请财产保全冻结被保全人的资金,影响了被保全人对资金的使用收益,必然造成相应的利息损失,申请保全人应当赔偿。被保全人提供证据证明该资金系向他人借贷或被冻结之前已签订合同借贷他人的,该利息损失为实际损失,但该利息损失加上被冻结资金的银行利息之和不应超过最高人民法院《关于审理民间借贷案件适用法律若干问题的规定》规定的年利率24%上限;否则,被保全人的资金利息损失,可参照中国人民银行同期贷款基准利率,或者最高人民法院《关于审理民间借贷案件适用法律若干问题的规定》关于未约定期内及逾期利率的情况下资金占用利息为年利率6%的标准确定。首先,青岛渝能公司提供1.2亿元换封案涉项目土地使用权后,中金实业公司却提高诉讼标的额及保全限额,青岛渝能公司申请解除资金冻结及人民法院审查作出裁定均需要相应的时间,中金实业公司、中金豪运公司关于青岛渝能公司未及时申请解除冻结存在过错的主张不能成立。其次,青岛渝能公司为解除案涉项目土地使用权的查封而从其股东中铁公司处借款1.2亿元,并不违反有关民间借贷的法律法规及司法解释的规定,中金实业公司、中金豪运公司主张因违法借贷而应予收缴缺乏法律依据。最后,青岛渝能公司作为房地产开发的企业,其巨额资金被冻结必然要产生相应的资金损失,在案涉合同中亦约定中铁公司每年要按青岛渝能公司实际占用投资总额的30%计算投资收益,中金实业公司、中金豪运公司关于没有损失及损失应为存款利息的上诉主张与事实不符。因此,一审判决根据青岛渝能公司的诉讼主张,按照中国人民银行同期贷款利率判处中金实业公司赔偿青岛渝能公司1.2亿元被冻结半年的资金利息损失351万元,并无不当。

关于项目迟延销售的损失。青岛渝能公司诉讼主张按预计全部销售额的30%计算一年的利息,一审法院酌情按其全部销售额的10%为基数计算一年的利息损失。中金实业公司上诉主张即使其不保全查封,房屋销售款也不能完全由青岛渝能公司掌握,存在账户中也只是存款利率而非贷款利率。中金豪运公司上诉主张,青岛渝能公司房屋销售受地方政策等多种因素影响,其损失与中金实业公司的财产保全没有因果关系;按照青岛市2011年以来持续上涨的房产价格,青岛渝能公司房产推迟销售不但没有损失而且还因此盈利,一审判决酌情确定的房屋销售款利息损失,缺乏事实依据。最高人民法院认为,最高人民法院《关于人民法院办理财产保全案件若干问题的规定》第20条规定,“财产保全期间,被保全人可以请求对被保全财产自行处分,人民法院经审查,认为不损害申请保全人和其他执行债权人合法权益的,可以准许,但应当监督被保全人按照合理价格在指定期限内处分,并控制相应价款。被保全人请求对作为争议标的的被保全财产自行处分的,须经申请保全人同意。人民法院准许被保全人自行处分被保全财产的,应当通知申请保全人;申请保全人不同意的,可以依照民事诉讼法第二百二十五条规定提出异议。”错误财产保全赔偿的是被保全人的实际损失,且该损失的发生与申请保全人的行为有直接的因果关系。被保全人依据前述司法解释规定有权选择对被保全财产是否处分,被保全人未请求或者其请求不当而未获人民法院准许的,被保全财产因市场变化而产生的价值贬损,系被保全人应自行承担的风险,与申请财产保全行为没有直接的因果关系。但申请保全人不同意被保全人自行处分的,则被保全人因不能行使处置权而发生的财产损失与申请保全人的行为有直接的因果关系,在财产保全错误时应由申请保全人承担相应的赔偿责任;被保全人的实际损失,应为被保全财产在保全开始与保全结束两个时点的价差,以及开始时的价款对应的资金利息损失。首先,青岛渝能公司筹措1.2亿元换封了案涉项目的土地使用权欲进行房屋销售,但中金实业公司不断增加诉讼请求标的额及查封限额,其错误财产保全行为阻却了青岛渝能公司的房屋销售,应赔偿青岛渝能公司在此期间遭受的实际损失,中金实业公司、中金豪运公司关于保全查封与房屋销售损失没有因果关系及青岛渝能公司怠于行使保全复议、未采取换封措施减少损失存在重大过错等上诉理由,均不能成立。其次,一审判决以青岛渝能公司全部销售额的10%为基数,并按同期银行贷款利率计算的利息,酌定为中金实业公司应赔偿的项目迟延销售损失,有相应的事实和法律依据。中金实业公司、中金豪运公司虽主张青岛市房产价格2011年以来持续上涨,但并未提供证据证明10%的项目房屋在查封结束时实际销售价款或市场价值与在查封开始时预计销售的价款之差,减去青岛渝能公司10%的项目房屋查封开始时预计销售的价款在错误保全查封期间的融资损失,大于一审判决酌定的房款利息损失,故中金实业公司、中金豪运公司关于青岛渝能公司房产推迟销售没有损失而不用赔偿的上诉主张亦不能成立。一审判决酌定中金实业公司赔偿青岛渝能公司项目迟延销售的利息损失63,184,624.35元并无不当,最高人民法院予以维持。

三、关于中金豪运公司是否应当承担连带赔偿责任的问题

中金豪运公司上诉主张其担保因未经股东会决议而无效,即使承担责任也应仅就其提供的担保财产承担责任,而非连带保证责任。最高人民法院认为,为财产保全提供的担保系向人民法院出具的司法担保,而非平等民事主体之间的担保。财产保全措施系因申请而采取,财产保全错误的,申请保全人是侵权行为人。第三人提供担保的,对被保全人的损失,应当按照承诺承担相应的担保责任。首先,中金豪运公司在山东省高级人民法院(2011)鲁商初字第2号案中提供的担保,经该院审查接受后合法有效,中金豪运公司关于其担保因未经股东会决议而无效的上诉主张,缺乏法律依据。其次,山东省高级人民法院(2011)鲁商初字第2号案中错误财产保全的行为主体是中金实业公司,而非中金豪运公司,中金豪运公司为中金实业公司提供保全担保,并不属于共同侵权行为。一审判决依据《侵权责任法》第8条的规定认定中金豪运公司与中金实业公司构成共同侵权并承担连带赔偿责任,属于适用法律不当,最高人民法院予以纠正。最后,中金豪运公司出具的三份《财产保全担保书》中明确表示以其名下滨州市渤海十七路以东、黄河七路以南都心世贸广场192号房产为中金实业公司的保全提供财产担保,如因财产保全不当给被保全人造成损失的,愿承担相应责任,故应在担保财产的价值范围内承担担保责任。中金豪运公司出具的担保书中没有承担无限连带责任的意思表示,青岛渝能公司关于中金豪运公司应按照担保书承诺而承担连带责任的主张与事实不符。

律师提示

本案原告胜诉获得巨额赔偿,与其积极作为、主张权利及固定证据等措施是分不开的。作为诉讼财产保全申请人,如何谨慎避免因财产保全错误导致赔偿?反之,作为诉讼财产保全被申请人,如果针对申请人的恶意诉讼及财产保全,积极采取措施,为日后索赔收集证据,打下埋伏?通过本案例学习,以案为鉴,作为诉讼保全被申请人,若想日后成功索赔,至少需要注意以下三点:

一、认识到保全错误不是指一般过错,而是指申请人存在故意或重大过失,且需要被申请人举证证明,具体应从诉讼的合理性及保全措施的适当性两方面进行论证展开。

二、一旦财产遭受诉讼保全措施,需要及时提起异议,请求置换保全财产,可流转的财产可积极主张销售,留下有关证据。

三、实践中,此类纠纷损失举证很困难,银行资金冻结前的借款合同(如果证据确实,损失可最高支持到年利率24%)及房产查封前的预售方案都是非常有力的损失证据。

011 预查封是否影响房屋权属登记?

案例索引

福建省宁德市中级人民法院(2016)闽09民终1232号民事判决书。

案例导读

一、本案是一起因预售商品房引发的买受人与案外人之间的纠纷,所购房屋被法院预查封,从而引发与开发商关于产权登记的典型纠纷案例。本案亮点在于,预查封是否影响房屋登记?这是商品房买卖合同纠纷新型案例,鲜有参考。

二、什么是预查封?预查封的实质是什么?预查封为什么不影响预登记房屋在预查封期间登记到被执行人名下?本案法院对此给予了有力的论证,可参考笔者梳理的裁判逻辑进行理解。

裁判要旨

法院预查封裁定并不影响预登记房屋在预查封期间登记到被执行人名下。

裁判逻辑

一、当事人签订的《商品房买卖合同》及《合同补充协议》是双方当事人的真实意思表示，没有违反法律、行政法规的强制性规定，应为有效合同，双方均应全面履行合同的义务。

二、涉讼房屋已进行了商品房预告登记，法院查封实系预查封。

三、最高人民法院、国土资源部、建设部《关于依法规范人民法院执行和国土资源房地产管理部门协助执行若干问题的通知》第16条规定："土地、房屋权属在预查封期间登记在被执行人名下的，预查封登记自动转为查封登记，预查封转为正式查封后，查封期限从预查封之日起开始计算。"言下之意，土地、房屋权属预查封期间可以登记到被执行人名下。

四、法院作出的预查封裁定书，其意在让被执行人不得转移被查封的房产，不得设定权利负担，不得办理房产的产权变更、过户手续，但并不影响涉讼房屋在预查封期间登记到被执行人名下。

交易结构图

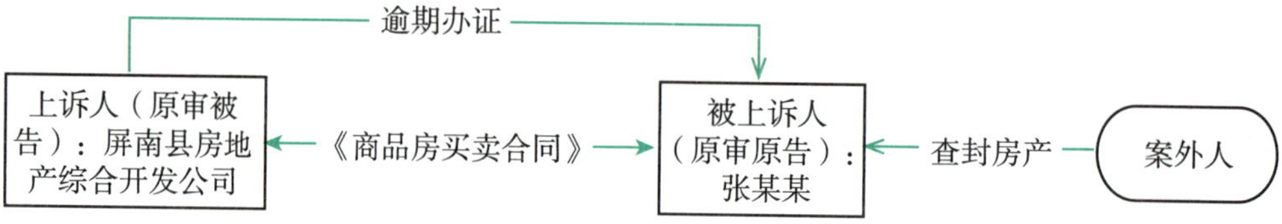

主要案情

上诉人（原审被告）：屏南县房地产综合开发公司。

被上诉人（原审原告）：张某某。

上诉人屏南县房地产综合开发公司因与被上诉人张某某商品房预售合同纠纷一案，不服屏南县人民法院（2015）宁民初字第747号民事判决，向福建省宁德市中级人民法院提起上诉。

2010年6月28日，双方签订《商品房买卖合同》，合同主要约定：一、张某某购买屏南县房地产综合开发公司的古峰镇佳垅新村的佳洋新居第一幢×单元×××号房的预售商品房，房屋总价款254,155元。二、关于产权登记的约定：出卖人应当在商品房交付使用后60日内，向当地房屋权属登记机构办理房屋所有权初始预登记，并将办理权属登记需由出卖人提供的资料交付买受人。如因出卖人原因，买受人不能在商品房交付使用后90日内取得房屋权属证书的，双方同意按买受人不退房，出卖人自逾期之日起每日按买受人已付款的0.01%向买受人支付违约金。经买受人书面委托，出卖人可向房屋权属登记机构代办权属登记，相关费用等具体事项在合同附件6中另行约定。当日双方签订了该《商品房买卖合同》的补充协议（合同附件6）。补充协议相关约定：……七、其他：4.买卖双方同意将主合同第14条约定变更为：出卖人应当在商品房交付使用后365日内，向当地房屋权属登记机构办理房屋所有权初始预登记，并将办理权属登记需由出卖人提供的资料交付买受人。

2010 年 6 月 28 日，张某某向屏南县房地产综合开发公司支付全部购房款（包括首付款 84,155 元，银行按揭贷款 170,000 元）。

2011 年 5 月 30 日，屏南县房地产综合开发公司实际交房。

2013 年 6 月 7 日，因张某某与案外人发生纠纷，涉讼房屋于 2013 年 6 月 7 日被查封，至今未办理土地使用权证及房产所有权证。

被上诉人（原审原告）张某某一审诉讼请求：依法判决屏南县房地产综合开发公司支付张某某违约金 15,223.88 元。

一审法院判决：屏南县房地产综合开发公司应于该判决生效之日起十日内向张某某支付逾期办证的违约金 15,223.88 元。

二审法院宁德市中级人民法院于 2016 年 10 月 12 日作出（2016）闽 09 民终 1232 号民事判决：驳回上诉，维持原判。

法院观点

张某某与屏南房地产公司签订的《商品房买卖合同》及《合同补充协议》是双方当事人的真实意思表示，没有违反法律、行政法规的强制性规定，应为有效合同，双方均应全面履行合同的义务。

预查封执行裁定书，其意在让被执行人张某某不得转移被查封的房产，不得设定权利负担、办理房产的产权变更、过户手续，没有影响张某某正常的产权登记，且在查封之前屏南县房地产综合开发公司就负有为张某某代理及协助办证义务。此外，屏南县房地产综合开发公司除了只办理了预购商品房预告登记外，至今也没有提供证据证明屏南县房地产综合开发公司已向当地房屋权属登记机构办理房屋所有权初始预登记，并将办理权属登记需由出卖人提供的资料交付买受人。屏南县房地产综合开发公司也没有提供证据证明由于行政部门或者其他非出卖人原因导致买受人未能在最高人民法院《关于审理商品房买卖合同纠纷案件适用法律若干问题的解释》第 18 条第 1 款规定的期限内取得房屋权属证书，因此屏南县房地产综合开发公司仍然违约。据此，根据《商品房买卖合同》第 14 条的规定，未能取得房屋权属证书的，屏南县房地产综合开发公司应当自逾期之日起每日按房款 0.01% 支付违约金，双方约定按日计付违约金，违约金数额应当按照实际导致办证拖延的天数计算，张某某主张屏南县房地产综合开发公司承担 2013 年 8 月 19 日至 2015 年 4 月 9 日的违约责任即违约金为 254,155 元 ×0.01% ×599 日 =15,223.88 元予以支持。

最高人民法院、国土资源部、建设部《关于依法规范人民法院执行和国土资源房地产管理部门协助执行若干问题的通知》第 16 条规定："土地、房屋权属在预查封期间登记在被执行人名下的，预查封登记自动转为查封登记，预查封转为正式查封后，查封期限从预查封之日起开始计算。"言下之意，土地、房屋权属预查封期间可以登记到被执行人名下。本案中，涉讼房屋已进行了商品房预告登记，法院查封实系预查封。在查封、预查封期间不得办理抵押、转让等权属变更、转移登记手续,但并不影响涉讼房屋在预查封期间登记到张某某名下。故屏南县房地产综合开发公司关于讼争房屋逾期办证是由于法院查封冻结的客观原因导致,缺乏依据。

律师提示

实务中,在此类情形下,尤其是在按揭购房的情形下,开发商通常以此为由,认为无法办证、无法办理正式抵押,进而影响其对按揭银行的阶段性担保解除,提起不安抗辩,拒不交房或办证。预查封是否影响预抵押转为正式抵押呢?开发商的抗辩理由是否成立呢?

一、根据国土资源部2016年印发的《不动产登记操作规范(试行)》9.1.4审查要点第4点第(2)项规定:"商品房被预查封的,不影响办理国有建设用使用权及房屋所有权首次登记以及预购商品房预告登记转国有建设用使用权及房屋所有权转移登记。"可见,存在预查封的情形,不影响将相关登记事项记载于不动产登记簿,不影响办理房屋所有权首次登记及转移登记。

二、根据国土资源部2016年印发的《不动产登记操作规范(试行)》14.1.7的规定:"有查封登记的,不予办理抵押登记,但在商品房抵押预告登记后办理的预查封登记,不影响商品房抵押预告登记转抵押权首次登记。"可见,即便存在预查封也不会影响按揭银行的抵押权实现。

三、根据最高人民法院、国土资源部、建设部《关于依法规范人民法院执行和国土资源房地产管理部门协助执行若干问题的通知》第16条规定:"国土资源、房地产管理部门应当依据人民法院的协助执行通知书和所附的裁定书办理预查封登记。土地、房屋权属在预查封期间登记在被执行人名下的,预查封登记自动转为查封登记,预查封转为正式查封后,查封期限从预查封之日起开始计算。"可见,预查封的标的是购房人未来能取得的物权,而购房人取得该套房屋的物权,有赖于购房人与开发商共同推进商品房买卖合同的正常交付履行。

四、根据"唐一与叶辉等民间借贷纠纷执行案"[江苏省无锡市中级人民法院(2013)锡执他字第0001号],"法院预查封的基础是房产的预告登记,预查封之时,法院已经可以预见到今后房产将会产生抵押权。产监处将抵押预告登记转为正式抵押登记的行为并未设定新的权利或权利负担,不属于擅自处分法院查封财产的行为。崇安区人民法院第一种意见不符合预告登记制度和预查封制度的本意,不仅不利于商品房预售制度的发展,也不利于法院今后预查封工作的开展"。可见,无锡市中级人民法院认为,抵押预告登记后,法院对该预购商品房采取了预查封措施,在房产具备正式登记条件时,在先的抵押预告登记可转换为正式抵押登记,从而在法院查封、处置后得以优先受偿。

五、综上所述,只要购房人与开发商积极履行《商品房买卖合同》,不会影响到预查封房屋的产权登记、抵押登记,不会影响到开发商及按揭银行的权利,也不会影响到开发商阶段性担保的正常解除,当然,在没有合同明确约定的情况下,开发商以此为由的不安抗辩,也就不成立了。

第三章　程　序　篇

012 如何判断后诉实质上否定前诉而构成重复诉讼?

案例索引

最高人民法院(2017)最高法民申210号民事裁定书。

案例导读

一、本案是一起关于重复诉讼的典型判例。最高人民法院通过本案例,对关于构成重复诉讼的实质关键条件及如何理解《民事诉讼法解释》第247条的正确含义,均给予了解答。

二、作为被告,是单纯抗辩?还是提起反诉?或另案起诉?还是再审?这是一个至关重要的关于程序方面的专业问题。

三、实践中,如何进行判断和最佳抉择?被判决构成重复诉讼后,还能有何程序救济或出路?

裁判要旨

被告以前诉生效判决已经实质审查并完全否定了的抗辩理由,作为起诉理由另案提起诉讼的,实质上会动摇前诉裁判基础,进而否定前诉裁判结果,构成重复诉讼。

裁判逻辑

一、在前诉中,被告虽未提起反诉但提出了抗辩理由,法院以否定被告该项抗辩理由为前提条件作出了相应生效判决,视为对被告该项抗辩理由进行了实质审查。

二、在后诉中,被告以被前诉生效判决已经实质审查并完全否定了的抗辩理由,作为起诉理由另案提起诉讼的,实质上会动摇前诉裁判基础,进而否定前诉裁判结果,构成重复诉讼,应当依法驳回起诉。

交易结构图

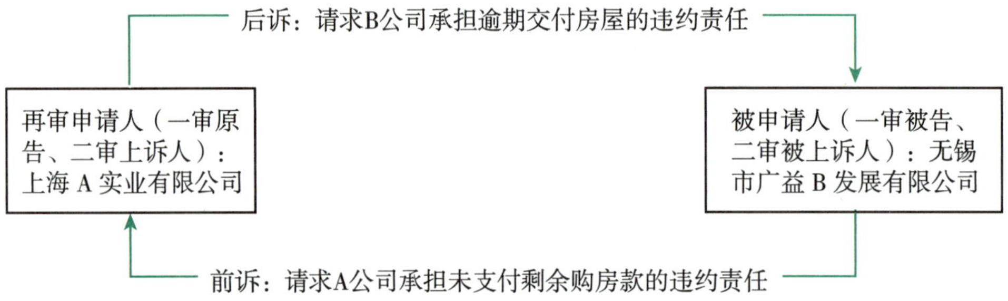

主要案情

再审申请人(一审原告、二审上诉人):上海 A 实业有限公司。

被申请人(一审被告、二审被上诉人):无锡市广益 B 发展有限公司。

再审申请人上海 A 实业有限公司(以下简称 A 公司)因与被申请人无锡市广益 B 发展有限公司(以下简称 B 公司)商品房销售合同纠纷一案,不服江苏省高级人民法院(2016)苏民终 575 号民事裁定,向最高人民法院申请再审。

无锡市中级人民法院根据双方举证情况,对各方是否存在违约情形进行了审查判断,在判决说理部分明确认定"双方当事人实际上已通过各自行为变更合同履行方式,即从由 A 公司零星销售涉案房屋以回笼资金变更为整体处置涉案房屋以解决资金困境,故 B 公司未交付对应已付购房款价值的房屋并不构成违约""A 公司未支付剩余购房款构成违约,应当承担相应的违约责任",据此判决 A 公司向 B 公司支付违约金。

A 公司不服该判决提出上诉。江苏省高级人民法院在二审程序中审查认定"B 公司未交付已付购房款对应价值的房屋不构成违约",判决驳回了 A 公司的上诉。

前诉案件二审生效后,A 公司以 B 公司未交付对应已付购房款价值的房屋构成违约为由,另案向无锡市中级人民法院提起诉讼,请求 B 公司承担逾期交付房屋的违约责任。

一审法院无锡市中级人民法院以构成重复诉讼为由,裁定驳回起诉。A 公司不服该裁定,向江苏省高级人民法院提起上诉。

二审法院江苏省高级人民法院作出(2016)苏民终 575 号民事裁定:驳回上诉,维持原裁定。

再审法院最高人民法院于 2017 年 3 月 8 日作出(2017)最高法民申 210 号民事裁定:驳回 A 公司的再审申请。

法院观点

本案的焦点问题是:A 公司起诉要求 B 公司承担逾期交付房屋的违约责任是否构成重复诉讼。

A公司虽未在无锡中院18号案件中明确提出B公司违约的反诉主张，但无锡市中级人民法院在该案一审程序及后续江苏省高级人民法院在二审程序中，对B公司是否违约均进行了实质审查，且已明确认定B公司不构成违约。A公司基于同一事实和相同法律关系，在案件中提出B公司违约的诉讼请求，该请求在实质上否定了前诉无锡中院18号案件的裁判结果。

根据《民事诉讼法解释》第247条规定，A公司的起诉应认定为重复诉讼，原审裁定驳回A公司的起诉并无不当。

律师提示

前诉与后诉相同或相斥，均构成重复诉讼。实践中，如何进行判断和最佳抉择？被判决构成重复诉讼后，还能有何程序救济或出路？

一、通常情况下，本诉（前诉）被告如果认为原告存在违约或侵权的情况下，可以有三种选择：一是单纯抗辩，二是提起反诉，三是另案起诉。

二、如果被告不提起反诉，如何保障以后的另案起诉权？这确实需要代理律师更为高超的技术判断和决策，绝对是技术活。

（一）如果像本案一样，法院以否定被告抗辩理由为前提条件作出相应生效判决的话，前诉被告将可能会丧失另案起诉的权利，陷入重复诉讼的陷阱。

（二）如果前诉生效判决肯定了原告存在违约或侵权等抗辩理由，或特别说明不予审查，或告知可另案主张的话，被告则可以另案起诉。

三、如果出现类似本案一样的尴尬，建议当事人还可试着及时对前诉生效判决提起审判监督程序（再审申请、抗诉申请等）。

013 诉前约定送达条款有效可否直接适用？

案例索引

杭州铁路运输法院（现杭州互联网法院）(2017)浙8601民初943号民事判决书。

案例导读

本案是最高人民法院发布的第一批涉互联网典型案例中的第一个案例。当事人在诉前合同中约定的电子送达方式及送达地址在诉讼中可否直接适用？最高人民法院通过发布典型案例的方式给予了认可。

裁判要旨

当事人在诉前相关合同中对电子送达方式、电子送达地址及法律后果作出明确、具体约定的，该约定具有相当于《送达地址确认书》的效力。

裁判逻辑

一、经受送达人同意，人民法院可以采用传真、电子邮件等能够确认其收悉的方式送达诉讼文书，但判决书、裁定书、调解书除外。

二、受送达人同意采用电子方式送达的，应当在送达地址确认书中予以确认。

三、诉前约定送达条款虽然与在诉中由法院引导填写、统一的印制格式等形式不尽相符，但是只要其满足了实质要件，能够在保障当事人诉权的前提下有效解决送达难题，便是一种更便捷、高效的送达。

四、当事人在诉前相关合同中对电子送达方式、电子送达地址及法律后果作出明确、具体约定的，该约定具有相当于《送达地址确认书》的效力。

五、诉前约定送达符合双方当事人利益，应该被送达地址确认制度所吸收，丰富送达地址确认制度形式，与诉中填写送达地址确认书相互补充，成为高效解决“送达难”的有效形式。

交易结构图

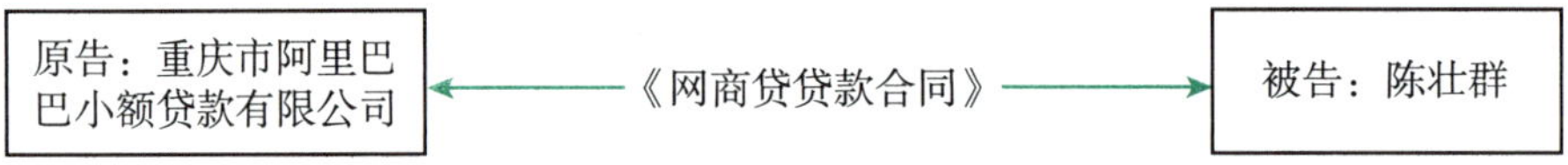

主要案情

原告：重庆市阿里巴巴小额贷款有限公司。

被告：陈壮群。

原告重庆市阿里巴巴小额贷款有限公司（以下简称阿里小贷公司）与被告陈壮群小额借款合同纠纷一案，杭州铁路运输法院（现杭州互联网法院）于 2017 年 5 月 24 日立案后，依法适用简易程序，于 2017 年 6 月 23 日公开开庭进行了审理。

2015 年 7 月 25 日，阿里小贷公司与陈壮群在线签订《网商贷贷款合同》，约定借款及相关双方权利义务。其中，合同特别约定：对于因合同争议引起的纠纷，司法机关可以通过手机短信或电子邮件等现代通讯方式送达法律文书；陈壮群指定接收法律文书的手机号码或电子邮箱为合同签约时支付宝账户绑定的手机号码或电子邮箱；陈壮群同意司法机关采取一种或多种送达方式送达法律文书，送达时间以上述送达方式中最先送达的为准；陈壮群确认上述送达方式适用于各个司法阶段，包括但不限于一审、二审、再审、执行以及督促程序；陈壮群保证送达地址准确、有效,如果提供的地址不确切或者不及时告知变更后的地址,使法律文书无法送达或未及时送达,自行承担由此可能产生的法律后果。合同签订后,阿里小贷公司发放贷款,但陈壮群未依约还款付息,故阿里小贷公司提起诉讼。

法院通过“12368”诉讼服务平台,向被告陈壮群支付宝账户绑定的手机号码发送应诉通知书、举证通知书、开庭传票等诉讼文书,平台系统显示发送成功。陈壮群无正当理由拒不到庭参加诉讼,法院依法缺席审理。

杭州铁路运输法院于2017年6月25日作出(2017)浙8601民初943号民事判决:陈壮群返还阿里小贷公司借款本金并支付利息、罚息、律师费等共计587,158.25元。一审宣判并送达后,原告、被告均未提出上诉,该判决已发生法律效力。

法院观点

本案争议焦点:当事人在诉前合同中约定的电子送达方式及电子送达地址在诉讼中是否可以直接适用的问题?

根据《民事诉讼法》第87条的规定,经受送达人同意,人民法院可以采用传真、电子邮件等能够确认其收悉的方式送达诉讼文书,但判决书、裁定书、调解书除外。《民事诉讼法解释》第136条规定,受送达人同意采用电子方式送达的,应当在送达地址确认书中予以确认。

本案中,原告、被告于诉前约定诉中可以采用电子送达方式及电子送达地址、适用程序范围、地址变更方式、过错导致文书未能送达的法律后果等内容,意思表示真实,内容明确、具体,双方对送达条款均能预见诉讼产生的法律后果,约定的送达条款符合《送达地址确认书》的实质要件,具有相当于送达地址确认书的效力,法院可以据此约定直接适用电子送达方式向诉前约定的电子送达地址送达除判决书、裁定书、调解书以外的诉讼文书。

律师提示

一、本案例的诉前送达条款几乎可以直接拿来作为范文使用。诉前送达条款必须就送达合意、送达地址、法律后果三个方面进行具体、明确约定,才能达到相应法律效果。

二、法院首先应当谨慎地适用当事人在诉前合同中约定送达条款,必须以严格审查且法官内心确信诉前送达条款的真实性为前提,因为法院未经法定送达即缺席审查诉前送达条款的真实性存在侵犯当事人的诉权(质证权利)的可能,也不能完全排除原告提供虚假诉前送达条款的可能。

三、鉴于诉前送达条款实质属于合同条款,属于证据的范畴,法院未经质证即认定真实有效,在逻辑上难以自洽,存在“是先有鸡还是先有蛋”的逻辑悖论。

四、或许正因如此,《民事诉讼法》特别规定了判决书、裁定书、调解书不适用电子送达。因此,笔者认为,既然判决书、裁定书、调解书不适用电子送达,当然不适用诉前电子送达条款,也不能适用诉前送达条款。判决书、裁定书、调解书应当按照当事人的法定送达地址或诉讼中确认的送达地址送达,不能依法送达的应当及时公告送达,以最大限度地保障当事人的诉权,弥补“是先有鸡还是先有蛋”的逻辑悖论。

014 不上诉直接申请再审为何不予审查?

案例索引

最高人民法院(2016)最高法民申 2505 号民事裁定书。

案例导读

本案是一起当事人不上诉申请再审的案例,最高人民法院通过本案例给出了“不上诉直接申请再审一般不予审查”的裁判规则。

裁判要旨

对于无正当理由未提起上诉且二审判决未改变一审判决对其权利义务判定的当事人,一般应视为其接受一审判决结果,法院可对其申请再审事由依法不予审查。

裁判逻辑

一、两审终审制是我国民事诉讼的基本制度,即当事人首先应当选择民事诉讼审级制度设计内的常规救济程序,通过民事一审、二审程序寻求权利的救济。

二、再审程序是针对生效判决可能出现的重要错误而赋予当事人的特别救济程序,如在穷尽了常规救济途径之后,当事人仍然认为生效裁判有错误的,可以向人民法院申请再审。

三、对于无正当理由未提起上诉且二审判决未改变一审判决对其权利义务判定的当事人,一般不应再为其提供特殊的救济机制,否则将变相鼓励或放纵不守诚信的当事人滥用再审程序,从而使得特殊程序异化为普通程序,这不仅是对诉讼权利的滥用和对司法资源的浪费,也有违两审终审制的基本原则。

四、当事人未提起上诉,一般应视为其接受一审判决结果,再审请求明显与其诉讼权利行使处分权的行为相悖,故法院可对其申请再审事由依法不予审查(注意,对再审事由不审查,意味着即便当事人的再审事由成立也无法进入再审程序)。

交易结构图

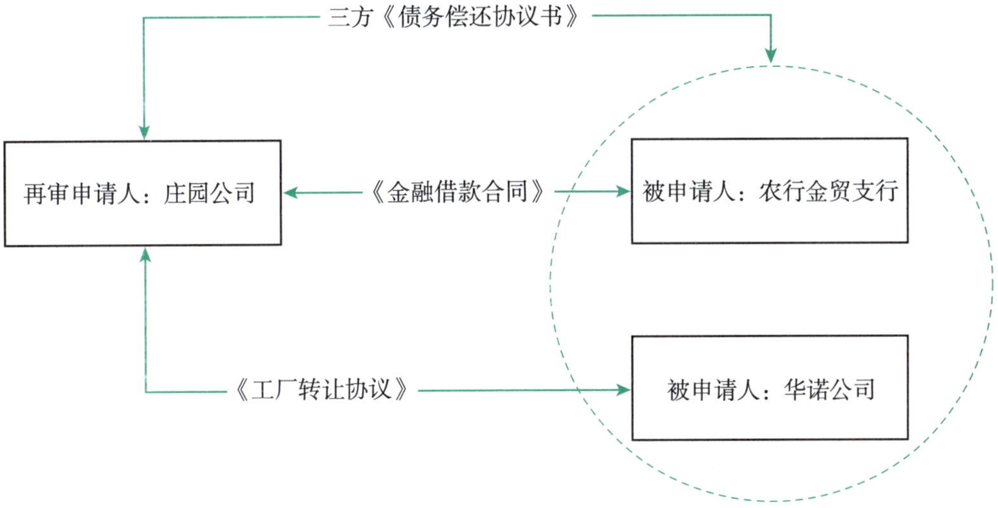

主要案情

再审申请人(一审被告、二审被上诉人):儋州惠安庄园开发有限公司。

被申请人(一审原告、二审上诉人):中国农业银行股份有限公司海口金贸支行。

被申请人(一审被告、二审被上诉人):儋州华诺房地产开发有限公司。

一审第三人:王铁。

再审申请人儋州惠安庄园开发有限公司(以下简称庄园公司)因与被申请人中国农业银行股份有限公司海口金贸支行(以下简称农行金贸支行)、儋州华诺房地产开发有限公司(以下简称华诺公司)及一审第三人王铁金融借款合同纠纷一案,不服海南省高级人民法院(2016)琼民终 60 号民事判决,向最高人民法院申请再审。

庄园公司申请再审称:原判决符合《民事诉讼法》第 200 条第 6 项规定,请求再审案件。主要理由:1. 原判决适用的法律与案件性质明显不符。根据案涉民事法律关系的性质及《民事案件案由规定》,案件应为债务转移合同纠纷,原判决确定案由为金融借款合同纠纷错误。由于庄园公司无力偿还拖欠农行金贸支行的 2500 万元借款本金及利息,农行金贸支行同意庄园公司转让琼脂生产基地给华诺公司,由华诺公司偿还债务。2011 年 2 月 12 日,庄园公司与华诺公司签订了《工厂转让协议》,约定庄园公司将琼脂生产基地转让给华诺公司,该协议是案件债务转移形成的基础。2011 年 8 月 16 日,庄园公司、华诺公司又与农行金贸支行三方签订《债务偿还协议书》,约定华诺公司按照约定的还款方案,代替庄园公司全额偿还拖欠农行金贸支行的上述债务。根据农行金贸支行的结算通知,确认庄园公司欠其债务为 4552.2961 万元,而庄园公司将琼脂生产基地转让给华诺公司的价格为 5687.1 万元,华诺公司直接在转让款中扣除上述债务后付给庄园公司 1134.8038 万元。案涉《债务偿还协议书》应认定为债务转移合同,庄园公司欠农行金贸支行的债务已全部转移给华诺公司,应由华诺公司偿还。原判决认定由庄园公司和华诺公司偿还农行金贸支行的债务错误。2. 原判决确定庄园公司承担偿还利息责任,明显违背当事人约定及法律规定。依据协议约定,庄园公司的全部债务已经转移至华诺公司并以转让款实际抵销了债务,庄园公司不再存在偿还农行金贸支行债务的责任和义务。协议关于农行金贸支行仍然有权继续向庄园公司追索的约定,应视为庄园公司为新债务人华诺公司履行主债务设定的一般保证,其保证期间为主债务履行期届满之日起 6 个月。华诺公司偿还贷款利息的期限为 2011 年 12 月 31 日前,庄园公司提供一般保证的期限至 2012 年 6 月 30 日届满。至此,庄园公司就不再承担保证责任。3. 原判决违反法律适用规则,明显违背立法原意。一审判决第 1 项损害了庄园公司的利益,二审法院根据《民事诉讼法解释》第 323 条第 1 款"第二审人民法院应当围绕当事人的上诉请求进行审理"的规定,以庄园公司未提起上诉为由,对一审判决第 1 项不予审理,属于违反法律适用规则,明显违背立法原意。

最高人民法院于 2016 年 11 月 28 日作出(2016)最高法民申 2505 号民事裁定:驳回庄园公司的再审申请。

法院观点

《民事诉讼法》第 164 条第 1 款规定:"当事人不服地方人民法院第一审判决的,有权在判决书送达之日起十五日内向上一级人民法院提起上诉。"第 168 条规定:"第二审人民法院应当对上诉请求的有关事实和适用法律进行审查。"依据上述法律的规定,两审终审制是我国民事诉讼的基本制度。当事人如认为一审判决错误的,应当提起上诉,通过二审程序行使诉讼权利,即当事人首先应当选择民事诉讼审级制度设计内的常规救济程序,通过民事一审、二审程序寻求权利的救济。再审程序是针对生效判决可能出现的重要错误而赋予当事人的特别救济程序。如在穷尽了常规救济途径之后,当事人仍然认为生效裁判有错误的,其可以向人民法院申请再审。对于无正当理由未提起上诉且二审判决未改变一审判决对其权利义务判定的当事人,一般不应再为其提供特殊的救济机制,否则将变相鼓励或放纵不守诚信的当事人滥用再审程序,从而使得特殊程序异化为普通程序。这不仅是对诉讼权利的滥用和对司法资源的浪费,也有违两审终审制的基本原则。

本案中,海南省第二中级人民法院作出(2015)海南二中民二重字第 2 号民事判决,判令庄园公司与华诺公司向农行金贸支行支付借款利息。庄园公司未对此提起上诉,一般应视为其接受一审判决结果。此种情形下,海南省高级人民法院二审仅审查农行金贸支行的上诉请求,并作出相应判决,符合《民事诉讼法解释》第 323 条"第二审人民法院应当围绕当事人的上诉请求进行审理。当事人没有提出请求的,不予审理,但一审判决违反法律禁止性规定,或者损害国家利益、社会公共利益、他人合法权益的除外"之规定。现庄园公司提出的再审请求,主张一审判决损害其合法权益,明显与其在本案一审、二审诉讼期间行使处分权的行为相悖,且二审裁判结果为驳回农行金贸支行的上诉,维持原判决,即二审判决未改变一审判决对庄园公司权利义务的判定。因此,最高人民法院对庄园公司的申请再审事由依法不予审查。

律师提示

2018年9月15日最高人民检察院《关于停止执行〈人民检察院民事诉讼监督规则(试行)〉第三十二条的通知》一经发布,立即在司法实务界掀起一阵巨浪,似乎"两高"在较劲?最高人民检察院的通知与本案裁判要旨有无冲突?当事人不上诉直接申请再审或抗诉的成功概率真的增大了吗?本案裁判规则中的"正当理由""一般"应如何理解?当事人提起了上诉,但因交不起上诉费申请法院减免缓交均遭驳回,是否属于"正当理由"呢?

笔者认为:

一、最高人民检察院的通知与本案裁判要旨并无冲突。《民事诉讼法》第209条并没有以当事人提出上诉为前提。检察院按照《民事诉讼法》第209条受理当事人申请检察建议或者抗诉,仅是程序的第一步,并不意味着一定会决定提出抗诉。检察院提起抗诉了,进入再审程序,法院最终还是要独立审判,依法裁决,因此,当事人不上诉直接申请再审或抗诉的成功概率并不会因此增大多少。

二、"当事人无正当理由未提起上诉,一般应视为其接受一审判决结果,一般不应再为其提供特殊的救济机制,法院可对其申请再审事由依法不予审查"中的"正当理由",主要指:1.人民法院送达法律文书违反法律规定,影响当事人行使上诉权的;2.当事人因自然灾害等不可抗力无法行使上诉权的;3.当事人因人身自由被剥夺、限制,或者因严重疾病等客观原因不能行使上诉权的;4.有证据证明他人以暴力、胁迫、欺诈等方式阻止当事人行使上诉权的;5.因其他不可归责于当事人的原因没有提出上诉的。"一般"对应的"特殊情况",主要指法院和检察院可依职权主动启动再审、抗诉的情形。

三、当事人提起了上诉,但因交不起上诉费申请法院减免缓交均遭驳回,能否属于"正当理由"呢?笔者认为,应该慎重审查,区别对待。如果当事人已经按期提起了上诉,且提交了诉讼费减、免、缓申请的,确实是因为经济困难且符合《诉讼费用交纳办法》第44条情形的,应该给予当事人再审申请审查的机会。许多资金链断裂的企业,面临大量诉讼,个别案件标的巨大,有的一审判决存在错误,但由于无力负担巨额诉讼费,申请减、免、缓基本被驳回,只能作罢。笔者就曾碰到一个案件,二审上诉费高达2000多万元。

015 诉讼中债权转让二审可否变更诉讼主体?

案例索引

最高人民法院(2018)最高法民终195号民事判决书。

案例导读

一、本案是一起当事人因违背诚信原则故意拖延诉讼被最高人民法院惩戒的典型案例，关键点在于当事人怠于履行诉讼义务也可能面临惩戒。

二、债权转让事实发生于一审判决作出之后，二审诉讼可否变更诉讼主体？最高人民法院认为，债权受让人向法院申请变更诉讼主体参加二审诉讼，经审查申请符合法律规定的，可以允许。最高人民法院通过此案一改以前不同意变更诉讼主体的态度，值得关注。

裁判要旨

被申诉人（债权受让人）向法院申请变更诉讼主体参加二审诉讼，经审查申请符合法律规定的，可以允许；上诉人对其上诉请求及理由不举证、不应诉的，应当承担不利后果。

裁判逻辑

一、诚实信用原则是民事诉讼的基本原则，正当行使诉权是诚信原则的内在要求。

二、当事人应当正当行使诉讼权利，积极履行诉讼义务，不规避法律，不利用法律规定的诉讼权利获取不当利益或者恣意侵害他人合法权益。

三、当事人恶意利用管辖、回避、举证等规定，滥用诉讼权利，怠于履行诉讼义务，故意拖延诉讼进程，不仅浪费了宝贵的司法资源，扰乱了正常的诉讼秩序，同时还损害了对方当事人的合法权益，法院可依法惩戒。

四、债权受让人向法院申请变更诉讼主体参加二审诉讼，经审查申请符合法律规定的，可以允许。

五、上诉人对其上诉请求及理由不举证、不应诉的，应当承担不利后果。

交易结构图

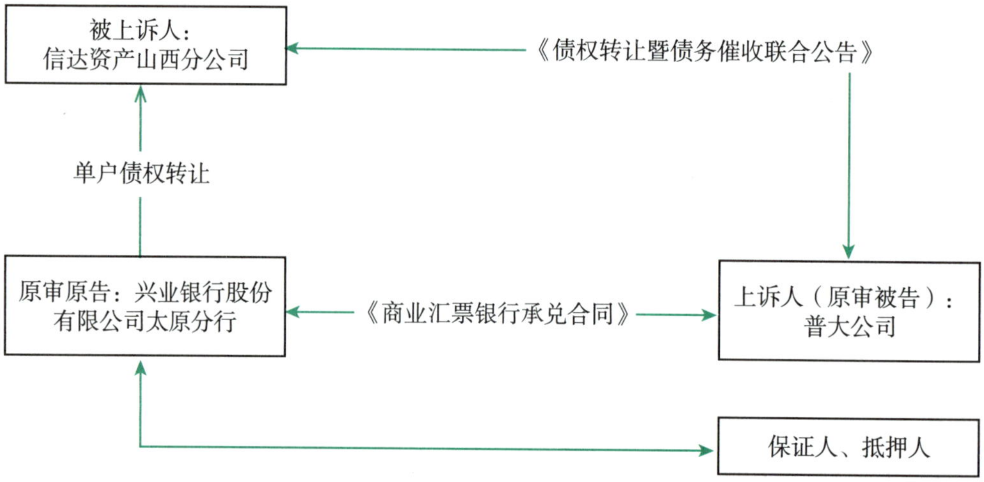

主要案情

上诉人（原审被告）：山西普大煤业集团有限公司。

被上诉人：中国信达资产管理股份有限公司山西省分公司（原审原告：兴业银行股份有限公司太原分行）。

原审被告：薛宁、赵明、山西聚义实业集团股份有限公司、山西霍州力拓煤业有限公司、山西平陆大金禾金门煤业有限公司、山西大禾新农业科技有限公司。

上诉人山西普大煤业集团有限公司（以下简称普大公司）因与被上诉人中国信达资产管理股份有限公司山西省分公司（以下简称信达资产山西分公司），原审被告薛宁、赵明、山西聚义实业集团股份有限公司、山西霍州力拓煤业有限公司、山西平陆大金禾金门煤业有限公司、山西大禾新农业科技有限公司借款合同纠纷一案，不服山西省高级人民法院（2015）晋商初字第4号民事判决，向最高人民法院提起上诉。

2014年9月5日，原告与普大公司签订了编号为兴银晋（银承）2014－亲贤03－522号《商业汇票银行承兑合同》，普大公司作为承兑申请人向原告申请承兑汇票两张，合计金额1亿元。合同约定从汇票到期日起，承兑人有权从承兑申请人的银行账户中直接划付票款、利息及承兑人实现债权的费用，承兑人实现债权的费用包括但不限于诉讼费、律师费、差旅费、执行费、保全费及其他实现债权的必要费用。承兑汇票到期日前，承兑申请人不能足额交付票款时，承兑人对承兑申请人尚未支付的票款自到期日起至清偿日止有权按日利息万分之五的利率计收利息。

2014年3月5日、2014年9月4日、2014年9月4日，被告薛宁、赵明、山西聚义实业集团股份有限公司分别与原告签订了合同编号为兴银晋（内部授信最高保）2013－亲贤03－031号、2014－亲贤03－114号－1、2014－亲贤03－114号的《最高额保证合同》，约定薛宁、赵明、山西聚义实业集团股份有限公司为普大公司的债务向原告承担连带保证责任。

2014年3月5日，被告山西霍州力拓煤业有限公司、山西平陆大金禾金门煤业有限公司、山西大禾新农业科技有限公司分别与原告签订了合同编号为兴银晋（内部授信最高抵）2013－亲贤03－031号－1、2013－亲贤03－031号－2、2013－亲贤03－031号的《最高额抵押合同》，约定山西霍州力拓煤业有限公司、山西平陆大金禾金门煤业有限公司以其所有的采矿权为普大公司的债务向原告承担抵押担保责任，约定山西大禾新农业科技有限公司以其所有的清国用（2011）第100014号、并清政地国用（2013）第00024号、并清政地国用（2013）第00027号、并清政地国用（2013）第00028号土地使用权为普大公司的债务向原告承担抵押担保责任。

上述合同签订后，原告依约给被告普大公司开具了两张银行承兑汇票，合计金额1亿元。两张银行承兑汇票的到期日为2015年3月5日。原告已到期承兑。原告为本案支付律师费20万元。现原告诉至法院要求收取银行承兑汇票项下的票款本金、利息、实现债权的费用。另查明，被告普大公司未在法定期限内提出管辖权异议。

2018年1月29日，兴业银行股份有限公司太原分行（以下简称兴业银行太原分行）与信达资产山西分公司签订了《单户资产转让协议》，将上述合同项下的全部权利和权益转让给信达资产山西分公司，并于2018年2月1日联合在《山西经济日报》发布《债权转让暨债务催收联合公告》，对转让的债权履行了通知义务。同日，信达资产山西分公司向最高人民法院申请变更诉讼主体为被上诉人参加二审诉讼。经审查，信达资产山西分公司要求变更诉讼主体的申请符合法律规定。

被上诉人信达资产山西省分公司（原审原告：兴业银行太原分行）一审诉讼请求：兴业银行太原分行向一审法院起诉请求被告普大公司偿还原告票款本金1亿元，利息计算至本金、利息、实现债权的费用全部付清之日止；要求被告薛宁、赵明、山西聚义实业集团股份有限公司承担连带责任保证，要求被告山西霍州力拓煤业有限公司、山西平陆大金禾金门煤业有限公司、山西大禾新农业科技有限公司承担抵押担保责任，要求7名被告承担原告实现债权支付的律师费、诉讼费、保全费。

一审法院山西省高级人民法院判决：1. 被告普大公司于判决生效后30日内偿还原告兴业银行太原分行票款1亿元，利息从汇票到期日2015年3月5日计算至本金付清之日止，利率按双方合同约定为日万分之五。2. 被告薛宁、赵明、山西聚义实业集团股份有限公司为普大公司的前述债务承担连带保证责任。3. 被告山西霍州力拓煤业有限公司、山西平陆大金禾金门煤业有限公司以其向原告抵押的采矿权为普大公司的前述债务承担抵押担保责任。4. 被告山西大禾新农业科技有限公司以其所有的清国用（2011）第100014号、并清政地国用（2013）第00024号、并清政地国用（2013）第00027号、并清政地国用（2013）第00028号土地使用权为山西普大煤业集团有限公司的前述债务承担抵押担保责任。5. 7名被告连带清偿原告律师费用20万元。一审诉讼费541,800元，诉讼保全费5000元，由普大公司负担。

二审法院最高人民法院2018年3月29日作出（2018）最高法民终195号民事判决：驳回上诉，维持原判。

法院观点

诚实信用原则是民事诉讼的基本原则，正当行使诉权是诚信原则的内在要求。根据《民法总则》第7条“民事主体从事民事活动，应当遵循诚信原则，秉持诚实，恪守承诺”和《民事诉讼法》第13条“民事诉讼应当遵循诚实信用原则”的规定，当事人应当遵守法律规定和合同约定，正当行使诉讼权利，积极履行诉讼义务，不规避法律，不利用法律规定的诉讼权利获取不当利益或者恣意侵害他人合法权益。本案诉讼过程中，普大公司存在滥用诉权、拖延诉讼情形。第一，一审中，屡屡利用相关法律程序性规定，阻碍、拖延庭审。兴业银行太原分行依据其与普大公司签订的案涉1亿元票款的《商业汇票银行承兑合同》提起案件诉讼，普大公司以案件争议金额不足人民币1亿元为由坚持提出级别管辖异议。在一审法院审查认为普大公司未在法律规定的期限内提出而驳回其管辖权异议后，普大公司又在2015年9月22日第三次开庭时以合议庭未受理其管辖权异议申请为由提出合议庭全体成员回避申请，一审法院依法驳回并定于2015年10月20日依法开庭审理案件。普大公司在2015年10月16日以准备证据为由要求延期开庭,一审法院不予准许后又在开庭前以代理律师心脏不适为由要求择期开庭,一审法院再次将开庭时间推至2015年11月11日。第二,一审诉讼中未正当行使诉讼权利,怠于履行诉讼义务。普大公司在庭审中对于兴业银行太原分行的主张和提供的证据一概怠于答辩、质证,并且未以其归还银行4457.24元的事实提出抗辩和举证证明。第三,二审期间不举证。一审判决普大公司偿还票款1亿元及利息后,其又以4457.24元本息未认定为由而提出上诉,但提起上诉后,至今未向最高人民法院提交任何证据证明其上诉主张。最高人民法院二审期间就与案件相关联案件通知普大公司进行询问,普大公司亦无故不到庭参加询问。普大公司的上述行为明显系滥用诉讼权利,怠于履行诉讼义务,故意拖延诉讼进程,不仅浪费了宝贵的司法资源、扰乱了正常的诉讼秩序,而且也损害了对方当事人的合法权益,最高人民法院进行书面训诫。

根据《民事诉讼法》第64条和《民事诉讼法解释》第90条的规定,当事人对自己提出的主张,有责任提供证据。在作出判决前,当事人未能提供证据或者证据不足以证明其事实主张的,由负有举证责任的当事人承担不利后果。本案中,普大公司对其上诉请求及理由不举证、不应诉,应当承担不利后果。

综上所述,普大公司的上诉请求不能成立,应予驳回;一审判决认定事实清楚,适用法律正确,应予维持。

律师提示

一、法院如何处理诉讼中债转当事人变更诉讼主体申请?《民事诉讼法解释》第249条规定:1.在诉讼中,争议的民事权利义务转移的,不影响当事人的诉讼主体资格和诉讼地位;2.受让人申请以无独立请求权的第三人身份参加诉讼的,人民法院可予准许;3.受让人申请替代当事人承担诉讼的,人民法院可以根据案件的具体情况决定是否准许;不予准许的,可以追加,其为无独立请求权的第三人。

二、此前,最高人民法院(2016)最高法民终146号案例中以当事人不同意为由对诉讼主体不予变更。最高人民法院认为,关于诉讼主体是否变更问题。本案中,天津钢管公司和长城资产公司虽然均认可案件诉讼债权转让之事实,但债权转让事实发生于一审判决作出之后,天津钢管公司、沈阳中油公司、宝山钢铁公司、上海中油公司、鞍山中油公司又均不同意变更本案诉讼主体,且人民法院作出的发生法律效力的判决、裁定对受让人具有拘束力,不变更诉讼主体亦不会影响受让人的实体权益。综合上述因素,为保证诉讼程序的稳定,依据《民事诉讼法解释》第249条的规定,对案件诉讼主体不予变更。

016 被法院驳回起诉后可否以新案由重新起诉?

案例索引

最高人民法院(2018)最高法民再182号民事裁定书。

案例导读

一、本案是一起因案由争议,进而引发重复诉讼争议的最高人民法院再审案例。案例关键点在于,案由争议竟然差点导致原告诉讼失权。原告仅就法院是否受理程序问题,就折腾了5年,还因此诉至最高人民法院。也许这些都是本案原告始料未及的。

二、重复诉讼构成三要件是什么?如何判断诉讼标的相同?原告在以劳务合同纠纷起诉被法院驳回起诉的情形下,基于同一事实以合同纠纷为由再次提起诉讼,是否构成重复诉讼?欢迎参阅本文梳理的裁判逻辑。

裁判要旨

因当事人拒绝变更案由被法院驳回起诉的,当事人以新的案由重新起诉的,不构成重复诉讼。

裁判逻辑

一、构成重复诉讼应当具备三个条件:1. 后诉与前诉的当事人相同;2. 后诉与前诉的诉讼标的相同;3. 后诉与前诉的诉讼请求相同,或者后诉的诉讼请求实质上否定前诉裁判结果。

二、诉讼标的是当事人在实体法上的权利义务关系或者法律关系,判断后诉与前诉的诉讼标的相同,关键在于前诉与后诉的法律关系是否相同。

三、本案中,原告在以劳务合同纠纷起诉被法院驳回起诉的情形下,基于同一事实以合同纠纷为由再次提起诉讼,故前案与本案的诉讼标的并不相同,不构成重复起诉。

交易结构图

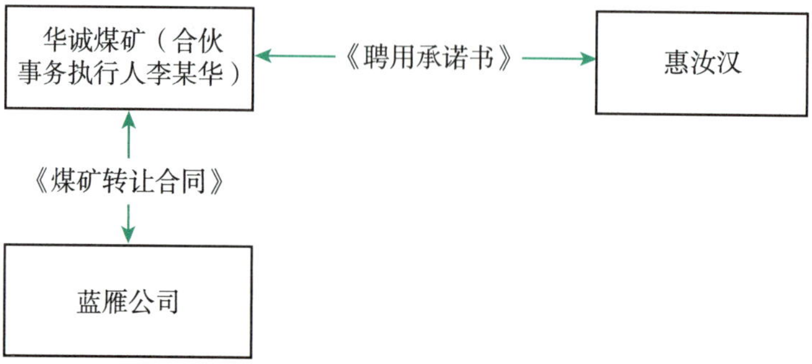

主要案情

再审申请人(一审原告、二审上诉人):惠汝汉。

被申请人(一审被告、二审被上诉人):贵州蓝雁投资实业有限公司(新合伙人)、大方县普底乡华诚煤矿、华诚煤矿原全体合伙人。

再审申请人惠汝汉因与被申请人贵州蓝雁投资实业有限公司(以下简称蓝雁公司)、大方县普底乡华诚煤矿(原大方县普底乡华诚煤矿,以下简称华诚煤矿)、蒋某等其他合同纠纷一案,不服贵州省高级人民法院(2015)黔高民终字第169号民事裁定,向最高人民法院申请再审。最高人民法院于2017年11月17日作出(2017)最高法民申4459号民事裁定,提审案件。

2008年,华诚煤矿取得《采矿许可证》,同年12月1日领取《合伙企业营业执照》,华诚煤矿系由李某华、蒋某、陈某友、方某寿、唐某荣等人设立的合伙企业,合伙事务执行人为李某华。

2009年,李某华代表华诚煤矿聘请惠汝汉为管理人员,但未签订书面合同。

2010年5月25日,李某华去世后,华诚煤矿合伙人召开合伙人会议并形成会议纪要,明确聘请惠汝汉为煤矿高层管理人员,工资及待遇由煤矿合伙人与其签订书面承诺。

同日,华诚煤矿全体合伙人向惠汝汉出具《聘用承诺书》,内容为"经2010年5月25日合伙人商议,一致同意聘请惠汝汉为华诚煤矿高管人员,期限从2010年5月25日起至煤矿转让(卖出)为止,在聘用期间,主要负责企业发展策划、对外协调、申报煤矿各种手续,参与指导煤矿生产建设、财务监管等工作,享受煤矿高管人员工资待遇,工资标准根据煤矿企业的效益而定。同时承诺,当煤矿转让(卖出)时,华诚煤矿一次性付给惠汝汉800万元作为退休养老金。"华诚煤矿全体合伙人在该《聘用承诺书》上签名并加盖手印。

2010年6月23日,华诚煤矿合伙人召开会议并形成决议,因李某华去世,煤矿现合伙人蒋某、陈某友、方某寿、唐某荣一致同意李某华的继承人李甲、李乙继承李某华在华诚煤矿的个人财产成为华诚煤矿的合伙人。

2011年5月23日,华诚煤矿与蓝雁公司签订《煤矿转让合同》,将华诚煤矿(整体价值1.56亿元)90%的合伙份额作价1.404亿元(保留蒋某持有的10%合伙份额,价值1.56亿元)转让给蓝雁公司。《煤矿转让合同》签订后,蓝雁公司接管煤矿并于2015年5月26日将采矿权人由华诚煤矿(李某华)变更为蓝雁公司。其间,华诚煤矿向惠汝汉支付100万元。

2012年7月16日,惠汝汉作为原告以华诚煤矿、蒋某、陈某友、方某寿、唐某荣、李甲、李乙为被告向黔西县人民法院提起诉讼,要求华诚煤矿、蒋某、陈某友、方某寿、唐某荣、李甲、李乙按《聘用承诺书》的承诺向其支付700万元。黔西县人民法院经审理后认为惠汝汉依据《聘用承诺书》主张双方之间形成的法律关系为劳务合同关系,但《聘用承诺书》性质上是合伙人对自己财产的一种处分行为,符合赠予合同的法律特征,本案法律关系为赠与合同而非劳务合同关系,黔西县人民法院根据最高人民法院《关于民事诉讼证据的若干规定》第35条的规定向惠汝汉进行释明,要求其变更诉讼请求,但惠汝汉拒绝变更。

2013年12月6日,黔西县人民法院作出(2012)黔县民初字第1368号民事裁定,驳回惠汝汉的起诉。惠汝汉不服裁定，向贵州省毕节市中级人民法院提出上诉，请求撤销黔西县法院（2012）黔县民初字第 1368 号民事裁定并改判华诚煤矿、蒋某、陈某友、方某寿、唐某荣、李甲、李乙向惠汝汉支付 700 万元。毕节市中级人民法院审理期间，惠汝汉申请撤回上诉，该院于 2014 年 9 月 26 日作出（2014）黔毕中民终字第 295 号民事裁定，裁定准许惠汝汉撤回上诉。

2015 年 5 月，惠汝汉在撤回上诉后，以华诚煤矿、蒋某、陈某友、方某寿、唐某荣、李甲、李乙为被告向一审法院提起诉讼。

再审申请人（一审原告、二审上诉人）惠汝汉一审诉讼请求：1. 华诚煤矿、蒋某、陈某友、方某寿、唐某荣、李甲、李乙按承诺支付惠汝汉 700 万元。2. 本案诉讼费用由华诚煤矿、蒋某、陈某友、方某寿、唐某荣、李甲、李乙负担。

一审法院裁定：裁定驳回惠汝汉的起诉。

二审法院裁定：裁定驳回上诉，维持原裁定。

再审法院最高人民法院于 2018 年 7 月 6 日作出（2018）最高法民再 182 号民事裁定：一、撤销贵州省高级人民法院（2015）黔高民终字第 169 号民事裁定及毕节市中级人民法院（2015）黔毕中民初字第 10 号民事裁定；二、指令毕节市中级人民法院对本案进行审理。

法院观点

惠汝汉在 2015 年 5 月提起案件合同纠纷诉讼前，于 2012 年 7 月 16 日以华诚煤矿、蒋某、陈某友、方某寿、唐某荣、李甲、李乙为被告向黔西县人民法院提起劳务合同纠纷诉讼（以下统称前案），要求华诚煤矿、蒋某、陈某友、方某寿、唐某荣、李甲、李乙按《聘用承诺书》的承诺向其支付 700 万元。根据《民事诉讼法解释》第 247 条第 1 款关于“当事人就已经提起诉讼的事项在诉讼过程中或者裁判生效后再次起诉，同时符合下列条件的，构成重复起诉：（一）后诉与前诉的当事人相同；（二）后诉与前诉的诉讼标的相同；（三）后诉与前诉的诉讼请求相同，或者后诉的诉讼请求实质上否定前诉裁判结果”之规定，前案与本案的当事人、诉讼请求均相同，故判断惠汝汉提起案件诉讼是否构成重复起诉的关键在于前案与此案的诉讼标的是否相同。诉讼标的是当事人在实体法上的权利义务关系或者法律关系，判断惠汝汉是否构成重复起诉的关键在于前案与本案的法律关系是否相同。

前案中，惠汝汉以劳务合同法律关系起诉，黔西县人民法院经审理后认为惠汝汉提起诉讼的诉讼标的是赠与合同法律关系，向惠汝汉释明，惠汝汉拒绝变更诉讼请求，因此被黔西县人民法院驳回起诉。本案中，惠汝汉基于同一事实以合同纠纷为由再次提起诉讼，且其据以提起诉讼的法律关系并非劳务合同法律关系，故前案与此案的诉讼标的并不相同，惠汝汉提起本案诉讼并不构成重复起诉。因此，惠汝汉关于其两次提起诉讼的诉讼标的不同，原裁定以惠汝汉构成重复起诉为由驳回起诉错误的再审请求成立，本案一审、二审裁定认为惠汝汉构成重复起诉，裁定驳回其起诉，导致惠汝汉的诉权未得到保障确有错误，最高人民法院予以纠正。

律师提示

原告起诉选择劳动合同纠纷是否正确？为何要固执坚持该案由，拒不听取法院释明，不选择赠与合同纠纷？有何非诉教训？

一、案由是人民法院对诉讼案件所涉及的法律关系的性质进行概括后形成的案件名称。法律关系包括主体、客体、内容三个要素。可见，法律关系决定了法律主体之间的权利和义务，是诉讼请求的基础。不同的法律关系下，各自的权利义务会不同。

二、本案若选择劳务合同法律关系，意味着用工单位华诚煤矿是案涉款项的第一位的履行义务主体，合伙人（甚至包括新合伙人）承担的是第二位的连带责任；若选择赠与合同法律关系，则意味着只有原合伙人是履行义务主体，与华诚煤矿及新合伙人无关。在华诚煤矿90%的合伙份额已经易主的情形下，本案原告坚持劳务合同法律关系，而华诚煤矿及新合伙人则坚持赠与合同关系，就不足为奇了。

三、虽然《聘用承诺书》约定"……当煤矿转让（卖出）时，华诚煤矿一次性付给惠汝汉800万元作为退休养老金"，但签约主体为全体合伙人，没有华诚煤矿。这也许是法院坚持认为是赠与合同关系的重要原因，也是本案最重要的非诉教训。

四、驳回起诉与驳回诉讼请求不同，并不意味当事人实体权利不能再次请求法院救济。

017 债务人对次债务人的债权数额不确定能否阻碍代位权行使？

案例索引

山西省高级人民法院(2011)晋民再字第67号再审民事判决书。

案例导读

一、本案是关于代位权诉讼最高人民法院介入下的经典再审案例。债务人对次债务人的债权数额不确定是否能阻碍代位权诉讼的行使？在最高人民法院的介入下，再审法院终于给予了明确裁判规则，值得参阅借鉴。

二、本案原告经过一审胜诉、二审败诉，山西省高级人民法院再审被驳回，申诉到最高人民法院被指定再审，指定再审法院终于改判胜诉，胜利来之不易。

裁判要旨

债权人行使代位权诉讼不以债务人对次债务人的债权数额确定为前提条件。

裁判逻辑

一、行使代位权的条件是：1. 债权人对债务人的债权合法；2. 债务人怠于行使其到期债权，对债权人造成损害;3. 债务人的债权已到期;4. 债务人的债权不是专属于债务人自身的债权。

二、对于到期债权,债务人在较长时间里未以诉讼或仲裁等方式向次债务人主张权利,可以认定债务人怠于行使其对次债务人的到期债权。此怠于行使自身债权的行为使债权人的合法到期债权长期难以实现,损害了其合法权益。

三、以债务人对次债务人的债权数额不确定为由否定债权人的代位权资格,与法律规定及代位权设立之目的不符。代位权诉讼的前提为债权人与债务人之间债权债务关系的确定性,而非债务人与次债务人之间债权债务关系的确定性,后者是代位权诉讼中理应解决的问题。

四、代位权本因债务人怠于行使其债权而生,此种懈怠行为自然会导致其债权债务不明晰,更有甚者为债务人与次债务人有意为之,若强行要求债权人必须在此种债的关系确定之后才能行使代位权,必将导致债权人难以行使该权利,代位权如同空架。

五、代位权诉讼中代位权人与债务人以及债务人与次债务人之间的法律关系,一般而言就是两个不同的法律关系,不能将两个不同的法律关系在一个代位权诉讼中进行审理同样与代位权的法律规定不符。

交易结构图

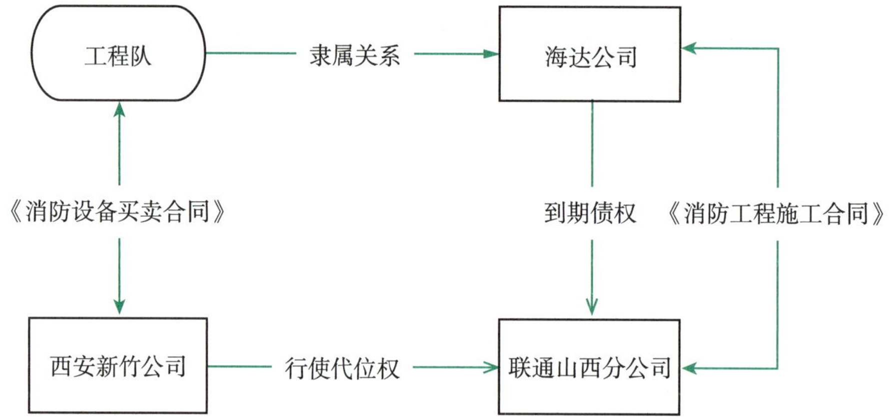

主要案情

申请再审人(一审原告、二审被上诉人、再审申请人):西安新竹防灾救生设备有限公司。

被申请人(一审被告、二审上诉人、再审被申请人):中国联合网络通信有限公司山西省分公司。

原审第三人:山西海达消防工程有限公司。

申请再审人西安新竹防灾救生设备有限公司(以下简称西安新竹公司)因与被申请人中国联合网络通信有限公司山西省分公司(以下简称联通山西分公司)、第三人山西海达消防工程有限公司(以下简称海达公司)代位权纠纷一案,不服山西省太原市中级人民法院(2008)并民终字第680号民事裁定和山西省高级人民法院(2008)晋民申字第723号民事裁定,向最高人民法院申请再审。最高人民法院(2010)民监字第717号民事裁定,指令山西省高级人民法院再审本案。

西安新竹公司于1999年9月21日与第三人海达公司下属的工程队签订了一份货款总额为1,022,852元的低压CO_2装置消防设备买卖合同,合同签订后,西安新竹公司按合同履行了义务,但该工程队及其上级法人单位第三人海达公司并未按合同约定履行付款义务。为此,西安新竹公司向法院提起民事诉讼。该案经太原市万柏林区人民法院一审作出(2001)万民初字第150号民事判决,太原市中级人民法院二审作出(2003)并民终字第875号民事判决维持一审判决,即海达公司向西安新竹公司支付货款972,852元及违约金。现终审判决已生效,但海达公司未自觉履行上述生效的民事判决,且海达公司对联通山西分公司尚有数额为100多万元的到期债权尚未及时主张,由于海达公司怠于行使其对联通山西分公司的到期债权,故西安新竹公司作为代位权人提起诉讼。

联通山西分公司与本案第三人海达公司分别于1999年9月、2000年10月12日签订两份消防工程施工合同,合同约定由海达公司为联通山西分公司进行GSM二、三、四期消防工程,开工日期分别为1999年9月16日、2000年10月15日,竣工日期分别为1999年10月31日、2000年11月15日。关于工程款决算与支付,1999年9月的合同约定,整个消防工程经消防部门验收通过且拿到消防合格证后15日内作出竣工决算,扣除质量保证金后的工程款由联通山西分公司支付海达公司;2000年10月12日的合同约定,由海达公司在整个消防工程经消防部门验收通过且拿到消防合格证后15日内作出竣工决算并经联通山西分公司核实,扣除质量保证金后的工程款由联通山西分公司支付海达公司。现该两份合同约定的工程已竣工,并已于2000年9月25日经山西省公安厅以(2000)消验第7号《建筑工程消防验收意见书》验收合格。

一审中,西安新竹公司申请对涉案工程结算进行司法鉴定,一审法院依法委托山西省司法鉴定所对联通山西分公司与海达公司之间的全部工程价款进行了司法鉴定,经鉴定,GSM二、三、四期项目消防工程总造价为3,718,170.82元。

2002年1月24日,山西省公安厅(2002)消验字第01号建筑工程消防验收意见书表明对联通山西分公司朔州、忻州、吕梁、运城、晋城、晋中机站消防验收合格。

迎泽区人民法院作出(2006)迎民初字第414号民事判决,联通山西分公司于判决生效之日起7日内给付西安新竹公司工程款963,852元及利息(从2006年2月21日起至判决确定的给付之日止,按中国人民银行同期贷款利率计算)。

二审法院判决:1.撤销太原市迎泽区人民法院(2006)迎民初字第414号民事判决;2.驳回被上诉人西安新竹公司的起诉。

再审法院判决:1.撤销山西省高级人民法院(2008)晋民申字第723号民事裁定、太原市中级人民法院(2008)并民终字第680号民事裁定和太原市迎泽区人民法院(2006)迎民初字第414号民事判决;2.改判联通山西分公司于本判决生效后10日内,在其对海达公司负有的

1,088,170.82元及利息的债务范围内……给付西安新竹公司949,235元及利息。

法院观点

根据《合同法》第73条及最高人民法院《关于适用〈中华人民共和国合同法〉若干问题的解释(一)》(以下简称《合同法解释(一)》)第11条的规定,行使代位权的条件是:1.债权人对债务人的债权合法;2.债务人怠于行使其到期债权,对债权人造成损害;3.债务人的债权已到期;4.债务人的债权不是专属于债务人自身的债权。本案中,西安新竹公司对海达公司享有合法到期债权,有万柏林区人民法院(2001)万民初字第150号民事判决及(2004)万执字第423号民事裁定予以证明,海达公司亦承认未履行债务。同时,海达公司对联通山西分公司是否享有到期债权及具体数额需在代位权诉讼中确定。双方1999年9月签订的合同约定,整个消防工程经消防部门验收通过且拿到消防合格证后15日内作出竣工决算,扣除质量保证金后的工程款由联通山西分公司支付海达公司;2000年10月12日签订的合同约定,由海达公司在整个消防工程经消防部门验收通过且拿到消防合格证后15日内作出竣工决算并经联通山西分公司核实后,扣除质量保证金后的工程款由联通山西分公司支付海达公司。因该工程已竣工并已于2000年9月25日、2002年1月24日经消防验收合格,海达公司应依约向联通山西分公司提交结算报告,后者应向前者支付价款。结合联通山西分公司提交的《单项工程结算审计申报表》及2001年4月3日联通山西分公司致海达公司的函,可证明海达公司已向联通山西分公司提交了第二期工程的结算报告,三、四期工程也已交付联通山西分公司使用,联通山西分公司应向海达公司付清全部工程款,海达公司主张应支付3,811,116.82元,经鉴定该工程款为3,718,170.82元,实际联通山西分公司支付了263万元,故海达公司对联通山西分公司的到期债权数额需在代位权诉讼中确定。对上述债权海达公司在较长时间里未以诉讼或仲裁等方式向联通山西分公司主张权利,可以认定海达公司怠于行使其对联通山西分公司的到期债权。这种怠于行使自身债权的行为使西安新竹公司的合法到期债权长期难以实现,损害了其合法权益。综上,因西安新竹公司对海达公司享有合法到期债权,海达公司主张对联通山西分公司享有到期债权,海达公司未通过诉讼或仲裁等方式向联通山西分公司行使到期债权的行为已对西安新竹公司造成损害,且海达公司的债权不是专属债务人自身的债权,西安新竹公司有权提起代位权诉讼。二审法院仅以本案债务人对次债务人的债权数额不确定为由否定西安新竹公司的代位权资格,与法律规定及代位权设立之目的不符。代位权诉讼的前提为债权人与债务人之间债权债务关系的确定性,而非债务人与次债务人之间债权债务关系的确定性,后者是代位权诉讼中理应解决的问题。代位权本因债务人怠于行使其债权而生,此种懈怠行为自然会导致其债权债务不明晰,更有甚者为债务人与次债务人有意为之,若强行要求债权人必须在此种债的关系确定之后才能行使代位权,必将导致债权人难以行使该权利,代位权如同空架。同时在代位权诉讼中,次债务人仍有抗辩权足以保障其权利。另外,代位权诉讼中代位权人与债务人以及债务人与次债务人之间的法律关系一般而言就是两个不同的法律关系,二审法院认为不能将两个不同的法律关系在一个代位权诉讼中进行审理同样与代位权的法律规定不符。

律师提示

在此提出一个非常类似的问题：在建设施工合同纠纷中，实际施工人向发包人主张在未付款范围内直接付款责任，是否要以发包人与承包人工程结算未付工程款数额确定为前提？

答案：不需要。

典型案例

案例1：江苏省连云港市新浦区人民法院（2013）新民初字第0094号

原告：实际施工人岩土公司。

被告：总承包人富强公司、发包人亿人公司。

裁判结果：一、被告南通富强建设集团有限公司于判决生效后10日内给付原告江苏省岩土工程公司连云港分公司工程款190万元及利息（自2012年7月1日起至判决确定给付之日止，按照中国人民银行同期贷款利率的1.3倍计算）。二、被告连云港市亿人城建开发有限公司在欠付被告南通富强建设集团有限公司工程款范围内对上述款项承担连带给付责任。

裁判要旨：违法分包人具有实际施工人地位，原告岩土公司属于违法分包人，且涉案总包工程尚未竣工结算完毕，其要求发包人亿人公司在欠付承包人富强公司工程款范围内承担连带责任，根据相关司法解释，连云港市新浦区人民法院予以支持。

案例2：（2014）西中民四终字第00388号

上诉人（原审被告）：部分劳务转包人史庆。

被上诉人（原审原告）：实际施工人刘训远。

原审被告：劳务承包人丽达公司

原审被告：总承包人中建二局及分公司

裁判结果：维持原判（史庆自本判决生效之日起5日内向刘训远偿还劳务费共计401,531元。丽达公司、中建二局二公司在欠付工程款范围内对上述债务承担连带责任）。

裁判要旨：对于刘训远要求其余被告对上述劳务费承担连带责任的意见，依据相关司法解释的规定，刘训远为涉案工程提供了劳务属涉案工程实际施工人，现涉案工程尚未竣工结算，故四川丽达及中建二局二公司应在欠付工程款范围内对上述债务承担连带责任。

第四章　借　贷　篇

018 “结算型”借条的担保人主观心理对裁判结果有何影响?

案例索引

浙江省湖州市中级人民法院(2016)浙05民终921号民事判决书。

案例导读

一、本案是典型的关于“结算型”借款及担保的民间借贷纠纷案例,法院对民间借贷合意、借贷内容、款项支付等事实的举证责任及未约定利息的民间借贷逾期利息计算标准给予了合理裁判规则。

二、对“结算型”借条担保人的主观心理的判断方法,特别值得借鉴和学习。

裁判要旨

对于担保人提出借款合同系其对之前借款结算并不知情的情况下签署的,请求不承担担保责任的抗辩,法院至少可从以下情形进行判断:担保人与被担保人的社会关系;担保人的法律后果认知能力、审慎义务及了解涉案借款的相关情况;担保人是否曾经还有为被担保人提供担保等其他情形。

裁判逻辑

一、民间借贷合同具有实践性特征,出借人行使债权请求权要求借款人偿还借款本息的,应当对是否已形成借贷合意、借贷内容以及是否已将款项交付给借款人等事实承担举证责任。

二、借条是借贷双方形成借贷合意的凭证,同时具有推定借贷事实已实际发生的初步证据效力,但在借款人提出实际借款与借条载明金额不符的抗辩时,出借人还应提交证据印证借贷事实的实际发生。

三、出借人提交的银行取现凭证,虽然不能直接证明出借人向借款人交付借款,仅能证明出借人支取过现金,但结合借款人出具的借条,能够形成证明借贷双方之间成立借贷关系的证据链。

四、民间借贷未约定利息的不计算利息,至于借款到期后的逾期付款利息,可按年利率6% 计算。

五、作为担保人在担保人处签字,应承担相应的担保责任,对于担保人提出其签署借款合同系对之前借款结算并不知情,请求不承担担保责任的抗辩,法院至少可从以下三个方面判断:1. 担保人与被担保人的社会关系;2. 担保人的法律后果认知能力、审慎义务及了解涉案借款的相关情况;3. 担保人是否曾经还有为被担保人提供担保等其他情形。

交易结构图

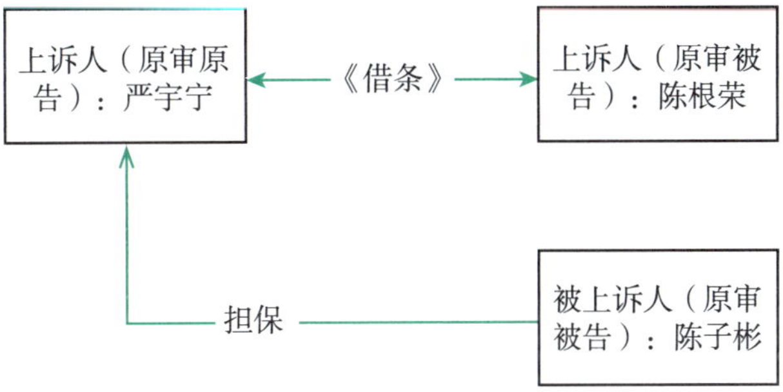

主要案情

上诉人(原审原告):严宇宁。

上诉人(原审被告):陈根荣。

被上诉人(原审被告):陈子彬。

上诉人严宇宁、陈根荣与被上诉人陈子彬民间借贷纠纷一案,不服湖州市吴兴区人民法院(2016)浙 0502 民初 1070 号民事判决,向湖州市中级人民法院提起上诉。

陈根荣多次向严宇宁借款,截至 2015 年 2 月 17 日,双方经结算,陈根荣共欠严宇宁借款60 万元。陈根荣于结算当日向严宇宁出具借条一份,载明"今借到严宇宁人民币陆拾万元正。30 万 8 月底还清,30 万明年 2 月底还清",借款人署名陈根荣。双方在形成该借条后由陈子彬在担保人处签字,日期注明为 2015 年 2 月 17 日。还款期限届满后,因陈根荣未如约向严宇宁归还借款,以致纠纷成讼。

上诉人(原审原告)严宇宁一审诉讼请求:1. 陈根荣向严宇宁归还借款 70 万元并支付利息 7.2 万元(按月息 1%,要求计算至借款归还之日);2. 陈子彬对上述 60 万元借款及 6.6 万元利息承担连带担保责任;3. 案件诉讼费由陈根荣、陈子彬承担。庭审中,严宇宁变更诉讼请求为:1. 陈根荣向严宇宁归还借款 60 万元并支付利息 6.6 万元(按月息 1%,要求计算至借款归还之日);2. 陈子彬对上述 60 万元借款及 6.6 万元利息承担连带担保责任;3. 案件诉讼费由陈根荣、陈子彬承担。

一审法院判决:1. 陈根荣归还严宇宁借款人民币 60 万元并支付利息(其中第一期以 30 万元为基数,按年利率 6% 自 2015 年 9 月 1 日计算至实际清偿日止,第二期以 30 万元为基数,按年利率 6% 自 2016 年 3 月 1 日计算至实际清偿日止),限于判决生效之日起 10 日内清偿;2. 驳回严宇宁的其他诉讼请求。

二审法院浙江省湖州市中级人民法院于 2016 年 8 月 25 日作出(2016)浙 05 民终 921 号民事判决:1. 维持湖州市吴兴区人民法院(2016)浙 0502 民初 1070 号民事判决第一项、第二项;2. 被上诉人陈子彬对湖州市吴兴区人民法院(2016)浙 0502 民初 1070 号民事判决第一项债务承担连带责任,陈子彬在履行本案债务的连带保证责任后,可就其实际清偿额有权立即向主债务人陈根荣进行追偿。

法院观点

关于严宇宁与陈根荣之间是否成立 60 万元借贷关系的问题。湖州市中级人民法院认为,根据《合同法》第 210 条的规定,民间借贷合同具有实践性特征,出借人行使债权请求权要求借款人偿还借款本息的,应当对是否已形成借贷合意、借贷内容以及是否已将款项交付给借款人等事实承担举证责任。借条是借贷双方形成借贷合意的凭证,同时具有推定借贷事实已实际发生的初步证据效力,但在借款人提出实际借款与借条载明金额不符的抗辩时,出借人还应提交证据印证借贷事实的实际发生。本案中,严宇宁提交的银行取现凭证,虽然不能直接证明严宇宁向陈根荣交付借款,仅能证明严宇宁支取过现金,但结合陈根荣出具的借条,能够形成证明借贷双方之间成立借贷关系的证据链。由此,原审认定严宇宁、陈根荣之间形成 60 万元借贷关系并无不当。关于陈根荣提起本案实际借款为 20 万元且已经归还及涉案借条系在严宇宁胁迫下出具的意见,无事实依据,湖州市中级人民法院不予采信。

关于陈子彬是否需要承担连带责任保证的问题。根据原审查明的事实,本案借条系双方当事人对之前债权债务的结算,且明确了款项归还的时间及方式。陈子彬作为担保人在担保人处签字,应承担相应的担保责任。至于陈子彬提出其对本案借款系对之前借款结算并不知情,其不承担担保责任的意见,湖州市中级人民法院认为,首先,陈根荣与陈子彬系父子关系,陈子彬在借条担保人处签字时应当预见可能的法律后果;其次,陈子彬作为完全民事行为能力人,基于降低责任风险的考虑,其有义务和责任向陈根荣了解涉案借款的相关情况;最后,陈子彬存在为陈根荣银行金融借款提供担保的情形,表明陈子彬对陈根荣的借款并非完全不知情。由此,陈子彬关于其不应承担担保责任的意见,与事实不符。原审认定陈子彬不承担担保责任不当,二审予以纠正。

律师提示

最高人民法院《关于适用〈中华人民共和国担保法〉若干问题的解释》第 39 条规定:主合同当事人双方协议以新贷偿还旧贷,除保证人知道或者应当知道的外,保证人不承担民事责任。新贷与旧贷系同一保证人的,不适用前款的规定。

若保证人不知情，是否不需要对“以贷还贷”承担保证责任？关于这个问题，江苏省高级人民法院给出了新提示——江苏省高级人民法院（2013）苏商申字第2号民事裁定书。该案件经一审、二审、再审，法院最终认为：在新贷和旧贷系同一保证人的情况下，借新还旧免除了保证人对旧贷的保证责任，相比于新贷（额度更小或未增加额度）而言，保证人须承担的风险和责任显然更小。故无论保证人是否存在知道或者应当知道以贷还贷的情形，均不能免除其民事责任。

结合司法解释及案例，笔者对以贷还贷情况下保证人责任的承担作出如下归纳，供大家参考。

<table>
<tr><th>情况</th><th colspan="3">后果</th></tr>
<tr><td>保证人不同，但知道或应当知道</td><td colspan="3">承担</td></tr>
<tr><td rowspan="3">保证人同一</td><td colspan="2">保证人知道</td><td>承担</td></tr>
<tr><td rowspan="2">保证人不知道</td><td>保证责任加重</td><td>以旧贷的保证责任为限，对加重部分不承担</td></tr>
<tr><td>保证责任不加重</td><td>承担</td></tr>
</table>

019 《贷款利率通知》可否作为确认信贷合同效力的法律依据？

案例索引

最高人民法院（2016）最高法民终493号民事判决书。

案例导读

一、本案是一起涉及委托贷款、债权转让、债务重组的典型案例。法院通过本案例再一次明确了委托银行贷款的利率、逾期罚息、复利、违约金等合计不得超过年利率24%。

二、不知道是否是判决书书写遗漏错误，还是当事人失误，或其他不便说明的原因，本案诉讼请求、法院判决均在细节上存在重大问题，由此产生的疑问，欢迎参阅文末律师提示。

三、细节是天使，也是魔鬼！专业与价值相对，金融诉讼业务审判与代理专业化的新时代已经开启。

裁判要旨

《贷款利率通知》系中国人民银行针对银行业内部制定的管理性文件，不能作为确认银行与其他民事主体之间签订的信贷合同是否有效的法律依据。

裁判逻辑

一、《贷款利率通知》系中国人民银行针对银行业内部制定的管理性文件,不能作为确认银行与其他民事主体之间签订的信贷合同是否有效的法律依据。

二、委托银行贷款实质为民间借贷,利率最高可参照民间借贷利率上限年利率24%计算。

三、委托银行贷款的利率、逾期罚息、复利、违约金等合计不得超过年利率24%,超过的部分法院不予支持。

四、债权转让的受让方取得主债权的情况下一并取得合同项下的从权利。

交易结构图

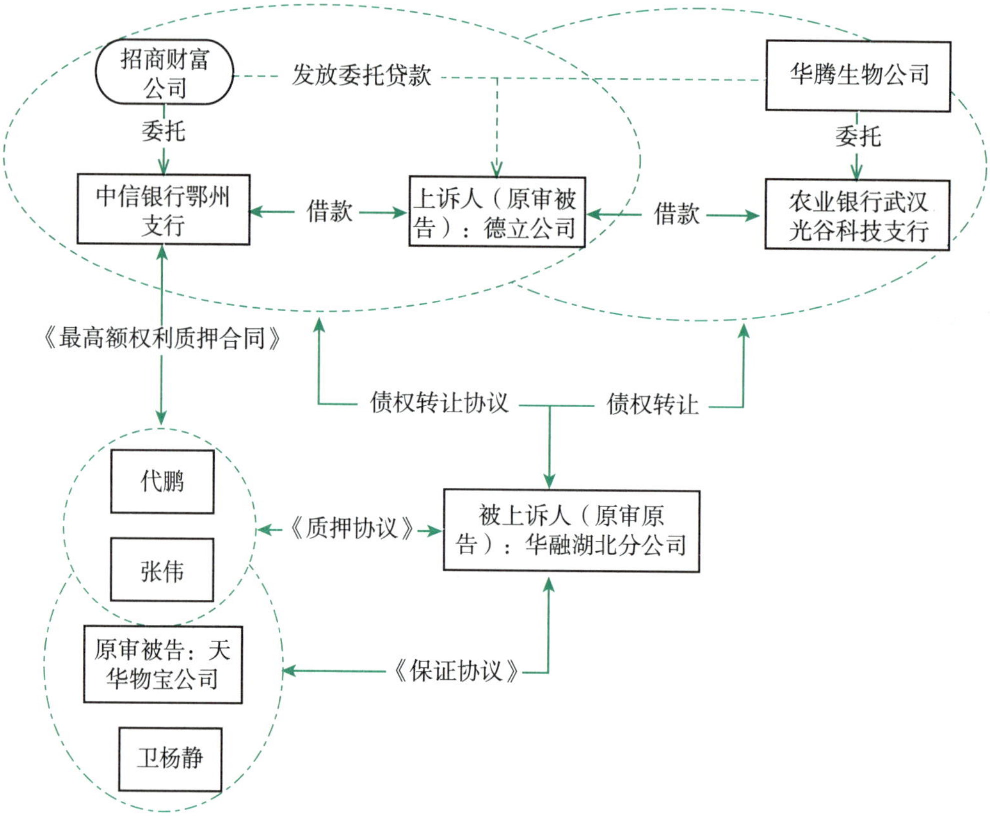

主要案情

上诉人(原审被告):湖北德立房地产开发有限公司。

被上诉人(原审原告):中国华融资产管理股份有限公司湖北省分公司。

原审被告:鄂州市天华物宝矿业有限责任公司。

原审被告：张伟、代鹏、卫杨静、祝红、卫杨全、张丹。

上诉人湖北德立房地产开发有限公司(以下简称德立公司)因与被上诉人中国华融资产管理股份有限公司湖北省分公司(以下简称华融湖北分公司)及原审被告鄂州市天华物宝矿业有限责任公司(以下简称天华物宝公司)、张伟、代鹏、卫杨静、祝红、卫杨全、张丹债权转让合同纠纷一案，不服湖北省高级人民法院(2015)鄂民二初字第00020号民事判决，向最高人民法院提起上诉。

2013年5月29日，中信银行鄂州支行与德立公司签订两份《借款合同》，招商财富资产管理有限公司(以下简称招商财富公司)通过中信银行鄂州支行向德立公司发放委托贷款，贷款金额均为1.5亿元，贷款到期日均为2015年5月30日，贷款利率15.9%。合同第12.4条约定："出现下列情形之一，中信银行鄂州支行根据委托人的要求停止或终止发放本合同项下尚未提取的任何款项，并要求德立公司立即偿还现有已提贷款、应付利息及其他费用，同时依法采取相应的措施"；合同第12.4条第7款约定："德立公司发生重大财务亏损、资产损失，或因其对外担保而发生资产损失，或其他财务危机"；合同第12.5条约定："德立公司未能按合同约定偿还的本金，中信银行鄂州支行除有权行使本合同第12.4款约定的权利外，有权根据实际逾期天数，按合同届时的贷款利率加收60%罚息利率计收利息"；合同第12.6条约定，"对德立公司不能按时支付的利息，中信银行鄂州支行有权根据实际逾期天数按照本条第12.5款约定的罚息利率计收复息"，合同第12.8条约定，"中信银行鄂州支行因事先债权所发生的各项费用，包括但不限于诉讼费、差旅费、(债权总额20%内的)律师费、财产保全费、公证费、翻译费、评估拍卖费等，均由德立公司承担(除委托合同另有约定外)"。

2013年5月29日，中信银行鄂州支行与张伟、代鹏签订一份《最高额权利质押合同》，三方约定以张伟、代鹏各自持有的德立公司99%股权、1%股权为德立公司在2013年5月30日至2015年5月30日内发生的债务提供最高额质押担保，最高质押担保金额为30,000万元，担保范围为债权本金、利息、罚息、复利、违约金、损害赔偿金、保管担保财产和为实现债权、质押权而发生的费用[包括但不限于诉讼费、仲裁费、(债权总额20%内的)律师费、差旅费、评估费、拍卖或变卖费、过户费、保全费、公告费、执行费]。合同签订后，各方办理了质押登记手续，取得了编号为鄂工商股质登记设字(2013)第090号、鄂工商股质登记设字(2013)第091号的《公司股权出质登记书》，中信银行鄂州支行取得了对质押物的质权。

中信银行鄂州支行依约发放30,000万元贷款。德立公司偿还9000万元贷款后，剩余贷款本金及相应利息未予偿还。

2014年12月25日，华融湖北分公司与招商财富公司、中信银行鄂州支行、德立公司签订《债权转让协议》，华融湖北分公司受让取得招商财富公司、中信银行鄂州支行对德立公司的上述债权(贷款本金21,000万元、利息1705.275万元、罚息1241.79万元及担保权利等权利)。《债权转让协议》还约定，德立公司违约，应按照日利息万分之五向华融湖北分公司承担违约责任。

2014年12月25日，华融湖北分公司与天华物宝公司及卫杨静、张伟签订《保证协议》，协议约定由天华物宝公司及卫杨静、张伟提供连带责任保证担保，保证期间为 2 年，保证范围为债权本金、利息、财务顾问费、罚息、违约金、损害赔偿金、应向华融湖北分公司支付的其他款项（包括但不限于有关手续费、电讯费、杂费等）以及为实现主债权而发生的费用（包括但不限于诉讼费、仲裁费、律师费、差旅费、评估费、拍卖或变卖费、过户费、保全费、公证费、送达费、公告费、执行费等）和其他所有应付的费用。

2014 年 12 月 25 日，华融湖北分公司与张伟、代鹏签订一份《质押协议》，三方没有办理质押登记手续。

2014 年 6 月 26 日，湖北华腾生物科技发展有限公司（以下简称华腾生物公司）与中国农业银行股份有限公司武汉光谷科技支行（以下简称农业银行武汉光谷科技支行）、德立公司签订一份《一般委托贷款合同》，约定华腾生物公司通过农业银行武汉光谷科技支行向德立公司发放委托贷款，借款金额 10,000 万元，借款期限 14 天，借款利率 18%，农业银行武汉光谷科技支行在合同签订后实际发放贷款 9000 万元。

2014 年 7 月 10 日，华融湖北分公司与华腾生物公司、农业银行武汉光谷科技支行、德立公司签订《债权转让协议》，华融湖北分公司受让取得对德立公司的上述债权（贷款本金 9000 万元、担保权利等权利，不欠息）。

同日，华融湖北分公司与德立公司签订《债务重组协议》，双方约定对 9000 万元债务进行重组，重组期限 24 个月，债务重组收益率 15.9%/年。债务重组协议第 2.4 条约定，“德立公司如未能按协议第 2.3 款约定支付任何一期重组收益的，则自逾期日的次日起，华融湖北分公司有权对全部未还的重组债务本金在协议第 1.4 款约定的重组收益率基础上加收 6%/年，即重组收益率提高至 24.9%/年；同时，自逾期日的次日起至德立公司清偿该应付未付部分重组收益之日期间，应付未付部分的重组收益按每日万分之五的标准，由德立公司向华融湖北分公司支付违约金”；第 8.1 条约定，“下述任一事件，均构成德立公司在本协议项下的违约事件：……（8）德立公司经营、财务状况严重恶化，对本协议的履行造成重大不利影响”；第 8.2 条约定，“上述违约事件是否发生，由华融湖北分公司作出判断并书面通知德立公司。上述任何违约事件发生后，华融湖北分公司有权采取以下任何一项或多项措施：（1）对出现违约事件时点起，未偿还重组债务本金按每日万分之五的标准收取违约金；（2）宣布所有重组债务立即到期，并要求德立公司立即偿还全部重组债务本金、重组收益或其他应付款项；（3）处置抵押物，并要求保证人立即承担保证责任”。

德立公司已经偿还上述部分重组债务，至起诉时止尚欠重组债务本金 6500 万元。

2014 年 7 月 10 日，华融湖北分公司与天华物宝公司及卫杨静、祝红、卫杨全、张丹、张伟、代鹏签订《保证协议》约定，由天华物宝公司及卫杨静、祝红、卫杨全、张丹、张伟、代鹏为德立公司所欠华融湖北分公司债务提供连带责任保证担保，保证期间为 2 年，保证范围为债权本金、利息、财务顾问费、罚息、违约金、损害赔偿金、应向华融湖北分公司支付的其他款项（包括但不限于有关手续费、电讯费、杂费等）以及为实现主债权而发生的费用（包括但不限于诉讼费、仲裁费、律师费、差旅费、评估费、拍卖或变卖费、过户费、保全费、公证费、送达费、公告费、执行费等)和其他费用。

2014年12月25日,华融湖北分公司与德立公司签订《最高额抵押协议》,双方约定以德立公司位于鄂州市迎宾大道东侧、八中南侧莲花中央广场项目住宅部分地下室24,832.61平方米、商业部分地下二层至地上三层66,301.97平方米在建工程及对应的土地使用权,为德立公司在2014年12月20日至2017年12月31日间发生的债务提供最高额抵押担保,最高抵押金额50,000万元,并将最高额抵押合同签订前已经存在的华融湖北分公司对德立公司9000万元债权纳入最高额抵押担保的债权范围,担保范围为债权本金、债权利息、收益、罚息、实现债权的费用。合同签订后,双方办理了抵押登记手续,华融湖北分公司取得编号为鄂房建鄂字第Z2014000025号及鄂州他项(2015)第9号的他项权证。

2015年4月29日,华融湖北分公司向×××律师事务所支付律师代理费5万元。因德立公司涉及多笔民间融资纠纷,已被债权人诉至法院并查封其名下资产,华融湖北分公司以德立公司的行为符合《债务重组协议》中约定的"经营、财务状况严重恶化,对本协议的履行造成重大不利影响"情形,德立公司已实际丧失偿还公司债务的能力为由,提起本案诉讼。

被上诉人(原审原告)华融湖北分公司一审诉讼请求:一、德立公司偿还华融湖北分公司债权本金21,000万元及相应利息(截至2014年12月25日,共欠利息2947.065万元,其中利息1705.275万元、罚息1241.79万元);二、德立公司偿还华融湖北分公司重组债务本金6500万元及相应的债务重组收益(以重组债务本金6500万元为基数,自2014年12月25日起,按15.9%计算至实际偿还之日止);三、华融湖北分公司对德立公司提供的他项权证号为鄂房建鄂字第Z2014000025号及鄂州他项(2015)第9号的抵押在建工程及土地使用权享有优先受偿权;四、天华物宝公司、张伟、卫杨静、代鹏对第一项的债权本金及利息、罚息承担连带偿还责任;五、华融湖北分公司对张伟、代鹏对德立公司持有的股权享有优先受偿权;六、天华物宝公司、卫杨静、祝红、卫杨全、张丹、张伟、代鹏对第二项的重组债务本金及债务重组收益承担连带偿还责任;七、判令本案全部诉讼费用(含诉前保全费)、律师代理费及实现债权的其他费用由德立公司、天华物宝公司、张伟、代鹏、卫杨静、祝红、卫杨全、张丹共同承担。

一审法院判决:1.德立公司于判决生效后10日内向华融湖北分公司偿还贷款本金21,000万元及相关利息(截至2014年12月25日止的利息2947.065万元,自2014年12月26日起,以本金21,000万元为基数,利息按24%年利率计算至判决确定的给付之日止)。2.德立公司于判决生效后10日内向华融湖北分公司偿还贷款本金6500万元及利息(自2014年12月25日起,以本金6500万元为基数,按15.9%计算至判决确定的给付之日止)。3.德立公司于判决生效后10日内向华融湖北分公司支付律师代理费5万元。4.华融湖北分公司有权就德立公司鄂房建鄂字第Z2014000025号及鄂州他项(2015)第9号他项权证项下在建工程及土地使用权折价或者拍卖、变卖价款在50,000万元范围内优先受偿。5.天华物宝公司、张伟、卫杨静对判决第一项、第三项确定德立公司的债务承担连带清偿责任,天华物宝公司、张伟、卫杨静承担保证责任后有权向德立追偿。6.华融湖北分公司就张伟、代鹏分别持有的用于质押的德立公司的99%、1%的股权[鄂工商股质登记设字(2013)第090号、鄂工商股质登记设字(2013)

第 091 号公司股权出质登记书]变价或者拍卖、变卖价款在 21,000 万元范围内优先受偿。7. 天华物宝公司、张伟、代鹏、杨静、祝红、卫杨全、张丹对判决第二项、第三项确定的德立公司债务承担连带清偿责任。天华物宝公司、张伟、代鹏、卫杨静、祝红、卫杨全、张丹有权向德立公司追偿。8. 驳回华融湖北分公司的其他诉讼请求。

二审法院最高人民法院于 2016 年 9 月 29 日作出(2016)最高法民终 493 号民事判决:驳回上诉,维持原判。

法院观点

一、关于涉案《借款合同》中约定"逾期还款按贷款利率加收 60% 罚息利率计收利息"的条款是否有效问题

最高人民法院认为,《贷款利率通知》系中国人民银行针对银行业内部制定的管理性文件,不能作为确认银行与其他民事主体之间签订的信贷合同是否有效的法律依据。虽然,德立公司与中信银行鄂州支行在《借款合同》第 12.5 条中约定:"德立公司未能按合同约定偿还的本金,中信银行鄂州支行除有权行使本合同第 12.4 款约定的权利外,有权根据实际逾期天数,按合同届时的贷款利率加收 60% 罚息利率计收利息。"该约定系双方当事人真实意思的表示,不存在违反法律、行政法规效力性禁止性规定的情形,应属有效协议。而且,华融湖北分公司与招商财富公司、中信银行鄂州支行、德立公司在《债权转让协议》中,对德立公司的欠款本金 21,000 万元、利息 1705.275 万元、罚息 1241.79 万元及担保等权利进行了确认,其中逾期利息是按照《借款合同》中约定贷款利率加收 60% 罚息利率计算的,德立公司对此并未提出异议。故德立公司上诉称《借款合同》中约定"逾期还款按贷款利率加收 60% 罚息利率计收利息",违反了《贷款利率通知》第三条"逾期贷款利息最高也只能加收至 50%"的规定,没有法律依据,应不予支持。

二、关于涉案 21,000 万元逾期借款利息、罚息的确认问题

《处理不良贷款规定》第 7 条规定:"债务人逾期归还贷款,原借款合同约定的利息计算方法不违反法律规定的,该约定有效。没有约定或约定不明的,依照中国人民银行《人民币利率管理规定》计算利息和复息。"本案中,德立公司与华融湖北分公司在《债权转让协议》中对借款利息计算方法已有明确约定,故涉案借款利息计算不存在依照中国人民银行《人民币利率管理规定》计算利息的情形。德立公司上诉称,华融湖北分公司的金融机构性质决定了其只能按人民银行所规定的金融机构贷款利率的浮动区间执行,没有事实和法律依据,应不予支持。

根据《借款合同》第 12.5 条中的约定,如德立公司未能按期偿还本金及利息,应承担"贷款利率加收 60% 罚息利率计收利息"的罚息责任,即 25.44% [15.9% +(15.9% ×60%)]。华融湖北分公司诉请德立公司按合同约定年利率 15.9%,上浮 60%,并支付相应违约金计算借款利息。原审判决根据《合同法》第 114 条关于违约金调整的相关规定,将逾期还款利息调整为按 24% 年计算,减轻了德立公司的还款负担,适用法律并无不当。德立公司上诉称原审判决适用《民间借贷规定》第26条、第30条关于利率的规定调整本案借款利率，没有事实依据，应不予支持。

综上所述，德立公司的上诉请求不能成立，应予以驳回。原审判决认定事实清楚，适用法律正确，应予以维持。

律师提示

笔者认为，本案存在以下几个问题：

一、未诉而判。

原告诉请：德立公司偿还华融湖北分公司债权本金21,000万元及其相应利息（截至2014年12月25日，共欠利息2947.065万元，其中利息1705.275万元、罚息1241.79万元）。

法院判决：德立公司于判决生效后10日内向华融湖北分公司偿还贷款本金21,000万元及相关利息（截至2014年12月25日止的利息2947.065万元，自2014年12月26日起，以本金21,000万元为基数，利息按24%年利率计算至判决确定的给付之日止）。

被告本可以以此为上诉理由，可惜被告并没有这样做。

二、诉请不足。

第一项诉讼未明确"债权本金的利息计算至实际付清之日止"。好在法院未诉而判，否则利息损失较大。

第二项诉讼请求虽然明确了"债权本金的利息计算至实际付清之日止"，但忘记把逾期利率从按年利率15.9%提高到24%。

三、忽视了"逾期利息计算截止日"。

诉请为：实际付清之日止；

判决为：判决确定之日止。

020 民间证券配资的实际借款期限及利息依据什么确定？

案例索引

浙江省温州市中级人民法院（2015）浙温商终字第1115号民事判决书。

案例导读

一、本案是一起典型的民间证券配资纠纷案例。法院通过本案例对证券配资纠纷的法律关系性质、证券账户使用期限、实际借款期限、利息结算等争议均给出了明确的裁判规则，值得借鉴,对参与民间证券配资的人士非常有参考价值。

二、以融资方对证券账户实际控制期间为准确定实际借款期限,并以此结算利息的裁判逻辑是本案最大亮点。本案出资方起诉融资方60多万元,结果法院只判决了17万多元,为何诉判差距如此巨大?

三、"民间证券配资合同"与《九民纪要》中的"场外证券配资合同"有何不同?是否也应当认定无效合同呢?

裁判要旨

民间证券配资账户供融资方使用的时间应当以融资方实际控制该账户的时间为准,是否有进行证券交易并非判断该账户是否由融资方实际使用的依据,并以此为基础确定实际借款期限。

裁判逻辑

一、鉴于出资方收取固定收益,对融资方的交易亏损不承担民事责任,对融资方的超额赢利也不享有分配请求权,且无须向融资方支付报酬,故出资方与融资方因配资行为所产生的权利义务关系,实际上属于民间借贷法律关系。

二、鉴于双方没有书面协议明确约定,故在实际借款期限与约定借款期限不符时,应以实际借款期限为准计算利息。

三、证券配资账户供融资方使用的时间应当以融资方实际控制该账户的时间为准,具体包括告知密码、通知结算、款项汇出、账户注销等,是否有进行证券交易并非判断该账户是否由融资方实际使用的依据,并以此为基础确定实际借款期限。

交易结构图

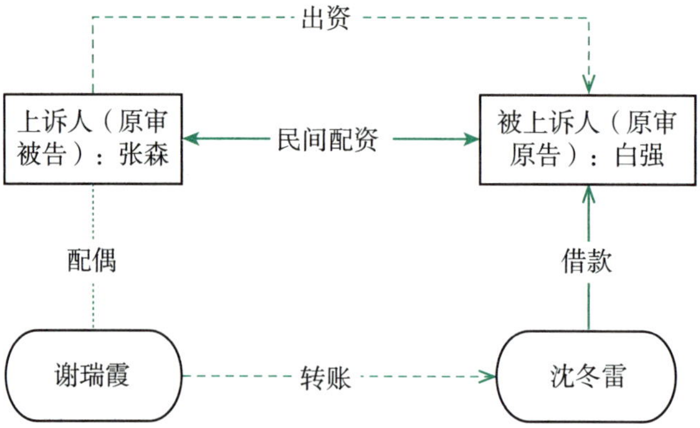

主要案情

上诉人(原审被告):张森。

被上诉人(原审原告):白强。

上诉人张森因与被上诉人白强合同纠纷一案,不服温州市鹿城区人民法院(2014)温鹿商初字第5746号民事判决,向温州市中级人民法院提起上诉。

白强与张森于2012年6月认识,其后双方合作股票、期货配资业务,张森作为出资方给白强提供股票、期货配资的资金,白强作为配资方使用张森提供的资金并支付利息。合作过程中,双方没有签订书面合同,部分业务以邮件发送的合同来确定合同的条款,双方合作资金的往来均以账户转账方式进行,并以已经交易账户的记录为准。至2012年11月底,白强逐步撤出部分合作账户,剩余部分账户在到期后应归还保证金时,双方因结算产生分歧未果。2012年10月5日,案外人沈冬雷因资金周转需要向白强借款50万元,白强无资金,于是向张森要求借款50万元。2012年10月6日,张森根据白强的指示扣除利息后从妻子谢瑞霞的账户中汇给沈冬雷477,500元。后白强将借款合同及收条以邮件方式向张森发送,以确认上述事实。因为双方对利息算法存在分歧,扣除因案外人沈冬雷涉及的50万元外,双方对白强尚有456,330元资金余额无异议,对另外的金额193,149元有异议。

2014年11月5日,被上诉人(原审原告)白强向原审法院起诉,一审诉讼请求:1.张森返还白强本案合同纠纷款项649,479元及利息;2.张森承担案件诉讼费及白强支出的用于案件的其他各项费用。

一审法院判决:一、张森于判决生效之日起10日内偿付白强合同纠纷款项171,979元;二、驳回白强的其他诉讼请求。

二审法院浙江省温州市中级人民法院2015年7月17日作出的(2015)浙温商终字第1115号民事判决:驳回上诉,维持原判。

法院观点

本案中张森作为出资方收取固定收益,对白强的交易亏损不承担民事责任,对白强的超额赢利也不享有分配请求权,且无须向白强支付报酬,故张森与白强因配资行为所产生的权利义务关系,实际上属于民间借贷法律关系。虽然白强发给张森的合同文本中有“协议履行期间为六个月”及“不满三个月按照三个月计息,满三个月按月计息,不足一个月按一个月计算”的条款,但因双方最后也未书面签订合同,故在实际借款期限与约定借款期限不符时,应以实际借款期限为准计算利息。双方当事人明确表示除却50万元(一审认定借款金额为477,250元)的借款之外,双方有争议部分为79,000元+52,000元+68,250元=199,250元(其中79,000元为1050万元半个月的利息+105万元一个月的利息-白强自愿另行支付105万元的利息5000元;52,000元为两个100万元期货账户两个月的利息;68,250元系1050万元半个月的利息)。

温州市中级人民法院对上述双方争议的各个账户的利息计算如下:

1.1050万元的配资款:白强自2012年9月25日开始使用该账户,已经按照月息1.3分支付利息到2012年11月30日。2012年11月29日,该账户被张森强制平仓,张森未提供证据证明之后白强还有使用该账户,故该账户的实际使用时间应为2012年9月25日至2012年11

月 29 日,白强支付的利息已经涵盖了该使用期间,张森要求白强再支付 1 个月的利息理由不能成立,本院不予采信。

2. 105 万元的配资款:从 2012 年 12 月 7 日双方的短信往来看,在 2012 年 12 月 7 日双方已经对该账户进行结算,故白强对该账户的实际使用时间为 2012 年 8 月 28 日至 2012 年 12 月 7 日,现白强除已经支付了 3 个月利息之外,自愿再支付 10 天的利息即 5000 元,已经涵盖了其实际使用该款项的时间,张森再要求白强支付 1 个月的利息理由不能成立,温州市中级人民法院不予支持。

3. 其中一个 100 万元期货账户的配资款:账户供白强使用的时间应当以白强实际控制该账户的时间为准,具体包括告知密码、通知结算、款项汇出、账户注销等,是否有进行期货交易并非判断该账户是否由白强实际使用的依据。张森于 2012 年 11 月 15 日告知白强该账户密码,白强由此获得对该账户的实际控制权,故 2012 年 11 月 15 日为白强开始使用该账户的时间。对于该账户的停用时间,温州市中级人民法院认为白强于 2012 年 12 月 7 日通过短信形式对该账户进行结算,故白强使用该配资款的时间最迟也应在此时截止。白强已经支付的 1 个月利息已经涵盖了该期间,张森要求白强另行支付两个月的利息理由不能成立,温州市中级人民法院不予支持。

4. 另外一个 100 万元期货账户的配资款:张森于 2012 年 11 月 15 日告知白强该账户密码,故 2012 年 11 月 15 日系开始使用的时间。2012 年 11 月 30 日,张森将该期货账户内的 100 万元配资款汇出,该款项汇出期货账户之后,就处于张森的控制之下,故该期货账户的 100 万元资金的实际使用期限应为 2012 年 11 月 15 日至 2012 年 11 月 30 日,白强已经支付的 1 个月利息已经涵盖了该期间,张森要求白强另行支付两个月的利息理由不能成立,温州市中级人民法院不予支持。

以上合计,除双方未有异议的 456, 330 元之外,白强的资金余额应为 199, 250 元 - 1101 元 - 5000 元(1101 元及 5000 元系白强自愿支付给张森,且双方对此也无争议) = 193, 149 元,扣除 477, 500 元的借款,张森还应返还白强 456, 330 + 193, 149 - 477, 500 = 171, 979 元。

综上所述,一审法院认定事实正确,审判程序合法,适用法律正确。

律师提示

一、虽然融资方发给出资方的合同文本中有“协议履行期间为六个月”及“不满三个月按照三个月计息,满三个月按月计息,不足一个月按一个月计算”的条款,但因双方最后也未书面签订合同,故在实际借款期限与约定借款期限不符时,应以实际借款期限为准计算利息。

二、法院的判决实际上是基于双方没有对利息计算方法达成合意及民间借贷为实践性合同考虑。因此,建议民间证券配资还是应该有明确的协议约定,以避免类似纠纷和风险的发生。

三、关于民间证券配资合同的效力,目前争议还是很大的。虽然,最高人民法院《全国法院民商事审判工作会议纪要》(法〔2019〕254 号)中有关于“场外配资业无效”的意见。笔者认为,“民间证券配资”与“场外配资业务”还是有重要区别的。该纪要关于“场外配资业务”主要是指:一些P2P公司或者私募类配资公司利用互联网信息技术,搭建起游离于监管体系之外的融资业务平台,将资金融出方、资金融入方即用资人和券商营业部三方连接起来,配资公司利用计算机软件系统的二级分仓功能将其自有资金或者以较低成本融入的资金出借给用资人,赚取利息收入的行为。因此,该纪要关于“场外配资业务合同无效”的意见,并不完全适用民间证券配资业务。

021 银行欺诈转贷是否应对过桥资金方承担赔偿责任?

案例索引

最高人民法院(2017)最高法民申3656号民事裁定书。

案例导读

一、本案是一起涉及过桥资金转贷纠纷的典型案例,值得细读借鉴。关于银行与借款人恶意串通骗取过桥资金转嫁贷款风险是否构成侵权问题,一审法院以证据不足驳回原告诉讼请求,二审改判支持了原告的诉讼请求,最高人民法院通过再审裁定肯定了二审判决。

二、本案过桥资金方之所以能够胜诉,关键在于证据收集的完整,形成了有效的证据链,非常值得从事过桥资金业务的人员学习。

三、从职务行为,到恶意串通,再到共同侵权,二审法院的裁判逻辑链清晰明了,一环扣一环,值得裁判人员学习。

裁判要旨

银行与借款人恶意串通,骗取第三方的过桥资金,转嫁贷款风险的行为构成共同侵权,银行与借款人应对第三方的损失承担赔偿责任。

裁判逻辑

一、银行副行长参与过桥资金方与借款人关于过桥资金借贷业务的行为构成职务行为。

二、银行副行长与借款人故意向过桥资金方隐瞒过桥资金方在与借款人商谈借款时,借款人企业的经营状况并不足以偿还所借银行的贷款及借款人向银行借款所提供的质押物已经不存在等重要事实,构成恶意串通。

三、银行虚构事实对过桥资金方进行了欺诈,与借款人恶意串通,将自己的不能收回贷款的风险转嫁给过桥资金方，故过桥资金方与借款人签订的借款合同无效，借款人与银行构成共同侵权，应当对过桥资金方的损失进行赔偿。

交易结构图

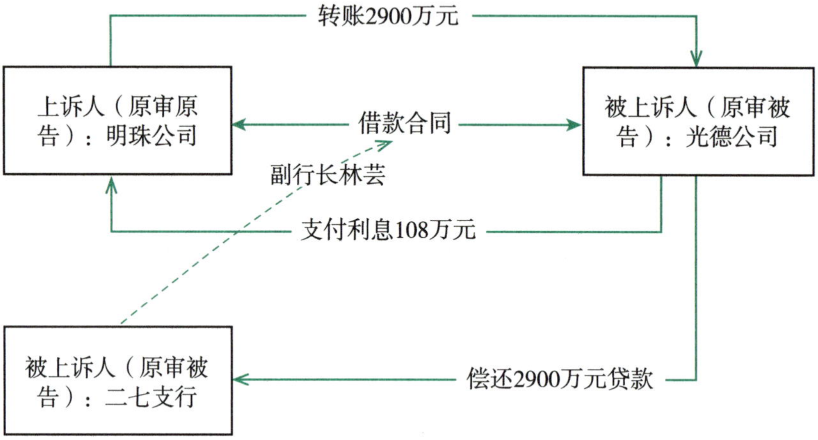

主要案情

上诉人（原审原告）：大连明珠国际经济技术合作有限公司。

被上诉人（原审被告）：中国工商银行股份有限公司大连二七广场支行。

被上诉人（原审被告）：大连光德粮食经贸有限公司。

上诉人大连明珠国际经济技术合作有限公司（以下简称明珠公司）与被上诉人中国工商银行股份有限公司大连二七广场支行（以下简称二七支行）、大连光德粮食经贸有限公司（以下简称光德公司）财产损害赔偿纠纷一案，辽宁省大连市中级人民法院作出（2016）辽 02 民初 255 号民事判决。明珠公司不服该判决，向辽宁省高级人民法院提起上诉。

卢彦原系二七支行行长，林芸原系二七支行副行长。二七支行曾为光德公司发放贷款 2900 万元。二七支行认可光德公司当初贷款时以 35,000 吨玉米作质押物。

2014 年 5 月 15 日，明珠公司与光德公司签订一份借款合同，主要约定光德公司向明珠公司借款，借款金额为 2900 万元，借款期限为 2014 年 5 月 15 日至 2014 年 5 月 29 日，发生纠纷双方协商解决，协商不成任何一方可向明珠公司所在地人民法院提起诉讼。合同签订当日，明珠公司通过上海浦东银行向光德公司转款 2000 万元，通过中国建设银行大连市分行向光德公司转款 900 万元。同日，光德公司给明珠公司出具资金汇款路径确认单，确认收到明珠公司 2900 万元的汇款。光德公司偿还了二七支行的到期贷款 2900 万元。2014 年 5 月 15 日，光德公司向明珠公司支付利息 108 万元。

借款合同到期后，光德公司没有向明珠公司履行还款义务。明珠公司称，其于 2016 年 6 月 10 日持光德公司质押的 35,000 吨玉米的提货单提货时，得知该货物不存在。

上诉人（原审原告）明珠公司一审诉讼请求：1. 判令二被告承担共同侵权责任，并返还原告款项 2900 万元;2. 判令二被告赔偿原告经济损失 348 万元(具体计算方式以 2900 万元为基数,按照中国人民银行同期贷款利率,从 2014 年 5 月 29 日计算至判决确定的给付之日止);3. 本案的全部诉讼费用由二被告承担。

一审法院判决:驳回明珠公司的诉讼请求。

二审法院判决:1. 撤销大连市中级人民法院(2016)辽 02 民初 255 号民事判决;2. 二七支行、光德公司于判决生效后 10 日内给明珠公司 2900 万元及利息(自 2014 年 5 月 29 日起至给付之日止,按照中国人民银行同期贷款利率计算)。

再审法院最高人民法院于 2017 年 10 月 31 日作出(2017)最高法民申 3656 号民事裁定:驳回二七支行的再审申请。

法院观点

本案的关键问题在于光德公司与明珠公司签订借款合同中,光德公司与二七支行是否存在共同侵权行为。

根据查明的事实可以认定,二七支行主管信贷的副行长林芸通过中间人李贵军参与了明珠公司与光德公司借款合同的签订,对此二七支行并不否认。因为光德公司与二七支行存在贷款 2900 万元的事实,在 2014 年 5 月 15 日贷款临近到期时,林芸出面介绍贷款情况,由明珠公司借款给光德公司,光德公司用此款偿还二七支行的贷款,后明珠公司将 2900 万元借款打入光德公司账户,光德公司偿还了二七支行的到期贷款 2900 万元。二七支行主张是李贵军主动找林芸介绍的该笔业务,而李贵军则主张是林芸找他介绍的该笔业务,无论是李贵军找林芸还是林芸找李贵军,明珠公司借款给光德公司偿还光德公司欠二七支行贷款 2900 万元是不争的事实。二七支行主张林芸只是介绍了业务,客观介绍了光德公司的情况,其不应当承担责任。事实是,光德公司在与明珠公司借款时,其企业的经营状况并不足以偿还所借的二七支行的贷款,而且其向二七支行借款所提供的质押物 35,000 吨粮食已经不存在。明珠公司与光德公司从无往来,互不熟悉,如果林芸如实介绍光德公司当时的状况,明珠公司是不可能将款项出借给光德公司的。在一审庭审中,证人李贵军(时任盛京银行大连分行五四支行行长)、刘伟光(时任光德公司职员)均出庭作证,证明二七支行主管信贷的副行长林芸对光德公司当时的企业状况进行了虚假的描述,而且没有按照约定,在光德公司已经偿还 2900 万元贷款后进行续贷。在光德公司所借明珠公司借款到期没有偿还时,明珠公司向二七支行主张还款,并要求交付质押物。二七支行将粮食质押物提货通知书交付了明珠公司,虽然二七支行主张将提货通知书交付了光德公司,但并没有证据证明,而光德公司也不认可其收取了提货通知书。证人证言证明二七支行将提货通知书直接交付给了明珠公司,后来明珠公司在提取质押物时被告知货物根本不存在。关于林芸的行为的性质问题,因为林芸是二七支行主管信贷的副行长,二七支行对林芸参与光德公司与明珠公司该笔借款业务并不否认,故林芸的行为是职务行为。问题在于林芸是否如实陈述了光德公司的实际经营情况,因为如果林芸如实陈述了光德公司的实际经营状况,明珠公司不可能将款项借给光德公司,故根据案件的相关证据和客观事实,二七支行虚构事实对明珠公司进行了欺诈,与光德公司恶意串通,将自己的不能收回贷款的风险转嫁给明珠公司,故明珠公司与光德公司签订的借款合同无效,光德公司与二七支行的行为构成共同侵权,应当对明珠公司的损失进行赔偿。

明珠公司以工行二七支行为避免自身贷款损失,转嫁风险,与光德公司构成共同侵权,应承担侵权责任为由提起诉讼。经二审查明,工行二七支行与光德公司恶意串通,共同对明珠公司实施了欺诈行为,使贷款不能收回的风险转嫁给明珠公司,造成了明珠公司财产损失。二审判决据此认定案涉《借款合同》无效,判令工行二七支行和光德公司共同给付明珠公司2900万元本金及自2014年5月29日案涉借款到期日起按照中国人民银行同期贷款利率赔偿明珠公司案涉借款的利息损失,适用法律并无不当。

律师提示

鉴于本案裁判逻辑的重要连接点为银行副行长参与过桥资金方与借款人过桥资金借贷业务的行为构成职务行为。因此,在商务业务洽谈和经办过程中,注意了解和掌握有关人员的身份和职务十分重要。因为本案参与过桥资金借贷商谈介绍人员是银行副行长,才使得过桥资金方胜诉有了重要依靠,形成了完整的裁判逻辑链。

022 银行转贷承诺是否对过桥资金方构成合同关系?

案例索引

最高人民法院(2017)最高法民申2394号民事裁定书。

案例导读

一、本案是一起关于"过桥贷"引发的银行赔偿纠纷案例。本案焦点为:银行工作人员出具的承诺函是否有效?引发纠纷后由谁承担责任?由此建立什么法律关系?本文梳理的裁判逻辑有助于理解法院的结论及论证过程。

二、本案银行败诉的关键原因是出具了书面的《承诺书》,现假设,如果银行没有出具书面承诺,银行还有可能败诉吗?

裁判要旨

银行违规出具还旧借新承诺书应承担相应赔偿责任。

裁判逻辑

一、债务人向出借人贷款的目的，是偿还此前即将到期的银行贷款，银行工作人员为此向出借人出具如何收回旧贷款、发放新贷款、如何保证资金的安全等意思表示内容的《承诺书》，系处理银行一系列到期贷款的清偿问题的行为，亦是职责所在，故该银行工作人员的案涉行为是职务行为，责任义务主体应认定为银行。

二、银行关于工作人员个人及内设业务部无权决定发放贷款、不符合贷款审批程序等的内部约定，不影响其工作人员尤其是管理人员履行职责行为的对外效力。

三、银行为了能收回到期贷款，在明知违反银行监管相关规定的情形下，依然出具《承诺书》，导致出现了风险，其理应为出现的风险承担相应的法律责任，而不能转移给其他当事人。

四、银行出具的《承诺书》中并未含有债务人不能偿还贷款时，由其向出借人履行偿还义务或承担责任的意思表示，故银行出具的《承诺书》并非《中华人民共和国担保法》（以下简称《担保法》）意义上的保证或担保。

五、出借人基于对银行的信赖，收到案涉《承诺书》后，向债务人发放了贷款，双方之间的行为符合要约和承诺的法律特征，即已形成合同关系。

六、银行未按《承诺书》约定履行向债务人发放贷款的义务，对出借人构成违约，应赔偿由此给出借人造成的损失。

交易结构图

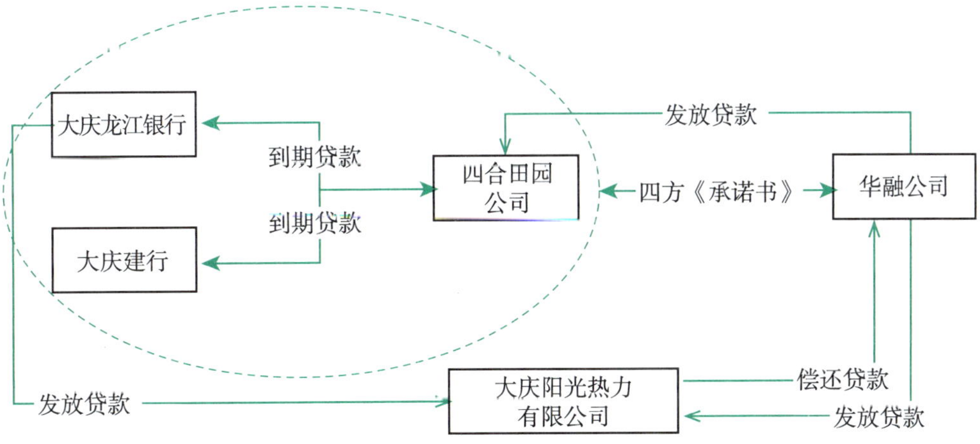

主要案情

再审申请人（一审被告、二审上诉人）：龙江银行股份有限公司大庆分行。

被申请人（一审原告、二审被上诉人）：齐齐哈尔市华融小额贷款股份有限公司（出借人）。

被申请人（一审被告、二审被上诉人）：大庆四合田园植物蛋白有限公司（原大庆日月星有限公司)。

被申请人(一审被告、二审被上诉人):大庆曼哈维大酒店管理有限公司。

被申请人(一审被告、二审被上诉人):明德泉。

二审上诉人、一审被告:中国建设银行股份有限公司大庆分行。

再审申请人龙江银行股份有限公司大庆分行(以下简称大庆龙江银行)因与被申请人齐齐哈尔市华融小额贷款股份有限公司(以下简称华融公司)、大庆四合田园植物蛋白有限公司(以下简称四合田园公司)、大庆曼哈维大酒店管理有限公司(以下简称曼哈维公司)、明德泉及二审上诉人、一审被告中国建设银行股份有限公司大庆分行(以下简称大庆建行)民间借贷纠纷一案,不服黑龙江省高级人民法院(2016)黑民终419号民事判决,向最高人民法院申请再审。

因四合田园公司在大庆龙江银行、大庆建行分别有到期借款,四合田园公司欲对到期借款进行倒贷,大庆龙江银行、大庆建行告知需要找另外的贷款公司进行融资,先偿还到期借款。由大庆龙江银行、大庆建行向贷款公司出具在近期向四合田园公司发放新的贷款,用于偿还该笔融资款的承诺。据此,四合田园公司找到华融公司,四方按此约定达成协议。

2013年5月30日,大庆建行出具的《承诺书》加盖了大庆建行公司业务部公章。2013年6月3日,大庆龙江银行主管信贷的副行长陈某出具的《承诺书》由陈某签字。

在此之前,大庆龙江银行副行长陈某也曾出具过同样的承诺,华融公司向大庆阳光热力有限公司发放了贷款,之后,大庆龙江银行按其承诺如期向大庆阳光热力有限公司发放了贷款,该公司偿还了向华融公司的借款。

之后,华融公司向四合田园公司发放了贷款并由曼哈维公司、明德泉提供连带责任担保,四合田园公司收到上述贷款后,偿还了其在大庆龙江银行、大庆建行的到期贷款,但大庆龙江银行、大庆建行未再向四合田园公司发放贷款,四合田园公司无法按期偿还华融公司贷款,引发本案争议。

被申请人(一审原告、二审被上诉人)华融公司(出借人)一审诉讼请求:1.四合田园公司偿还借款本金××××万元、利息×××万元(计算至××××年××月××日)及×××年××月××日起至借款本息还清止的利息;2.曼哈维公司、明德泉对借款本息承担连带保证责任;3.大庆龙江银行、大庆建行承担违约责任;4.案件诉讼费用由被告共同负担。

一审法院判决:1.四合田园公司于判决生效后10日内偿还华融公司借款本金××××万元、给付利息×××万元(截至××××年××月××日,之后以此本金为基数按人民银行同期贷款利率4倍计息至给付之日);2.曼哈维公司、明德泉对上述还款行为不能清偿部分承担连带偿还责任;3.大庆建行对四合田园公司承担给付责任及曼哈维公司、明德泉承担连带保证责任后仍不能履行部分承担补充赔偿责任。

二审法院判决:驳回上诉,维持原判。

再审法院最高人民法院于2017年6月29日作出(2017)最高法民申2394号民事裁定:驳回再审申请。

法院观点

一、案涉《承诺书》的主体是否为大庆龙江银行与大庆建行

根据本案查明的事实，因大庆龙江银行发放给大庆乳品厂、四合田园公司、圣源公司、鑫源公司、绪腾公司的贷款及大庆建行发放给四合田园公司的贷款均即将到期，各借款人无力偿还债务，需寻求资金偿还到期贷款。在此情况下，上述各方与华融公司协商短期贷款，用于偿还大庆龙江银行、大庆建行的到期贷款，大庆龙江银行主管信贷的副行长陈某及大庆建行公司业务部的工作人员参与协商过程。华融公司为保证其资金安全，要求借款人提供担保。各借款人亦提供了抵押和保证担保，大庆龙江银行、大庆建行为此还分别向华融公司出具了《承诺书》。本案所涉《承诺书》载明，“四合田园公司是我行贷款客户……”“我行承诺如下：……我行保证在近期向四合田园公司贷款……确保此笔贷款到账后，不被挪作他用……”“如我行上述承诺事项未能履行，愿承担相应责任”。从上述情况和过程看，四合田园公司向华融公司贷款的目的是偿还大庆龙江银行及大庆建行的贷款，案涉《承诺书》的内容亦是关于大庆龙江银行与大庆建行如何收回旧贷款、发放新贷款、如何保证华融公司的资金安全等意思表示，大庆龙江银行副行长陈某及大庆建行公司业务部工作人员处理各行一系列到期贷款的清偿问题亦是职责所在，故各行工作人员的案涉行为均是职务行为，案涉《承诺书》的主体应认定为大庆龙江银行与大庆建行。至于大庆龙江银行诉讼中所主张陈某个人及大庆建行主张其内设公司业务部无权决定发放贷款，不符合贷款审批程序等抗辩理由，均是其内部人员及机构的工作职能与分工，工作人员履行职责对一系列到期贷款进行清收时，并未告知相对方其无权代表大庆龙江银行或大庆建行，故大庆龙江银行、大庆建行的内部约定不影响其工作人员尤其是管理人员履行职责行为的对外效力。大庆龙江银行主张《承诺书》违反了中国银行业监督管理委员会相关通知的要求及《中华人民共和国商业银行法》（以下简称《商业银行法》）相关强制性的规定，《承诺书》的主体不是大庆龙江银行。最高人民法院认为，中国银行业监督管理委员会相关通知的要求和《商业银行法》的相关规定，旨在要求银行加强内部管理，防范金融风险，相关规定的出台正是针对银行在办理业务过程中可能出现的风险，要求银行加以注意和管控，这些规定要求的对象是银行。而在案件中，大庆龙江银行为了能收回到期贷款，在明知违反上述相关规定的情形下，依然出具《承诺书》，导致出现了风险，其理应为出现的风险承担相应的法律责任。至于陈某作为大庆龙江银行主管信贷的副行长违反银行内部规定，出具《承诺书》，导致案涉风险的出现，属于银行内部管理事务，这一风险责任理应由大庆龙江银行承担，而不能转移给其他当事人。大庆龙江银行、大庆建行的该项上诉主张缺之事实和法律依据不能成立。

二、大庆龙江银行、大庆建行与华融公司基于案涉《承诺书》形成何种法律关系，以及大庆龙江银行、大庆建行对华融公司的损失应如何承担责任

大庆龙江银行、大庆建行出具的《承诺书》所承诺的内容是华融公司借款给四合田园公司，用于临时周转和偿还四合田园公司向大庆建行的借款，其后大庆龙江银行、大庆建行向四合田园公司重新发放贷款,并确保新贷款进入华融公司指定的账户,用于偿还四合田园公司向华融公司所贷款项。依据《担保法》第6条的规定,保证是指"保证人和债权人约定,当债务人不履行债务时,保证人按照约定履行债务或者承担责任的行为"。而本案中,大庆龙江银行、大庆建行出具的《承诺书》中并未含有四合田园公司不能偿还贷款时由其向华融公司履行偿还义务或承担责任的意思表示,故大庆龙江银行与大庆建行出具的《承诺书》并非《担保法》意义上的保证或担保。根据案涉《承诺书》内容,大庆龙江银行、大庆建行向华融公司作出其将向四合田园公司发放贷款,用于偿还四合田园公司向华融公司所借款项的意思表示,以达到由华融公司给四合田园公司融资临时周转和偿还银行到期贷款的目的。华融公司基于对大庆龙江银行、大庆建行的信任,收到案涉《承诺书》后向四合田园公司发放了贷款,双方之间的行为符合要约和承诺的法律特征,即已形成合同关系。大庆龙江银行、大庆建行未按约定履行向四合田园公司发放贷款的义务,对华融公司构成违约,应赔偿由此给华融公司造成的损失。鉴于四合田园公司作为债务人同时还为案涉贷款提供抵押担保,曼哈维公司、明德泉向华融公司提供连带责任保证,因此,华融公司向债务人及担保人主张权利后,仍不能将受偿部分作为其损失,故原审判决大庆龙江银行、大庆建行在四合田园公司承担给付责任及曼哈维公司、明德泉承担连带保证责任后,仍不能在受偿范围内承担各自赔偿责任并无不当。

律师提示

本案银行败诉的关键原因是出具了书面的《承诺书》,现假设银行没有出具书面承诺,银行还有可能败诉吗?

笔者认为,如果银行工作人员与借款人恶意串通骗取过桥资金,转嫁贷款风险,亦构成侵权。"过桥贷"如何防范风险?过桥资金方与银行都值得深刻反思和吸取教训。

023 借款合同无效后的还款协议是否亦无效?

案例索引

最高人民法院(2011)民提字第351号再审民事判决书。

案例导读

一、本案系《最高人民法院商事审判指导案例(2012):合同与借贷担保》刊载的经典案例,其指导意义在于,关于无效借款合同之还款协议效力认定的论述,非常具有诉讼及非诉实务参考价值。

二、本文为此案梳理归纳了裁判逻辑链，分别涉及还款协议的效力及与此前借款合同的关系、利息约定、管辖约定冲突三个方面。

裁判要旨

借款合同无效后签订的还款协议书，若不存在其他无效事由，应认定合法有效。

裁判逻辑

一、事后的还款协议书，是对当事人此前欠款归还所作的重新安排是对各方间尚未结清债务的确认，是各方意思的真实表示，若不存在《合同法》第 52 条的规定无效事由，应认定合法有效。

二、还款协议的签订取代了之前的借款关系，形成了各方间新的债权债务关系，即使此前的企业间的借贷关系无效，法律也仅不保护高息部分，对于因借贷产生的债务依然要清偿。

三、虽然此前的借款合同约定了仲裁条款，但还款协议约定了“本协议具有法律效力的独立性，取代以前各方或任何各方订立的合同、协议和文件等”内容，因此法院的审理范围只限于还款协议书，还款协议书之前的借款合同不属于法院的审理范围。

交易结构图

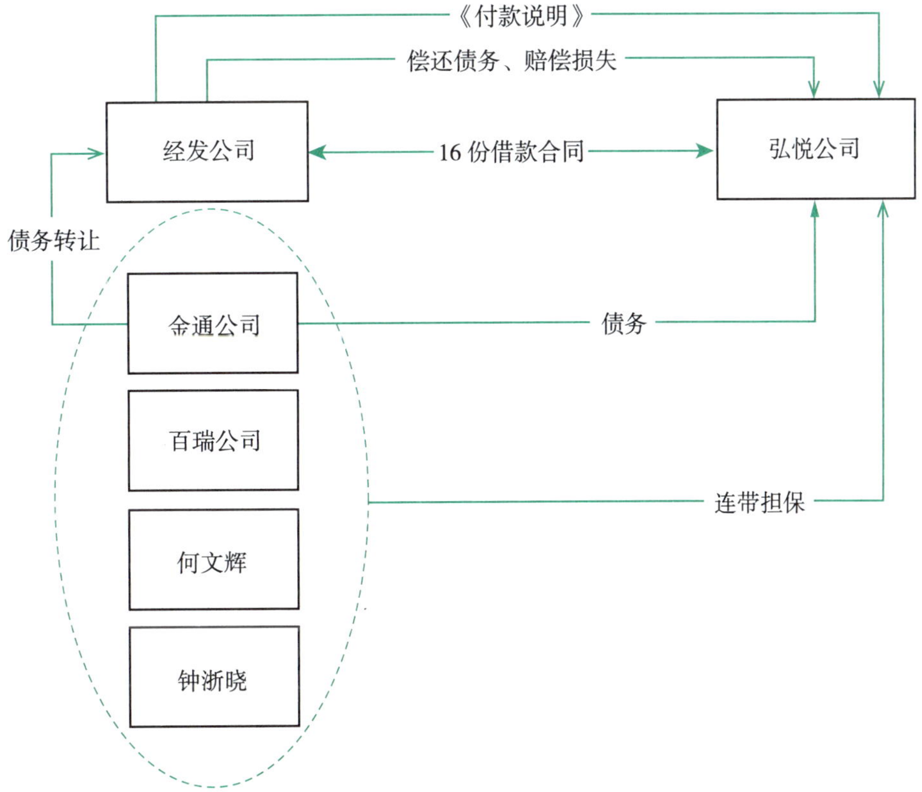

主要案情

申请再审人(一审被告、二审上诉人):浙江经发实业集团有限公司。

被申请人(一审原告、二审被上诉人):杭州弘悦实业有限公司。

一审被告:浙江金通针纺有限公司、浙江百瑞旅业集团有限公司、钟浙晓、何文辉。

浙江经发实业集团有限公司(以下简称经发公司)与杭州弘悦实业有限公司(以下简称弘悦公司)、浙江金通针纺有限公司(以下简称金通公司)、浙江百瑞旅业集团有限公司(以下简称百瑞公司)、钟浙晓、何文辉借款合同纠纷一案,浙江省高级人民法院经审理作出(2010)浙商终字第15号民事判决,经发公司不服该判决,向最高人民法院提出再审申请,最高人民法院于2011年8月12日以(2011)民申字第844号民事裁定决定提审本案。

2006年9月13日,弘悦公司设立,注册资本为500万元。

2007年3月19日至2008年1月28日,经发公司与弘悦公司先后签订16份借款合同,借款金额共计1.43亿元。

2008年12月24日,弘悦公司与经发公司、金通公司、百瑞公司以及何文辉、钟浙晓签订还款协议书一份,载明:1.弘悦公司与经发公司、金通公司于2008年3~5月发生借款交易计6270万元。2.各方确认将金通公司对弘悦公司的债务转让给经发公司,由经发公司向弘悦公司履行。3.上述债务均在2008年5~9月到期,因经发公司、金通公司原因未及时还款的,经发公司同意赔偿弘悦公司经济损失;弘悦公司、经发公司、金通公司商定债务按本协议约定时间履行,经发公司向弘悦公司承担赔偿金2214.01万元。4.至协议书签订之日起,经发公司陆续分三次偿还债务共计2100万元,扣除已偿还债务,经发公司应向弘悦公司承担债务总计4170万元;经发公司陆续向弘悦公司承担赔偿金1214.01万元,经发公司还应向弘悦公司承担赔偿金1000万元;以上两项相加合计经发公司还应向弘悦公司支付总额5170万元的总债务。5.第四条总债务由经发公司分期向弘悦公司偿还:2009年1月10日前偿还1100万元、2009年1月15日前偿还1070万元、2009年3月10日前偿还300万元、2009年4月10日前偿还200万元、2009年5月10日前偿还700万元、2009年6月10日前偿还600万元、2009年7月10日前偿还600万元、2009年8月10日前偿还600万元,未按以上期限偿还债务的,经发公司应按未偿付部分债务每日千分之二的比例承担延付违约金。6.金通公司、百瑞公司、钟浙晓、何文辉自愿为经发公司向弘悦公司履行协议的债务、赔偿金及一切支付提供不可撤销的连带责任保证担保;金通公司和百瑞公司确认担保行为已经履行其公司章程规定的程序,取得有权同意机构的同意(附临时股东会决议),并保证上述行为的真实性和有效性。7.经发公司、金通公司、百瑞公司、何文辉、钟浙晓应严格履行协议,协议确认的债务、赔偿金、违约金任何一期未按约履行,弘悦公司都有权终止协议,应偿还未偿还的债务、赔偿金、违约金均应立即偿付。8.协议具有法律效力的独立性,取代以前各方或任何各方订立的合同、协议和文件等。

2009年1月12日,还款协议书签订后,经发公司向弘悦公司偿付1100万元。

2009年1月20日,经发公司向弘悦公司出具付款说明一份,称因资金周转困难,还款协议书约定在2009年1月15日前偿还1070万元的履行发生困难,先偿还200万元,该期偿还数剩余的870万元确保在2009年2月底前偿还,其他未还债务偿依然按照还款协议书约定执行等。偿付该200万元后,经发公司未再向弘悦公司偿付还款协议书项下剩余的3870万元债务。

2009年2月27日,弘悦公司向浙江省杭州市中级人民法院起诉,请求判令:1. 经发公司立即支付欠款3870万元;2. 经发公司立即支付违约金309.6万元(从2009年1月15日开始暂计算至2009年2月25日,此后按每天2%的比例计算,直至付清止);3. 金通公司、百瑞公司、钟浙晓、何文辉对第一、二项请求承担连带保证责任;4. 本案诉讼费用由经发公司、金通公司、百瑞公司、钟浙晓、何文辉承担。

被申请人(一审原告、二审被上诉人)弘悦公司一审诉讼请求:1. 四合田园公司偿还第一笔、第二笔借款本金2800万元、利息518万元(计算至2014年7月2日)及2014年7月3日起至借款本息还清止的利息;2. 四合田园公司偿还第三笔借款本金5000万元、利息2400万元(计算至2014年8月9日),及2014年8月10日起至借款本息还清止的利息;3. 曼哈维公司、明德泉对借款本息承担连带保证责任;4. 大庆龙江银行、大庆建行承担违约责任;5. 本案诉讼费用由被告共同承担。

一审法院杭州市中级人民法院作出(2009)浙杭商初字第77号民事判决:1. 经发公司支付弘悦公司欠款3870万元,该款于判决生效之日起10日内付清;2. 经发公司支付给弘悦公司违约金1,625,400元(以3870万元欠款为基数,按每日千分之一的比例计算,自2009年1月15日暂算至2009年2月25日,此后至判决给付日止的违约金另计),该款于判决生效之日起十日内付清;3. 金通公司、百瑞公司、钟浙晓、何文辉对上述第一、二项经发公司应支付给弘悦公司的款项承担连带责任;4. 驳回弘悦公司的其他诉讼请求。

二审法院浙江省高级人民法院作出(2010)浙商终字第15号民事判决:1. 维持杭州市中级人民法院(2009)浙杭商初字第77号民事判决第一、四项,即经发公司支付给弘悦公司欠款3870万元,该款于判决生效之日起10日内付清;驳回弘悦公司的其他诉讼请求。2. 撤销杭州市中级人民法院(2009)浙杭商初字第77号民事判决第二、三项。3. 经发公司于该判决送达之日起10日内按照中国人民银行同期同档次贷款基准利率(一年期)4倍向弘悦公司支付违约金(3870万元自2009年1月15日起计算至本判决确定的给付之日止)。4. 金通公司、百瑞公司、钟浙晓、何文辉对上述经发公司应支付给弘悦公司的款项承担连带责任。

再审法院最高人民法院于2012年6月28日作出(2011)民提字第351号再审民事判决:维持浙江省高级人民法院(2010)浙商终字第15号民事判决。

法院观点

本案中,弘悦公司诉请经发公司支付欠款及赔偿违约金,依据的是2008年12月24日弘悦公司与经发公司等签订的还款协议书。从该还款协议书的内容来看,约定了经发公司向弘悦公司承担的债务总额、赔偿金、违约金、支付方式及保证人的保证责任等。虽然,还款协议书

第一、二条内容还明确，协议约定的债务来源于弘悦公司与经发公司及金通公司之间发生的4笔借款合同，经发公司亦提交了相关借款合同，但该事实仅证明双方之间曾存在借款关系。还款协议不同于借款合同，本案还款协议书当事人意思表示真实，且还款协议书还约定，该还款协议具有法律效力的独立性，取代以前各方或任何一方订立的合同、协议和文件。还款协议书签订后，经发公司履行了部分偿付内容，并在2009年1月20日向弘悦公司出具的付款说明中明确承诺继续履行还款协议书的约定。经发公司在诉讼中以借款合同无效等理由主张还款协议书无效，违反了其自身所作的明确承诺。浙江省高级人民法院对还款协议书的效力不作无效认定。根据还款协议书约定，经发公司除应支付弘悦公司债务总计4170万元，还应承担赔偿金1000万元，合计支付总债务为5170万元。经发公司于2009年1月12日、1月21日分别偿付弘悦公司款项1100万元、200万元。一审法院根据当事人确认的内容认定经发公司尚应支付弘悦公司欠款3870万元，并无不当。因还款协议书约定的每日千分之二的违约金过高，经发公司也请求予以减少，故浙江省高级人民法院对该违约金按照中国人民银行同期同档次贷款基准利率4倍计算，系浙江省高级人民法院审判委员会依照《民事诉讼法》第153条第1款第(三)项、第130条之规定讨论决定。

本案纠纷是弘悦公司依据其与经发公司等签订的还款协议书，诉请经发公司等支付欠款及赔偿违约金。还款协议书把经发公司和金通公司对弘悦公司的欠款作了重新安排，由经发公司承担还款责任，金通公司、百瑞公司、钟浙晓和何文辉均对还款承担连带保证责任。还款协议书明确约定了经发公司向弘悦公司承担的债务总额、赔偿金、违约金、支付方式及保证人的保证责任等。协议签订后，经发公司归还了部分欠款。还款协议书的签订是各方意思的真实表示，是对各方间尚未结清债务的确认。还款协议的签订取代了之前的借款关系，形成了各方间新的债权债务关系。即使企业间的借贷关系无效，法律也仅不保护高息部分，对于因借贷产生的债务依然要清偿。而且，经发公司提出还款协议书中的违约金过高的问题，已经由原审法院作出了适当的调整，把协议中约定的每日千分之二的违约金下调为银行同期贷款利率的4倍。依照《合同法》第52条的规定，还款协议书并不存在无效的事由。因此，对于经发公司主张还款协议无效的理由，最高人民法院不予采纳。

本案经发公司申请再审请求把借款合同和还款协议书一并审理，认为借款合同无效，还款协议亦应无效。还款协议所涉的债务来源于弘悦公司与经发公司及金通公司之间在2008年3～5月发生的4笔借款。但在上述借款合同中，当事人均选择了仲裁解决纠纷，合同约定了如出现纠纷则提交杭州仲裁委员会解决。经发公司请求把借款合同与还款协议书一并审理的理由，在法律上是缺乏依据的。对于当事人已经选择了仲裁程序的借款合同，不属于法院管辖，法院的审理范围只限于还款协议书。因此，对于还款协议书之前的借款合同，是否存在高息问题不属于法院的审理范围，故经发公司的该项申请再审理由，最高人民法院亦不予支持。

律师提示

民间借贷合同无效有哪几种情形？借款合同无效意味着什么法律后果？发现借款合同存

在无效等重大风险时,该如何采取法律补救措施?

一、最高人民法院《关于审理民间借贷案件适用法律若干问题的规定》第 13 条第 1 款规定:“借款人或者出借人的借贷行为涉嫌犯罪,或者已经生效的判决认定构成犯罪,当事人提起民事诉讼的,民间借贷合同并不当然无效。人民法院应当根据合同法第五十二条、本规定第十四条之规定,认定民间借贷合同的效力”;第十四条规定,“具有下列情形之一,人民法院应当认定民间借贷合同无效:(一)套取金融机构信贷资金又高利转贷给借款人,且借款人事先知道或者应当知道的;(二)以向其他企业借贷或者向本单位职工集资取得的资金又转贷给借款人牟利,且借款人事先知道或者应当知道的;(三)出借人事先知道或者应当知道借款人借款用于违法犯罪活动仍然提供借款的;(四)违背社会公序良俗的;(五)其他违反法律、行政法规效力性强制性规定的”。由此可见,民间借贷合同无效有五种情形,其中,第一、二种情形需要借款人事先知道或者应当知道,第三种情形需要出借人事先知道或者应当知道;借贷双方关于借款资金的来源、用途、利息约定及双方的社会关系等,都是法院判定合同效力的重要因素,因此此类案件当事人庭审陈述极其重要。

二、借款合同无效意味着利息约定及违约责任条款也无效,对借款人来讲,就是利息及违约金的损失。因此,当发现借款合同存在无效的风险时,需要积极采取类似本案的法律补救措施:签署还款协议书,并约定应独立于此前签署的借款合同,以减少损失、避免争议。

三、举一反三,此类减损法律补救措施,也可扩展运用到其他可能无效的商务合同中。

024 职业放贷人借贷无效已付及未付之利息如何处理?

案例索引

最高人民法院(2017)最高法民终 647 号民事判决书。

案例导读

一、本案是最高人民法院审理的一起以企业放贷为业为由认定借贷无效的典型案例,其参考价值在于最高人民法院对无效民间借贷的已付及未付利息利率分别酌情计算的处理方式。

二、此外,本案中最高人民法院对以放贷为业之借款合同无效、独立保函与保证合同的区别、银行分支机构提供保证担保效力、债权人向债务人以外的关联方主张权利也可引起诉讼时效中断等焦点争议问题,也进行了逻辑严密的论证。

裁判要旨

未经批准，擅自从事经常性的贷款业务，属于从事非法金融业务活动。

裁判逻辑

一、金融业务活动系国家特许经营业务，未经批准，擅自从事通过向社会不特定对象提供资金以赚取高额利息的贷款业务，且出借行为具有反复性、经常性，借款目的也具有营业性，属于从事非法金融业务活动，故案涉《借款合同》无效。

二、独立保函开立人的付款义务独立于基础交易关系及保函申请法律关系，仅承担相符交单的付款责任，案涉《银行保函》注明承担责任以债务人违约为条件，不符合“见索即付”的法律特征，应属于保证担保。

三、企业法人的分支机构有别于金融机构的分支机构，金融部门的分支机构提供保证的，并不当然导致保证合同无效，如无其他导致保证合同无效的因素，仍应当承担保证责任。

四、保证合同无效且保证人有过错的，应承担赔偿责任：因主合同无效而无效的，承担不超过三分之一的赔偿责任；因保证合同自身原因无效的，承担不超过二分之一的赔偿责任。

五、鉴于民间借贷有别于向金融机构借款，法院酌定将已经履行部分的利率调整为按中国人民银行同期中长期5年期以上贷款利率的两倍，未履行部分按中国人民银行同期同类贷款利率计算。

六、依据最高人民法院《关于贯彻执行〈中华人民共和国民法通则〉若干问题的意见（试行）》第173条第2款“权利人向债务保证人、债务人的代理人或者财产代管人主张权利的，可以认定诉讼时效中断”的规定，本案诉讼时效期因债权人向其保证人主张权利而中断。

交易结构图

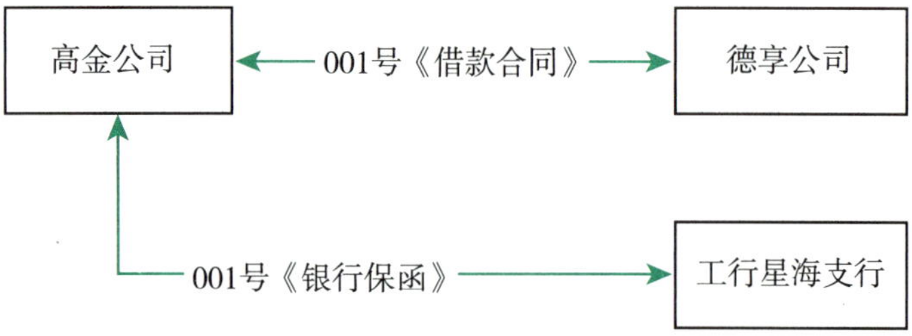

主要案情

上诉人（原审原告）：大连高金投资有限公司。

上诉人（原审被告）：中国工商银行股份有限公司大连星海支行。

被上诉人（原审被告）：大连德享房地产开发有限公司。

上诉人大连高金投资有限公司（以下简称高金公司）因与上诉人中国工商银行股份有限

公司大连星海支行(以下简称工行星海支行)、被上诉人大连德享房地产开发有限公司(以下简称德享公司)企业借贷纠纷一案,不服辽宁省高级人民法院(2014)辽民二初字第84号民事判决,向最高人民法院提起上诉。

借款人德享公司与贷款人高金公司签订编号为2010年大高借字第001号《借款合同》(以下简称001号《借款合同》),约定:德享公司从高金公司处借款2000万元,借款期限为2010年1月4日至2010年4月3日,德享公司应当按合同约定的时间、金额和币种偿还合同项下的贷款本金,如德享公司未能按合同约定的时间偿还本金,从逾期之日起利率按日千分之四计算。合同还约定,德享公司提供编号为2010年保字第001号《银行保函》(以下简称001号《银行保函》)为合同项下的借款提供连带责任担保,当借款人未按时足额偿还贷款本息时,高金公司有权要求担保银行承担担保责任。该001号《借款合同》尾部合同签署日期的年月日处为空白。

应德享公司要求,工行星海支行为高金公司出具编号为001号的《银行保函》,载明:工行星海支行兹开立以高金公司为唯一受益人,总金额为人民币2000万元整的不可撤销保函。保函项下的责任是:如德享公司出现违约事项,工行星海支行在收到高金公司书面索偿通知后的7个法定工作日内,即向高金公司无条件支付总金额不超过人民币2000万元的任何款项,以上担保责任方式为连带责任担保。该保函从2010年1月4日开始生效,有效期至2012年12月31日,该保函到期自动失效。

德享公司与高金公司签订编号为2010年大高借字第018号《借款合同》(以下简称018号《借款合同》),约定:德享公司向高金公司借款1500万元,期限从2010年2月5日至2010年5月4日。德享公司提供编号为2010年保字第007号《银行保函》(以下简称007号《银行保函》)为合同项下的借款提供连带责任担保。其他条款与001号《借款合同》一致。该018号《借款合同》尾部合同签署日期的年月日处均为空白。

工行星海支行为高金公司出具编号为2010年保字第007号《银行保函》,载明:工行星海支行兹开立以高金公司为唯一受益人,总金额为人民币1500万元整的不可撤销保函。该保函从2010年2月5日开始生效,有效期至2012年12月31日,该保函到期自动失效。该保函的其他内容与001号《银行保函》一致。

上述合同签订后,高金公司分别于2010年1月4日、2010年2月5日以电汇及转账的方式,转入德享公司账户2000万元和1500万元。

德享公司收到上述款项后,通过华夏银行的支付系统于分别于2010年6月3日和6月4日向高金公司付款340万元和160万元,德享公司的法定代表人戴芳也通过华夏银行的支付系统于2011年1月28日分两笔向高金公司各付款400万元,合计800万元。高金公司认可戴芳的付款系德享公司的付款。上述有银行支付系统凭证证明的付款总额为1300万元。

高金公司提供的其单方制作的收款人为高金公司、付款人为德享公司的12张《专用收款收据》载明:2010年4月15日收款70万元,2010年5月25日分别收款70万元和52.5万元,2010年6月25日分别收款160万元和340万元,2010年7月30日收款105万元,2011年1月

31日分别收款27.5万元、157.5万元、315万元、400万元、400万元,2011年11月30日收款50万元。上述收款金额合计为2147.5万元。

高金公司提交了其单方统计制作的《截至2015－11－4德享房地产年利率36%计算明细》,载明其实际收到德享公司的付款额为2147.5万元。其中记载在2000万元项下,截至2010年6月4日收取利息300万元;1500万元项下,截至2010年6月4日收取利息185万元;2010年7月5日开始,上述两笔借款合计3500万元同时收取利息,2010年7月5日收取利息105万元,2011年1月28日收取利息705万元,2011年11月8日收取利息852.5万元,上述已收取的利息合计为2147.5万元。工行星海支行对德享公司还款2147.5万元数额认可,但表示不清楚德享公司是否还有其他还款。

2012年12月24日,高金公司以特快专递的方式向工行星海支行发出《催告函》,内容为:就两笔案涉合同的借款,德享公司未予还款,工行星海支行还余本金1500万元、2000万元及逾期利息未予偿还。依据工行星海支行签订的保函约定,如德享公司出现违约事项,工行星海支行保证在收到书面索偿通知书后的7个工作日内向高金公司无条件支付欠款。辽宁省大连市西岗区公证处于2012年12月24日出具(2012)西证民字第1113号《公证书》,对上述邮寄过程及《催告函》的内容进行了保全证据公证。

2014年11月15日,辽宁人民律师事务所受高金公司委托,再次以特快专递的方式向工行星海支行发出《催告函》,载明:……工行星海支行和德享公司迟迟不履行保函内容和法律规定的义务,未能按保函承诺自收到债权人索偿书面通知后,7个法定工作日内向债权人支付保函项下的款项。……因此向工行星海支行再发催告。

2013年11月26日,辽宁省大连市中级人民法院作出(2013)大民三初字第95号民事判决,案由为借款合同纠纷。2013年12月10日,大连市中级人民法院作出(2013)大民三初字第92号民事判决,案由为借款合同纠纷。2014年12月12日,大连市中级人民法院作出(2014)大民三初字第252号民事调解书,案由为借款合同纠纷。2015年3月21日,大连市中级人民法院作出(2014)大民一初字第151号民事判决,高金公司在该案中诉称,2011年7月1日,高金公司与兴城市鼎锋矿业有限公司(以下简称鼎锋公司)签订借款合同,约定高金公司向其出借5000万元,借款期限自2011年7月1日起至2011年9月15日止,利息按同期银行利率4倍计算。2014年12月8日,高金公司在一审法院提起(2014)辽民二初字第00085号企业借贷纠纷案件。2011年4月13日,高金公司与顺天海川公司签订(2011)年大高借字第0414号《借款合同》,约定顺天海川公司向高金公司借款12,000万元,期限从2011年4月14日至2011年6月28日。高金公司的企业法人营业执照载明的经营范围为项目投资(不含专项审批)、财务咨询、企业管理咨询。

高金公司在与工行星海支行的另一件企业借贷纠纷中即辽宁省高级人民法院(2014)辽民二初字第00085号案件中亦提交《催告函》一份,该《催告函》系辽宁人民律师事务所受高金公司委托于2014年6月23日向工行星海支行出具,载明"贵行出具保函,属于《担保法》规定的保证"。

上诉人(原审原告)高金公司一审诉讼请求:1. 德享公司给付借款3500万元及逾期利息6510万元,合计10,010万元;2. 工行星海支行按其出具的不可撤销《银行保函》承担连带给付责任;3. 德享公司、工行星海支行承担本案全部诉讼费用。

一审法院判决:1. 德享公司于判决生效之日起10日内给付高金公司3500万元及相应的逾期利息(逾期利息的计算:自2011年11月9日至付清之日止,按中国人民银行规定的同期贷款基准利率计付);2. 工行星海支行以总额3500万元为限对判决第一项中德享公司不能清偿的债务,承担二分之一的赔偿责任;3. 工行星海支行在承担了判决第二项的赔偿责任后,有权向德享公司追偿;4. 驳回高金公司的其他诉讼请求。

二审法院最高人民法院于2017年12月22日作出(2017)最高法民终647号民事判决:1. 撤销辽宁省高级人民法院(2014)辽民二初字第84号民事判决第三、四项;2. 变更辽宁省高级人民法院(2014)辽民二初字第84号民事判决第一项为:德享公司于判决生效之日起10日内给付高金公司20,966,433.33元及利息(利息计算方式:以20,966,433.33元为基数,自2011年12月1日起至判决确定给付之日止,按中国人民银行同期同类贷款基准利率计算);3. 变更辽宁省高级人民法院(2014)辽民二初字第84号民事判决第二项为:工行星海支行以总额3500万元为限对判决第二项中德享公司不能清偿的债务,承担三分之一的清偿责任;四、驳回高金公司的其他诉讼请求。

法院观点

关于案涉两份《借款合同》的效力问题。根据案件查明的事实,高金公司贷款对象主体众多,除了案件债务人德享公司以外,高金公司于2009～2011年分别向新纪元公司、金华公司、荟铭公司、鼎锋公司和顺天海川公司等出借资金,未经批准,擅自从事通过向社会不特定对象提供资金以赚取高额利息的贷款业务,出借行为具有反复性、经常性,借款目的也具有营业性,属于从事非法金融业务活动。《中华人民共和国银行业监督管理法》第19条规定:“未经国务院银行业监督管理机构批准,任何单位和个人不得设立银行业金融机构或者从事银行业金融机构的业务活动”,该强制性规定直接关系国家金融管理秩序和社会资金安全,事关社会公共利益,属于效力性强制性规定。根据《合同法》第52条“有下列情形之一的,合同无效:……(五)违反法律、行政法规的强制性规定”以及最高人民法院《关于适用〈中华人民共和国合同法〉若干问题的解释(二)》(以下简称《合同法解释(二)》)第14条“合同法第五十二条第(五)项规定的‘强制性规定’,是指效力性强制性规定”的规定,应认定案涉《借款合同》无效。高金公司的经营范围为项目投资(不含专项审批)、财务咨询、企业管理咨询,高金公司所从事的经常性放贷业务,已经超出其经营范围。《合同法解释(一)》第10条规定:“当事人超越经营范围订立合同,人民法院不因此认定合同无效。但违反国家限制经营、特许经营以及法律、行政法规禁止经营规定的除外。”金融业务活动系国家特许经营业务,故依照上述规定也应认定案涉《借款合同》无效。因此,原审判决认定案涉《借款合同》无效,认定事实清楚,适用法律正确,应予维持。高金公司上诉主张《借款合同》有效,缺乏事实和法律依据,最高人民法院不予支持。

关于案涉两份《银行保函》的性质及效力，以及工行星海支行应承担的责任问题。首先，案涉《银行保函》不属于独立保函，系《借款合同》的从合同。独立保函，是指银行或非银行金融机构作为开立人，以书面形式向受益人出具的，同意在受益人请求付款并提交符合保函要求的单据时，向其支付特定款项或在保函最高金额内付款的承诺。独立保函规定第3条第1款规定："保函具有下列情形之一，当事人主张保函性质为独立保函的，人民法院应予支持，但保函未载明据以付款的单据和最高金额的除外：(一)保函载明见索即付；(二)保函载明适用国际商会《见索即付保函统一规则》等独立保函交易示范规则；(三)根据保函文本内容，开立人的付款义务独立于基础交易关系及保函申请法律关系，其仅承担相符交单的付款责任。"该条第3款规定："当事人主张独立保函适用担保法关于一般保证或连带保证规定的，人民法院不予支持。"第一，工行星海支行出具的两份《银行保函》均载明如德享公司出现违约事项，工行星海支行在收到高金公司索偿通知后的7个法定工作日内无条件支付款项。可见，工行星海支行承担责任以德享公司违约为条件，不符合"见索即付"的法律特征。第二，独立保函开立人的付款义务独立于基础交易关系及保函申请法律关系，其仅承担相符交单的付款责任。独立保函规定明确规定："当事人主张独立保函适用担保法关于一般保证或连带保证规定的，人民法院不予支持。"案涉《银行保函》载明"以上担保责任方式为连带责任担保方式"，而连带责任保证为担保法所规制的保证责任承担方式，其前提为担保合同作为借款合同的从合同。因此，在保函开立人的责任承担方式上，案涉《银行保函》也不具有独立保函的法律特征。第三，高金公司起诉主张工行星海支行承担的也是连带保证责任，其向工行星海支行发出的《催告函》也载明"向我司出具了一份承担连带责任的银行保函""贵行出具保函，属于《担保法》规定的保证"。综上所述，高金公司上诉主张案涉《银行保函》为独立保函，缺乏法律依据，最高人民法院不予支持。一审判决认定"保函具有独立担保的性质"有误，最高人民法院予以纠正。

其次，根据《担保法》第5条第1款"担保合同是主合同的从合同，主合同无效，担保合同无效"的规定，主合同《借款合同》无效，作为从合同的《银行保函》也无效。最高人民法院《关于适用〈中华人民共和国担保法〉若干问题的解释》第8条规定："主合同无效而导致担保合同无效，担保人无过错的，担保人不承担民事责任；担保人有过错的，担保人承担民事责任的部分，不应超过债务人不能清偿部分的三分之一。"工行星海支行应当知道高金公司违反法律规定从事高利放贷业务，对导致担保合同无效存在过错，应依法在3500万元限额内承担三分之一的赔偿责任。最高人民法院《关于适用〈中华人民共和国担保法〉若干问题的解释》第17条第1款虽然规定"企业法人的分支机构未经法人书面授权提供保证的，保证合同无效"，但该条规定针对的主体是"企业法人的分支机构"，有别于金融机构的分支机构。最高人民法院《关于审理经济合同纠纷案件有关保证的若干问题的规定》第17条第3款规定："金融部门的分支机构提供保证的，如无其他导致保证合同无效的因素，保证人应当承担保证责任。"据此，金融部门的分支机构提供保证的，并不当然导致保证合同无效。案涉两份《银行保函》自身无效的原因为案件存在主合同无效导致从合同无效的情形，而非工行星海支行未经法人书面授权提供保证。原审判决认定《银行保函》自身无效所适用的法律不当，最高人民法院予以纠正。原审认定案件存在“过桥”情形，亦缺乏证据证明。原审判决以《银行保函》自身无效且案件存在“过桥”情形为由，认定工行星海支行承担二分之一的赔偿责任，认定事实和适用法律存在错误，最高人民法院予以纠正。高金公司主张工行星海支行承担独立保函责任，工行星海支行主张其不应承担责任，理由均不能成立，最高人民法院不予支持。

关于债务人德享公司已经支付的2147.5万元应如何处理的问题。根据查明的事实，德享公司自2010年4月15日至2011年11月30日分数笔向高金公司支付共计2147.5万元，均未明确偿还哪一份借款合同项下欠款，以及偿还的是本金还是利息。《合同法解释（二）》第20条规定：“债务人的给付不足以清偿其对同一债权人所负的数笔相同种类的全部债务，应当优先抵充已到期的债务；几项债务均到期的，优先抵充对债权人缺乏担保或者担保数额最少的债务；担保数额相同的，优先抵充债务负担较重的债务；负担相同的，按照债务到期的先后顺序抵充；到期时间相同的，按比例抵充。但是，债权人与债务人对清偿的债务或者清偿抵充顺序有约定的除外。”第21条规定：“债务人除主债务之外还应当支付利息和费用，当其给付不足以清偿全部债务时，并且当事人没有约定的，人民法院应当按照下列顺序抵充：（一）实现债权的有关费用；（二）利息；（三）主债务”。据此，德享公司已经支付的2147.5万元，依法应先行冲抵利息，如果尚有剩余则应按照两笔借款到期先后抵扣本金，工行星海支行上诉主张该款应予冲抵本金，缺乏法律依据，最高人民法院不予支持。如上所述，案涉《借款合同》应认定无效，仍按《借款合同》约定的日千分之四计算利息过高，不符合法律关于无效合同的处理原则。一审认定“德享公司所支付的逾期利息2147.5万元，尽管高于人民银行规定的同期贷款利率的四倍，但已经实际履行，且属自愿，当事人对高出的部分也未请求返还，故本院不予调整”，适用法律不当，最高人民法院予以纠正。鉴于高金公司与德享公司之间为民间借贷关系，有别于向金融机构借款，最高人民法院酌定将已经履行部分的利率调整为按中国人民银行同期中长期5年期以上贷款利率的两倍，未履行部分按中国人民银行同期同类贷款利率计算。2000万元借款到期时间为2010年4月3日，截至德享公司偿还最后一笔借款的2011年11月30日，该笔借款的逾期利息为4,339,933.33元（计算方式：以2000万元为基数，自2010年4月4日至2011年11月30日，按中国人民银行同期中长期5年期以上贷款利率的两倍计算）；1500万元借款到期时间为2010年5月4日，截至2011年11月30日，该笔借款的逾期利息为3,101,500元（计算方式：以1500万元为基数，自2010年5月5日至2011年11月30日，按中国人民银行同期中长期5年期以上贷款利率的两倍计算）。因此，截至2011年11月30日，案涉两笔借款的逾期利息共计7,441,433.33元，德享公司已经支付的2147.5万元，冲抵上述逾期利息后尚余14,033,566.67元。该部分余款依法冲抵两笔借款本金3500万元后，德享公司尚欠高金公司20,966,433.33元借款本金。工行星海支行的此项上诉理由部分成立，最高人民法院予以支持。

关于案件1500万元主债权是否超过诉讼时效的问题。高金公司与德享公司签订的001

号《借款合同》的借款期限为2010年1月4日至2010年4月3日,018号《借款合同》约定的借款期限为2010年2月5日至2010年5月4日。德享公司分别于2010年6月3日、6月4日通过银行支付系统向高金公司付款340万元、160万元,该两笔款项均未明确对应给付哪笔借款的逾期利息。一审判决考虑前后两天分笔给付逾期利息的付款方式及两笔付款额分别与两笔借款产生的逾期利息额基本相当的情况,认定该两笔付款系分别给付001号《借款合同》项下和018号《借款合同》项下的逾期借款利息,并无不当。2011年1月28日,德享公司的法定代表人戴芳通过华夏银行支付系统分两笔为德享公司向高金公司支付各400万元的逾期利息,也未明确系对哪一笔借款的还款。工行星海支行上诉主张戴芳还款只能作为2000万元借款的还款,不应构成1500万元诉讼时效的中断,但是未能提供充分有效的证据证明其主张,不能推翻一审判决关于该两笔还款系分别对应给付上述两笔《借款合同》项下的债权的认定。2012年12月24日,高金公司向工行星海支行发出《催告函》,要求工行星海支行在收到《催告函》之日起7日内付清案件所涉两笔款项的剩余欠款,即高金公司在主债权的诉讼时效期间内向保证人工行星海支行主张了权利。依据最高人民法院《关于贯彻执行〈中华人民共和国民法通则〉若干问题的意见(试行)》第173条第2款"权利人向债务保证人、债务人的代理人或者财产代管人主张权利的,可以认定诉讼时效中断"的规定,诉讼时效期间因高金公司向其保证人工行星海支行主张权利而中断。高金公司于2014年11月22日提起诉讼,案件主债权没有超过诉讼时效期间。工行星海支行上诉主张案涉1500万元主债权已经超过诉讼时效,理由不能成立,最高人民法院不予支持。

律师提示

借贷合同一旦被法院判定无效,引发的法律后果对出借人影响巨大。民间借贷无效的情形有哪些?实务中,如何合理运用借贷无效抗辩之武器?职业放贷自然人风险有哪些?

一、最高人民法院《关于审理民间借贷案件适用法律若干问题的规定》第14条规定:"具有下列情形之一,人民法院应当认定民间借贷合同无效:

(一)套取金融机构信贷资金又高利转贷给借款人,且借款人事先知道或者应当知道的;

(二)以向其他企业借贷或者向本单位职工集资取得的资金又转贷给借款人牟利,且借款人事先知道或者应当知道的;

(三)出借人事先知道或者应当知道借款人借款用于违法犯罪活动仍然提供借款的;

(四)违背社会公序良俗的;

(五)其他违反法律、行政法规效力性强制性规定的。"

二、最高人民法院发布《关于审理民间借贷案件适用法律若干问题的规定》并未对企业从事经常性借贷所签订的民间借贷合同效力作出规定,但根据《关于规范民间借贷行为维护经济金融秩序有关事项的通知》规定,未经有权机关依法批准,任何单位和个人不得设立从事或者主要从事发放贷款业务的机构或以发放贷款为日常业务活动。

三、特别需要注意的是,近年来各地法院相继出台了关于办理职业放贷案件的制度规定,对于职业放贷自然人的借贷合同虽然并不当然无效，但法院一般都设置了非常严格的审查标准，强化了出借人的举证责任。另外，法院执行局对于已经执行到位的本金及利息，可能存在漏缴税款等情况的，会将情况向税务部门进行通报。

四、本案之所以认定为经营性放贷而无效，得力于法院裁判文书公开制度及案例检索，便于查明原告企业存在大量类似的民间借贷案件，因此，实务中如果想以此"故伎重演"，应该加强以原告名称及借贷为关键词的案例庭前检索、搜集。

第五章　担　保　篇

025　银行分支机构对外担保是否有效?

案例索引

最高人民法院(2015)民申字第262号民事裁定书。

案例导读

一、本案是关于银行分支机构对外担保效力的经典案例。最高人民法院从总行的经营范围、分行的营业执照及金融许可证等证据出发,从是否存在概括授权的角度,经过详细的论证,作出了明确的、最终的裁判结论。

二、法院对分行负责人是否构成职务行为,负责人构成违规出具金融票证罪能否免除银行的民事责任,如何认定担保方式约定不明等问题也给予了明确的意见。

裁判要旨

银行在工商机关备案的章程中包含担保业务,其分支机构的营业执照、金融许可证及备案的章程均未将担保业务排除在外,可认定银行分支机构具备从事担保业务的经营资格,其对外担保行为有效。

裁判逻辑

一、单位负责人在任职期间,其代表单位签署的《承诺书》加盖了单位的印章,该行为系职务行为,由单位承担义务及享受权利。

二、银行对银行负责人对外订立担保合同作出权利限制,亦无证据证明借款人与银行负责人恶意串通骗取银行提供担保,故银行负责人构成违规出具金融票证罪并不能免除银行的民事责任。

三、银行在工商机关备案的章程中包含担保业务,其分支机构的营业执照、金融许可证及备案的章程均未将担保业务排除在林口支行的经营范围之外,视为银行对分支机构的经营范围授权系概括授权,可认定银行分支机构具备从事担保业务的围和经营资格,不适用《担保法》第 10 条"企业法人的分支机构、职能部门不得为保证人"的规定。

四、银行出具的《承诺书》载明,"如借款人未按照约定期限偿还出借人贷款本金,同时无法将约定抵押物抵押给出借人,我行将负责偿还出借人的贷款本金及利息",此项内容证明银行承诺为借款人提供保证,但并未明确约定保证方式。法院根据《担保法》第 19 条"当事人对保证方式没有约定或者约定不明确的,按照连带责任保证承担保证责任"的规定,认定银行应当承担连带保证责任并无不当。

交易结构图

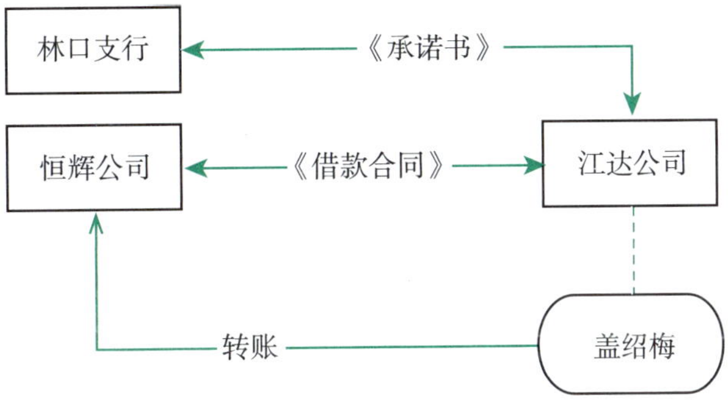

主要案情

再审申请人(一审被告、二审上诉人):中国××银行股份有限公司林口支行。

被申请人(一审原告、二审被上诉人):牡丹江市东安区江达小额贷款股份有限公司。

被申请人(一审被告、二审被上诉人):黑龙江省恒辉陶瓷有限公司。

再审申请人中国××银行股份有限公司林口支行(以下简称林口支行)因与被申请人牡丹江市东安区江达小额贷款股份有限公司(以下简称江达公司)、黑龙江省恒辉陶瓷有限公司(以下简称恒辉公司)借款合同纠纷一案,不服黑龙江省高级人民法院(2014)黑高商终字 70 号民事判决,向最高人民法院申请再审。最高人民法院依法组成合议庭,对案件进行了审查,已审查终结。

林口支行申请再审称:1. 二审认定事实错误。(1)林口支行对外出具《承诺书》的行为未经中国××银行股份有限公司(以下简称×行总行)书面授权,其依法不具备对外提供担保的主体资格。……(2)案涉款项系由盖绍梅的个人账户支出,而非江达公司支付,故江达公司与恒辉公司订立的《借款合同》未实际履行。(3)二审判决对利息的认定错误。案涉《借款合同》未约定利息,系无息借贷。后借贷双方约定的月息 5% 的利息,系对《借款合同》的变更。(4)二审判决认定林口支行承担连带保证责任错误。根据《承诺书》中"如借款人未按照约定期限偿还江达公司贷款本金,同时无法将约定抵押物抵押给江达公司,我行将负责偿还江达公司的贷款本金及利息”的约定，林口支行承担还款责任系在恒辉公司还款、抵押物抵押之后的第三顺位，故林口支行的应承担的保证责任应为赔偿责任，而非与恒辉公司等同的连带保证责任。2. 二审判决适用法律错误。(1)二审判决以《最高人民法院关于适用〈中华人民共和国担保法〉若干问题的解释》第 11 条“法人或者其他组织的法定代表人、负责人超越权限订立的担保合同，除相对人知道或者应当知道其超越权限的以外，该代表行为有效”的规定为据，认定姚玉峰虽因违规出具金融票证罪被判处刑罚，但并不影响林口支行承担保证责任错误。该条规定以该组织具备担保资格为前提，而林口支行本身并不具备担保资格，且姚玉峰已因违法出具金融票证罪被黑龙江省林口县人民法院以(2014)林刑初字第 38 号《刑事判决书》予以定罪，故林口支行不应为姚玉峰的个人行为承担保证责任。(2)二审判决未认定江达公司应对无效担保承担 50% 的过错赔偿责任有误。……(3)二审判决认定的利息计算标准错误，即使有利息约定也应当按照银行同期贷款利率计息。综上所述，林口支行以《民事诉讼法》第 200 条第 2 项、第 6 项的规定为据，申请再审。

江达公司提交意见称林口支行的再审申请缺乏事实和法律依据，请求予以驳回。

最高人民法院于 2015 年 4 月 29 日作出(2015)民申字第 262 号民事裁定：驳回林口支行的再审申请。

法院观点

一、关于案件二审判决的事实认定问题

(一)关于林口支行是否具备从事担保业务的经营资格的问题

1. 林口支行的营业执照载明，其经营范围为“经营中国银行业监督管理委员会依照有关法律、行政法规和其他规定批准的业务，经营范围以批准文件为准”；林口支行的金融许可证载明，“许可该机构经营中国银行业监督管理委员会依照有关法律、行政法规和其他规定批准的业务，经营范围以批准文件所列为准”；林口支行向工商机关提交并存档的《中国 × × 银行股份有限公司章程》第 14 条显示，经国务院银行业监督管理机构和国家外汇管理机构批准，并经公司登记机关核准，中国 × × 银行的经营范围包括从事担保等业务。上述公开、公示的证照、章程并未将担保业务排除在林口支行的经营范围之外，故二审判决认定林口支行具备从事担保业务的经营范围和经营资格有事实依据。二审判决据此认定 × 行总行对林口支行的经营范围授权系概括授权，不适用《担保法》第 10 条“企业法人的分支机构、职能部门不得为保证人。企业法人的分支机构有法人书面授权的，可以在授权范围内提供保证”的规定并无不当。2.《公司登记管理条例》第 46 条“分公司是指公司在其住所以外设立的从事经营活动的机构。分公司不具有企业法人资格”的规定，第 47 条“分公司的经营范围不得超出公司的经营范围”“法律、行政法规或者国务院决定规定设立分公司必须报经批准，或者分公司经营范围中属于法律、行政法规或者国务院决定规定在登记前须经批准的项目的，还应当提交有关批准文件”的规定，以及《商业银行法》第 21 条“经批准设立的商业银行分支机构，由国务院银行业监督管理机构颁发经营许可证，并凭该许可证向工商行政管理部门办理登记，领取营

业执照”的规定，系有关“分公司的法人资格”及“经营范围”应报经行政审批的规定，不能据此得出案件中“林口支行从事的担保业务未经行政审批机关的批准，超出其经营范围”的结论。故林口支行以此为据主张其不具备从事担保业务的经营资质，无事实和法律依据，最高人民法院不予支持。

（二）关于江达公司与恒辉公司订立的《借款合同》是否实际履行的问题

二审法院查明，盖绍梅系江达公司股东和董事。盖绍梅在本案一审期间到庭证实，其受江达公司领导的委托，代表江达公司与恒辉公司订立借款合同，并将江达公司在其个人账户的1900万元汇入恒辉公司，恒辉公司确认收到该款，盖绍梅与恒辉公司亦无其他经济往来，故一审、二审判决认定江达公司已经履行了案涉《借款合同》中放款1900万元的义务有事实依据。对林口支行有关1900万元系从盖绍梅个人账户汇入恒辉公司、案涉借款合同未予履行的主张，最高人民法院不予支持。

（三）关于案涉《借款合同》的利息问题

《借款合同》约定“结息日为每月20日”，恒辉公司对其与江达公司口头约定第一个月利息为月利率5%并无异议，江达公司在支付借款时已扣除总额5%的第一个月利息，且恒辉公司在半年后出具的《承诺书》中仍承诺“偿还顺序为先息后本”，林口支行2012年12月28日出具的《承诺书》中亦载明该行“将偿还江达公司的贷款本金及利息”，故二审判决认定江达公司与恒辉公司约定的借款合同的利息为月利率5%有事实依据。林口支行有关《借款合同》未约定利息，系无息借贷，后借贷双方约定月息5%系对《借款合同》的变更的主张，与一审、二审查明的事实不符，最高人民法院不予支持。

（四）关于林口支行承担责任的性质问题

林口支行出具的《承诺书》载明：“如借款人未按照约定期限偿还江达公司贷款本金，同时无法将约定抵押物抵押给江达公司，我行将负责偿还江达公司的贷款本金及利息。”此项内容证明林口支行承诺为恒辉公司提供保证，但并未明确约定保证方式。一审、二审判决根据《担保法》第19条“当事人对保证方式没有约定或者约定不明确的，按照连带责任保证承担保证责任”的规定，认定林口支行应当承担连带保证责任并无不当。林口支行主张其承担的系借款人还款、抵押物抵押后的第三顺位赔偿责任，无事实和法律依据，最高人民法院不予支持。

二、关于案件的法律适用问题

（一）因姚玉峰时任林口支行负责人，其代表林口支行签署的《承诺书》加盖了林口支行的印章，该行为系姚玉峰的职务行为，林口支行在工商机关备案的章程中包含担保业务，其营业执照、金融许可证及备案的章程均未对林口支行负责人对外订立担保合同作出权利限制，林口支行亦无证据证明江达公司与姚玉峰恶意串通骗取林口支行提供担保，故姚玉峰构成违规出具金融票证罪并不能免除林口支行的民事责任，二审判决认定林口支行对时任林口支行负责人的姚玉峰的履职行为承担保证责任，并无不当。

（二）《黑龙江省小额贷款公司管理办法》及江达公司的章程不属于法律和行政法规的强制性规定，故《借款合同》不具备《合同法》第52条所规定的因违反法律、行政法规的强制性规定而无效的情形。江达公司从林口支行的备案章程、经营执照及金融许可证所载明的内容中无法推断出林口支行不具备担保业务经营权限的结论,无证据证明江达公司签署林口支行出具的《承诺书》存在过错,故本案不适用《担保法》第29条“企业法人的分支机构未经法人书面授权或者超出授权范围与债权人订立保证合同的,该合同无效或者超出授权范围的部分无效,债权人和企业法人有过错的,应当根据其过错各自承担相应的民事责任”的规定,案涉《借款合同》及《承诺书》均为有效,二审认定林口支行承担连带保证责任并无不当。

(三)恒辉公司与江达公司约定的借款利率为月息5%,原一、二审判决以最高人民法院《关于人民法院审理借贷案件的若干意见》第6条“民间借贷的利率可以适当高于银行的利率,各地人民法院可根据本地区的实际情况具体掌握,但最高不得超过银行同类贷款利率的四倍(包含利率本数)。超出此限度的,超出部分的利息不予保护”的规定,将案涉《借款合同》的计息标准调整为中国人民银行同期贷款基准利率的4倍,于法有据。林口支行主张按照中国人民银行同期贷款利率计息,无事实和法律依据,最高人民法院亦不予支持。

律师提示

银行分支机构对外担保是否有效?最高人民法院曾作出过冲突的判决。《吕新华、中国农业发展银行临邑县支行民间借贷纠纷案》[(2016)最高法民申2412号]认为银行分支机构未经具体授权其对外提供担保无效。

裁判要旨:

一、关于担保条款的效力问题

根据最高人民法院《关于适用〈中华人民共和国担保法〉若干问题的解释》第17条“企业法人的分支机构未经法人书面授权提供保证的,保证合同无效”的规定,农发行临邑支行作为中国农业发展银行的分支机构,在案件中为奇力公司的借款向吕新华提供担保未获得其法人的书面同意,二审判决认定《借款协议书》中的担保条款无效有相应的事实和法律依据。

二、关于农发行临邑支行承担责任的数额问题

最高人民法院《关于适用〈中华人民共和国担保法〉若干问题的解释》第7条规定:“主合同有效而担保合同无效,……债权人、担保人有过错的,担保人承担民事责任的部分,不应超过债务人不能清偿部分的二分之一。”农发行临邑支行作为分支机构应当知道自己无权进行担保,却为奇力公司向吕新华的借款提供担保。吕新华系完全民事行为能力人,其向奇力公司出借巨额资金,却对金融机构农发行临邑支行是否具有法定担保人资格未尽到应尽的审慎和注意义务。二审判决认定农发行临邑支行与吕新华在案件中均存在过错,并判令农发行临邑支行对奇力公司不能清偿部分的二分之一承担民事清偿责任,符合法律规定。

笔者倾向认为担保有效。银行在工商机关备案的章程包含担保业务,其分支机构的营业执照、金融许可证及备案的章程均未将担保业务排除在外,因此分支机构对外提供担保是其主营业务。若分行在开展主营业务时还需要每次经过总行审批,将大大降低工作效率,也不符合当下的同行惯例。最高人民法院“经营范围授权系概括授权”的裁判逻辑,明确分支机构营

业执照经营范围并列出“不得对外担保”字样，是防范分支机构对外担保的重要保障之一。当然，加强负责人及高级管理人的甄选和监督也是至关重要的。

026 质权人要求监管人赔偿数额是否可高于主债权数额？

案例索引

最高人民法院(2014)民申字第1490号再审民事裁定书。

案例导读

一、本案是一起典型的质押物监管合同纠纷，一审、二审和最高人民法院再审对质押物监管的法律关系性质、质权成立的判断、质押物监管纠纷案件启动的条件和程序、主张质押物赔偿数额可否主债权数额等问题均给出了明确裁判观点。

二、本案最大亮点在于借款本金数额为1800万元，但质权人要求的赔偿数额高达2640万元且得到了一审、二审和最高人民法院的支持。

裁判要旨

质权人与质押物监管人之间基于《商品融资质押监管协议》而产生的保管法律关系，与质押权人与借款人(出质人或债务人)基于《商品融资合同》及《商品融资质押合同》而产生的法律关系并非同一，所以质权人要求监管人赔偿的数额与主债权数额无必然联系。

裁判逻辑

一、质押物监管人根据监管协议向质权人签发《质押物清单(代质押确认回执)》，构成对质押物的确认，认可实际占有质押物原煤，按照《中华人民共和国物权法》(以下简称《物权法》)第212条的规定，质权已经依法设立。

二、质押物监管人承担的合同义务是占有并保管、监管质押物，监管期限届满时返还质押物，享有的权利则是收取保管费用，该种权利义务具有保管合同的法律特征，质押物监管人与质权人之间形成保管合同法律关系。

三、质权人与质押物监管人之间基于《商品融资质押监管协议》而产生的法律关系，与质押权人与借款人(出质人或债务人)基于《商品融资合同》及《商品融资质押合同》而产生的法律关系并非同一，所以质押物监管人以质权人未清偿债权在借款人破产清算裁定之前无法确定为由主张应驳回其诉讼的抗辩无事实及法律依据，法院不予支持。

四、质权人有权选择依据《监管协议》主张质押物损失赔偿,亦有权基于保险合同主张保险理赔,不存在先后关系,除非合同有特别约定。

五、鉴于质押物监管人向质权人赔偿质押物损失本质上属于出质人向质权人提供的质押物灭失的替代物,质权人可以此赔偿就其向出质人(债务人或借款人)享有的债权行使优先受偿权,债务因清偿而消灭,法院判决质押权人基于《监管协议》的约定质押物价值,要求质押物监管人返还质押物原煤或者赔付相应价款,不会导致质权人对出质人(债务人或借款人)享有的债权获得两次受偿。

交易结构图

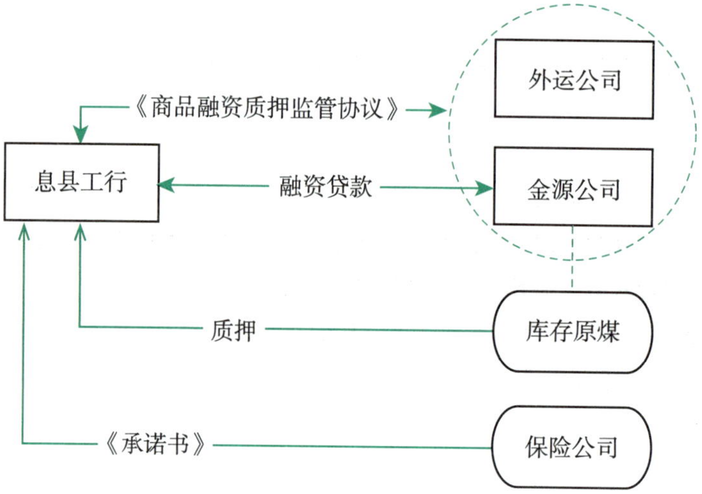

主要案情

再审申请人(一审被告、二审上诉人):中国外运河南公司。

被申请人(一审原告、二审被上诉人):中国工商银行股份有限公司息县支行。

原审第三人:河南省世纪金源化工有限责任公司。

再审申请人中国外运河南公司(以下简称外运公司)因与被申请人中国工商银行股份有限公司息县支行(以下简称息县工行)、原审第三人河南省世纪金源化工有限责任公司(以下简称金源公司)保管合同纠纷一案,不服河南省高级人民法院(2014)豫法民二终字第 19 号民事判决,向最高人民法院申请再审。

2010 年 3 月 20 日,金源公司股东会达成了以库存原煤为质押,向息县工行申请办理商品融资 1800 万元的决议。同日,金源公司向息县工行提交了《关于新增 1800 万元商品融资贷款的申请》,公司拟以库存原煤为质押品向息县工行办理商品质押贷款 1800 万元。2010 年 3 月 18 日,中国财产保险公司息县支公司向息县工行出具《承诺书》一份,《承诺书》显示质押物为原煤,数量是 22,000 吨,价值是 2640 万元,煤炭库存明细表随《承诺书》所附。

2010年3月23日，息县工行与金源公司和外运公司签订《商品融资质押监管协议》，该协议约定，息县工行和金源公司均同意将质物交由外运公司监管，外运公司同意接受息县工行的委托并按照息县工行的指示监管质物。在质物的转移占有过程中，息县工行、金源公司根据融资合同的约定，向外运公司出具《质物种类、价格、最低要求通知书》，外运公司按照通知书列明的内容核查金源公司交付的货物及现有库存，如经核对，金源公司交予的货物及实际库存与《质物种类、价格、最低要求通知书》记载相符，外运公司接受金源公司交付的货物，代表息县工行占有货物，外运公司向息县工行签发《质物清单》时，视为质物交付完成，质押生效。实际交付占有的质物以《质物清单》列明的为准。在监管期间，无论金源公司提货或换货，库存质物都应符合《质物种类、价格、最低要求通知书》列明的要求，库存最低价值等于单价乘以质物数量，质物单价以息县工行书面通知为准。在监管期间，外运公司应按照合同法及相关法律规定妥善、谨慎处理监管的质物，因各种原因质物发生短少、毁损、变质、灭失等可能影响息县工行权益的情形，外运公司应当在24小时内通知息县工行，并采取适当的应急措施，外运公司未及时通知息县工行和金源公司或未采取适当的应急措施给息县工行、金源公司造成损失的，承担实际损失的赔偿责任。外运公司应当建立质物登记统计制度，定期对质物进行查验、核对种类、清点数目、检查包装和标识，对质物的出入库时间、数量、去向以及质物的现状进行记录。该协议还约定，在监管期间，除不可抗力的事件、金源公司未依约告知外运公司质物的特殊保管要求的情况外，质物毁损灭失或由于外运公司未尽到保管责任导致质物变质、短少、受污染以及外运公司其他情形违反协议给息县工行、金源公司造成损失的，承担货物损失的赔偿责任。协议约定，外运公司接收金源公司提交的货物，并签发《质物清单》，完成转移占有，监管期开始，外运公司根据协议约定向金源公司释放全部质物时监管期相应终止，外运公司收到息县工行出具的《提货通知书》后，其监管责任解除。

同日，息县工行和金源公司分别作为质权人和出质人共同向外运公司签发编号为HN－GS－10066－2号的《质物种类、价格、最低要求通知书》，载明出质人金源公司将数量为22,000吨、价值为2640万元的原煤质押给质权人息县工行，请外运公司根据《商品融资质押监管协议》对质押货物进行监管，并严格履行监管协议约定的义务。同日，外运公司向息县工行签发《质物清单（代质押确认回执）》载明，外运公司已按照相关协议于2010年3月23日接收原煤22,000吨（价值2640万元），并开始履行监管责任，确认上述质物已存放于外运公司拥有使用权的仓库，上述质物确已在外运公司的占有、保管、监管之下，在外运公司监管期间，质物原煤的最低价值/最低数量始终不低于2640万元或者22,000吨。还载明，该《质物清单（代质押确认回执）》构成对质押物的确认。

2010年3月24日，息县工行与金源公司签订编号为2010年工银信息融字第002号的《商品融资合同》和编号为2010年商质字第002号的《商品融资质押合同》。合同约定，金源公司向息县工行借款1800万元，期限6个月，利息以中国人民银行公布的同期同档次人民币贷款利率计算，逾期在原借款利率基础上加收50%计收罚息。金源公司向息县工行提供质押担保，担保范围包括，主合同项下的融资本金、利息、罚息、复利、违约金、赔偿金、保管费用、金源公司为实现债权的费用和所有其他应付费用。质物移交程序在借贷双方和监管人三方签署的《商品融资质押监管协议》中约定,借贷双方共同向监管人签发《出质通知书》,监管人核对实物相符后出具相关保管凭证。

2010年3月29日,息县工行根据上述合同(协议)约定向金源公司放贷1800万元,期限至2010年8月14日,利率为4.86%。借款期间,息县工行多次向外运公司和金源公司发出通知书,要求外运公司和金源公司保证在监管期间质物的最低价值/最低数量始终不低于人民币2640万元或22,000吨。借款到期后,金源公司未偿还借款本金1800万元及利息。质押物在监管期间已全部灭失。

2010年12月24日,息县工行以外运公司为被告诉至原审法院,要求外运公司返还22,000吨质物,如不能返还质物则赔偿相应价款1800万元及利息。原审法院经审理后认为,息县工行未起诉实际用款人金源公司不符合起诉条件,遂作出(2011)郑民四初字第39号民事裁定书,裁定驳回息县工行的起诉。

2011年7月12日,息县工行以金源公司等为被告诉至本院,要求金源公司履行还款责任。本院经审理后作出(2011)豫法民一初字第2号民事判决书,判令金源公司履行还款责任。

2012年10月30日,河南省息县人民法院作出(2012)息民破字第01-6号民事裁定书,裁定宣告金源公司破产。本院遂于2012年11月20日作出(2012)豫法执字第00003号执行裁定书,裁定终结该院(2011)豫法民一初字第2号民事判决的执行。

息县工行于2012年8月20日向河南省郑州市中级人民法院提起诉讼,一审诉讼请求:1.外运公司立即向息县工行返还22,000吨原煤或赔付相应价款2640万元(本案主债权借款本金为1800万元);2.本案诉讼费用由外运公司承担。

一审法院判决:1.外运公司于本判决生效后10日内赔偿息县工行质押物损失2640万元;2.驳回息县工行的其他诉讼请求。

二审法院判决:驳回上诉,维持原判。

再审法院最高人民法院于2014年11月24日作出(2014)民申字第1490号再审民事裁定:驳回外运公司的再审申请。

法院观点

一、关于案件质权是否有效设立、《监管协议》是否有效的问题

按照《监管协议》第2条的约定,质押物转移占有后,外运公司应向息县工行签收《质押物清单》。本案事实是,外运公司于2010年3月23日向息县工行签发了《质押物清单(代质押确认回执)》,明确记载,外运公司同意为出质人存放于外运公司拥有使用权的仓库的货物进行保管,且已知晓外运公司保管的出质人的货物质押给息县工行,上述质押物确已在外运公司的占有、保管、监管之下;该《质押物清单》构成对质押物的确认。外运公司在该清单上印章签字。上述事实表明,外运公司已认可实际占有质押物原煤。按照《物权法》第212条的规定,质权自出质人交付质押财产时设立,因此案件质权已经依法设立。外运公司申请再审所提本

案质押物一直由金源公司所有、占有、使用，其只是形式上占有质押物，质权并未设立的主张，与案件事实不符，不能成立。《监管协议》是各方当事人的真实意思表示，外运公司未提交证据证实该协议存在《合同法》第52条规定的合同无效的情形，因此外运公司主张该协议无效，缺乏事实和法律依据，亦不能成立。

二、关于外运公司与息县工行之间系何种法律关系的问题

《监管协议》第1条约定："在监管期间，息县工行为质权人，金源公司为出质人，外运公司为息县工行的代理人，代理息县工行监管质押物。"外运公司以该约定作为其与息县工行之间形成代理法律关系的依据。但是，除了上述条款之外，《监管协议》还有若干条款约定了双方之间具体的权利义务关系。该协议第1条还约定，协议项下所称的监管是指外运公司代理息县工行占有质押物并根据本协议的约定履行监管质押物的责任；第4.1条约定，监管期间，外运公司应按照合同法及相关法律规定妥善、谨慎处理监管的质押物；第4.6条约定，监管期间，外运公司应当建立质押物登记统计制度，定期对质押物进行查验、核对种类、清点数目、检查包装和标识，对质押物的出入库的时间、数量、去向以及质押物的现状进行记录；第4.9条约定，监管期间，外运公司建立完善的出入库台账登记记录，登记、核实监管质押物和保证提货、换货后的质押物对应的货物最低价值符合本合同的规定；第8.4条约定，外运公司按月支取实际发生的监管费等费用。该协议附件《质押物清单(代质押确认回执)》亦明确记载，外运公司同意为金源公司已质押给息县工行的原煤22,000吨进行保管，并确认上述质押物已经在其占有、保管、监管之下，其将严格按照《监管协议》的规定履行占有、保管、监管责任；在其监管期间，质押物的最低价值/最低数量始终不得低于人民币2640万元或者22,000吨。根据上述合同约定，外运公司承担的合同义务是占有并保管、监管质押物，监管期限届满时返还质押物，享有的权利则是收取保管费用，该种权利义务具有保管合同的法律特征。原审法院据此认定息县工行与外运公司之间形成保管法律关系，符合合同约定，并无不当。

郑州市中级人民法院(2011)郑民四初字第39号民事裁定书中虽有"在双方所签《监管协议》中明确注明外运公司只是作为其代理人监管质押物"的表述，但该表述仅是对《监管协议》相关内容的陈述，并未对双方权利义务等实体性问题进行审理，因此该裁定不能作为双方既有法律关系的司法认定，不构成对本案判决的影响。综上，外运公司主张其与息县工行之间系代理法律关系而非保管法律关系的意见，不能成立。

三、关于外运公司是否履行了《监管协议》约定的监管义务以及应否承担质押物损失赔偿责任的问题

关于本案质押物灭失的原因，外运公司一直主张系金源公司强行出货导致，但其提供的证据仅是外运公司与息县工行共同起诉金源公司的起诉状等诉讼材料，而对于其当时是否按照《处置预案》第1条(当金源公司恶意违约、强行出货等因素致使不能执行三方《监管协议》时，外运公司应当控制监管现场，并尽快通知息县工行，同时通知公安机关配合控制现场。外运公司应在事件发生1个工作日内，以书面形式向息县工行报送事件发生情况以及质物损失状况)，履行了及时通知以及报警等义务，外运公司一直未能提供证据证明。因此，外运公司主张质押物灭失系由金源公司强行出货导致,并无充分证据证实,即便该事实属实,亦不能证实其已全面履行了合同约定义务。原审法院认定本案质押物灭失系因外运公司监管不力造成,并无不当。《监管协议》第4.3条规定,在监管期间,因各种原因质押物发生短少、损毁、灭失等可能影响息县工行权益的情形,外运公司应当在24小时之内通知息县工行并采取适当的应急措施;第13.1.4条规定,因外运公司违反协议4.3款的规定,未及时通知息县工行和金源公司或者未采取适当的应急措施的,外运公司应承担货物损失的赔偿责任。基于以上,原审判决依据《监管协议》第13.1条认定外运公司承担质押物损失的赔偿责任,亦无不当。

本案质押物曾于息县工行与外运公司共同起诉金源公司案件中被郑州市中级人民法院于2010年10月27日依法查封,2011年4月20日该院依据息县工行与外运公司的撤诉申请裁定准许撤回起诉,而质押物灭失的时间是2011年年初。从上述诉讼过程来看,该院裁定准许息县工行、外运公司撤回起诉是在质押物灭失之后,因此息县工行是否撤诉与质押物灭失并无因果关系。对于主张权利的方式,息县工行有权选择依据《监管协议》主张质押物损失赔偿,亦有权基于保险合同主张保险理赔,是否先行主张保险理赔并非双方约定的主张权利的前提条件。因此,外运公司主张质押物损失系因息县工行未履行《监管协议》以及《处置预案》约定的补救措施导致,应由息县工行自负的意见,缺乏事实及合同依据,不能成立。

四、关于原审判决认定外运公司承担2640万元质押物损失赔偿责任是否适当的问题

根据原审查明的事实,息县工行和金源公司于2010年3月23日向外运公司出具《质押物种类、价格、最低要求通知书(代出质通知书)》,明确载明质押物原煤22,000吨,金额2640万元,同日外运公司向息县工行出具的《质押物清单(代出质通知书)》中亦明确载明,外运公司确认上述质押物已在外运公司的占有、保管、监管之下,并保证在其监管期间,质押物的最低价值始终不得低于人民币2640万元。同时,根据《监管协议》约定,质押物的数量随着市场单价的变动而变动,但质押物的最低价值不变,为2640万元。据此,外运公司在《监管协议》履行过程中一直认可质押物最低价值为2640万元。因此,原审法院认定涉案质押物价值为2640万元,有事实和合同依据,并无不当。外运公司主张原审判决认定质押物价值缺乏证据证实,不能成立。本案中,息县工行的诉讼请求是基于《监管协议》的约定要求外运公司返还质押物原煤或者赔付相应价款,原审判决外运公司赔偿质押物损失2640万元本质上属于金源公司向息县工行提供的质押物灭失的替代物,息县工行可以此赔偿就其向金源公司享有的债权行使优先受偿权。债务因清偿而消灭,本案原审判决不会导致息县工行对金源公司享有的债权获得两次受偿。因此,外运公司申请再审所提息县工行应于金源公司破产终结后才能向外运公司主张权利的意见,不能成立。

五、关于原审程序是否违反法律规定的问题

如前所述,河南省郑州市中级人民法院(2011)郑民四初字第39号民事裁定仅是对息县工行的起诉是否符合受理条件作出的程序性认定,并未涉及当事人之间的实体权利义务。根据最高人民法院《关于适用〈中华人民共和国民事诉讼法〉若干问题的意见》第142条的规定,"裁定不予受理、驳回起诉的案件,原告再次起诉的,如果符合起诉条件,人民法院应当受理",

息县工行在人民法院驳回起诉后有权再次起诉，人民法院经审查认为符合起诉条件并立案审理，程序上并无不当。关于诉讼主体问题，息县工行依据《监管协议》以外运公司为被告主张违约责任，亦无不当。因此，外运公司主张原审法院应驳回本案息县工行对外运公司的诉讼，或者先行撤销上述（2011）郑民四初字第39号民事裁定书后才能对案件进行审理以及本案诉讼主体错误的意见，于法无据，均不能成立。

律师提示

本案质权人是基于拥有质押物的质权及《质押物监管协议》向质押物监管人主张赔偿的，要求按照质押物约定的价值2640万元赔偿依法有据，但并不等于质权人可以获得超过主债权1800万元本金及其利息的不当得利。因为根据最高人民法院的观点，原审判决外运公司赔偿质押物损失2640万元本质上属于金源公司向息县工行提供的质押物灭失的替代物，息县工行可以此赔偿就其向金源公司享有的债权行使优先受偿权，多余的部分应当归还给出质人。债务因清偿而消灭，本案原审判决也不会导致息县工行对金源公司享有的债权获得两次受偿。

027 保证人失联后如何解除保证期间？

案例索引

最高人民法院（2017）最高法民再178号民事判决书。

案例导读

一、本案是一起因转贷过桥资金短期借贷引发的保证合同纠纷，亮点在于，某银行支行行长曾出具书面担保函作为该转贷资金的保证人，虽然被一审、二审法院判决承担保证责任，但最高人民法院却再审改判其无须承担保证责任。原因何在？

二、保证合同的成立是否意味着建立了真实的保证债权债务关系？保证责任的产生依赖哪些条件？债权人应当以何种方式“要求保证人承担保证责任”？债权人在保证期间内以公告方式向保证人主张权利应当符合哪三个条件？最高人民法院通过本案例详细论证阐述清楚了以上4个问题。

裁判要旨

债权人向保证人主张权利的方式包括提起诉讼和送达清收通知书等，其中“送达”既可由债权人本人送达，也可以委托公证机关送达或公告送达（在全国或省级有影响的报纸上刊发清收债权公告)。

裁判逻辑

一、保证合同是保证人和债权人约定,在主债务人不履行债务时,由保证人承担代为履行或连带责任的协议;但保证合同依法成立并不意味着在债权人和保证人之间建立了真实的保证债权债务关系,保证合同的成立仅为债权人设立了要求保证人承担代偿责任的期待权。

二、保证责任是否真正产生,一方面取决于主债务人是否依约清偿债务,另一方面还取决于债权人是否在保证期间内依法定方式向保证人主张了权利,这也是学说上公认保证债务为或然债务的理由所在。

三、保证期间系为维护保证人利益而设,其正当化的基础在于诚信原则和公平理念,所追求的目的是避免保证人无止境地处于承担责任的不利状态或长期处于随时可能承担责任的不确定状态。

四、在主债务履行期限届满后,如果主债务人不履行债务,保证期间是债权人能够向保证人主张权利的最长期限,如果债权人未在保证期间内依法主张权利,保证期间的经过将产生消灭保证责任的法律效果。

五、债权人是否在保证期间内依法向保证人主张权利,直接决定了债权人和保证人之间的债权债务关系能否真正建立,对双方当事人的基本民事权利存在重大影响,必须严格遵守法律文本可能的文义射程。

六、在一般保证上,债权人必须以对主债务人提起诉讼或申请仲裁的方式要求主债务人承担责任;在连带责任保证上,债权人必须"要求保证人承担保证责任"。

七、就债权人应当以何种方式"要求保证人承担保证责任"这一问题,学说上一般认为,《担保法》第 26 条中"要求保证人承担保证责任"的表述与《民法通则》第 140 条规定诉讼时效中断情形所使用的"当事人一方提出要求"的意义相若,可以相互参照。

八、债权人向保证人主张权利的方式包括提起诉讼和送达清收通知书等,其中"送达"既可由债权人本人送达,也可以委托公证机关送达或公告送达(在全国或省级有影响的报纸上刊发清收债权公告)。

九、在连带责任保证中,债权人向保证人主张权利的方式,可以参照《民法通则》第 140 条之规定,认定债权人在保证期间内以提起诉讼、申请仲裁、采用直接、委托或公告送达清收通知书等方式向保证人主张权利,或者保证人自行认诺愿意承担保证责任的,都可以产生解除保证期间、开始计算诉讼时效的法律效果。

十、债权人在保证期间内以公告方式向保证人主张权利应当符合以下三个条件:第一,保证人下落不明,债权人无法采用其他直接送达的方式向其主张权利;第二,公告的内容需要有主张权利的意思表示;第三,公告的媒体应当是国家级或者保证人住所地省级有影响的媒体。

交易结构图

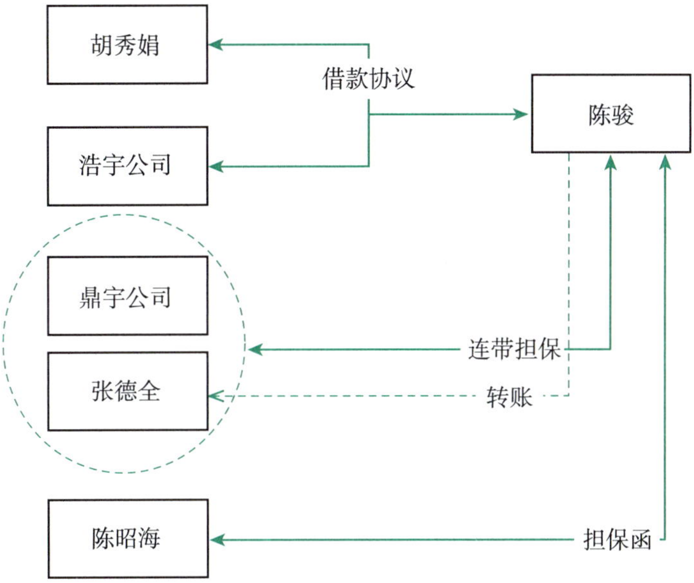

主要案情

再审申请人(一审被告、二审上诉人):陈昭海。

被申请人(一审原告、二审被上诉人):陈骏。

被申请人(一审被告、二审上诉人):胡秀娟。

被申请人(一审被告、二审上诉人):淮安市浩宇科技有限公司。

被申请人(一审被告、二审上诉人):张德全。

再审申请人陈昭海因与被申请人陈骏、胡秀娟、淮安市浩宇科技有限公司(以下简称浩宇公司)、张德全、淮安鼎宇科技有限公司(以下简称鼎宇公司)民间借贷纠纷一案,不服江苏省高级人民法院(2016)苏民终261号民事判决,向最高人民法院申请再审。最高人民法院于2017年3月27日作出(2017)最高法民申466号民事裁定,提审案件。

2013年4月18日,胡秀娟因经营需要,向陈骏借款450万元,双方签订借款协议一份,约定借款期限自2013年4月18日至2013年4月28日,逾期还款的,从借款之日起,按银行同期贷款利率四倍计付利息至付清之日,并按欠款金额每日千分之五标准承担逾期付款违约金。保证人自愿为借款提供连带担保,保证期间为借款期限届满(或展期届满)之日起2年。胡秀娟及浩宇公司在借款人一栏中签名、盖章。张德全、鼎宇公司为借款提供连带责任保证。

同日,陈昭海向陈骏出具担保函,内容为:“胡秀娟(张德全)于2013年4月18日向陈骏借款肆佰伍拾万元人民币,对该借款本金,本人承担连带责任保证。”

借款协议签订当日,陈骏通过中国工商银行分三次向张德全账户汇款450万元,胡秀娟、张德全向陈骏出具收到450万元收据一张,浩宇公司在收据上加盖公章。

后因胡秀娟、浩宇公司未能按期还款,2013年8月10日,张德全向陈骏出具承诺书,承诺:2013年8月12日至8月16日期间还清借款本金,最迟在2013年9月18日还清借款本金。

由于借款到期,在索款无果的情况下,陈骏于2013年10月28日在《淮海商报》上对保证人陈昭海进行公告,内容为:"你为淮安浩宇科技有限公司胡秀娟向陈骏借款450万元予以担保,现该借款逾期未还,请你履行担保责任,代为偿还借款。"

2013半年期中国人民银行贷款年利率为5.6%。

陈骏因涉嫌经济犯罪,于2013年9月9日被公安机关刑事拘留,2013年10月15日被取保候审。

陈昭海原系江苏昆山某商业银行股份有限公司淮阴支行行长,在2013年10月29日之前,陈昭海一直正常上班、履职。该行为其缴纳养老保险费用的时间截至2013年11月。2014年3月26日,该行办理工商变更登记手续,行长更换为吴某。

2017年4月27日,因鼎宇公司的破产财产分配完结,淮安市洪泽区人民法院作出(2016)苏0829民破3号之六民事裁定:终结该公司的破产程序。

2017年6月5日,淮安市洪泽区市场监督管理局作出的《公司准予注销登记通知书》载明,鼎宇公司已经在该局注销登记。

被申请人(一审原告、二审被上诉人)陈骏一审诉讼请求:1. 胡秀娟及浩宇公司共同偿还陈骏借款本金450万元及自2013年4月18日至实际还款之日止的4倍银行贷款利息,并承担日千分之五的逾期付款违约金;2. 张德全、鼎宇公司、陈昭海对借款本息承担连带给付责任;3. 浩宇公司、张德全、鼎宇公司、陈昭海承担本案诉讼费用。

一审法院作出(2015)淮中民初字第00098号民事判决:1. 胡秀娟、浩宇公司于判决生效后15日内一次性偿还陈骏借款本金450万元及利息74,000元(利息计算至2013年10月18日,后续利息自2013年10月19日至本判决确认给付之日止,按照同期中国人民银行贷款利率4倍计算);2. 张德全、鼎宇公司对上述借款本息承担连带还款责任。陈昭海对450万借款本金承担连带还款责任;3. 驳回陈骏的其他诉讼请求。一审案件受理费42,800元,由胡秀娟、浩宇公司负担38,520元,陈骏负担4280元。

二审法院判决:驳回上诉,维持原判。

再审法院最高人民法院于2017年6月28日作出(2017)最高法民再178号民事判决:1. 撤销江苏省高级人民法院(2016)苏民终261号民事判决;2. 变更江苏省淮安市中级人民法院(2015)淮中民初字第00098号民事判决第二项为:张德全对上述借款本息承担连带还款责任;3. 维持淮安市中级人民法院(2015)淮中民初字第00098号民事判决第一项、第三项。

法院观点

本案中,胡秀娟、浩宇公司与陈骏签订的借款协议约定,由陈骏出借450万元,期限自2013年4月18日至2013年4月28日,张德全作为保证人提供连带责任保证。该借款协议是各当事人的真实意思表示，内容不违反法律、行政法规的强制性规定，故原审判决关于该借款协议合法有效的认定正确，最高人民法院予以维持。

陈昭海在《担保函》中承诺就胡秀娟（张德全）向陈骏的450万元借款承担连带保证责任，但未约定保证期间。《担保法》第26条规定："连带责任保证的保证人与债权人未约定保证期间的，债权人有权自主债务履行期届满之日起六个月内要求保证人承担保证责任。在合同约定的保证期间和前款规定的保证期间，债权人未要求保证人承担保证责任的，保证人免除保证责任。"最高人民法院《关于适用〈中华人民共和国担保法〉若干问题的解释》第34条第2款规定："连带责任保证的债权人在保证期间届满前要求保证人承担保证责任的，从债权人要求保证人承担保证责任之日起，开始计算保证合同的诉讼时效。"据此，原审判决关于本案中陈昭海的保证责任期间为主债务履行期届满之日起6个月，截至2013年10月29日届满的认定正确，最高人民法院予以维持。

关于陈骏于2013年10月28日在《淮海商报》上刊登公告要求陈昭海承担担保责任是否构成在保证责任期间内向其主张了权利的问题。最高人民法院认为，保证合同是保证人和债权人约定，在主债务人不履行债务时，由保证人承担代为履行或连带责任的协议。由保证人系为他人负责这一特点所决定，保证合同依法成立并不意味着在债权人和保证人之间建立了真实的保证债权债务关系，保证合同的成立仅为债权人设立了要求保证人承担代偿责任的期待权。保证责任是否真正产生，一方面取决于主债务人是否依约清偿债务，另一方面还取决于债权人是否在保证期间内依法定方式向保证人主张了权利，这也是学说上公认保证债务为或然债务的理由所在。从法律制度发生史的角度来看，保证期间系为维护保证人利益而设，其正当化的基础在于诚信原则和公平理念，所追求的目的是避免保证人无止境地处于承担责任的不利状态或长期处于随时可能承担责任的不确定状态。因此，在主债务履行期限届满后，如果主债务人不履行债务，保证期间是债权人能够向保证人主张权利的最长期限，如果债权人未在保证期间内依法主张权利，保证期间的经过将产生消灭保证责任的法律效果。因债权人是否在保证期间内依法向保证人主张权利，直接决定了债权人和保证人之间的债权债务关系能否真正建立，对双方当事人的基本民事权利存在重大影响，必须严格遵守法律文本可能的文义射程，对这一问题加以评判。关于保证期间内债权人向保证人主张权利的方式，根据《担保法》第25条第2款和第26条第2款的规定，在一般保证的情况下，债权人必须以对主债务人提起诉讼或申请仲裁的方式要求主债务人承担责任；在连带责任保证的情况下，债权人必须"要求保证人承担保证责任"。就债权人应当以何种方式"要求保证人承担保证责任"这一问题，学说上一般认为，《担保法》第26条中"要求保证人承担保证责任"的表述与《民法通则》第140条规定诉讼时效中断情形所使用的"当事人一方提出要求"的意义相仿，可以相互参照。在既往的司法实践中，最高人民法院民事审判第二庭于2002年11月22日在《关于担保期间债权人向保证人主张权利的方式及程序问题的请示》的答复中就这一问题统一过司法尺度。该答复函明确，债权人向保证人主张权利的方式包括提起诉讼和送达清收通知书等，其中"送达"既可由债权人本人送达，也可以委托公证机关送达或公告送达（在全国或省级有影响的报纸上刊发清收债权公告)。根据上述学说和我院一贯的司法尺度,在连带责任保证中,债权人向保证人主张权利的方式,可以参照《民法通则》第140条关于“诉讼时效因提起诉讼、当事人一方提出要求或者同意履行义务而中断。从中断时起,诉讼时效期间重新计算”之规定,认定债权人在保证期间内以提起诉讼、申请仲裁、采用直接、委托或公告送达清收通知书等方式向保证人主张权利,或者保证人自行认诺愿意承担保证责任的,都可以产生解除保证期间、开始计算诉讼时效的法律效果。就公告送达方式的适用条件,最高人民法院《关于审理民事案件适用诉讼时效制度若干问题的规定》第10条第1款第4项规定:“当事人一方下落不明,对方当事人在国家级或者下落不明的当事人一方住所地的省级有影响的媒体上刊登具有主张权利内容的公告的,但法律和司法解释另有特别规定的,适用其规定。”据此,债权人在保证期间内以公告的方式向保证人主张权利应当符合以下三个条件:第一,保证人下落不明,债权人无法采用其他直接送达的方式向其主张权利。这一前提要件表明,债权人要求保证人承担责任的意思表示,原则上必须由保证人实际受领或能够实际受领方能发生法律效力,只有在因保证人下落不明的原因导致无法受领的情况下,才能以公告送达这一拟制受领的方式主张权利。第二,公告的内容需有主张权利的意思表示。第三,公告的媒体应当是国家级或者保证人住所地省级有影响的媒体。本案中,被申请人陈骏和申请人陈昭海均一致认可,在保证期间内,保证人陈昭海一直在其任职的单位正常上班和履职,故并不存在因陈昭海下落不明导致债权人无法在保证期间内向其主张权利的情形,且从陈骏选择的公告媒体来看,《淮海商报》亦并非省级有影响力的媒体。故本案中被申请人陈骏以在《淮海商报》上刊登公告的方式向保证人主张权利,不符合法律规定,依法不能产生主张权利的法律效果。被申请人陈骏关于其在保证期间内亲自及委托他人到陈昭海处要求其承担责任的诉讼主张,事实依据不足,最高人民法院不予采信。原审判决对于最高人民法院《关于审理民事案件适用诉讼时效制度若干问题的规定》中公告送达的规定不适用于保证期间的认定,系对法律和司法解释规定的错误理解,最高人民法院予以纠正。申请人陈昭海关于其并未处于下落不明而导致陈骏无法向其主张权利的状态,陈骏所发公告不具有法律效力,其不应承担保证责任的申请理由成立,最高人民法院予以支持。

此外,在本案审理范围的确定方面,《民事诉讼法解释》第405条规定:“人民法院审理再审案件应当围绕再审请求进行。”因胡秀娟并未就原审判决申请再审,在最高人民法院已经认定陈昭海不应承担保证责任的情况下,就当事人之间关于案件主债权本金数额、胡秀娟是否为借款关系的主债务人等问题,最高人民法院不再予以审理。在当事人的列置方面,因一审被告鼎宇公司的破产清算程序已经终结,且依法办理了注销登记手续,根据《民事诉讼法解释》第322条的规定,针对鼎宇公司的诉讼程序依法应当终结,故最高人民法院不再将鼎宇公司列为本案的当事人。

律师提示

超过保证期间是担保人脱保最常见的抗辩理由。本案债权人向保证人主张保证责任的方式到底存在哪些重大失误？应如何预防？从本案例的事实及裁判理由来看，笔者作如下几点提示：

一、保证函或保证合同中，缺少关于“履行保证责任通知书”的“地址送达条款”，否则也不至于在保证人“失联”后束手无策。

二、鉴于保证人为某银行支行行长，如果将“履行保证责任通知书”邮寄其所在工作单位，也可产生相应法律效果。

三、没有保留以电话、短信、微信、邮寄等方式通知过保证人履行保证责任的有关证据，以证明积极主张过权利。

四、公告送达没有选择在国家级或者保证人住所地省级有影响的媒体上刊登。

五、保证人“失联”了，如何解除保证期间确实是门技术活。保证期间不同于诉讼时效期间，法院应当对保证期间进行主动审查，而不对诉讼时效进行主动审查。因为只有在保证期间内向保证人主张了保证责任，债权人与保证人成立真正的债权债务关系，从“或然”状态进入“实然”状态。

028 类似美术藏品的动产质物交付是否只需要交钥匙即可？

案例索引

最高人民法院(2015)民申字第1212号民事裁定书。

案例导读

一、本案是一起因质物交付不当致质权不成立的典型案例。本案当事人尽管已按照质押合同约定方式交付美术馆钥匙视同交付美术作品，却被法院认定质押物未有效交付，判决质权人不享受优先受偿权。质押物交付方式风险不容忽视！

二、《物权法》中“质权自出质人交付质押财产时设立”的“交付”到底是什么含义？为何仅交付美术馆钥匙不能视为美术作品已经交付？动产质押物交付为何需要公示效应？如何判断动产交付行为具有公示效应？山东省高级人民法院、最高人民法院通过本案例阐释清楚了以上4个问题。

裁判要旨

尽管向质权人交付美术馆的一把钥匙符合双方对质物美术藏品交付的约定，但该钥匙并非美术馆唯一的钥匙，并且这种交付不具有物权的公示效应，不属于有效交付。

裁判逻辑

一、质押合同的订立在当事人之间创设有关质权设定的权利义务关系，为物权变动的原因行为，除非合同特别约定应自依法成立之日生效。

二、《物权法》中"质权自出质人交付质押财产时设立"的"交付"，即移转占有。

三、质权作为享有优先受偿的担保物权，因可能涉及其他债权人的利益，故其设立须以转移占有作为公示方法。

四、尽管向质权人交付美术馆的一把钥匙符合双方对质物美术藏品交付的约定，但该钥匙并非美术馆唯一的钥匙，并且这种交付不具有物权的公示效应，不属于有效交付。

五、动产质权设立之目的在于保障债权人可以依据质权优先受偿，确保其权益的实现，如果质物仍留在出质人手中，或者并未脱离出质人的直接占有与控制，就不能有效地防止出质人擅自处分质物，与质权设立之目的相悖。

六、鉴于质权人没有在主债权的借款纠纷中一并主张质押权，在得知法院查封后也未提出任何异议，并且在调解书中认可了另外两个债权人对美术馆藏品的查封，故可以认定质权人至今没有对质押物清单所列质物控制占有，因此质权并未设立生效。

交易结构图

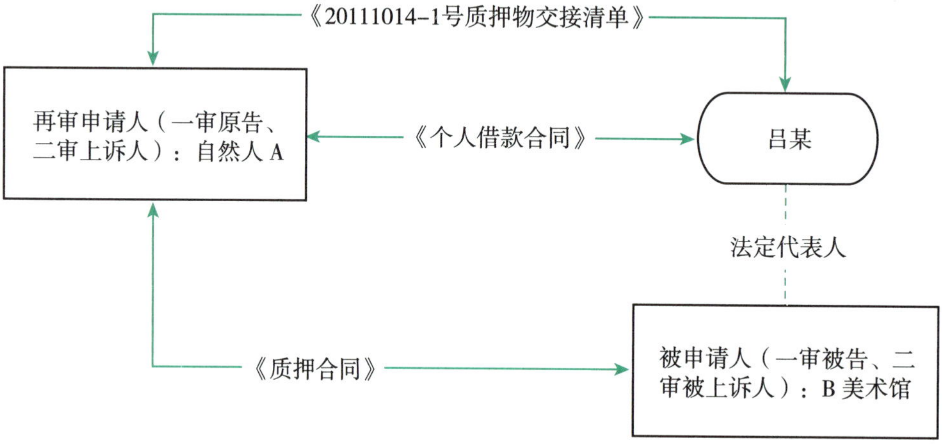

主要案情

再审申请人（一审原告、二审上诉人）：自然人A。

被申请人（一审被告、二审被上诉人）：B美术馆。

再审申请人A因与被申请人B美术馆、吕某质押合同纠纷一案，不服山东省高级人民法院（2014）鲁商终字第457号民事判决，向最高人民法院申请再审。

2011年10月14日，A与吕某签订了一份编号为私借20111014－1的《个人借款合同》，该合同约定A借给吕某1000万元，借期为2011年10月14日至2011年11月13日，利息为按月利率3%计，如吕某违约，A有权按借款金额的30%收取违约金。

2011年10月14日，在借款合同签订的同日，A与B美术馆签订了一份编号为质权字20111014－1号的《质押合同》，该合同约定，为保障A与主合同债务人吕某所签订的编号为私借20111014－1的《个人借款合同》项下的债权，B美术馆愿意为主合同项下的债权向A提供质押担保。《质押合同》第三条约定，合同项下质物为B美术馆所有藏品，该质物的具体状况见合同附件，编号为(20111014－1)号的《质押物交接清单》。合同第四条约定，质押物在B美术馆于该合同签订的同时，向A移交质物并由A保管，同时A租赁吕某在福山开发区泰华路115号房产保管上述质物，房租每年2万元整，房租在吕某还款时，从借款利息中扣除，合同签订时，钥匙交由A保管，双方不需要另行办理交接手续。A应妥善保管质物，质物保管费用由B美术馆承担。

在《质押合同》签订的当日，A与吕某签署了一份《20111014－1号质押物交接清单》，移交人为B美术馆法定代表人吕某，接收人为A。

A在将借款1000万元付给吕某后，吕某未能按期还款。

2012年1月，A将B美术馆、吕某及借款担保人烟台华健经贸发展有限公司、烟台柯兰家饰品有限公司和吕某之妻靳某某诉至山东省烟台市中级人民法院，要求一审被告返还借款本金1000万元及承担利息、违约金等。该院以(2012)烟民一初字第20号民事调解书结案，调解书载明，五方当事人于开庭之前的2012年3月3日自行协商达成了调解协议，并当庭提交给法院。协议约定如下：1. 吕某于2012年5月31日前偿还A人民币合计1300万元(包括借款1000万元，违约金和利息260万元，调查费、差旅费、律师费40万元)；该款项支付后，双方之间再无其他任何经济纠纷。如吕某未能按期还款，需按未清偿借款本金每日千分之一计算违约金，直至欠款全部还清为止。如果吕某在协议约定日期之前提前全部还款，A按已清偿借款本金每日千分之一计算奖励。2. B美术馆、烟台柯兰家饰品有限公司、烟台华健经贸发展有限公司、靳某某对吕某依据协议所负债务承担连带清偿责任。3. B美术馆承诺，在协议签订后且吕某等被告未连带清偿本协议债务前，除已申请法院查封B美术馆藏品的烟台市福山区润福信用担保有限责任公司(标的额1025万元)和邢治山(标的额300万元)外，不得以B美术馆的财产对外承担担保责任，如有违背，视为欺诈行为。4. 协议项下债权实现后，A即申请解除对被告资产的查封。

B美术馆系吕某于2008年6月2日出资100万元成立的个人独资企业，位于福山区太华路115号，房产登记产权人为吕某。

烟台市福山区人民法院向原审法院反映，该院在审理烟台市福山区润福信用担保有限责任公司诉B美术馆、吕某借款纠纷一案中，于2011年12月23日查封保全了胶东美术馆所有的物品一宗(字画、红木家具、瓷器等)，并附有查封清单及照片、录像。2012年1月9日，邢治山诉B美术馆、吕某借款纠纷一案，双方达成了调解协议。协议达成之前，邢治山也申请福山区法院对B美术馆的财产进行了查封。烟台市福山区人民法院执行局在执行该案过程中，对被执行人吕某所做的执行笔录中，吕某称B美术馆办理质押时，A提出质押物存放地问题，吕某称不同意改变,给了 A 一把钥匙,2013 年 11 月 26 日之后,A 把 B 美术馆的门锁上了。

再审申请人(一审原告、二审上诉人)自然人 A 一审诉讼请求:A 就吕某拖欠 1300 万元及违约金(自 2012 年 6 月 1 日起以借款本金 1000 万元为基数按每日千分之一计)享有从 B 美术馆提供的质押物(B 美术馆藏品)拍卖或变卖价款中优先受偿权;案件受理费由 B 美术馆、吕某承担。

一审法院判决:驳回 A 诉讼请求。

二审法院判决:驳回上诉,维持原判。

再审法院最高人民法院于 2015 年 6 月 25 日作出(2015)民申字第 1212 号民事裁定:驳回 A 的再审申请。

法院观点

本案的焦点在于案涉质权是否设立。《物权法》第 212 条规定:"质权自出质人交付质押财产时设立。"所谓交付,即移转占有。质权作为享有优先受偿的担保物权,因可能涉及其他债权人的利益,故其设立须以转移占有作为公示方法。本案双方当事人签订《质押合同》约定,A 租赁吕某的房产即藏品原存放地点保管质物,B 美术馆向 A 交付一把钥匙。A 据此认为,双方已经完成质物的交付,其对质物实际控制与占有。然而,B 美术馆仅向 A 交付了一把钥匙,且该钥匙并非美术馆唯一的钥匙,B 美术馆仍持有其他钥匙,说明质物并未脱离出质人的占有与控制。如一审法院认定,案涉财产质押期间,在 A 不知情的情况下,质物因另案被其他法院查封,表明 A 对质物没有完全控制与占有,质物亦未脱离出质人的直接控制。动产质权设立之目的在于保障债权人可以依据质权优先受偿,确保其权益的实现。如果质物仍留在出质人手中,或者并未脱离出质人的直接占有与控制,就不能有效地防止出质人擅自处分质物,与质权设立之目的相悖。因此,本案质物的交付方式,既不符合动产质权的公示方法,亦不符合质权制度设立之目的,不构成有效的交付。A 关于质物已经交付,质权因此设立的主张缺乏事实和法律依据,最高人民法院不予支持。

律师提示

动产质权设立的交付与其他动产物权设立、变更的交付到底有何差别?实务中,如何防范动产质押物交付方式不当致质权不成立的法律陷阱?

一、《物权法》第 23 条规定,动产物权的设立和转让,自交付时发生效力,但法律另有规定的除外。根据通说,动产交付包括现实交付与观念交付,观念交付包括简易交付、指示交付、占有改定和拟制交付。1. 简易交付,即受让人不占有动产,则于物权变动的合意成立时,视为交付;2. 指示交付,即动产由和三人占有时,出让人将其对于第三人的返还请求权让与受让人,以代替交付,此为间接占有时的交付;3. 占有改定,让与动产物权,而让与人仍继续占有动产者,让与人与受让人间须订立契约,使受让人因此取得间接占有,以代交付;4. 拟制交付,即出让人将标的物的权利凭证交给受让人,以代替物的现实交付。

二、《物权法》第212条规定,质权自出质人交付质押财产时设立。由于动产质权设立之目的在于保障债权人可以依据质权优先受偿,具有排除其他债权人的效力。因此,动产质押质物交付方式一般不适合观念交付,应选择公示效应强的现实交付并由质权人占有控制,实现足以排除他人占有的目标。

三、本案原告败诉原因有三:1.质押物美术作品交付不够彻底,没有实现直接控制质押物,不足以排除他人占有;2.第一次起诉没有一并要求对质押物享有优先受偿权,错过时机;3.在其他债权人申请法院查封的事后没有积极提出异议,主张权利。

029 混合担保人之间如何相互追偿?

案例索引

最高人民法院(2017)最高法民再137号民事判决书。

案例导读

一、本案是最高人民法院于2017年判决的一起混合担保之下担保人与债务人及担保人之间追偿纠纷的典型案例,法院肯定了"混合担保人之间享有追偿权",但否定承担"连带清偿法律责任"。

二、特别需要注意的是,最高人民法院于2019年发布的《全国法院民商事审判工作会议纪要》第56条,明确了混合担保人之间不享有追偿权,但担保人在担保合同中约定可以相互追偿的除外的司法政策,算是又基本上否定了本案关于"混合担保人之间享有追偿权"的裁判观点。

三、尽管最高人民法院的裁判政策总会出现一些动态变化,有时甚至反复,但最高人民法院对本案精心剖析法理,逐一梳理各方当事人之间的法律关系及权利义务,释法说理的过程,还是非常值得学习的。

四、最高人民法院通过纪要确定的混合担保人之间不享有追偿权的裁判政策,是否会引发债权人故意不公平区别对待各担保人的道德风险呢?可参阅文末律师提示部分的评论。

裁判要旨

混合担保中担保人之间享有追偿权(已被《全国法院民商事审判工作会议纪要》否定);物保抵押担保人向债务人行使追偿权时,不可以向其他保证人主张连带清偿责任,但可以向其他保证人主张在其应分担的份额范围内承担责任。

裁判逻辑

一、虽然《物权法》中没有明确规定，但最高人民法院《关于适用〈中华人民共和国担保法〉若干问题的解释》第38条明确肯定了混合担保中担保人之间享有追偿权。

二、担保人之间的关系并非保证担保关系，而是担保人之间的追偿法律关系，故保证期间在二者之间并不适用。

三、担保人之间在无特别约定情况下，承担担保责任的一方在行使追偿权时，无权要求其他担保人承担连带责任，否则将损失风险完全转嫁给被追偿的担保人一方，有悖追偿制度设立初衷和公平原则。

四、反担保的保证期间从担保人承担了担保责任后开始起算，但由于担保人承担保证责任通常不是一次性的，反担保人担保期间的起算日应为执行裁定书涉及担保抵押物的变现和分割之日。

交易结构图

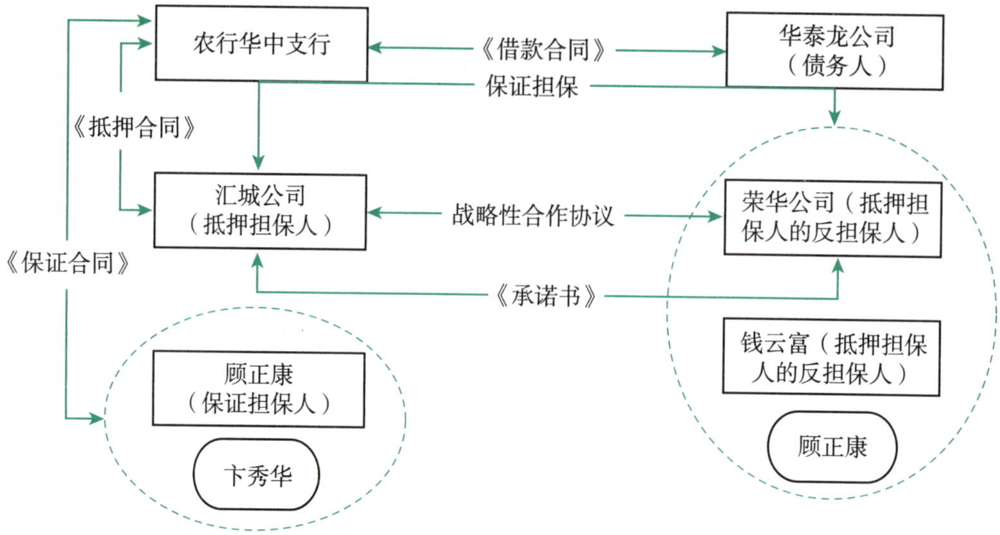

主要案情

再审申请人（一审被告、二审上诉人）：顾正康（保证担保人）。

再审申请人（一审被告）：十堰荣华东风汽车专营有限公司（抵押担保人的反担保人）。

再审申请人（一审被告）：钱云富（抵押担保人的反担保人）。

被申请人（一审原告、二审被上诉人）：湖北汇城置业有限公司（抵押担保人）。

一审被告：十堰华泰龙投资发展有限公司（债务人）。

再审申请人顾正康、十堰荣华东风汽车专营有限公司（以下简称荣华公司）、钱云富因与被申请人湖北汇城置业有限公司（以下简称汇城公司）、一审被告十堰华泰龙投资发展有限公司(以下简称华泰龙公司)追偿权纠纷一案,不服湖北省高级人民法院(2014)鄂民二终字第00078号民事判决,向最高人民法院申请再审。最高人民法院经审查,作出(2015)民申字第1280号民事裁定提审案件。

汇城公司原名为十堰汇城置业有限公司,2008年8月11日更名为湖北汇城置业有限公司。

2007年7月11日,汇城公司与荣华公司签订《十堰汇城置业有限公司与十堰荣华东风汽车专营有限公司战略性合作协议》,约定汇城公司提供商用房作为荣华公司在金融机构贷款融资的抵押物。取得贷款后,荣华公司将汇城公司提供的房屋以2200元/m^2转给汇城公司使用,剩余的抵押融资归荣华公司使用。若荣华公司不按时归还贷款,若某月还款逾期超过20日,视为荣华公司按所贷款银行的评估价值购买的汇城公司的房屋。若荣华公司不能清偿汇城公司的房屋款项,由钱云富个人资产及荣华公司所属公司的资产和荣华公司投资公司的资产向汇城公司承担连带担保。合作期内,当汇城公司转让抵押物时,若荣华公司不及时还清该抵押物的抵押款项无法解除抵押,而导致汇城公司无法转让时,荣华公司每日应向汇城公司支付贷款总金额万分之三的违约金,直至还清借款为止;若汇城公司不按照合同第3条第2款第3项的约定返还荣华公司解押房屋的款项,由程志海个人资产及汇城公司的资产和汇城公司投资公司的资产向荣华公司承担连带担保。双方确定的合作期限为1年,即汇城公司提供的抵押物抵押期不超过1年。协议由汇城公司、荣华公司盖章,双方法定代表人程志海、钱云富签字。

2007年8月15日,华泰龙公司形成股东会决议:一致同意在农行华中支行贷款700万元,由汇城公司房产作抵押担保,若因担保造成资产方的损失,华泰龙公司愿全额予以赔偿。

同日,荣华公司向汇城公司出具股东会决议及《承诺书》,承诺该公司所属华泰龙公司在农行华中支行贷款700万元,此贷款汇城公司用房产作抵押担保,若因担保造成资产方的损失,华泰龙公司愿全额予以赔偿。

2008年10月20日,华泰龙公司与农行华中支行签订了一份《借款合同》,约定借款金额为700万元整;期限1年,自2008年10月20日起至2009年10月19日止;年利率6.93%。合同签订后,农行华中支行于同年10月21日依约向华泰龙公司发放贷款700万元。

2008年10月20日,汇城公司与农行华中支行签订了一份《抵押合同》,约定汇城公司愿为华泰龙公司的贷款提供抵押担保,被担保的主债权为700万元贷款;抵押担保的范围包括主债权本金、利息、罚息、复利、违约金、损害赔偿金,以及诉讼费、律师费、处置费、过户费等抵押权人实现债权和抵押权的一切费用;抵押物为汇城公司位于××市××街××中路××号××幢××号及××号,产权证号为××房权证××区字第××××号、××房权证××区字第××××号的自有商业用房。同日,双方对上述抵押的房屋办理了他项权证,他项权证号为十堰房茅箭区他字第00054286号、十堰房茅箭区他字第00054287号。

2008年10月20日,农行华中支行与顾正康、卞秀华签订了一份《保证合同》,约定顾正康、卞秀华愿为华泰龙公司的贷款提供保证担保,被担保的主债权为700万元贷款;保证担保的范围包括主债权本金、利息、罚息、复利、违约金、损害赔偿金,以及诉讼费、律师费等债权人实现债权的一切费用;保证方式为连带责任保证;保证期间为主合同约定的债务履行期限届满之日起2年。因华泰龙公司未按期还款引起诉讼。

2011年5月11日,一审法院作出(2011)十民一初字第11号民事判决,判令:1.华泰龙公司于判决生效之日起10日内向农行华中支行偿还借款本金700万元及期内利息44.4675万元,从2009年10月20日开始,按年利率10.395%向农行华中支行支付罚息。2.华泰龙公司于判决生效之日起10日内向农行华中支行支付律师代理费34.5万元。3.汇城公司在其提供的抵押财产范围内对华泰龙公司上述债务承担抵押担保责任。汇城公司承担抵押担保责任后,有权向华泰龙公司追偿。4.顾正康、卞秀华对华泰龙公司的上述债务承担连带保证责任。顾正康、卞秀华承担保证责任后,有权向华泰龙公司追偿。华泰龙公司对上述判决不服,上诉至二审法院。二审法院于2011年10月12日作出(2011)鄂民二终字第00042号民事判决:驳回上诉,维持原判。

二审判决生效后,农行华中支行申请一审法院强制执行。该院作出(2012)鄂十堰中执字第00015号执行裁定,拍卖汇城公司提供抵押担保,位于××市××街办××中路××号××幢××号及××号,产权证号为××房权证××区字第××××号、××房权证××区字第××××号的房产,上述房产以价款1067万元拍卖成交。房屋拍卖所得价款偿还农行华中支行939.04523万元,支付房地产过户税费121.31997万元,收取执行费用6.6348万元。

2008年1月28日至2008年5月7日,汇城公司向荣华公司转借款700万元;2008年1月28日至2008年5月7日,荣华公司、华泰龙公司向汇城公司转款共计700万元。

被申请人(一审原告、二审被上诉人)汇城公司(抵押担保人)一审诉讼请求:华泰龙公司偿还汇城公司已支付给农行华中支行本金、利息、案件受理费、执行费等合计945.68003万元,荣华公司、钱云富、顾正康对前项款项承担连带清偿责任,诉讼费由华泰龙公司、荣华公司、钱云富、顾正康承担。

一审法院作出(2013)鄂十堰中民二初字第00058号民事判决:1.华泰龙公司在判决生效后10日内偿还汇城公司945.68003万元。2.荣华公司、钱云富、顾正康对上述债务承担连带清偿责任。荣华公司、钱云富、顾正康承担保证责任后,有权就承担责任的部分对华泰龙公司行使追偿权。3.驳回汇城公司的其他诉讼请求。

二审法院作出(2014)鄂民二终字第00078号民事判决:驳回上诉,维持原判。

再审法院最高人民法院于2017年12月29日作出(2017)最高法民再137号民事判决:1.撤销湖北省高级人民法院(2014)鄂民二终字第00078号民事判决;2.维持湖北省十堰市中级人民法院(2013)鄂十堰中民二初字第00058号民事判决第一项、第三项;三、变更十堰市中级人民法院(2013)鄂十堰中民二初字第00058号民事判决第二项为:荣华公司、钱云富对华泰龙公司应偿还汇城公司的945.68003万元承担连带责任。湖北汇城置业有限公司未能受清偿的,有权在472.840015万元限额内要求顾正康清偿。荣华公司、钱云富、顾正康承担责任后,有权就承担责任的部分对华泰龙公司行使追偿权。

法院观点

本案再审争议的焦点问题有两个:一是汇城公司承担抵押担保责任后,是否有权向顾正康追偿,要求顾正康与华泰龙公司承担连带责任;二是案件是否适用保证期间。

一、汇城公司承担抵押担保责任后,是否有权向顾正康追偿,要求顾正康承担连带责任。此点涉及两个方面问题:一是汇城公司是否享有追偿权;二是如果享有追偿权,追偿的范围如何确定。

关于汇城公司是否享有追偿权的问题。《物权法》第176条仅规定了混合担保中提供担保的第三人承担担保责任后,有权向债务人追偿,但没有对担保人之间是否能够追偿予以明确。最高人民法院《关于适用〈中华人民共和国担保法〉若干问题的解释》第38条规定:"当事人对保证担保的范围或者物的担保的范围没有约定或者约定不明的,承担了担保责任的担保人,可以向债务人追偿,也可以要求其他担保人清偿其应当分担的份额。"这就明确肯定了混合担保中担保人之间享有追偿权。在《物权法》没有规定而最高人民法院《关于适用〈中华人民共和国担保法〉若干问题的解释》有明确规定的情况下,原审两级法院适用最高人民法院《关于适用〈中华人民共和国担保法〉若干问题的解释》,认定抵押人汇城公司承担担保责任后对保证人顾正康享有追偿权并无不当。顾正康认为汇城公司不享有追偿权,最高人民法院不予支持。

关于汇城公司追偿的范围。顾正康是农行华中支行的连带保证人,而非抵押人汇城公司的连带保证人,对汇城公司不负连带保证责任。一审法院认定顾正康对汇城公司承担连带保证责任,混淆了顾正康担保的对象,认定事实和适用法律错误。二审法院根据最高人民法院《关于适用〈中华人民共和国担保法〉若干问题的解释》第38条规定,进一步肯定了混合担保中担保人之间的追偿权并无不当,但在追偿范围认定上,并未依据现有司法解释的规定处理,而是通过对另案判决的解读及顾正康身份的考量,维持了一审法院关于顾正康应对汇城公司承担连带责任的判决,适用法律错误。

连带责任应由当事人约定或法律规定。顾正康与汇城公司均为农行华中支行的担保人,二者之间并未约定承担担保责任的一方在行使追偿权时有权要求另一方承担连带责任。根据最高人民法院《关于适用〈中华人民共和国担保法〉若干问题的解释》第38条的规定,汇城公司承担抵押担保责任后,有权要求顾正康清偿其"应当分担"的份额,即顾正康对汇城公司应承担按份责任。从混合担保中担保人之间追偿制度设立的初衷来看,主要是为了平衡担保人之间的利益关系,防止担保责任完全由一方承担而有失公平。在无特约的情况下,如认定承担担保责任的一方在行使追偿权时有权要求其他担保人承担连带责任,则会将损失风险完全转嫁给被追偿的担保人一方,有悖追偿制度设立的初衷和公平原则。因此,在既无法律规定也无明确约定的情况下,原审法院判令顾正康对汇城公司承担连带责任,有所不当,最高人民法院予以纠正。顾正康关于其应在分担的份额范围内承担责任的主张成立,最高人民法院予以支持。考虑到汇城公司和顾正康均是对农行华中支行的全部贷款债权及实现债权的一切费用承担担保责任，在汇城公司已经单独承担了945.68003万元担保责任的情况下，最高人民法院根据公平原则，酌定顾正康分担472.840015万元，汇城公司有权在此范围内要求顾正康承担清偿责任。

二、案件是否适用保证期间的问题。汇城公司与顾正康之间并非保证担保关系，而是混合担保中担保人之间的追偿法律关系，故保证期间在二者之间并不适用。汇城公司与荣华公司、钱云富之间则构成反担保关系。根据《担保法》第4条关于反担保适用担保规则的规定，汇城公司向荣华公司、钱云富主张反担保责任则受保证期间限制。2012年10月27日，十堰市中级人民法院拍卖了汇城公司的抵押物用以偿还农行华中支行的债务，汇城公司承担了担保责任，有权向荣华公司、钱云富主张反担保责任，保证期间开始计算。虽然汇城公司2013年9月起诉时已经超过了6个月，但因荣华公司、汇城公司与金融机构发生的多起诉讼案件均已进入执行程序，一审法院多次召集荣华公司、汇城公司协商解决双方的债务纠纷，应当视为双方均主张了相关的民事权利，荣华公司、钱云富认为汇城公司超过了保证责任期间未主张权利的理由不能成立，其担保责任依法不能免除。

律师提示

一、本案既有物保抵押人向债务人追偿纠纷，又有担保人之间的追偿纠纷，还有担保人与反担保人之间保证责任纠纷，各方当事人之间三层法律关系性质及权利义务肯定不同。一审、二审法院显然因为没有区别和推敲各方当事人之间法律关系性质及权利义务。笔者提炼了裁判三方法：一是法律关系分析法；二是观点依据论证法；三是正反利益权衡法。所谓法律关系分析法，就是在查明案件事实的基础上，对案件涉及各方当事人进行两两组合，分析研究及判定二者之间的法律关系性质及权利义务。所谓观点依据论证法，就是裁判的每个观点必须要有充足可靠的论据，这些论据包括但不限于案件证据、法律条文、法学理论、真实判例、风俗习惯、日常经验、科学规律等。正反利益权衡法，就是从正反两面进行思考判断，基于社会主流价值观，反复正反两方面权衡价值利益得失平衡，力图通过一个个鲜活的裁判文书，树立正确的价值及行为的指引。

二、我们认为，最高人民法院《全国法院民商事审判工作会议纪要》确定的混合担保人之间不享有追偿权裁判政策，容易引发债权人故意不公平区别对待各担保人的道德风险。例如，其中某一担保人可以向债权人利益妥协，让债权人选择性单独向其他不同类担保人主张担保权利，其他担保人承担担保责任之后，由于不能在担保人内部行使求偿权，从而使自己免遭追偿风险，最终不公平地增加了其他担保人的风险。

030 保证人脱保理由可否为债权人疏于债务人质物监管？

案例索引

最高人民法院(2017)最高法民申925号民事裁定书。

案例导读

一、本案是一起因职业担保公司为企业向银行借款提供担保，代偿后向反担保保证人主张连带清偿责任，由于疏于对主债务人质物的监管，质物被债务人私自销售，导致四反担保保证人脱保的典型案例，值得职业担保公司及从业人员学习。

二、在有物保、人保并且多人提供担保的情形下，担保债务清偿顺序就显得至关重要。《物权法》对债务人提供的物保与第三人提供的人保并存时的债权实现顺序有明确规定，保证人对先以债务人的质物清偿债务存在合理信赖利益。最高人民法院据此给予了详细阐述，值得研读。

裁判要旨

债权人和债务人的共同过错造成本应依法设立的质权未能发挥物的担保效用，保证人合理的顺位信赖利益遭受债权人和债务人的侵害，保证人应当在质押物的价值范围内免除保证责任。

裁判逻辑

一、债权人于同日分别与债务人、第三人签订的质押合同、抵押合同及保证合同均系当事人的真实意思表示，不违反法律、行政法规的强制性规定，应依法认定为有效合同。

二、债权人(质押权人)与主债务人(出质人)未能诚实守信积极履行生效的质押合同义务，双方对质权未设立均存在过错，致使本应有效设立的质权未能发挥物的担保效用，过错当事人应承担不利后果。

三、质押合同签订后，出质人未向质押权人交付出质的质物，而是将质物存放于自己的仓库中，其后私自将质物出卖给案外人，且未将出售所得款项清偿债务，主观上具有逃避债务、将还款责任恶意转嫁给他人，对质权未设立存在过错。

四、反担保债权人(质权人)作为一家职业担保公司，对出质人不交付质物的商业风险、法律后果以及该行为对同一债权上保证人利益的影响理应知晓，反担保债权人在质押合同签订后始终未请求出质人交付质物，亦应尽到对质物的监管义务使质物处于自己的控制之下，而其怠于监管致使质物被债务人私自处分，未尽到谨慎注意义务，过错明显，且有违诚信，应对其怠于保障债权利益的消极行为承担不利后果。

五、保证合同中虽未明确约定债务人提供质押是保证人提供保证的条件，但《物权法》对债务人提供的物保与第三人提供的人保并存时的债权实现顺序有明确规定，保证人对先以债务人的质物清偿债务存在合理信赖利益。

六、债权人怠于行使质物交付请求权损害了保证人的顺位信赖利益，保证人应在质物优先受偿价值范围内免责。

交易结构图

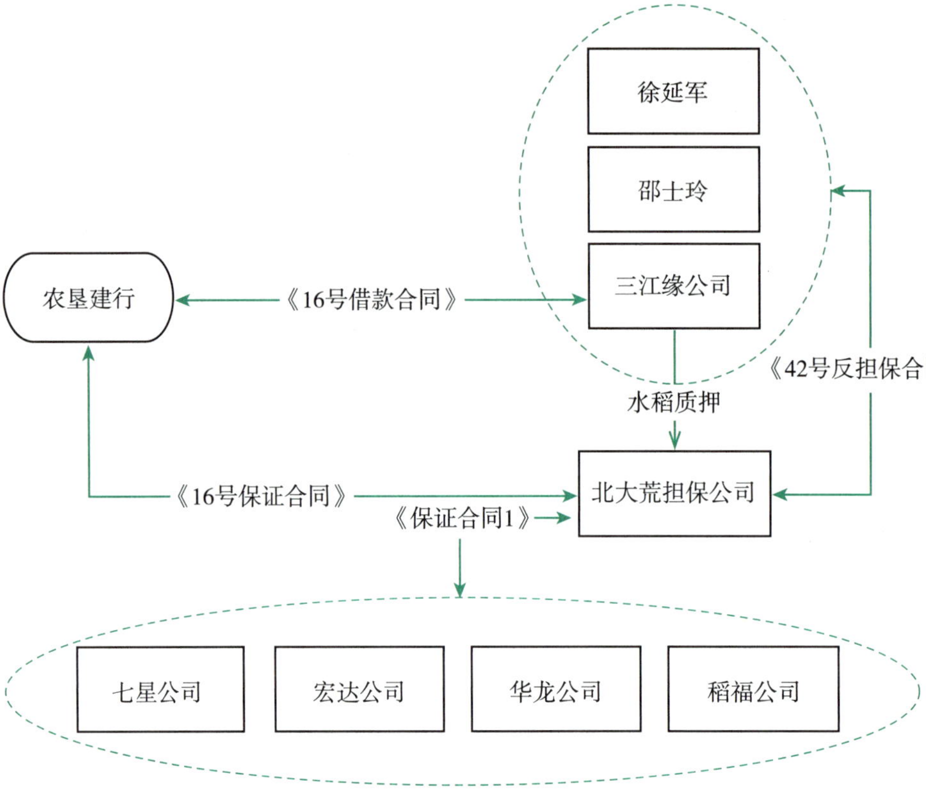

主要案情

再审申请人（一审原告、二审上诉人）：黑龙江北大荒投资担保股份有限公司（保证担保人，反担保债权人、质权人）。

被申请人（一审被告、二审上诉人）：黑龙江省建三江农垦七星粮油工贸有限责任公司（反担保保证人）。

被申请人（一审被告、二审上诉人）：黑龙江省建三江农垦宏达粮油工贸有限公司（反担保保证人）。

被申请人（一审被告、二审上诉人）：黑龙江省建三江农垦华龙粮油工贸有限责任公司（反担保保证人）。

被申请人(一审被告、二审上诉人):黑龙江省建三江农垦稻福米业有限公司(反担保保证人)。

一审被告:黑龙江省建三江农垦三江缘米业有限责任公司(主债务人,反担保出质人)。

一审被告:邵士玲(主债务人股东,反担保保证人)。

一审被告:徐延军(主债务人股东,反担保保证人)。

再审申请人黑龙北大荒投资担保股份有限公司(以下简称北大荒担保公司)因与被申请人黑龙江省建三江农垦七星粮油工贸有限责任公司(以下简称七星公司)、黑龙江省建三江农垦宏达粮油工贸有限公司(以下简称宏达公司)、黑龙江省建三江农垦华龙粮油工贸有限责任公司(以下简称华龙公司)、黑龙江省建三江农垦稻福米业有限公司(以下简称稻福公司)及一审被告黑龙江省建三江农垦三江缘米业有限责任公司(以下简称三江缘公司)、邵士玲、徐延军担保合同纠纷一案,不服黑龙江省高级人民法院(2016)黑民终200号民事判决,向最高人民法院申请再审。

2013年11月15日,三江缘公司与中国建设银行股份有限公司哈尔滨农垦支行(以下简称农垦建行)签订了一份编号为NKXQ(2013)016号的《人民币流动资金贷款合同》(以下简称16号《借款合同》),借款金额1000万元,借款期限自2013年11月5日起至2014年10月4日止。

北大荒担保公司为该笔借款提供担保,并与农垦建行签订一份编号为NKXQ(2013)016号的《保证合同》(以下简称16号《保证合同》)。

同年11月17日,北大荒担保公司与三江缘公司、邵士玲、徐延军签订了一份编号为(2013)北担合字第042号的《反担保合同》(以下简称42号《反担保合同》),约定邵士玲、徐延军为前述借款向北大荒担保公司提供反担保,担保方式为连带责任保证;三江缘公司将其所有的机器设备98台(套)、邵士玲所有的局直字第S3000249号房屋所有权、徐延军所有的建局房私字第02391号房屋所有权抵押给北大荒担保公司,并均已办理抵押登记手续;三江缘公司将4560吨水稻质押给北大荒担保公司;邵士玲、徐延军将其各自持有三江缘公司的50%股权(出质权数额为200万元)质押给北大荒担保公司,亦办理了股权质押登记。

同日,北大荒担保公司与七星公司、宏达公司、华龙公司和稻福公司(以下简称四保证人)签订了一份编号为2013年保字第001号的《保证合同》(以下简称1号《保证合同》),四保证人为三江缘公司的借款提供连带保证。

2013年11月,农垦建行向三江缘公司发放借款1000万元。

2014年6月23日,因三江缘公司未能偿还16号《借款合同》项下借款的当月利息,北大荒担保公司分别于同年6月30日、7月31日向农垦建行代偿利息65,353.46元和67,632.34元,同年8月27日代偿本息10,083,496.53元,代偿本息合计为10,216,482.33元。

邵士玲与徐延军系夫妻关系,二人系三江缘公司股东。42号《反担保合同》签订后,邵士玲、徐延军将水稻存放在三江缘公司仓库内,但未停止生产经营。2014年6月,北大荒担保公司发现三江缘公司不再偿还农垦建行借款利息且三江缘公司院内水稻大部分减少,遂向黑龙江省建三江农垦公安局经济犯罪侦查大队报案。

再审申请人(一审原告、二审上诉人)北大荒担保公司(保证担保人,反担保债权人、质权人)一审诉讼请求:1. 三江缘公司偿还北大荒担保公司代偿款 10,216,482.33 元及利息(按中国人民银行同期贷款利率计算,自 2014 年 8 月 27 日起至一审判决时止);2. 三江缘公司支付违约金 200 万元;3. 邵士玲、徐延军对三江缘公司的上述第一、二项给付义务承担连带清偿责任;4. 七星公司、宏达公司、华龙公司和稻福公司对上述第一、二项确定的付款义务承担连带清偿责任;5. 北大荒担保公司对邵士玲、徐延军抵押房产折价或者拍卖、变卖的价款优先受偿;6. 北大荒担保公司对邵士玲、徐延军持有三江缘公司股权转让价款优先受偿;7. 上述七被告承担本案的诉讼费、保全费等全部费用。

一审法院判决:1. 三江缘公司于判决生效之日起 10 日内给付北大荒担保公司代偿款 10,216,482.33 元及代偿期间发生的利息(按中国人民银行同期贷款基准利率,自 2014 年 8 月 27 日起计算至判决确定的自动履行期限内实际给付之日止);2. 三江缘公司、邵士玲、徐延军给付北大荒担保公司违约金 200 万元;3. 北大荒担保公司对三江缘公司抵押的 98 台(套)机器设备、邵士玲抵押的局直字第 S3000249 号房产、徐延军抵押的建局房私字第 02391 号房产、邵士玲及徐延军分别持有三江缘公司 50% 的股权(出质权数额为 200 万元)享有优先受偿权;4. 七星公司、宏达公司、华龙公司和稻福公司对第一项确定的付款义务在第三项不获清偿部分及质权未成立价值的 50% 范围内承担连带保证责任;5. 七星公司、宏达公司、华龙公司和稻福公司承担保证责任后,有权向三江缘公司追偿。

二审法院判决:1. 维持黑龙江省农垦中级人民法院(2015)垦商初字第 48 号民事判决主文第一、二、三项;2. 撤销黑龙江省农垦中级人民法院(2015)垦商初字第 48 号民事判决主文第四、五项;3. 驳回北大荒担保公司的其他诉讼请求。

再审法院最高人民法院于 2017 年 7 月 17 日作出(2017)最高法民申 925 号民事裁定:驳回北大荒担保公司的再审申请。

法院观点

关于债务人提供的质押未设立,保证人应否在质押物优先受偿的范围内免除连带保证责任的问题。本案中,北大荒担保公司于同日分别与债务人、第三人签订的质押合同、抵押合同及保证合同均系当事人的真实意思表示,不违反法律、行政法规的强制性规定,应依法认定为有效合同。其中,北大荒担保公司与债务人三江缘公司签订的水稻质押合同虽依法成立生效,但因三江缘公司未交付质物并将出质的水稻出卖给案外人,依据《物权法》第 212 条"质权自出质人交付质押财产时设立"的规定,应认定北大荒担保公司的水稻质权未设立。质权未设立对保证人的保证责任产生何种影响,保证人应否在质押物优先受偿的范围内免除保证责任,是本案当事人之间的核心争议。对此问题,本案一审、二审法院所作认定有所不同,一审法院判令四保证人在质权未成立价值的 50% 范围内承担连带保证责任,二审法院则改判四保证人在案涉质物 4560 吨水稻价值范围内免除保证责任。最高人民法院认为,综合全案事实,二审法院对保证人的免责认定并无不当,理由如下:

第一,北大荒担保公司与三江缘公司未能诚实守信积极履行生效的质押合同义务,双方对质权未设立均存在过错，致使本应有效设立的质权未能发挥物的担保效用，过错当事人应承担不利后果。案涉质押合同签订后，三江缘公司未向北大荒担保公司交付出质的4560吨水稻，而是将质物存放于自己的仓库中，其后私自将质物出卖给案外人，且未将出售所得款项清偿债务，主观上具有逃避债务，将还款责任转嫁给其他担保人的恶意，该公司对质权未设立存在过错。反担保债权人北大荒担保公司作为一家职业担保公司，对出质人不交付质物的商业风险、法律后果以及该行为对同一债权上保证人利益的影响理应知晓，且质物水稻系粮食作物，难以久存，存在被债务人处分的可能，该公司理应尽到谨慎注意义务。但是，该公司在质押合同签订后，始终未请求三江缘公司交付质物，即使为了方便保管而将水稻继续存放于三江缘公司仓库，北大荒担保公司亦应尽到对质物的监管义务，使质物处于自己的控制之下，而其怠于监管致使质物被债务人私自处分；在得知质物被债务人出卖给特定案外人中国储备粮管理集团有限公司后，北大荒担保公司未积极向三江缘公司主张以质物出卖款清偿债务从而减轻损害，而是因其债权上存在多个担保就躺在权利上睡大觉，明显有违诚信。因此，系债权人和债务人共同的过错造成本应依法设立的质权未能发挥物的担保效用，保证人对此并无过错，北大荒担保公司应对其怠于保障债权利益的消极行为承担不利后果。

第二，保证合同中虽未明确约定债务人提供水稻质押是保证人提供保证的条件，但《物权法》对债务人提供的物保与第三人提供的人保并存时的债权实现顺序有明确规定，保证人对先以债务人的质物清偿债务存在合理信赖利益，北大荒担保公司怠于行使质物交付请求权损害了保证人的顺位信赖利益，保证人应在质物优先受偿价值范围内免责。本案中，借款债务人三江缘公司与四保证人均系稻米经营企业，互相之间存在五户联保关系，联保形式相同，即任何一户的银行贷款均由北大荒担保公司提供担保，再由借款债务人以各自所有的机器设备、房产和水稻向北大荒担保公司提供抵押和质押担保，其他四户向北大荒担保公司提供保证担保。案涉质押合同与保证合同系同一天签订。以上事实表明，案涉各方当事人均知晓北大荒担保公司的反担保债权上应同时设立了债务人提供的物的担保和第三人提供的人的担保。《物权法》第176条规定："被担保的债权既有物的担保又有人的担保的，债务人不履行到期债务或者发生当事人约定的实现担保物权的情形，债权人应当按照约定实现债权；没有约定或者约定不明确，债务人自己提供物的担保的，债权人应当先就该物的担保实现债权；第三人提供物的担保的，债权人可以就物的担保实现债权，也可以要求保证人承担保证责任。提供担保的第三人承担保证责任后，有权向债务人追偿。"依据上述规定，因本案当事人没有约定债权实现顺序，若债务人提供的担保物权正常设立，保证人只对物的担保以外的债权承担保证责任，故四保证人对自己享有法定的顺位利益存在一种合理信赖，从保证人七星公司法定代表人刘喜本、保证人宏达公司法定代表人刘雪峰在得知三江缘公司处分质物后立即向公安部门报案的情况来看，也能证明保证人存在此种信赖，由此产生的信赖利益受法律保护。若令保证人在债务人提供的担保物权未设立时继续承担保证责任，则恶意违约的债务人与怠于行使权利的债权人利益不受损，保证人的信赖利益却遭受侵害，这无疑违反民法的公平原则和诚实信用原则。

综合上述两方面分析，保证人合理的顺位信赖利益遭受债权人和债务人的侵害，保证人应当在质押物4560吨水稻的价值范围内免除保证责任。

关于质物4560吨水稻的价值亦即四保证人的免责范围应如何认定的问题。在质权设立的情况下，质权人的债权不能清偿时应以质押物拍卖、变卖的价值优先受偿。因本案北大荒担保公司的质权未设立，二审法院根据黑龙江省粮食局、中国储备粮管理总公司黑龙江分公司、中国农业发展银行黑龙江省分行下发黑粮农联[2014]1102号《关于印发水稻最低收购价收购质价政策的通知》中关于2014年度水稻最低收购价为每市斤1.55元的指导价，确定案涉4560吨水稻的价值为1413.6万元，有明确依据，并无不当。再结合三江缘公司出卖上述质押物所得款项为1300余万元、诉争债权金额为1000万元的事实来看，二审法院判令四保证人免除保证责任并无不当。

律师提示

作为职业担保公司，还有无高明的办法确保即使出现了“疏于对债务人质物监管被债务人私自销售”的情形，仍可毫无悬念地胜诉，让其他反担保保证人承担连带清偿责任？答案是肯定的，也是简单的。只需在《保证合同》中增加一条：

保证人确认并同意：当债务人未按主合同约定履行其债务时，不论债务人或第三方是否为主债权提供其他担保，不论上述其他担保何时成立、是否有效、债权人是否向其他担保人提出权利主张，也不论是否有第三方同意承担主合同项下的全部或部分债务，甲方均对担保范围内的全部债权承担担保责任，并且同意由债权人在各项担保中自主选择实现担保的顺序和额度；无论债权人过去、现在或将来是否已经、将要或可能放弃（包括但不限于放弃抵押权或其他担保权利、放弃抵押权或其他担保权利的顺位）、变更（包括但不限于变更抵押权或其他担保权利的顺位、担保金额或范围）、减免债务人或任何第三方过去、现在或将来已经、将要或可能提供的任何抵押权、质权或保证或其他任何形式的担保，保证人的担保责任均不因此而减少或免除，保证人承诺仍然按照本合同的规定提供连带责任保证担保。

031 公司能否利用损害公司利益责任纠纷否定法定代表人的对外担保效力？

案例索引

最高人民法院（2014）民提字第145－1号民事裁定书。

案例导读

一、本案是一起公司起诉自己的法定代表人被最高人民法院驳回起诉的典型案例。本案公司以法定代表人利用公司对外提供担保损害公司利益为由对自己的法定代表人提起本案诉讼，应该是“醉翁之意不在酒”，“项庄舞剑，意在沛公”，目的在于利用损害公司利益责任纠纷案由来否定对外金融借款担保合同的有效性。一审、二审法院均支持了公司的诉讼请求，但最高人民法院依法再审，裁定驳回起诉。

二、公司自行起诉自己的法定代表案件中：1. 起诉状虽然加盖了公司公章，并不意味着是公司的真实意思；2. 授权委托书虽然加盖了公司公章，亦不意味着取得了合法授权；3. 即便公司诉讼中进入了破产程序后，亦不能通过破产管理人的事后追认确认诉讼启动程序合法有效。最高人民法院的裁定对此均有明确或隐含裁判意见，值得研究。

裁判要旨

公司自行起诉法定代表人的民事起诉状虽加盖有公司的公章，但该起诉行为没有经过法定代表人同意，也没有经过股东会讨论通过，公司起诉状上的公章和授权委托书上的公章皆非法定代表人或股东会同意加盖，故不能认定为是公司的意思表示。

裁判逻辑

一、依照法律或者法人章程的规定，法定代表人是代表法人从事民事活动的负责人，法定代表人以法人名义从事的民事活动，其法律后果由法人承受，法人由其法定代表人进行诉讼。

二、公司自行起诉法定代表人的民事起诉状虽加盖有公司的公章，但该起诉行为没有经过法定代表人同意，也没有经过股东会讨论通过，公司起诉状上的公章和授权委托书上的公章皆非法定代表人或股东会同意加盖，故不能认定为是公司的意思表示。

三、相应地，公司的“代理人”的授权委托取得不合法，“代理人”无权代理案件诉讼，其以公司名义对法定代表人提起的诉讼，亦不能认定为是公司的意思表示。

四、公司自行对法定代表人的起诉既不符合《民事诉讼法》第 48 条第 2 款的规定，也不符合《公司法》第 151 条的规定，应予驳回。

交易结构图

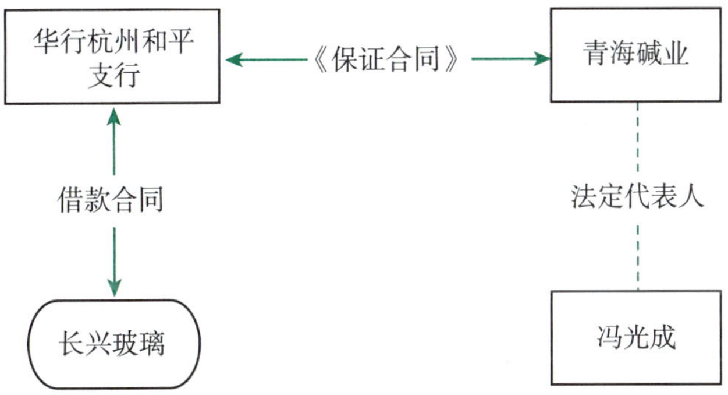

主要案情

再审申请人(一审被告、二审上诉人):冯光成。

再审申请人(一审第三人、二审上诉人):华夏银行股份有限公司杭州和平支行。

被申请人(一审原告、二审被上诉人):青海碱业有限公司。

再审申请人冯光成、华夏银行股份有限公司杭州和平支行(以下简称华行杭州和平支行)因与被申请人青海碱业有限公司(以下简称青海碱业)损害公司利益责任纠纷一案,不服青海省高级人民法院(2012)青民二终字第31号民事判决,向最高人民法院申请再审。2013年12月23日,最高人民法院作出(2013)民申字第2089号民事裁定,提审案件。

冯光成利用担任青海碱业法定代表人身份,与华行杭州和平支行于2008年12月30日签订了编号为HZ121O11O80351-12的《保证合同》,由青海碱业为浙江长兴玻璃有限公司(以下简称长兴玻璃)在华行杭州和平支行的11,000万元借款提供连带保证责任。

2014年8月29日,青海省海西蒙古族藏族自治州中级人民法院作出(2014)西破字第1-2号民事裁定,受理海西州发展投资有限责任公司对债务人青海碱业进行破产清算的申请。

2014年10月22日,青海碱业以该公司破产管理人正在指定及接受财产中为由,向最高人民法院申请中止审理。最高人民法院于2014年11月22日作出(2014)民提字第145号民事裁定,中止案件审理。根据当事人的申请,2015年6月16日最高人民法院恢复审理。

被申请人(一审原告、二审被上诉人)青海碱业一审诉讼请求:1.判令冯光成停止侵权;2.确认由冯光成与华行杭州和平支行签订的《保证合同》无效;3.诉讼费由冯光成承担。

一审海西蒙古族藏族自治州中级人民法院判决:1.冯光成于一审判决生效后10日内停止侵害;2.青海碱业于2008年12月30日与华行杭州和平支行签订的HZ121O11O80351-12《保证合同》无效。

二审青海省高级人民法院判决:1.撤销海西蒙古族藏族自治州中级人民法院(2011)西民二初字第9号民事判决;2.冯光成以青海碱业名义于2008年12月30日为长兴玻璃与华行杭州和平支行签订的HZ121O11O80351-12《保证合同》的担保行为无效;3.驳回青海碱业申请追加华行杭州和平支行为第三人的诉讼请求。

再审法院最高人民法院于2015年11月12日作出(2014)民提字第145-1号民事裁定:1.撤销青海省高级人民法院(2012)青民二终字第31号民事判决、海西蒙古族藏族自治州中级人民法院(2011)西民二初字第9号民事判决;2.驳回青海碱业的起诉。

法院观点

根据《公司法》的规定,在董事给公司造成损失的情况下,公司可以作为原告起诉董事,但在董事长作为公司法定代表人给公司造成损失的情况下,由于《民事诉讼法》第48条第2款规定,只有法定代表人才能代表公司进行诉讼,因此,不会出现法定代表人代表公司起诉法定代表人的情况发生。为此,《公司法》第151条专门进行规范。根据该条的规定,当出现董事长作为法定代表人给公司造成损失的情况时，符合条件的股东可以书面请求监事会或者不设监事会的有限责任公司的监事向人民法院提起诉讼。监事会、不设监事会的有限责任公司的监事收到股东书面请求后拒绝提起诉讼，或者自收到请求之日起30日内未提起诉讼，或者情况紧急、不立即提起诉讼将会使公司利益受到难以弥补的损害的，股东有权为了公司的利益以自己的名义直接向人民法院提起诉讼。该案中，青海碱业的股东没有书面请求监事会起诉冯光成，公司股东也没有起诉冯光成，青海碱业是以自己的名义起诉其法定代表人冯光成。对此，再审申请人提出异议，认为青海碱业的起诉未经公司股东会、监事会同意，不是青海碱业的真实意思表示，其原告主体资格不适格。原审法院认为，本案是因公司高管侵害公司利益而提起的诉讼，青海碱业股东会、监事会出现僵局，冯光成作为公司法定代表人不能主动停止侵害公司的行为，青海碱业即成为当然的诉讼主体。最高人民法院认为，根据我国法律规定，青海碱业作为法人提起诉讼，与自然人不同，必须由公司法定代表人进行。本案中，青海碱业的起诉状虽加盖有青海碱业的公章，但该起诉行为没有经过法定代表人同意，没有经过股东会讨论通过，公司股东也没有请求监事会起诉冯光成，故青海碱业起诉状上的公章和授权委托书上的公章皆非青海碱业的法定代表人或股东会同意加盖，不能认定为是青海碱业的意思表示。青海碱业的"代理人"的授权委托取得不合法，青海碱业的"代理人"无权代理本案诉讼，其以青海碱业名义提起的诉讼不能认定为是青海碱业的意思表示。因此，本案的起诉既不符合《民事诉讼法》第48条第2款的规定，也不符合《公司法》第151条的规定，应予驳回。

律师提示

因法定代表人损害公司的情形并不鲜见，如何依法处理法人与法定代表人之间争议？诉讼解决之道该如何谋划？法定代表人可否起诉自己的公司？法定代表人可否不盖公章以公司名义自行提起诉讼？我们认为，实务中，应当根据不同争议纠纷案由，合理制定公司与法定代表人争议解决之道。

一、在公司解散纠纷、公司决议纠纷和股东知情权纠纷中，作为股东的法定代表人可以作为原告以公司为被告提起诉讼，但公司的诉讼代表人需要另行指定，或由利益相悖的另一方股东代表公司进行诉讼，或由法院指定。

二、但法定代表人为讨工资起诉自己公司，则可能会被法院以"法定代表人是法人的代表机关，法定代表人与公司并非劳动关系，而是代表关系"为由驳回诉讼请求。

三、在公司公章遗失的情况下，法定代表人签名具有法律效力，公司法定代表人有权直接代表公司向法院提起诉讼，其所进行的诉讼行为直接对，公司发生法律效力。

四、如果要以损害公司利益责任纠纷起诉公司法定代表人的，建议先召开股东会更换法定代表人后再行起诉，或者以监事会、监事的名义起诉，在都行不通的情况下，则进行股东派生诉讼。

032 质权是否因当事人约定或登记的担保期限届满而消灭？

案例索引

最高人民法院(2017)最高法民申3576号民事裁定书。

案例导读

本案是一起典型的应收账款质押融资纠纷，既存在次债务人私自清偿的情形，质押登记期间届满的问题，质押协议主体与登记主体不一致的问题，还存在诉讼中主体变更的问题，可谓是较为典型的贸易融资案例，对于上述问题，最高人民法院给出明确的裁判规则，值得参考。

裁判要旨

质权不应因当事人约定的或登记的担保期限届满而消灭。

裁判逻辑

一、应收账款质押法律关系中，次债务人违反约定或承诺私自向债务人清偿的行为不能产生债务清偿的法律效果，质权人仍对该应收账款享有优先受偿权。

二、应收账款质权自在征信中心办理出质登记时设立，但质权不应因当事人约定的或登记的担保期限届满而消灭。

三、因以单位的内设机构对外签订的质押协议后果应由单位承担，故《动产权属统一登记》中登记的质权人为单位并无不当。

四、在诉讼中，争议的民事权利义务转移的，人民法院可以准许受让人替代当事人承担诉讼，诉讼程序以受让人为当事人继续进行，原当事人已经完成的诉讼行为对受让人具有拘束力。

交易结构图

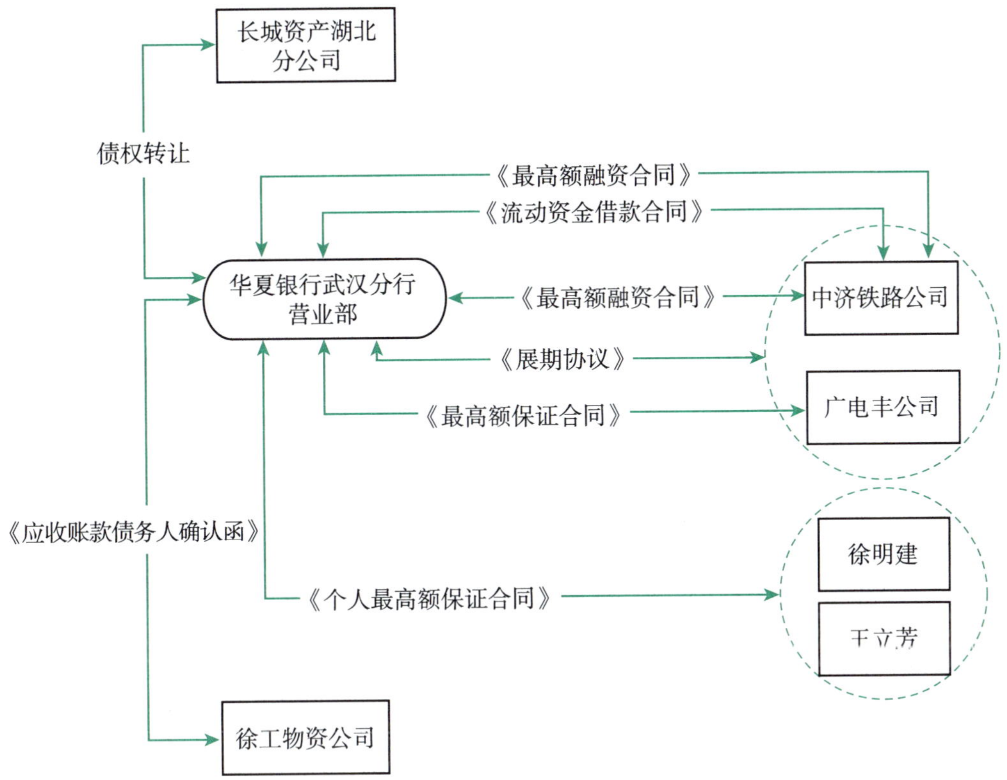

主要案情

再审申请人（一审被告、二审上诉人）：徐州徐工物资供应有限公司（次债务人）。

被申请人（一审原告、二审被上诉人）：中国长城资产管理股份有限公司湖北省分公司（债权受让人、质权人）。

被申请人（一审被告、二审被上诉人）：武汉中济铁路物资有限公司（债务人）。

被申请人（一审被告、二审被上诉人）：湖北广电丰新能源有限公司、徐明建、王立芳（保证人）。

再审申请人徐州徐工物资供应有限公司（以下简称徐工物资公司）因与被申请人中国长城资产管理股份有限公司湖北省分公司（以下简称长城资产湖北分公司）、武汉中济铁路物资有限公司（以下简称中济铁路公司）、湖北广电丰新能源有限公司（以下简称广电丰公司）、徐明建、王立芳借款合同纠纷一案，不服湖北省高级人民法院（2017）鄂民终397号民事判决，向最高人民法院申请再审。

2013年12月19日，中济铁路公司、徐工物资公司与华夏银行武汉分行营业部签订《封闭回款协议》。协议约定：中济铁路公司在华夏银行武汉分行营业部处开立的账号为徐工物资公司向中济铁路公司付款的唯一收款账号，徐工物资公司承诺其将所有给付中济铁路公司的款项全部支付给华夏银行武汉分行营业部，否则承担相应违约责任。

2013年12月24日，华夏银行武汉分行营业部与中济铁路公司签订《最高额融资合同》（编号：WH01高融20130081）。合同约定：中济铁路公司向华夏银行武汉分行营业部申请最高额度为4000万元的借款；业务品种为贷款；融资额度使用期限自2013年12月23日起至2014年12月23日止。

同日，广电丰公司与华夏银行武汉分行营业部签订《最高额保证合同》（编号：WH01高保20130032），合同约定：广电丰公司对中济铁路公司与华夏银行武汉分行营业部签订的《最高额融资合同》（编号：WH01高融20130081）项下的借款提供连带保证责任担保，担保的范围为主合同项下债权本金、利息、罚息、复利、违约金、损害赔偿金、诉讼费、律师费等华夏银行武汉分行营业部为实现债权而发生的费用，保证期间为合同约定的债务履行期限届满之日起2年。

同日，徐明建、王立芳与华夏银行武汉分行营业部签订《个人最高额保证合同》（编号：WH01个高保20130119），合同约定：徐明建与王立芳对中济铁路公司与华夏银行武汉分行营业部签订的《最高额融资合同》（编号：WH01高融20130081）项下的借款提供连带保证责任担保，担保的范围为主合同项下债权本金、利息、罚息、复利、违约金、损害赔偿金、诉讼费、律师费等华夏银行武汉分行营业部为实现债权而发生的费用，保证期间为合同约定的债务履行期限届满之日起2年。

2013年12月24日、2013年12月25日，华夏银行武汉分行营业部与中济铁路公司分别签订两份《流动资金借款合同》（编号分别为WH0110120130171、WH0110120130173）。合同均约定：华夏银行武汉分行营业部分两次向中济铁路公司发放贷款人民币各2000万元，共计4000万元，用于购买武汉钢铁江北集团有限公司的2000万元钢材；借款期限1年（分别为2013年12月24日始至2014年12月24日止、2013年12月25日始至2014年12月25日止）；还本方式分别为2014年12月24日与2014年12月25日一次还本，付息方式为按月结息，付息日为每月的20日，最后一次付息日为本合同到期日；年利率为7.2%，合同签订后贷款实际发放前，如果中国人民银行对贷款基准利率进行调整，则合同年利率按人民银行调整后的同期基准利率上浮20%，贷款发放后，如遇中国人民银行调整同期贷款基准利率，则合同年利率不变；逾期罚息按照合同约定利率加收50%的罚息利率执行。其为上述《最高额融资合同》项下的具体业务协议。两份流动资金借款合同签订时附有两份相应的申请人为中济铁路公司的提款申请书。

2013年12月24日、2013年12月25日，华夏银行武汉分行依据合同分别向中济铁路公司共计发放4000万元的贷款。

2013年12月24日，中济铁路公司与华夏银行武汉分行营业部签订《最高额质押合同》（编号：WH01高质20130010）。合同约定：中济铁路公司对其与华夏银行武汉分行签订《最高额融资合同》（编号：WH01高融20130081）项下的借款提供质押担保；质押财产为应收账款；质押金额为4000万元；质押担保的范围为主债权本金、利息、逾期利息、罚息、复利、违约金、损害赔偿金,申请人为保管质押财产、实现质权、实现债权而发生的费用以及其他所有主合同债务人的应付费用。申请人在中国人民银行征信中心对上述应收账款办理质押登记,并在《最高额质押合同》附上由中济铁路公司和华夏银行武汉分行签字盖章确认的债务人为徐工物资公司,应收账款数额为15,789,109.2元的应收账款质押清单。

2014年12月24日,华夏银行武汉分行营业部与中济铁路公司、广电丰公司分别签订两份《展期协议》(编号分别为WH011012014192、WH011012014193)。协议约定:经中济铁路公司的申请,华夏银行武汉分行营业部同意对编号为WH0110120130171的《流动资金借款合同》项下的借款经展期后期限至2015年12月24日止,对编号为WH0110120130173的《流动资金借款合同》项下的借款经展期后期限至2015年12月25日止;广电丰公司与徐明建、王立芳作为保证人分别同意继续履行2013年12月24日签订的《最高额保证合同》(编号:WH01高保20130032)和《个人最高额保证合同》(编号:WH01个高保20130119),中济铁路公司在原合同和本《展期协议》项下的债权承担连带保证责任,保证期间自本协议项下借款展期期限届满之日起2年。

2014年8月13日,徐工物资公司向华夏银行武汉分行营业部出具《应收账款债务人确认函》,该函记载应收账款金额为7,242,147.69元,该函同时还承诺,徐工物资公司在应收账款到期日/接到华夏银行武汉分行营业部通知日(以先到者为准)直接将所有应付款项付至中济铁路公司在华夏银行武汉分行营业部处开立的账户内,如没有履行上述承诺,则赔偿损失。

2015年4月20日,华夏银行武汉分行向华夏银行武汉分行营业部下发通知,本案所涉借款的催收所涉诉讼由华夏银行武汉分行统一实施。上述贷款发放后,中济铁路公司并未按合同约定向华夏银行武汉分行偿还本息;华夏银行武汉分行为实现本案债权支出律师费40万元、保全费5000元。

被申请人(一审原告、二审被上诉人)长城资产湖北省分公司(债权受让人、质权人)一审诉讼请求:1.解除华夏银行武汉分行与中济铁路公司签订的《最高额融资合同》、两份《流动资金借款合同》(编号分别为WH0110120130171、WH0110120130173)、两份《展期协议》(编号分别为WH0110120140192、WH0110120140193);2.中济铁路公司立即偿还华夏银行武汉分行借款本金4000万元及自2015年1月21日起至完全清偿之日止的利罚息(利罚息暂计至2015年4月29日为1,677,817.52元);3.华夏银行武汉分行对中济铁路公司提供的质押物享有优先受偿权;4.广电丰公司、徐明建、王立芳对中济铁路公司的上述债务承担连带保证责任;5.徐工物资公司在未按约定将应付账款付至中济铁路公司在华夏银行武汉分行处开立的账户内的债务范围内承担赔偿责任(赔偿范围包括但不限于本金、利息、逾期利息、罚息、复利、违约金、损害赔偿金以及实现债权而发生的费用);6.中济铁路公司、广电丰公司、徐明建、王立芳、徐工物资公司承担华夏银行武汉分行因诉讼发生的律师费40万元;7.中济铁路公司、广电丰公司、徐明建、王立芳、徐工物资公司共同承担华夏银行武汉分行因案件发生的诉讼费和其他相关费用。

一审法院判决:1.解除华夏银行武汉分行与中济铁路公司所签订的《流动资金借款合同》(编号:WH0110120130171)、《流动资金借款合同》(编号:WH0110120130173)、《展期协议》(编号:WH011012014093)、《展期协议》(编号:WH011012014092);2.中济铁路公司于判决生效之日起10日内偿还华夏银行股份有限公司武汉分行贷款本金4000万元及利息、逾期利息①;3.中济铁路公司于判决生效之日起10日内向华夏银行武汉分行支付因案件所涉借款所发生的律师费40万元;4.徐明建、王立芳、广电丰公司对中济铁路公司上述第二、三项所列债务承担连带保证责任;5.华夏银行武汉分行对中济铁路公司在徐工物资公司的应收账款7,242,147.69元范围内享有优先受偿权;6.驳回华夏银行武汉分行的其他诉讼请求。

二审法院判决:驳回上诉,维持原判。

再审法院最高人民法院于2018年8月29日作出(2017)最高法民申3576号民事裁定:驳回徐工物资公司的再审申请。

法院观点

本案审查的主要问题是案涉7,242,147.69元应收账款是否已由徐工物资公司偿付完毕,案涉质押权是否已经失效,二审判决将案件诉讼主体由华夏银行武汉分行变更为长城资产湖北分公司是否违反法定程序。

一、关于案涉应收账款7,242,147.69元是否已由徐工物资公司偿付完毕的问题

徐工物资公司在2014年8月28日至2014年10月16日分三次向中济铁路公司背书转让银行承兑汇票金额770万元,但根据当事人所签的《封闭回款协议》及《应收账款债务人确认函》,徐工物资公司应按约定的方式向中济铁路公司付款,否则将赔偿给华夏银行武汉分行造成的损失;如徐工物资公司以银行承兑汇票方式付款,应同时满足以下条件,方为有效,即:首先将票据传真给华夏银行武汉分行;然后由华夏银行武汉分行通知中济铁路公司,并由该行指定的中济铁路公司人员领取;上述事宜由华夏银汉武汉分行客户经理张某作为该行代表进行联系。但从实际履行情况来看,徐工物资公司并未按约定在背书前事先将票据传真给华夏银行武汉分行;对领取银行承兑汇票的中济铁路公司员工周某、徐某身份,在华夏银汉武汉分行客户经理张某出庭否认的情况下,无法仅依据中济铁路公司单方出具的《情况说明》即认定周某、徐某为华夏银汉武汉分行指派人员。因此,徐工物资公司向中济铁路公司给付银行承兑汇票的方式不符合《封闭回款协议》的约定,违反了其在《应收账款债务人确认函》中的承诺,即使中济铁路公司收到了上述款项,亦因不符合约定而不能产生债务清偿的效果,华

① 2013年12月24日的借款本金2000万元的罚息为:(1)2013年12月24日至2014年12月24日的利息:以2000万元为本金,以年利率7.2%计算;(2)2014年12月25日至2015年5月14日(案件立案之日)的利息:以2000万元为本金,以年利率6.72%计算;(3)2015年5月14日至以上2000万元借款清偿之日止的逾期利息:以2000万元为本金,以年利率10.08%计算。2013年12月25日的借款本金2000万元的利罚息为:(1)2013年12月25日至2014年12月25日的利息:以2000万元为本金,以年利率7.2%计算;(2)2014年12月26日至2015年5月14日(案件立案之日)的利息:以2000万元为本金,以年利率6.72%计算;(3)2015年5月14日至以上2000万元借款清偿之日止的逾期利息:以2000万元为本金,以年利率10.08%计算。

夏银行武汉分行仍得就中济铁路公司在徐工物资公司的应收账款7,242,147.69元享有优先受偿权。

二、关于案涉质押权是否已经失效的问题

《物权法》第228条第1款规定："以应收账款出质的，当事人应当订立书面合同。质权自信贷征信机构办理出质登记时设立。"故案件应收账款质权自在中国人民银行征信中心办理出质登记时设立。徐工物资公司主张上述质权登记期限均为1年，至起诉时已届满，根据当时有效的中国人民银行《应收账款质押登记办法》第12条之规定，"质权人自行确定登记期限，登记期限以年计算，最长不得超过5年。登记期限届满，质押登记失效"，案件质权已失效。但上述《应收账款质押登记办法》仅规定质押登记失效，不能得出质押登记期限届满质权消灭的结论，且修订后的《应收账款质押登记办法》已删除了该规定。再根据最高人民法院《关于适用〈中华人民共和国担保法〉若干问题的解释》第12条"当事人约定的或者登记部门要求登记的担保期间，对担保物权的存续不具有法律约束力。担保物权所担保的债权的诉讼时效结束后，担保权人在诉讼时效结束后的二年内行使担保物权的，人民法院应当予以支持"的规定，质权不应因当事人约定的或登记的担保期限届满而消灭，故一审、二审关于案件质权在登记到期后并不当然灭失的认定是正确的。此外，虽然案件《应收账款质押登记协议》与《最高额质押合同》的签订主体均是华夏银行武汉分行营业部，但因该营业部系华夏银行武汉分行的内设机构，其对外签订合同的后果应由华夏银行武汉分行承担，故与《动产权属统一登记》中登记的质权人华夏银行武汉分行是一致的。

三、关于二审判决程序将本案诉讼主体由华夏银行武汉分行变更为长城资产湖北分公司是否违反程序的问题

根据《民事诉讼法解释》第249条、第250条的规定，在诉讼中，争议的民事权利义务转移的，人民法院可以准许受让人替代当事人承担诉讼的，诉讼程序以受让人为当事人继续进行，原当事人已经完成的诉讼行为对受让人具有拘束力。最高人民法院《关于审理涉及金融资产管理公司收购、管理、处置国有银行不良贷款形成的资产的案件适用法律若干问题的规定》第2条规定，"金融资产管理公司受让国有银行债权后，人民法院对于债权转让前原债权银行已经提起诉讼尚未审结的案件，可以根据原债权银行或者金融资产管理公司的申请将诉讼主体变更为受让债权的金融资产管理公司"，长城资产湖北分公司与华夏银行武汉分行属于上述规定的金融资产管理公司、国有银行，二审法院根据二者间的《信贷资产转让协议》及《变更诉讼主体申请书》，将案件诉讼主体由华夏银行武汉分行变更为长城资产湖北分公司，并无不当。

律师提示

根据本文裁判逻辑第1条"应收账款质押法律关系中，次债务人违反约定或承诺私自向债务人清偿的行为不能产生债务清偿的法律效果，质权人仍对该应收账款享有优先受偿权"，次债务人承担的并非违约责任，而是法定责任。根据《物权法》的规定，次债务人在收到应收

账款质押设立通知后，作为质押标的的履行义务人，未经债权人同意而单方清偿付款行为，对质押权利不产生效力，即不认定为清偿应收账款，不产生质押债权消灭的效果。因此，质权人有权对次债务人主张质押权，而非违约赔偿责任，并有权直接向次债务人收取账款。

本案中，原告一开始对次债务人的诉讼请求（第5项）是在“案涉应收账款价值范围内承担赔偿责任”，好在诉讼中将此变更为“对案涉应收账款享有优先受偿权”。

033 挂名法定代表人签名为何易掉入巨额债务担保陷阱？

案例索引

最高人民法院（2018）最高法民再371号民事判决书。

案例导读

本案是一起关于如何判定法定代表人签名是个人行为还是职务行为的典型案例。一个挂名法定代表人仅仅代表公司签名，结果被法院认定为个人担保行为，深陷巨额担保债务时达5年，最终幸得最高人民法院再审改判摆脱困境。最高人民法院通过落款位置、布局、格式、排列、行文等要素综合判断的方法及经验，值得借鉴。

裁判要旨

从案涉《借条》的内容、格式、排列以及行文方式等方面综合判断，挂名法定代表人的签名应当是履行公司法定代表人职责的行为。

裁判逻辑

一、从案涉《借条》的内容及格式分析，担保人签章位置、日期落款共有两处，符合只有两位担保人的布局特征，两家公司亦分别在两担保人处加盖了公章，可认为该两家公司为担保人。

二、作为公司时任法定代表人，其签名盖章位于公司公章之后，与公司公章横向并列，从行文方式上看应当是履行公司法定代表人职责的行为，而非法定代表人个人担保行为。

三、在挂名法定代表人没有明确担保合意的情形下，其个人银行卡由公司实际控制和使用，由财务出纳具体操作，不能以该账户有过还款情形就认定挂名法定代表人已经承担了部分保证责任从而推定其是案涉借款的保证人。

交易结构图

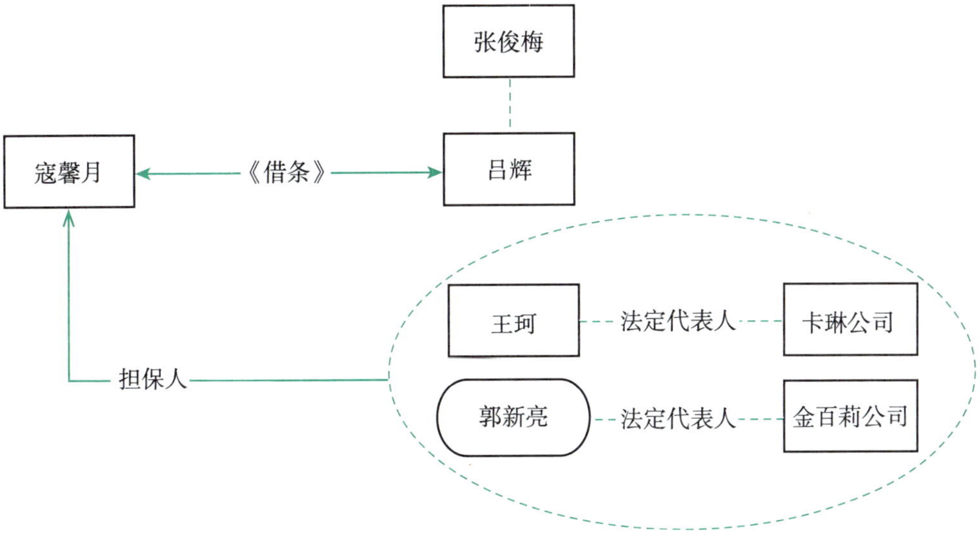

主要案情

再审申请人(一审被告):郭新亮。

被申请人(一审原告、二审被上诉人):寇馨月。

二审上诉人(一审被告):王珂。

一审被告:吕辉、张俊梅、洛阳卡琳珠宝有限公司、洛阳金百莉珠宝有限公司。

再审申请人郭新亮因与被申请人寇馨月、二审上诉人王珂及一审被告吕辉、张俊梅、洛阳卡琳珠宝有限公司(以下简称卡琳公司)、洛阳金百莉珠宝有限公司(以下简称金百莉公司)民间借贷纠纷一案,不服河南省高级人民法院(2017)豫民终888号民事判决,向最高人民法院申请再审。

2013年10月1日,寇馨月(出借人)与吕辉(借款人)签订《借条》一份,载明:“今借到寇馨月人民币伍佰万元整,借款期限伍个月,期限自2013年10月1日起至2014年3月1日止,借款利息按照月息2.8%计算;若逾期还款,除应支付约定利息外还应支付逾期还款违约金(违约金按借款额25%计算),特此证明!”《借条》上还载明,担保人均承担连带保证责任(担保范围:包含本金、利息、违约金)。卡琳公司、金百莉公司均在《借条》担保人处加盖公章,王珂(系当时卡琳公司法定代表人)及郭新亮(系当时金百莉公司的法定代表人)在担保人处加盖个人印章,郭新亮并签名。《借条》上还备注,借款指定收款账户,收款户名为吕辉,收款银行为工商银行,收款账号为62××× 50。《借条》签订后,寇馨月于当日即2013年10月1日通过其中国工商银行网上银行账户向吕辉账户转款,共转款两笔,第一笔金额300万元,第二笔金额200万元,合计500万元。

2013年11月20日、12月20日,吕辉通过其财务人员曲某某的兴业银行网上账户分两次向寇馨月账户各转款28万元，共计56万元；2014年9月1日，吕辉通过其财务人员曲某某的兴业银行网上账户向杨某某（寇馨月丈夫）转款100万元，转账回单上载明转账用途为代吕辉还寇馨月款；2014年8月11日、8月12日，郭新亮通过其中信银行个人账户分别向杨某某账户转款150万元和50万元，转账凭证上均载明代吕辉还寇馨月款。

被申请人（一审原告、二审被上诉人）寇馨月一审诉讼请求：1. 吕辉、张俊梅偿还寇馨月借款本金人民币500万元及利息（利息按照同期银行贷款利率的四倍自2013年10月1日起计算至实际还款之日）；2. 卡琳公司、金百莉公司、王珂、郭新亮对吕辉的上述债务承担连带清偿责任；3. 本案诉讼费、保全费由吕辉、张俊梅、卡琳公司、金百莉公司、王珂、郭新亮共同承担。

一审法院判决：1. 吕辉、张俊梅应于判决生效后10日内向寇馨月偿还借款190.67万元及利息（以190.67万元为本金，自2014年3月1日起按中国人民银行同期同类贷款利率的4倍计算至款项实际给付之日止）；2. 卡琳公司、金百莉公司、王珂、郭新亮对吕辉、张俊梅前述第一项给付义务承担连带清偿责任；3. 驳回寇馨月的其他诉讼请求。

二审法院判决：1. 维持洛阳市中级人民法院（2015）洛民四初字第46号民事判决第一项，即吕辉、张俊梅于判决生效后10日内向寇馨月偿还借款190.67万元及利息（以190.67万元为本金，自2014年3月1日起按中国人民银行同期同类贷款利率的4倍计算至款项实际给付之日止）；2. 撤销洛阳市中级人民法院（2015）洛民四初字第46号民事判决第三项，即驳回寇馨月的其他诉讼请求；3. 变更洛阳市中级人民法院（2015）洛民四初字第46号民事判决第二项为：卡琳公司、金百莉公司、郭新亮对吕辉、张俊梅前述第一项给付义务承担连带清偿责任；4. 驳回寇馨月的其他诉讼请求。

再审法院最高人民法院于2018年11月27日作出（2018）最高法民再371号民事判决：1. 维持河南省高级人民法院（2017）豫民终888号民事判决第一项；2. 撤销河南省高级人民法院（2017）豫民终888号民事判决第二项、第四项；3. 变更河南省高级人民法院（2017）豫民终888号民事判决第三项为：卡琳公司、金百莉公司对吕辉、张俊梅前述第一项给付义务承担连带清偿责任；4. 驳回寇馨月的其他诉讼请求。

法院观点

郭新亮不应对案涉借款的清偿承担连带保证责任。郭新亮认可其在《借条》担保人处签名的真实性，但主张该签字行为仅是履行金百莉公司挂名法定代表人的职责，并非其个人承担保证责任的承诺。首先，寇馨月对于2013年10月1日签订《借条》时郭新亮系金百莉公司的法定代表人不持异议，而从案涉《借条》的内容及格式分析，担保人签章位置、日期落款共有两处，符合有两位担保人的布局特征，卡琳公司、金百莉公司亦分别在两担保人处加盖了公章；郭新亮作为金百莉公司时任法定代表人，其签名盖章位于金百莉公司公章之后，与金百莉公司公章横向并列，从行文方式上看应当是履行金百莉公司法定代表人职责的行为。故仅凭《借条》并不能认定郭新亮个人为案涉借款提供了连带责任保证。其次，虽然2014年8月11日、12日郭新亮中信银行个人账户确实向寇馨月丈夫杨某某共计转款200万元，但该银行卡交易流水记录显示，该银行卡账户每日账务往来频繁，不符合个人账户结算的特征。其中，2014年8月11日、12日账务往来19笔，从入账和转款的情况来看，转给杨某某的200万元款项来自三亚旭诚房地产开发有限公司200万元的入账，与金百莉公司原财务人员曲某某的证言相符。另外，2014年8月11日、12日转账凭证上均载明“代吕辉还寇馨月款”，与一审法院查明吕辉通过其财务人员曲某某的兴业银行网上账户向寇馨月、杨某某转款的情形相一致。可以认定，郭新亮该中信银行卡由金百莉公司实际控制和使用，由曲某某具体操作，不能以该账户有过还款情形就认定郭新亮已经承担了部分保证责任从而推定其是案涉借款的保证人。故寇馨月主张郭新亮在《借条》上签字既代表金百莉公司也有其个人提供担保的意思表示，依据不足。因现有在案证据不能认定郭新亮个人为案涉借款提供了连带责任保证，最高人民法院就寇馨月向郭新亮主张权利是否超过保证期间的问题不再理涉。

律师提示

作为法定代表人，如何正确签名？如何预防此类法律风险？笔者简单提示三点：第一，如果与实际控制人不是利益共同体，不要做公司的挂名法定代表人。作为公司的法定代表人，权力很大，但责任与风险也同样很大。第二，法定代表人在任何文件上签字，如果是履行职务，一定要在签字前面写明“×××公司，法定代表人：……”第三，出现类似本案纠纷时，一定要积极、及时应诉。本案再审申请人由于错过了二审上诉期，导致二审法院无法改判，不得不申请再审，才得以艰难翻案。

034 先于主合同成立的担保合同是否有效?

案例索引

最高人民法院(2015)民申字第2671号民事裁定书。

案例导读

本案是一起银行分支机构与担保公司签订的担保合同纠纷因受银行总部与担保公司签订的总担保合同约束而只承担90%担保责任的案例。对于案中呈现的担保合同的当事人是否可以约定对将来债务提供担保，先成立的担保合同对后成立的主合同是否有效，如何判定具体保证合同受总担保合同的约束等问题，最高人民法院给出了明确观点，值得参考。

裁判要旨

尽管担保合同是从属于主合同的从合同，但担保合同的当事人可以约定对将来债务提供担保。

裁判逻辑

一、银行与担保公司签订《担保合作协议》，约定协议适用于双方及其所辖分支机构之间的担保、再担保业务合作，担保责任的范围为主合同项下的本金及利息、复利、罚息和实现债权的费用，性质应定为总担保合同。

二、尽管担保合同是从属于主合同的从合同，但担保合同的当事人可以约定对将来债务提供担保，法律并没有规定其担保的主债务必须在担保合同成立时就已经存在，以《担保合作协议》约定的保证责任没有对应的主债权合同而不产生法律效力为由不能成立。

三、担保公司与银行签订《担保合作协议》的目的是发挥双方在加大对中小微企业支持力度方面的示范效应，拓展中小微企业融资渠道的作用，是为经济建设服务的合作，其总的合作协议的标的额较大，时间较长，双方本着"利益共享、风险共担"的合作原则，对于担保责任比例进行特别的约定，并无不当，应为有效。

四、具体保证合同是否受总的《担保合作协议》约束，应从文义解释、整体解释、目的解释的角度，对合作范围、合作期间等条款，当事人的签约行为和履约行为等方面进行分析判定。

交易结构图

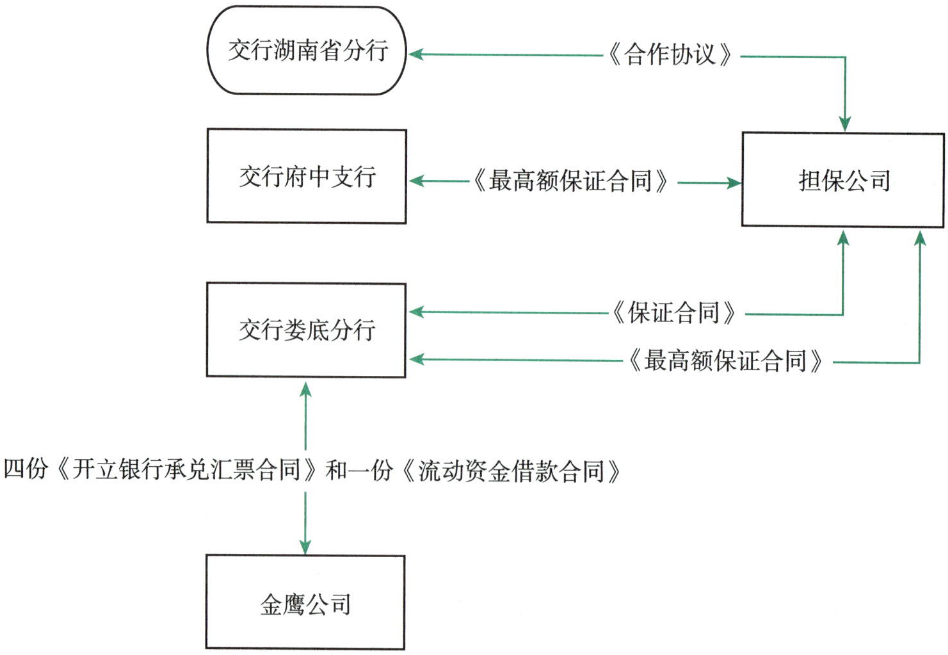

主要案情

再审申请人(一审原告,二审被上诉人):交通银行股份有限公司娄底分行。

被申请人(一审被告、二审上诉人):湖南担保有限责任公司。

一审被告:湖南金鹰服饰集团有限公司。

再审申请人交通银行股份有限公司娄底分行(以下简称交行娄底分行)为与被申请人湖南担保有限责任公司(以下简称担保公司)、一审被告湖南金鹰服饰集团有限公司(以下简称金鹰公司)借款、担保合同纠纷一案,不服湖南省高级人民法院(2015)湘高法民二终字第62号民事判决,向最高人民法院申请再审。

2012年6月7日,担保公司作为甲方与乙方交行湖南省分行签订《合作协议》约定:为充分发挥甲乙双方在加大对中小微企业支持力度方面的示范效应,积极推动省内担保机构与银行的担保业务合作,进一步构建和加强中小微企业信用担保体系及推进再担保工作,拓展中小微企业融资渠道,有效缓解我省中小微企业融资难问题,促进我省经济又好又快发展,甲乙双方本着优势互补、平等自愿、诚实守信、互惠互利的原则,经友好协商,达成一致意见。协议适用范围:1.甲方、乙方及其所辖分支机构之间的再担保业务合作;2.甲方、乙方及其所辖分支机构之间的担保业务合作……8.乙方应将协议书主要内容以适当方式通知分支机构,要求参照执行……11.授信管理:乙方给甲方提供金额为人民币10亿元的担保授信额度,用于为乙方的授信客户提供担保。乙方给甲方的担保授信额度以乙方审批为准;12.担保责任范围:甲方担保责任范围为主合同项下的本金、利息(含复息、罚息)及实现债权费用;13.合作方式:……(3)风险共担,甲乙双方本着"利益共享、风险共担"的合作原则,在担保责任范围内,甲方与乙方按9:1比例承担风险,乙方一般不得以分担风险为由要求客户交存保证金;……15.责任履行.……(2)甲方在履约宽限期届满次日承担连带保证责任,以现金方式偿还乙方未获清偿债务的90%,乙方应及时向甲方提供代偿的相关法律文件。整体债权最终损失由甲方与乙方按照9:1比例分担风险。甲方代偿后,乙方应继续配合甲方按照《担保法》的有关规定向债务人追偿债权……21.协议自签订之日起3年有效。在甲乙双方发生具体业务时,协议中有约定的以本协议约定为准,本协议中无约定的以具体业务合同约定为准。

2012年7月20日,担保公司与交通银行股份有限公司府中支行(案外人,以下简称交行府中支行)签订了《最高额保证合同》(编号:5960012013M00001500),主要内容为:债权人(交行府中支行)已经或将要向金鹰公司提供一系列授信,为保障债权人债权的实现,保证人(担保公司)愿意为债权人基于该等授信对债务人债权提供最高额保证担保,保证人为债权人与债务人在2012年7月24日至2013年7月23日期间签订的全部主合同提供最高额保证担保,保证人担保的最高债权额为人民币6000万元整,合同项下的保证为连带责任保证,保证的范围包括各主合同项下本金及利息、复利、罚息、违约金、损害赔偿金和实现债权的费用,实现债权的费用包括但不限于催收费用、诉讼费(或仲裁费)、保全费、公告费、执行费、律师费、差旅费及其他费用。2012年7月21日和8月15日,交行府中支行向金鹰公司放款3000万元,剩余3000万元的贷款经交行湖南省分行安排到交行娄底分行进行放款。

自2013年4月24日起至2013年8月14日止,金鹰公司与交行娄底分行先后签订了四份《开立银行承兑汇票合同》和一份《流动资金借款合同》。具体如下:1. 2013年4月24日,签订编号为5960012013M400000000的《开立银行承兑汇票合同》,约定交行娄底分行为金鹰公司承兑汇票金额1000万元,承兑手续费按汇票票面总金额的千分之五计收,办理银行承兑汇票业务的风险敞口管理费为千分之五,金鹰公司存入保证金500万元,自承兑人(交行娄底分行)垫付票面金额之日起,申请人(金鹰公司)应立即向承兑人偿还垫款并按每日万分之五的利率支付利息,申请人未按时足额偿还垫款、支付利息的,应当承担承兑人为实现债权而支付的催收费用、诉讼费(或仲裁费)、保全费、公告费、执行费、律师费、差旅费及其他费用。2013年4月25日,金鹰公司向他人开具了两张500万元的银行承兑汇票,汇票到期日为2013年10月25日,此后交行娄底分行为此付款1000万元。2. 2013年6月20日签订编号为5960012O13M40000O600的《开立银行承兑汇票合同》,主要内容为,交行娄底分行为金鹰公司承兑的汇票金额3000万元,金鹰公司存入保证金1500万元,其他内容与前述合同相同。2013年6月26日,金鹰公司向他人开具了5张票面金额总计3000万元的银行承兑汇票,汇票到期日为2013年10月26日,此后交行娄底分行为此付款3000万元。3. 2013年6月25日签订编号为5960012013M400000700的《开立银行承兑汇票合同》,主要内容为,交行娄底分行为金鹰公司承兑的汇票金额1000万元,金鹰公司存入保证金500万元,其他内容与第一份合同相同。2013年7月25日,金鹰公司向他人开具了两张500万元的银行承兑汇票,汇票到期日为2014年1月25日,此后交行娄底分行为此付款1000万元。4. 2013年8月15日签订编号为5960012013M400000800的《开立银行承兑汇票合同》,主要内容为,交行娄底分行为金鹰公司承兑的汇票金额2000万元,金鹰公司存入保证金1000万元,其他内容与第一份合同相同。2013年8月16日,金鹰公司向他人开具了两张1000万元的银行承兑汇票,汇票到期日分别为2013年9月16日和11月16日,此后交行娄底分行为此付款2000万元。上述承兑汇票合同签订后,金鹰公司交纳了合同约定的保证金,还交纳了手续费等21万元。5. 2013年8月14日签订编号为5960012013MIO0001500的《流动资金借款合同》,约定金鹰公司向交行娄底分行借款1000万元,贷款仅限于经营周转,期限不超过6个月,到期日为2014年2月15日,利率为基准利率上浮20%,逾期贷款的罚息利率按合同约定利率上浮50%,每月的20日为结息日,借款人未按时足额偿还本金利息的,应当承担贷款人为实现债权的费用而支付的催收费用、诉讼费(或仲裁费)、保全费、公告费、执行费、律师费、差旅费及其他费用。合同签订后,交行娄底分行发放了1000万元贷款。

2013年4月18日、6月20日、6月25日,担保公司为上述借款提供了连带责任担保,先后与交行娄底分行签订了3份《保证合同》,主要内容为,保证人担保的主债权为主合同项下的本金共计3000万元,保证方式为连带责任保证,保证的范围为包括各主合同项下本金及利息、复利、罚息、违约金、损害赔偿金和实现债权的费用,实现债权的费用包括但不限于催收费用、诉讼费(或仲裁费)、保全费、公告费、执行费、律师费、差旅费及其他费用,且这3笔担保额度为交行府中支行与担保公司签订的编号为5960012013MOO001500的《最高额保证合同》项下剩余的3000万元额度。

2013年8月13日，担保公司又与交行娄底分行签订了编号为5960012013MOO001500的《最高额保证合同》，合同约定：保证人（担保公司）为金鹰公司与交行娄底分行在2013年8月13日至2014年8月13日期间签订的全部主合同提供最高额保证担保，保证人担保的最高债权额为3000万元，保证方式为连带责任保证，保证范围为主合同项下本金及利息、复利、罚息、违约金、损害赔偿金和实现债权的费用（包括但不限于催收费用、诉讼费、保全费、公告费、执行费、律师费、差旅费及其他费用）。在签订该保证合同前，担保公司曾经在交行娄底分行提供的一份保证合同文本尾部增加了“本合同的约定与双方签订的《再担保及担保合作协议书》不一致的，以该合作协议为准”的条款，对此交行娄底分行明确表示不同意。

担保公司根据交行娄底分行《催收通知书》中明确的欠款金额，自2013年10月25日起至2014年1月27日分17次，按通知书中欠款金额的90%分笔予以代偿，交行娄底分行向担保公司出具了17份《代偿证明》。

金鹰公司欠交行娄底分行的借款和垫付款共计8000万元（其中承兑汇票垫付款7000万元，流动资金借款1000万元），扣除双方已确认清偿的承兑汇票垫付款1000万元、金鹰公司缴纳的保证金3000万元、担保公司代偿的36,258,984元（本金36,151,233.94元，利息107,750.06元），金鹰公司尚欠流动资金贷款本金3,848,766.06元及利息602,732.5元（结算至2014年10月21日）。

交行娄底分行与湖南星奥律师事务所签订的委托合同约定，由该所指定律师代理本案诉讼，一审、二审和执行三个阶段的律师费用按一般收费标准为338,100元，双方通过协商约定收取19万元。

再审申请人（一审原告，二审被上诉人）交行娄底分行一审诉讼请求：1. 两被告连带偿还借款本金3,848,766.06元及利息；2. 两被告连带承担其为实现债权而产生的诉讼费、财产保全费、公告费、执行费、差旅费及19万元律师费等。

一审法院判决：1. 金鹰公司于判决生效之日起10日内向交行娄底分行偿还借款本金3,848,766.06元及利息602,732.5元，共计4,451,498.56元（利息已计算至2014年10月21日，2014年10月21日至清偿之日止的利息按双方签订的《流动资金借款合同》的约定计算）；2. 金鹰公司于判决生效之日起10日内向交行娄底分行支付律师费用8万元；3. 担保公司对上述款项承担连带清偿责任，担保公司承担清偿责任后可以向金鹰公司追偿。

二审法院判决：1. 维持湖南省娄底市中级人民法院（2014）娄中民三初字第74号民事判决第一、二项；2. 变更娄底市中级人民法院（2014）娄中民三初字第74号民事判决第三项为：担保公司对金鹰公司应向交行娄底分行支付的8万元律师费的90%，即72,000元承担连带清偿责任，并在承担清偿责任后有权向金鹰公司追偿；3. 驳回交行娄底分行的其他诉讼请求。

再审最高人民法院于2015年12月1日作出（2015）民申字第2671号民事裁定：驳回交行娄底分行的再审申请。

法院观点

2012 年 6 月 7 日，交行湖南省分行（乙方）与担保公司（甲方）签订《合作协议》，约定协议适用于甲方、乙方及其所辖分支机构之间的担保、再担保业务合作，甲方担保责任的范围为主合同项下的本金及利息、复利、罚息和实现债权的费用。甲方、乙方本着“利益共享、风险共担”的合作原则，在担保责任范围内，甲方与乙方按 9∶1 的比例承担风险，甲方在履约宽限期届满次日承担连带责任保证，以现金方式偿还乙方未获清偿债务的 90%，整体债权最终损失由甲方与乙方按照 9∶1 的比例承担风险。在甲乙双方发生具体业务时，协议有约定的以协议约定为准，本协议无约定的以具体业务合同约定为准。协议自签订之日起 3 年有效。关于该协议的效力，最高人民法院认为，协议约定了合同双方的权利义务，合同要素具备。尽管担保合同是从属于主合同的从合同，但担保合同的当事人可以约定对将来债务提供担保，法律并没有规定其担保的主债务必须在担保合同成立时就已经存在，因此，申请人关于《合作协议》是框架性协议，约定的保证责任没有对应的主债权合同的存在而不产生法律效力的再审申请理由不能成立。

本案中，担保公司与交行湖南省分行签订《合作协议》的目的是发挥双方在加大对中小微企业支持力度方面的示范效应，拓展中小微企业融资渠道的作用，是为经济建设服务的合作，因此，其总的合作协议的标的额较大，时间较长，双方本着“利益共享、风险共担”的合作原则，对于担保责任比例进行特别的约定，并无不当。担保公司与交行娄底分行签订的 3 份《保证合同》均系格式文本。在签订上述合同前，担保公司在交行娄底分行提供的一份保证合同尾部第 8 条“其他约定事项”中增加了一条，载明：“本合同的约定与双方签订的《合作协议》不一致的，以该合同协议为准。”该份证据系交行娄底分行提交。尽管交行娄底分行未在该合同上签字盖章，并在庭审中表明不认可该条款内容，但该记载表明，担保公司认为其与交行娄底分行签订的保证合同应受《合作协议》的约束。案涉《合作协议》明确载明，协议适用于甲方、乙方及其所辖分支机构之间的担保、再担保业务合作。本案所涉《合作协议》的签约方为交行湖南省分行，其是申请人交行娄底分行的上级机构，具有行政上的管理权、业务上的指导权。本案担保公司担保的主债权，是交行湖南省分行安排将原确定由交通银行股份有限公司府中支行发放给金鹰公司的 6000 万元贷款中的 3000 万元调整给交行娄底分行发放而产生的，担保公司据此提供担保，该事实在交行娄底分行与担保公司签订的《保证合同》中均予以注明。此外，案涉《保证合同》的签订时间在《合作协议》3 年有效期之内，且《合作协议》明确约定，在担保公司与交行湖南分行（包括其分支机构）发生具体业务时，该协议有约定的以该协议约定为准，该协议无约定的以具体业务合同约定为准。由于《合作协议》对担保公司承担担保责任的比例有明确约定，故申请人和被申请人之间签订的保证合同也应受该保证责任比例的约束。本案所涉担保权在实现过程中，担保公司在交行娄底分行催收后以现金方式予以偿还，交行娄底分行出具了《代偿证明》。担保公司每笔担保债务的代偿，均是根据交行娄底分行通知书上提出的欠款数额按 90% 进行支付的。该支付方式亦符合《合作协议》关于“担保公司以现金方式偿还交行湖南省分行未获清偿债务的 90%”的约定。由上述分析可见，无论是从文义解释、整体解释、目的解释的角度,还是从当事人的签约行为和履约行为进行分析,案涉保证合同均应受《合作协议》的约定,担保公司应按照90%比例承担担保责任。

律师提示

在商事活动中,经常会出现当事人需要通过签订一个总协议及一系列具体协议才能完成一定时间内的一定交易活动的情形。总协议通常是双方合同交易的基本原则,应具有最高法律效力,具体协议应当受总协议的约束。但在实践中,由于法律操作不当,经常会出现具体合同不受总合同约束的法律风险。如何预防此类风险?总协议的必备条款有哪些?笔者认为,本案担保公司之所以胜诉,以下几点非常关键:

一、总担保合同适用范围明确:1. 甲方、乙方及其所辖分支机构之间的再担保业务合作;2. 甲方、乙方及其所辖分支机构之间的担保业务合作……

二、总担保合同法律效力约定清楚:在甲乙双方发生具体业务时,协议中有约定的以协议约定为准,协议中无约定的以具体业务合同约定为准。

三、履行代偿义务时,坚持严格按照总担保合同约定。

四、另外,如果总协议再加上这样一条,"本协议是双方及其所辖分支机构之间开展担保、再担保业务合作的基本依据,具有最高法律效力;任何具体的业务合作操作协议均受本协议约束,如与本协议相抵触的则均以本协议约定为准",就更能避免争议了。

035 如何判定政府《承诺函》是"安慰函"还是"保证函"?

案例索引

最高人民法院(2011)民申字第1209号民事裁定书。

案例导读

一、本案是关于政府《承诺函》法律性质争议的经典案例,一审、二审法院认定为是不具有担保性质的"安慰函",最高人民法院再审认定为是具有担保性质的"保证函"。

二、通过本案法院还对政府担保效力、诉讼时效、保证期间、对外担保效力及无效担保后与债权人的法律关系均给予了明确意见。

三、关于"保证合同无效后保证人是否还享有保证期间利益"的疑问,最高人民法院也给予了明确的裁判意见,特别值得关注。

裁判要旨

政府机关出具的《承诺函》系针对特定数额的银行便利/贷款出具，并已经清楚表明了政府承诺在银行要求时，将全部承担借款人有关责任和义务的意思表示，应当属于保证性质。

裁判逻辑

一、在债权人与主债务人就主债务数额已经通过域外诉讼确认且有充分证据证明的情况下，保证人虽有异议但没有证据足以推翻的，人民法院可以确认该主债务数额。

二、政府机关出具的《承诺函》系针对特定数额的借款出具并已经清楚表明了将全部承担借款人有关责任和义务的意思表示，应为保证性质的承诺函。

三、第三人单方以书面形式向债权人出具担保书，债权人接受且未提出异议的，保证合同成立。

四、国家机关违反法律规定提供担保的，担保合同无效。

五、提供对外担保，只能由符合国家规定条件的金融机构和企业办理并须经外汇管理机关批准，未经国家有关主管部门批准或者登记对外担保无效。

六、因担保合同无效给债权人造成损失的，保证人应当承担相应的赔偿责任，但是债权人未在保证期间向保证人主张保证责任的，保证人免除损害赔偿责任。

七、保证合同无效后，各保证人之间不构成连带共同保证法律关系，债权人向任一保证人主张权利不及于其他保证人。

八、请求法院确认合同不受诉讼时效限制，但因合同无效所引起的赔偿给付仍应适用诉讼时效制约。

交易结构图

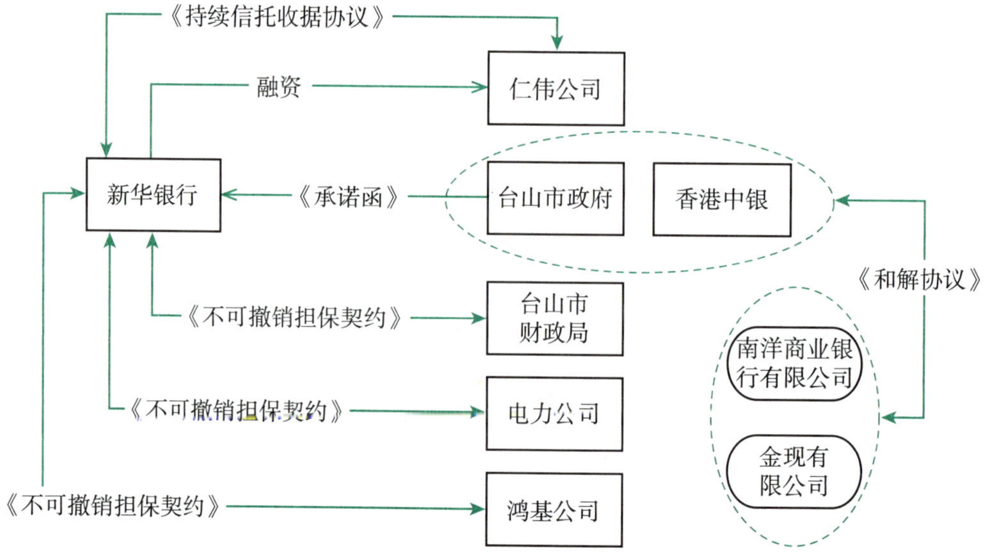

主要案情

再审申请人(一审原告、二审上诉人):中国银行(香港)有限公司。

被申请人(一审被告、二审被上诉人):台山市电力发展公司。

被申请人(一审被告、二审被上诉人):台山市人民政府。

被申请人(一审被告、二审被上诉人):台山市鸿基石油化工有限公司。

被申请人(一审被告、二审被上诉人):台山市财政局。

再审申请人中国银行(香港)有限公司(以下简称香港中银)因与被申请人台山市电力发展公司(以下简称电力公司)、台山市人民政府(以下简称台山市政府)、台山市鸿基石油化工有限公司(以下简称鸿基公司)、台山市财政局担保合同纠纷一案,不服广东省高级人民法院(2009)粤高法民四终字第338号民事判决,向最高人民法院申请再审。

1997年1月22日,台山市政府向新华银行出具一份《承诺函》,主要内容为,台山市政府知悉新华银行同意向仁伟公司提供一般开出信用证额度不超过港币1750万元,包括其项下之信托提货额度不超过港币1750万元,透支额度不超过港币50万元的银行便利或贷款。台山市政府承诺以下事项:1.同意新华银行向仁伟公司提供及/或继续提供上述融资安排;2.将尽力维持仁伟公司的存在及如常营运;3.将竭尽所能,确使仁伟公司履行其在新华银行所使用的银行便利或贷款的责任和义务,并在新华银行要求时全部承担借款人的有关责任和义务;4.如仁伟公司不能按新华银行要求偿还任何债务时,台山市政府将负责解决仁伟公司拖欠新华银行的债务,不让新华银行在经济上蒙受任何损失。

1997年1月24日,台山市财政局向新华银行出具一份《不可撤销担保契约》:"承贵行同意向仁伟公司提供一般开出信用证额度不超过港币1500万元,包括其项下之信托提货额度不超过港币1500万元的银行便利或贷款,我单位无条件及不可撤销地向新华银行提供持续的不可撤销担保,保证仁伟公司按新华银行的要求规定偿还本金、利息、费用、违约金、损害赔偿金、实现债权的费用及其他应付款项。"

1997年8月8日,电力公司向新华银行出具一份《不可撤销担保契约》称:"承贵行同意向仁伟公司提供一般开出信用证额度不超过港币1200万元,包括其项下之信托提货额度不超过港币1200万元的银行便利或贷款,我单位无条件及不可撤销地向贷款人提供持续的不可撤销担保,保证仁伟公司按新华银行的要求规定偿还本金、利息、费用、违约金、损害赔偿金、实现债权的费用及其他应付款项。"

1997年8月8日,台山市财政局再次向新华银行出具一份《不可撤销担保契约》称:"承贵行同意向仁伟公司提供一般开出信用证额度不超过港币1200万元,包括其项下之信托提货额度不超过港币1200万元的银行便利或贷款,我单位无条件及不可撤销的向新华银行提供持续的不可撤销担保,保证仁伟公司按新华银行的要求规定偿还本金、利息、费用、违约金、损害赔偿金、实现债权的费用及其他应付款项。"

1997年12月1日,仁伟公司与新华银行签署《持续信托收据协议》。

1997年1月21日,台山市政府向新华银行出具一份《承诺函》,主要内容为,台山市政府知悉新华银行同意向兴大发展有限公司提供一般开出信用证额度不超过港币1500万元,包括其项下之信托提货额度不超过港币1500万元,透支额度不超过港币30万元的银行便利或贷款。台山市政府承诺以下事项:1.同意新华银行向兴大发展有限公司提供及/或继续提供上述融资安排;2.将尽力维持兴大发展有限公司的存在及如常营运;3.将竭尽所能,使兴大发展有限公司履行其在新华银行所使用的银行便利或贷款的责任和义务,并在新华银行要求时全部承担借款人的有关责任和义务;4.如兴大发展有限公司不能按新华银行要求偿还任何债务时,台山市政府将负责解决兴大发展有限公司拖欠新华银行的债务,不让新华银行在经济上蒙受任何损失。

1999年7月15日,鸿基公司向新华银行出具一份《不可撤销担保契约》称:"承贵行同意向仁伟公司提供一般开出信用证额度不超过港币2920万元,包括其项下之信托提货额度不超过港币2920万元,透支额度不超过港币50万元的银行便利或贷款,我单位无条件及不可撤销的向新华银行提供持续的不可撤销担保,保证仁伟公司按新华银行的要求规定偿还本金、利息、费用、违约金、损害赔偿金、实现债权的费用及其他应付款项。"该《不可撤销担保契约》经台山市律师事务所见证,国家外汇管理局台山市支局备案。

2000年6月至12月,仁伟公司向新华银行申请开立30份不可撤销信用证,新华银行支付了信用证项下的款项,仁伟公司出具信托收据以取走单据并形成对新华银行的欠款。根据香港中银提交的证据,仁伟公司在信用证押汇贷款项下的欠款本金为23,332,478.85港元、521,275.66美元,其中最后一笔信用证押汇贷款的到期日为2001年3月21日。根据香港中银提供的2007年9月24日仁伟公司客户债务清单显示,仁伟公司在透支项下的欠款本金为港币40万元,到期日为2001年6月8日。

2001年6月5日,顾恺仁律师事务所受新华银行委托,向台山市政府发出《关于兴大发展有限公司欠新华银行债项事宜的函》,请台山市政府协助解决并督促兴大发展有限公司偿还拖欠新华银行的一切债务。

2001年10月1日,新华银行并入香港中银,其所有的权利义务均由香港中银继受。

2002年5月28日,台山市政府与香港中银、南洋商业银行有限公司、金现有限公司签署《和解协议》,约定在台山市政府作为还款人分期偿还港币5200万元后,香港中银等三家债权人免除包括仁伟公司在内的12家债务人拖欠的总欠款本金约港币1.5亿元的还款责任。协议签订后,台山市政府按《和解协议》的约定偿还了第一笔款项港币520万元。其后,再未偿还其他款项。2006年5月18日,香港中银委托北京市金杜律师事务所深圳分所向台山市政府发出《〈和解协议〉解除通知书》,解除了双方签订的《和解协议》。

2004年12月24日,北京市金杜律师事务所深圳分所受香港中银的委托,通过公证邮寄方式向台山市政府、电力公司、鸿基公司,台山市财政局分别发出《律师函》,要求对仁伟公司的欠款承担还款或担保责任,未果。

2006年10月9日,香港中银以仁伟公司为被告向香港特别行政区高等法院提起诉讼。香港特别行政区高等法院作出2006年第1842号最终判决,判令仁伟公司向香港中银支付透支额度项下贷款本金港币40万元、信用证及信托提货额度项下贷款本金23,332,478.85港元、521,275.66美元及其相应利息。

2006年12月12日,北京市金杜律师事务所深圳分所受香港中银的委托,通过公证邮寄方式向台山市政府、电力公司、鸿基公司、台山市财政局分别发出《律师函》,要求对仁伟公司的欠款承担还款或担保责任,仍未果。

广东省高级人民法院另查明,2004年12月24日、2006年12月12日,北京市金杜律师事务所深圳分所受香港中银的委托,通过公证邮寄方式向台山市政府、电力公司、鸿基公司、台山市财政局分别发出《律师函》,其中向台山市政府发出的《律师函》表示:"贵府为仁伟公司向新华银行申请信贷额度提供担保,承诺如借款人未能偿还任何应偿还款项,贵府将负责解决借款人拖欠的债务,不让贷款人在经济上蒙受任何损失。"向电力公司、鸿基公司、台山市财政局发出的《律师函》表示:"贵司为仁伟公司向新华银行申请信贷额度提供担保,同意如借款人未能偿还任何应偿还款项,贵司须在贷款人书面要求15天内,将借款人欠款金额电汇至贷款人所指定的银行账户内。"

再审申请人(一审原告、二审上诉人)香港中银一审诉讼请求:1.台山市政府、电力公司、鸿基公司、台山市财政局履行保证责任,连带清偿仁伟公司所欠香港中银透支额度项下贷款本金港币40万元,利息港币219,765.01元;信用证及信托提货额度项下贷款本金港币23,332,478.85元,利息港币14,156,288.92元;2.信用证及信托提货额度项下贷款本金521,275.66美元,利息393,611.33美元(暂计至2007年9月30日,之后至实际还款日按香港特别行政区高等法院的判决利率计)以及律师费港币40,300.43元;3.由台山市政府、电力公司、鸿基公司、台山市财政局承担本案的全部诉讼费用。

一审法院判决:驳回香港中银的诉讼请求。

二审法院判决:驳回上诉,维持原判。

再审法院最高人民法院于2011年10月26日作出(2011)民申字第1209号民事裁定:驳回香港中银的再审申请。

法院观点

本案焦点问题主要为:第一,台山市政府出具的《承诺函》的性质;第二,台山市政府是否应当承担责任;第三,诉讼时效。

一、关于《承诺函》

案涉《承诺函》的性质,应当根据台山市政府出具《承诺函》的背景情况、《承诺函》的内容以及查明的其他事实情况进行认定。首先,台山市政府在1997年1月22日出具的《承诺函》中载明:"……(3)我市人民政府将竭尽所能,确使借款人履行其在贵行所使用的银行便利/贷款的责任及义务。并在贵行要求时,全部承担借款人的有关责任和义务。(4)如借款人不能按贵行要求偿还就上述银行便利/贷款下产生的任何债务时,我市人民政府将负责解决借款人拖欠贵行的债务,不让贵行在经济上蒙受任何损失。"《承诺函》系针对特定数额的银行便利/贷款出具,并已经清楚表明了台山市政府承诺在银行要求时,将全部承担借款人有关责任和义务的意思表示,应当属于保证性质。根据最高人民法院《关于适用〈中华人民共和国担保法〉若干问题的解释》第22条第1款的规定,"第三人单方以书面形式向债权人出具担保书,债权人接受且未提出异议的,保证合同成立",本案中台山市政府单方出具的《承诺函》为香港中银所接受,双方之间成立保证合同关系。其次,台山市政府作为还款人,与香港中银等债权人于2002年5月28日签订了《和解协议》。《和解协议》中的前言部分第1条载明,"附表二所列的信贷人则分别为有关债务人偿还有关授信提供了抵押、质押、保证及其他担保(统称授信担保,详见附表二)"该附表二中明确列明了台山市政府出具的《承诺函》。台山市政府在该《和解协议》上签字盖章,并且已经按照协议约定偿还了第一批应还款项520万港元,表明台山市政府对其保证责任是明知,也是认可的,并且已经开始履行担保人的还款责任。综上所述,台山市政府出具的《承诺函》具有保证合同的性质,原审判决认定不构成保证缺乏充分的事实和法律依据。

二、关于台山市政府是否应当承担责任

根据《担保法》第8条、最高人民法院《关于适用〈中华人民共和国担保法〉若干问题的解释》第3条的规定,国家机关违反法律规定提供担保的,担保合同无效。因此给债权人造成损失的,应当根据《担保法》第5条第2款的规定处理。据此,台山市政府出具的《承诺函》属于无效担保,香港中银只能就合同无效所引起的损害后果向台山市政府主张赔偿。虽然案涉保证合同为无效合同,但是保证合同约定的或者法律规定的保证期间仍然具有法律意义,债权人在保证期间没有向保证人主张权利的,保证人不再承担无效保证的赔偿责任。因此,如果新华银行在保证期间没有向台山市政府主张保证责任,则台山市政府对无效保证合同的赔偿责任也相应免除。根据原审法院查明的事实,案涉透支贷款的到期日为2001年6月8日,最后一笔信用证押汇贷款的到期日为2001年3月21日。2002年5月28日,台山市政府与香港中银签订《和解协议》,2004年12月24日、2006年12月12日,香港中银发函,要求台山市政府承担其付款责任。现有证据不能证明香港中银在保证期间内向台山市政府主张保证责任,故台山市政府对无效担保合同应承担的赔偿责任应当免除。香港中银要求台山市政府承担损失赔偿责任的请求不应得到支持。

三、关于诉讼时效

原审判决认定,本案诉讼时效为2年,从2001年6月8日起算,直至2004年12月24日,香港中银才再次要求电力公司、鸿基公司、台山市财政局履行担保责任。香港中银于2007年起诉电力公司、鸿基公司、台山市财政局,已经超过2年诉讼时效。最高人民法院认为,本案中电力公司、鸿基公司、台山市财政局和台山市政府为担保人,并非债务人,且电力公司、鸿基公司、台山市财政局和台山市政府出具的担保均为无效担保,故电力公司、鸿基公司、台山市财政局和台山市政府并不构成连带共同保证责任。因此,台山市政府与香港中银于2002年5月28日签订的《和解协议》对电力公司、鸿基公司和台山市财政局并不发生诉讼时效中断的效力。

香港中银主张适用最高人民法院《关于审理民事案件适用诉讼时效制度若干问题的规定》中有关连带债务人的诉讼时效规定缺乏依据。香港中银对电力公司、鸿基公司、台山市财政局的诉讼已经超过诉讼时效,原审判决驳回其对电力公司、鸿基公司、台山市财政局的诉讼请求并无不当。

综上所述,台山市政府出具的《承诺函》为无效担保,台山市政府应当承担相应的赔偿责任,但由于香港中银在保证期间并未要求台山市政府承担保证责任,台山市政府免除损害赔偿责任。原审判决认定《承诺函》不构成保证缺乏充分的事实和法律依据,应当予以纠正,但是驳回香港中银诉讼请求的判决结果并无明显不当。再审申请人香港中银的申请不符合《民事诉讼法》第179条规定的应当再审的情形。

律师提示

一、对政府部门的建议

政府出具的《承诺函》是否构成保证担保,应看内容是否构成担保的意思表示。政府部门出具《承诺函》要特别慎重,因为政府违规担保一旦成立,尽管属于无效,仍需依据《担保法》有关规则承担相应的赔偿责任。

二、对债权人的建议

不要迷信政府的《承诺函》。诉讼时效及保证期间等期间利益,需要时刻注意,否则怠于行使权力,会导致权利丧失的严重后果,因此,合理期间内书面主张权利是非常必要的。无论担保合同有效或无效,都要在约定的保证期间内向所有保证人书面主张担保责任,并在诉讼时效内连续书面主张权利。

三、法理思考评析

第一,政府部门出具的《承诺函》具有非常高的公信力,如果法院不顾《承诺函》的实质内容而一味地判决为"安慰函",显然不仅会伤害政府的公信力,也会损害法院的权威。第二,合同一旦签订成立,双方即彼此产生合同利益的期待,希望合同有效并得到全面履行,合同被法院判决无效,显然不是双方的初衷也超出了各自的期待。当事人一般不能因合同无效所获的法律权益反而高于合同有效正常履行的法律权益,否则容易引发诚信道德方面的危机,也许这正是最高人民法院判决保证人对无效保证合同仍享有保证期间利益的原因所在。

036 对政府《承诺函》性质的认定有哪些裁判要点?

案例索引

最高人民法院(2017)最高法民终353号民事判决书。

案例导读

一、本案又是一起《承诺函》性质及效力之争的案例。由于《承诺函》涉及“回购”字眼，一时被误认为是最高人民法院关于“回购函”性质认定有了重大变化而广泛传播。

二、笔者认真阅读判决书原文后，通过对本案裁判逻辑链的详细梳理，认为本案中最高人民法院关于《承诺函》性质及效力的认定是一贯的，并无实质变化。

三、原告银行如果选择第二被告出具《承诺函》是否结果会完全不一样？会因此避免败诉而挽回好几个亿的损失吗？

四、因担保合同无效给债权人造成损失的，保证人应当承担相应的赔偿责任，但是债权人未在保证期间向保证人主张保证责任的，是否应免除保证人的损害赔偿责任？

五、本案一审判决为什么还存在判非所请的错误？

裁判要旨

通过出具《承诺函》的形式为自身设定的代为清偿义务的意思表示具体明确，具有保证担保性质。

裁判逻辑

一、关于《承诺函》的性质

大前提：《承诺函》的性质应当结合文本名称、出具背景、约定内容等事实综合认定。

小前提：首先，从《承诺函》的名称来看，并未直接表述为“安慰函”。其次，其出具原因是为了保障招商银行股份有限公司深圳分行（以下简称招行深圳分行）信贷资金安全，化解招行深圳分行贷款风险，实质目的则为确保宜连公司（借款人、项目特许经营权受让方）获得贷款。最后，《承诺函》系针对特定的银行贷款出具，并已经清楚表明当宜连公司出现没有按时履行其到期债务等违反借款合同约定的行为，或者存在危及银行贷款本息偿付的情形时，湖南省高速公路管理局（以下简称高管局）承诺以回购经营权的方式确保招行深圳分行的债权实现。

裁判结论：依照《担保法》第 6 条及最高人民法院《关于适用〈中华人民共和国担保法〉若干问题的解释》第 22 条第 1 款的规定，通过出具《承诺函》的形式为自身设定的代为清偿义务的意思表示具体明确，故《承诺函》具有保证担保性质。

二、关于《承诺函》的效力

大前提：《担保法》第 9 条“学校、幼儿园、医院等以公益为目的的事业单位、社会团体不得为保证人”之规定。

小前提：高管局为湖南基础设施高速公路的建设、管理事业单位。

裁判结论：《承诺函》因违反法律强制性规定应认定无效。

三、关于高管局应承担的法律责任

大前提：最高人民法院《关于适用〈中华人民共和国担保法〉若干问题的解释》第 7 条“主

合同有效而担保合同无效，债权人无过错的，担保人与债务人对主合同债权人的经济损失，承担连带赔偿责任；债权人、担保人有过错的，担保人承担民事责任的部分，不应超过债务人不能清偿部分的二分之一”之规定。

小前提：1. 因宜连公司仍未按照调解书内容履行义务，调解书的执行程序已经终结，招行深圳分行的债权仍未实现，损失客观存在；2. 高管局作为出具人，明知自身不具备保证人资格仍出具《承诺函》，具有过错；3. 而招行深圳分行作为专业的金融机构，明知高管局作为事业单位，不能成为保证人，其仍要求高管局出具《承诺函》，招行深圳分行亦存在过错。

裁判结论：故综合案件成讼原因、当事人的实际损失及过错程度，最高人民法院酌定高管局对宜连公司不能偿还招行深圳分行的贷款本息、罚息、复息承担三分之一的赔偿责任。

四、关于“一套班子、两块牌子”是否构成混同及承担连带清偿责任

大前提：从主体上来看，高管局为事业单位法人，湖南省高速公路建设开发总公司（以下简称高速公路总公司）为企业法人，二者主体性质不同，均具有独立承担民事责任的能力。

小前提：1. 高管局与高速公路总公司虽为“一套班子、两块牌子”，两单位领导班子成员既担任高管局的职务同时也担任高速公路总公司相应职务，但此种一人分任多职的行为并不为法律所禁止，不能仅以此作为高管局、高速公路总公司存在人员身份混同的依据。2. 招行深圳分行未提供有效证据证明高管局与高速公路总公司存在财务混同之情形。

裁判结论：关于高速公路总公司与高管局人员、机构、业务混同，高速公路总公司应承担连带清偿责任的认定，理据不足。

交易结构图

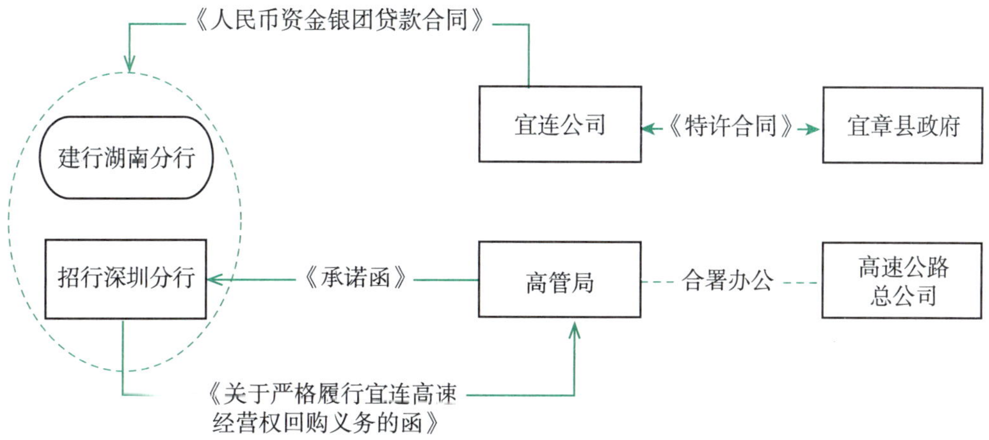

主要案情

上诉人（原审被告）：湖南省高速公路管理局。

上诉人（原审被告）：湖南省高速公路建设开发总公司。

被上诉人（原审原告）：招商银行股份有限公司深圳分行。

上诉人高管局、高速公路总公司因与被上诉人招行深圳分行合同纠纷一案，不服湖南省高级人民法院(2016)湘民初15号民事判决，向最高人民法院提起上诉。

2006年3月9日，宜章县政府作为出让方，与宜连公司签订《特许合同》，该合同第1章总则中明确，为加快湖南省交通基础设施建设，进一步完善国家高速公路网络，促进湖南省经济的发展，尽快修建湖南省境内宜章县城关镇至广东省连州市凤头岭高速公路，报请湖南省人民政府批准，并授权宜章县政府，通过特许经营方式，授予特许经营者依法投资、建设与经营、养护管理本项目的权利(第1.1条)；出让方同意受让方以特许经营权的方式依法投资、建设与经营、养护管理该项目(第1.3条)。在第3章中，项目概况为，高速公路主线及连接线公路主体，附属设施(包含但不仅限于服务区及设施、停车场及设施、收费站及设施、养护区及设施、管理办公区及设施、收费系统、监控系统、通信设施、供配电设施、广告设施等)(第3.3条)；项目建设规模及标准为，项目路线全长48.85公里，路基宽度24.5米，双向四车道高速公路技术标准(第3.4条)。第4章中列明项目投资、建设、经营、养护管理等费用均由受让方承担(第4.1条)，项目投资估算总金额18.91亿元(第4.2条)，出让方有权监督、检查和敦促投资资金(特别是资本金)的到位情况(第4.4条)。第5章中明确，合同授予受让方的特许经营权是独占的，专属于受让方(第5.2条)。出让方保证不能将特许经营权的任何部分或全部授予任何第三方，并保证不自行或通过其指定的机构行使特许经营权的任何部分或全部；特许经营期中，建设期为36个月，自项目开工日起计算，收费经营期为30年，建设完成后，按省政府批准的开始收费之日起计算(第5.3条)；特许经营期届满后无偿移交。第8章中关于项目建设，根据《招标投标法》和有关法规，受让方应在政府交通行政主管部门的监督下，组织对施工承包商、重要设备及重要材料的采购、工程监理单位等依法进行招标(第8.5条)。第15章第15.6条列明了受让方提前终止本合同应承担的责任，如果不是由于受让方违约或不可抗力所致，发生合同中列举的一种或几种情况，都视为出让方违约，出让方在收到受让方要求改正的书面通知后60天内仍未改正的，受让方有权提出索赔……(第15.6.1条)。受让方按合同该条第1款规定提前终止本合同的，出让方收回本项目，并应同时承担以下义务：1. 承担受让方为项目的建设而发生的一切尚未清偿的负债；2. 偿还受让方为项目建设所投入的项目资本金及其利息；3. 偿还受让方为项目建设所投入资本金从投入之日至终止之日期间的投资收益及资本金从终止日至特许经营期届满之日期间的预期投资收益的合理部分(第15.6.2条)。

2009年8月10日，高管局向招行深圳分行出具《承诺函》，内容为："宜连公司投资建设宜连高速公路项目……该公司自开工以来，尽管银行贷款没有及时到位，工程量完成了40%之多，支付的款项从未拖欠。经查实，到目前总共支付资本金8.2亿元之多，可见其投资诚信度。……为贯彻落实湖南省委、省政府的招商引资政策，保护投资者利益，体现我局对该公司的信任和支持，我局承诺：贵行对宜连公司提供的项目贷款，若该公司出现没有按时履行其到期债务等违反借款合同约定的行为，或者存在危及银行贷款本息偿付的情形，出于保护投资商利益，保障贵行信贷资金安全的目的，我局承诺按《特许合同》第15.6条之规定全额回购宜连高速公路经营权，以确保化解银行贷款风险，我局所支付款项均先归还贵行贷款本息。"

2009年8月20日,中国建设银行湖南省分行(以下简称建行湖南分行)与招行深圳分行作为贷款人,与借款人宜连公司签订了《人民币资金银团贷款合同》,由建行湖南分行与招行深圳分行共同向宜连公司发放贷款12亿元(其中建行湖南分行发放8.4亿元、招行深圳分行发放3.6亿元),贷款期限为16年,合同的主要内容有,自合同约定的第一笔贷款提款日起至最后一笔贷款的还本日止;贷款首次执行利率为第一笔贷款实际提款日中国人民银行公布的同期同档人民币贷款基准利率,执行利率随中国人民银行公布的同期限档次人民币贷款基准利率的调整而调整;宜连公司同意将其合法享有的宜连高速公路项目的通行费收费权及其项下的全部收益作为贷款人对借款人所享有债权的质押担保,宜连公司控股股东深圳市东方华晖投资发展有限公司、四川兴和实业发展有限责任公司、成都怡和天成房地产开发有限公司及其实际控制人孙涛提供全程不可撤销连带责任保证;借款人的财务状况良好,有能力完成借款项目的开发并按期清偿本合同项下全部到期债务;借款人在合同第24条中作出的任何陈述或保证借款人未按期纠正的,银团有权宣布贷款提前到期,同时要求借款人限期偿还已发放的贷款本息。合同还对提款、还款、展期,贷款的使用、监管,双方权利义务,违约责任等进行了约定。2009年8月20日,招行深圳分行向宜连公司发放贷款2亿元。2009年9月21日,招行深圳分行又向宜连公司发放贷款1.6亿元。

贷款发放后,宜连公司未能按约偿还贷款本息,建行湖南分行与招行深圳分行遂向一审法院提起诉讼,要求宜连公司偿还贷款本息,成都怡和天成房地产开发有限公司、深圳市东方华晖投资发展有限公司、四川兴和实业发展有限责任公司、孙涛承担连带清偿责任。本案经一审法院审理,于2014年8月8日作出(2014)湘高法民二初字第24号民事调解书,内容为:1.宜连公司于2014年8月20日前向建行湖南分行归还贷款本金833,954,313.65元及至2014年7月21日止的利息、罚息、复息32,778,858.17元,2014年7月22日之后的利息、罚息、复息按贷款合同约定计算至付清之日止。2.宜连公司于2014年8月20日前向招行深圳分行归还贷款本金3.54亿元及至2014年7月21日止的利息、罚息、复息19,401,905.08元,2014年7月22日之后的利息、罚息、复息按贷款合同约定计算至付清之日止。3.建行湖南分行与招行深圳分行对宜连公司享有的湖南宜章至广东连州高速公路宜章至凤头岭段高速公路项目的车辆通行费收费权及其项下全部收益享有质权。当宜连公司未履行上述第一、二项偿债义务时,建行湖南分行与招行深圳分行有权依法处置宜连公司上述收费权及其项下的全部收益,并就处置价款优先受偿。4.成都怡和天成房地产开发有限公司、深圳市东方华晖投资发展有限公司、四川兴和实业发展有限责任公司、孙涛对宜连公司的上述债务承担连带清偿责任。宜连公司未履行调解书确定的义务,建行湖南分行与招行深圳分行向一审法院申请强制执行。一审法院以(2014)湘高法执字第13号案立案后,依法委托湖南湘信资产评估有限公司、湖南艾普瑞资产评估有限公司、湖南新星资产评估有限公司对宜连公司宜连(宜章至凤头岭段)高速公路收费权及其他全部资产在2015年3月31日的市场价值进行评估。评估公司于2015年10月8日作出湘湘信、湘艾普瑞、湘新资评字第20151001号评估报告,认定宜连公司委托评估的资产价值为197,296万元,其中高速公路收费权为190,637万元,其他资产含货币资金、应收债权、存货、其他设备等为 6659 万元。之后，一审法院委托湖南永达拍卖有限公司、湖南鑫盛拍卖有限责任公司、湖南省拍卖公司、湖南嘉华拍卖有限公司对宜连公司的资产进行拍卖。拍卖公司进行登报公告，定于 2015 年 11 月 26 日对宜连公司的资产进行公开拍卖，但因无人竞买，致拍卖标的物流拍，一审法院于 2015 年 11 月 27 日作出（2014）湘高法执字第 13 – 15 号执行裁定，中止（2014）湘高法执字第 13 号案的执行。本案一审审理期间，招行深圳分行以宜连公司资产长期难以处置，也未发现其他被执行人有可供执行的财产为由，申请终结执行。一审法院于 2016 年 11 月 9 日作出（2014）湘高法执字第 13 – 16 号执行裁定，终结一审法院（2014）湘高法民二初字第 24 号民事调解书第二项及第三、四项中招行深圳分行申请执行的本次执行程序。申请执行人发现被执行人有可供执行财产的，可以再次申请执行。

2016 年 3 月 10 日，招行深圳分行向高管局发出《关于严格履行宜连高速经营权回购义务的函》，称："截至目前，贵局仍未就回购或参与竞买收费权出具确切的方案，案件久拖不决给银团及我行带来了极大的困扰和损失。望贵局按照向我行出具的《承诺函》，严格履行宜连高速公路经营权回购义务，否则我行将依法对贵局提起诉讼，追究贵局的法律及其他相关责任。"因高管局未能就宜连公司所欠债务予以处理，招行深圳分行遂向一审法院提起诉讼。

高速公路总公司与高管局系分别于 1993 年 3 月、1998 年 4 月经湖南省人民政府和湖南省机构编制委员会批准成立的企业法人和事业单位法人，实行"两块牌子、一套班子、合署办公"，属湖南省交通运输厅归口管理，是全省高速公路建设与管理的机构，管理范围为高速公路项目建设、运营管理、经营开发和行业管理。在湖南省质量技术监督局颁发的 76803657 – X 的组织机构代码证上，机构名称为湖南省高速公路管理局（湖南省高速公路建设开发总公司），机构类型为事业法人，地址为长沙市远大一路 649 号。2012 年 5 月，吴国光被任命为高管局（高速公路总公司）局长（总经理）。2016 年 10 月，谢立新被任命为高管局党委书记、局长。在高管局官网领导信息栏中，谢立新的职位是高管局（总公司）局长（总经理）、党委书记，主持高管局（总公司）全面工作，分管财务工作，分管局（总公司）财务处。在高管局提交的新的事业单位法人证书上仍体现机构名称为：湖南省高速公路管理局（湖南省高速公路建设开发总公司高速公路总公司）。

被上诉人（原审原告）招商银行深圳分行一审诉讼请求：1. 判令高管局赔偿因其未履行《承诺函》中按《特许合同》第 15.6 条之规定全额回购宜连高速公路经营权的承诺而给招行深圳分行造成的经济损失共计 455, 122, 158.5 元（包括本金 3.54 亿元、罚息 90, 659, 541.87 元、复息 104, 621, 616.63 元，暂计至 2016 年 4 月 22 日）；2. 判令高速公路总公司与高管局承担连带赔偿责任；3. 高速公路总公司与高管局承担本案案件受理费、保全费等全部费用。

一审法院判决：1. 高管局在判决生效后 30 日内全额回购宜连高速公路经营权，并以回购款项支付招行深圳分行全部贷款本息（455, 122, 158.5 元及以 3.54 亿元为基数按《人民币资金银团贷款合同》的约定计算自 2016 年 4 月 23 日起至付清之日的利息、罚息、复息）；2. 如果高管局未按期履行判决第一项回购义务，则由其在判决生效后 60 日内直接向招行深圳分行清偿上述所有贷款本息;3. 高速公路总公司对前述高管局的义务承担连带清偿责任。

二审法院判决:1. 撤销湖南省高级人民法院(2016)湘民初15号民事判决;2. 高管局在本判决生效后30日内对宜连公司不能偿还招行深圳分行的贷款本息455,122,158.5元及以3.54亿元为基数按《人民币资金银团贷款合同》的约定计算自2016年4月23日起至付清之日的利息、罚息、复息承担三分之一的赔偿责任;3. 驳回招行深圳分行其他诉讼请求。

法院观点

根据当事人的上诉及答辩情况,本案争议焦点为:第一,《承诺函》的性质及效力应如何认定;第二,一审判决认定高管局全额回购宜连高速公路经营权,并以回购款项支付招行深圳分行全部贷款本息是否正确;第三,一审判决认定高速公路总公司对高管局前述义务承担连带清偿责任是否正确。

一、关于《承诺函》的性质及效力应如何认定的问题

二审庭审中,高管局及高速公路总公司提出,本案案由定性错误,导致事实认定错误,适用法律不当,应发回重审。最高人民法院认为,本案招行深圳分行的诉请基础为《承诺函》,其主张高管局与高速公路总公司应依据《承诺函》之承诺承担赔偿责任。虽双方对《承诺函》的性质存在争议,但高管局与招行深圳分行之间不存在行政管理关系,《承诺函》出具的目的亦非基于实施行政管理,并非行政机关作出的具体行政行为。故一审判决认定案件为平等主体之间的民事纠纷,且将案由定性为合同纠纷并无不当。

关于《承诺函》的性质。高管局与高速公路总公司上诉主张系"安慰函",不具有法律效力。招行深圳分行认为属于单方允诺的民事法律行为,具有法律效力。对此,最高人民法院认为,《承诺函》的性质应当结合文本名称、出具背景、约定内容等事实综合认定。首先,从《承诺函》的名称来看,并未直接表述为"安慰函"。其次,综合《承诺函》出具的背景情况及双方当事人的陈述可知,《承诺函》签订于宜连高速公路项目开工建设之后,招行深圳分行作为贷款人之一与借款人宜连公司签订《人民币资金银团贷款合同》之前。其出具原因是为了保障招行深圳分行信贷资金安全,化解招行深圳分行贷款风险,实质目的则为确保宜连公司获得贷款。最后,从《承诺函》载明内容"若宜连公司出现没有按时履行其到期债务等违反借款合同约定的行为,或者存在危及银行贷款本息偿付的情形,出于保护投资商利益,保障贵行信贷资金安全的目的,我局承诺按《特许合同》第15.6条之规定全额回购宜连高速公路经营权,以确保化解银行贷款风险,我局所支付款项均先归还贵行贷款本息"分析,《承诺函》系针对特定的银行贷款出具,并已经清楚表明当宜连公司出现没有按时履行其到期债务等违反借款合同约定的行为,或者存在危及银行贷款本息偿付的情形时,高管局承诺以回购经营权的方式确保招行深圳分行的债权实现。依照《担保法》第6条"本法所称保证,是指保证人和债权人约定,当债务人不履行债务时,保证人按照约定履行债务或者承担责任的行为"及最高人民法院《关于适用〈中华人民共和国担保法〉若干问题的解释》第22条第1款"第三人单方以书面形式向债权人出具担保书,债权人接受且未提出异议的,保证合同成立"的规定可知,保证人提供保证,目的是保证债权能够得到实现。本案中,高管局并非仅对宜连公司清偿债务承担道义上的义务或督促履行之责,其通过出具《承诺函》的形式为自身设定的代为清偿义务的意思表示具体明确,故《承诺函》具有保证担保性质。该《承诺函》被招行深圳分行接受,双方成立保证合同。综上所述,高管局、高速公路总公司上诉主张《承诺函》仅为道义上的"安慰函",缺乏事实及法律依据,不能成立。

关于《承诺函》的效力。最高人民法院认为,根据《担保法》第 9 条"学校、幼儿园、医院等以公益为目的的事业单位、社会团体不得为保证人"的规定,高管局作为湖南基础设施高速公路的建设、管理事业单位,不得为保证人,《承诺函》因违反法律强制性规定应认定无效。一审判决关于"高管局单方承诺为自己设定前述义务,没有违反法律法规的禁止性规定"的认定,认定事实及适用法律不当,最高人民法院予以纠正。

二、关于一审判决认定高管局全额回购宜连高速公路经营权,并以回购款项支付招行深圳分行全部贷款本息是否正确的问题

最高人民法院认为,本案已查明,招行深圳分行共计向宜连公司发放贷款 3.6 亿元,宜连公司在偿还 600 万元后,没有依约偿还剩余贷款本息。后招行深圳分行与建行湖南分行提起诉讼向宜连公司主张权利,各方在法院主持下达成调解书,因宜连公司未按照调解书内容履行义务,招行深圳分行与建行湖南分行向法院申请强制执行。现调解书的执行程序已经终结,招行深圳分行的债权仍未实现,损失客观存在。最高人民法院《关于适用〈中华人民共和国担保法〉若干问题的解释》第 7 条规定:"主合同有效而担保合同无效,债权人无过错的,担保人与债务人对主合同债权人的经济损失,承担连带赔偿责任;债权人、担保人有过错的,担保人承担民事责任的部分,不应超过债务人不能清偿部分的二分之一。"本案中,如前所述,《承诺函》因违反法律强制性规定而无效。高管局作为出具人,明知自身不具备保证人资格仍出具《承诺函》,具有过错。而招行深圳分行作为专业的金融机构,明知高管局作为事业单位,不能成为保证人,其仍要求高管局出具《承诺函》,招行深圳分行亦存在过错。故综合案件成讼原因、当事人的实际损失及过错程度,最高人民法院酌定高管局对宜连公司不能偿还招行深圳分行的贷款本息 455,122,158.5 元及以 3.54 亿元为基数按《人民币资金银团贷款合同》的约定计算自 2016 年 4 月 23 日起至付清之日的利息、罚息、复息承担三分之一的赔偿责任。一审判决认定高管局应全额回购宜连高速公路经营权,并以回购款项支付招行深圳分行全部贷款本息,既超出了当事人诉请的范围,亦与查明事实不符,最高人民法院予以纠正。

三、关于一审判决认定高速公路总公司应承担连带清偿责任是否正确的问题

最高人民法院认为,从主体上来看,高管局为事业单位法人,高速公路总公司为企业法人,二者主体性质不同,均具有独立承担民事责任的能力。高管局作为事业单位,行使的管理职能主要是为湖南省高速公路建设、管理、确保畅通提供保障。而高速公路总公司自身具有营业执照,系独立核算、自负盈亏的企业法人,经营范围主要为全省高速公路建设、养护、管理和沿线开发,从事投资经营活动。高管局与高速公路总公司虽为"一套班子、两块牌子",两单位领导班子成员既担任高管局的职务也同时担任高速公路总公司相应职务，但此种一人分任多职的行为并不为法律所禁止，不能仅以此作为高管局、高速公路总公司存在人员身份混同的依据。且招行深圳分行亦未提供有效证据证明高管局与高速公路总公司存在财务混同之情形。故一审判决关于高速公路总公司与高管局人员、机构、业务混同，高速公路总公司应承担连带清偿责任的认定，理据不足，最高人民法院亦予纠正。

律师提示

一、对比最高人民法院于 2011 年 10 月 26 日作出的（2011）民申字第 1209 号民事裁定书

要素区别	（2011）民申字第 1209 号	（2017）最高法民终 353 号	差异判断
名称	《承诺函》	《承诺函》	实质相同
出具单位	政府部门	事业单位	实质相同
内容	如兴大发展有限公司不能按新华银行要求偿还任何债务时，台山市政府将负责解决兴大发展有限公司拖欠新华银行的债务，不让新华银行在经济上蒙受任何损失	我局承诺按《特许合同》第 15.6 条之规定全额回购宜连高速公路经营权，以确保化解银行贷款风险，我局所支付款项均先归还贵行贷款本息	实质相同
性质	保证担保	保证担保	保持一贯
效力	无效	无效	保持一贯
保证期间	已过	未提及	实质不同
结果	驳回诉讼请求	赔偿三分之一	结果不同

对比发现：最高人民法院对于政府或事业单位出具的《承诺函》为具有担保性质的“保证函”且是无效的，裁判逻辑完全一致，并无改变。

但是，（2011）民申字第 1209 号民事裁定书有一关键裁判规则：“因担保合同无效给债权人造成损失的，保证人应当承担相应的赔偿责任，但是债权人未在保证期间向保证人主张保证责任的，保证人免除损害赔偿责任。”

从案情来看，本案中招行深圳分行直到 2016 年 3 月 10 日才向高管局发出《关于严格履行宜连高速经营权回购义务的函》，看似保证期间也超过了，为何双方及法院均为提及保证期间问题？这点确实存疑，或许是一审原告及法院的疏忽，但如果真是疏忽，法院应当反思。

二、对比最高人民法院（2008）民二终字第 96 号民事判决书

要素区别	（2008）民二终字第 96 号	（2017）最高法民终 353 号	差异判断
名称	《声明与承诺函》	《承诺函》	实质相同
出具单位	公司	事业单位	实质不同

续表

要素区别	(2008)民二终字第96号	(2017)最高法民终353号	差异判断
内容	承诺如果至《信托协议》期满,路桥仍未能获得中国证监会发行审核委员会审核通过其(指路桥股份公司)公开发行股票的申请,则我公司将按贵公司的要求,按此次转让时对等的净资产折扣比例价格,收购《信托协议》项下的信托财产	我局承诺按《特许合同》第15.6条之规定全额回购宜连高速公路经营权,以确保化解银行贷款风险,我局所支付款项均先归还贵行贷款本息	实质不同
目的	向接受承诺方直接购买信托财产,支付对价	向借款人回购经营权(手段),再向出借人还款(目的)	实质不同
性质	独立交易协议	保证担保	实质不同
效力	有效	无效	结果不同
结果	支持全部诉讼请求	赔偿三分之一	结果不同

对比发现:二者在承诺内容、交易目的不同,导致法律性质不同。因此,最高人民法院关于回购协议性质判断的裁判规则并未发生实质的变化。

三、仔细对比一审原告第一项诉请与一审法院第一项判决,会发现,原告诉请是违约赔偿责任,一审判决却判决为继续履行合同,显然判非所请,因此一审判决被二审改判则是必然的结果。

四、从主体上来看,高管局为事业单位法人,高速公路总公司为企业法人,二者主体性质不同。如果一审原告银行不是选择高管局出具《承诺函》,而是选择高速公路总公司出具《承诺函》的话,判决结果就会完全两样,本案败诉风险就完全可以避免。

第六章 家事金融篇

037 职业放贷人夫妻共同债务如何认定?

案例索引

最高人民法院(2018)最高法民申634号民事裁定书。

案例导读

一、本案是一起关于涉及民间借贷夫妻共同债务纠纷再审的典型案件。夫妻一方以转贷赚取利差为业,此类案件如何审查和认定是否为夫妻共同债务?最高人民法院通过本案例给出了明确的审查和裁判思路,非常值得参考。

二、通过对本案裁判逻辑的梳理归纳,我们认为最高人民法院也通过本再审案例裁判传达了关于家事金融案件审判的三个最新表态,详见本文归纳的裁判逻辑。

裁判要旨

案涉借款虽系职业放贷人以个人名义借贷且超出日常开支所需,但该行为属于赚取利差的投资经营行为,所获利息用于夫妻共同生活,且夫妻另一方无证据证明其夫妻双方有其他的收入足以支持其购买车辆、房产等大额财产,故该债务属于夫妻共同债务,应由夫妻共同偿还。

裁判逻辑

一、案件发生和二审判决均发生在最高人民法院《关于审理涉及夫妻债务纠纷案件适用法律有关问题的解释》施行日2018年1月18日之前,法院根据《婚姻法》第19条、最高人民法院《关于适用〈中华人民共和国婚姻法〉若干问题的解释(二)》第24条作出判决,适用法律正确。

二、夫妻一方虽然以个人名义借贷了超出日常开支所需的债务,但该行为属于赚取利差的投资经营行为，所获利息亦用于夫妻共同生活，且夫妻另一方无证据证明其夫妻双方有其他的收入足以支持其购买车辆、房产等大额财产，故该债务属于夫妻共同债务。

三、夫妻共同债务应由夫妻共同偿还，夫妻名下的任何财产均系夫妻共同债务的责任财产，即使是在案涉借款之前购买的财产也应当用来偿还夫妻共同债务。

交易结构图

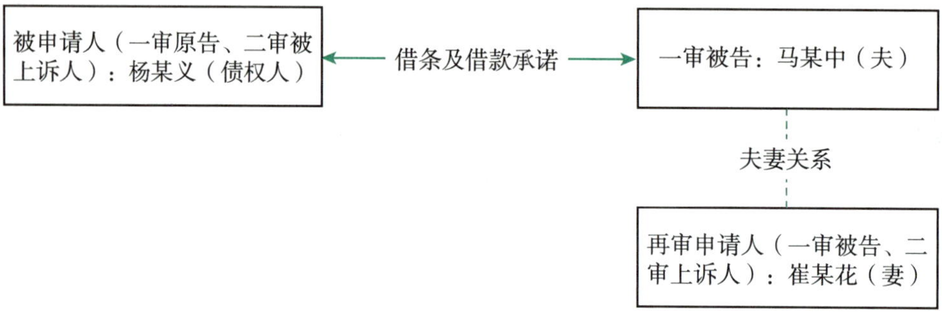

主要案情

再审申请人（一审被告、二审上诉人）：崔某花（妻）。

被申请人（一审原告、二审被上诉人）：杨某义（债权人）。

一审被告：马某中（夫）。

再审申请人崔某花与被申请人杨某义、一审被告马某中民间借贷纠纷一案，不服宁夏回族自治区高级人民法院（2017）宁民终 191 号民事判决，向最高人民法院申请再审。

崔某花申请再审请求及理由：1. 依法撤销宁夏回族自治区银川市中级人民法院（2016）宁01 民初 865 号民事判决及宁夏回族自治区高级人民法院（2017）宁民终 191 号民事判决；2. 依法改判再审申请人崔某花不承担还款责任。再审理由：二审法院在被申请人杨某义未向法院提交任何证据证明的情况下，仅以原审被告马某中与被申请人杨某义之间的借款发生在崔某花与马某中夫妻关系存续期间就认定案涉借款系夫妻共同债务，认定事实错误。首先，原审被告马某中两次向被申请人杨某义借款所出具的借条及借款承诺均系其个人出具，再审申请人根本不知情，均未签字认可，事后也未追认，故案涉借款系马某中个人债务，不应认定为夫妻共同债务。其次，一审、二审庭审中，马某中向法庭提交的转账凭证、银行流水均可清晰地显示所借款项走向，证明所有借款马某中均用于帮助其朋友田成旺解决资金周转困难，杨某义在两次庭审中亦认可该事实，故案涉借款并未用于马某中与再审申请人的夫妻共同生活。最后，马某中向被申请人杨某义借款数额高达 1900 万元，该债务远远超出崔某花、马某中二人家庭日常生活所需的范畴，与实际不符。被申请人主张该借款用于二人夫妻共同生活，属于夫妻共同债务不具有真实性、客观性及关联性，更无合法性可言。同时，根据最高人民法院《关于审理涉及夫妻债务纠纷案件适用法律有关问题的解释》第 3 条"夫妻一方在婚姻关系存续期间以个人名义超出家庭日常生活需要所负的债务，债权人以属于夫妻共同债务为由主张权利的，人民法院不予支持，但债权人能够证明该债务用于夫妻共同生活、共同生产经营或者基于夫妻双方共同意思表示的除外”之规定，被申请人杨某义主张如此高额的借款属于夫妻共同债务，应承担举证责任，向法庭提交相关证据予以证明。但在一审、二审庭审过程中，被申请人从未向法庭提交任何证据证明案涉借款用于二人夫妻共同生活、共同生产经营，应承担举证不能的法律后果。因此，一审、二审法院在被申请人没有提交任何证据证明的情况下，仅以案涉借款发生在夫妻关系存续期间就认定为夫妻共同债务，明显与事实不符，于法无据。综上所述，再审申请人认为，一审、二审法院认定原审被告与被申请人之间的借款属于夫妻共同债务的事实明显缺乏证据证明，认定事实错误，适用法律不当，故本案应当再审。

一、关于马某中的借款用途。被申请人称，马某中所做生意是将钱借给第三方，从中赚取利息，这部分利息用于日常家庭生活。再审申请人则称，马某中是个体户，正当经营生意，但其未能提供营业执照、业务单据等证据支持。再审申请人称马某中与借款人杨某义系朋友关系，所借款项未用于家庭生活，未收取高额利息。对此，被申请人提供了银川市中级人民法院(2017)宁01民初281号调解书，证明马某中自2007年9月4日至2015年4月15日，分18次向田林东、田成旺转账借款本金4416万元，该借款属于借给宁夏东宇实业有限公司的借款，田林东、田成旺系该公司股东。2016年11月14日，马某中与田林东、田成旺、宁夏东宇民族饮食文化有限公司达成还款协议，确认宁夏东宇实业有限公司借马某中4416万元，按月息2%计算已经收取了920万元利息，赚取了利息差。关于剩余本金利息，双方自愿达成了一份和解协议。被申请人还提供了银川市中级人民法院(2016)宁01民初415号民事案件审理过程中马某中曾向法院提供的一份借款协议。该协议约定，马某中与田林东、田成旺的借款月息为4%，马某中在起诉状中请求按月息3%计算利息。

二、关于法院保全的马某中名下的两辆宝马车、一辆路虎车、三处房产和在崔某花名下的位于宁夏××自治区吴忠市的一处房产的购买资金来源(崔某花自述一辆轿车购买价为102.8万元、两辆越野车购买价分别为143万元和98.5万元)。被申请人称，马某中、崔某花均60多岁，无正常收入，间接证明了马某中所借巨款是为了放贷收取利息差，而所得收益均用于夫妻共同生活。对此，再审申请人称，其是家庭妇女，不知道丈夫马某中做生意的事情，且房产与车辆均在借款前已经购得。但再审申请人未能提供证明马某中和崔某花的其他收入足以支持其购买车辆及多处房产的证据。

最高人民法院于2018年7月13日作出(2018)最高法民申634号民事裁定书：驳回崔某花的再审申请。

法院观点

最高人民法院《关于适用〈中华人民共和国婚姻法〉若干问题的解释(二)》第24条规定：“债权人就婚姻关系存续期间夫妻一方以个人名义所负债务主张权利的，应当按夫妻共同债务处理。但夫妻一方能够证明债权人与债务人明确约定为个人债务，或者能够证明属于婚姻法第十九条第三款规定情形的除外。”据此，本案的借款发生在崔某花与马某中的婚姻关系存续期间，对于崔某花与马某中任何一方以个人名义所借的债务，原则上应当由崔某花与马某中夫妻双方共同承担。本案中，崔某花既没有提供证明杨某义与马某中明确约定案涉借款为马某中的个人债务的证据，也无证据证明本案属于《婚姻法》第 19 条第 3 款“夫妻对婚姻关系存续期间所得的财产约定归各自所有的，夫或妻一方对外所负的债务，第三人知道该约定的，以夫或妻一方所有的财产清偿”规定的情形，故本案债务应当认定为马某中与崔某花的夫妻共同债务。

再审申请人崔某花提出的申请再审的法律依据是最高人民法院《关于审理涉及夫妻债务纠纷案件适用法律有关问题的解释》。经查，该解释自 2018 年 1 月 18 日起施行。本案二审判决日期是 2017 年 9 月 14 日，本案发生和判决时该解释并未施行。故二审法院根据《婚姻法》第 19 条、最高人民法院《关于适用〈中华人民共和国婚姻法〉若干问题的解释（二）》第 24 条作出判决，适用法律正确。并且，最高人民法院《关于审理涉及夫妻债务纠纷案件适用法律有关问题的解释》第 3 条也规定：“夫妻一方在婚姻关系存续期间以个人名义超出家庭日常生活需要所负的债务，债权人以属于夫妻共同债务为由主张权利的，人民法院不予支持，但债权人能够证明该债务用于夫妻共同生活、共同生产经营或者基于夫妻双方共同意思表示的除外。”根据被申请人提供的生效民事调解书等证据足以证实，马某中主要从事民间借贷赚取利息差的生意。本案中，马某中虽然以个人名义借贷了超出日常开支所需债务，但该行为属于赚取利差的投资经营行为，所获利息亦用于夫妻共同生活，崔某花无证据证明其和马某中有其他的收入足以支持其购买车辆及多处房产。由于杨某义已经证明案涉借款系马某中赚取利差的投资经营行为，利息用于夫妻共同生活，故该债务属于夫妻共同债务，应由马某中和崔某花夫妻共同偿还。至于崔某花在申请再审时提出，其和马某中名下的车辆和房产是在案涉借款前购买，最高人民法院认为，这些财产购买的时间并不影响其应当承担的案件的还款责任。也就是说，即使是在案涉借款之前购买的，这些财产也应当用来偿还案涉借款。只要案涉借款不还，马某中和崔某花名下的任何财产均系案涉借款的责任财产，故崔某花的此点申请再审理由不能成立。

律师提示

民间借贷案件夫妻共同债务的认定，一直是此类案件争议的焦点，如何在此类案件中稳操胜券或反败为胜，笔者认为：

一、2018 年 1 月 18 日施行的最高人民法院《关于审理涉及夫妻债务纠纷案件适用法律有关问题的解释》相比于此前的最高人民法院《关于适用〈中华人民共和国婚姻法〉若干问题的解释（二）》而言，对于是否为夫妻共同债务问题，最重要的一点是转移了举证责任，将由夫妻一方举证改为由债权人举证，因此涉及夫妻共同债务的民间借贷案件，出借人需要积极主动承担举证责任，以证明案涉借款为夫妻共同债务。

二、对于是否为夫妻共同债务的举证，债权人不能局限于对债务人夫妻共债共签、日常生活所需领域，还应跳出个案，通过裁判文书网、其他案件等途径，收集证据材料线索，并应从夫妻经营、大额财产购置资金来源等方面入手调查。

三、本案通过其他案件信息查明借贷资金用途去向，通过车辆及多处房产购置质疑资金来源，是对此类案件进行调查取证最值得学习和借鉴的地方。

038 一方因债务加入形成的债务是否可认定为夫妻共同债务？

案例索引

最高人民法院（2017）最高法民申1516号民事裁定书。

案例导读

一、尽管本案最高人民法院再审裁定于2017年5月11日，但仍于2018年10月23日18时33分被最高人民法院发布在其官方微博上。看来，在2018年1月18日施行了最高人民法院《关于审理涉及夫妻债务纠纷案件适用法律有关问题的解释》之后，该裁定所确定的裁判规则至今具有重要参考价值，值得我们关注。

二、夫妻共同债务的认定一直都是家事金融案件司法实务的热点、难点和重点。最高人民法院通过本案例再次表明，夫妻共同债务认定不能单看债务的性质及表面原因，关键要看债务与夫妻共同生活经营有无密切关系这一实质条件。

三、此类案件举证是关键中的关键，但庭审陈述也无比重要，可能因为当事人一句陈述就彻底改变了法官的内心确信。

裁判要旨

涉案债权发生在夫妻婚姻关系存续期间，且徐某娟无收入来源，其经济上均有赖于许某标的经营所得，许某标与原债务人存在密切经营关系。而本案债务之所以发生，亦是许某标主导的原债务人的经营活动失败所致，故许某标的涉案债务应当认定为夫妻共同债务。

裁判逻辑

一、当事人承诺对债务人的债务由其负责清偿，系债务加入，成为债务人之一。

二、夫妻关系存续期间一方因债务加入形成的债务，原则上一般应属于婚姻关系存续期间夫妻一方的债务。

三、有证据证明原债务人所负债务与夫妻共同经营密切相关或用于共同生活的，则可认定为夫妻共同债务。

四、鉴于本案主债务人公司原法定代表人为债务人女儿；最初的债务协议即由债务人代表签字并实际参与公司的经营活动；且夫妻一方自称家庭经济事宜均由债务人包办等情形，可认定是婚姻关系存续期间的生产经营活动，所举债已用于夫妻共同生活，应当作为夫妻共同债务。

交易结构图

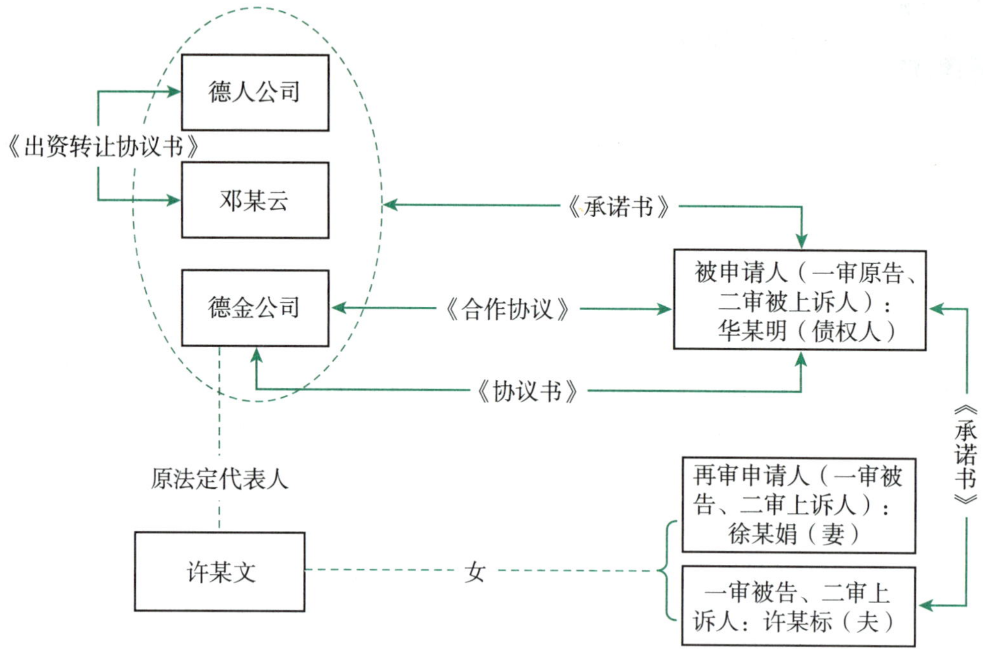

主要案情

再审申请人(一审被告、二审上诉人):徐某娟(妻)。

被申请人(一审原告、二审被上诉人):华某明(债权人)。

一审被告、二审上诉人:许某标(夫)。

原审被告:德金投资有限公司、许某文(女儿、德金公司原法定代表人)、北京清大德人科技有限公司、邓某云。

再审申请人徐某娟因与被申请人华某明、一审被告、二审上诉人许某标、原审被告许某文、德金投资有限公司(以下简称德金公司)、北京清大德人科技有限公司(以下简称德人公司)、邓某云民间借贷纠纷一案,不服江苏省高级人民法院(2016)苏民终947号民事判决,向最高人民法院申请再审。

2010年10月16日,华某明作为甲方与乙方德金公司签订《合作协议》,该协议明确:鉴于德金公司与目标公司(明龙公司、经联公司)原股东于2010年4月9日签订了《合作协议》,约定由德金公司(包括其关联公司及指定的第三方)受让两目标公司100%股权。现德金公司为履行上述合同，与华某明合作，由华某明投入2500万元参与该项目的合作开发。通过双方共同合作，促成本项目的成功并购，达到双赢的目的。协议第二条约定了合作方式为：1.华某明（包括其关联方或指定的第三方）以现金方式投入2500万元，享有目标公司20%股权，在德金公司与目标公司原股东办理股权变更手续时，即进行相应的股权变更；2.华某明可派遣工作人员参与矿山管理；3.华某明在两年内优先收回投资后，按照双方实际持有股份比例享有权益。协议还对其他权利义务作了具体约定。协议尾部许某标代表德金公司法定代表人或授权代表签字，并加盖了德金公司的公章。同年10月26日，德金公司向华某明发出《划款指令》，要求将投资款2000万元划到丰宁吉源矿业有限公司尾号为2734的农村信用合作联社账户。10月29日，华某明通过其尾号为1511的中国农业银行账户向该账户汇入800万元，无锡市赋和贸易有限公司（现为无锡赋和钢贸城有限公司）受华某明委托向该账户汇入1330万元。同年11月11日，许某标代表德金公司又向华某明发出《划款指令》，要求支付经联公司购矿款现金180万元。11月25日和27日，华某明分两次向明龙公司交去现金165万元和15万元。

2010年12月25日，华某明与德金公司签订《协议书》，主要内容为，鉴于双方在2010年10月26日签订的《合作协议》无法正常履行，重新达成如下协议：1.解除原协议；2.华某明已经按照德金公司要求投入到目标公司的2310万元不再作为投资款，而作为德金公司的借款；3.德金公司在2011年1月31日前归还上述借款，如不能如期归还，则从2011年2月1日起按每月2%利率计算支付利息并于每月25日前一次性付清；4.德金公司以其实际控制的宝鸡市力博工贸有限责任公司拥有的甘肃舟曲县金香拉金矿、山西运城兴业矿业资源开发有限公司、甘肃省康县黄家老庄金矿各10%的股权及相应的权益作为担保等。邓某云在该协议尾部签名并加盖德金公司公章。

2011年6月23日，邓某云、德金公司、德人公司出具《承诺书》，表示在拥有的投资收益、相应权益和回笼资金中，优先偿还原德金公司向华某明的借款2310万元及利息。该承诺有邓某云签名并加盖德金公司、德人公司公章。同年12月9日，许某标亲书《承诺函》，表示华某明与德金公司2010年12月25日签订协议书中确定的德金公司债务，由其负责清偿（2012年1月底前清偿1000万元，10月1日前再清偿剩余款项）。后中金天润公司受许某标委托，于2011年12月12日汇入华某明账户50万元作为还款。除该笔还款之外，华某明还收到他人代许某标归还涉案借款利息150万元。

因各债务人均未按约履行还款义务，华某明多次通过各种途径主张权利，包括委托北京市三知律师事务所律师于2013年10月10日通过邮寄方式向德金公司、德人公司、邓某云、许某文、许某标等书面催告履行还款义务。

工商登记资料显示，德金公司由许某文、德人公司作为发起人于2010年4月9日申请设立，注册资本为1亿元，分别由德人公司认缴9800万元、许某文认缴200万元，采用分期缴付方式出资，最后出资时间为2015年4月8日，已实收资本系由德人公司于申请设立之时及2010年7月6日分别出资2000万元、4000万元，合计为6000万元。批准设立后，2010

年 11 月 5 日，德金公司法定代表人由许某文变更为盛德力。2011 年 6 月 6 日，德金公司第二届第二次、第三届第一次股东会决议明确公司股东德人公司、许某文变更为邓某云、许某文，并将德人公司的认缴出资份额 9800 万元及未完成缴纳义务 3800 万元的主体变更为邓某云，分期缴纳的最终时间仍为 2015 年 4 月 8 日。德人公司与邓某云签订的《出资转让协议书》亦对上述出资转让作了确认，并明确约定自转让之日起，转让方对已转让的出资不再享有出资人的权利和承担出资人的义务，受让方以其出资额在企业内享有出资人的权利和承担出资人的义务。上述情况，公司章程及投资者注册资本缴付情况登记表均作了对应修改，并有工商变更登记备案。2012 年 10 月 11 日，德金公司因在规定期限内未接受年检被北京市工商行政管理局海淀分局处以吊销营业执照的行政处罚，后公司股东邓某云、许某文未依法清理并办理注销登记，亦未按设立申请的要求缴纳未付剩余出资 3800 万元和 200 万元。

户口、婚姻登记资料显示，许某标与徐某娟于 1989 年 7 月 5 日登记结婚，许某文系两人之女，两人于 2014 年 2 月 12 日协议离婚。无锡市惠山区人民法院调查笔录显示，徐某娟称其无经济来源，家庭的经济事宜包括经营投资均由许某标包办，关于其在龙川盛世公司所有的部分股权亦是许某标使用其名字，实际经营人为许某标。

被申请人（一审原告、二审被上诉人）华某明（债权人）一审诉讼请求：1. 德金公司偿还 2310 万元本金及自 2011 年 2 月 1 日起至实际还款之日止的借款利息（按每月 2% 利率计算利息至实际付款之日并扣除已偿还的 200 万元利息）；2. 德金公司股东德人公司在德金公司不足以偿还时，于未足额缴纳出资 3800 万元本息范围内承担补充赔偿责任；3. 德金公司股东许某文在德金公司不足以偿还时，于未足额缴纳出资 200 万元本息范围内承担补充赔偿责任；4. 德金公司股东德人公司在德金公司对第 3 项诉讼请求承担连带责任；5. 德金公司股东许某文对第 2 项诉讼请求承担连带责任；6. 德金公司股权受让人邓某云对第 2 项诉讼请求承担连带责任；7. 德人公司对第 1 项诉讼请求承担连带清偿责任；8. 邓某云对第 1 项诉讼请求承担连带清偿责任；9. 许某标对第 1 项诉讼请求承担连带清偿责任；10. 徐某娟对第 1 项诉讼请求中的本金、利息承担连带清偿责任。

一审法院判决：1. 德金公司于判决发生法律效力之日立即归还华某明本金 2310 万元及自 2011 年 2 月 1 日起至判决发生法律效力之日止的借款利息（按每月 2% 利率计算并扣除已偿还的 200 万元）；2. 德人公司、邓某云、许某标对判决主文第一项承担连带清偿责任；3. 许某文在未出资 200 万元本息（利息自 2015 年 4 月 9 日起至判决发生法律效力之日止按银行同期贷款利率计算）范围内对判决主文第一项承担补充赔偿责任，对德人公司在其未出资 3800 万元本息（利息自 2015 年 4 月 9 日起至判决发生法律效力之日止按银行同期贷款利率计算）范围内对判决主文第一项的补充赔偿责任承担连带责任；4. 徐某娟对判决主文第二项许某标的债务承担共同清偿责任。

二审法院判决：驳回上诉，维持原判。

最高人民法院于 2017 年 5 月 11 日作出（2017）最高法民申 1516 号民事裁定：驳回徐某娟

的再审申请。

法院观点

本案的争议焦点为徐某娟是否应对许某标个人债务加入而产生的债务承担共同偿还责任。根据最高人民法院《关于适用〈中华人民共和国婚姻法〉若干问题的解释(二)的补充规定》第24条规定:“债权人就婚姻关系存续期间夫妻一方以个人名义所负债务主张权利的,应当按夫妻共同债务处理。但夫妻一方能够证明债权人与债务人明确约定为个人债务,或者能够证明属于婚姻法第十九条第三款规定情形的除外。夫妻一方与第三人串通,虚构债务,第三人主张权利的,人民法院不予支持。夫妻一方在从事赌博、吸毒等违法犯罪活动中所负债务,第三人主张权利的,人民法院不予支持。”《婚姻法》第19条第3款规定:“夫妻对婚姻关系存续期间所得的财产约定归各自所有的,夫或妻一方对外所负的债务,第三人知道该约定的,以夫或妻一方所有的财产清偿。”本案中,许某标承诺德金公司的债务由其负责清偿,系其加入德金公司对华某明的债务中来,许某标成为华某明的债务人。此时许某标与徐某娟仍在婚姻关系存续期间,因此许某标对德金公司的债务属于婚姻关系存续期间夫妻一方的债务。从现有的证据来看,华某明与许某标并未明确约定该债务系许某标个人债务,双方亦不存在恶意串通、违法犯罪或明知约定财产等情形,因此,根据上述法律规定,许某标对华某明的债务为其与徐某娟的夫妻共同债务。徐某娟主张许某标系债务加入人,并未直接向华某明借款,因此对华某明的举债其并未受益,该款项亦未用于夫妻共同生活,故不应当认定为夫妻共同债务。本案中许某标并非债务担保行为,且主债务人德金公司原法定代表人许某文为许某标女儿,该公司与许某标、徐某娟均有密切关系。华某明与德金公司最初的《合作协议》即由许某标代表签字,许某标实际参与德金公司的经营活动,且徐某娟自称家庭经济事宜均由许某标包办,因此,华某明的债务并非与许某标、徐某娟无关,许某标在德金公司经营过程中的行为是婚姻关系存续期间的生产经营活动,由此可见对于华某明的举债已用于许某标、徐某娟夫妻共同生活,该债务应当作为许某标与徐某娟的夫妻共同债务,原审法院认定由徐某娟承担共同偿还责任正确,最高人民法院对此予以确认。

律师提示

此类案件举证是关键的关键,但庭审陈述也是十分重要,可能因为当事人一句陈述就彻底改变了法官的内心确信。

一、许多案件事实是很难有书面证据的,往往需要借助当事人的陈述来反映客观情况,而当事人陈述其实是最为重要且最易忽视的重要证据,例如本案申请人徐某娟自称“家庭经济事宜均由许某标包办”就是最大失误。

二、最高人民法院民一庭2015年对福建省高级人民法院所作的[2015]民一他字第9号复函中规定:“夫妻一方对外担保之债不应当适用《婚姻法解释(二)》第二十四条的规定认定为夫妻共同债务。”根据实质重于形式的原则及本案裁判理念,夫妻一方对外担保之债亦有认定为夫妻共同债务的可能。

附一：最高人民法院民一庭关于夫妻一方对外担保之债能否认定为夫妻共同债务的复函[(2015)民一他字第9号]

福建省高级人民法院：

你院(2014)闽民申字第1715号《关于再审申请人宋某、叶某与被申请人叶某某及一审被告陈某、李某民间借贷纠纷一案的请示》收悉。经研究答复如下：同意你院审判委员会多数意见，即夫妻一方对外担保之债不应当适用《最高人民法院关于适用〈中华人民共和国婚姻法〉若干问题的解释(二)》第二十四条的规定认定为夫妻共同债务。

附二：最高人民法院民一庭关于婚姻关系存续期间夫妻一方以个人名义所负债务性质如何认定的答复[(2014)民一他字第10号]

江苏省高级人民法院：

你院(2014)苏民他字第2号《关于婚姻关系存续期间夫妻一方以个人名义所负债务的性质如何认定问题的请示》收悉。

经研究，同意你院审判委员会的倾向性意见。在不涉及他人的离婚案件中，由以个人名义举债的配偶一方负责举证证明所借债务用于夫妻共同生活，如证据不足，则其配偶一方不承担偿还责任。在债权人以夫妻一方为被告起诉的债务纠纷中，对于案涉债务是否属于夫妻共同债务，应当按照《最高人民法院关于适用〈中华人民共和国婚姻法〉若干问题的解释(二)》第二十四条规定认定。如果举债人的配偶举证证明所借债务并非用于夫妻共同生活，则其不承担偿还责任。

最高人民法院民事审判第一庭

二〇一四年七月十二日

039 离婚约定一方所有房产是否可为另一方执行责任财产？

案例索引

浙江省衢州市中级人民法院(2017)浙08民终1074号民事判决书。

案例导读

一、本案是一起关于个人债务执行夫妻共同财产的典型案例。夫妻一方负有个人债务进入强制执行程序拍卖夫妻共同房产，另一方则及时向执行法院提起了执行异议之诉，要求分割一半拍卖房价款，结果经历被法院一审驳回原告诉请，二审发回重审，重审一审改支持原告诉请，并最终获重审二审维持，从而获得65.5万元房款。

二、由此可见，关于处置夫妻共同财产用于偿还一方个人债务另一方可否要求分割所得价款的一半的问题，法院也有一个通过双方当事人的充分博弈后逐步形成正确裁判思路的过程，该过程中代理律师的作用巨大。

三、在夫妻有多项共同共有财产的情况下，将其中一项共同财产进行拍卖用于清偿一方个人债务，另一方是否还享有拍卖款一半份额？本案重审一审、二审法院均给予了充分的论证和回答，值得借鉴。

裁判要旨

在共有人享有多项共同共有财产的情况下，其中一项财产具备分割条件，并不导致全部财产都需要或者应当进行分割，而应当根据不同的物形成的共有条件而加以区别对待。

裁判逻辑

一、因需要处置夫妻共同财产用于偿还一方个人债务并被法院依法进行拍卖，另一方作为共有人要求分割拍卖所得价款的一半，符合《物权法》第99条当中规定的“有重大理由需要分割时可以请求分割”的情形。

二、执行拍卖所得款来源于夫妻共同财产，用于偿还一方个人债务，另一方可以要求依法分割以维护自身合法权益，对属于其的一半份额依法予以保护。

三、在共有人享有多项共同共有财产的情况下，其中一项财产具备分割条件，并不导致全部财产都需要或者应当进行分割，而应当根据不同的物形成的共有条件加以区别对待。

四、法院执行不能仅仅简单强调执行效率，必要时应对夫妻共同财产逐一分割，以确保配偶的合法权益，而不能以“执行标的物价值在夫妻所有共同财产总价值的一半以下”为由执行全部拍卖。

交易结构图

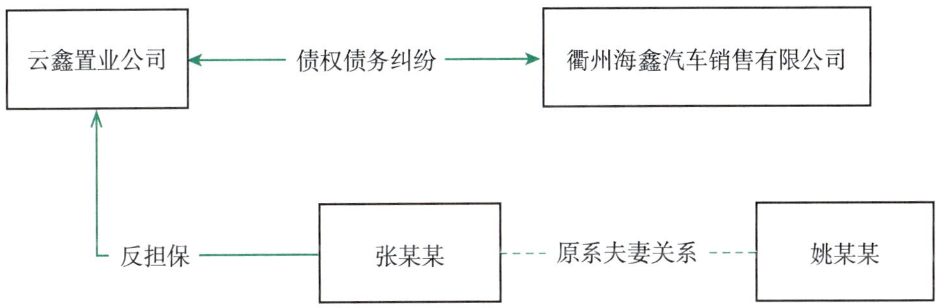

主要案情

上诉人(原审被告、申请执行人):浙江云鑫置业开发有限公司。

被上诉人(原审原告、执行案外人):姚某某。

原审第三人(被执行人):张某某。

上诉人浙江云鑫置业开发有限公司(以下简称云鑫置业公司)与被上诉人姚某某、原审第三人张某某案外人执行异议之诉一案,浙江省衢州市柯城区人民法院于 2016 年 10 月 12 日作出(2016)浙 0802 民初 3047 号民事判决。姚某某不服,向浙江省衢州市中级人民法院提起上诉。浙江省衢州市中级人民法院于 2016 年 12 月 29 日作出(2016)浙 08 民终 1285 号民事裁定,撤销浙江省衢州市柯城区人民法院(2016)浙 0802 民初 3047 号民事判决,发回重审。浙江省衢州市柯城区人民法院于 2017 年 9 月 7 日作出(2017)浙 0802 民初 582 号民事判决,云鑫置业公司不服,向浙江省衢州市中级人民法院提起上诉。

原告姚某某与第三人张某某于 1989 年 3 月 8 日登记结婚。

2014 年 6 月 24 日,法院就云鑫置业公司起诉张某某、陈某、吴丽萍等人保证合同纠纷一案作出(2014)衢柯商初字第 430 号民事判决:张某某、陈某、吴丽萍于判决生效之日起 10 日内清偿云鑫置业公司代债务人衢州海鑫汽车销售有限公司支付的款项 1,741,055.56 元及利息损失(自 2014 年 4 月 21 日起,以代付款 1,741,055.56 元为基数按中国人民银行同期同类贷款基准利率计算至判决确定的履行之日止)。判决生效后,张某某等人未履行付款义务,云鑫置业公司向法院申请强制执行,法院于 2015 年 5 月 25 日作出(2014)衢柯执民字第 1090 – 1 号执行裁定,裁定拍卖第三人张某某名下坐落于衢州市聚龙嘉苑 17 幢 1 单元 302 室的衢州市房产,并于 2015 年 12 月 24 日拍卖成交,成交价为 131 万元。

原告姚某某为此向法院提出执行异议,法院于 2016 年 6 月 3 日作出(2016)浙 0802 执异 23 号执行裁定,以涉案被拍卖财产不存在份额的划分范围和婚姻关系解除等需要进行分割的情形,且该房地产拍卖所得价款明显在张某某和姚某某所有共同财产总价值的一半以下,对全部拍卖款的执行亦未对姚某某的权益造成实际损害为由,驳回姚某某的执行异议。

另查明,原告姚某某与第三人张某某在其他地方还拥有多处房产,但均处于司法查封状态,等待司法处置中。

被上诉人(原审原告、执行案外人)姚某某一审诉讼请求:确认原告对其与第三人张某某共同共有的坐落于衢州市聚龙嘉苑 17 幢 1 单元 302 室房产拍卖所得款享有 50% 的份额,即 65.5 万元,并将该款项返还原告。

重审一审法院判决:确认坐落于衢州市产的执行拍卖款 131 万元的二分之一即 65.5 万元为原告姚某某所有。

重审二审法院衢州市中级人民法院于 2017 年 10 月 31 日作出(2017)浙 08 民终 1074 号民事判决:驳回上诉,维持原判。

法院观点

首先，从本案涉案债务性质来看，该债务系第三人张某某个人为他人提供反担保所形成的债务，无充分证据证明该债务系夫妻共同债务，故该债务系张某某个人债务。其次，涉案被执行房产系张某某与姚某某夫妻关系存续期间取得，属于夫妻共同财产。现由于需要处置夫妻共同财产用于偿还张某某个人债务，并被法院依法进行拍卖。对于拍卖所得款项，姚某某作为共有人，要求分割所得价款的一半，符合《物权法》第99条当中规定的“有重大理由需要分割时可以请求分割”的情形，故姚某某的诉请应予支持。至于上诉人提出张某某与姚某某存在多处不动产，不分割涉案拍卖款不会影响姚某某的合法权益的上诉理由，浙江省衢州市中级人民法院认为，执行拍卖所得款来源于夫妻共同财产，用于偿还张某某个人债务，姚某某可以要求依法分割以维护自身合法权益，且根据查明的事实，张某某与姚某某的其他夫妻共同财产处于抵押、查封或租赁等状态，说明其他夫妻共同财产亦存在其他权利义务负担。若不分割涉案拍卖款，不仅限制姚某某的合法权益，也可能影响其他物上债权人的合法利益。此外，不能简单强调执行效率，必要时需要对夫妻共同财产进行逐一分割，以确保配偶的合法权益。

律师提示

笔者认为，前不久最高人民法院发布的最高人民法院《关于审理涉及夫妻债务纠纷案件适用法律有关问题的解释》将带来五大新问题、新挑战，值得大家思考和共同探讨。

一、个人债务强制执行时如何对夫妻共同财产进行处置？

二、因一方原因形成的夫妻共同债务可否执行另一方个人财产？

三、未来个人破产制度与夫妻共同财产制度如何协调平衡？

四、如何预防利用“共债共签”原则逃废债务？

五、利用明示的分别财产制度实现婚姻关系的人身关系与经济关系的彻底分离是否会流行起来？

040 家族公司股东知情权纠纷中如何审查股东资格？

案例索引

北京市第一中级人民法院(2017)京01民终9358号民事判决书。

案例导读

一、本案是一起典型的家族企业股东知情权纠纷案例，在此类纠纷案中，最常见的抗辩理由莫过于否定股东身份。

二、你告我要求行使股东知情权，我便否定你的股东身份，此可谓釜底抽薪之计。关于股东资格举证责任如何分配？股东资格审查的方式和标准如何确定？股东知情权纠纷与股东资格确认纠纷、股东出资纠纷如何协调？股东要求查阅公司会计账簿应当具备什么条件并履行什么前置程序？股东行使知情权判决执行如何确定合理时间及原则？通过本案一审、二审法院的论述，基本可以完整解答上述问题，值得学习和参考。

裁判要旨

股东要求查阅公司会计账簿的，应当向公司提出书面请求，说明目的；公司有合理根据认为股东查阅会计账簿系存在不正当目的，可能会损害公司合法利益的，可以拒绝提供查阅。

裁判逻辑

一、股东知情权是股东权的一项重要权利，是法律赋予公司股东了解公司信息的权利，包括股东了解公司的经营状况、财务状况以及其他与股东利益存在密切关系的公司情况的权利。

二、股东知情权依附于股东身份而存在，当事人诉请行使股东知情权的，应对其具有股东身份承担举证责任。

三、在股东知情权诉讼中，法院对当事人股东资格的审查应以形式审查为一般标准，只有在对方提出的相反证据足以导致当事人股东身份动摇的状况下，法院才应进一步实体审查当事人股东身份的真伪。

四、股东知情权纠纷与股东资格确认纠纷、股东出资纠纷均非同一法律关系，就股东资格是否存在或股东对公司是否存在出资瑕疵的情形，均可通过其他的纠纷解决方式予以救济，但该类争议并不必然影响法院在现有证据的情况下对股东知情权进行审理，即在股东未丧失公司股东身份之前仍可按照《公司法》或公司章程的规定行使相应的股东权，除非公司章程或股东与公司之间另有约定。

五、股东要求查阅公司会计账簿的，应当向公司提出书面请求，说明目的；公司有合理根据认为股东查阅会计账簿存在不正当目的，可能会损害公司合法利益的，可以拒绝提供查阅。

六、对于股东行使知情权进行查阅、复制的起止时间问题，因为该期限的长短与公司经营、财务等状况有关，不能一概而论。

七、股东行使知情权判决的具体执行，双方当事人应遵循既充分保证股东知情的权利，也不影响公司正常运营的原则，在合理时间内履行完毕。

交易结构图

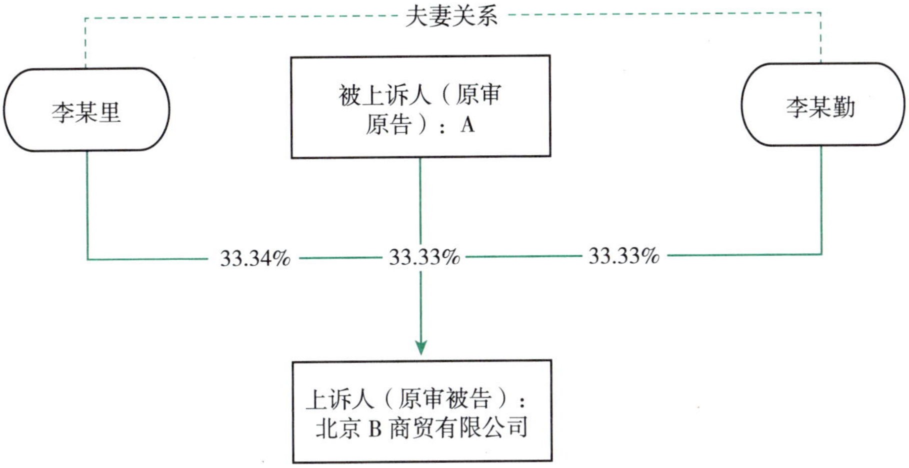

主要案情

上诉人(原审被告):北京B商贸有限公司。

被上诉人(原审原告):A。

上诉人北京B商贸有限公司(以下简称B公司)因与被上诉人A股东知情权纠纷一案,不服北京市海淀区人民法院(2017)京0108民初455号民事判决,向北京市第一中级人民法院提起上诉。

工商企业档案载明,B公司于2000年8月1日成立,注册资本30万元;公司股权结构为:李某里出资10万元,占33.34%股份;A出资10万元,占33.33%股份;李某勤出资10万元,占33.33%股份。

B公司章程规定,公司设执行董事一名,设监事一名。公司未设立董事会和监事会,不存在董事会会议决议和监事会会议决议。

B公司对A的股东身份提出异议,认为公司章程并非A本人签字,且A未履行出资义务。对此,A认可公司章程并非其本人签字,而是由他人代办,但其履行了出资义务,以现金的方式出资10万元,并一直参与公司经营。

A认可未就其主张的要求B公司提供会计账簿以供其查阅、复制提出书面申请,但其曾以向公司股东李某勤发送短信的方式提出了申请。

李某勤与A系姐弟关系,李某勤与李某里系夫妻关系。

被上诉人(原审原告)A一审诉讼请求:1.判令B公司向A提供自2000年8月1日起至判决生效之日止的财务会计报告(包括资产负债表、损益表、现金流量表、财务情况说明书和利润分配表)、股东会会议记录、董事会会议决议、监事会会议决议以供原告A查阅、复制;2.判令B公司向A提供自2000年8月1日起至判决生效之日止的会计账簿以供A查阅、复制;3. 案件诉讼费用由 B 公司承担。

一审法院判决:1. B 公司于判决生效之日起 10 日内将本公司自 2000 年 8 月 1 日起至判决生效之日止期间的该公司的全部财务会计报告、股东会会议记录备于公司住所地内,供 A 查阅、复制;2. 驳回 A 的其他诉讼请求。

二审法院北京市第一中级人民法院于 2017 年 12 月 20 日作出(2017)京 01 民终 9358 号民事判决:驳回 B 公司上诉,维持原判。

法院观点

股东知情权是股东权的一项重要权利,是法律赋予公司股东了解公司信息的权利,包括股东了解公司的经营状况、财务状况以及其他与股东利益存在密切关系的公司情况的权利。股东知情权依附于股东身份而存在,当事人诉请行使股东知情权的,应对其具有股东身份承担举证责任。本案中,A 提交的 B 公司章程、股东名录等证据,能够证明 A 的股东身份,故 A 依法享有股东知情权。

在股东知情权诉讼中,法院对当事人股东资格的审查应以形式审查为一般标准,只有在对方提出的相反证据足以导致当事人股东身份动摇的情况下,法院才应进一步实体审查当事人股东身份的真伪。本案中,B 公司以 A 没有设立公司的意思表示、没有实际出资为理由否认 A 的股东身份,但没有提供确切证据,并不足以否认 A 在该案股东知情权诉讼中的股东身份。同时,股东知情权纠纷与股东资格确认纠纷、股东出资纠纷均非同一法律关系,就股东资格是否存在或股东对公司是否存在出资瑕疵的情形,均可通过其他的纠纷解决方式予以救济,但该类争议并不必然影响法院在现有证据的情况下对股东知情权进行审理,即在股东未丧失公司股东身份之前,仍可按照《公司法》或公司章程的规定行使相应的股东权,除非公司章程或股东与公司之间另有约定。故 B 公司关于一审判决认定事实错误的上诉理由,证据不足,北京市第一中级人民法院不予支持。

对于股东行使知情权进行查阅、复制的起止时间问题,因为该期限的长短与公司经营、财务等状况有关,不能一概而论,故法院仅判决起始时间,而未判决终止时间,并无不当。当然,判决的具体执行,双方当事人应遵循既充分保证股东知情的权利,也不影响公司正常运营的原则,在合理时间内履行完毕。B 公司关于一审判决第一项内容不确定的上诉理由,于法无据,北京市第一中级人民法院不予支持。

律师提示

一、股权知情权纠纷通常是“醉翁之意不在酒”,目的在于发现并掌握公司经营财务数据和证据,甚至违法犯罪的证据材料,看能否在后续的股东争斗中掌握更多有力的证据武器。

二、如何合理处理好股东之间的关系,合理化解矛盾纠纷?这既是一门法律技术,也是一门商业艺术,既需要学习,也需要修炼,而家族企业则更应以和为贵。

第七章　房地产金融篇

041 怠于预告抵押登记是否会致阶段性担保人房产公司脱保?

案例索引

最高人民法院(2017)最高法民申3474号民事裁定书。

案例导读

一、本案是一起涉担保案结果银行败诉的经典案例,也是最高人民法院公报案例(201805),银行怠于办理预告抵押登记致阶段性担保人房产公司脱保,足以引起银行业信贷风控人士的警惕和重视。

二、房产销售的阶段性担保保证期间的起点及终点如何确定?如何确定银行办理预告抵押登记的合理时限?如何确定预告抵押登记未在合理时限办理的各方责任?最高人民法院通过本案例均给出了明确的裁判规则,值得引以为鉴。

裁判要旨

金融机构怠于办理预告抵押登记,等于无限延长房地产企业的保证期间,有违担保法的精神,亦有违诚实信用原则,此时阶段性担保保证人的保证责任免除条件成就。

裁判逻辑

一、银行与购房人签订的《个人购房借款及担保合同》及银行与房产公司签订的阶段性担保协议,均系双方当事人真实意思表示,且不违反法律、行政法规的强制性规定,应认定合法有效。

二、房产销售阶段性担保的保证期间是每笔贷款放款之日起至预告抵押登记完成之日止,目的是督促房产公司在合理时限内办妥购房人所购房屋的预告抵押登记手续并交给银行。银行办理完预告抵押登记后,房产公司的担保责任即可免除,银行以后则通过抵押权来保障债权实现。

三、阶段性担保协议双方当事人对保证期间进行了约定，以每笔贷款放款之日为时间起点，以办妥预告抵押登记为时间终点，保证期间可以延长也可以缩短，但根据阶段性担保的应有之义，不能无限延长保证期间。

四、鉴于阶段性担保协议约定了"如出现非因银行原因未能在 90 个工作日内办妥借款人所购房屋预告抵押登记手续，银行自贷款发放之日起，至预告抵押登记完之日止之前，其有权要求房产公司履行担保责任"的内容；同理，房产公司将购房合同的登记备案手续交给银行后，银行亦应在合理期限内办理预告抵押登记，而合理期限应以上述双方约定的 90 个工作日作为参照。

五、银行收到房产公司交付的购房预告抵押登记手续后，没有在合理期间内及时办理预告抵押登记，直至案涉房屋因另案被法院查封无法办理后才向法院起诉房产公司主张权利；另外，在一审、二审过程中，银行未提供证据证明未办理预告抵押登记是房产公司迟延交付办理预告抵押登记手续所致，亦未提供证据证明其已积极敦促房产公司及购房人配合其办理预告抵押登记。鉴于上述原因，银行怠于履行合同义务是显而易见的，对案涉房屋不能办理预告抵押登记后果的产生存在重大过错。

交易结构图

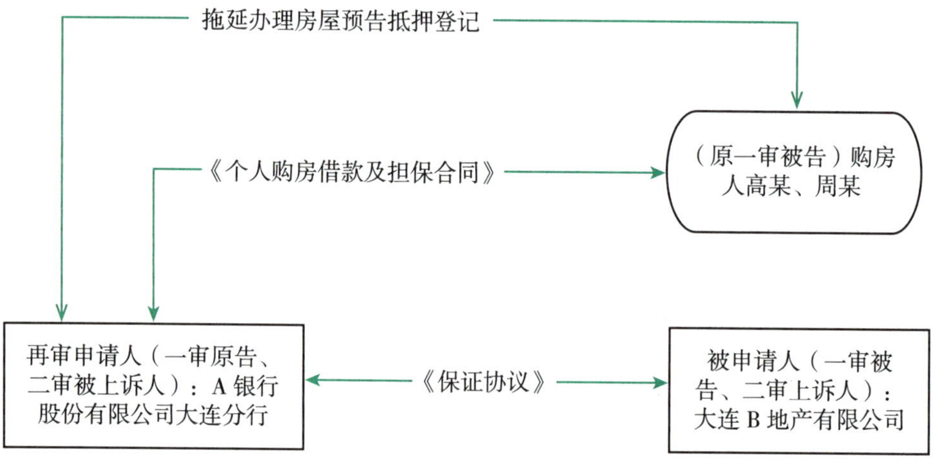

主要案情

再审申请人(一审原告、二审被上诉人)：A 银行股份有限公司大连分行。

被申请人(一审被告、二审上诉人)：大连 B 地产有限公司。

再审申请人 A 银行股份有限公司大连分行(以下简称 A 银行)因与被申请人大连 B 地产有限公司(以下简称 B 公司)保证合同纠纷一案，不服辽宁省高级人民法院(2017)辽民终 156 号民事判决，向最高人民法院申请再审。

2011年2月10日,A银行与B公司签订《担保协议》,该协议第1条约定,甲乙(A银行为甲方,B公司为乙方)双方自2011年2月10日起至2021年2月10日止,就乙方依法开发的××公馆项目的商品房进行个人住房贷款合作,协议所覆盖额度为人民币3亿元。第2条约定,购房人在协议第1条规定的期限内购买指定项目的商品房,可凭商品房买卖合同、首期款收款收据向甲方申请个人住房贷款。甲方根据自身业务规范,审查购房人的资质,并自主决定是否与借款人签订《个人住房借款(抵押)合同》和发放贷款。第3条约定,甲方发放贷款时将根据与购房人签订的借款合同后10个工作日内将贷款资金划至乙方指定的结算账户。第4条约定,乙方对根据协议的规定向甲方及其所属分支机构申请个人住房贷款的全部借款人所办理的个人住房贷款承担连带责任保证担保,担保总额度为3亿元;在担保总额度之内乙方无须逐笔业务向甲方出具担保书。第5条约定,乙方保证对每笔贷款承担阶段性担保,担保范围包括但不限于贷款的本金、利息、罚息及甲方收回债权的相关费用;担保期限为每笔贷款放款之日起至预抵押登记完成之日止。第6条约定,乙方在承担保证担保期间,应当办理购房合同的真实有效登记备案手续,并及时将购房合同的登记备案手续转交给甲方指定代办机构,积极配合甲方办理预告抵押登记手续。如果乙方未能在协议规定的时限内办妥相关手续,乙方应在接到甲方书面通知书后5个工作日内无条件将甲方发放的该笔贷款的本金、利息和其他相关费用归还甲方。第7条约定,自甲方贷款发放之日起,至预抵押登记完之日止之前,如出现以下任一情况,甲方有权要求乙方履行担保责任:……3.非因甲方原因未能在90个工作日内办妥借款人所购房屋预告抵押登记手续……7.非甲方原因造成的抵押登记手续未能办理或存在瑕疵。出现上述情况时,甲方有权要求乙方立即代借款人清偿全部贷款本金、利息、罚息及甲方收回债权的相关费用。第8条约定,协议生效后,任何一方不得擅自变更或解除,需要变更和解除本协议时,应当双方协商一致,达成书面协议。第10条约定,协议自双方有权签字人签字并加盖公章后生效。第12条约定,协议有效期即为第1条确定的2011年2月10日起至2021年2月10日止。

2012年7月18日,B公司与高某签订《商品房买卖合同》(合同编号:0519589),该合同第3条约定所购商品房为第×幢××单元×层××号房,用途为公建。第6条第3项约定,首期房款980.7万元于合同签订的同时支付,剩余房款979万元以按揭贷款方式于合同签署后30日内支付,按照附件4补充条款执行。第18条约定,案涉房屋仅作公建使用。第20条约定,合同未尽事项,可由双方约定后签订补充协议(附件4)。第21条约定,合同及其附件,空格部分填写的文字与印刷文字具有同等效力。

2012年9月29日,A银行与高某就案涉房屋签订《个人购房借款及担保合同》,该合同第3条约定,贷款金额为979万元;第4条约定,贷款期限120个月,即从2012年9月29日起到2022年9月29日止;第5条约定,利率以国家公布的贷款基准年利率6.55%上浮15%作为执行利率,借款人未按合同的约定按时足额偿还贷款的,贷款人有权在执行利率水平上按日加50%计收罚息,对不能按时支付的利息按罚息利率按日计收复息;第7条约定,还款方式为等额还款;第13条约定,贷款利率调整方式为固定日调整即每年的1月1日开始执行最新基准利率标准,利率计算公式为:月利率=年利率÷12,日利率=年利率÷360;第19条约定,借款人未能履行合同规定的各项义务的,贷款人有权要求借款人提前归还贷款。2012年10月9日,A银行把高某借款979万元打入高某本人账户后又转入B公司在招行五一广场支行开立的账号中。

2013年7月8日,B公司在房产部门对案涉房屋进行网签《商品房买卖合同》(合同编号:31700126)备案,该备案合同说明部分第6条约定,出卖人与买受人可以针对合同未约定或者约定不详的内容,根据所售项目的具体情况签订公平合理的补充协议,也可以在相关条款后的空白行中进行补充约定。双方补充协议的内容属于合同内容,但不在网签系统备案的范围内。该备案合同第3条约定案涉房屋的用途非住宅。双方当事人都未主张此时签订过补充协议。

2014年1月17日,B公司与高某签订附件4《补充协议》,该补充协议第18条约定,×栋仅可用作住宅使用,不允许用作经营、办公等其他用途。第21条第2项约定,协议作为《合同》不可分割的组成的部分,与《合同》有相抵触的部分,以协议为准。

同日,B公司将备案合同(2013年7月8日)及附件4《补充协议》移交给A银行。2015年3月6日,案涉房屋因另案被法院查封。自2015年3月10日起,高某未按期偿还银行贷款本金及利息,截至2015年3月10日,未偿还本金余额为8,111,960.77元。

另查,2015年4月10日,A银行与辽宁某律师事务所签订委托代理协议,约定诉讼程序和执行程序的律师服务费为36万元。2015年8月19日,A银行把36万元费用支付给辽宁某律师事务所。2015年11月4日,辽宁某律师事务所向A银行出具36万元的增值税发票。

A银行原一审诉讼请求:1.高某、周某共同偿还本金8,111,960.77元及至最终还款日止的利息、罚息、复息;2.高某、周某共同承担A银行为实现债权而支付的律师费36万元;3.B公司就高某、周某对A银行所负的上述债务承担连带清偿责任。

2015年8月24日,A银行申请撤回对高某、周某的起诉,理由是高某已经死亡,且对高某的继承人无法查明,也无法联络,为了不影响案件诉讼程序的正常进行,申请撤回对高某、周某的起诉。经查,高某、周某为夫妻关系,《居民死亡医学证明(推断)书》(B公司提供)证明高某于2015年2月27日去世,A银行自愿申请撤回对高某、周某的起诉,符合法律规定,最高人民法院予以准许。之后,A银行变更诉讼请求为:1.判令B公司就借款人高某所欠A银行债务承担连带保证担保责任,偿还本金8,111,960.77元及该借款自2015年3月10日起至实际清偿之日止的利息、复息、罚息;2.判令B公司承担A银行为实现债权而支付的律师费36万元。

一审法院判决:1.B公司自判决生效之日起10日内向A银行偿还高某借款本金8,111,960.77元;2.B公司自判决生效之日起10日内向A银行支付利息、罚息(以本金8,111,960.77元为基数,自2015年3月10日起至实际付清之日,利息以国家公布的贷款基准年利率上浮15%作为执行利率,罚息在执行利率水平上按日加收50%计收);3.B公司自判决生效之日起10日内向A银行支付律师服务费151,000元;4.驳回A银行其他诉讼请求。

二审法院判决:1.撤销大连市中级人民法院(2015)大民四初字第30号民事判决;2.驳回A银行全部诉讼请求。

再审法院最高人民法院于2017年9月26日作出的(2017)最高法民申3474号民事裁定:驳回A银行的再审申请。

法院观点

本案争议的焦点问题是B公司应否承担保证责任。

A银行与高某签订的《个人购房借款及担保合同》,A银行与B公司签订的《担保协议》,均系双方当事人的真实意思表示,且不违反法律、行政法规的强制性规定,应认定合法有效。

关于本案保证期间的确定。A银行与B公司在《担保协议》第5条约定,B公司承担的是阶段性担保,保证期间是每笔贷款放款之日起至预告抵押登记完成之日止。双方签订《担保协议》的目的是B公司在90个工作日内办妥高某所购房屋预告抵押登记手续交给A银行,A银行办理完预告抵押登记后,B公司的担保责任即可免除,A银行通过抵押权来保障债权实现。从字面上理解,双方当事人对保证期间进行了约定,以办妥预告抵押登记为时间节点,保证期间可以延长,也可以缩短。该约定是双方当事人的真实意思表示,但不能与《担保法》的规定相悖,不能无限延长保证期间,也是阶段性担保的应有之义。因此,本案的保证期间应确定为从2012年10月9日A银行放款之日起,至2014年1月17日B公司向A银行交付商品房预告抵押登记手续后,A银行在合理期限内办理完预告抵押登记止。《担保协议》第7条约定,如出现非因A银行原因未能在90个工作日内办妥借款人所购房屋预告抵押登记手续的,A银行自贷款发放之日起,至预告抵押登记完之日止之前,有权要求B公司履行担保责任。同理,B公司将购房合同的登记备案手续交给A银行后,A银行亦应在合理期限内办理预告抵押登记,而合理期限应以上述双方约定的90个工作日作为参照。

关于未办理案涉房屋预告抵押登记的责任。《担保协议》第6条约定,B公司在承担保证担保期间,应当办理购房合同的真实有效登记备案手续,并及时将购房合同的登记备案手续转交给A银行指定代办机构,积极配合A银行办理预告抵押登记。A银行在一审中辩称,未办理预告抵押登记的原因是高某不配合,因高某是香港户籍,与他联系困难,其未出具代办手续,A银行无法单方办理。A银行与高某签订的《个人购房借款及担保合同》第26.2条约定:"如本合同签订之时抵押房产尚未办妥产权证书的,抵押人应按照贷款人的要求,积极配合贷款人及/或售房人办理预告抵押登记或者楼花抵押登记;抵押房产具备办理正式抵押登记条件起的60日内,抵押人必须无条件配合贷款人办妥由预告抵押登记或楼花抵押登记转为正式抵押登记的手续。"在一审、二审过程中,A银行未提供证据证明未办理预告抵押登记是B公司迟延交付办理预告抵押登记手续所致,亦未提供证据证明其已积极敦促B公司及高某配合其办理预告抵押登记。A银行于2014年1月17日收到B公司交付的购房预告抵押登记手续后，没有在合理期间内及时办理预告抵押登记，直至2015年3月6日案涉房屋因另案被法院查封无法办理后，才于2015年4月22日向法院起诉B公司主张权利。A银行怠于履行合同义务是显而易见的，对案涉房屋不能办理预告抵押登记后果的产生存在重大过错。

关于B公司应否承担保证责任。本案中，A银行是办理预告抵押登记的义务主体，在B公司未在约定的90个工作日内交付办理预告抵押登记手续的情况下，A银行收到B公司迟延交付的预告抵押登记手续后，应当在合理期限内及时办理预告抵押登记，防止案涉房屋被法院查封而无法办理。但是A银行收到B公司迟延交付预告抵押登记手续后，不但没有提出异议，而且一年多时间不去办理预告抵押登记，且无合理解释，应视为B公司阶段性担保的保证责任免除条件成就。根据《担保法》第26条第2款“有合同约定的保证期间和前款规定的保证期间，债权人未要求保证人承担保证责任的，保证人免除保证责任”的规定，A银行未在保证期间内向B公司主张权利，B公司的保证责任免除。另外，《合同法》第119条第1款规定：“当事人B违约后，对方应当采取适当措施防止损失的扩大；没有采取适当措施致使损失扩大的，不得就扩大的损失要求赔偿。”因此，A银行因怠于履行办理预告抵押登记义务所造成抵押物被法院查封的责任，应当由其自行承担。

鉴于B公司的保证责任已免除，高某的借款是否属于案件担保范围，已无审理必要，最高人民法院对此亦不予审查。

综上所述，A银行的再审申请不符合《民事诉讼法》第200条第2项、第6项规定的情形。

律师提示

对于本案银行的败诉，有哪些经验教训值得吸取？应如何预防和避免此类脱保风险？

一、阶段性担保虽然没有明确约定保证期间，不等于没有期间，而是隐含着合理期间的，显然此案中银行对此过于自信，未能及时办理预告抵押登记。

二、出现办理预告抵押登记手续资料不齐或当事人不配合等情形的，应当及时书面催告房产公司及购房人及时补充及配合，并保存催告证据。本案正是由于银行无法举证才导致完全败诉。

三、本案银行主张购房人不在境内无法联系、又无代办手续的理由显然无力。假如出现此种情形，银行应当立即书面函告房产公司积极协助，房产公司也有义务协助，否则房产公司是难以免除担保责任的。

四、为了避免此类尴尬，也可以在阶段性担保协议中直接约定：银行经通知房产公司补正或协助后，仍无法办理预告抵押登记的，房产公司不免除承担保证责任。

042 规划建有教育设施但为商业土地的抵押合同有效吗?

案例索引

最高人民法院(2016)最高法民再335号民事判决书。

案例导读

本案为一起国有土地抵押合同纠纷典型案例,本案的关键点在于,土地虽然为商业用地,但规划建筑却为教育公益设施,土地抵押合同是否有效?一审、二审法院认为有效,最高人民法院再审则认为无效。本案中最高人民法院的裁判逻辑链还是非常值得研究的,"房地一体原则"是其底层逻辑。

裁判要旨

规划建有教育公益设施的土地,即便该土地性质为商业用途,其土地抵押合同亦应认定无效。

裁判逻辑

一、在民间借贷关系中,债权人与债务人之间是否存在真实的借款合同关系及款项是否进行了实际支付是认定的关键因素。

二、基于《抵押担保合同》上均有时任公司法定代表人的亲笔签名,事后公司依约将案涉土地《国有土地使用权证》交由抵押权人存执,且该证至今仍在抵押权方存执等事实,足以证明系公司的真实意思表示,公司申请对案涉抵押担保合同上公司印鉴的真伪进行鉴定,缺乏合适的理由,亦缺乏必要性,不予批准。

三、学校类教育公益设施,系法律规定不得抵押的设施,虽然案涉土地的登记用途为商业,但案涉地块上建有教育公益设施已是事实,依据《物权法》第182条规定的房地一体原则,涉案土地上为教育设施,故土地亦不能作为抵押物,因此,案涉土地抵押担保合同因违反了法律强制性规定而无效。

四、债权人明知抵押人为从事投资办学的公司,对案涉土地的实际情况未予查明便在该土地上设立抵押担保,其对于案涉抵押担保合同因违反强制性法律规定而无效具有一定的过错;抵押人明知案涉土地上建有教育公益设施仍然与债权人签订了抵押担保合同,亦存在过错。因此,抵押人应承担债务人不能清偿债权人债务不超过二分之一的责任。

交易结构图

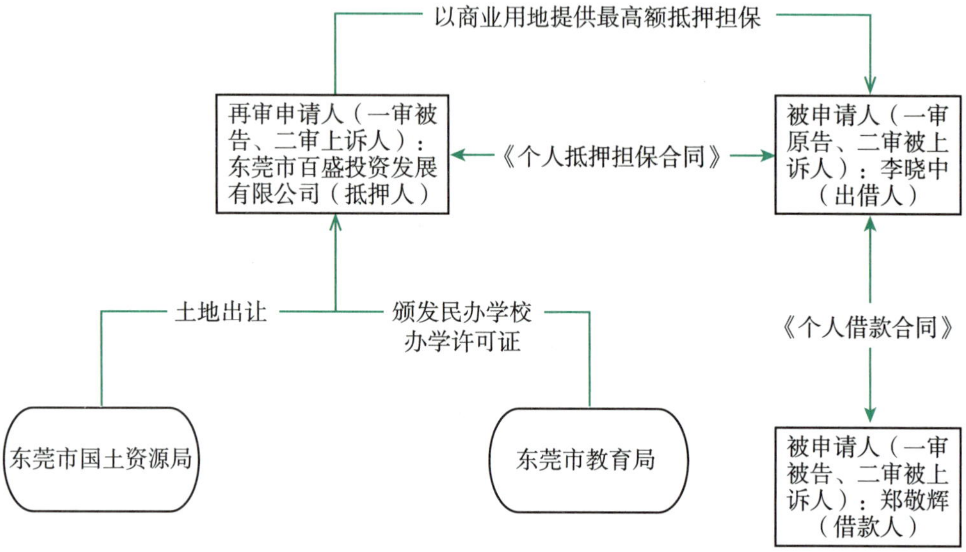

主要案情

再审申请人(一审被告、二审上诉人):东莞市百盛投资发展有限公司(抵押人)。

被申请人(一审原告、二审被上诉人):李晓中(出借人)。

被申请人(一审被告、二审被上诉人):郑敬辉(借款人)。

再审申请人东莞市百盛投资发展有限公司(以下简称百盛公司)与被申请人李晓中、郑敬辉借款合同纠纷一案,因不服广东省高级人民法院(2014)粤高法民二终字第 64 号民事判决,于 2015 年 12 月 15 日向最高人民法院申请再审。最高人民法院于 2016 年 6 月 14 日作出(2016)最高法民申 227 号民事裁定,提审本案。

2012 年 2 月 17 日,郑敬辉与李晓中签订《个人借款合同》,约定李晓中同意在 2012 年 2 月 17 日前向郑敬辉提供最大金额为 7000 万元的借款,使用期间为 2012 年 2 月 17 日至 2012 年 5 月 16 日,借款利率为月息 2.1%。

同日,百盛公司与李晓中签订《个人抵押担保合同》,约定百盛公司提供其所有的位于广东省××镇××村的商业用地[国有土地使用权证号为东府国用(2000)第特 9×××(1)号,面积为 56,710 平方米]为上述《个人借款合同》项下的全部债务提供最高额抵押担保。

1998 年 12 月 20 日,东莞市国土资源局与百盛公司签订《国有土地使用权出让合同》,约定东莞市国土资源局将位于东莞市××镇××管理区面积为 184,400 平方米的土地(以下简称出让宗地)使用权出让给百盛公司。出让宗地的总体规划是建设学校及配套设施项目,东莞市国土资源局 2006 年 2 月 25 日绘制的地籍图号为 5×1.50-3×1.00 的宗地图显示其上已建设有东莞市××学校的运动场、游泳池、溜冰场、草坪。2010 年 11 月 1 日,东莞市教育局向东莞市××学校颁发《中华人民共和国民办学校办学许可证》,载明该校的举办者为百盛公司。百盛公司与李晓中签订《个人抵押担保合同》所涉土地(以下简称案涉土地)系位于东莞市××镇××村的商业用地(图号为5×1.50－3×0.75,面积为56,710平方米),使用权人为百盛公司。2006年3月9日,东莞市人民政府颁发的《国有土地使用权证》载明该地地类(用途)为商业,并分别于2006年5~8月、2009年1月~2010年6月被办理过两次抵押登记,后又分别于2009年1月7日和2010年9月27日被注销抵押登记,2013年11月13日被广东省徐闻县人民法院查封,2013年12月19日被广东省汕头市中级人民法院轮候查封。

当日,广东中亚律师事务所出具《律师见证书》,对以上两份合同中三方签章的真实性进行见证。9×××(1)号土地证原件亦已交李晓中存执。

2012年2月17~20日,依合同约定的账户,李晓中分别汇给郑敬辉23笔借款合计7000万元。

2012年2月20日,郑敬辉在《借款确认书》和《借款对帐确认书》上签名确认收到上述借款。

2012年8月14日,百盛公司与李晓中签订《抵押担保合同》,约定因郑敬辉无法按期归还借款,李晓中同意延长借款期限,由百盛公司继续以上述抵押物为主合同项下的债务本息及产生的全部费用提供抵押担保。合同项下主债权的发生期间为2012年2月17日始至2012年5月16日止,主债权延期,百盛公司承担担保责任的期限相应延长。

2013年12月5日,李晓中与广东某律师事务所签订《委托代理合同》,约定李晓中委托该所律师担任本案诉讼代理人,李晓中应支付律师费76.9万元,并于2013年12月9日实际支付了该笔律师费。

2014年4月8日,郑敬辉和李晓中在《利息收付确认书》上共同签名确认郑敬辉已付清案涉借款2013年12月31日前的利息3351万元。郑敬辉至今未向李晓中归还借款本金,百盛公司亦未向李晓中履行担保责任。

被申请人(一审原告、二审被上诉人)李晓中(出借人)一审诉讼请求:1. 判决郑敬辉立即归还李晓中借款本金7000万元及自本案起诉日起至实际还款日止的利息,利率按合同约定月息2.1%计;2. 判决百盛公司对郑敬辉的上述债务承担连带清偿责任;3. 案件受理费、保全费等诉讼费以及律师费76.9万元、差旅费等由百盛公司与郑敬辉承担。

一审法院判决:1. 郑敬辉应于判决发生法律效力之日起10日内偿还借款本金7000万元及利息(由2014年1月1日起按月息2.1%计至实际还款之日止)。2. 郑敬辉应于判决发生法律效力之日起10日内赔偿律师费76.9万元。3. 百盛公司应在广东省××镇××村商业用地[国有土地使用权证号为东府国用(2000)第特9×××(1)号,面积为56,710平方米]的价值范围内对上述第一、二项债务承担连带赔偿责任。

二审法院判决:驳回上诉,维持原判。

再审法院最高人民法院于2017年1月20日作出(2016)最高法民再335号民事判决:

1. 撤销广东省高级人民法院(2014)粤高法民二终字第64号判决;2. 维持汕头市中级人民法院(2013)汕中法民二初字第7号判决主文的第2项、第4项;3. 变更汕头市中级人民法院(2013)汕中法民二初字第7号判决主文的第1项为郑敬辉应于判决发生法律效力之日起10日内偿还李晓中借款本金7000万元及利息(由2014年1月1日起按中国人民银行同期同类贷款利率的4倍计至实际还款之日止);4. 变更汕头市中级人民法院(2013)汕中法民二初字第7号判决主文的第3项为:东莞市百盛投资发展有限公司对判决第3项、汕头市中级人民法院(2013)汕中法民二初字第7号判决主文的第2项郑敬辉不能清偿部分的二分之一承担责任。

法院观点

本案的争议焦点问题是:第一,本案是否有证据证明构成虚假民事诉讼;第二,百盛公司与李晓中签订的两份抵押担保合同的性质和效力;第三,百盛公司应否承担责任及应承担何种责任;第四,关于郑敬辉不能清偿债务的数额问题。

一、关于本案是否有证据证明构成虚假民事诉讼的问题

在民间借贷关系中,债权人与债务人之间是否存在真实的借款合同关系,款项是否进行了实际支付是认定的关键因素。本案中,李晓中提交了其与郑敬辉签署的《个人借款合同》,并有《借款确认书》《借款对账确认书》《银行交易记录》和由银行出具的盖有银行印章的流水单等证据,证明李晓中与郑敬辉之间形成了借款的合意,李晓中已向郑敬辉支付了7000万元借款。虽然《银行交易记录》中显示郑敬辉的收款银行账号较其在《个人借款合同》中提交的账号少了末尾两位数字,但银行流水单记载的收付款情况与《银行交易记录》一致,显示郑敬辉的收款账号与《个人借款合同》中约定的收款账号一致,表明《银行交易记录》中显示的郑敬辉的账号虽遗漏了末尾两位数字,但确系《个人借款合同》中约定的收款账号。以上证据相互印证,可以证明案涉《个人借款合同》已有效成立,借款已经实际支付。百盛公司虽质疑借款支付的真实性,但未提供足够的证据予以证明。因现有证据能够证明借款事实,其申请向相关银行调查取证已无必要,最高人民法院不予批准。

百盛公司主张,郑敬辉与李晓中有合谋骗取百盛公司为郑敬辉个人债务提供巨额担保的嫌疑。本案中,百盛公司与李晓中签订的《个人抵押担保合同》《抵押担保合同》上均有时任百盛公司法定代表人卢锐强的亲笔签名。事后,百盛公司依约将案涉土地《国有土地使用权证》交由李晓中存执,该证至今仍在李晓中方存执。以上事实表明,为郑敬辉个人债务提供担保系百盛公司的真实意思表示。百盛公司申请对案涉抵押担保合同上百盛公司印鉴的真伪进行鉴定,因缺乏合适的理由,亦缺乏必要性,最高人民法院不予批准。

二、关于案涉两份抵押担保合同性质和效力的问题

关于案涉两份抵押担保合同性质的问题。本案中,百盛公司为案涉债务提供担保,先后与李晓中签署了《个人抵押担保合同》和《抵押担保合同》。该两份合同名称均为抵押担保合同,合同相关条款也是将案涉土地为郑敬辉的借款提供抵押担保进行的具体约定。本案审理过程中,各方当事人均表示以上两份合同均系抵押担保合同的性质,没有关于保证担保的相关约定,只是承担的责任如何理解有分歧意见。因此,可以认定《个人抵押担保合同》和《抵押担保合同》的性质为抵押担保合同。

关于案涉两份抵押担保合同效力的问题。1998 年,东莞市国土资源局与百盛公司签订了《国有土地使用权出让合同》,该合同出让宗地的总体规划是建设学校及配套设施项目,宗地图显示其上已建有东莞市 × ×学校及相关配套设施。原判决以百盛公司未证明出让宗地与案涉土地之间的关系,进而未证明案涉土地上建成的是否为教育设施为由,认定涉案抵押合同有效。根据最高人民法院再审查明的事实,案涉土地是宗地的一部分,即《国有土地使用权出让合同》所附第一张宗地图绘制的土地。案涉土地作为东莞市 × ×学校校园的一个部分,上盖建筑物应当认定为教育设施。依据《民办教育促进法》第 3 条“民办教育事业属于公益性事业”及第 5 条“民办学校与公办学校具有同等的法律地位”之规定,东莞市 × ×学校作为民办学校,应认定为公益性事业单位。依据《担保法》第 37 条第 3 项及《物权法》第 184 条第 3 项的规定,学校、幼儿园、医院等以公益为目的的事业单位、社会团体的教育设施、医疗卫生设施和其他社会公益设施不得抵押,案涉土地属于学校类教育公益设施,系法律规定不得抵押的设施。以该土地使用权设定的抵押因违反上述法律强制性规定,当属无效。虽然案涉土地的登记用途为商业,但案涉地块上建有教育公益设施已是事实。依据《物权法》第 182 条规定的房地一体原则,涉案土地上为教育设施,故土地亦不能作为抵押物。因此,案涉两份抵押担保合同因违反了法律强制性规定而无效。李晓中主张案涉抵押担保合同应认定为有效的理由均不能成立。原判决认定案涉抵押担保合同有效,属认定事实不清、适用法律错误,最高人民法院予以纠正。

三、关于百盛公司应否承担责任及应承担何种责任的问题

《个人借款合同》约定李晓中在 2012 年 2 月 17 日前向郑敬辉提供最大金额为 7000 万元的借款。李晓中实际于 2012 年 2 月 17 ~ 20 日分多笔向郑敬辉汇款共 7000 万元。百盛公司主张,李晓中因违约放贷,其遭受的损失应由其自行承担。最高人民法院认为,李晓中虽存在未完全依照《个人借款合同》的约定放款的情形,但郑敬辉予以接收且未提出异议。且百盛公司在李晓中放款之后,仍然与其签署《抵押担保合同》,表明百盛公司对李晓中的上述放款行为亦不持异议。因此,百盛公司认为李晓中违约放贷,应免除百盛公司的责任之主张,缺乏事实及法律依据,最高人民法院不予支持。

最高人民法院《关于适用〈中华人民共和国担保法〉若干问题的解释》第 7 条规定:“主合同有效而担保合同无效,债权人无过错的,担保人与债务人对主合同债权人的经济损失,承担连带赔偿责任;债权人、担保人有过错的,担保人承担民事责任的部分,不应超过债务人不能清偿部分的二分之一。”案件中,李晓中作为债权人,明知百盛公司为从事投资办学的公司,对案涉土地的实际情况未予查明便在该土地上设立抵押担保,其对于案涉抵押担保合同因违反强制性法律规定而无效具有一定的过错。百盛公司明知案涉土地上建有教育公益设施仍然与李晓中签订了两份抵押担保合同,亦存在过错。因此,本案中,百盛公司应承担郑敬辉不能清偿李晓中债务不超过二分之一的责任。原判决判令百盛公司在案涉土地的价值范围内对郑敬辉的相关债务承担连带赔偿责任错误,应予纠正。

四、关于郑敬辉不能清偿债务的数额问题

本案中,有 16 张银行凭证及《利息收付确认书》证明郑敬辉已还款 3351 万元。《利息收付确认书》经郑敬辉与李晓中二人于 2014 年 4 月 8 日亲笔签名,表明该笔还款的性质为 7000 万元的借款本金计至 2013 年 12 月 31 日的利息。百盛公司虽认为该还款的性质不明,但未提交足够的证据证明其主张,故最高人民法院不予支持。根据上述计算,郑敬辉不能清偿的债务应包括 7000 万元本金及该本金从 2014 年 1 月 1 日起计至郑敬辉偿还该笔本金之日的利息。

关于利率的计算问题。案涉《个人借款合同》第 4 条约定,该合同项下每一笔借款的利率确定为月息 2.1%,也即年利率为 25.2%。《民事诉讼法解释》第 323 条规定:“第二审人民法院应当围绕当事人的上诉请求进行审理。当事人没有提出请求的,不予审理,但一审判决违反法律禁止性规定,或者损害国家利益、社会公共利益、他人合法权益的除外。”本案中,当事人虽未对借款利率提出异议,但根据上述规定,人民法院可就相关事项予以调整。又据最高人民法院《关于人民法院审理借贷案件的若干意见》第 6 条规定:“民间借贷的利率可以适当高于银行的利率,各地人民法院可根据本地区的实际情况具体掌握,但最高不得超过银行同类贷款利率的四倍(包含利率本数)。超出此限度的,超出部分的利息不予保护。”据此,案涉借款利率以银行同期同类贷款利率的 4 倍计算为宜。

律师提示

如果抵押合同有效但未办理抵押登记,抵押人应当承担何种责任,是补充赔偿责任还是连带清偿责任?

我们认为,应该根据抵押合同具体约定,与未办理抵押登记的具体原因及各自过错,合理确定各方责任。如果抵押合同明确约定了“无论何种原因致抵押登记未能办理的,抵押人仍应在抵押物价值范围承担连带清偿责任”,则应支持连带清偿责任。如果抵押人恶意违约,无任何理由拒不办理抵押登记的,应当根据“不能让恶意违约者获利,守约者吃亏”的法理精神,亦应支持连带清偿责任。如果抵押人只是一般过错,则应当按照过错程度,在抵押物价值范围内承担一定比例的补充违约赔偿责任。如果抵押人没有任何过错,或因为抵押权人的原因导致抵押登记无法办理的,抵押人无须承担任何责任。

043 整栋房产抵押登记不规范的后果有多严重?

案例索引

最高人民法院(2017)最高法民申2274号民事裁定书。

案例导读

一、本案是一起关于抵押登记效力的执行异议之诉的典型案例。案例的典型之处在于,当事人虽然将整栋楼办理了抵押登记,却因为不够规范,最终导致本案败诉,丧失优先受偿权,教训深刻。

二、如何理解抵押登记的公示公信原则? 如何把握抵押的不动产必须具体、特定、明确的裁判标准? 最高人民法院通过本案,给出了论证详细和清晰的裁判逻辑链,并特意提出了两条非常有价值的实用操作建议,值得参考。

裁判要旨

不动产登记簿上记载的内容应以社会上通常的第三人如何理解为标准。

裁判逻辑

一、依据《物权法》第14条的规定,不动产物权的设立,依照法律规定应当登记的,自记载于不动产登记簿时发生效力。

二、根据《物权法》第6条规定的公示原则和第16条规定的公信原则,某项不动产上是否设立了抵押权,应当以是否在不动产登记簿上登记公示为准,而不能有其他标准。

三、基于实现不动产抵押登记保障社会活动中的"动的安全",即交易安全、强化抵押权的担保效力、预防纠纷的这三项功能,抵押登记的不动产必须具体、特定、明确。

四、对不动产登记簿上记载的内容理解有歧义时,由于抵押权是就抵押财产优先受偿的物权,任何当事人设立抵押权时,都会涉及第三人的利益,只能以社会上通常的第三人如何理解为标准,而不能以抵押权人如何理解为标准。

五、即便整栋楼都抵押,也要让社会上通常的第三人都认为从不动产登记簿上就能看出来整栋楼都已经抵押,否则不发生整栋楼都已经抵押的法律效果。

交易结构图

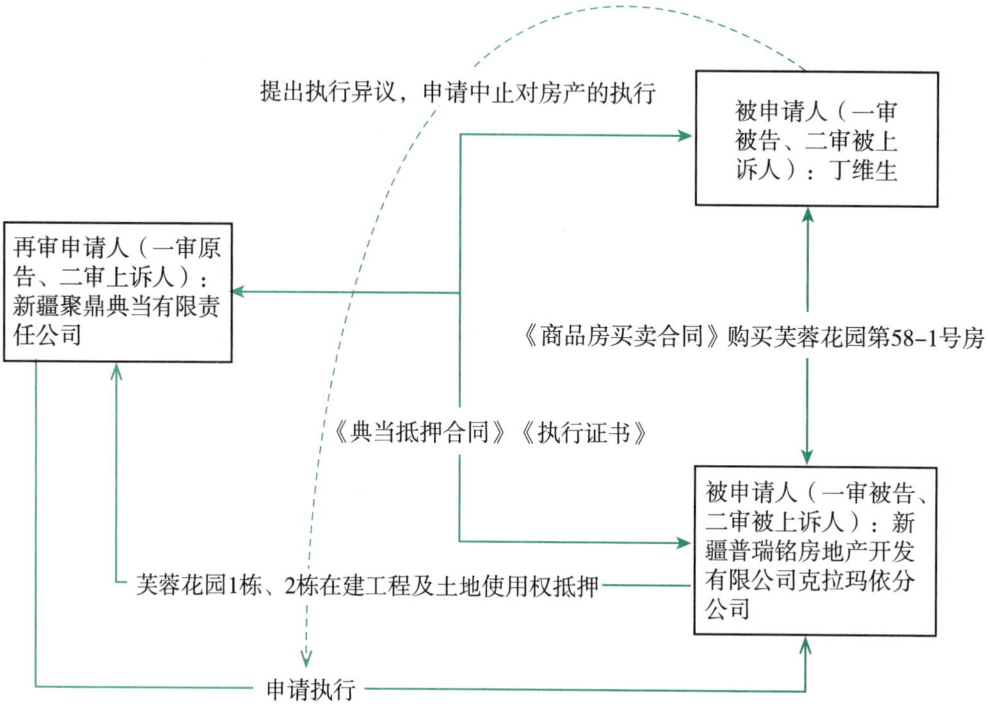

主要案情

再审申请人(一审原告、二审上诉人):新疆聚鼎典当有限责任公司。

被申请人(一审被告、二审被上诉人):丁维生、新疆普瑞铭房地产开发有限公司克拉玛依分公司。

再审申请人新疆聚鼎典当有限责任公司(以下简称聚鼎公司)因与被申请人丁维生、新疆普瑞铭房地产开发有限公司克拉玛依分公司(以下简称普瑞铭克分公司)申请执行人执行异议之诉纠纷一案,不服新疆维吾尔自治区高级人民法院(2016)新民终 590 号民事判决,向最高人民法院申请再审。

2009 年 9 月 25 日,普瑞铭克分公司取得白碱滩区芙蓉商业街 1 号楼、2 号楼的《商品房预销售许可证》。涉案克拉玛依市白碱滩区芙蓉花园第 58 - 1 号商铺尚未进行产权登记。

2010 年 3 月 23 日,聚鼎公司与普瑞铭克分公司签订《典当抵押合同》,约定聚鼎公司向普瑞铭克分公司支付当金 800 万元,普瑞铭克分公司以其开发的位于克拉玛依市白碱滩区芙蓉花园 1 栋、2 栋在建工程及 1537.56m^2 的土地使用权抵押给聚鼎公司,典当期限自 2010 年 3 月 23 日至 2010 年 9 月 22 日。同日,乌鲁木齐市第二公证处对上述《典当抵押合同》签发《具有强制执行效力的债权文书公证书》。

2010 年 3 月 25 日,双方在相关房产管理部门办理了抵押登记,登记抵押期限为 3 年。

2010年3月26日，双方在克拉玛依市国土资源局白碱滩区分局办理了土地使用权的抵押登记，原告聚鼎公司取得克他项(2010)第04000005号《土地他项权利证明书》，该证书载明，坐落为克拉玛依市白碱滩区芙蓉小区1栋、2栋；权属性质为国有土地使用权；设定日期为2010年3月26日；存续期限为2010年3月23日至2013年3月23日。该证书“记事”一栏载明，抵押国有土地证：克国用(2010)第04000069号。基于聚典字2010第023号《典当抵押合同》的偿还情况，双方续签了《续当抵押合同》，抵押房产为克拉玛依市白碱滩区芙蓉花园1栋、2栋在建工程(总建筑面积为5477.29m^2)。同时，乌鲁木齐市第二公证处对上述《典当抵押合同》《续当抵押合同》签发了《具有强制执行效力的债权文书公证书》。

2011年8月31日，丁维生与普瑞铭克分公司签订《商品房买卖合同》，约定由丁维生购买芙蓉花园第58－1号房，用途为商铺，房价款为188,000元。合同签订后，丁维生已向普瑞铭克分公司交纳房款188,000元、税费5893.2元、维修基金3928.8元、印花税98.22元及办证费555元。后普瑞铭公司将该房屋交付丁维生，丁维生已实际占有使用至今。

2014年5月4日，乌鲁木齐市第二公证处依据聚鼎公司的申请，经过审查依法签发(2014)新乌证内字第12262号《执行证书》，载明，申请执行人聚鼎公司可持本证书和《典当抵押合同》《续当抵押合同》《当票》《续当凭证》向有管辖权的人民法院申请强制执行。被申请执行人：出典方普瑞铭克分公司。执行标的：1.当金人民币4,000,000元；2.利息及综合费用合计人民币3,700,000元；3.邮寄费人民币23.2元；4.公证费人民币13,549.6元，以上合计：人民币4,516,772.8元。自2014年4月21日以后，债务人应偿还的与上述当金有关的利息及综合费用等款项按国家有关规定及《典当抵押合同》《续当抵押合同》的约定执行。

2014年5月19日，乌鲁木齐市第二公证处签发(2014)新乌证内字第12263号《执行证书》，载明，申请执行人聚鼎公司可持本证书和《典当抵押合同》《续当抵押合同》《当票》《续当凭证》向有管辖权的人民法院申请强制执行。被申请执行人：出典方普瑞铭克分公司。执行标的：1.当金人民币4,000,000元；2.利息及综合费用合计人民币324,800元；3.滞纳金人民币104,400元；4.邮寄费人民币23.2元；5.公证费人民币13,002元，已由聚鼎公司代为交纳；以上合计：人民币4,442,225.2元。自2014年5月13日以后，债务人应偿还的与上述当金有关的利息及综合费用等款项按国家有关规定及《典当抵押合同》《续当抵押合同》的约定执行。

2014年6月5日，因普瑞铭克分公司未按照约定偿还借款，聚鼎公司依据公证债权文书向原审法院申请强制执行，原审法院作出(2014)克中执字第108号、第109号《执行裁定书》，查封了普瑞铭克分公司位于克拉玛依市白碱滩区芙蓉小区1号楼、2号楼面积为5477.29m^2的产权。该执行案件的案外人丁维生对(2014)克中执字第108号、第109号《执行裁定书》提出书面异议，称其系白碱滩区芙蓉商业街58－1号商铺的实际所有人，故申请中止对上述房产的执行。

2016年3月24日，经过书面审查，原审法院作出(2016)新02执异字3号执行裁定，中止对克拉玛依市白碱滩区芙蓉花园58－1号商铺的执行。

克拉玛依市白碱滩区芙蓉花园小区的商品房预售许可证载明，芙蓉花园1号楼，总建筑面积8324.3平方米；芙蓉花园2号楼，总建筑面积8156.4平方米。案涉小区房屋的抵押登记有两次，第一次抵押登记的时间是2010年3月25日，第二次抵押登记的时间是2013年3月12日。第一次抵押登记的情况，克拉玛依市房地产抵押登记簿第一栏载明："序号0622；抵押人新疆普瑞铭房地产开发有限公司分公司；抵押权人新疆聚鼎典当有限责任公司；房地产面积3257.28m^2；房地产用途车库；房地产位置白区芙蓉1－2栋车库（69套）；贷款期限6个月；房地产价值11,400,040；贷款金额7,500,000；房地产证号空白；办理时间2010.3.25。"第二栏载明："序号0622；抵押人新疆普瑞铭房地产开发有限公司克拉玛依分公司；抵押权人新疆聚鼎典当有限责任公司；房地产面积2220.01m^2；房地产用途商铺；房地产位置白区芙蓉1－2栋（30间）；贷款期限6个月；房地产价值9,990,000；贷款金额7,500,000；房地产证号空白；办理时间2010.3.25。"关于第二次抵押登记的情况，克拉玛依市房地产抵押登记簿载明："序号0469；抵押人普瑞铭房产公司分公司；抵押权人新疆聚鼎典当有限责任公司；房地产面积5477.29m^2；房地产用途商业；房地产位置克拉玛依白碱滩区芙蓉小区；贷款期限半年；房地产价值空白；贷款金额800万元；房地产证号空白；办理时间2013.3.12。"

再审申请人（一审原告、二审上诉人）聚鼎公司一审诉讼请求：1.依法撤销（2016）新02执异字3号执行裁定；2.请求依法判令继续执行白碱滩区芙蓉花园58－1号商铺；3.请求依法判令由被告丁维生承担本案诉讼费用及其他费用。

一审法院判决：驳回聚鼎公司的诉讼请求。

二审法院判决：驳回上诉，维持原判。

再审法院最高人民法院于2017年9月28日作出（2017）最高法民申2274号民事裁定：驳回聚鼎公司的再审申请。

法院观点

第一，依据《物权法》第6条的规定，不动产物权的设立，应当依照法律规定登记。依据《物权法》第14条的规定，不动产物权的设立，依照法律规定应当登记的，自记载于不动产登记簿时发生效力。依据《物权法》第187条的规定，正在建造的建筑物抵押的，应当办理抵押登记。《物权法》第16条第1款规定："不动产登记簿是物权归属和内容的根据。"据此，因为丁维生2011年8月购买并实际占有的芙蓉花园第58－1号商铺到本案审理时还没有办理产权证，属于《物权法》第187条规定的正在建造的建筑物，所以聚鼎公司申请再审的理由是否成立，关键是看该房屋在2010年3月25日第一次抵押登记时是否已经登记为抵押财产，购房人能否查阅不动产登记簿。如果登记为抵押财产，购房人又能够查阅，那么聚鼎公司的申请再审理由就成立。相反，就不成立。经查，克拉玛依市房地产抵押登记簿记载：序号0622；抵押人新疆普瑞铭房地产开发有限公司克拉玛依分公司；抵押权人新疆聚鼎典当有限责任公司；房地产面积2220.01m^2；房地产用途商铺；房地产位置白区芙蓉1－2栋（30间）；贷款期限6个月；房地产价值9,990,000；贷款金额7,500,000；房地产证号空白；办理时间2010.3.25。从抵押登记簿记载的内容来看，对丁维生而言，其购买的芙蓉花园第58－1号商铺并没有明确登记为抵押财产。既然如此，其购买的案涉商铺在法律上就应当认为没有被抵押登记，聚鼎公司就不是该商铺的抵押权人。既然聚鼎公司不是该商铺的抵押权人，其就不享有优先于丁维生对该商铺享有的权利。聚鼎公司申请再审时提出，案涉商铺属于抵押登记簿记载的 $2220.01m^2$ 中的一部分。最高人民法院认为，根据《物权法》第 6 条规定的公示原则和第 16 条规定的公信原则，某项不动产上是否设立了抵押权，应当以是否在不动产登记簿上登记公示为准，而不能有其他标准。对不动产登记簿上记载的内容理解有歧义时，应当以社会上通常的第三人如何理解为标准，而不能以抵押权人如何理解为标准。这是因为，由于抵押权是就抵押财产优先受偿的物权，任何当事人设立抵押权时，都会涉及第三人的利益，因此，该标准只能以社会上通常的第三人如何理解为标准。本案中，不动产登记簿上记载的抵押财产是克拉玛依市白碱滩区芙蓉花园的 $2220.01m^2$ 商铺，但芙蓉花园第 58－1 号商铺是否包括其中，由于登记簿上对此没有记载，社会上通常的第三人只能认为不包括。即使事实真的如聚鼎公司所称，登记簿记载的 $2220.01m^2$ 商铺的确包括案涉商铺，但是，因为登记簿上没有明确记载，没有向社会公示，社会上通常的第三人都会认为案涉商铺没有进行抵押登记，由此产生的风险也只能由聚鼎公司承担，而不能由第三人承担。就本案而言，由于登记簿上没有明确将芙蓉花园第 58－1 号商铺登记为抵押财产，因此，丁维生即使查看了不动产登记簿，也不负有弄清楚该商铺是否属于登记记载的 $2220.01m^2$ 商铺中的一部分的义务，否则，不动产抵押登记制度的功能将会大打折扣，危及交易安全，影响交易效率。因此，抵押登记的不动产要在法律上产生抵押权设立的效力，必须符合《物权法》第 6 条关于公示的要求，必须具体、特定、明确。至于实践中怎么把握，就是上述所说的以社会上通常的第三人如何理解不动产登记簿上的记载内容为标准。特别需要注意的是，整栋楼都抵押的，也要让社会上通常的第三人都认为从不动产登记簿上就能看出来整栋楼都已经抵押了。否则，不发生整栋楼都已经抵押的法律效果。

之所以要求抵押登记的不动产必须具体、特定、明确，其法理基础还在于不动产抵押登记有三项主要功能：其一，实现社会活动中的“动的安全”即交易安全。通过登记簿展现抵押物上的权利状态及其内容，便于第三人与抵押人进行与抵押物有关的法律交易时，作出合理的预期，避免遭受突如其来的损害，同时也极大地节省了交易成本，能够有效地实现鼓励交易、融通资金的市场经济目标。其二，强化抵押权的担保效力。在不动产抵押权经过登记而成立的前提下，法律就认为当事人已经知晓抵押权的存在。其三，预防纠纷。通过不动产抵押权登记，在第三人能够查阅的情况下，能够合理地规范同一抵押物上多项抵押权以及抵押权与其他权利之间的关系，减少纠纷并在发生纠纷之后提供强有力的证据。本案中，由于抵押登记簿上记载的抵押财产不具体、特定、明确，对丁维生而言，就不能产生其购买的商铺在其购买之前已经被抵押给了聚鼎公司的效果，丁维生就案涉商铺享有足以排除强制执行的民事权益。

需要特别指出的是，从最高人民法院到新疆维吾尔自治区克拉玛依市中级人民法院询问丁维生了解的情况来看，实际上丁维生购买案涉商铺前后，都没有到当地房地产管理部门查看案涉商铺的抵押登记情况。如果当地房地产管理部门的抵押登记簿明确记载克拉玛依市白碱滩区芙蓉花园第 58－1 号商铺为抵押财产，该抵押登记簿又能够被丁维生查阅，那么丁维生就不享有足以排除强制执行的民事权益。因此，作为普通公民而言，一定要切记，购买房屋，无论是在建房屋，还是已经颁发过产权证的房屋，都应当到本地房地产管理部门查阅抵押登记簿，确认自己准备购买的房屋无抵押登记之后再行购买，否则很容易引发纠纷。就抵押权人而言，也要切记，要成为法律上认可的抵押权人，必须要求房地产主管部门负责抵押登记的工作人员将抵押的财产在不动产登记簿上登记的具体、特定、明确。如果登记的不具体、特定、明确，就应当要求登记的工作人员修改，使登记的抵押财产具体、特定、明确。如果没有提出这个要求，登记的不特定，即使在登记簿上已经登记为抵押权人，对讼争不动产也不享有抵押权。对负责在抵押登记簿上登记的工作人员而言，也要切记：对抵押登记的财产，应当按照申请人的要求，登记得具体、特定、明确。房地产管理部门应当让准备购房的普通公民能够查阅抵押登记簿。

第二，丁维生与普瑞铭克分公司签订《商品房买卖合同》后当即支付了总房款的95.7%（188,000元）及全部税费，普瑞铭克分公司亦向其交付了商铺，后由丁维生占有使用至今。该商铺未办理过户登记不是丁维生自身的原因，案涉芙蓉花园小区商铺均未办理大产权证，所以丁维生不可能办理产权证。因丁维生是以取得案涉商铺所有权为目的订立合同和支付相应价款，对案涉不动产已经实际占有使用至今，且非因自身原因未办理过户登记；加之案涉商铺在法律上应当认定为没有在抵押登记簿上登记公示，该商铺不是抵押财产，故丁维生就案涉商铺享有足以排除强制执行的民事权益，二审判决理由虽然不充分，但结果正确。

第三，再审申请人提出的其他申请再审事由，均不影响二审法院的判决结果。再审申请人提出，一审法院在庭审结束后与普瑞铭克分公司代理人谈话，该谈话笔录未经质证，二审法院对该程序问题未予纠正。对此问题，经查，二审法院并没有将该谈话笔录作为认定案件基本事实的依据，再审申请人的该项申请再审理由不能成立。关于再审申请人提出的根据《物权法》第191条的规定，丁维生和普瑞铭克分公司签订的《商品房买卖合同》无效的问题。最高人民法院认为，《物权法》第191条第2款并非针对抵押财产转让合同的效力性强制性规定，且对丁维生而言，案涉商铺并非已经抵押登记的财产，因此，该合同不能认定无效，再审申请人的该项再审申请理由不能成立。关于再审申请人提出的本案不应适用最高人民法院《关于人民法院民事执行中查封、扣押、冻结财产的规定》第17条和最高人民法院《关于人民法院办理执行异议和复议案件若干问题的规定》第27条的问题。最高人民法院认为，由于案件的抵押登记并不产生抵押权设立的效果，再审申请人以其抵押权能够对抗丁维生的权利为主要理由申请再审，其理由不能成立。因此，不论二审法院是否适用上述司法解释处理本案，二审法院的判决都应当依法予以维持。

律师提示

本案是一起整栋房屋抵押登记重大失误的经典案例，失误关键点在哪？应如何弥补？

一、鉴于本案例第5条裁判逻辑“即便整栋楼都抵押，也要让社会上通常的第三人都认为从不动产登记簿上就能看出来整栋楼都已经抵押了，否则不发生整栋楼都已经抵押的法律效果”,本案抵押登记失误的关键点为:房产抵押登记的建筑面积远远小于房产规划建造面积,导致案涉房产是否包含于抵押房产之中不明,引发争议。

二、房产整栋抵押登记时,一定要在房产的具体位置、编号、面积、楼层等要素做到具体、特定、明确,符合公示、公信原则。

三、谨记来自最高人民法院的两条忠告:

“(一)作为普通公民而言,一定要切记:购买房屋,无论是在建房屋,还是已经颁发过产权证的房屋,都应当到本地房地产管理部门查阅抵押登记簿,确认自己准备购买的房屋无抵押登记之后再行购买,否则很容易引发纠纷。

(二)就抵押权人而言,也要切记:要成为法律上认可的抵押权人,必须要求房地产主管部门负责抵押登记的工作人员将抵押的财产在不动产登记簿上登记得具体、特定、明确。如果登记得不具体、特定、明确,就应当要求登记的工作人员修改,使登记的抵押财产具体、特定、明确。”

044　BT模式(建设—转让)多付工程款可否抗辩主张抵销保证金返还?

案例索引

最高人民法院(2017)最高法民终518号民事判决书。

案例导读

一、本案是由最高人民法院第四巡回法庭官方微博发布的关于诉讼中债务抵销权行使方式的案例。本案的焦点问题在于,基础设施建设BT模式(建设—转让)下多付的工程款可否以抗辩方式主张抵销保证金的返还?

二、债务抵销构成要件有哪些?抵销权是何种性质的权利?诉讼中债务抵销应以何种方式行使?最高人民法院通过本案例对以上问题进行了解答论证,构成了完美的裁判逻辑链,进而得出本案裁判要旨。

裁判要旨

诉讼中,只要互负债务符合法律规定抵销权行使构成要件,被告既可选择抗辩方式也可选择反诉方式主张抵销。

裁判逻辑

一、当事人互负到期债务,该债务的标的物种类、品质相同的,任何一方可以将自己的债务与对方的债务抵销。当事人主张抵销的，应当通知对方。通知自到达对方时生效。

二、行使抵销权是一种单方法律行为，只要具备法律构成要件，依据权利人单方意思表示即能发生权利义务变更或消灭的法律效力。

三、对于抵销权的行使，既可以在诉讼中也可以在诉讼之外而为抵销的意思表示，但在诉讼中的抵销，是为抵销抗辩或者反诉抵销，并无法律明确规定，需要人民法院根据具体情况进行确认。

四、因诉讼中的双方互负债务数额已经确定，债权债务明确，且为同一法律关系项下发生的款项，标的物种类、品质相同，债务均已到期，故一审被告在诉讼中选择以抗辩的方式行使抵销权，符合法律规定抵销权行使的构成要件，而无须以被告提起反诉的方式主张抵销。

交易结构图

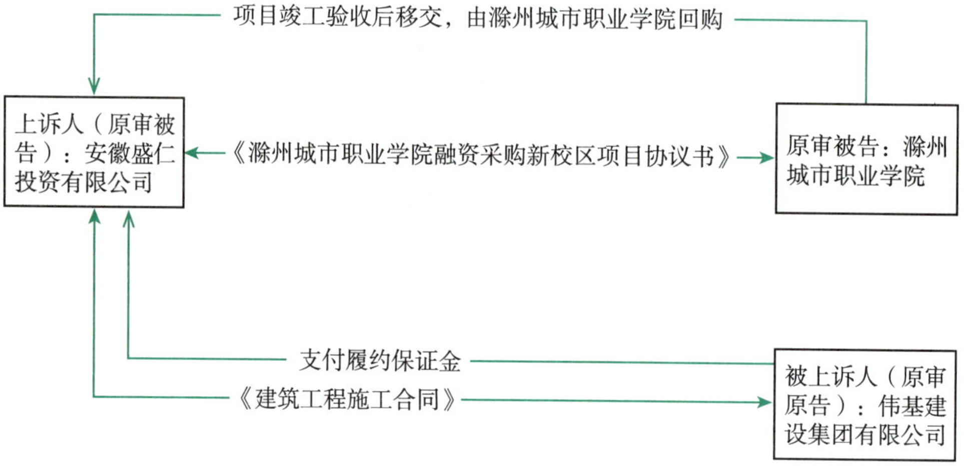

主要案情

上诉人（原审被告）：安徽盛仁投资有限公司。

被上诉人（原审原告）：伟基建设集团有限公司。

原审被告：滁州城市职业学院。

上诉人安徽盛仁投资有限公司（以下简称盛仁投资公司）与被上诉人伟基建设集团有限公司（以下简称伟基建设公司）、一审被告滁州城市职业学院（以下简称滁州城市学院）建设工程施工合同纠纷一案，不服安徽省高级人民法院（2013）皖民四初字第00010号民事判决，向最高人民法院提起上诉，最高人民法院于2017年7月12日立案后，依法组成合议庭进行了审理。

2011年12月26日，滁州城市学院与盛仁投资公司签订了一份《滁州城市职业学院融资采购新校区项目协议书》，约定协议范围内的项目建设方式为BT模式即建设—转让，双方约定项目前期准备工作由滁州城市学院负责，盛仁投资公司负责工程建设及相关费用的融资。

工程竣工验收合格后，乙方按协议约定的条件、程序与方式将该项目移交滁州城市学院，滁州城市学院按协议约定回购该项目。

2012 年 2 月 16 日，盛仁投资公司（发包人及甲方）与伟基建设公司（承包方及乙方）签订了一份《建筑工程施工合同》，约定承包范围为甲方与滁州城市学院所签协议中的所有工程范围内容。合同中关于履约保证金的缴纳及返还约定，规程的履约保证金为 1500 万元，支付方式为该合同签字盖章后次日，承包方向发包方支付履约定金 500 万元，若合同签订后 20 日内，承包方不能取得中标通知书，则承包人有权解除合同，发包方应双倍返还履约定金；承包人取得中标通知书并经主管部门见证、备案后次日，承包方另向发包方支付履约定金 500 万元，发包方办妥施工许可证后次日，承包方再向发包方支付履约保证金 500 万元。之前已支付的 1000 万元履约定金自动转为履约保证金。如承包方未按时如数向发包方转款，合同自动失效。承包方收取中标通知书的次日向发包方转入剩余履约保证金 500 万元，如承包方未按期如数转款，合同和中标通知书自动失效。履约保证金的返还，基础验收合格返还 15%，主体验收合格返还 55%，竣工验收合格返还 30%。在甲方收到乙方的履约保证金（1500 万元）后因甲方原因连续 3 个月不能开工，导致合同无法履行，则甲方应在乙方转（汇）入全部履约保证金后的 95 日内按已转（汇）入的全部款项的双倍返还给乙方。该项目合同在甲乙双方签字盖章并且在甲方收到项目第一笔履约定金后开始正式生效。

2012 年 2 月 17 日，伟基建设公司向盛仁投资公司支付项目保证金 500 万元。

2012 年 3 月 9 日，伟基建设公司收到《中标通知书》，该通知书载明："滁州城市职业学院新校区一期工程于 2012 年 3 月 8 日在安徽润琦工程造价咨询事务有限公司会议室公开开标后，已完成评标工作和向招投标监管机构提交该项目招标投标情况的书面报告，现确定你单位为中标人……"

2012 年 3 月 12 日，盛仁投资公司与伟基建设公司签订了一份《滁州城市职业学院新校区一期工程补充协议》，协议载明，该补充协议与 2012 年 2 月 16 日双方签署的滁州城市职业学院新校区工程《建筑工程施工合同》具有同等法律效力。

2012 年 3 月 15 日，伟基建设公司又向盛仁投资公司转款 500 万元保证金，其后伟基建设公司进场施工。2012 年 8 月，双方因工程进度款的支付发生纠纷，伟基建设公司向盛仁投资公司发函，表示将于 2012 年 8 月 26 日起对该项目无限期停工。

2012 年 9 月 25 日，伟基建设公司向盛仁投资公司发出《停工通知及索赔函》，表示从该日起行使停工权利并终止履行相关合同义务。该函件同时报送滁州城市学院和滁州市"大滁办"。

2012 年 10 月 24 日，盛仁投资公司项目负责人周宏向伟基建设公司项目部出具了一份《承诺书》，承诺给予各施工班组不超过 300 万元的补偿。

2013 年 3 月 11 日，盛仁投资公司向伟基建设公司发出一份《商务函》，要求伟基建设公司尽快复工。

2013 年 3 月 19 日，盛仁投资公司项目负责人周宏与伟基建设公司项目负责人金郁才签订了一份《补充协议》，盛仁投资公司表示同意承担工程停工损失费760万元(包括塔吊租赁费、钢管租赁费、管理值勤人员费、利息)，但保留诉诸法律的权利。

2013年4月5日，盛仁投资公司函告伟基建设公司必须于2013年4月8日前复工。

2013年4月10日，盛仁投资公司向伟基建设公司发出《关于终止〈建筑工程施工合同〉的函》。

2013年5月2日，盛仁投资公司(甲方)与伟基建设公司(乙方)签订了一份《滁州城市职业学院一期工程撤场协议》。

2013年5月15日，在滁州城市学院相关负责人的主持下，盛仁投资公司与伟基建设公司项目部就滁州城市学院新校区前期工程清场确认及交接工作等事项达成协议，会议纪要中对相关事项予以明确。

2013年5月15日，伟基建设公司向最高人民法院提起诉讼。

2013年5月24日，盛仁投资公司函告伟基建设公司派员于2013年5月25日上午8时到工地现场，配合、公证处人员对已完工程量现状进行保全公证。

2013年6月16日，盛仁投资公司(甲方)与伟基建设公司(乙方)就滁州城市学院项目撤场及部分结算事宜签订第二份撤场协议。

2013年7月10日，伟基建设公司向盛仁投资公司、滁州城市学院、滁州市诚信工程咨询有限公司报送结算书。

2013年7月22日，盛仁投资公司回函表示应以法院指定的审计单位审核为准。

被上诉人(原审原告)伟基建设公司一审诉讼请求:1.确认伟基建设公司于2013年4月25日发出的终止合同通知书的效力;2.判令盛仁投资公司、滁州城市学院支付工程款41,005,306.67元及应付进度款逾期的利息(自2012年11月6日起至2013年4月1日止，按已完工程款70,228,118元的70%计49,159,682元的每日万分之四点二计算;自2013年4月2日起至2013年4月24日止，按应付工程款70,228,118元的70%计49,159,682元减去1500万元计34,159,682元的每日万分之四点二计算;自2013年4月25日起至2013年6月24日止，按应付工程价款70,228,118元的90%减去1500万元计48,205,307元的每日万分之四点二计算;自2013年6月24日起至实际付清日止，按应付工程款70,228,118元的90%计减去1500万元再减去720万元计41,005,306.67元的每日万分之四点二计算);3.判令盛仁投资公司、滁州城市学院赔偿伟基建设公司材料损失12,428,893.8元;因施工置办的工程机器损失187,110元;因施工搭建的临时设施损失1,713,192元;因施工需要浇筑水泥路损失2,380,782元;停窝工损失1060万元;2013年4月25日至工程款结算完毕之日止，按每日4万元标准计算的利息损失;4.判令盛仁投资公司返还伟基建设公司保证金1000万元及利息(自2012年2月17日起到实际返还之日止，按每日万分之二点一标准计算);5.确认伟基建设公司对其所建设部分工程的价款有优先受偿权;6.由盛仁投资公司、滁州城市学院承担本案的全部诉讼费用。

一审法院判决:1.盛仁投资公司自判决生效之日起15日内返还伟基建设公司履约保证金1000万元及利息(利息的计算方法为:自2013年5月15日起至实际返还之日止，按照中国人民银行公布的同期同类贷款利率计算）;2. 盛仁投资公司自判决生效之日起 15 日内赔偿伟基建设公司损失 760 万元;3. 驳回伟基建设公司的其他诉讼请求。

二审法院最高人民法院于 2018 年 4 月 8 日作出（2017）最高法民终 518 号民事判决:1. 维持安徽省高级人民法院（2013）皖民四初字第 00010 号民事判决的第二项;2. 撤销安徽省高级人民法院（2013）皖民四初字第 00010 号民事判决的第一、三项;3. 盛仁投资公司自判决生效之日起 15 日内返还伟基建设公司履约保证金 911, 058. 63 元及利息（利息的计算方法为:自 2013 年 5 月 15 日起至实际返还之日止,按照中国人民银行公布的同期同类贷款利率计算）;4. 驳回伟基建设公司的其他诉讼请求。

法院观点

关于盛仁投资公司主张伟基建设公司多收取的工程款能否与盛仁投资公司应返还的履约保证金相抵销的问题。盛仁投资公司主张其已经支付工程款 49, 816, 600 元,超额部分应与其应当返还的 1000 万元保证金相互抵销。一审判决返还保证金及利息错误,最高人民法院认为,《合同法》第 99 条规定:“当事人互负到期债务,该债务的标的物种类、品质相同的,任何一方可以将自己的债务与对方的债务抵销。当事人主张抵销的,应当通知对方。通知自到达对方时生效。”根据该规定,行使抵销权是一种单方法律行为,只要具备法律构成要件,依据权利人单方意思表示即能发生权利义务变更或消灭的法律效力。对于抵销权的行使,既可以在诉讼中,也可以在诉讼之外而为抵销的意思表示,但在诉讼中的抵销,是为抵销抗辩或者反诉抵销,并无法律明确规定,需要人民法院根据具体情况进行确认。本案中,盛仁投资公司所主张抵销的 1000 万元债务,系伟基建设公司在进场施工前向盛仁投资公司交付的履约保证金,因案涉建设工程施工合同归于无效,而应由盛仁投资公司返还伟基建设公司。经一审、二审查明,盛仁投资公司已经支付工程款数额为 49, 200, 000 元,伟基建设公司实际应得工程款为 40, 111, 058. 63 元,盛仁投资公司已超付工程款 9, 088, 941. 37 元,伟基建设公司对该部分款项应予返还。因双方互负债务数额已经确定,债权债务明确,且为同一建设工程施工合同法律关系项下发生的款项,标的物种类、品质相同。现双方纠纷已诉至法院,债务均已到期,故盛仁投资公司作为一审被告在诉讼中选择以抗辩的方式行使抵销权,要求以其超额支付的工程款抵销其应返还伟基建设公司的保证金债务,符合法律规定抵销权行使的构成要件,无须以被告提起反诉的方式主张抵销。一审判决以盛仁投资公司未提出反诉为由,未予采纳其抗辩意见不当,应予纠正。盛仁投资公司可在 9, 088, 941. 37 元范围内与应返还 1000 万元保证金相互抵销。经计算,盛仁投资公司应返还保证金 911, 058. 63 元。关于保证金利息的问题,因案涉建设工程施工合同无效,一审法院判决从起诉之日作为履约保证金的利息起算点并无不当,应予维持。

律师提示

实务中如何正确高效地行使抵销权,仔细研究以下法条,就会有比较清楚的答案。

一、法定抵销权

《合同法》第99条

当事人互负到期债务,该债务的标的物种类、品质相同的,任何一方可以将自己的债务与对方的债务抵销,但依照法律规定或者按照合同性质不得抵销的除外。当事人主张抵销的,应当通知对方。通知自到达对方时生效。抵销不得附条件或者附期限。

二、合意抵销权

《合同法》第100条

当事人互负债务,标的物种类、品质不相同的,经双方协商一致,也可以抵销。

三、破产抵销权

《破产法》第40条

债权人在破产申请受理前对债务人负有债务的,可以向管理人主张抵销。但是,有下列情形之一的,不得抵销:

(一)债务人的债务人在破产申请受理后取得他人对债务人的债权的;

(二)债权人已知债务人有不能清偿到期债务或者破产申请的事实,对债务人负担债务的;但是,债权人因为法律规定或者有破产申请一年前所发生的原因而负担债务的除外;

(三)债务人的债务人已知债务人有不能清偿到期债务或者破产申请的事实,对债务人取得债权的;但是,债务人的债务人因为法律规定或者有破产申请一年前所发生的原因而取得债权的除外。

我们认为,实务中,债务抵销权运用得妙的话,会产生神奇的效果,值得琢磨!

045 类PPP合同是行政合同还是民事合同?

案例索引

最高人民法院(2016)最高法民终772号民事判决书。

案例导读

一、本案是一起典型的关于类PPP合同性质争议的纠纷。一审法院认定为行政合同,二审最高人民法院认定为民事合同,重审法院确定了该民事合同的效力并依法判决支持企业的部分诉讼请求。

二、本案一审诉请标的高达三个多亿,作为参与PPP业务的企业,一审败诉,二审发回重审,然后又上诉二审,最终获得部分赔偿,值得庆幸。

裁判要旨

若非政府单方准许的行政许可行为，而是政府以平等主体身份签订的民事合同，只要是双方当事人的真实意思表示，内容不违反法律、行政法规禁止性规定，应为合法有效的民事法律关系协议。

裁判逻辑

一、若非政府单方准许的行政许可行为，而是在充分协商基础上对各自的民事权利义务作出的约定，应为民事合同。

二、政府以平等主体身份签订的民事合同，只要是双方当事人的真实意思表示，内容不违反法律、行政法规禁止性规定，应为合法有效的民事法律关系协议。

交易结构图

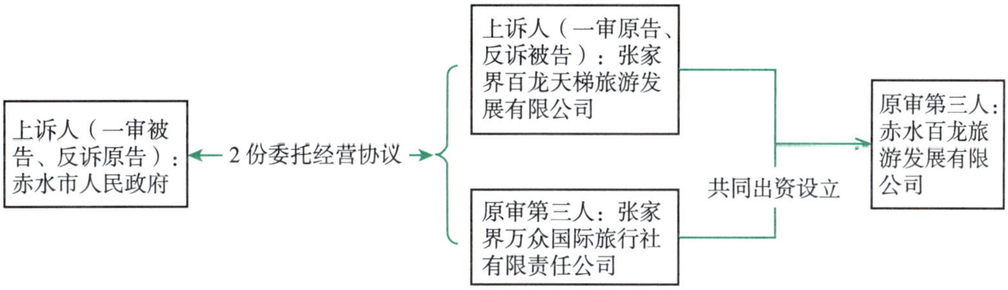

主要案情

上诉人（一审原告、反诉被告）：张家界百龙天梯旅游发展有限公司。

上诉人（一审被告、反诉原告）：赤水市人民政府。

原审第三人：张家界万众国际旅行社有限责任公司。

原审第三人：赤水百龙旅游发展有限公司。

原审原告、反诉被告张家界百龙天梯旅游发展有限公司（以下简称张家界百龙公司）与原审被告、反诉原告赤水市人民政府（以下简称赤水市政府）及原审第三人张家界万众国际旅行社有限责任公司（以下简称万众公司）、赤水百龙旅游发展有限公司（以下简称赤水百龙公司）合同纠纷一案，贵州省高级人民法院于 2015 年 3 月 20 日作出（2013）黔高民商初字第 6 号民事判决，张家界百龙公司、赤水市政府均不服该民事判决，向最高人民法院提起上诉。2015 年 11 月 14 日，最高人民法院作出（2015）民二终字第 163 号民事裁定，撤销贵州省高级人民法院（2013）黔高民商初字第 6 号民事判决，发回重审。贵州省高级人民法院于 2016 年 6 月 13 日作出（2016）黔民初 13 号民事判决，上诉人张家界百龙公司、上诉人赤水市政府均不服该民事判决，向最高人民法院提起上诉。

赤水风景名胜区于1994年被国务院批准为国家重点风景名胜区。2001年8月3日，赤水市委、市政府决定成立赤水旅游开发投资有限公司（以下简称赤水旅投公司），系国有独资有限责任公司。赤水旅投公司成立后，赤水市政府授权其对十丈洞、燕子岩、四洞沟景区进行经营管理。2004年1月2日，赤水市政府为委托方（甲方），张家界百龙公司、万众公司为受托方（两家公司共同为乙方），就“三区一湖一河”旅游区的旅游资源特许开发经营事宜签订了《委托经营协议》。

2004年6月22日，赤水市政府为委托方（甲方），张家界百龙公司、万众公司为受托方（两家公司共同为乙方），又共同签订了《委托经营合同》。合同标的与《委托经营协议》相同，但对《委托经营协议》的部分内容进行了细化和变更。合同约定：按照政府主导规划，企业自主经营，共同配合的总体原则，由乙方负责开发经营。委托开发经营的期限为50年（2004年8月1日至2054年8月1日）。甲方在合同生效次日，将上述景区的红线图、所示区域内的景区管理部门管理的所有资产清单、景区地形图等资料移交乙方。乙方根据《赤水市旅游发展总体规划》的投资估算和景区建设性详细规划的要求，在合同签订后一年内编制完成了“三区一湖一河”旅游区和竹海桫椤景区的控制性详规和修建性详规，报政府同意后实施，并在合同签订后3年内完成约资金人民币2.5亿元的投入，进行张家湾游客接待中心等景区基础设施建设，景区游览、交通等服务设施建设以及购置旅游车辆、船只、旅游宣传促销等项目，争取在3年内将委托经营的旅游区建设成国家4A级旅游区。因审批和个别工程建设周期过长而造成不能在3年内完成的，时间可顺延，但在审批期间，因政策等原因已明确不能建设的要及时调整建设项目。从合同交接之日起，甲方所属赤水旅投公司向遵义市商业银行所贷2500万元贷款转移给乙方，由乙方还本付息。乙方自获得“三区一湖一河”的开发经营权起，向甲方交纳旅游资源使用费，支付标准和支付方式为：第一年向甲方交纳门票总收入8%的旅游资源使用费，第二年起每年递增4%，但最高额度不超过门票总收入的20%。如遇国家开征资源使用税，乙方托管区域内所有项目缴纳的资源税总和不足门票收入20%的差额部分，仍由乙方补交给甲方；高于则依法纳税，并不再缴纳资源使用费，每半年付一次。合同约定甲方的主要义务为：1.提供《委托经营合同》规定的乙方受托的“三区一湖一河”，保证乙方对合同规定的经营范围依法取得开发经营权；2.将“三区一湖一河”旅游区内的现有国有资产清单及合同规定范围内管理的国有资产移交给乙方；3.将已有的与景区开发建设及经营管理有关的各项地质、地貌、地理探测结果资料及可行性研究报告等文件提供给乙方。乙方的主要义务为：1.按照合同约定支付旅游资源使用费；置换甲方前期投入的1005万元和偿付省基建公司投入的1895万元；2.在签订合同后半年提供委托经营景区内项目建设投资计划报甲方同意后实施。在3年内投入约2.5亿元资金（含合同约定的5400万元款项），根据《赤水旅游发展总体规划》的要求，基本完成规划项目，争取将所委托经营的旅游区建设成国家4A级旅游区等。合同还约定，甲方不履行合同规定的义务，致使乙方连续60日无法正常开展保护经营活动的，乙方有权提出终止合同并有权追究违约责任；乙方逾期60日未支付旅游资源使用费、前期投入置换、省基建公司投入的，甲方有权终止合同，并保留索赔的权利；一方因严重违约而导致合同终止的，须赔偿对方全部直接损失，并加处该损失30%的违约金，当计算的违约金额不足500万元仍按500万元支付。

《委托经营合同》经甲乙双方法定代表人签字生效（生效时间为2004年6月24日）后，为履行合同，张家界百龙公司与万众公司共同出资成立了赤水百龙公司，公司注册资本为500万元。张家界百龙公司和万众公司根据赤水市财政局国有资产移交的批复确认的固定资产54,302,000元加上“三区一湖一河”旅游区经营权及收益权6020万元抵减5400万元债务后，将评估值中的6000万元用于对赤水百龙公司新增注册资本。赤水市政府2004年11月2日致函赤水市工商行政管理局，表示根据《委托经营合同》的约定，赤水百龙公司享有对“三区一湖一河”旅游资源开发经营权，原则同意对移交的“三区一湖一河”景区资产（含景区门票收益权）进行评估和作价入账。庭审中，张家界百龙公司、赤水市政府、赤水百龙公司均认可赤水百龙公司系张家界百龙公司、万众公司为具体履行《委托经营合同》出资成立，是《委托经营合同》的具体执行单位，代表张家界百龙公司履行合同，由此产生的全部权利义务均由张家界百龙公司享有和承担。

2010年12月22日，张家界百龙公司与万众公司签订《协议书》，明确万众公司并未实际履行《委托经营合同》，退出《委托经营合同》，赤水市政府在庭审中对该事实表示认可。

《委托经营合同》生效后的履行情况：

1.2004年7月14日，赤水市财政局批复同意赤水旅投公司将“三区一湖一河”景区内价值54,300,200元的国有资产移交给张家界百龙公司和万众公司管理使用。自2004年9月1日起，张家界百龙公司开始通过赤水百龙公司对“三区一湖一河”景区进行开发经营和投资建设。2004年9月15日，赤水旅投公司将《赤水市旅游开发投资有限责任公司“三区一湖一河”景区经营权转让资产移交清单》（以下简称《资产移交清单》）上所列的“三区一湖一河”景区内价值54,300,200元的国有资产进行了移交，赤水百龙公司接收了相关资产。但清单中所列的价值192万元的四洞沟停车场，景区规划红线图、地质、地貌资料、地形图，景区基础设施土地使用证明，房屋、建筑物所有权证明，景区基础设施施工合同等地质和建设方面的相关资料未一并移交。此后，赤水百龙公司曾多次发函赤水市政府要求移交四洞沟停车场未果。

2.2005～2007年，赤水市政府多次通过发函、召开座谈会的形式督促张家界百龙公司启动和完成“三区一湖一河”景区控制性详规和建设性详规编制工作以及加快景区项目的开发建设。2005年6月，赤水百龙公司委托贵阳建筑设计公司编制完成赤水市十丈洞、燕子岩、四洞沟景区修建性详细规划，后因达不到设计要求，该合同未履行。2006年4月，赤水市政府委托北京华汉旅规划设计研究院有限公司编制赤水市旅游景区修建性详细规划，支付了36万元启动资金和多笔差旅费，但编制的规划设计未被采用。2007年3月，赤水百龙公司和赤水市政府签订协议，约定赤水市政府委托贵州通和规划设计咨询有限公司编制景区详细规划设计，其中四洞沟瀑布群景区、十丈洞瀑布景区（含燕子岩森林公园）、竹海桫椤景区详细规划设计费用70万元由赤水百龙公司支付，赤水百龙公司实际支付规划设计费共计40万元。十丈洞、四洞沟、燕子岩景区详细规划于2013年7月由赤水市政府向贵州省建设厅报批，于2014

年 4 月通过审批。

3. 2008 年 10 月 31 日，赤水市政府相关部门负责人与张家界百龙公司、万众公司负责人举行会议，提出按照《中华人民共和国风景名胜区条例》和《贵州省风景名胜区条例》，进入风景名胜区的门票应由赤水市风管局负责出售管理。2010 年 9 月 13 日，经赤水市政府再次要求，赤水百龙公司同意将三景区的门票售检权移交给赤水市政府。同日，赤水市政府下发了《市人民政府关于依法规范赤水风景名胜区门票管理工作的通知》（赤府发〔2010〕34 号）（以下简称 34 号文件），将赤水大瀑布、燕子岩、四洞沟景区门票的出售管理权收回交由赤水市风管局负责，并规定："门票收入在扣除聘用人员工资等待遇后，分成比例仍按原协议约定的比例执行（市人民政府 20%，赤水百龙公司 80%），有关税费按照规定自行缴纳。赤水市风管局每月与市人民政府、赤水百龙公司在次月 6 日前结算。"此后，赤水百龙公司曾多次发函给赤水市政府，要求赤水市政府按照合同约定及 34 号文件精神分配门票收入。2011 年 7 月 29 日，赤水市风管局向赤水百龙公司支付了 60 万元门票款，后赤水市政府未再向赤水百龙公司支付过门票款。2011 年至 2012 年 10 月，赤水市风景名胜管理局（以下简称赤水市风管局）与赤水百龙公司曾多次对门票售检权移交政府后的门票收入进行过结算。

4. 2012 年，赤水市政府和赤水百龙公司共同委托四川长江会计师事务所对赤水百龙公司 2004 年至 2011 年 4 月 30 日账面投入（含资本金投入及借款投入）、关联企业代垫费用、分摊北京总部管理费用及其该期间的累积亏损等情况进行审计，四川长江会计师事务所作出了川长会审（2011）201 号审计报告。审计报告明确审计涉及的合同为 2004 年 6 月 22 日签订的《委托经营合同》。审计报告载明：《委托经营合同》的交接日期为 2004 年 8 月 1 日，实际执行合同单位为赤水百龙公司，实际执行合同时间为 2004 年 9 月 1 日起。2004 年 9 月 1 日至 2011 年 4 月 30 日，张家界百龙公司通过赤水百龙公司共计投入资金合计 41, 408, 615. 74 元。其中，赤水百龙公司直接收到张家界百龙公司及其关联公司投资款 38, 055, 440. 80 元（含赤水百龙公司注册资本金 500 万元）。扣除赤水百龙公司注册资本金后，张家界百龙公司通过赤水百龙公司共计向"三区一湖一河"景区投资 36, 408, 615. 74 元，其中用于置换赤水市政府前期投入 1005 万元、归还省基建公司投资款项 630 万元、归还遵义市商业银行 2500 万元借款本金中的 181 万元和支付银行借款利息 6, 586, 328. 19 元，在景区内形成长期资产投资 29, 521, 404. 27 元，包括固定资产 28, 212, 066. 34 元、低值易耗品 162, 112 元以及预付账款 1, 147, 225. 93 元。其中固定资产 28, 212, 066. 34 元包括不动产固定资产和动产固定资产。不动产固定资产的账面价值为 27, 414, 607. 89 元，实际形成的新增不动产固定资产价值 10, 401, 833. 82 元、动产固定资产价值 797, 458. 45 元。2004 年 9 月至 2010 年 9 月 15 日，张家界百龙公司通过赤水百龙公司共计向赤水市政府支付旅游资源使用费 3, 322, 234. 99 元，欠付赤水市政府自 2004 年至 2010 年 9 月 15 日的旅游资源使用费 1, 257, 357. 01 元。2004 年 9 月至今，赤水百龙公司代表张家界百龙公司实际获得门票款 26, 476, 291. 91 元（扣除已缴纳的资源使用费后），其实际获得的景区门票款均已用于景区日常经营。

5. 2010 年起，赤水市政府和张家界百龙公司、万众公司多次就解除《委托经营合同》进行协商,但未能达成一致。赤水市政府自2012年4月起,自行启动"三区一湖一河"景区范围内的项目建设。2012年10月10日,赤水市政府向张家界百龙公司、万众公司发出了《赤水市人民政府关于解除三区一湖一河旅游区委托经营合同的函》(赤府函〔2012〕235号)(以下简称235号函),通知张家界百龙公司和万众公司,于2012年10月15日正式解除赤水市政府与其所签《委托经营合同》,并要求张家界百龙公司、万众公司在收到235号函后15日内,派代表与赤水市政府协商处理《委托经营合同书》正式解除后的双方财产及债权债务清算事宜。张家界百龙公司和赤水百龙公司于2012年10月12日收到函件并回函称,赤水市政府单方解除合同并强行接管景区经营权的做法不合法。2012年10月16日,赤水市政府召开赤水百龙公司员工大会,将赤水百龙公司除总经理外的其他员工都转到赤水旅投公司,收回了"三区一湖一河"景区,员工大会由赤水市风景名胜管理局具体负责召开。此后,赤水百龙公司退出了景区的经营管理,赤水旅投公司于2004年9月15日移交给赤水百龙公司管理使用的国有资产和赤水百龙公司投资修建形成的不动产固定资产此后均由赤水市政府实际控制。管局具体负责召开。此后,赤水百龙公司退出了景区的经营管理,赤水旅投公司于2004年9月15日移交给赤水百龙公司管理使用。2013年10月29日,赤水市政府向贵州省产业投资(集团)有限责任公司(原省基建公司)支付了1895万元欠款本金和205万元欠款利息。

赤水市政府2004年与张家界百龙公司和万众公司签订的《委托经营协议》和《委托经营合同》,赤水旅投公司表示知晓,并未提出异议,财务清算、人员交接等具体事务都由赤水旅投公司参与完成。2004年9月赤水旅投公司移交给赤水百龙公司的资产清单中的资产系国有资产,2004年至今一直登记在赤水旅投公司名下。

本案在发回重审期间,张家界百龙公司三次变更诉讼请求,其最终确定的诉讼请求为请求判令:1.解除各方于2004年1月2日签订的《赤水景区委托经营协议》和2004年6月24日签订的《委托经营合同》;2.赤水市政府赔偿张家界百龙公司直接损失114,051,204.6元(该经济损失构成如下:经审计的张家界百龙公司前期直接投入41,408,615.74元及审计后张家界百龙公司继续实际投入的7,648,886.46元,两项小计49,057,502.2元;张家界百龙公司再次投入到景区建设的26,476,296.91元门票收入;从2010年9月起至合同被法院依法解除之日止的张家界百龙公司应得门票收入,暂计至2016年4月张家界百龙公司应分得的门票收入38,517,405.48元。该38,517,405.48元构成为从2010年9月至2012年10月张家界百龙公司应得的门票收入14,234,094.96元,该数据与赤水市政府经过对账;从2012年11月暂计至2016年4月张家界百龙公司的应得门票收入24,283,310.52元,该数据比照2011年月平均门票收入计算,如法院调取到赤水市政府实际门票收入数据后,张家界百龙公司再作相应数据调整);3.赤水市政府承担张家界百龙公司直接损失114,051,204.6元30%的违约金34,215,361.38元;4.赤水市政府承担张家界百龙公司预期利益损失123,956,000.56元(张家界百龙公司此前计算合同解除后的预期利益损失,暂从2017年起算至合同期满为226,158,028.13元,现张家界百龙公司只主张其中的123,956,000.56元)。

赤水市政府在原一审对张家界百龙公司和第三人万众公司提起了反诉,请求判令:1.确认

《委托经营合同》于2012年10月12日解除;2.张家界百龙公司赔偿赤水市政府代垫的银行贷款利息损失9,366,657.46元、复利损失1,737,068.05元及贵州省基本建设投资公司(以下简称省基建公司)投资款罚息损失205万元;3.张家界百龙公司赔偿赤水市政府可得利益损失人民币2800万元;4.张家界百龙公司向赤水市政府返还旅游景区门票收入人民币27,967,616.24元;5.张家界百龙公司向赤水市政府支付违约金人民币500万元;6.张家界百龙公司承担本案全部诉讼费用。

原一审法院判决:1.驳回本诉原告张家界百龙公司的诉讼请求;2.驳回反诉原告赤水市政府的诉讼请求。

原二审法院裁定:1.撤销贵州省高级人民法院(2013)黔高民商初字第6号民事判决;2.案件发回贵州省高级人民法院重审。

重审一审法院判决:1.确认《委托经营合同书》于2012年10月12日解除;2.解除《委托经营协议》;3.由赤水市政府于判决生效之日起10日内返还张家界百龙公司投资款项36,408,615.74元;4.由张家界百龙公司于判决生效之日起10日内赔偿赤水市政府代垫的银行贷款复利损失1,737,068.05元及省基建公司投资款罚息损失1,045,500.00元;5.驳回张家界百龙公司和赤水市政府的其他诉讼请求。

重审二审法院最高人民法院于2018年6月29日作出(2016)最高法民终772号民事判决:1.维持贵州省高级人民法院(2016)黔民初13号民事判决第一项、第二项;2.撤销贵州省高级人民法院(2016)黔民初13号民事判决第五项;3.变更贵州省高级人民法院(2016)黔民初13号民事判决第三项为"赤水市人民政府于本判决生效之日起十日内返还张家界百龙天梯旅游发展有限公司投资款项36,408,615.74元,并补偿张家界百龙天梯旅游发展有限公司经营管理支出费用7,648,886.46元";4.变更贵州省高级人民法院(2016)黔民初13号民事判决第四项为"张家界百龙天梯旅游发展有限公司于本判决生效之日起十日内赔偿赤水市人民政府代垫的银行贷款复利损失1,737,068.05元";5.增加一项即"张家界百龙天梯旅游发展有限公司于本判决生效之日起十日内赔偿赤水市人民政府资源使用费损失1,257,357.01元"作为贵州省高级人民法院(2016)黔民初13号民事判决第五项;6.驳回张家界百龙公司和赤水市政府的其他诉讼请求。

法院观点

本案二审争议焦点为:1.《委托经营合同》是否已经被解除;2.解除《委托经营合同》的法律效力。

一、关于《委托经营合同》是否已经被解除

根据《委托经营合同》,张家界百龙公司的主要合同义务包括:1.按合同约定支付旅游资源使用费;2.对赤水旅投公司在遵义市商业银行贷款2500万元按计划还本付息;3.直接支付2900万元置换款(赤水市政府前期投入的1005万元和省基建公司投入的1895万元);4.签订合同后3年内投入约2.5亿元资金(含前述第2项、第3项共计5400万元)用于景区开发建设。

赤水市政府主张张家界百龙公司存在以下违约行为:1. 对于赤水旅投公司在遵义市商业银行贷款2500万元,截至合同解除前仅偿还了181万元本金和部分利息;2. 对于直接支付的2900万元置换款,本应于2004年至2016年分15次支付,但仅于2004年至2007年1月支付了1635万元,且多次迟延支付,此后再未支付;3. 对于应在3年内投入景区开发建设的2.5亿元资金,截至合同解除前仅累计投入约4000万元(包括其已支付的前期投入款项和已偿还的部分银行贷款本息)。张家界百龙公司对赤水市政府陈述的上述事实并无异议,但其抗辩认为:1. 张家界百龙公司承担2500万元银行贷款本息的前提条件是张家界百龙公司并购赤水旅投公司,成为该公司股东后再通过该公司继续还本付息,而这一条件并未成就,故不应支付上述款项;2. 赤水市政府违约在先,张家界百龙公司不履行或履行不能的行为是行使先履行抗辩权。

最高人民法院认为,张家界百龙公司上述抗辩理由均不能成立,理由为:

(一)关于支付贷款及置换款的问题。首先,《委托经营合同》第7.1.4条、第7.1.5条、第7.1.8条及第8.2.1条明确约定了张家界百龙公司的付款义务,而第5.1条、第5.2条有关张家界百龙公司并购赤水旅投公司的约定,是为履行委托经营合同所作的安排,并非张家界百龙公司履行付款义务的前提。其次,在合同履行中,双方当事人对原并购安排进行了变更,改变为由张家界百龙公司新设赤水百龙公司进行开发经营,双方对此均予认可;张家界百龙公司也已经实际履行了部分付款义务,故对赤水旅投公司的并购不是张家界百龙公司支付款项的前提条件。

(二)投资开发建设景区的问题。张家界百龙公司主张赤水市政府无权将"三区一湖一河"对外委托经营,但并未提供证据予以证明,且二审查明的事实证明了张家界百龙公司对"一湖一河"的经营权不仅未被妨碍,反而得到了赤水市政府的维护,故该主张不能成立。张家界百龙公司并主张赤水市政府未移交"三区一湖一河"景区。最高人民法院认为,"一湖一河"均为自然景观,并无法律规定如同动产或者普通不动产一样的交付方式。在《委托经营合同》约定赤水市政府将"三区一湖一河"的开发经营权委托给张家界百龙公司行使的情况下,张家界百龙公司须依法履行申请手续方能取得并行使经营权,而张家界百龙公司并无证据证明其已依法向相关部门提出开发项目的申请,或者实际经营过程中,因其开发经营权的合法性问题导致其未被批准或经营受阻。张家界百龙公司还主张赤水市政府未移交香溪湖码头。二审查明,香溪湖码头系临时修建的简易码头,其在《资产移交清单》第34项中与奇兵古道、曲桥、石伞、南天门步道一并列明,并经双方当事人签字确认,且张家界百龙公司曾三次致函赤水市政府要求移交四洞沟停车场,却从未提出香溪湖码头的移交问题,故应认定为已经移交完毕。

张家界百龙公司另主张规划编制是赤水市政府的法定职责,张家界百龙公司已经履行了配合义务,赤水市政府未及时移交景区的红线图、地形图及相关地质、地貌、地理探测资料等,没有及时完成规划编制,导致其不能依约完成投资。赤水市政府主张其已实际移交上述资料,只是未办理移交手续。对此,最高人民法院认为,首先,根据一审查明的事实,上述资料系编制景区详规所必需的基础性资料,若无上述资料则不可能完成编制工作,而赤水百龙公司曾多次单独或与赤水市政府共同委托设计单位编制了景区详规,故根据该事实可认定赤水市政府已提供了上述资料。一审判决对此认定有误,应予纠正。其次,由于赤水市政府已将案涉景区委托给张家界百龙公司经营,《委托经营合同》约定由张家界百龙公司编制景区详规并报政府同意后实施,与赤水市政府依法履行相关法定职责并不矛盾,不构成法定职责的让渡。原审查明,赤水百龙公司并未依约在合同订立后的一年期限内完成景区详规,而是在赤水市政府的反复催促下,于2005年、2006年两次自行付费委托设计单位编制规划,后又于2007年通过协议约定由赤水市政府委托设计单位编制规划,但仍由赤水百龙公司支付案涉景区范围相关规划编制费用。最后,虽然完成景区详规编制对张家界百龙公司依约全面开发建设案涉景区存在一定影响,但并不影响其改造升级现有设施和投资部分可单独报批报建的项目。因此,造成景区详规迟未编制、约定投资长期缺位的主要责任在于张家界百龙公司,其以此作为未能依约在订立合同后完成投资的抗辩事由实难成立,最高人民法院不予支持。

因此,张家界百龙公司迟延履行《委托经营合同》约定的主要债务,经赤水市政府催告后在合理期限内仍未恰当履行,且无足够的履行抗辩权利。张家界百龙公司的迟延履行行为符合《委托经营合同》第7.1.2条约定的赤水市政府有权收回委托经营权及第12.2.2条约定的在张家界百龙公司逾期60日未支付旅游资源使用费、前期投入置换、省基建公司投入时赤水市政府有权终止合同的情形,赤水市政府据此享有约定解除权。因其通知对方当事人解除案涉协议,故一审判决认定《委托经营合同》于2012年10月12日被解除正确,应予维持。

综上所述,赤水市政府除未移交四洞沟停车场外,已履行了主要合同义务。赤水市政府在解除合同后收回景区经营权的行为并不构成违约。张家界百龙公司关于赤水市政府在本案中根本违约的主张不能成立。对张家界百龙公司基于该主张提出的要求赤水市政府分配合同解除后的门票收入、承担违约责任、赔偿预期利益损失等请求,以及相关抗辩理由,最高人民法院均不予支持。

二、关于解除《委托经营合同》的效力

(一)关于张家界百龙公司要求赤水市政府赔偿经审计确认的前期投资款41,408,615.74元的问题。最高人民法院认为,此系双方共同委托会计师事务所审计的结果,双方对此无异议,故该款项应在合同解除后返还张家界百龙公司,但该金额中包含了张家界百龙公司投入赤水百龙公司的注册资本金500万元,张家界百龙公司作为后者的股东,对该公司依然享有股东权益,案涉合同的解除并未使该权益产生变动,故不存在返还该500万元注册资本金问题,应从该投资款中予以扣除。此外,审计报告所确定的投资款,除包括合同约定的投资项目外,还包含了赤水百龙公司的人员工资和分摊北京总部管理费用等日常经营成本,虽然日常经营成本不应属于投资款,但赤水市政府认可该审计结果且双方对一审法院关于该部分的分析和处理均未提出上诉,故最高人民法院对该部分予以维持,即赤水市政府应返还张家界百龙公司投资款36,408,615.74元。

（二）关于案涉景区经营管理投入补偿和门票收入分配及返还的问题。最高人民法院认为，景区门票收入的分配与景区经营管理成本和风险的负担密切相关，故本案中对此类问题的处理，应将二者一并考虑方为公平。

第一，关于张家界百龙公司主张的经营管理投入补偿和门票收入分配。根据一审查明的事实，2010年9月15日赤水市政府收回景区门票售检权后至2012年10月12日赤水市政府解除《委托经营合同》期间，案涉景区门票由赤水市风管局收取，而经营管理则仍由赤水百龙公司负责。在《委托经营合同》已经被解除的情况下，张家界百龙公司虽无权请求赤水市政府继续分配门票收入，但其经营管理投入理应得到合理补偿。张家界百龙公司主张其于2011年4月30日审计截止日至2013年8月31日期间为维持景区正常运转而对赤水百龙公司继续投入7,648,886.46元，包括借款投入、代垫车辆费用、分摊北京总公司管理费三部分。虽然该部分投入涵盖了2012年10月12日解除《委托经营合同》后至2013年8月31日的投入，超出了合同解除效力的范围，但考虑到张家界百龙公司在景区经营中承担风险相对较大、至2012年10月16日赤水市政府方正式接管景区、赤水市政府亦承认合同解除前张家界百龙公司依约应分得的门票收入为800万元左右等因素，故为公平起见，最高人民法院对张家界百龙公司该部分主张予以支持，但对其同时要求分配同期门票收入的主张，最高人民法院不予支持。就张家界百龙公司合同解除后的门票收入分配的主张，前文已经述及。

第二，关于案涉2010年9月15日前的门票收入26,476,296.91元及相应资源使用费如何处理。张家界百龙公司主张该门票收入已经用于景区建设等投入，而且即使用于日常经营也属于其直接损失。最高人民法院认为，景区日常经营费用是张家界百龙公司履行合同产生的必要费用，是赤水百龙公司为收取门票所必须支出的经营成本，亦来源于履行合同产生的收益，不属于张家界百龙公司的直接损失。因此，对张家界百龙公司该项上诉请求不予支持。

赤水市政府主张张家界百龙公司返还已实际获取的门票收入26,476,296.91元。如前所述，因张家界百龙公司已将该收入用于景区日常经营，并未因此获利，故不宜返还赤水市政府。对赤水市政府该主张，最高人民法院不予支持。张家界百龙公司欠付赤水市政府资源使用费1,257,357.01元，给赤水市政府造成了损失，应当予以赔偿。对赤水市政府关于张家界百龙公司赔偿资源使用费的诉讼请求，最高人民法院予以支持。

（三）关于赤水市政府要求赔偿银行贷款利息9,366,657.46元、复利1,737,068.05元及省基建公司投资款罚息205万元等损失的问题。张家界百龙公司存在未足额偿还银行贷款2500万元和省基建公司投资款1895万元的违约行为，应赔偿因此给赤水市政府造成的直接损失。关于利息损失和复利损失的赔偿，一审判决认定并无不当，最高人民法院予以维持。关于罚息损失，赤水市政府主张张家界百龙公司未按期支付省基建公司1895万元投资款导致赤水市政府向省基建公司支付了205万元罚息，应当予以赔偿；张家界百龙公司则主张赤水市政府不及时将已收到的投资款转交省基建公司，应自行承担罚息。最高人民法院认为，《委托经营合同》约定，张家界百龙公司应支付的款项中包含省基建公司的1895万元投资款，由赤水市政府代收，但赤水市政府收到款项后明显存在怠于还款的情况。赤水市政府与省基建公司就本金和罚息的偿还达成一致意见时，距离《委托经营合同》约定的张家界百龙公司支付完毕的时间还差3年，尚有4期共计520万元未届支付期限，也就是说，即便张家界百龙公司依约履行义务，仍会产生罚息。因此，该205万元罚息与张家界百龙公司的违约行为关联性不足，无法认定为张家界百龙公司违约导致的直接损失，不应予以赔偿。一审判决张家界百龙公司赔偿赤水市政府罚息损失不当，应予纠正。

（四）关于违约金问题。赤水市政府主张一审判决在认定其存在违约行为的基础上驳回其关于违约金的诉讼请求是错误的。最高人民法院认为，《合同法》第120条规定当事人双方都违反合同的，应当各自承担相应责任，因此一审法院以“双方均存在违约行为，故双方均无权请求对方承担违约金”为由驳回双方请求不妥。虽然张家界百龙公司存在前述违约行为，赤水市政府有权依约解除合同并要求赔偿损失，但《委托经营合同》约定的适用加处违约金的前提为“一方因严重违约而导致本合同终止”，考虑景区详规制定后的审批进度并非双方当事人所能控制、合同约定投资期限可以有条件延长等因素，一审法院认为不能认定张家界百龙公司违约情形达到了依约加处违约金的程度正确。对赤水市政府该项上诉请求，最高人民法院不予支持。

（五）关于可得利益损失赔偿问题。赤水市政府上诉请求判令张家界百龙公司赔偿其可得利益损失2800万元。对此，因游客数量受多方面因素综合影响，赤水市政府对假设张家界百龙公司依约投资到位情况下案涉景区游客数量及门票收入的估算缺乏足够依据，对赤水市政府该项主张，最高人民法院不予支持。

律师提示

本案中，PPP合同性质决定参与企业的生死存亡。PPP项目是公私合作的模式，政府与民间资本参与合作共同建设基础设施项目，可分为外包类、特许经营类、私有化类三大类型，一般涉及建设、购买、租赁、经营、更新、转让等环节。

本案争议的《委托经营合同》项下，赤水市政府将案涉景区委托给张家界百龙公司经营。对私营企业而言，投资巨大、周期很长、回报较慢，不仅存在商业风险，还有政策风险，参与类PPP项目投资的企业，一定要慎重决策，全程法律顾问服务必不可少。

第八章　私募基金篇

046 PE 如何规避“股权投资款不具返还性”陷阱？

案例索引

最高人民法院(2013)民申字第 326 号民事裁定书。

案例导读

本案是关于股东对公司的股权投资款是否具有可返还性的典型案例。最高人民法院通过本案例明确了股东向公司已交纳的出资无论是计入注册资本还是计入资本公积金，既不得请求公司返还，也不得请求公司股东返还。

裁判要旨

股东向公司已交纳的出资无论是计入注册资本还是计入资本公积金，既不得请求公司返还，也不得请求公司股东返还。

裁判逻辑

一、股东向公司已交纳的出资无论是计入注册资本还是计入资本公积金，都形成公司资产，股东均不得请求公司返还。

二、增资扩股协议的合同相对人虽然是公司股东，投资人已将资本金直接注入了公司，但由于公司系合法存在的企业法人，公司股东不再具有返还涉案资本公积金的资格，故也不得请求公司股东返还。

交易结构图

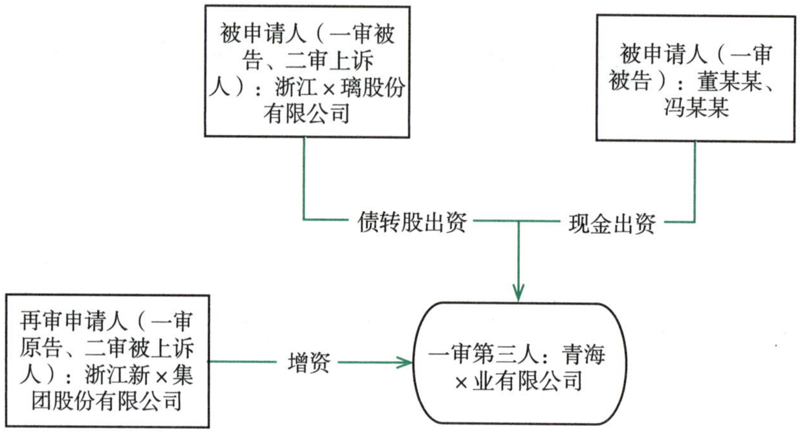

主要案情

再审申请人(一审原告、二审被上诉人):浙江新×集团股份有限公司。

被申请人(一审被告、二审上诉人):浙江×璃股份有限公司。

被申请人(一审被告):董某某、冯某某。

一审第三人:青海×业有限公司。

再审申请人浙江新×集团股份有限公司(以下简称新×集团)因与被申请人浙江×璃股份有限公司(以下简称浙江×璃)、董某某、冯某某及一审第三人青海×业有限公司(以下简称青海×业)公司增资纠纷一案,不服浙江省高级人民法院(2011)浙商终字第36号民事判决,向最高人民法院申请再审。

2003年6月,经浙江×璃、董某某、冯某某申请,第三人青海×业设立后经多次增资,至2005年8月,青海×业注册资本增加至54,806万元,浙江×璃、董某某、冯某某各持股92.737%、6.537%、0.726%,其中17,392万元系浙江×璃、董某某、冯某某分别以现金形式出资,35,414万元系浙江×璃以取债转股形式出资,2000万元系董某某以债转股形式出资。2007年6月21日,新×集团与浙江×璃、董某某、冯某某签订《关于青海×业的增资扩股协议书》(以下简称《增资扩股协议书》)及《附录:进一步的承诺、声明和保证》(以下简称《附录》)各一份,其中《增资扩股协议书》第F、G条对新×集团单方面增资青海×业的总体安排作了约定。第F条约定:新×集团拟单方面增资青海×业,以现金90,460万元认购青海×业增资后35%的股权,其中29,510.770万元投入注册资本,溢价部分60,949.230万元计入青海×业的资本公积金。浙江×璃、董某某、冯某某同意放弃增资部分的优先认购权。新×集团将按协议约定的期限,分批缴纳用于增资青海×业的出资。本次增资完成后,青海×业注册资本将增加至84,316.770万元,股东及持股比例将变更为:浙江×璃持有60.279%的股权,董某某持有4.249%的股权,冯某某持有0.472%的股权,新×集团持有35%的股权。第G条约定:各方同意在上述第 F 条所述步骤完成后，立即进行新增资本公积金转增为青海×业注册资本。本次新增资本公积金转增注册资本完成后，青海×业注册资本将增加至 145,266 万元，各方股东及持股比例不变。

《增资扩股协议书》第 1 条对上述第 F 条内容进行了具体约定。第 1.2 款“出资方式及出资期限”约定：新×集团同意以现金方式单方面增资青海×业，增加投入注册资本 29,510.770 万元（溢价部分 60,949.230 万元计入新增资本公积金）。本次增资完成后，青海×业注册资本将增加至 84,316.770 万元，股东及持股比例将变更为：浙江×璃持有 60.279% 的股权，董某某持有 4.249% 的股权，冯某某持有 0.472% 的股权，新×集团持有 35% 的股权。新×集团出资（包括溢价部分）将按约定分 7 期进行缴纳，其中第（7）项为 2009 年 5 月 30 日前出资 40,460 万元。第 1.3 款约定：各方同意，在完成协议第 3 条先决条件的前提下，于新×集团按约定中的第（3）项出资到位时，立即办理青海×业增资至 84,316.770 万元的工商变更登记手续，各方出资比例为浙江×璃 60.279%、董某某 4.249%、冯某某 0.472%、新×集团 35% 的最终比例一次性登记到位，之后分别于新×集团历次出资并验资后，分别办理注册资本实际缴纳涉及的工商变更登记手续。《增资扩股协议书》第 2 条为“新增资本公积金转增注册资本”，第 2.1 款约定：各方同意，在根据上述第一条约定的新×集团单方面增加注册资本完成后，随即进行新增资本公积金转增为青海×业注册资本程序，并办理相关工商变更登记手续。第 2.2 款约定：本次新增资本公积金转增注册资本完成后，青海×业注册资本将增加至 145,266 万元，各方股东及持股比例不变。

《增资扩股协议书》第 6 条为“公司治理”。各方就新×集团向青海×业委派董事和监事，新×集团应享有的权利，青海×业重大决策的审批程序，青海×业不得向关联企业提供借款及协议签订之前发生的借款处理，视作股东占用资金情形及该种情形下的损失赔偿等内容作了约定。

《增资扩股协议书》第 7 条为“违约责任”。第 7.2 款约定：除协议另有规定外，自协议第 3 条先决条件全部完成日起，如协议任何一方不履行或违反本协议任何条款和条件，协议他方有权要求不履行方或违约方无条件向他方支付违约金 15,000 万元。守约方除获违约金赔偿外，不足部分仍可向违约方追偿实际损失，且守约方有权要求单方面终止协议的继续履行。协议第 3.1 款对上述先决条件作了约定，主要是一切所需之合同、协议及相关文件的签署、股东会决议、其他各自须履行的许可和法律程序等内容。此外，《增资扩股协议书》还就其他有关事项作了约定。

《附录》中，浙江×璃、董某某、冯某某就公司的基本情况、资产、财务、合约诉讼等事项作了承诺、声明和保证。前言部分载明，承诺、声明和保证的作出方需承担连带法律责任。第（31）条约定：在增资完成日前发生而在增资完成日后发现，公司若可能存在所涉及或累积之未入账之任何债务、责任或义务，或者权利限制而影响公司资产的价值的，浙江×璃、董某某、冯某某承诺将以在新×集团首次出资日前占公司股权比例承担法律责任，并向新×集团支付相应的经济赔偿，三方共同承担连带法律责任。

《增资扩股协议书》签订后，新×集团按约向青海×业分批出资共50,000万元，已经完成《增资扩股协议书》第1.2款约定的第(1)~(6)项出资义务，尚余第(7)项约定的40,460万元未予投入。按照约定的计入注册资本和计入新增注册资本公积金的比例，上述50,000万元的出资中，投入青海×业的注册资本为163,115,023.20元，计入新增注册资本公积金为336,884,976.79元。截至2008年8月28日，青海×业变更后累计注册资本84,316.770万元，实收资本711,175,023.20元（原注册资本54,806万元和新×集团实缴注册资本163,115,023.20元之和）。

《增资扩股协议书》履行中，青海×业于2007年8月20日召开股东会并形成决议，选举新×集团委派的林兴为公司董事。2007年8月22日，新×集团与浙江×璃、董某某、冯某某共同签署了青海×业公司章程（以下简称《公司章程》）。根据《公司章程》的记载，青海×业注册资本为84,316.770万元，股东全部以现金方式出资，其中浙江×璃一次性出资50,825.40万元，占60.279%；董某某一次性出资3582.54万元，占4.249%；冯某某一次性出资398.06万元，占0.472%；新×集团分期出资29,510.770万元，占35%。《公司章程》还根据《增资扩股协议书》约定内容，就公司治理等方面作了相应规定。青海×业现登记注册资本为84,316.770万元，新×集团依《增资扩股协议书》约定而持有的青海×业35%股权，已经办理股东名册的变更记载和相关工商变更登记手续。新×集团取得青海×业35%的股权后，又将其中的10.83%转让给了浙江新湖创业投资股份有限公司（以下简称新湖创业）。

2009年5月26日，新×集团以浙江×璃、董某某、冯某某为共同被告，以青海×业为第三人，向浙江省高级人民法院提起诉讼，主张自其增资后，浙江×璃利用其对青海×业的控制，未按《增资扩股协议书》约定保障其应有的股东权益。新×集团虽经多次交涉，仍无法享受应有的知情权、决策权、参与管理权、财务监督权等股东权利。请求判令：1.终止《增资扩股协议书》中约定的继续履行出资40,460万元的义务；2.浙江×璃向新×集团支付违约金15,000万元；3.董某某、冯某某对浙江×璃违约金的支付承担连带责任；4.案件诉讼费用由浙江×璃、董某某、冯某某共同承担。案件中，浙江×璃主张，新×集团未按《增资扩股协议书》约定缴纳最后一期40,460万元的出资，且未按照合同约定为青海×业的贷款提供担保，构成违约，遂提起反诉，请求判令：新×集团立即向青海×业出资40,460万元；向浙江×璃支付违约金15,000万元；由新×集团承担全部诉讼费用。浙江省高级人民法院决定将本、反诉一并受理。本案审理过程中，浙江省高级人民法院委托相关中介机构进行鉴定，并形成《司法鉴定报告》一份，报告证实了浙江×璃的相关违约事实，主要有：未按《增资扩股协议书》约定和《公司章程》第4章的规定召开股东会会议和履行职权；未根据《公司章程》的相关规定召开董事会会议并履行职权；若干重大事项未依照约定经新×集团委派的董事进行批准；二期工程项目存在多付款、无公司经办人审批人员签章等问题。浙江省高级人民法院经审理，于2010年6月4日作出(2009)浙商初字第1号民事判决：1.新×集团于该判决生效后10日内将《增资扩股协议书》第1条第1.2款第(7)项下40,460万元出资义务中的131,992,676.8元交付青海×业，投入青海×业注册资本。《增资扩股协议书》第1条第1.2款第(7)项下的其余出资义务终止履行。2. 浙江 × 璃于该判决生效后 10 日内向新 × 集团支付违约金 15,000 万元。3. 驳回新 × 集团的其他诉讼请求。4. 驳回浙江 × 璃的其他反诉请求。另外还就案件受理费、鉴定费的负担作出了判定。浙江省高级人民法院宣判后，新 × 集团、浙江 × 璃均不服，向最高人民法院提起上诉，最高人民法院经审理于 2010 年 12 月 6 日作出(2010)民二终字第 101 号(以下简称 101 号案件)民事判决：驳回上诉，维持原判。

2010 年 9 月 26 日，新 × 集团分别向浙江 × 璃、董某某、冯某某发出了解除合同通知书，通知书载明，鉴于浙江 × 璃、董某某、冯某某严重违反《增资扩股协议书》的约定，已经构成对协议的实质性违约，签订协议目的已无法达到，故根据《合同法》第 94 条、第 96 条及《增资扩股协议书》第 7.2 条的约定，通知解除《增资扩股协议书》，并保留进一步追究违约责任的权利。另外，新 × 集团还将解除合同通知书抄送给了兼任浙江 × 璃与青海 × 业法定代表人的冯光成。浙江 × 璃、董某某、冯某某与冯光成均已收到上述解除合同通知书。

就 101 号案件，新 × 集团已向最高人民法院申请再审，最高人民法院以(2011)民申字第 140 号案件进行审查。新 × 集团提交的再审申请书中主要诉讼请求为：撤销浙江省高级人民法院(2009)浙商初字第 1 号民事判决第一项，改判终止继续履行《增资扩股协议书》出资 40,460 万元的义务；维持该判决第二项；撤销该判决第三项，改判董某某、冯某某对浙江 × 璃违约金的支付承担连带责任；撤销该判决第四项，改判驳回浙江 × 璃的全部反诉请求。

再审申请人(一审原告、二审被上诉人)新 × 集团一审诉讼请求：1. 判令浙江 × 璃、董某某、冯某某连带返还新 × 集团出资款 50,000 万元；2. 判令第三人青海 × 业与浙江 × 璃、董某某、冯某某向新 × 集团承担连带返还责任；3. 案件诉讼费用由浙江 × 璃、董某某、冯某某共同承担。后新 × 集团在庭审中将第一项诉讼请求变更为判令浙江 × 璃、董某某、冯某某连带返还新 × 集团出资款中的资本公积金 336,884,976.80 元。

二审法院判决：1. 撤销绍兴市中级人民法院(2010)浙绍商初字第 95 号民事判决；2. 驳回新 × 集团的诉讼请求。

再审法院最高人民法院于 2013 年 6 月 27 日作出(2013)民申字第 326 号民事裁定：驳回新 × 集团的再审申请。

法院观点

本案争议焦点为，新 × 集团已注入青海 × 业的资本公积金能否返还。

《增资扩股协议》是由青海 × 业原股东浙江 × 璃、董某某、冯某某与新股东新 × 集团就青海 × 业增资扩股问题达成的协议。在该协议履行过程中，因浙江 × 璃的根本违约行为，新 × 集团采用通知方式解除了该合同。《合同法》第 97 条规定："合同解除后，尚未履行的，终止履行；已经履行的，根据履行情况和合同性质，当事人可以要求恢复原状、采取其他补救措施，并有权要求赔偿损失。"

本案中，《增资扩股协议》解除后，新 × 集团请求判令浙江 × 璃、董某某、冯某某返还其出资款中的资本公积金 336,884,976.80 元。但《增资扩股协议》的性质决定了新 × 集团所诉的这部分资本公积金不能得以返还。《增资扩股协议》的合同相对人虽然是浙江×璃、董某某、冯某某,但合同约定增资扩股的标的却是青海×业。合同履行过程中,新×集团也已将资本金直接注入了青海×业,青海×业系合法存在的企业法人,浙江×璃、董某某、冯某某均不再具有返还涉案资本公积金的资格。

至于青海×业能否返还新×集团已注入的这部分资本公积金,关乎资本公积金的性质。新×集团认为,本案中其由《增资扩股协议》注入的资本公积金不同于《公司法》中规定的"出资",因此可以抽回的主张,依据不足。股东向公司已交纳的出资无论是计入注册资本还是计入资本公积金,都形成公司资产,股东不得请求返还。二审判决未支持新×集团返还资本公积金的请求,并无不当。

律师提示

本案法院的裁判逻辑与"中国 PE 对赌第一案"——甘肃世恒公司对赌协议案中"股权投资对赌不得针对目标公司"的裁判逻辑实质上是一脉相承的,即不能破坏公司资本维持原则,非经法定减资等程序,公司资本不得减少,以保护公司债权人的利益。

但需要特别注意的是,2019 年最高人民法院的《全国法院民商事审判工作会议纪要》,PE 投资与目标公司对赌可以认定为有效,这是关于对赌协议效力裁判规则的重大转变。

047 目标公司为股权转让担保是否有效?

案例索引

最高人民法院(2016)最高法民申 2970 号民事裁定书。

案例导读

目标公司到底能否为股东股权转让价款支付提供担保?本案中一审法院与二审法院、再审法院的观点不同,因此非常具有讨论价值。另外,本案对 PE 股权投资退出机制保障条款设计更有非诉参考价值,具体操作建议详见文末的律师提示。

裁判要旨

公司为股东股权转让承担担保责任,在程序正当、内容合法,不损害其他股东利益的情形下,应当尊重公司意思自治,认定有效。

裁判逻辑

一、股东股权转让协议约定公司承担连带责任,不存在损害其他股东利益的情形。

二、公司为股东股权转让价款支付承担连带责任经过公司股东会决议,是公司意思自治的体现,并不违反法律强制性规定。

三、公司作为案件当事人,一审、二审诉讼中,均未对股权受让方主张其承担连带责任提出异议,再审法院不宜主动对公司的自治情况进行司法干预。

交易结构图

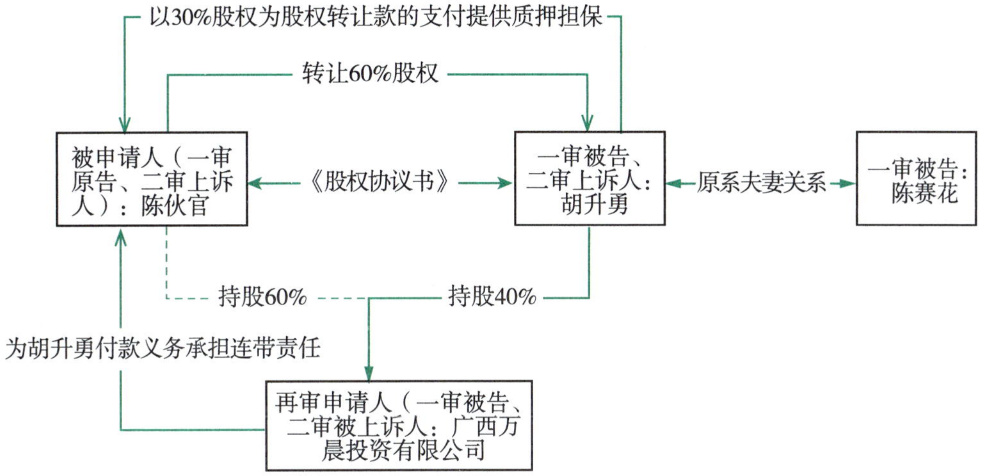

主要案情

再审申请人(一审被告、二审被上诉人):广西万晨投资有限公司。

被申请人(一审原告、二审上诉人):陈伙官。

一审被告、二审上诉人:胡升勇。

一审被告:陈赛花。

再审申请人广西万晨投资有限公司(以下简称万晨公司)与被申请人陈伙官,一审被告、二审上诉人胡升勇,一审被告陈赛花股权转让纠纷一案,不服福建省高级人民法院(2015)闽民终字第1292号民事判决,向最高人民法院申请再审。

2012年8月18日,陈伙官(持万晨公司60%股权)为股权出让方,胡升勇(持万晨公司40%股权)为股权受让方,万晨公司为目标公司,三方签订《股权协议书》,约定陈伙官将其持有的万晨公司60%的股权(陈伙官对目标公司出资的6420万元及股东权益)以9600万元价款转让给胡升勇;转让价款分三次支付,第一笔自合同签订之日起10日内,胡升勇向陈伙官支付第一次转让款人民币4600万元;第二笔自合同签订之日起6个月内,胡升勇向陈伙官支付第二次转让价款及资金占用利息人民币1950万元;第三笔自合同签订之日起12个月内,胡升勇向陈伙官付清全部转让价款余款及其资金占用利息人民币 3815 万元。双方同意胡升勇应以转让价款为基数，从合同签订之日起按照月息 1.5% 向陈伙官支付资金占用利息计至全部款项付清之日止；若胡升勇未按合同约定时间支付转让价款，资金占用利息将按照人民银行同期贷款利率的 4 倍计算；如胡升勇未能按照合同约定在 6 个月内向陈伙官付清第二笔转让价款及利息，应视为第三笔付款时间和付款条件已经成就，陈伙官有权在第二笔付款时间到期后就全部股权转让价款要求胡升勇予以支付；万晨公司承诺对胡升勇上述付款（包括本息在内）责任承担连带责任；胡升勇自愿将其在万晨公司 30% 的股权质押给陈伙官等。

2012 年 8 月 22 日，双方就胡升勇质押的万晨公司股权到工商部门办理了质权登记手续，登记编号为 CZ451421000027，出质股权数额为 600 万元/万股。同日，万晨公司进行企事业变更登记，法定代表人由陈伙官变更为胡升勇，股东由陈伙官（持股 60%）、胡升勇（持股 40%）变更为股东胡升勇（持股 95%）、郑俊海（持股 5%）。

2013 年 9 月 7 日，陈伙官、胡升勇达成《付款计划书》，双方经协商同意对胡升勇最后一期应付股权转让款 3815 万元的付款时间予以适当顺延，具体为：1. 胡升勇应在 2013 年 10 月 15 日前尽力向陈伙官支付股权转让款 1000 万元，在 2014 年 1 月 30 日前向陈伙官应累计支付股权转让款 2000 万元（包括此前已支付的 1000 万元）；2. 对剩余的 1815 万元股权转让价款的支付时间，双方应当在 2014 年 1 月 31 日前友好协商确定最终的还款时间；3. 对胡升勇尚欠的款项，陈伙官同意按照月息 1.5% 计算利息，从 2013 年 8 月 18 日开始计至付清之日止；4. 若胡升勇未在 2014 年 1 月 30 日前按还款计划书第 1 条约定付清 2000 万元，就此 2000 万元胡升勇同意按月息 2% 计付利息。

另查，双方当事人庭审中确认《股权协议书》中约定的第一期付款金额 4600 万元系股权转让款；第二期付款金额 1950 万元包括了 1500 万元股权转让款及 5000 万股权转让款自 2012 年 8 月 18 日起至 2013 年 2 月 17 日止 6 个月的资金占用利息 450 万元；第三期付款金额 3815 万元包括了 3500 万元股权转让款及 3500 万元转让款自 2013 年 2 月 18 日起至 2013 年 8 月 17 日止 6 个月的资金占用利息 315 万元。前述《股权协议书》约定的第一期、第二期款项，胡升勇均在约定期限内付清。同时，双方当事人还确认《付款计划书》签订后，胡升勇分别于 2013 年 9 月 8 日付款 1000 万元、2014 年 5 月 8 日付款 400 万元、2014 年 6 月 11 日付款 300 万元、2014 年 7 月 10 日付款 150 万元、2014 年 7 月 28 日付款 150 万元，共计 2000 万元。此外，双方在庭审中确认胡升勇于 2014 年 8 月 8 日另行付款 210 万元，陈伙官主张该款系前述 2000 万元款项的利息。

再查，胡升勇与陈赛花已于 2009 年 6 月 26 日协议离婚。

被申请人（一审原告、二审上诉人）陈伙官一审诉讼请求：1. 判令胡升勇立即支付股权转让款人民币 1815 万元及自 2013 年 8 月 18 日起至胡升勇实际还款之日止的利息和逾期付款违约金（暂计至 2014 年 8 月 17 日利息为 326.7 万元、违约金为 111.6225 万元）；2. 判令陈赛花对第一项诉请承担共同还款责任，万晨公司对第一项诉请承担连带还款责任；3. 确认陈伙官对处置质押物(胡升勇持有的万晨公司30%股权)所得价款享有优先受偿权;4.本案诉讼费、财产保全费等由胡升勇、万晨公司、陈赛花共同承担。

一审法院判决:1.胡升勇应于判决生效之日起10日内向陈伙官支付股权转让款人民币1815万元及利息、逾期付款违约金(以1815万元为基数,利息按1.5%/月、逾期付款违约金按中国人民银行同期一年期贷款利率的标准,自2013年8月18日起支付至款项实际还清之日止);2.陈伙官有权以胡升勇持有的万晨公司30%的股权处置所得价款优先受偿判决第一项所确定的债权;3.驳回陈伙官的其他诉讼请求。

二审法院判决:1.撤销福州市中级人民法院(2014)榕民初字第1360号民事判决第一项;改判为胡升勇应于判决生效之日起10日内向陈伙官支付股权转让款1815万元及利息(以1815万元为基数,利息按1.5%/月,自2013年8月18日起支付至款项实际还清之日止);2.维持福州市中级人民法院(2014)榕民初字第1360号民事判决第二项;3.撤销福州市中级人民法院(2014)榕民初字第1360号民事判决第三项,即驳回陈伙官的其他诉讼请求,改判为万晨公司应对胡升勇的上述债务承担连带还款责任;4.驳回上诉人胡升勇的其他上诉请求;5.驳回陈伙官的其他诉讼请求。

再审法院最高人民法院于2016年12月15日作出(2016)最高法民申2970号民事裁定:驳回万晨公司的再审申请。

法院观点

万晨公司根据《股权协议书》已于2012年8月22日完成了股权变更登记,陈伙官已经不再是万晨公司的股东,股权转让发生在陈伙官、胡升勇两个股东之间,陈伙官出让自己持有的万晨公司60%的股权,胡升勇受让股权并应承担支付股权转让款的义务,《股权协议书》约定万晨公司承担连带责任,不存在损害其他股东利益的情形。

万晨公司承担连带责任系经过公司股东会决议,是公司意思自治的体现,并不违反法律强制性规定。

万晨公司是本案的当事人,在一审中对陈伙官主张其承担连带责任并没有提出异议,二审判决认定当事人对此不持异议,且法院主动对公司的自治情况进行司法干预不妥正确,二审判决依据本案事实判决万晨公司承担连带责任并无不当,万晨公司认为不应承担连带责任的申请再审理由不能成立。

律师提示

虽然根据《全国法院民商事审判工作会议纪要》,PE投资与目标公司对赌可以认定为有效,但在负有减资程序等前置条件的情况下一般很难执行。所以,笔者还是建议PE投资协议中应设立由目标公司股东承担股权回购义务的回购条款。设计与股东对赌条款时,应注意以下几点:

一、股东的履约能力。可由目标公司对股东履行回购义务提供担保,但该担保一定要通过公司股东会决议。

二、夫妻共同债务问题。对赌形成的债务大概率是夫妻一方的债务,保险起见可由股东配偶签字确认,防止在执行股东财产时发生执行异议、财产分割等情况。

三、对赌条款设计应突出“对”,而非投资方单方获益。公司未达到投资协议约定的对赌业绩时,公司股东应进行补偿,同时也可设计“在超额完成业绩时给予正向激励”,以此尽量避免股东对赌失败时的补偿被认定为无偿处分财产,被股东的其他债权人撤销。

四、另外,投资方应保障原股东或原管理层的经营管理权,否则原股东以自身经营权被剥夺或干扰为由抗辩不承担补偿义务是有可能被支持的,可参见(2014)沪一中民四(商)终字第105号上海瑞锋建设工程有限公司等诉上海劳莱斯门业有限公司等公司合并纠纷案。

048 PE投资失败,会计师事务所需担责吗?

案例索引

福建省三明市中级人民法院(2017)闽04民终1390号民事判决书。

案例导读

一、本案是一起关于PE投资机构投资失败后状告会计师事务所的典型案例。PE跟投1800万元,结果颗粒无收,诉讼维权执行无果,只有另行起诉会计师事务所,结果一审、二审PE投资机构均告败诉。

二、被审计单位故意隐瞒的行为,会计师事务所审计未发现,到底需不需要承担责任?会计师事务所审计活动侵权责任有哪四个构成要件?会计师事务所严格遵守执业准则,但仍未能揭示被审计事项中的个别错弊,是否需要承担责任?会计师事务所承担的是合理的保证责任,还是绝对保证责任?司法解释对会计师事务所的过错及因果关系采取举证责任倒置的归责原则,是否就意味着权利主张人无须提供认定不实报告的初步证据?法院应该从哪几个方面来判定投资人在投资决策时,有否参阅和信赖审计报告?这六大疑问,一审、二审法院通过本判决均给予了清晰的回答,值得借鉴。

裁判要旨

PE跟投失败要求会计师事务所承担赔偿责任必须同时满足侵权行为的四个构成要件:1.出具不实审计报告;2.利害关系人受到损害;3.会计师事务所存在过错;4.不实审计报告与

利害关系人受损之间存在因果关系,即投资决策的作出取决于该份审计报告。

裁判逻辑

一、就会计师事务所审计活动侵权责任而言,成立须四个条件:1. 出具不实审计报告;2. 利害关系人受到损害;3. 会计师事务所存在过错;4. 不实审计报告与利害关系人受损之间存在因果关系。

二、根据容许性危险与违法阻却理论,如果会计师事务所保持必要的职业谨慎,严格遵守执业准则和规则,但仍未能揭示被审计事项中的个别错弊,属于审计活动的固有风险。因此,审计报告真实与否,应由法定的审计程序来加以比较衡量,而不能以审计报告与实际结果是否有出入来加以衡量。

三、被审计单位故意隐瞒的行为,主要涉及被审计单位的会计责任,无法作为会计师事务所承担审计责任的直接证据,如果无举证证明会计师事务所存在司法解释第 5 条规定的被审计单位与会计师事务所共同故意出具不实报告的情形,会计师事务所并不因被审计单位故意隐瞒行为承担审计责任。

四、不实审计报告的认定,以客观不实为前提,在查询结果与事实相符的情形下,法院不再对审计程序过程真实进行评价。

五、司法解释对会计师事务所过错及因果关系采取举证责任倒置的归责原则,但举证责任的倒置并不改变举证责任分配的一般原则,对权利成立规范要件事实即出具不实审计报告并不受到影响,权利主张人仍应提供认定不实报告的初步证据。

六、会计师事务所承担的是合理的保证责任,而非绝对的保证责任。因此,不实报告与利害关系人的损失之间的因果关系,应考量报告使用人是否实际信赖或者使用不实报告。

七、影响当事人进行股权投资的决策因素是多元的,除了审计报告之外,还有利害关系人的经营发展策略、市场的波动、个人的风险偏好及其他信息披露义务主体的虚假陈述行为等多种因素。

八、作为股权跟投机构,在决策投资过程中,虽然有对目标公司进行了尽职调查,但根据年度审计报告的目的用途,取得审计报告的时间在投资决策之后,不是投资人直接从会计师事务所取得报告,投资决策时间较短等四种情形,不足以证明其单独或者主要参考并使用了会计师事务所出具的涉案年度审计报告而作出投资决定。

九、综上,投资人诉请的与目标公司交易发生的损失与会计师事务所出具的年度审计报告并无因果关系,其提供的证据不足以证明涉案审计报告为不实报告,要求会计师事务所承担侵权损害赔偿责任,缺乏事实和法律依据,不予支持。

交易结构图

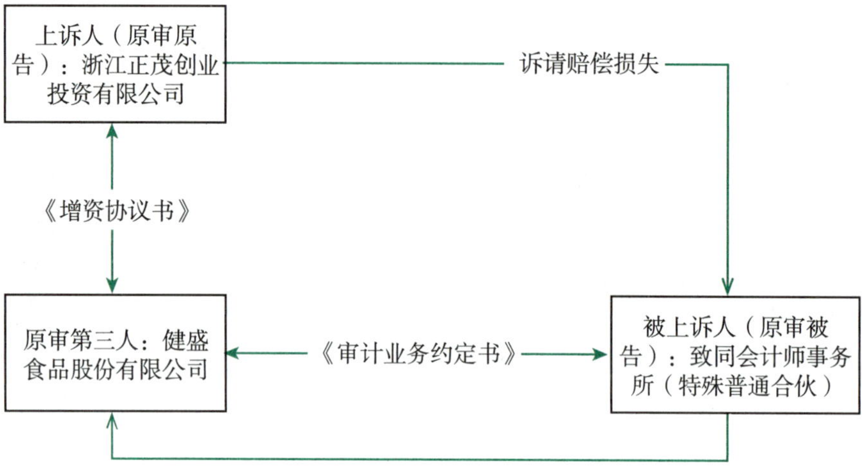

主要案情

上诉人(原审原告):浙江正茂创业投资有限公司。

被上诉人(原审被告):致同会计师事务所(特殊普通合伙)。

原审第三人:健盛食品股份有限公司。

上诉人浙江正茂创业投资有限公司(以下简称浙江正茂公司)因与被上诉人致同会计师事务所(特殊普通合伙)(以下简称致同会计所)及原审第三人健盛食品股份有限公司(健盛公司)侵权责任纠纷一案,不服福建省三明市梅列区人民法院(2015)梅民初字第1486号民事判决,向福建省三明市中级人民法院提起上诉。

2011年12月13日,北京市财政局对关于京都天华会计师事务所有限公司转制设立京都天华会计师事务所(特殊普通合伙)相关事宜作出批复,准予设立京都天华会计师事务所(特殊普通合伙),组织形式为特殊普通合伙企业。京都天华会计师事务所(特殊普通合伙)于2012年5月16日经核准,名称变更为致同会计师事务所(特殊普通合伙)。

2014年5月20日三明市中级人民法院所作(2014)三民初字第61号民事判决书的主要内容为:2012年6月,浙江正茂公司等与健盛公司、颜耀军签订《增资协议书》,健盛公司同意引进浙江正茂公司作为健盛公司的投资者,健盛公司以每股8元的价格向浙江正茂公司等增发股份1000万股,浙江正茂公司出资1500万元向健盛公司认购187.5万股。浙江正茂公司于2012年6月25日向健盛公司缴纳新增出资额1500万元,京都天华会计师事务所有限公司于2012年6月26日出具了验资报告,2012年6月29日健盛公司完成工商变更登记,浙江正茂公司成为健盛公司的股东,占健盛公司2.5%的股权。浙江正茂公司等与健盛公司签订《增资协议书》前,健盛公司、颜耀军涉及多笔民间借贷或担保等债务,但在京都天华会计师事务所有限公司于2012年5月5日出具的编号为京都天华审字(2012)第1327号健盛公司2011

年度审计报告和致同会计所（特殊普通合伙）于 2013 年 2 月 19 日出具的编号为致同审字（2013）第 110ZC1125 号健盛公司 2012 年度审计报告中均未予披露。三明市中级人民法院认为，根据全国法院执行网及诉讼查询统计，证明浙江正茂公司与健盛公司、颜耀军签订《增资协议书》前后，健盛公司、颜耀军涉及多笔民间借贷或担保等债务，但在京都天华会计师事务所有限公司出具的健盛公司 2011 年度审计报告和致同会计所（特殊普通合伙）出具的健盛公司 2012 年度审计报告中均未予披露。颜耀军在《增资协议书》中承诺，在浙江正茂公司登记为公司股东之前，除已经向浙江正茂公司披露的情形之外，健盛公司及原股东并未签署任何担保性文件，不存在任何未披露的债务和责任。三明市中级人民法院判决：1. 撤销浙江正茂公司与健盛公司、颜耀军签订的《增资协议书》；2. 健盛公司、颜耀军应于本判决生效后 10 日内返还浙江正茂公司投资款 1500 万元并赔偿相应的利息损失（该利息损失从 2012 年 6 月 26 日起至判决确定的履行期限内偿还借款之日止按银行同期同类贷款利率计算）；3. 驳回浙江正茂公司的其他诉讼请求。

2015 年 2 月 2 日，三明市中级人民法院作出（2014）三执行字第 177 – 1 号执行裁定，终结该院（2014）三民初字第 61 号民事判决书的该次执行程序。

2012 年 5 月 5 日，京都天华会计师事务所有限公司出具了京都天华审字（2012）第 1327 号审计报告，审计意见为，健盛股份财务报表在所有重大方面按照企业会计准则的规定编制，公允反映了健盛股份 2011 年 12 月 31 日的合并及公司财务状况、2011 年度的合并及公司经营成果和现金流量。主要数据显示，健盛公司 2011 年度的营业收入为 263, 606, 614. 28 元，净利润为 30, 134, 072. 09 元，或有事项记载："截至 2011 年 12 月 31 日，本公司不存在应披露的未决诉讼、对外担保等或有事项。"

2013 年 10 月 10 日，浙江省诸暨市公安局就海亮集团旗下浙江正茂公司被骗 1500 万元的相关情况向颜耀军进行了询问，并制作了询问笔录。颜耀军陈述，主要是隐瞒了健盛公司对外担保的事实，协议中载明健盛公司没有对外担保，但实际上健盛公司对外担保涉及 20 多家企业，截至 2012 年 6 月，涉及担保金额 1 亿元左右。

2014 年 3 月 17 日，北京市中信公证处出具（2014）京中信内经证字 07982 号公证书，该公证项目为对浙江正茂公司的职员方晟任电子邮箱中部分电子邮件内容进行保全证据公证。截屏显示：2012 年 5 月 29 日，从 zho × × × @ gjzq. com. cn 邮箱发送一份主题为健盛 2011 年度审计报告（合并）的邮件至用户名为 fang. shengren 的邮箱，邮件附件为涉案京都天华审字（2012）第 1327 号健盛公司 2011 年度审计报告。

经双方当事人协商，一审法院确定由瑞华会计师事务所（特殊普通合伙）、北京天正华会计师事务所（普通合伙）对涉案审计报告的真实性、因果关系及致同会计所过错等事项进行鉴定，两家会计师事务所均不接受鉴定。

上诉人（原审原告）浙江正茂公司一审诉讼请求：致同会计所赔偿其因侵权行为给浙江正茂公司造成的损失 1500 万元。

一审法院判决：驳回浙江正茂公司的诉讼请求。

二审法院三明市中级人民法院 2018 年 4 月 20 日作出(2017)闽 04 民终 1390 号民事判决:驳回上诉,维持原判。

法院观点

2012 年 5 月 5 日,致同会计所(原单位名称为:京都天华会计师事务所有限公司)出具编号为京都天华审字(2012)第 1327 号健盛公司 2011 年度的审计报告,系致同会计所接受健盛公司委托对健盛公司 2011 年的财务状况进行年度审计所作。根据健盛公司与致同会计所签订的《审计业务约定书》约定,该审计报告主要用于健盛公司 2011 年度所得税汇算清缴;致同会计所在审计过程中取得的审计资料主要来源于健盛公司提供的全部会计资料和其他有关资料,并对健盛公司的银行贷款、对外担保及诉讼情况进行了审查。因此,该审计报告不是浙江正茂公司委托致同会计所出具用于投资决策的专项审计报告。浙江正茂公司作为专业的投资机构,也是广州越秀企业的跟投机构,在与健盛公司签署《增资协议书》和注入投资资金前,对健盛公司进行的尽职调查和投资决策分析过程中,是否单独参考或主要参考并使用了致同会计所出具的涉案审计报告,根据浙江正茂公司提供的有关电子邮件材料显示,涉案审计报告系广州越秀企业的项目负责人方晟任于 2012 年 5 月 29 日从对健盛公司进行上市辅导的主办券商国金证券投资银行部项目经理周华处取得的,而浙江正茂公司何时取得涉案审计报告并没有材料证实,也没有证据证明涉案审计报告系由健盛公司或者致同会计所直接向浙江正茂公司提供的。浙江正茂公司提出其《健盛公司尽职调查报告》和《健盛公司投资分析决策表》中均使用了致同会计所出具的涉案审计报告中有关数据,因致同会计所对该尽职调查报告和投资分析决策表的真实性和证明内容不予认可,且浙江正茂公司作为跟投机构,在决策投资健盛公司过程中,虽然有对健盛公司进行了尽职调查,但根据现有证据不足以证明其单独或者主要参考并使用了致同会计所出具的涉案审计报告而作出投资决定。从《健盛公司尽职调查报告》作出的时间 2012 年 6 月 15 日与《健盛公司投资分析决策表》签字投资表决的时间 2012 年 6 月 16 日看,浙江正茂公司能在如此短的时间内作出投资决策,可以推定主要参考了主投机构广州越秀企业的尽职调查结果和投资可行性报告及投资决议。此外,浙江正茂公司未能提供充分有效的证据证明致同会计所出具的涉案会计报告为不实报告。故浙江正茂公司提出因其依据致同会计所出具的涉案审计报告而进行投资决策,并根据决策结果向健盛公司支付了投资款导致损失的主张,没有事实和法律依据,福建省三明市中级人民法院不予支持。二审中,浙江正茂公司提出一审法院在未征得双方当事人同意的情况下,终止司法鉴定程序,损害了其合法权益的上诉理由,因双方当事人在二审期间均未提出重新鉴定申请,应视为当事人放弃鉴定申请,故该上诉理由,福建省三明市中级人民法院不予采纳。健盛公司经传票传唤,拒不到庭参加诉讼,福建省三明市中级人民法院依法缺席判决。

律师提示

本案 PE 投资机构股权投资决策过程有无不足之处?会计师事务所虽然胜诉,但其审计过程中有无不尽如人意之处？得失可鉴：

一、投资机构需要改进：1. 不应以年度审计报告为主要决策依据，而应要求提供投资专项审计报告；2. 审计报告应该直接向会计师事务所索取；3. 投资决策竟然早于获取审计报告时间（也许是庭审陈述未注意），这种失误必须避免。

二、会计师事务所需要改进：1. 年度审计报告需要特别注明使用人及使用用途；2. 做足风险告知及提示义务；3. 工作底稿必须完整并经得起检查，应避免出现“部分查询时间晚于审计报告出具时间”等审计程序瑕疵。

049 目标公司为对赌回购协议提供担保是否有效？

案例索引

最高人民法院（2016）最高法民再 128 号民事判决书。

案例导读

一、本案是一起关于目标公司为增资扩股对赌回购协议担保效力的最新典型案例。目标公司为股权投资对赌回购协议提供担保有效，对 PE 来讲可谓重磅利好。目标公司提供担保可化解此前最高人民法院“与目标公司对赌无效”的裁判规则，形成了对赌裁判新规则。

二、实现了 PE 可与目标公司间接对赌。我们针对最高人民法院的判决书梳理归纳了五条裁判逻辑链，值得仔细分析揣摩，更值得将其实务运用到《增资协议》及其《补充协议》之中。

裁判要旨

在对该担保行为通过股东会决议等方式尽到审慎注意和形式审查义务，且该担保行为有利于公司的自身经营发展需要，并未损害公司及公司中小股东权益的前提下，应当认为目标公司为对赌回购协议提供的担保有效。

裁判逻辑

一、根据《民事诉讼法解释》第 405 条的规定，人民法院审理再审案件应当围绕再审请求进行，对未申请的再审事项不予审查。

二、合同无效的判定应严格遵循法定主义，判决否定合同条款效力的裁判理由不符合《合同法》关于合同无效的各类法定情形，违反《合同法》基本规则，构成适用法律错误。

三、对于投资人而言，增资扩股、股权回购、公司担保本身属于链条型的整体投资模式，基于《增资协议书》中"目标公司已通过股东会决议,原股东同意本次增资;各方已履行内部程序确保其具有签订本协议的全部权利;各方授权代表已获得本方正式授权"的表述,投资人有理由相信目标公司已对公司包括提供担保在内的增资扩股一揽子事项通过股东会决议,目标公司法定代表人已取得目标公司授权代表公司对外签订担保条款,且目标公司亦没有提交其他相反证据证明该公司未对担保事项通过股东会决议,故应当认定对担保事项经过股东会决议已尽到审慎注意和形式审查义务。

四、即使目标公司所述并未对担保事项进行股东会决议,但是该担保行为有利于目标公司的自身经营发展需要,并未损害公司及公司中小股东权益,故不违反《公司法》第 16 条之立法目的。

五、股权回购之担保条款虽系法定代表人代表目标公司与投资人签订,但是增资款项并未供法定代表人个人投资或消费使用,亦并非完全出于其个人需要,而是全部投入目标公司资金账户,供目标公司经营发展使用,有利于目标公司提升持续盈利能力,不仅符合公司新股东的利益,也符合公司原股东的利益,目标公司本身是最终的受益者,故认定目标公司承担担保责任,符合一般公平原则。

交易结构图

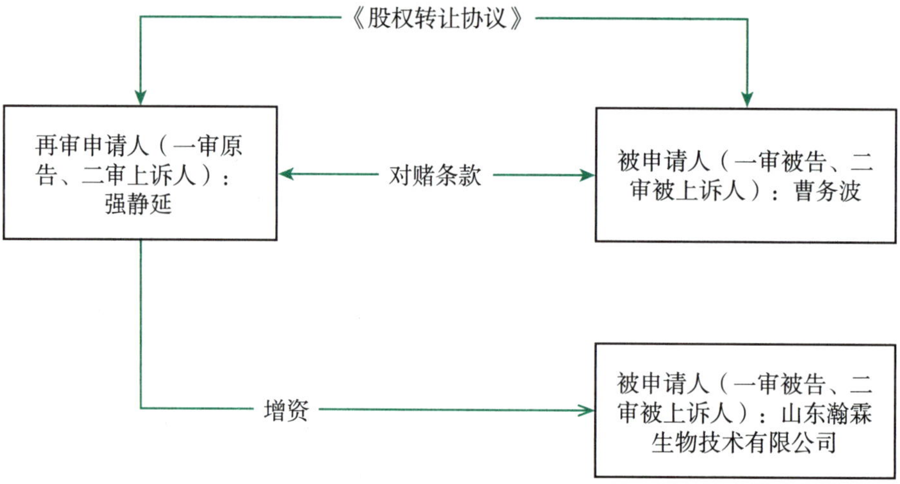

主要案情

再审申请人(一审原告、二审上诉人):强静延。

被申请人(一审被告、二审被上诉人):曹务波。

被申请人(一审被告、二审被上诉人):山东瀚霖生物技术有限公司。

再审申请人强静延因与被申请人曹务波、山东瀚霖生物技术有限公司(以下简称瀚霖公司)股权转让纠纷一案,不服四川省高级人民法院(2015)川民终字第 445 号民事判决,向最高人民法院申请再审。最高人民法院于 2015 年 12 月 9 日作出(2015)民申字第 3227 号民事裁定提审本案。

2011 年 4 月 26 日，瀚霖公司作为甲方，北京冷杉投资中心（有限合伙）、福建国耀投资有限公司、强静延、孙博、许欣欣作为乙方，曹务波作为丙方，三方共同签订了《增资协议书》及《补充协议书》。主要约定乙方向甲方增资扩股及其他事宜。其中，关于强静延向瀚霖公司增资及其他事宜部分，《增资协议书》主要约定：强静延向瀚霖公司增资 3000 万元，其中 400 万元作为瀚霖公司的新增注册资本，其余 2600 万元作为瀚霖公司的资本公积金，强静延持有瀚霖公司 0.86% 的股权。《补充协议书》第 2 条第 1 款约定曹务波承诺争取目标公司于 2013 年 6 月 30 日前获准首次公开发行股票并在国内主板或创业板证券交易所上市（以下简称合格 IPO）；第 2 款约定如果目标公司未能在 2013 年 6 月 30 日前完成合格 IPO，强静延有权要求曹务波以现金方式购回强静延所持的目标公司股权，回购价格为强静延实际投资额再加上每年 8% 的内部收益率溢价，计算公式为 P = M ×（1 + 8%）T，其中：P 为购回价格，M 为实际投资额，T 为自本次投资完成日至强静延执行选择回购权之日的自然天数除以 365；第 6 款约定瀚霖公司为曹务波的回购提供连带责任担保。《增资协议书》及《补充协议书》落款处有甲方瀚霖公司加盖印章及法定代表人签名，乙方北京冷杉投资中心（有限合伙）、福建国耀投资有限公司、强静延、孙博、许欣欣签章，丙方曹务波签名。案涉《增资协议书》载明：“甲方（瀚霖公司）已通过股东会决议，原股东同意接受新股东本次增资，并放弃优先购买权；各方已采取一切必要行动、履行一切必要的内部程序确保其具有签订本协议并履行其在本协议下义务的全部权力、权利、授权以及必要的政府批准和第三方同意；各方授权代表已获得本方正式授权，有权代表各方签署本协议及其他相关交易文件。”案涉《补充协议书》载明：“甲方（瀚霖公司）通过股东会决议同意本次增资扩股事项。”

上述协议签订后，强静延于 2011 年 4 月 29 日将 3000 万元转入瀚霖公司账上，瀚霖公司将强静延登记在其股东名单中。

2012 年 5 月 31 日，强静延与曹务波签订了《股权转让协议》，约定：强静延将持有的瀚霖公司股权转让给曹务波，按《补充协议书》约定的价格计算方式回购，曹务波应在协议签订后 30 个工作日内全额付清转让款，逾期未付清应按欠款额每日千分之五支付违约金；逾期超过 30 日仍未付清，则强静延有权要求曹务波付清转让款和违约金后，退出股权。《股权转让协议》签订后，曹务波未履行支付义务。

2014 年 4 月 2 日，强静延书面通知曹务波、瀚霖公司支付股权转让款并承担违约责任，但曹务波、瀚霖公司未履行付款义务。

再审申请人（一审原告、二审上诉人）强静延一审诉讼请求：1. 曹务波支付强静延股权转让款 37,791,360 元，并从强静延起诉之日起按银行逾期付款违约金的计算标准承担违约金；2. 瀚霖公司对曹务波的付款承担连带清偿责任；3. 案件诉讼费由曹务波、瀚霖公司承担。

一审法院判决：1. 曹务波于判决生效之日起 10 日内向强静延支付股权转让款 37,791,360 元；2. 曹务波于判决生效之日起 10 日内向强静延支付逾期付款的违约金（计算方式：以股权转让款 37,791,360 元为基数，自 2014 年 5 月 14 日起按中国人民银行同期贷款基准利率计至付完股权转让款之日止);3.驳回强静延的其他诉讼请求。一审案件受理费230,756.80元,由曹务波负担。

二审法院判决:驳回上诉,维持原判。

再审法院最高人民法院于2018年9月7日作出(2016)最高法民再128号民事判决:1.撤销四川省高级人民法院(2015)川民终字第445号民事判决;2.维持成都市中级人民法院(2014)成民初字第1180号民事判决第一项、第二项,即:(一)曹务波向强静延支付股权转让款37,791,360元;(二)曹务波向强静延支付逾期付款的违约金(计算方式:以股权转让款37,791,360元为基数,自2014年5月14日起按中国人民银行同期贷款基准利率计至付完股权转让款之日止);3.撤销成都市中级人民法院(2014)成民初字第1180号民事判决第三项,改判为瀚霖公司对曹务波所承担股权转让款及逾期付款违约金债务承担连带清偿责任。

法院观点

本案的焦点是案涉《补充协议书》所约定瀚霖公司担保条款的效力问题。

本案二审判决认定瀚霖公司担保条款无效的主要裁判理由系担保条款使股东获益脱离公司经营业绩,背离公司法法理精神,使强静延规避了交易风险,严重损害了瀚霖公司其他股东和债权人的合法利益。最高人民法院认为,合同无效的判定严格遵循法定主义,本案二审判决否定担保条款效力的裁判理由不符合《合同法》关于合同无效的各类法定情形,该项认定已违反《合同法》基本规则,构成适用法律错误。

案涉《补充协议书》所约定的担保条款合法有效,瀚霖公司应当依法承担担保责任,理由如下:

其一,强静延已对瀚霖公司提供担保经过股东会决议,尽到了审慎注意和形式审查义务。案涉《增资协议书》载明:"瀚霖公司已通过股东会决议,原股东同意本次增资;各方已履行内部程序确保其具有签订本协议的全部权利;各方授权代表已获得本方正式授权。"《补充协议书》载明:"甲方(瀚霖公司)通过股东会决议同意本次增资扩股事项。"两份协议书约定内容包括增资数额、增资用途、回购条件、回购价格以及瀚霖公司提供担保等一揽子事项,两份协议书均由瀚霖公司盖章及其法定代表人签名。对于债权人强静延而言,增资扩股、股权回购、公司担保本身属于链条型的整体投资模式,基于《增资协议书》及《补充协议书》的上述表述,强静延有理由相信瀚霖公司已对包括提供担保在内的增资扩股一揽子事项通过股东会决议,曹务波已取得瀚霖公司授权代表公司对外签订担保条款,且瀚霖公司在本案审理中亦没有提交其他相反证据证明该公司未对担保事项通过股东会决议,故应当认定强静延对担保事项经过股东会决议已尽到审慎注意和形式审查义务,因而案涉《补充协议书》所约定担保条款对瀚霖公司已发生法律效力。

其二,强静延投资全部用于公司经营发展,瀚霖公司全体股东因而受益,故应当承担担保责任。《公司法》第16条之立法目的,系防止公司大股东滥用控制地位,出于个人需要、为其个人债务而由公司提供担保,从而损害公司及公司中小股东权益。本案中,案涉担保条款虽系曹务波代表瀚霖公司与强静延签订,但是3000万元款项并未供曹务波个人投资或消费使用,亦并非完全出于曹务波个人需要,而是全部投入瀚霖公司资金账户,供瀚霖公司经营发展使用,有利于瀚霖公司提升持续盈利能力。这不仅符合公司新股东强静延的个人利益,也符合公司全体股东的利益,瀚霖公司本身是最终的受益者。即使确如瀚霖公司所述并未就担保事项进行股东会决议,但是该担保行为有利于瀚霖公司的自身经营发展需要,并未损害公司及公司中小股东权益,不违反《公司法》第16条之立法目的。因此,认定瀚霖公司承担担保责任,符合一般公平原则。

综上所述,强静延已对瀚霖公司提供担保经过股东会决议尽到审慎注意和形式审查义务,瀚霖公司提供担保有利于自身经营发展需要,并不损害公司及公司中小股东权益,应当认定案涉担保条款合法有效,瀚霖公司应当对曹务波支付股权转让款及违约金承担连带清偿责任。一审、二审法院关于瀚霖公司担保无效的认定,应予纠正。

律师提示

可以说,本案为PE投资的有效退出打开了更大的方便之门。实务中如何设计完善对赌退出机制条款?一个完整的投资对赌股权回购协议应该就回购触发条件、回购通知、回购价格、迟延支付回购款违约责任、为回购义务提供担保的条款等一揽子事项,进行严密设计和风险把控,方能立于不败之地。

股权回购的触发条件条款示范如下:

1.在本协议有效期内,如目标公司出现下列情形之一的,投资方有权要求目标公司履行股权回购义务:

(1)目标公司及其他投资项目整体收益连续二年亏损;

(2)目标公司及其他投资项目整体收益累计亏损【　　】%以上。

投资方按前条约定要求目标公司履行股权回购义务的,应向甲发出书面股权回购通知。

2.本协议期限届满之日,投资方有权选择持有转让股权或要求目标公司回购本次协议所转让的股权,投资方应于本协议期限届满之日起1个月内向目标公司发出书面股权回购通知或持有股权通知,通知自送达目标公司之日生效,且不可变更或撤销。

3.投资方要求目标公司回购股权的,目标公司应在收到投资方股权回购通知后3个月内以本协议约定的回购价格进行股权回购。

4.如投资方于本协议期限届满时选择持有股权,则目标公司将本协议期限届满之日目标公司实际持有的股权转让十分之一给投资方,目标公司与投资方双方应在目标公司收到投资方持有股权通知后3个月内共同办理股权变更手续,股权变更所要求的各种法律手续完成后,投资方即取得转让股权的所有权。

5.如投资方于本协议期限届满时选择持有股权,则自持有股权通知送达目标公司后,投资方无权再要求目标公司承担股权回购义务,投资方持有的股权的转让按《公司法》的相关规定执行。

6. 股权回购标的系指本协议中投资方受让的目标公司的股权，不包括投资方以增资扩股、转让、期权、衍生、质押或其他安排等其他方式获得的股权。

股权回购价格计算示范条款：

1. 目标公司与投资方双方约定：目标公司以支付转让款加转让款溢价的方式回购本协议中所转让的股权，计算公式为：回购价格＝转让款＋转让款溢价。

2. 转让款即投资方支付给目标公司的股权转让款人民币【　　】万元；转让款溢价为转让款乘以溢价率乘以投资期间，计算公式为：转让款溢价＝转让款×溢价率×期间。溢价率为每年【　　】%，期间为投资方转让款到目标公司账户之日起至投资方要求目标公司履行回购义务之日止。

050 合伙型私募证券基金管理人擅自操作是否需要赔偿？

案例索引

江苏省南京市中级人民法院(2018)苏01民终78号民事判决书。

案例导读

本案是一起合伙型私募证券投资基金LP向GP索赔的典型案例。执行事务合伙人在触及预警线之后擅自决定继续操作，违反合伙合同关于“但合伙企业净值触及预警线时，执行事务合伙人应通知全体合伙人，召集合伙人大会，由合伙人大会决定是否继续或者终止操作”的约定，给其他合伙人造成损失，被法院判决担赔偿责任。

裁判要旨

合伙人对法律规定或者合伙协议约定必须经全体合伙人一致同意始得执行事务擅自处理的，给合伙企业或者其他合伙人造成损失的，依法承担赔偿责任。

裁判逻辑

一、《合伙企业法》第97条规定：“合伙人对本法规定或者合伙协议约定必须经全体合伙人一致同意始得执行的事务擅自处理，给合伙企业或者其他合伙人造成损失的，依法承担赔偿责任。”

二、执行事务合伙人，负有按照约定履行执行合伙事务的义务，在触及预警线之后擅自决定继续操作，违反合伙合同关于“但合伙企业净值触及预警线时，执行事务合伙人应通知全体合伙人,召集合伙人大会,由合伙人大会决定是否继续或者终止操作”的约定及法律规定,给其他合伙人造成损失的,依法应承担赔偿责任。

三、执行事务合伙人仅通过 QQ 聊天的方式披露信息,未按照合伙合同约定的召集会议的有效方式,提前通知及告知拟表决议题,应认定上述 QQ 聊天并非依约召开合伙人会议,且并未形成有效决议。

四、执行事务合伙人未履行相应合伙合同约定的召开合伙人会议义务,即便存在股市大盘走势下跌等客观因素,依照合同约定仍应承担赔偿之责。

五、《合伙合同》中关于预警线 0.8 的约定,是有限合伙人对执行合伙事务的授权范围,对在 20% 范围内的投资损失由全体合伙人承担;但因执行事务合伙人违约导致有限合伙人超出 20% 投资额的损失的,应由违约方执行事务合伙人赔偿。

交易结构图

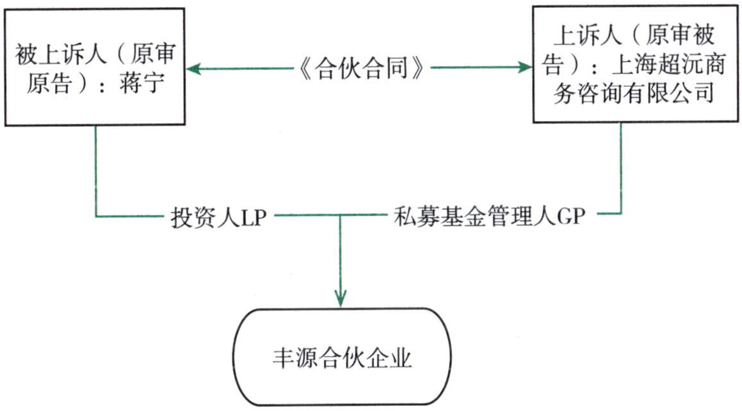

主要案情

上诉人(原审被告):上海超沅商务咨询有限公司。

被上诉人(原审原告):蒋宁。

上诉人上海超沅商务咨询有限公司(以下简称超沅公司)因与被上诉人蒋宁合伙协议纠纷一案,不服江苏省南京市建邺区人民法院(2016)苏 0105 民初 4955 号民事判决,向南京市中级人民法院提起上诉。

超沅公司原名称为上海超沅股权投资基金管理有限公司,2017 年 7 月 20 日,超沅公司将名称变更为上海超沅商务咨询有限公司。

2015 年 6 月 25 日,蒋宁与超沅公司、丰源合伙企业签订《合伙合同》,约定全体合伙人共同设立丰源合伙企业,合伙人包括普通合伙人和有限合伙人,普通合伙人即超沅公司,有限合伙人指向合伙企业实缴出资并被普通合伙人接受的投资者,超沅公司作为私募基金管理人,担任由其募集成立的合伙型私募股权基金产品即丰源合伙企业的执行事务合伙人,利用各合伙人的出资进行证券市场投资交易，谋求合伙企业的财产增值。合伙企业首轮投资期限为 1 年，合伙企业实收资本总额达到 1500 万元或者合伙人数量达到 50 人时开始首轮投资，提前或推迟首轮投资开始时间的，应当经过合伙人会议决议。执行事务合伙人对于合伙企业日常经营事务享有独占及排他的执行权和管理权，承担为合伙人的最大利益处理合伙事务，恪尽职守、履行诚实、信用、谨慎、有效管理，妥善保管合伙企业业务的交易记录、原始凭证及资料，按照合伙企业文件的约定向合伙人分配合伙财产收益、履行信息披露等义务；有限合伙人以其实缴出资为限对合伙企业的债务承担责任，有权监督执行事务合伙人执行合伙事务并检查其执行情况，有权单独或共同召集或出席合伙人会议，参与投票、进行表决、作出决议等；合伙人会议是合伙企业的最高权力机构，合伙人会议由执行事务合伙人负责召集，或者由占合伙企业实收资本总额 50% 及以上合伙人向执行事务合伙人提出书面提议，执行事务合伙人决定不召集的，占合伙企业实收资本总额 50% 以上的合伙人有权自行或委托代表召集合伙人会议；合伙人会议由占合伙企业实收资本总额 80% 及以上的合伙人出席时方可召开，合伙人会议作出的决议，应当经过占出席合伙人会议的合伙人出资总额 80% 及以上的合伙人同意通过。

《合伙合同》还约定：合伙企业投资于国内依法发行上市的股票、ETF、固定收益类工具（国债、金融债、央行票据、企业债、公司债、短期融资券、中期票据、债券回购）、货币市场基金和银行存款及无风险期现套利产品。合伙企业财产设置预警线，预警线为 0.8，当合伙企业财产净值触及 0.8 时，执行事务合伙人需通知全体合伙人，召集合伙人大会，决定是否继续操作，如果全体合伙人大会决定终止，则执行事务合伙人需按全体合伙人大会的决议出售全部股票，并办理退伙手续；合伙企业的所有收益原则上按照各合伙人出资比例对应约定进行分配，合伙企业的亏损原则上按合伙人实缴出资比例分担，执行事务合伙人违反合伙企业文件的规定处理合伙事务，致使合伙财产遭受损失的，由执行事务合伙人以其自有财产赔偿；合伙企业首轮投资期限届满或提前终止时，有限合伙人应当办理变更手续，变更为普通合伙人，不愿意变更的应依据合同约定办理退伙手续；执行事务合伙人按月披露合伙企业财产净值，信息披露方式可以采取电子邮件、电话、QQ 群等方式；合伙人或其他各当事方应严格遵守合伙企业文件的约定，任何一方违反部分或全部约定的，均应向守约方承担违约责任并赔偿因违约给守约方造成的损失。

《合伙合同》还约定：合伙人会议的召集人应当至少提前 10 个工作日公告会议通知，会议通知应至少载明以下内容：1. 会议召开的时间、地点和会议形式；2. 会议拟审议的主要事项、议事程序、表决方式；3. 会务联系人姓名、电话及其他联系方式；4. 出席会议者必须准备的文件和必须履行的手续；5. 召集人需要通知的其他事项。合伙人会议不得就未经公告的事项进行表决。

上述合同还有两份附件，附件 1 为《有限合伙人风险适合性调查问卷》，蒋宁对风险承受能力自选“既可能获取 20% 以上的收益，也可能有 20% 以上的亏损”；附件 2 为《入伙风险申明书》，其中载明了合伙企业不承诺保本和最低收益，合伙企业的投资具有一定的投资风险，适合风险识别、评估、承受能力较强的合格投资者等。蒋宁在 2015 年 6 月 25 日填写了这两份附件并签名。

2015年6月25日,蒋宁通过银行向丰源合伙企业转账投资款30万元,双方约定首轮投资期限从2015年7月10日至2016年7月10日。

超沅公司在投资期限开始后,作为丰源合伙企业的执行事务合伙人对合伙企业财产进行投资操作,自2015年7月10日起,超沅公司买入分级B基金及股票等投资产品,超沅公司定期通过月报或QQ的形式将投资情况向合伙人进行披露。

2015年7月31日,丰源合伙企业基金净值跌破0.8的警戒线,2015年8月3日,超沅公司在QQ群中公布披露此信息,并以QQ的形式提议召开合伙人大会,要求QQ群中的49位合伙人就是否继续进行投资操作进行表决,经过表决,没有占实收资本80%以上的合伙人同意终止股票操作,超沅公司继续进行投资操作,2015年7月31日至8月13日,丰源合伙企业基金净值又上涨到1.07。

2015年8月21日,丰源合伙企业基金净值再次跌破0.8的警戒线,超沅公司没有再次召开合伙人全体会议就是否继续投资操作进行表决。

自2015年8月22日至2016年7月10日,丰源合伙企业基金净值一直处于持续下跌亏损状态。首轮投资期限到期后,蒋宁不愿意继续投资,丰源合伙企业于2016年7月20日同意蒋宁退伙,并于2016年7月21日返还蒋宁剩余投资款90,090元。

被上诉人(原审原告)蒋宁一审诉讼请求:超沅公司赔偿蒋宁损失209,910元及利息14,250元(按照银行同期贷款利率4.75%从2015年6月25日计算至起诉之日),并承担诉讼费用。

一审法院判决:1.超沅公司于判决生效之日起10日内赔偿原告蒋宁149,910元及利息161.63元;2.驳回蒋宁的其他诉讼请求。

二审法院南京市中级人民法院于2018年2月27日作出(2018)苏01民终78号民事判决:驳回上诉,维持原判。

法院观点

蒋宁与超沅公司订立《合伙合同》,合伙成立丰源合伙企业,该《合伙合同》系双方真实意思表示,合同内容也不违反法律、行政法规的禁止性规定,合法有效,双方均应按约履行。

《合伙企业法》第97条规定:"合伙人对本法规定或者合伙协议约定必须经全体合伙人一致同意始得执行的事务擅自处理,给合伙企业或者其他合伙人造成损失的,依法承担赔偿责任。"本案中,蒋宁与超沅公司签订的《合伙合同》中也约定,执行事务合伙人违反合伙企业文件的规定处理合伙事务,致使合伙财产遭受损失的,由执行事务合伙人以其自有财产赔偿。自2015年8月21日起,丰源合伙企业每月的净值均低于0.8,属于《合伙合同》约定的触及0.8预警线情形,超沅公司按约应通知全体合伙人,召集合伙人大会,由合伙人大会决定是否继续或者终止操作。但超沅公司未遵守合同约定,而是在触及预警线0.8之后擅自决定继续操作,直到2016年7月25日返还蒋宁剩余投资款。超沅公司作为执行事务合伙人,负有按照约定履行执行合伙事务的义务,超沅公司违反合同约定及法律规定,对须经合伙人大会同意方可执行的事务擅自处理,给其他合伙人造成损失,依法应承担赔偿责任。

超沅公司认为,合伙企业财产净值两次触及0.8时,其通过QQ群的方式召集会议,并分别通过QQ及现场形式举行了两次合伙人会议,会议未形成终止操作的决议,其不存在违约行为。江苏省南京市中级人民法院认为,超沅公司的上述主张依据不足,理由为:1.根据《合伙合同》,合伙人会议的召集人应至少提前10个工作日公告会议通知,且会议通知应当载明会议召开时间、地点和会议形式、审议的主要事项、表决方式等,超沅公司提交的QQ聊天记录不能证明其履行了以上通知义务。2.《合伙合同》约定,占合伙企业实收资本总额80%及以上的合伙人出席时合伙人会议方可召开;合伙人会议作出的决议应当经过占出席合伙人会议的合伙人出资总额80%及以上的合伙人同意通过。根据已查明事实,2015年8月3日的QQ聊天中同意继续操作的合伙人所持有的合计出资比例未达到《合伙合同》约定的80%,故该次表决未形成有效决议。超沅公司9月5日公布的会议纪要所载议题不包括资产净值跌破0.8后是否继续操作的问题。现有证据仅表明QQ为披露信息的方式,并非召集会议的有效方式,故应认定上述QQ聊天并非依约召开合伙人会议,且并未形成有效决议。3.超沅公司称,占丰源合伙企业实收资本总额50%以上的合伙人也可以召集合伙人会议,对此,江苏省南京市中级人民法院认为,《合伙合同》仅约定其他合伙人有权召集合伙人会议,但未约定在资产净值触及0.8预警线时,其他合伙人负有召集合伙人会议的义务,且本案涉及当合伙企业财产净值触及0.8时,超沅公司是否依约召集会议履行合同义务的纠纷,其他合伙人是否另行召集会议与本案无涉,亦不构成豁免超沅公司履行义务的理由。

如前所述,合伙企业财产净值触及0.8时,超沅公司并未严格依据《合伙合同》召集、举行合伙人会议,形成有效决议,故应认定构成违约。超沅公司在合伙人会议未形成有效决议的情形下继续操作,上述行为与蒋宁的损失之间存在因果关系,故蒋宁有权依约就其损失及利息向超沅公司主张。超沅公司提交大盘走势图等证据,以证明合伙人的损失系因证券市场系统风险等因素所致。江苏省南京市中级人民法院认为,超沅公司与案涉其他合伙人已形成有效的合同关系,各方负有依约全面履行合同义务之责。如当事人未履行相应合同义务,即便存在股市走势下跌等客观因素,依照约定,违约一方仍应承担赔偿之责。故超沅公司提交上述证据以豁免其对其他合伙人的赔偿责任理由不能成立。

对违约赔偿范围问题。《合伙合同》中关于预警线0.8的约定,是蒋宁等有限合伙人对超沅公司执行合伙事务的授权范围,对在此范围内的投资损失,蒋宁同意承担,故蒋宁应以其出资额为限进行承担。蒋宁要求超沅公司对自己的全部投资损失209,910元进行赔偿,没有法律依据,应不予认可。对于因超沅公司违约给蒋宁造成的部分损失,超沅公司应予以赔偿。对于蒋宁主张的超沅公司违约赔偿责任,因超沅公司违约导致蒋宁超出20%投资额的损失,应由超沅公司进行赔偿,即依法应支持蒋宁出资额80%与退伙收回出资额90,090元之间的差额部分即149,910元。蒋宁主张从2015年6月25日开始计算至起诉之日止的利息,因其退伙并结算时损失才能确定,故其利息应自2016年7月21日起算,按年利率4.75%计算至起诉之日2016年7月28日的利息为161.63元。对于蒋宁主张超沅公司违反约定进行投资分级B基金的问题,因双方签订的《合伙合同》无禁止此类投资范围的约定,应不予认可。

丰源合伙企业于2016年7月21日退还剩余投资款,双方对该事实均无异议,且本案系基于《合伙合同》的违约赔偿纠纷,与合伙企业清算、合伙人退伙无涉,故该笔款项退还性质在本案中不予评价。

律师提示

执行事务合伙人如何合法高效地召开合伙人会议,律师提示必须在合伙协议设计层面将召开会议的议事规则加以约定,以下几点尤为重要:

1. 提前载明各合伙人的邮箱、手机号、QQ号、微信号等联系方式,以便后续以网络方式远程召开合伙人会议。

2. 行使表决权的方式可以是亲自行使、代理行使、书面形式,也可以通过现场投票方式行使,还可以是会后通过传真、电话、邮件、书面文件等方式确认。

3. 对通过网络召开的会议,应当全程录音录像,以证公允。

051 管理人对合伙型私募基金投资人未建立合伙关系承担什么责任?

案例索引

河南省郑州市中级人民法院(2016)豫01民终13749号民事判决书。

案例导读

本案是一起合伙型私募基金入伙手续不规范而引发纠纷的典型案例。因私募基金管理人的工作失误,一直未规范办理入伙手续,这会引发什么样的法律后果?应当承担什么样的法律责任?法院通过本案例裁判逻辑链进行了充分论述并给出了清晰的结论,值得私募基金管理人高度关注。

裁判要旨

合伙关系的建立,除合伙协议另有约定外,应当经全体合伙人一致同意并依法订立书面协议。

裁判逻辑

一、合伙关系是一种以人的结合为基础的法律关系，不同于公司制企业以资本为主展开合作，合伙企业在成立和入伙的过程中，更加注重各个合伙人之间的互信和相互确认。

二、新合伙人入伙，除合伙协议另有约定外，应当经全体合伙人一致同意，并依法订立书面入伙协议。

三、合伙型基金投资人作为新入伙合伙人仅与基金管理人签订入伙协议，全体合伙人之间一直未签订书面的合伙协议，全体合伙人亦并未表达互相同意入伙的意思表示，故原合伙企业的合伙人与投资人之间并未形成新的合伙关系，投资人并未加入到合伙关系之中。

四、投资人与基金管理人签订的《入伙协议》，表达了入伙的意思表示，但全体合伙人一直未达成签订合伙协议的一致意见，且拟入伙的合伙企业原合伙人一直未出资到位，基金管理人作为执行事务合伙人具有过错，其行为已导致投资人签订《入伙协议》的合同目的无法实现，投资人有权向合同相对方基金管理人主张解除合同。

五、投资人接受基金管理人的指示交付款项，履行了合同义务，在合同依法解除后，基金管理人应依照合同解除的法律后果向投资人返还款项并赔偿资金利息损失。

交易结构图

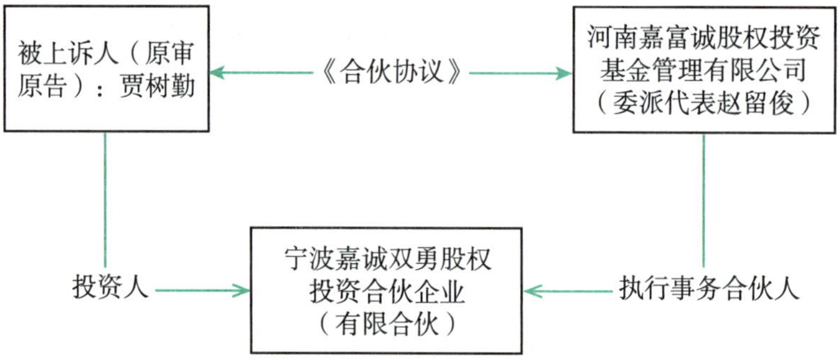

主要案情

上诉人（原审被告）：河南嘉富诚股权投资基金管理有限公司（私募基金管理人）、赵留俊、赵燕歌。

被上诉人（原审原告）：贾树勤（投资人）。

被上诉人（原审被告）：北京嘉富诚资产管理股份有限公司（原名称北京嘉富诚股权投资基金管理有限公司）。

上诉人河南嘉富诚股权投资基金管理有限公司（以下简称河南嘉富诚）、赵留俊、赵燕歌因与被上诉人贾树勤、北京嘉富诚资产管理股份有限公司（以下简称北京嘉富诚）合同纠纷一案，不服河南省郑州高新技术产业开发区人民法院（2015）开民初字第10510号民事判决，向郑州市中级人民法院提起上诉。

宁波嘉诚双勇股权投资合伙企业(有限合伙),类型为有限合伙企业,主要经营场所为宁波市江东区百丈东路711弄2号,普通合伙人为河南嘉富诚股权投资基金管理有限公司,有限合伙人为张强,执行事务合伙人为河南嘉富诚股权基金管理有限公司(委派代表赵留俊),成立日期为2014年6月9日。

2014年6月,河南嘉富诚制作《洛阳双勇定向股权投资基金说明书》一份,载明基金的名称是宁波嘉诚双勇股权投资合伙企业(有限合伙),基金的规模是3000万元人民币,基金存续期为3年,投资项目是洛阳市双勇机器制造有限公司20%的股权,拟投项目公司是洛阳市双勇机器制造有限公司,投资收益分三种,分别是上市退出(预期收益不低于200%/年)、并购退出(预期收益不低于100%/年)、回购退出(预期收益15%/年)。河南嘉富诚为宁波嘉诚的管理人,持有其20%的股权,本次基金投资总额为3000万元人民币,以增资扩股的方式持有洛阳双勇20%股权,投资期满后,根据企业经营业绩选择IPO、回购方式退出,取得投资收益。

2014年6月9日,宁波嘉诚成立,2014年6月签订合伙协议,河南嘉富诚是普通合伙人,河南嘉富诚认缴30万元并出资到位,张强是有限合伙人,认缴2970万元,出资没有到位。贾树勤、贾密琴、张祖源、马宪杰、成方公司、贾东怀、张森、冯晓辉、河南高通通信科技有限公司、蔡喜青、河南省羿丰实业有限公司、河南万邦钢铁有限公司、河南世润实业有限公司、河南鑫联鑫钢铁有限公司、张秀英、陈永辉分别与河南嘉富诚签订入伙协议,因募集资金未达到3000万元,故全体合伙人之间未签订合伙协议,未办理登记备案。

2014年7月14日,河南嘉富诚(普通合伙人)与贾树勤(新合伙人、有限合伙人)签署入伙协议,贾树勤认缴出资额为100万元,全体新入伙的合伙人按照基金或普通合伙人的安排于入伙后签署正式《合伙协议》,协议经新合伙人和普通合伙人签署之日起生效,贾树勤和河南嘉富诚均盖章确认。

2014年7月14日,贾树勤向宁波嘉诚双勇股权投资合伙企业(有限合伙)转投资款100万元、管理费6万元。但此后全体合伙人一直未签订合伙协议和办理入伙手续。

被上诉人(原审原告)贾树勤(投资人)一审诉讼请求:1.依法解除原告与被告河南嘉富诚之间签订的协议;2.判令被告河南嘉富诚返还原告的投资款100万元、管理费6万元,共106万元;3.判令被告河南嘉富诚赔偿原告投资款自2014年7月14日计至100万元投资款返还之日止(暂算至2015年9月13日的收益损失为175,000元);4.判令被告北京嘉富诚、赵留俊、赵燕歌在上述诉请范围内承担连带清偿责任;5.诉讼费用由被告承担。

一审法院判决:1.解除原告贾树勤与河南嘉富诚于2014年7月14日签订的《宁波嘉诚双勇股权投资合伙企业(有限合伙)入伙协议》;2.被告河南嘉富诚于判决生效之日起10日内向原告贾树勤返还投资款100万元,并应自2014年7月15日起按年利率6%赔偿原告贾树勤损失至本判决确定付款之日;3.被告河南嘉富诚于判决生效之日起10日内向原告贾树勤返还管理费6万元……

二审法院郑州市中级人民法院于2017年3月3日作出(2016)豫01民终13749号民事判

决:1.维持河南省郑州高新技术产业开发区人民法院(2015)开民初字第10510号民事判决第一、二、三、四、六项……

法院观点

合伙关系是一种以人的结合为基础的法律关系,不同于公司制企业以资本为主展开合作,合伙企业在成立和入伙的过程中,更加注重各个合伙人之间的互信和相互确认。

《合伙企业法》第4条规定,合伙协议依法由全体合伙人协商一致、以书面形式订立。第43条规定,新合伙人入伙,除合伙协议另有约定外,应当经全体合伙人一致同意,并依法订立书面入伙协议。订立入伙协议时,原合伙人应当向新合伙人如实告知原合伙企业的经营状况和财务状况。

宁波嘉诚双勇股权投资合伙企业(有限合伙)于2015年6月4日取得营业执照,合伙人为河南嘉富诚(普通合伙人)和张强(有限合伙人),双方合伙协议第14条"入伙、退伙"中约定,新合伙人入伙时,除合伙协议另有约定外,应当经全体合伙人一致同意,并依法订立书面入伙协议。原告贾树勤于2014年7月14日与宁波嘉诚双勇股权投资合伙企业普通合伙人河南嘉富诚签订了入伙协议,协议约定原告贾树勤认缴出资额100万元,成为有限合伙人,同时约定全体新入伙合伙人按照基金或普通合伙人的安排于入伙后签署正式《合伙协议》。但原告贾树勤作为新入伙合伙人仅与河南嘉富诚签订入伙协议,全体合伙人之间至今并未签订书面的合伙协议,全体合伙人亦并未表达互相同意入伙的意思表示,故贾树勤、贾东怀、张森、冯晓辉、河南高通通信科技有限公司、蔡喜青、河南世润实业有限公司、河南鑫联鑫钢铁有限公司、张秀英、陈永辉、张祖源、贾密琴、马宪杰、贾树勤、河南嘉富诚、张强之间并未形成新的合伙关系,原告贾树勤并未加入到合伙关系之中。

《合同法》第94条第4项规定,当事人一方迟延履行债务或者有其他违约行为致使不能实现合同目的,当事人可以解除合同。2014年7月14日,贾树勤与河南嘉富诚签订的《入伙协议》,表达了入伙的意思表示,但全体合伙人一直未达成签订合伙协议的一致意见,且拟入伙的宁波嘉诚双勇股权投资合伙企业原合伙人一直未出资到位,被告河南嘉富诚作为执行事务合伙人具有过错,其行为已导致原告签订《入伙协议》的合同目的无法实现,原告贾树勤有权向合同相对方河南嘉富诚主张解除合同。故对原告请求解除与河南嘉富诚签订的《入伙协议》的诉讼请求,郑州市中级人民法院予以支持。《合同法》第97条规定,合同解除后,尚未履行的,终止履行;已经履行的,根据履行情况和合同性质,当事人可以要求恢复原状、采取其他补救措施,并有权要求赔偿损失。2014年7月14日,贾树勤与河南嘉富诚签订《入伙协议》,协议约定新入伙合伙人对该基金的认缴出资应按照基金或普通合伙人的缴款通知书规定的期限支付至指定银行账户(账户信息以基金或普通合伙人缴款通知书载明为准),根据合同相对性,原告贾树勤仅对合同相对方河南嘉富诚负有合同义务,享有合同权利。原告接受被告河南嘉富诚的指示交付款项,履行了合同义务,在合同依法解除后,被告河南嘉富诚应依照合同解除的法律后果向原告返还款项。故郑州市中级人民法院对原告要求被告河南嘉富诚返还投资款100万元、管理费6万元的诉讼请求，予以支持。被告河南嘉富诚并应以100万元为基数自2014年7月15日起按年利率6%赔偿原告损失至判决确定付款之日。

律师提示

实践中，合伙型私募基金应如何规范入伙手续，避免掉入本案类似的法律陷阱？根据《合伙企业法》第43条关于"新合伙人入伙，除合伙协议另有约定外，应当经全体合伙人一致同意，并依法订立书面入伙协议。订立入伙协议时，原合伙人应当向新合伙人如实告知原合伙企业的经营状况和财务状况"之规定，合伙企业之外的投资者想要加入该合伙企业，有两种路径：一是经全体合伙人一致同意，并依法订立书面入伙协议；二是在原合伙协议有相关约定的情况下，有限合伙人按约定向合伙人以外的人转让其在有限合伙企业中的财产份额，并由新入伙合伙人与其他合伙人重新签订合伙协议。

鉴于《合伙企业法》第43条的"合伙协议另有规定的除外"的例外规定，建议在设立和发起有限合伙型私募股权基金时可充分利用设计合理的特别约定，以防范相关入伙操作风险。

052 机构销售下折分级基金未披露特殊风险点是否应承担赔偿责任？

案例索引

上海市第二中级人民法院(2017)沪02民终9139号民事判决书。

案例导读

本案是一起银行销售下折分级基金未事先告知特殊风险点引发投资人提起的损害赔偿纠纷。银行在向投资人推介讼争基金时，虽符合投资者适当性原则，但未事先充分揭示告知分级基金的特殊风险点，因此被法院判决赔偿了一定的损失。本案上海第二中级人民法院的裁判要旨及本文归纳的四点裁判逻辑链，值得销售金融产品的机构学习和借鉴。

裁判要旨

机构销售特殊金融产品未披露特殊风险点应承担相应的赔偿责任。

裁判逻辑

一、银行作为专业金融机构，在推介或代销理财产品、提供金融服务时，应遵循投资者适格性原则，不能随意损害投资人基于对银行信赖所产生的利益，应提供安全、到位的金融服务，防止将不适格的投资者不当地引入资本市场,维护金融市场的稳定。

二、本案投资人在开立交易账户时进行了风险评估测试,评估结果为激进型客户,可以购买高风险及以下风险的理财产品,银行在依照评估结果确定客户类别的基础上,向投资人推介相应理财产品的行为并无不当,符合投资者适当性原则。

三、本案讼争基金系隐含特殊下折机制的分级基金,风险相较一般基金更大,属于高风险等级理财产品,非专业的普通投资者并不了解其特殊风险结构,银行在主动推介后应当同时履行特别的提示注意义务,告知特别的风险点。

四、银行在向投资人推介讼争基金时,虽符合投资者适当性原则,但未事先充分揭示告知分级基金的特殊风险点,损害了投资人的知情权、选择权和止损权,未尽到信息披露和风险揭示的义务,具有一定过错,应承担相应赔偿责任。

交易结构图

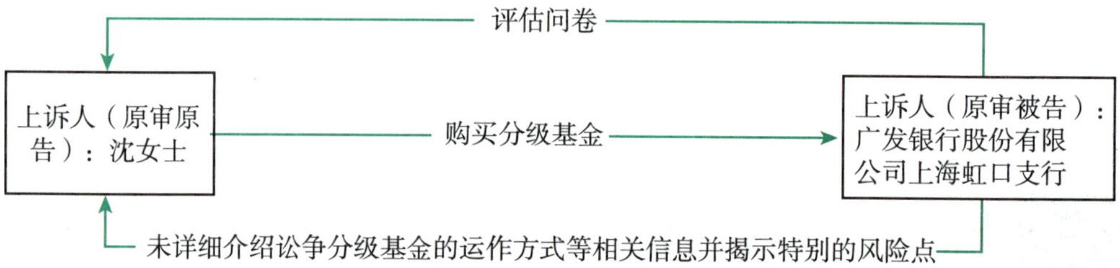

主要案情

上诉人(原审原告):沈女士。

上诉人(原审被告):广发银行股份有限公司上海虹口支行。

上诉人沈女士因与上诉人广发银行股份有限公司上海虹口支行(以下简称广发银行虹口支行)财产损害赔偿纠纷一案,不服上海市虹口区人民法院(2016)沪0109民初25028号民事判决,向上海市第二中级人民法院提起上诉。

2009年3月9日始,沈女士在中泰证券开立股票账户炒股。

2013年1月17日起,沈女士曾在广发银行虹口支行处购买理财产品若干,除"广发银行薪满益足新年特别版A众享版"为非保本理财型产品(风险等级PR3),其他均为PR1低风险等级理财产品。其中,"盆满钵盈日日赢"申购金额达886,000元。沈女士在购买本案所涉基金之前,未在广发银行虹口支行处购买过分级基金。

2014年5月22日,沈女士于广发银行虹口支行开立交易账户时,广发银行虹口支行对沈女士的风险承受能力进行了测评,《评估问卷》测评结果显示沈女士风险承受能力属于激进型,适合所有风险产品。评估问卷第5项载明:"1.客户您接受上述风险属性分析完全出于自愿,银行无法考究答案是否为客户您的真实意愿……3.本评估问卷会显示符合您的风险偏好,但未必与您的实际投资风险偏好相符"测评客户签名处系沈女士本人签名。

2015年5月5日，沈女士本人签字的《业务申请表》，银行打印栏显示基金风险级别"高风险"，客户风险级别"激进型"，风险匹配结果"正常"。沈女士陈述其具有大学学历，曾经职业为机关教师。

2015年5月8日，沈女士在广发银行虹口支行处经客户经理贺凯推介，于银行柜台申购了申万菱信申万电子行业投资指数分级基金（以下简称申万菱信基金）499,922.50份，总额50万元。

2016年1月，申万菱信基金实施不定期份额折算，折算基准日为2016年1月11日，强行调减份额179,475.30份。下折后，沈女士向申万菱信基金公司询问了相关情况。

2016年3月1日，沈女士赎回所购买的讼争基金，余额为273,680.79元。

上诉人（原审原告）沈女士一审诉讼请求：1.判令广发银行虹口支行赔偿沈女士经济损失226,319.21元；2.判令广发银行虹口支行赔付沈女士自2015年5月8日至今以50万元本金为基数的利息（按当年保本型理财产品的利息计算）。

一审法院判决：1.广发银行虹口支行于判决生效之日起10日内赔偿沈女士损失10万元；2.驳回沈女士的其他诉讼请求。

二审法院上海市第二中级人民法院于2017年10月31日作出的（2017）沪02民终9139号民事判决：驳回上诉，维持原判。

法院观点

一、沈女士是否属于适格投资者

广发银行虹口支行在推介或销售金融商品时，有义务把适合的产品或服务以适当的方式推介或销售给适当的投资者。《商业银行个人理财业务管理暂行办法》第37条、《中国银监会关于规范商业银行代理销售业务的通知》第3条、第25条均要求商业银行开展代销业务时，应当了解和评估客户的风险偏好、风险认知能力和承受能力，加强投资者适当性管理，充分揭示代销产品风险，向客户销售与其风险承受能力相匹配的金融产品。银行作为专业金融机构，推介或代销理财产品、提供金融服务时，应遵循投资者适格性原则，不能随意损害投资人基于对银行信赖所产生的利益，提供安全、到位的金融服务，防止将不适格的投资者不当地引入资本市场，维护金融市场的稳定。本案中，沈女士在开立交易账户时进行了风险评估测试，评估结果为激进型客户，可以购买高风险及以下风险的理财产品。广发银行虹口支行在依照评估结果确定客户类别的基础上，向沈女士推介相应理财产品的行为并无不当。沈女士虽对风险测评报告有异议，认为选项非本人或授意勾选，勾选内容不符合自身实际情况，但未能提供充分证据证明相关事实，且沈女士作为具有较高文化程度、具备长期金融理财经验的成熟投资者，应该仔细阅读并审慎签署相关协议，对于自己签名确认的评估内容视为已接受认可，不得事后随意推翻有违诚信。除了风险评估问卷外，沈女士另签名确认的《业务申请表》《风险揭示书》，均对其作为投资者的风险承受能力等级进行了提示，沈女士对此并未提出异议，即便因疏忽大意未注意，也应承担签名确认后的相关法律后果。至于沈女士认为，凡首次购买基金产品均需另行做专门的风险测试评估，系自身误读，于法无据，不予采信。沈女士所作的风险评估测试在购买讼争基金时未超过1年的有效期间，评估结果沈女士的风险承受能力与讼争基金的风险程度相匹配，故郑州市中级人民法院认为沈女士属于适格投资者，广发银行虹口支行未违反投资者适当性原则。

二、广发银行虹口支行是否尽到了信息披露和风险提示的义务

广发银行虹口支行代销金融理财产品负有信息披露和风险提示的义务。《商业银行个人理财业务管理暂行办法》等相关条款规定，均要求银行向客户明确告知产品的相关信息、解释相关投资工具的运作市场及方式，揭示相关风险，由客户自主作出选择。《证券期货投资者适当性管理办法》亦要求给予普通投资者在信息告知、风险警示等方面特别保护。本案讼争基金系隐含特殊下折机制的分级基金，风险相较一般基金更大，属于高风险等级理财产品，非专业的普通投资者并不了解熟悉其特殊风险结构，银行在主动推介后应当同时履行特别的提示注意义务，告知特别的风险点。广发银行虹口支行称客户经理在介绍推荐讼争基金时详细介绍了讼争基金并提示过相关风险，但录音录像只能证明客户经理在推荐过程中提到了基金的风险，并未详细介绍讼争分级基金的运作方式等相关信息并揭示特别的风险点。沈女士此前在广发银行虹口支行处无投资购买基金的经验，广发银行虹口支行客户经理对此熟知，既然对此类无经验的普通客户主动推介，理应更为充分、全面披露相关信息，保障投资者的知情权和选择权。广发银行虹口支行亦未提供其他证据证明其尽到了讼争基金的信息披露和风险提示的义务。广发银行虹口支行对于无法提供销售诉争基金时的录音录像资料以证明已履行揭示义务，需承担举证不能的相应法律后果。故对于广发银行虹口支行已尽信息披露和风险提示义务的辩称意见，郑州市中级人民法院不予采信。

综上，沈女士的风险承受能力与讼争基金风险等级相匹配，属于适格投资者，沈女士应根据自身能力审慎决策，理性分析判断投资风险，独立承担金融投资风险。广发银行虹口支行在向沈女士推介讼争基金时虽符合投资者适当性原则，但未尽到信息披露和风险揭示的义务，具有相当过错。若广发银行虹口支行事先充分揭示告知分级基金的风险，则可以保障沈女士的知情权、选择权和止损权，沈女士可能不会购买讼争基金，相应损失亦无从发生，沈女士要求广发银行虹口支行承担相应赔偿责任并无不当。讼争基金的赎回最终由沈女士自主完成，在不同时间节点赎回所产生的损失数额会有差异，具有不确定性，合适的赎回时机是由沈女士把握的，广发银行虹口支行对赎回后的亏损金额亦予以认可。一审法院综合沈女士、广发银行虹口支行双方各自的过错责任程度和市场风险，酌情认定广发银行虹口支行应当赔偿沈女士损失10万元。对于沈女士主张的利息损失，于法无据，郑州市中级人民法院不予支持。

律师提示

金融产品销售机构应该履行哪些义务才可免予赔偿？什么是基金折算、下折分级基金？

一、金融产品销售机构必须充分履行投资者适当性义务、风险告知义务和信息披露义务三项义务，任何一项义务履行不到位，都可能面临投资人的损害赔偿。

二、什么是基金折算、下折分级基金？

基金折算，只发生在分级基金中，它是针对分级基金的三类份额：母基金，A类与B类份额而设定的条款，其目的是保护A类份额持有人，兑现部分A类收益，以及防止B类归零的发生。

基金折算，与基金的拆分有点相似，但复杂性远超后者。

分级基金折算分类分为定期折算和不定期折算两种。其中，不定期折算又分为向上折算和向下折算两种。

定期折算是分级基金按照约定的利率水平，在约定时间对分级A的持有者发放收益的过程。在定期折算中，分级A的净值重新归为1，净值高于1的部分按照当时母基金的净值转换为母基金份额派发给分级A的投资者，B类份额和净值不作调整。

不定期折算分为向上折算（以下简称为上折）和向下折算（以下简称为下折）。

向上折算就是当母基金净值达到某个设定的水平（如1.500或者2.000）时，将分级A和B的净值重新归为1，净值超出1的部分各自分别转换为母基金份额的过程。上折实际上是一个杠杆回拨的过程。

向下折算就是当B类净值低于某个水平（通常为0.25）时，将分级A和B的净值重新归为1，分级B的份额按照某个比例（在净值水平为0.25时比例为1/4）进行缩减，分级A中与B对应的份额保持不变，其他份额（在净值水平为0.25时比例为3/4）转换为母基金份额的过程。

第九章　信　托　篇

053 银信合作是信托法律关系还是委托法律关系？

案例索引

湖北省高级人民法院(2015)鄂民二初字第00054号民事判决书。

案例导读

一、本案是一起典型的银信合作的信托通道类贷款纠纷案例。基础法律关系到底是信托法律关系还是委托法律关系？委托人(实际出借人)是否享有介入权？信托公司与融资方的借款纠纷，是否需要追加委托人参与诉讼？本案一审法院湖北省高级人民法院在裁判理由中引用了《合同法》第403条的规定，是否暗示了银行与信托公司实质是委托法律关系，而非名义上的信托法律关系呢？

二、本案关于金融机构贷款上限不得超过年利率24%，与最高人民法院2017年8月9日印发的《关于进一步加强金融审判工作的若干意见》的精神保持一致。

裁判要旨

银信合作的信托通道类贷款合同的基础法律关系仍属信托法律关系，根据合同的相对性原则委托人并不享有介入权。

裁判逻辑

一、根据合同相对性原则，本案信托贷款合同仅约束合同双方，无须追加委托人参加诉讼。

二、人民银行对于金融机构贷款利率管制的放开并不意味着可以无限上浮贷款利率，国家法律及政策层面对高利贷或变相高利贷均持否定态度，因限制金融机构借款利率上限尚无明文规定，应参照民间借贷利率的保护上限即年利率24%予以保护，超出部分，不予支持。

三、抵押物登记记载的内容与抵押合同约定的内容不一致的，以登记记载的内容为准。

四、合同未明确约定实现债权的范围包含律师费，且未实际支付律师代理费的，对律师代理费的诉讼请求不予支持。

交易结构图

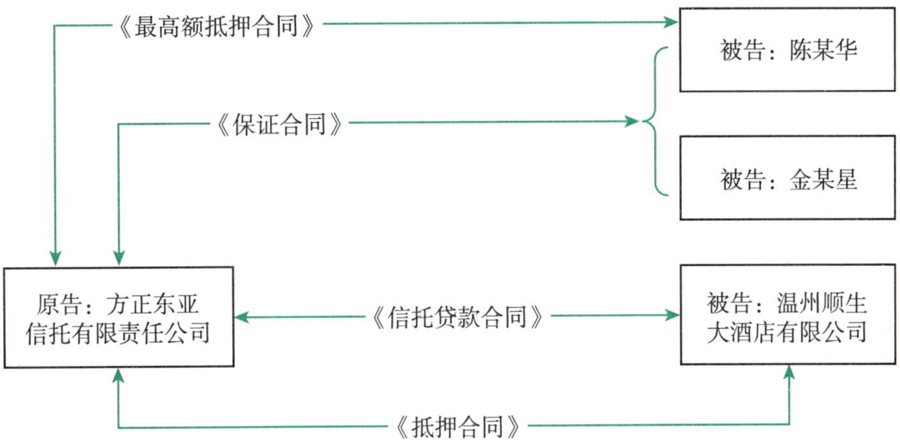

主要案情

原告：方正东亚信托有限责任公司。

被告：温州顺生大酒店有限公司、陈某华、金某星。

原告方正东亚信托有限责任公司（以下简称方正信托公司）诉被告温州顺生大酒店有限公司（以下简称顺生公司）、陈某华、金某星金融借款合同纠纷一案，湖北省高级人民法院于2015年10月23日受理后，于2015年12月11日公开开庭审理了该案并已审理终结。

2013年2月5日，方正信托公司与顺生公司签订一份《信托贷款合同》，约定顺生公司向方正信托公司贷款金额2.8亿元，方正信托公司分两笔发放该贷款，第一笔金额预计2亿元，第二笔金额预计8000万元，各笔贷款的具体金额以该信托项下委托人实际支付的各笔信托资金金额为准。贷款专项用于补充顺生公司流动资金，具体由顺生公司专项用于：（1）偿还借款人及其关联方所欠银行的经营性物业贷款及流动资金贷款，共2.14亿元；（2）支付顺生公司的装修款及补充经营性流动资金，共6600万元。第一笔贷款期限起始日为信托生效日，第一笔贷款到期日为自第一笔贷款期限起始日起届满36个月之日，第二笔贷款到期日以第一笔贷款到期日为准，贷款期限起始日以实际放款日期为准。贷款利率为年10%。合同有效期内，如顺生公司或相关方（包括但不限于担保方）违反合同及其他担保合同约定，各笔贷款利率均自该笔贷款期限起始日上浮至20%。对逾期贷款从逾期之日起在合同约定的贷款执行利率（包括根据合同约定上调的利率）基础上上浮50%计收罚息，直至本息清偿为止。对应付未付利息，根据人民银行规定以合同约定的罚息利率计收复利。利息按季计收，结息日分别为第一笔贷款发放后的每季度末月20日(每年的3月20日、6月20日、9月20日、12月20日)及第一笔贷款到期日。顺生公司应于第一笔贷款发放后的第二个结息日当日偿还贷款本金50万元,第四个结息日当日偿还贷款本金50万元,第六个结息日当日偿还贷款本金50万元,第八个结息日当日偿还贷款本金50万元,第十个结息日当日偿还贷款本金50万元,第一笔贷款到期日一次性偿还剩余全部借款本金。顺生公司未按期足额归还贷款本息,视为违约。出现任一违约事件时,方正信托公司有权将各笔贷款的贷款利率均自该笔贷款发放之日提高至年20%,顺生公司应补交利息差额,方正信托公司并有权停止发放贷款,宣布贷款立即到期,提交收回全部借款本息,按全部贷款本金的20%收取违约金。方正信托公司有权将顺生公司的还款首先用于偿还合同约定的应由顺生公司承担而由方正信托公司垫付的各项费用以及方正信托公司实现债权的费用、违约金、赔偿金等费用,剩余款项按照合同的还本付息的方式偿还。

2013年2月5日,方正信托公司与顺生公司签订一份《抵押合同》,约定顺生公司为上述《信托贷款合同》项下债务提供抵押担保。次日,双方办理了抵押登记。温州市房产管理局温房他证鹿城区字第8151775号他项权证记载:债权数额2亿元。

2013年2月5日,方正信托公司与陈某华、金某星签订一份《保证合同》,约定陈某华及其配偶金某星为上述《信托贷款合同》项下债务提供共同连带责任保证担保,主合同债权有其他形式的担保,保证人无条件承担第一位的担保责任,承诺放弃一切抗辩权,保证期间2年。

2013年2月7日,方正信托公司向顺生公司发放2亿元借款。

2013年5月21日,方正信托公司与陈某华签订一份《最高额抵押合同》,约定陈某华为方正信托公司与顺生公司在2013年2月5日至2013年5月21日签订的《信托贷款合同》和《信托贷款合同补充合同》项下方正信托公司的债权提供抵押担保,抵押担保的最高债权余额为7500万元。次日,双方办理了抵押登记,办理房地产抵押登记的部门为温州市房屋登记中心。温州市房产管理局温房他证鹿城区字第8160533号他项权证记载:债权数额7500万元。顺生公司依约还本付息至2014年9月20日,其后未再还本付息,即对本案的2亿元借款,顺生公司于2014年6月20日、2014年12月20日、2015年6月20日各偿还本金50万元,共偿还本金150万元,并支付利息32,663,472.22元。方正信托公司依《信托贷款合同》发放的另一笔4000万元借款,方正信托公司已另案起诉。

原告方正信托公司一审诉讼请求:1. 顺生公司向方正信托公司支付借款本金19,850万元,违约金4000万元及利息(暂算至2014年12月20日欠利息42,698,750元,复利9,320,479.75元,之后至实际清偿之日的利息、逾期利息、逾期罚息和复利均按合同约定计算);2. 方正信托公司就顺生公司所有的位于浙江省温州市鹿城路36号的抵押财产折价、拍卖、变卖所得价款优先受偿;3. 方正信托公司就陈某华所有的位于浙江省温州市鹿城路36号的抵押财产折价、拍卖、变卖所得价款优先受偿;4. 陈某华、金某星对上述债务承担连带清偿责任;5. 顺生公司、陈某华、金某星承担方正信托公司为实现债权支付的差旅费、律师费等实现债权的费用;6. 诉讼费、保全费、公告费等由顺生公司、陈某华、金某星负担。

湖北省高级人民法院于2015年12月18日作出(2015)鄂民二初字第00054号民事判决：1. 顺生公司于本判决生效之日起10日内向方正信托公司偿还借款本金19,850万元及相应利息(2013年2月7日至2014年6月20日的利息以本金2亿元为基数,2014年6月21日至2014年12月20日的利息以本金19,950万元为基数,2014年12月21日至2015年6月20日的利息以本金19,900万元为基数,2015年6月21日至判决确定的履行期届满之日止以本金19,850万元为基数,均按年利率24%进行计算,顺生公司已付利息32,663,472.22元从中扣减);2. 方正信托公司有权以温房他证鹿城区字第8151775号他项权证所记载的抵押物在2亿元范围内,以抵押物折价或者以拍卖、变卖该财产的价款优先受偿;3. 方正信托公司有权以温房他证鹿城区字第8160533号他项权证所记载的抵押物在7500万元范围内,以抵押物折价或者以拍卖、变卖该财产的价款优先受偿;4. 陈某华、金某星对顺生公司的上述债务承担连带清偿责任,陈某华、金某星承担保证责任后,有权向顺生公司追偿;5. 驳回方正信托公司的其他诉讼请求。

法院观点

本案系信托财产的受托人处理信托事务与第三人签订借款合同,第三人未按约履行还本付息义务引发的纠纷。依据《合同法》第403条第2款“受托人因委托人的原因对第三人不履行义务,受托人应当向第三人披露委托人,第三人因此可以选择受托人或者委托人作为相对人主张其权利,但第三人不得变更选定的相对人”的规定及合同相对性原则,本案中不存在受托人对第三人不履行义务的事实,第三人亦未提出权利主张,故第三人没有选择相对人的权利。本案中信托贷款合同仅约束合同双方,无须追加委托人参加诉讼,顺生公司关于方正信托公司主体不适格的抗辩理由不能成立。本案所涉《信托贷款合同》《抵押合同》《最高额抵押合同》《保证合同》均不存在《合同法》第52条规定的法定无效情形,为有效合同。方正信托公司已依合同约定向顺生公司发放2亿元借款,履行了发放借款义务。《信托贷款合同》约定,顺生公司未按期足额归还贷款本息的,方正信托公司有权宣布贷款立即到期,提前收回全部借款本息。因顺生公司未依上述约定履行偿还借款本息的义务,方正信托公司根据合同约定诉请顺生公司偿还2亿元借款本息,符合《合同法》第91条第1款第(七)项关于合同权利义务终止的规定,顺生公司关于方正信托公司未诉请解除合同而要求清偿全部借款无法律依据的抗辩理由不能成立,顺生公司应承担偿还全部借款本息的责任。《信托贷款合同》约定,顺生公司出现任一违约事件时,方正信托公司将借款利率从贷款发放之日提高至年利率20%,按前述利率上浮50%即年利率30%计收罚息,按罚息利率计收复利,按借款本金的20%收取违约金,按上述约定计算,无论期内或逾期,借款人应承担的支付义务均已超出年利率24%。湖北省高级人民法院认为,人民银行对于金融机构贷款利率管制的放开并不意味着可以无限上浮贷款利率,国家法律及政策层面对高利贷或变相高利贷均持否定态度,因限制金融机构借款利率上限尚无明文规定,应参照民间借贷利率的保护上限即年利率24%予以保护,超出部分,不予支持。据此,对方正信托公司主张的各项利息、违约金,湖北省高级人民法院将期内及逾期利息均按年利率24%进行计算,其他部分不予保护。根据查明事实,顺生公司按约还本付息至2014年9月20日,即顺生公司共支付利息32,663,472.22元,于2014年6月20日、2014年12月20日、2015年6月20日各偿还本金50万元,共偿还本金150万元。顺生公司应向方正信托公司偿还借款本金19,850万元。利息按照湖北省高级人民法院所确定的利息计算方式进行计算,从2亿元借款发放之日即2013年2月7日至2014年6月20日,以本金2亿元按年利率24%计算,2014年6月21日至2014年12月20日,以本金19,950万元按年利率24%计算,2014年12月21日至2015年6月20日,以本金19,900万元按年利率24%计算,2015年6月21日至本院确定的履行期届满之日止,以本金19,850万元按年利率24%计算,顺生公司已付利息32,663,472.22元从中扣减。

顺生公司、陈某华分别为方正信托公司的上述债权提供抵押担保,并已办理抵押登记,方正信托公司的抵押权依法设立。但抵押登记记载的内容与抵押合同约定的内容不一致,依据最高人民法院《关于适用〈中华人民共和国担保法〉若干问题的解释》第61条"抵押物登记记载的内容与抵押合同约定的内容不一致的,以登记记载的内容为准"的规定,湖北省高级人民法院以温州市房产管理局温房他证鹿城区字第8151775号他项权证、温房他证鹿城区字第8160533号他项权证记载的内容为准,方正信托公司有权以顺生公司提供抵押担保的温房他证鹿城区字第8151775号他项权证所记载的抵押物在2亿元范围内行使抵押权,以陈某华提供抵押担保的温房他证鹿城区字第8160533号他项权证记载的抵押物在7500万元范围内行使抵押权。

陈某华、金某星为方正信托公司的上述债权提供保证担保,《保证合同》约定,主债权存在其他形式的担保,保证人无条件承担第一位的担保责任,承诺放弃一切抗辩权,依据《物权法》第176条的规定,陈某华、金某星应对顺生公司的上述债务承担连带清偿责任。

关于方正信托公司诉请的律师代理费,《信托贷款合同》未明确约定方正信托公司实现债权的范围包含律师费,且方正信托公司未实际支付律师代理费,湖北省高级人民法院对方正信托公司要求顺生公司承担22万元律师代理费的诉讼请求不予支持。

律师提示

本案原告的律师代理费计入实现债权的费用没有被法院支持,及抵押登记债权金额与抵押合同不一致等问题,值得在诉讼实务中注意。

一、关于"实现债权费用负担条款",鉴于律师代理费、财产保全费等并不是实现债权必须发生的费用,因此一定要在借款合同中明确列举,否则很难得到法院支持。

二、鉴于抵押权登记生效原则,他项权证记载的债权数额确定需要特别注意,不能只写本金数额,否则就会出现本案类似的尴尬情形。

054 “明股实债”信托纠纷为何“明输实赢”？

案例索引

广东省高级人民法院(2017)粤民终2334号民事判决书。

案例导读

一、本案是一起公司其他债权人撤销权诉讼之主张撤销公司信托融资“明股实债”抵押权，结果虽然败诉，但“明输实赢，摘桃得李”，信托“明股实债”弄假成真，痛失抵押权。

二、债权人撤销权诉讼之撤销抵押权主张成立应包括哪些要件？信托公司“明股实债”为何不是债？法院主动审查合同效力是否违反“不告不理”原则？公司用公司名下不动产为其股东的出资提供抵押担保而签订的《抵押合同》为何无效？原告因无效合同不是撤销范畴而败诉，为何诉讼费却由被告负担？一审、二审法院通过本案裁判给出了明确答案和详细论述，值得律师在金融实务中借鉴。

裁判要旨

信托公司与项目公司约定以项目公司享有的国有土地使用权担保并不存在的主债权，违反了《物权法》关于担保物权设立及行使的强制性规定，应属无效。

裁判逻辑

一、债权人撤销权诉讼之撤销抵押权主张成立应包括主客观两个要件，主观上要求债务人与另一债权人存在恶意串通的故意；客观上要求同时具备三个要件：一是债务人实施了明显有害于其他债权人的抵押行为；二是债务人在实施抵押行为之后，已不具备足够的财产清偿对其他债权人的债务；三是其抵押行为发生在其他债权人债权成立之后。

二、鉴于信托公司与项目公司签订了《信托融资合同》，约定由项目公司向信托公司融资，该款项以增资扩股的形式划付，同时还约定项目公司需以支付股权回购款的方式向信托公司偿还该部分信托融资款项的本息，可见双方对于该融资款项的性质明确约定为信托公司对项目公司的增资款，而非借款。

三、合同效力的认定是确定合同当事人之间权利义务关系的根本基础，该认定属于人民法院主动适用法律进行审查的范畴，不违反“不告不理”原则，在合同效力确定后方可据而对当事人包括撤销权在内的各种请求权进行审查。

四、公司与股东签订《抵押合同》用公司名下的土地使用权为其股东的出资提供抵押担保，违反了《物权法》关于担保物权设立及行使的强制性规定，依照《合同法》第52条第(五)项的规定应认定为无效。

五、根据《合同法》第56条"无效的合同或者被撤销的合同自始没有法律约束力"的规定，鉴于信托公司与项目公司之间就诉争融资行为进行抵押担保的行为自始没有法律约束力，因而不属于由项目公司债权人嗣后请求撤销的范畴，关于撤销权的诉讼请求予以驳回，但因诉争抵押合同关系被认定为无效，本案案件受理费依法应由项目公司负担。

交易结构图

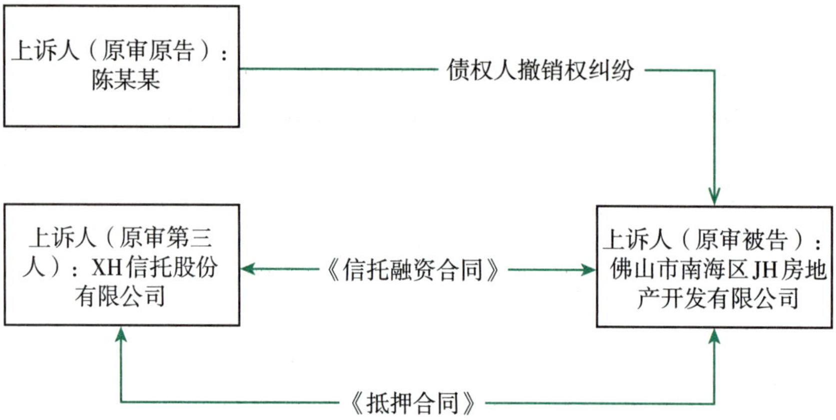

主要案情

上诉人（原审原告）：陈某某（其他债权人）。

上诉人（原审被告）：佛山市南海区JH房地产开发有限公司（项目公司）。

上诉人（原审第三人）：XH信托股份有限公司（信托公司）。

上诉人陈某某因与上诉人佛山市南海区JH房地产开发有限公司（以下简称JH公司）、XH信托股份有限公司（以下简称XH信托公司）债权人撤销权纠纷一案，各方当事人均不服佛山市中级人民法院（2016）粤06民初373号民事判决，分别向广东省高级人民法院提起上诉。

2013年10月24日，XH信托公司作为甲方，JH公司作为乙方，双方签订编号为XH信托合同第T6300008号的《信托融资合同》。该合同在首部对于签订合同的目的记述如下："鉴于北京宝日汽车销售有限公司、北京中意长兴科技发展有限公司、深圳市建筑工程股份有限公司、XH信托公司已签署的《四方合作协议》（XH信托合同第T6300006号），为落实协议中相关约定，XH信托公司与JH公司签署本合同。1.乙方根据深圳市建筑工程股份有限公司对乙方佛山卢瓦尔项目并购的需要，拟向甲方进行信托融资，资金专项用于乙方债务的偿还。2.甲方根据乙方资金需求，拟设立'XH信托·深圳市建股份项目并购投资集合资金信托计划'，通过以该信托计划的信托资金向乙方增资的方式支持其偿还债务。……"该合同第1条"融资金额和利率"约定："一、本合同项下的融资金额为人民币（大写）捌亿贰仟万元整（¥820,000,000.00元整），以增资扩股的形式划付。信托融资金额以'XH信托·深圳市建股份项目并购投资集合资金信托计划'实际募集的信托资金总额为准。二、融资利率不高于14.5%/年。……"第2条"融资期限"约定:"一、本合同项下的融资期限为1.5年,自2013年11月12日起至2015年5月11日止。……二、期满12个月后,在取得甲方同意的前提下,乙方或其指定方按本合同约定提前归集还款本金及利息后可以申请提前终止本合同。甲乙双方的申请与同意需以书面形式确认,已收取的信托费用不予退还。……"第5条"信托融资本金的偿还和利息的支付"约定:"一、信托融资资金以增资款的形式划入乙方资金监管账户,乙方即开始履行本合同项下的支付义务。二、本合同项下信托融资本金的偿还和利息的支付以乙方或其指定方支付股权回购款的方式实现,……"第7条"担保措施"约定为履行合同义务,由JH公司提供其享有的土地使用权作抵押,JH公司股东以持有JH公司的剩余股权为质押,案外人提供保证,以及JH公司或其指定的第三方向XH信托公司支付4100万元保证金等方式进行担保。第8条"乙方承诺与保证"约定:"……二、已获得其股东同意甲方对其增资扩股。甲方持股期间,乙方股东同意放弃一起股东权利。……"该合同对各方的其他权利义务、违约责任等内容进行了约定。

同日,JH公司作为甲方,XH信托公司作为乙方,双方签订合同编号为XH信托合同第T6300009号《抵押合同》,约定:为确保XH信托合同第T630008号《信托融资合同》得到切实履行,JH公司自愿向XH信托公司提供抵押担保,以合同附件中"抵押财产清单"所列之财产设定抵押,合同所担保的主债权为8.2亿元以及应由债务人承担的相应利息、费用,以主合同实际融资金额为准。合同后附"抵押财产清单"所列抵押物为位于佛山市南海区西樵镇西岸的土地使用权9宗。

其后,XH信托公司分多次向JH公司划付款项,合共6.75亿元。2013年12月19日,JH公司与XH信托公司就上述XH信托合同第T6300009号合同的部分抵押物办理了抵押登记。

2013年12月25日,经工商行政管理部门核准,JH公司注册资本为原5029万元变更为87,029万元;股东由北京中意长兴科技发展有限公司认缴1508.7万元、实缴1508.7万元、持股30%,北京宝日汽车销售有限公司认缴3520.3万元、实缴3520.3万元、持股70%,变更为XH信托公司认缴82,000万元、实缴67,500万元、持股94.221%,北京中意长兴科技发展有限公司认缴1508.7万元、持股1.734%,北京宝日汽车销售有限公司认缴3520.3万元、持股4.045%。

2016年2月2日,广东省佛山市南海区人民法院作出(2015)佛南法民二担字第38-1号民事裁定:准许XH信托公司要求拍卖(或变卖)JH公司的抵押财产,即位于佛山市南海区西樵镇西岸村七星山庄土地使用权的申请。XH信托公司对上述财产拍卖(或变卖)后所得款项在信托贷款本金675,000,000元、利息135,776,300元(两项合计810,776,300元)、从2015年5月12日起至实际清偿日止,以810,776,300元为本金,按日利率0.37‰的标准计付的违约金范围内优先受偿。申请费50元,由JH公司负担。

2016年3月4日,深圳市中级人民法院作出(2015)深中法民初字第28号民事判决,认定胡晓光尚欠陈某某借款本金9100万元及JH公司等对胡晓光的债务提供了连带责任担保,据此判令胡晓光向陈某某偿还本金9100万元、相应利息及律师费,JH公司对胡晓光的债务承担连带清偿责任,并判令其他担保人承担相应的连带清偿责任。该民事判决已发生法律效力。

2017年1月26日,广东省佛山市南海区人民法院作出(2016)粤0605民特监104号民事裁定,认定:"因XH信托公司、JH公司在(2015)佛南法民二担字第38号案件中的确认与本案申请人陈某某提供的证据材料所显示的事实存在明显的冲突,导致XH信托公司支付给JH公司的6.75亿元到底是股权投资款还是信托贷款难以确定,而且XH信托公司支付6.75亿元后,既取得等价的股权,又享有等值的债权,明显不合理,可能会因此损害包括本案申请人在内的其他对JH公司享有债权的第三人的利益,本院据此认为XH信托公司对JH公司的债权无法确定。由于XH信托公司与JH公司之间的主债权债务无法确定,XH信托公司在(2015)佛南法民二担字第38号案中申请实现担保物权,不符合《物权法》第196条的相关条件,本院该案裁定准许拍卖(变卖)本案所涉抵押物并确定XH信托公司优先受偿不当,对该裁定应予撤销。申请人陈某某的申请合法有理,本院予以采纳",并据此裁定:撤销该院作出的(2015)佛南法民二担字第38-1号民事裁定。

在本案一审庭审期间,JH公司表示《信托融资合同》第1条"融资金额和利率"第1款中的"以增资扩股的形式划付"是指XH信托公司向JH公司增加注册资本金的形式进行支付该笔借款,约定的金额为8.2亿元,但实际并未足额履行;XH信托公司最终向JH公司借出的款项均全部以增资扩股的方式变成了JH公司的注册资本金,且XH信托公司通过增资扩股的方式借入款项,已获得了JH公司相应的股权。

上诉人(原审原告)陈某某(其他债权人)一审诉讼请求:1.撤销JH公司与XH信托公司就JH公司名下国有土地使用权设立的抵押行为;2.判令JH公司及XH信托公司负担本案的诉讼费。

一审法院判决:判决驳回陈某某的诉讼请求。

二审法院广东省高级人民法院于2017年12月7日作出的(2017)粤民终2334号民事判决:驳回上诉,维持原判。

法院观点

依据陈某某一审提出的诉讼请求,案件应认定为债权人撤销权纠纷。围绕各方的上诉请求,广东省高级人民法院将二审的争议焦点归纳为陈某某提起的债权人撤销权是否成立。

根据最高人民法院《关于适用〈中华人民共和国担保法〉若干问题的解释》第69条的规定,陈某某以JH公司债权人的身份,在JH公司向XH信托公司提供抵押担保的行为损害了其合法权益的情况下,可以向人民法院请求撤销该抵押行为。JH公司和XH信托公司认为本案诉讼主体不适格的主张不能成立,广东省高级人民法院不予支持。至于陈某某请求撤销JH公司的抵押行为能否成立。根据上述规定,债权人撤销权的成立应包括主客观两个要件,主观上,要求债务人与另一债权人存在恶意串通的故意;客观上,要求同时具备三个要件:一是债务人实施了明显有害于其他债权人的抵押行为;二是债务人在实施抵押行为之后,已不具备足够的财产清偿对其他债权人的债务;三是其抵押行为发生在其他债权人债权成立之后。结合案件事实,JH公司向XH信托公司提供抵押担保时,陈某某的债权尚未经司法确认,且陈某某一审时亦未举证证明JH公司名下的财产已不足以清偿对其的债务,即本案不符合撤销权构成要件中的"对债权人造成损害"的法律规定,故一审判决未支持陈某某的诉讼请求并无不当,广东省高级人民法院予以维持。但是,一审法院经审理查明,XH公司通过出资的方式向JH公司划付款项,该部分款项已依法成为JH公司的法人财产,XH信托公司也因此成为JH公司的股东,享有相应的股东权利。在此情形下,JH公司却与XH信托公司签订《抵押合同》,用其名下的土地使用权为其股东XH信托公司的出资提供抵押担保,违反了《物权法》关于担保物权设立及行使的强制性规定,一审法院对此作了详细论述,广东省高级人民法院予以确认。依照《合同法》第52条第(五)项的规定,一审法院认定上述《抵押合同》无效并无不当,应予维持。由于陈某某行使撤销权不符合法律规定,故一审法院未在判项中认定合同无效,处理正确,广东省高级人民法院予以维持。同时,陈某某提起本案诉讼针对的是JH公司与XH信托公司之间的抵押行为,一审法院对JH公司和XH信托公司之间划付款项的性质及《抵押合同》的效力作出认定并未超出陈某某诉请的范围,JH公司和XH信托公司上诉认为一审法院违反"不告不理"原则没有理据,广东省高级人民法院不予采信。

综上所述,陈某某、JH公司和XH信托公司的上诉请求均不能成立,应予驳回;一审判决认定事实清楚,适用法律正确,应予维持。

律师提示

"明股实债"本是房地产信托投融资的典型风控措施,为何会弄假成真痛失抵押权,马失前蹄呢?吃一堑长一智,有何有效防范措施吗?

我们认为,以信托公司为代表的"明股实债"的方式向房地产公司进行融资,目的在于满足房企在"四证"齐全之前的资金需求。本案交易结构过于简单应是导致"明股实债"弄假成真,痛失抵押权的关键。

本案的实际交易结构为:信托公司与房产项目公司只签订了《信托融资合同》(以增资形式借款并以股权回购归还本息的合同)主合同及从合同《土地使用权抵押合同》。建议可将交易结构改为:信托公司先与项目公司原股东签订《增资扩股协议》并同时签订《股权回购协议》,信托公司再与项目公司签订以《股权回购协议》为主合同的土地使用《权抵押合同》从合同。如图所示:

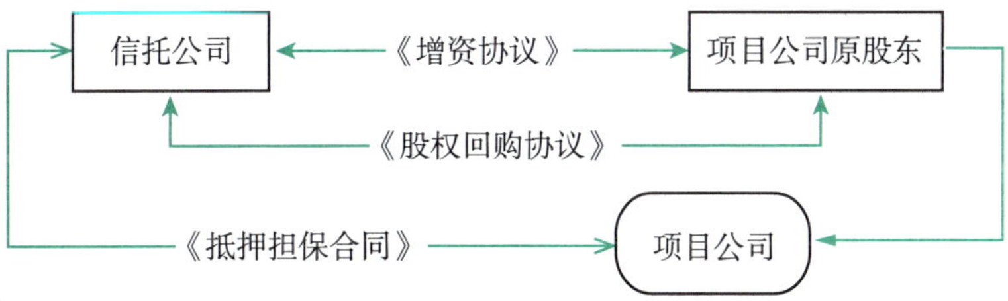

鉴于目前法院支持公司为股东股权转让担保有效的裁判规则，也许结局情况会大不一样。

055 结构化产品优先级受益人能否直接向次级收益人主张信托收益补足权？

案例索引

江西省高级人民法院（2017）赣民终44号民事判决。

案例导读

一、本案是一起结构化信托资产管理业务的典型纠纷。通过本案例，法院对优先级受益人与次级受益人之间的权利义务关系进行了梳理明晰，值得研读参考。

二、优先级受益人能否直接向次级收益人主张信托收益补足权？如果可以，次级受益人应在什么范围内承担次级受益人补足责任？信托合同到期之后，优先级受益人还能否直接向次级收益人主张信托收益补足权？通过本案例，二审法院给予了明确观点，对资管业务人员、律师、法官等人士具有非常高的诉讼与非诉讼参考价值。

裁判要旨

明确的合同条款约定是优先级受益人直接向次级收益人主张信托收益补足权的权利基础。

裁判逻辑

一、信托合同关于"次级受益人信托利益分配中，就当期优先级受益人的信托收益低于其预期收益率，则不足部分由次级受益人以其已收取的信托利益为限向优先级受益人予以补足"的明确约定，可以证明次级受益人对资产管理计划项目自身是明知的，对信托利益分配原则亦明知。

二、虽然优先级受益人与次级受益人没有直接的合同关系，但其各自与信托公司的信托合同中就优先级受益人的权益进行了约定，根据《合同法》第64条的规定，当事人可以约定债务人向第三人履行债务，第三人直接取得请求给付权，故优先级受益人可依据该约定直接向次级受益人主张信托收益补足权利。

三、根据信托合同约定，次级受益人应在信托合同期限范围内承担次级受益人补足责任，因此优先级主张信托合同到期之后信托收益仍按原信托合同计算并没有合同依据，并以此主张之后的信托收益分配补足权利亦没有事实依据。

交易结构图

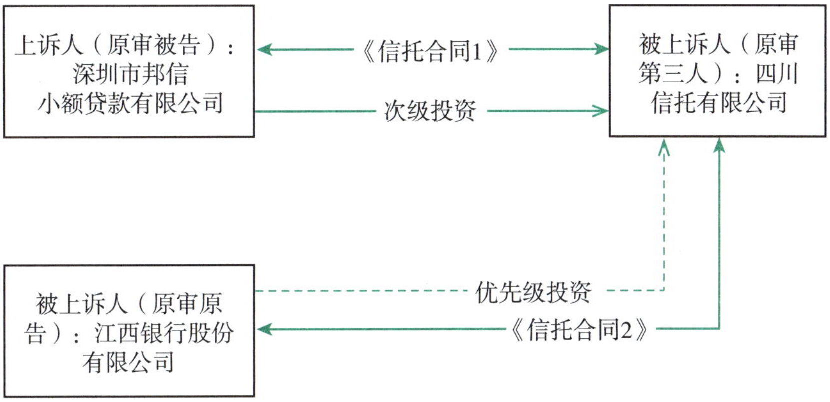

主要案情

上诉人(原审被告):深圳市邦信小额贷款有限公司。

被上诉人(原审原告):江西银行股份有限公司。

被上诉人(原审第三人):四川信托有限公司。

上诉人深圳市邦信小额贷款有限公司(以下简称邦信公司)与被上诉人江西银行股份有限公司(以下简称江西银行)、四川信托有限公司(以下简称四川信托)合同纠纷一案,不服南昌市中级人民法院作出的(2015)洪民二初字第624号民事判决,向江西省高级人民法院提出上诉。

2013年4月5日,邦信公司与四川信托签订了《四川信托—中国银行证券股份有限公司古星9号定向资产管理计划投资集合资金信托计划》的信托合同,合同编号为SCXT2013(JXT)字第10号-1-2(以下简称《信托合同1》)。《信托合同1》第1条定义和解释了第10项中的优先级受益人是指享有信托计划优先级收益权的受益人;第11项中的次级受益人是指享有信托计划次级收益权的受益人。合同第1条定义和解释了信托受益权的定义,区分了优先级和次级;合同第1条第16项中的优先级收益权是指受益人基于信托合同(优先级)享有的信托收益权,为信托权益分配时优先于次级受益人获得信托利益支付的权利,受托人根据信托文件规定的预期收益率于各支付日向全体优先级受益人足额分配定期信托利益之前,不向次级受益人分配任何信托利益;第17项中的次级收益权是指受益人基于信托合同(次级)享有的信托收益权,为在信托权益分配时劣后于全部优先级受益人获得剩余信托利益支付的权利,次级收益权划分为等额份额的次级信托单位;第19项中的信托利益是指受托人管理、运用、处分信托财产所产生的收益在扣除信托财产应缴纳的税费、信托费用、信托报酬后的剩余部分。合同第6条约定信托期限为24个月,以信托成立之日起计算。合同第9条第3项(2)中载明投资金额为人民币1.6亿元整。合同第1条第5款载明信托财产的分配顺序为:“(1)支付本信托项下应由信托财产承担的税收;(2)支付应由信托财产承担的费用;

(3)向优先级受益人分配信托利益;(4)向次级受益人分配信托利益。"合同第12条载明信托利益的归属优先级受益人年化预期收益率为11.5%。其中,第2款规定了优先级受益人利益的分配方式,信托计划终止时,受托人向优先级受益人分配优先级受益人剩余信托利益,受托人应于收到资产项目分配的投资本金和剩余投资收益后的3个工作日内,由受托人直接划至优先级受益人信托利益分配账户。第3款规定,受托人应于每个支付日后,且收到投资收益后,且已向优先级受益人分配当个计费期间剩余的投资收益。如当期的优先级受益人的信托收益低于其预期收益率,则不足部分由次级受益人以其已收取的信托利益为限补足。

2013年5月15日,江西银行与四川信托签订了《四川信托—中国银行证券股份有限公司吉星9号定向资产管理计划投资集合资金信托计划》的信托合同,合同编号为SCXT2013(JXT)字第10号-1-3(以下简称《信托合同2》)。

2013年5月15日,江西银行与四川信托签订了《"四川信托—中国银行证券股份有限公司吉星9号定向资产管理计划投资集合资金信托计划"信托合同之补充协议》(优先级),合同编号为SCXT2013(JXT)字第10号-1-3-1,信托项下载明优先级受益人为江西银行,投资金额1亿元,次级受益人为邦信公司,投资金额6000万元。

从2014年12月20日起,江西银行未收到该信托产品分配的收益及本金。2015年3月20日,四川信托发出《通知函》:"致:优先级委托人/受益人,次级委托人/受益人,我司管理的'四川信托—中国银行证券股份有限公司吉星9号定向资产管理计划投资集合资金信托计划',根据信托的约定将资产投资于吉星9号定向资产管理计划。经与银河金汇证券资产管理有限公司(下称银河金汇)经办人沟通,因吉星9号一直未能回收相关投资收益,因此本信托未能向受益人分配信托利益。根据信托合同的约定,优先级受益人应收未收的信托利益(合计5,702,739.73元)应由次级受益人以其已收取的信托利益(合计18,201,338.41元)为限向优先级受益人补足。鉴于本信托即将到期,且吉星9号无法按时回收投资本金及收益的可能性较大,届时将无法以现金清算分配,因此请优先级委托人与次级委托人对本次信托财产的后续管理及其他重要事项在协商一致后向我司发送委托人指令,我司将按照委托人指令执行。"

信托计划执行期间,邦信公司于2013年6月20日收取信托利益3,027,857.41元,2013年9月22日收取信托利益3,826,232.88元,2013年12月24日收取信托利益3,779,260.27元,2014年3月21日收取信托利益3,739,301.37元,2014年6月24日收取信托利益3,828,686.48元,共计人民币18,201,338.41元。

2015年4月15日,四川信托向江西银行、邦信公司发出《通知函》,告知根据"四川信托—中国银行证券股份有限公司吉星9号定向资产管理计划投资集合资金信托计划"约定该项目计划于2015年4月10日到期,"现收到银河金汇发来的通知函,并与银河金汇经办人员沟通了解,吉星9号未能按期回收相关投资收益,并要求我司向其发出处理指令。鉴于本信托为事务类信托业务,且目前无法以现金清算分配,请优先级委托人与次级委托人对本信托财产的后续管理及其他重要事项在协商一致后向我司发送委托指令,我司将按照委托人指令处理相关信托事务。在我司未收到相关委托人指令前,根据信托合同约定,该项目信托计划期限将延长至信托财产完全变现之日,我司将于信托财产完全变现之后再进行清算分配。”

2015 年 12 月 11 日,中国银监会江西银监局作出《江西银监局关于南昌银行更名为江西银行的批复》,同意南昌银行股份有限公司更名为江西银行股份有限公司。

各方均认可,江西银行应收信托收益为按照合同约定的年化收益率 11.5% 计算,2013 年 6 月 20 日收到的信托收益为 1,134,246.58 元,2013 年 9 月 20 日收到的信托收益为 2,898,630.14 元,2013 年 12 月 20 日收到的信托收益为 2,867,123.29 元,2014 年 3 月 20 日收到的信托收益为 2,835,616.44 元,2014 年 6 月 20 日收到的信托收益为 2,898,630.14 元,2014 年 9 月 20 日收到的信托收益为 2,898,630.14 元,上述信托收益共计 15,532,876.73 元。自 2014 年 9 月 20 日起开始未收到信托分配收益。

四川信托向江西银行和邦信公司发出《通知函》,载明:“全体受益人委托我司于 2013 年 4 月 10 日设立的吉星 9 号信托计划。本信托规模 16,000 万元,优先级规模 10,000 万元,次级规模 6000 万元,信托期限 2 年。本信托根据约定投资于银河金汇管理的吉星 9 号定向资产管理计划,委托资产合计 16,000 万元,但吉星 9 号定向资产管理计划未能按合同约定到期分配委托资产及收益。根据《信托合同》第 21 条第(3)款的约定,对于非货币形式的信托财产,受托人有权延长信托期限至信托财产全部变现之日止,或按照该部分非货币形式财产届时的现状接受收益持有信托单位的比例移交给受益人。受托人向受益人发出分配信托财产的书面通知,该通知到达受益人即视为受托人已经分配完毕信托财产。受托人将继续配合受益人办理相关权益转让手续。本信托项下非货币形式的信托财产为银河金汇管理的吉星 9 号定向资产管理计划项下资产委托人的全部权利和义务(对应 16,000 万元份委托资产份额)。我司作为本信托的受托人特此函告全体受益人,本信托将项下非货币形式的信托财产采取现状分配方式向全体受益人,我司将继续配合受益人办理相关权益转让手续。”

被上诉人(原审原告)江西银行一审诉讼请求:1. 判令邦信公司(以其已收到的《四川信托—中国银行证券股份有限公司吉星 9 号定向资产管理计划投资集合资金信托计划》的信托利益人民币 18,201,338.41 元为限)向其支付信托收益直至全部清偿完毕为止(计至开庭之日为人民币 21,928,767.10 元)(以 1 亿元为本金,年收益率 11.5%,从 2014 年 9 月 21 日开始计算);2. 判令邦信公司向其支付迟延补足信托收益的利息直至清偿完毕为止,暂计至起诉之日起为人民币 265,244.0 元(暂计至开庭之日为 923,487.75 元);3. 判令本案诉讼费用由邦信公司承担。

一审法院判决:1. 邦信公司向江西银行支付信托收益 18,201,338.41 元(自 2014 年 9 月 21 日起至付清之日止,以 1 亿元为本金,按年收益率 11.5% 计算)(以其收到的《四川信托—中国银行证券股份有限公司吉星 9 号定向资产管理计划投资集合资金信托计划》的信托利益人民币 18,201,338.41 元为限);2. 邦信公司向江西银行支付利息(自 2015 年 11 月 5 日起至付清信托收益 18,201,338.41 元之日止,以 18,201,338.41 元为本金,按同期银行贷款利率计算)。

二审法院江西省高级人民法院于 2017 年 4 月 12 日作出的(2017)赣民终 44 号民事:1. 变

更南昌市中级人民法院(2015)洪民二初字第624号民事判决第一项为由邦信公司向江西银行支付信托收益6,332,876.72元;(一审判决为18,201,338.41元,少了近1200万元);2. 变更南昌市中级人民法院(2015)洪民二初字第624号民事判决第二项为邦信公司向江西银行支付上述信托收益的利息(自2015年11月5日起至付清第一项信托受益之日止,以6,332,876.72元为本金,按中国人民银行同期贷款利率计算);3. 驳回江西银行其他诉讼请求。

法院观点

关于江西银行向邦信公司主张信托收益补足权利是否有合同依据的问题。江西银行与四川信托签订的《信托合同》、邦信公司与四川信托签订的《信托合同》第1条均就优先级受益人、次级受益人定义作出了规定。第12条次级受益人信托利益分配中,就当期优先级受益人的信托收益低于其预期收益率,则不足部分由次级受益人以其已收取的信托利益为限向优先级受益人予以补足进行了明确约定。邦信公司对四川信托吉星9号定向资产管理计划项目自身是次级受益人,江西银行为优先级受益人是明知的,对信托利益分配原则亦明知。虽然江西银行与邦信公司没有直接的合同关系,但其各自与四川信托合同中就优先级受益人的权益进行了约定,根据《合同法》第64条的规定,当事人可以约定债务人向第三人履行债务,第三人直接取得请求给付权,故江西银行可依据该约定直接向次级受益人邦信公司主张信托收益补足权利。邦信公司关于江西银行主张没有合同依据和请求权基础的上诉理由不能成立,江西省高级人民法院不予支持。

关于邦信公司应在什么范围内承担次级受益人补足责任?根据二审补充查明的事实,江西银行已经收到分配的信托收益为15,532,876.73元,自2014年9月20日起未能收到信托收益分配。从《信托合同》信托利益的归属第3款关于次级受益人信托利益的分配约定来看,受托人应于每个支付日后,且收到投资收益后,且已向优先级受益人分配当个计费期间的信托收益后的3个工作日内,向次级受益人分配当个计费期间剩余的投资收益。如当期的优先级受益人的信托收益低于其预期收益率,则不足部分由次级受益人以其已收取的信托利益为限补足。虽然各方当事人对约定中计费期间和当期的理解不同,但从合同上下文约定以及受托人四川信托2015年3月20日向两位委托人发出的《通知函》内容来看,对江西银行在信托存续计费期间的信托收益,邦信公司应当承担补足责任。江西银行、邦信公司均认可自2014年9月20日起至2015年3月20日江西银行应收未收的信托收益为5,702,739.73元。自2015年3月21日至信托到期日2015年4月10日期间,根据信托合同约定的年化收益率11.5%计算该期间信托收益为630,136.99元。对优先级受益人江西银行信托合同存续计费期间的信托收益6,332,876.72元,次级受益人邦信公司应根据上述约定以其已收取的信托利益予以补足。对合同约定的信托计划到期后,所涉信托项目是否延期,后续收益的分配是否仍按原《信托合同》进行,从现有证据看,受托人四川信托出具了两份信托合同到期后资产分配处理意见的函件,其中一份函件告知两委托人期限将延长至信托财产完全变现之日,将于信托财产完全变现之后再进行清算分配。另一份函件告知两委托人本信托将项下非货币形式的信托财产采取现状分配方式向全体受益人分配,将继续配合受益人办理相关权益转让手续。从上述两份函件内容来看,江西银行主张信托合同到期之后信托收益仍按原信托合同计算并没有合同依据,并以此主张之后的信托收益分配补足权利亦没有事实依据,江西省高级人民法院不予支持。

关于江西银行对补足收益部分主张利息应否支持的问题。虽然本案邦信公司取得的信托收益是四川信托按照合同约定分配,并非借款、工程款等相关款项。但该收益款自优先级受益人向其主张后,其应按照合同约定以自己的信托收益予以补足,邦信公司未能及时补足,应当支付占用该收益期间的利息。原审法院认定自江西银行主张收益之日起按照中国人民银行同期贷款利率支持占用期间利息并无不当,应予维持。

律师提示

本案一审判决次级受益人补足优先级受益人信托收益 18,201,338.41 元,二审改判为 6,332,876.72 元,少了近 1200 万元,为何差距如此巨大?二审改判的理由是什么?

一、本案诉讼双方的胜败的关键问题在于信托合同是否延期?根据本案信托合同约定,合同延期的权力由受托人信托公司决定(这是否妥当,对于结构化的资产管理合同次级受益人风险巨大)。但信托公司的两份函件又相互矛盾,颇为蹊跷。可见诉讼案件的成败决定于诉前策略安排。

二、结构化的资产管理合同,关于合同到期是否延期?延期条件是什么?由谁决定?应该清楚明确。否则将如本案一般,后患无穷。

第十章　收益权篇

056 受益权转让条款约定不当的经济损失有多大？

案例索引

陕西省高级人民法院(2014)陕民二初字第00007号民事判决书。

案例导读

1. 本案是一起典型的信托通道类业务纠纷案例，法院关于信托受益权转让协议效力、转让价格确定、转让条件是否成就等争议焦点均给予了明确的裁判规则。

2. 对比原告的诉讼请求与本案判决结果，笔者发现，原告虽然胜诉，但原告的诉讼请求并没有全部支持，数额差距非常巨大，其原因何在？本案受益权转让协议（三方协议）关于转让价格及转让条件约定不明、不严谨是导致纠纷的关键。

裁判要旨

信托受益人、受托人及第三方签署的信托受益权附条件的转让协议，意思表示真实，内容不违反法律、行政法规的强制性规定，应属有效合同，相关权利义务以合同约定为准。

裁判逻辑

1. 信托受益人、受托人及第三方签署的信托受益权附条件的转让协议，意思表示真实，内容不违反法律、行政法规的强制性规定，应属有效合同。

2. 受益权转让条件是否成就，应当根据协议具体约定及案件实际情况，按照通常的理解标准进行判断。

3. 当信托合同项下信托受益权转让条件已经成就时，受让方应当依约履行受让义务，如迟延履行受让义务，应当继续履行合同并赔偿出让方因此而遭受的损失。

4. 受益权转让价格及迟延受让违约责任，应以受益权转让协议为准，与信托公司与融资方签署的信托贷款合同无关。

5. 对受益权迟延受让违约金未做约定的，应以中国人民银行同期贷款利率为标准计算受让方的损失。

交易结构图

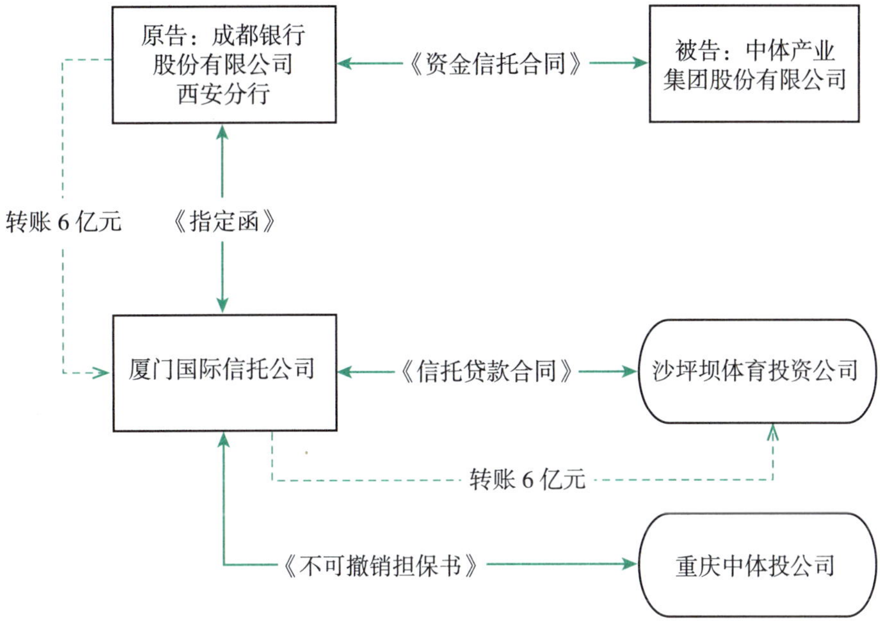

主要案情

原告：成都银行股份有限公司西安分行。

被告：中体产业集团股份有限公司。

原告成都银行股份有限公司西安分行（以下简称成都银行西安分行）诉被告中体产业集团股份有限公司（以下简称中体产业公司）借款合同纠纷一案，陕西省高级人民法院受理后，依法组成合议庭，于2014年5月8日公开开庭进行了审理。

2011年11月28日，成都银行西安分行与厦门国际信托公司签订编号为XMXT-CQSTT1101的《重庆沙坪坝区体育中心投资开发有限公司单一资金投资信托合同》（以下简称《资金信托合同》），双方约定：成都银行西安分行作为该合同的委托人和受益人，由成都银行西安分行向厦门国际信托公司提供信托资金人民币6亿元，信托期限2年。厦门国际信托公司按照成都银行西安分行的意愿以厦门国际信托公司的名义，将成都银行西安分行交付的信托资金，以贷款的形式提供给沙坪坝体育投资公司，用于重庆沙坪坝区体育中心（西部奥体城）体育场馆及其配套设施的建设，以获取的信托财产在扣除约定的信托报酬和信托费用后支付给受益人。沙坪坝体育投资公司的控股股东重庆中体投公司负连带保证责任。该合同还对委托（受益人）、受托人的权利义务、信托净收益（6%/年）、信托受益权转让、违约责任等作出了约定。

2011 年 12 月 24 日，厦门国际信托公司(甲方)与沙坪坝体育投资公司(乙方)签订编号为 XMXTT-CQSTT1101(借)字第 01 号《重庆沙坪坝区体育中心投资开发有限公司单一指定贷款项目借款合同》(以下简称《信托贷款合同》)。合同约定：借款金额人民币 6 亿元，借款期限两年(自 2011 年 12 月 29 日起至 2013 年 12 月 29 日止)，借款年利率 7.5%，借款用途用于重庆沙坪坝区体育中心体育场馆建设；乙方应于 2013 年 12 月 29 日前还清全部借款，如乙方逾期偿还借款，甲方有权自逾期之日起向乙方按罚息利率计收利息，收息标准为本合同借款月利率水平上加收 50%。如乙方未按本合同约定用途使用借款，甲方有权自乙方未按合同约定用途使用借款之日起向乙方计收罚息，罚息利率为本合同借款月利率水平上加收 100%。如乙方不能按约定的时间偿付借款利息，则按上述逾期偿还借款罚息利率标准计收复利。以上罚息、复利计收，直至乙方清偿全部债务时止；在乙方出现违约情况下，甲方有权按贷款本金的 10% 向乙方收取违约金，并要求乙方赔偿损失。

2011 年 12 月 24 日，重庆中体投公司向厦门国际信托公司出具了一份《不可撤销担保书》，对沙坪坝体育投资公司上述借款提供连带责任担保。

2011 年 12 月 28 日，成都银行西安分行向厦门国际信托公司发出《指定函》，对前述《资金信托合同》作出指定：(1)借款人：沙坪坝体育投资公司；(2)借款金额：60,000 万元；(3)期限：2 年；(4)利率：7.5%；(5)用途：重庆沙坪坝区体育中心(西部奥体城)体育场馆及其配套设施的建设；(6)担保方式：重庆中体投公司承担连带保证责任；(7)还款方式：本项目还款来源于体育场馆周边的土地挂牌出让收入和优惠政策税费返还收入。

前述合同签订后，成都银行西安分行于 2011 年 12 月 29 日向厦门国际信托投资有限公司转账人民币 6 亿元。同日，厦门国际信托公司向沙坪坝体育投资公司发放信托贷款人民币 6 亿元。

2012 年 2 月 27 日，沙坪坝体育投资公司(甲方)、成都银行西安分行(乙方)、中体产业公司(丙方)签订《三方合作协议》。协议约定：鉴于《资金信托合同》、成都银行西安分行指定厦门国际信托公司向沙坪坝体育投资公司提供 6 亿元人民币信托贷款、《信托贷款合同》的约定，(1)乙方于 2011 年 12 月 28 日与厦门国际信托公司签订了《资金信托合同》，获得了该信托合同项下全部信托受益权，甲、乙、丙三方确认：该信托受益权的价值为 6 亿元人民币。(2)甲方与厦门国际信托公司签署《借款合同》，获得 6 亿元信托贷款，用于重庆沙坪坝区体育中心征地整治和体育场馆的建设。甲方承诺，在获得上述信托贷款后做到专款专用，资金全部用于重庆沙坪坝区体育中心项目土地整治及项目建设，并保证贷款到期时及时足额偿还信托贷款本金及应付利息。(3)中体产业公司承诺，若贷款到期时甲方无法偿还或无法足额偿还上述信托贷款并且前述《借款合同》项下的连带责任保证人重庆中体投公司无法承担保证责任时，则中体产业公司无条件向乙方买入上述信托合同项下信托贷款全部或甲方未足额偿还部分相对应的信托受益权。(4)若发生中体产业公司买入上述信托受益权的情况，自中体产业公司将购买价款划入成都银行西安分行指定账户之日起，信托受益权转由中体产业公司享有，成都银行西安分行将不再享有在《资金信托合同》及相关信托文件项下受益人享有的权利，相应的义务也将免除。成都银行西安分行应立即向信托受益权对应的受托人发出信托受益权已经转让予中体产业公司的书面通知。该合同还对沙坪坝体育投资公司提前还款、未还款时沙坪坝体育投资公司对成都银行西安分行的违约责任等进行了约定。

2013年12月9日，沙坪坝体育投资公司向厦门国际信托公司还款人民币2.56亿元。2013年12月29日，《资金贷款合同》约定的还款期限到期。

2014年1月8日，成都银行西安分行向中体产业公司邮寄送达《告知函》，请求中体产业公司履行购入信托受益权的合同义务。2014年1月9日，厦门国际信托公司分别向沙坪坝体育投资公司发出《催收到期贷款通知书》、向重庆中体投公司发出《督促履行连带保证责任通知书》，要求沙坪坝体育投资公司、重庆中体投公司承担还款及保证责任。2014年1月10日，沙坪坝体育投资公司向厦门国际信托公司还款人民币2亿元。厦门国际信托公司在收到前述2笔共计4.56亿元还款后，均于收款当日将款项转入成都银行西安分行账户。至本案原告成都银行西安分行提起诉讼时止，借款人沙坪坝体育投资公司尚欠借款本金1.44亿元及利息未归还厦门国际信托公司。

原告成都银行西安分行一审请求：判令请求被告立即履行《三方合作协议》义务无条件回购原告信托受益权，支付原告回购价款（截至2014年2月28日的回购价款金额为162，552，295.31元人民币，从2014年3月1日起至回购价款付清之日止，回购价款以1.44亿元人民币为基数，加上按照《重庆沙坪坝区体育中心投资开发有限公司单一指定贷款项目借款合同》约定的逾期贷款利率计算的债务利息，再加上14，400，000.00元违约金），本案诉讼费由被告承担。

陕西省高级人民法院于2014年6月11日作出判决：(1)中体产业公司应于本判决生效之日起十日内，以1.44亿元人民币的价格向成都银行西安分行购入成都银行西安分行与厦门国际信托投资有限公司签订的《重庆沙坪坝区体育中心投资开发有限公司单一资金投资信托合同》项下的信托受益权；(2)中体产业公司应于本判决生效之日起十日内，按照以下标准向成都银行西安分行支付利息损失：自2014年1月11日起至中体产业公司实际履行本判决确定的第一项义务之日止，以1.44亿元为基础，以中国人民银行同期其他诉讼请求；(3)驳回原告成都银行西安分行的其余诉讼请求。

法院观点

成都银行西安分行与中体产业公司、沙坪坝体育投资公司签订的《三方合作协议》意思表示真实，内容不违反法律、行政法规的强制性规定，应属有效合同。《三方合作协议》以《资金信托合同》《信托贷款合同》为基础，确定成都银行西安分行、沙坪坝体育投资公司和中体产业公司的权利义务关系，各方当事人均应依照合同的约定，享受合同权利，承担合同义务。《资金信托合同》约定了信托资金的委托方和受益方，成都银行西安分行获得该合同项下的全部信托受益权并有权转让；《信托贷款合同》约定了厦门国际信托公司向沙坪坝体育投资公司提供信托贷款的金额、利率、还款期限、违约责任等内容。在《三方合作协议》中,《资金信托合同》中信托受益权的价值经中体产业公司、成都银行西安分行、沙坪坝体育投资公司共同确定为6亿元。中体产业公司承诺:“若到期沙坪坝体育投资公司无法偿还或无法足额偿还上述信托贷款并且前述《借款合同》项下的连带责任保证人重庆中体投公司无法承担保证责任时,则中体产业公司无条件向成都银行西安分行买入上述信托合同项下信托贷款全部或沙坪坝体育投资公司未足额偿还部分相对应的信托受益权。”故中体产业公司在《三方合作协议》中的合同义务为:2013年12月29日信托贷款合同到期日届满后,如果沙坪坝体育投资公司无法偿还或无法足额偿还上述信托贷款且重庆中体投公司无法承担保证责任的条件成就,中体产业公司即应无条件向成都银行西安分行买入上述信托合同项下信托贷款全部或未足额偿还部分相对应的信托受益权。至本案原告成都银行西安分行提起诉讼时止,《信托贷款合同》约定的还款期限已经届满,借款人沙坪坝体育投资公司尚欠借款本金1.44亿元及利息未归还,重庆中体投公司亦没有履行保证责任,《三方合作协议》约定的中体产业公司无条件向成都银行西安分行买入上述信托合同项下信托受益权的条件已经成就,中体产业公司应当依约履行回购义务。

关于信托受益权价款问题。《三方合作协议》以成都银行西安分行向厦门国际信托公司提供6亿元信托资金、厦门国际信托公司将该笔6亿元资金作为信托贷款出借给沙坪坝体育投资公司为基准,确定信托受益权的价值为人民币6亿元。当沙坪坝体育投资公司未履行还款义务时,信托受益权的对价为6亿元;当沙坪坝体育投资公司部分履行还款义务时,信托受益权的对价则为未还款余额。本案未还款余额为人民币1.44亿元,故本案信托受益权的价款应确定为人民币1.44亿元。

关于中体产业公司是否应当承担违约责任及违约金具体数额问题。中体产业公司在《三方合作协议》约定期限届满后,未履行《三方合作协议》确定的回购成都银行西安分行名下信托受益权的合同义务,已构成违约。《三方合作协议》没有约定中体产业公司不履行前述合同义务的违约责任,成都银行西安分行亦没有提供相关的证据以证明其实际遭受的损失情况,依照《合同法》第107条“当事人一方不履行合同义务或者履行合同义务不符合约定的,应当承担继续履行、采取补救措施或者赔偿损失等违约责任”的规定,中体产业公司应当继续履行合同并赔偿成都银行西安分行因此而遭受的损失。根据成都银行西安分行于2014年1月8日向中体产业公司主张合同权利,沙坪坝体育投资公司于2014年1月10日向厦门国际信托公司还款人民币2亿元、本案未还款余额为1.44亿元的案件具体情况,成都银行西安分行遭受的损失可酌情认定为自2014年1月11日起至中体产业公司全部履行回购义务之日止,以1.44亿元未还款余额为基数的利息损失,按照相关规定,该利息以中国人民银行同期贷款利率为标准计算。

对原告成都银行西安分行请求按照《信托贷款合同》约定的逾期贷款利率计算债务利息再加上14,400,000元(1.44亿元的10%)计算违约金的诉讼请求,经查,《信托贷款合同》的双方当事人系厦门国际信托公司与沙坪坝体育投资公司,该合同确定的是厦门国际信托公司与沙坪坝体育投资公司之间的权利义务关系，与成都银行西安分行没有实质关联，沙坪坝体育投资公司针对厦门国际信托公司的违约行为及其相应后果，只能由厦门国际信托公司依据《信托贷款合同》向沙坪坝体育投资公司主张权利，成都银行西安分行无权以《信托贷款合同》为依据，要求中体产业公司承担本应由沙坪坝体育投资公司针对厦门国际信托公司而承担的合同责任，成都银行西安分行只能依据《三方合作协议》的约定，要求中体产业公司承担相应的合同责任。故成都银行西安分行此项诉讼请求不予支持。

对被告中体产业公司辩称中体产业公司履行购入成都银行西安分行名下信托受益权的条件尚未成就，只有对借款人沙坪坝体育投资公司和保证人重庆中体投公司穷尽一切法律手段后，借款人无法偿还且保证人也无法承担保证责任时，中体产业公司信托受益权回购的条件才具备的理由，陕西省高级人民法院认为，《信托贷款合同》的借款人沙坪坝体育投资公司系中体产业公司的下属项目公司，保证人重庆中体投公司系中体产业公司子公司的参股公司，均与中体产业公司存在一致的利益关系，结合2012年2月3日中体产业公司发布的《中体产业集团股份有限公司为承诺回购重庆沙坪坝项目公司信托受益权暨提供担保的公告》及中体产业公司为《三方合作协议》设立反担保的事实，《三方合作协议》有关中体产业公司所作出的保证成都银行西安分行债权成功实现的承诺，意思表示清楚、约定明确。中体产业公司以承诺无条件回购成都银行西安分行名下信托受益权为条件，使其下属项目公司沙坪坝体育投资公司取得6亿元信托贷款，成都银行西安分行因信赖中体产业公司所作出的承诺而签订《三方合作协议》。如果按照中体产业公司的辩解，《三方合作协议》中的"无法偿还"是指沙坪坝体育投资公司对前述债务达到穷尽司法手段直至债务人沙坪坝体育投资公司、保证人重庆中体投公司被司法机关强制执行仍无法还款的状态时中体产业公司才履行回购义务，中体产业公司则应当在《三方合作协议》中对"无法偿还"的具体内容、真实含义、条件成就标准作出明确而没有歧义的特别约定，确认系附严格条件的回购，同时也就不应当使用"无条件回购"的表述。而在《三方合作协议》中，没有针对前述内容的特别约定，中体产业公司亦没有对前述内容进行特别说明。按照对《三方合作协议》内容的通常理解和本案的具体情况，债务人沙坪坝体育投资公司逾期没有足额履行还款义务、保证人重庆中体投公司没有承担保证责任，中体产业公司承诺回购的条件即已成就，应当依约履行回购义务，故中体产业公司辩称本案回购条件不成就的理由，没有事实和法律依据，不能成立；对中体产业公司所提《三方合作协议》未约定债权转让对价、合同无法履行的理由，经查，《三方合作协议》已经对本案信托受益权的价值进行了三方确认，中体产业公司辩称本案没有约定转让对价的理由没有事实根据，不能成立；对中体产业公司所称成都银行西安分行诉请的14,400,000元违约金及罚息计算不符合法律规定的理由，经查属实，可予部分采信。

综上，成都银行西安分行诉请中体产业公司以1.44亿元价格依约购入其名下信托受益权的诉讼请求符合法律规定，应予支持；其诉请中体产业公司承担4,152,295.31元利息及罚息的诉讼请求，部分具有法律依据，可予部分支持；其诉请中体产业公司承担14,400,000元违约金的诉讼请求没有法律依据，不予支持。

律师提示

1. 从判决结果来看，受益权转让价格比原告诉讼请求少了 1850 多万元。失误在于：三方协议关于受益权转让价格约定的粗糙，如果将"甲、乙、丙三方确认：该信托受益权的价值为 6 亿元人民币。"改成"甲、乙、丙三方确认：该信托受益权转让价格为融资方及担保方未实际清偿部分的借款本金、利息及违约金之和。"也许判决结果会更有利于原告。

2. 从判决结果来看，迟延受让受益权的违约金仅按照中国人民银行同期贷款利率计算，比原告诉讼请求差距巨大。失误在于：三方协议关于受益权转让的迟延受让情形未约定违约金。如果约定有："受让方迟延受让受益权并支付转让款的，自受让条件成就之日起按照年利率 24% 计算违约金。"也许判决结果会是天壤之别。

3. 本案关于受益权转让的条件约定不够明确，法院本着案结事了的心态判决受让条件成就，原告可谓险胜。若将中体产业公司的承诺："若到期沙坪坝体育投资公司无法偿还或无法足额偿还上述信托贷款并且前述《借款合同》项下的连带责任保证人重庆中体投公司无法承担保证责任时，则中体产业公司无条件向成都银行西安分行买入上述信托合同项下信托贷款全部或沙坪坝体育投资公司未足额偿还部分相对应的信托受益权。"改为："若到期沙坪坝体育投资公司未按期偿还或未足额偿还上述信托贷款并且前述《借款合同》项下的连带责任保证人重庆中体投公司未按约按期履行承担保证责任时，则中体产业公司无条件向成都银行西安分行买入上述信托合同项下信托贷款全部或沙坪坝体育投资公司未足额偿还部分相对应的信托受益权。"笔者想，也不至于惊出一身冷汗。

057 投资高倍杠杆资管产品亏损如何合理分配？

案例索引

广东省深圳市中级人民法院(2017)粤 03 民终 7851 号民事判决书。

案例导读

1. 本案是一起结构化高杠杆资管产品合同纠纷典型案例，同时也是一起极佳的投资风险教育案例。具有基金从业资格且恰好担任涉案结构化资管产品投资顾问单位的总经理，甚至参与所涉产品的投资运作，同时作为投资人投资涉案结构化资管产品超过 52 倍杠杆的劣后级份额，结果导致一千多万元初始资金全部亏光。事后该投资人起诉资管产品的管理人要求巨额赔偿。关于法院的判决和裁判理由，请详细阅读本文。

2. 含有中间级的结构化资管产品杠杆倍数如何计算? 杠杆倍数违规超高是否导致合同无效? 结构化资管产品对优先级给予预期固定收益安排,是否构成保本保收益的承诺? 保本保收益的承诺是否一定导致合同无效? 格式条款如何认定? 如何认定合同中是否存在排除一方当事人权利内容? 劣后级份额投资人追加投资属于何种性质? 没有投资人参与的清算报告对投资人是否具有法律效力? 如何区分普通金融消费者与专业投资者及如何区别保护? 司法裁判者如何对复杂的金融交易合同准确估量合同的利益分配是否公平? 以上10大疑问,本案一审、二审法院都进行了比较详细的论述,特别值得相关金融、法律专业人士学习借鉴。

裁判要旨

资管合同中对于优先级份额权益的设定是享受固定收益,承担较低的风险,但承担较低风险并非没有风险,亦不能简单等同于保本保收益。

裁判逻辑

1. 资产管理份额杠杆倍数超出了行政管理的限制且因此受到行政机关的处理,也不能仅据此认定资管合同无效。

2. 资管合同中对于优先级份额权益的设定是享受固定收益,承担较低的风险,但承担较低风险并非没有风险,亦不能简单等同于保本保收益。

3. 资管合同文本虽然由管理人提供的,存在一些格式条款,但只要这些条款既未违反法律规定,也不存在排除投资人主要权利的情形,则不能据此认定格式条款无效。

4. 劣后级投资人为了避免平仓风险,选择追加资金以继续保持自己在整个资产管理计划当中的权利,是积极的自救行为,也系自愿履行合同的行为,而不是针对整个资产管理产品的新的投资,有关权利义务按照合同约定处理。

5. 投资人具有相当的经营经验及知识,具有基金从业资格,且恰好担任涉案计划投资顾问单位的总经理,甚至参与所涉计划的投资运作,有别于普通金融消费者,因此无须法律的特别保护。

6. 投资人虽未参与资管产品的清算行为但并不影响清算报告的效力,管理人按照合同约定而实施的清算行为,其清算结果对所有投资人均具有法律效力。

7. 在金融资产交易中,即便是金融专业人士对合同的权利义务配置是否公平也都难以作出普适的评估,而司法裁判者要准确估量合同的利益分配是否公平则更属不易,故法院只能循以下两条思路对当事人的利益均衡性进行大致评判:一是一方获得利益是否超过了法律所允许的限度;二是合同订立时当事人权利义务是否不对等。

交易结构图

主要案情

上诉人(原审原告):史利兴。

被上诉人(原审被告):深圳市融通资本管理股份有限公司。

上诉人史利兴因与被上诉人深圳市融通资本管理股份有限公司(以下简称融通公司)委托理财合同纠纷一案,不服深圳前海合作区人民法院(2016)粤0391民初1374号民事判决,向广东省深圳市中级人民法院提起上诉。广东省深圳市中级人民法院立案后依法组成合议庭进行了审理。

2015年5月25日,史利兴与融通公司签署《资管合同》,主要涉及融通资本安天诚3号资产管理计划的各方权利义务,另含《风险申明书》《投资者风险适应性问卷调查》《风险承受度分类评分表》等。(1)《风险申明书》内容包括优先级份额低风险但收益稳定适中,进取级份额可能获取放大的资产收益,也将承担资产投资的全部亏损;计划触及预警线或止损线,进取级B份额委托人未及时追加资金的,管理人将降低仓位或平仓;计划终止时,参考份额净值低于1,进取级B份额需承担追加资金无法取回的风险。(2)史利兴在投资者风险适应性问卷调查中,风险承受度为稳健型。史利兴签署《风险承受度分类评分表》,内容包括所选的风险等级超过调查问卷评估等级时,资产委托人自愿承担投资风险等。(3)所涉计划的资产管理人为融通公司,资产托管人为兴业银行股份有限公司,投资顾问为安天诚公司。资产管理计划销售目标为不低于1.5亿元,初始销售面值为1元/份,计划份额分为优先级、进取级A、进取级B三类,优先级份额与进取级份额的初始配比为2∶1,其中进取级份额为300万元。所募集的三类委托财产合并运作,计划存续期限1年,存续期间不开放参与和退出。(4)关于预警线、止损线的约定:参考份额净值低于(含)0.90元时,进取级B类委托人应当追加资金使其恢复至0.90(不含)以上水平。否则资产管理人有权降低仓位。参考份额净值低于(含)0.85元时,进取级B类委托人应当追加资金使其恢复至0.90(不含)以上水平。否则资产管理人有权平仓,提前终止计划。预警、止损的追加资金计入所涉计划资产总值,但不折算成份额计入资产管理计划,不改变优先级与进取级份额配比。参考份额净值连续5个交易日在1.00以上时,进取级B类委托人可要求一次性取回追加的资金,取回后参考份额净值不得低于1.00。计划终止时,参考份额净值低于1,进取级B份额需承担追加资金无法取回的风险。(5)关于提前终止及终止清算收益分配原则。优先级份额应得收益为年化利率7.3%,资产管理人不承诺也不保证优先级份额持有人收益或不亏损,其收益有可能低于上述约定的应得收益,也有可能面临亏损;收益计提未支付的管理费、托管费后,优先满足优先级份额的预期收益(年预期收益率7.3%），超额收益分配给进取级份额持有人，不足预期收益率时，由进取委托人的资产净值进行补充。进取级B份额以其资管计划利益为限，为进取级A份额的委托资产本金提供保护。作为对价，进取级B份额享有盈利部分的25%，剩余收益按照进取级份额比例进行分配。（6）合同终止后，资产管理人组织成立清算小组，清算小组成员由资产管理人、资产托管人组成，负责财产保管、清理、估价、变现和分配。

2015年5月25日，史利兴支付300万元购买所涉计划进取级B份额300万份。2015年5月28日，《资管合同》所涉计划于中国证监会基金部备案登记，委托资产总金额15,840万元。2015年7月15日，融通公司以参考份额净值跌破预警线为由，通知史利兴追加资金700万元。2015年7月16日，史利兴向所涉计划追加资金760万元。

2016年5月30日，融通公司与资产托管人出具清算报告，内容包括：（1）初始成立规模15,840万元，存续期限2015年5月28日至2016年5月30日。（2）优先级实际年化收益率7.3%，进取级A实际年化收益率-42.39%，进取级B实际年化收益率-448.42%。可分配资金金额13,862.98万元，其中优先级本金10,560万元，进取级A本金及收益2845.831835万元，进取级B本金及收益0元，优先级收益388.61万元（第二期，共两期，第一期已获取收益为390.72万元），已全部清仓。

另查明，史利兴具有基金从业资格，系安天诚公司总经理。

上诉人（原审原告）史利兴一审诉讼请求：（1）融通公司向史利兴返还投资款9,540,000元；（2）融通公司承担本案诉讼费用。

一审法院判决：驳回史利兴的诉讼请求。案件受理费78,580元，由史利兴承担。

二审法院广东省深圳市中级人民法院于2017年12月作出判决：驳回上诉，维持原判。

法院观点

本案纠纷的实质在于史利兴分两次投入1060万元，现投资价值归零，这一结果是否属于史利兴所应承担的投资风险。

本案具体涉及以下法律问题：一是在订立合同方面，融通公司的资产管理计划是否违规，具体包括其杠杆倍数是否过高、是否存在保本保收益的承诺、合同中是否存在排除史利兴权利的格式条款等问题，如上述问题存在，是否对史利兴、融通公司之间所签订的合同效力具有影响；二是在履行合同方面，融通公司是否依约履行了通知义务，史利兴追加的760万元投资属于何种性质；三是在合同履行结果方面，融通公司与资产托管人所出具的清算报告对史利兴是否具有法律效力。

一、关于杠杆倍数是否违规及其对合同效力是否产生影响的问题

2014年9月，中国证券监督管理委员会在“资产管理业务座谈会”中提出“八条底线”的监管要求，包括“杠杆率不得超过十倍”“不得违规承诺保本保收益”等。在2015年3月中国证券投资基金业协会发布施行的《资管细则》中，“分级资产管理计划”被解释为“存在某一级份额为其他级份额提供一定的风险补偿或收益分配保障，在收益分配中获得高于其按份额比例计算的剩余收益的资产管理计划”;《资管细则》将管理份额划分为“优先级份额”与“劣后级份额”两种;《资管细则》第 8 条规定,“分级资产管理计划的杠杆倍数不得超过 10 倍”;杠杆倍数 =(优先级份额 + 劣后级份额)/劣后级份额。本案所涉委托资产总金额为 15,840 万元,其中优先级的份额为 10,560 万元,进取级 A 为 4980 万元、进取级 B 为 300 万元。对于本案的资产管理计划来说,如果将“进取级 A”与“进取级 B”共同视为“劣后级份额”,那么该计划当中优先级份额与劣后级份额的杠杆比例则为 3∶1[(10,560 + 4980 + 300)/(4980 + 300)];但如果将“进取级 A”份额视为优先级份额,那么该杠杆比例则变为 52.8∶1[(10,560 + 4980 + 300)/300]。史利兴主张涉案资产管理计划的实际杠杆倍数为:(优先级份额本金 + 优先级份额年化利率 7.3% 固定收益 + 进取级 A 份额本金)/进取级 B 份额本金 =52.8 倍,远远超过监管部门的倍数限制;融通公司则主张前述第一种计算方法,杠杆倍数为 3∶1,并未违反《资管细则》的规定。史利兴另行举示了《纪律处分决定书(上银基金管理有限公司)》一份,内容为:上银基金所设立的某资产管理计划 A 类份额与 B 类份额杠杆倍数为 29∶1,违反了中国证监会关于杠杆倍数不得超过 10 倍的监管要求,给予其暂停受理该资产管理计划备案三个月的处理。

关于本案的杠杆倍数问题,由于《资管细则》中将管理份额划分为优先级与劣后级两类,而融通公司在实际经营中却并未采用这样的分法,而是将管理份额划分为优先级、进取级 A 与进取级 B 三种,这一做法本身就与《资管细则》的要求有出入。虽然从产品销售的角度来说,不使用“劣后级”的称谓而使用诸如“进取级”等称谓可以说是为了迎合投资者的心理,这一做法是可以理解的,但将“进取级”份额又再度划分为 A、B 两类则有规避监管之嫌。对于上述三类份额的性质,应当根据实际情况按照《资管细则》的分类来确定。从《资管合同》的约定来看,涉案计划优先级、进取级 A、进取级 B 在风险与收益上存在明显区别,虽然进取级 A 份额与进取级 B 份额共同为优先级份额提供保护,但对于同为进取级的两类份额来说,进取级 B 还须为进取级 A 本金提供保护,而作为对价,进取级 B 份额在盈利的情况下可优先获取整个资产管理计划收益的 25%。如果在计算杠杆倍数时将进取级 A、进取级 B 看作一个整体,不难得出杠杆倍数为 3 倍的结论,但这一杠杆倍数却难以解释为什么终止清算的份额净值是 0.87而进取级 B 的本金却已归 0,因为当杠杆倍数为 3∶1 的情况下,劣后级份额风险尚未到归 0 的程度,而应有一定的净值(如事实上进取级 A 的终止净值约为 0.57)。因此,在本案的管理计划当中,事实上存在两种风险的劣后级份额,进取级 A 份额与进取级 B 份额在杠杆倍数方面存在明显的差异,相对于进取级 A 份额来说,其杠杆倍数约为 3∶1(进取级 B 份额对进取级 A 的杠杆倍数有一定影响),而相对于进取级 B 份额来说,其杠杆倍数则为 52.8∶1。进取级 A 份额并未超过监管关于杠杆倍数的要求,而对进取级 B 来说,其杠杆倍数则无疑已经远远地超出了 10 倍的限制。此类情况在此后的相关管理规定中被进一步明确,2016 年 7 月 18 日中国证监会发布施行的《证券期货经营机构私募资产管理业务运作管理暂行规定》中规定,“中间级份额在计算杠杆倍数时计入优先级份额”,按照该规定的划分,本案中的进取级 A 份额即应属于中间级份额,在计算杠杆位数时应视为优先级份额。虽然本案当事人签订合同时该规定尚未出台,但本案中两种杠杆倍数同时存在的情形却是显而易见的,融通公司试图以份额分级方面的技巧来掩盖其杠杆倍数过高的解释,一审法院不予采纳,一审法院认定进取级B份额的杠杆倍数已经超出了《资管细则》关于杠杆倍数的限制性要求。

但是,尽管本案进取级B份额实际杠杆倍数约为52.8,违反了中国证券监督管理委员会的监管要求与《资管细则》的规定,但其并不导致本案中史利兴、融通公司之间所签订的《资管合同》无效。因为,证监会会议提出的"八条底线"监管要求属行政管理要求,而《资管细则》则属于行业自律规则,其对于资产管理行为的调整要求均不能作为影响合同效力的依据。《合同法》第52条第5项规定,"违反法律、行政法规的强制性规定"的,合同无效。而上述行政管理的要求与行业自律的规则均不属于法律与行政法规的范畴,虽然融通公司在经营中违反了上述文件的规定,但不能据此认定双方之间的合同无效,该合同仍然对双方当事人具有约束力。上述文件可以作为行政管理与业内管理的依据,有关部门可据此对违规单位给予经营方面的一些限制,如上银基金就曾因类似行为而受到"暂停受理该资产管理计划备案三个月"的处理,但其不能对合同效力产生实质影响。综上,虽然本案所涉资产管理份额杠杆倍数超出了行政管理的限制,但双方之间所签订的合同依然合法有效,各方当事人均受该合同的约束。

二、关于融通公司是否存在对优先级份额承诺保本保收益及其对合同效力是否产生影响的问题

史利兴主张所涉计划向优先级份额违规承诺本金不受损失和固定收益,其援引合同第4条第34项、第40项,第8条第8项,第13条第2项、第6项,第51条等,内容包括"优先级份额收益:指本资产管理计划的优先级份额,根据本合同的规定获取预期收益""本资产管理计划的优先级份额的年预期收益率为7.3%""本计划优先级份额与进取级份额的初始配比为2∶1""本计划止损线为0.85"等。融通公司主张所涉计划不存在违规承诺本金不受损失或者承诺最低收益等行为,其已一再提示不能保证委托人本金不受损失。从史利兴所援引的内容来看,所涉计划倾向于作出保本保收益的安排,隐含有保本保收益的承诺;考察分级资金保护次序、预警线及止损线等条款内容,所涉计划涉嫌存在直接对优先级份额认购者提供保本保收益安排的情形。但从融通公司所援引的内容来看,涉案计划多处条款明确表述不保本不保收益,如合同第13条第2项"本合同提及的优先级预期收益率仅为根据本计划的分级比例以及计划份额净值的未来表现而测算的预期收益率,资产管理人并不承诺保证优先级能够按照该收益率取得预期收益,也不保证优先级本金不受损失"。尽管在终止清算的结果中,整个资产管理计划处于亏损的结果,但优先级份额却仍然获得了全部本金及年化收益率7.3%的收益,这一结果容易令人认为融通公司在合同执行当中对优先级份额实施了保本保收益的安排,但综合《资管合同》中的相关约定,对这一结果不宜按照这样的方式来理解。《资管合同》中对于优先级份额权益的设定是享受固定收益,承担较低的风险。但承担较低风险并非没有风险,亦不能等同于保本保收益。从本案的实际情况来看,优先级份额最终之所以能够取得7.3%的年化收益,是因为相对于优先级份额的风险警戒线并未突破,优先级份额的权益才未受影响。从最终清算的结果来看,可分配资金金额13,862.98万元,而优先级份额的本金为10,560万元,优先级收益合计779.33万元(388.61万元+390.72万元),可分配资金金额足以支付优先级份额的本金及收益,故优先级份额的权益在本案中未受影响。但如果终止清算的可分配资金金额不足以支付优先级份额的全部本金及收益,那么优先级份额投资者的权益也是会受到影响的。综合审查史利兴、融通公司合同当中关于优先级份额的约定(其合同既针对进取级B份额,也包括了优先级份额和进取级A份额),结合资产管理计划的实际执行情况来看,不能认定融通公司针对优先级份额作出了保本保收益的承诺。

另就这一问题的法律后果而言,双方争议的实质还是关于双方合同的效力以及合同执行方面的问题。事实上,无论融通公司在产品销售的过程中是否作出了保本保收益的承诺,从资产管理计划本身的设计来说,其已经通过一系列的规则设计降低优先级份额的风险。在进取级A份额的净值归零之前,优先级份额无须承担投资的亏损;而当参考份额净值低于(含)0.85元时,资产管理人有权进行平仓,在这一情况下,进取级A仍有一定比例的净值存在,仍然可以起到为优先级份额担保的作用,所以优先级份额从规则设计来说本身就是低风险的。中国证券监督管理委员会会议提出的"八条底线"监管要求与《资管细则》中有不得在销售资产管理计划时向投资者违规承诺保本保收益的规定,应当是出于金融管理方面的考虑,但这些规定亦系行政管理与行业自律的要求。如前所述,该规定并非法律、行政法规的强制性规定,因此即便融通公司对于优先级份额的投资者作出了保本保收益的承诺,也仅仅是违反了金融管理的要求,并不能据此认定当事人之间的合同无效。另外,此类承诺所直接约束的是融通公司与优先级份额投资者之间的权利义务关系,并不直接涉及史利兴的利益。史利兴就此提出质疑,除了合同效力问题之外,其观点中还包含有这样一层意思,即认为由于融通公司对优先级份额进行了保本保收益的安排,从而影响了进取级B份额的终止净值。关于这一问题归根结底仍是合同效力的问题,虽然此类承诺违反了行政管理方面的要求,但融通公司与优先级份额投资者之间的合同依然是有效的,双方均应按照合同约定履行自己的义务,因此清算小组在清算时向优先级份额投资者兑现其保本保收益的承诺是合法有效的,对于史利兴通过否认上述承诺的效力进而否认关于终止清算时进取级B份额净值的观点,缺乏法律方面的依据。

三、关于涉案合同是否为格式合同以及其中有关条款是否无效的问题

史利兴提出本案合同系格式合同,在杠杆倍数的安排、在亏损的情况下仍确保优先级的收益、未按照净值比例返还史利兴的本金等条款,排除史利兴的主要权利,相关约定应认定为无效。融通公司辩称本案合同经双方协商、修改,并非格式条款,进取级B委托人的权利、义务体现高风险、高收益的市场规律,未加重委托人的责任。一审法院认为,格式条款是当事人为了重复使用而预先拟定,并在订立合同时未与对方协商的条款。本案的《资管合同》系融通公司预先制作的,并普遍适用与涉案资产管理计划的全部投资者,属于为了重复使用而预先拟定的合同书;合同中对于优先级份额、进取级A份额、进取级B份额所涉合同各方的相关权利义务内容均分别予以确定,这些条款均属于未经与对方当事人协商即确定的条款;合同书封面及每页的页眉上均标注有"融通资本安天诚3号资产管理计划资产管理合同"的字样,封面下方标注有"资产管理人:深圳市融通资本财富管理有限公司"的字样,已经明确表明了合同书的提供者,综上一审法院认定此合同书系融通公司预先拟定的,对于合同书中印刷的条款订立合同时未与对方协商的条款,这些条款符合上述格式条款的概念,因此合同书中所印刷的条款属于格式条款。

依照《合同法》的规定,格式条款如果违反法律规定,或者提供格式条款一方免除其责任、加重对方责任、排除对方主要权利的,该条款无效。史利兴认为涉案合同的格式条款中,在杠杆倍数的安排、在亏损的情况下仍确保优先级的收益、未按照净值比例返还史利兴本金等条款排除了史利兴的主要权利,相关约定应认定为无效。一审法院认为,涉案合同中关于杠杆倍数的约定属于合同的主要内容之一,其系涉案资产管理计划的项目安排,虽然对于进取级 B 份额来说具有较高的风险,但作为对价,其在盈利时亦可以取得较高的收益回报(在盈利的情况下,进取级 B 可获取 25% 的整体收益),因此其并不存在排除史利兴主要权利的情形;关于优先级份额在整个项目亏损的情况下仍可取得其收益的约定系融通公司与优先级份额投资者之间的主要权利内容之一,其亦属于整个资产管理计划当中的一部分,其所明确的是融通公司与优先级份额投资者之间的权利义务关系,其虽与史利兴之间具有一定的关联性,但并不涉及排除史利兴主要权利的内容;关于进取级 B 份额在发生亏损时不能按照净值比例返还本金的约定则系融通公司与进取级 B 份额投资者之间的权利义务关系,其系进取级 B 份额投资者在该资产管理计划当中所应承担的风险,而投资者承担投资风险并不能理解为系排除投资者的主要权利,合同中关于其风险与收益的约定综合到一起才是完整的合同内容,不能将两者割裂开来,仅仅看到投资者所须承担的风险问题,合同中关于风险与收益的约定恰恰体现了权利与义务的一致性,因而不能视为系排除投资者主要权利的情形。因此,虽然涉案合同系融通公司提供的,其中存在一些格式条款,但这些条款既未违反法律规定,也不存在排除史利兴主要权利的情形,史利兴主张涉案格式条款无效,缺乏法律依据,一审法院不予支持。

四、关于风险提示及履行报告义务的问题

史利兴提出融通公司对进取级 B 份额的风险提示不充分,未履行合同约定的报告义务,影响史利兴的风险判断与投资选择。融通公司辩称已充分披露风险,通过官网报告计划份额净值,史利兴作为本计划投资顾问的总经理且具备基金从业资格,知悉计划的风险和运作情况。一审法院认为,所涉计划对于进取级 B 份额的风险描述与提示明确具体,且涵括初始份额认购与追加资金事宜。比如风险申明书第 2 条第 5 项、合同第 55 条第 5 项,"进取级 B 份额以其资管计划利益为限,为进取级 A 份额委托资产本金提供保护。因此,进取级份额在可能获取放大的资产收益预期的同时,也将承担资产投资的全部亏损","……计划终止时,如进取级参考份额净值低于 1,或者扣减累计追加未取回的资金后进取级参考份额净值仍低于 1,进取级 B 份额需承担追加资金无法取回的风险。"融通公司在史利兴进行投资前对史利兴进行了风险评估,其结果为稳健型,并不适宜投资此类高风险产品,但这一评估结果并非是对合同双方当事人交易行为的限制,而是用于为史利兴投资提供咨询建议的参考。本案史利兴具有基金从业资格,且恰好担任涉案计划投资顾问单位的总经理,其所在单位负责向融通公司发送所涉计划的投资指令,甚至参与所涉计划的投资运作。史利兴是有别于普通金融消费者的基金专业投资人,应当认定其对涉案计划是充分了解的,他的投资既表明了其对涉案计划的投资信心,同时也表明了其对自己所在公司投资顾问能力的自信。史利兴作为具有基金从业资格的金融专业人士,具有金融方面的专业知识,其对自身风险承受度以及金融产品的风险收益特征,应具备比普通消费者更为深入全面的认识。且史利兴所签署的《风险承受度分类评分表》上有加粗提示:“如果资产委托人所选计划的风险等级超过本调查问卷对其评估的风险等级时,资产委托人在此声明资产委托人的投资行为系其自主独立的意愿与行为,并愿意自行承担投资风险。”史利兴主张融通公司未充分披露投资风险影响其风险判断与投资选择,缺乏法律依据,一审法院不予支持。

关于履行资产报告义务的问题,融通公司辩称已通过官网履行报告义务,但未在举证期限届满前提交相关证据。一审法院认为,融通公司是否按照约定履行报告义务理应由作为资产管理人的融通公司负举证责任。融通公司在一审法院准许延期举证的情况下,仍然未在举证期限届满前提交履行报告义务的证据,其应当承担举证不能的后果。但是,本案资产委托人并非仅有史利兴一人,还有许多其他投资者,报告义务作为本案合同的附随义务,从合同约定来看,融通公司可以通过官网等简便方式进行资产状况报告。而史利兴在接到追加资金通知的次日即超额追加资金 760 万元,作出如此重大的投资决定,根据生活经验法则,亦可反证史利兴对所涉计划运行状况知悉,所以,虽然融通公司未能出示直接证据证明其履行了资产报告义务,但结合史利兴的追加资金行为与整个资产管理计划的运行情况来看,可以推定融通公司已履行了报告义务。另外,史利兴系所涉资产管理计划投资顾问单位的总经理,其具有更加便利的条件获知融通公司资产管理计划的进展情况,故史利兴主张其对资产管理状况不知悉,进而影响其投资决策的主张是不能成立的。

五、关于史利兴追加 760 万元款项的性质问题

随着市场的波动,当涉案资产管理计划单份净值跌破警戒线之后,史利兴按融通公司通知的要求向融通公司追加支付了 760 万元。史利兴认为对于追加资金的权利义务并没有做风险和收益匹配的约定,应当按照基金普通投资市场风险的原则来享受其权利和义务。融通公司认为追加资金并不是任意第三人的追加投资,而是只有进取级 B 份额投资者才可以采取的行为,其已包含在整个风险提示当中。一审法院认为,史利兴追加资金的行为是依据《资管合同》所实施的自救行为,属于史利兴自愿履行合同的行为。因为,依照双方之间合同的约定,当参考份额净值低于(含)0.90 元时,进取级 B 类委托人应当追加资金使其恢复至 0.90(不含)以上水平,否则资产管理人有权降低仓位;参考份额净值低于(含)0.85 元时,进取级 B 类委托人应当追加资金使其恢复至 0.90(不含)以上水平,否则资产管理人有权平仓,提前终止计划。本案史利兴追加资金的行为正是在这样的情形下发生的,当涉案计划参考份额触及警戒线之后,融通公司通知史利兴须追加资金,此时史利兴可以选择追加或不追加,但如其不追加,融通公司则有权降低仓位,直至平仓,提前终止计划。史利兴无疑是不希望融通公司在此时降低仓位或平仓,所以才做出了追加资金的选择,以继续保持自己在整个资产管理计划当中的权利，所以其追加资金的行为系自愿履行合同的行为，而不是针对整个资产管理计划的新的投资。

《资管合同》还约定，预警、止损的追加资金计入所涉计划资产总值，但不折算成份额计入资产管理计划，不改变优先级与进取级份额配比；参考份额净值连续5个交易日在1.00以上时，进取级B类委托人可要求一次性取回追加的资金，取回后参考份额净值不得低于1.00；计划终止时，参考份额净值低于1，进取级B份额需承担追加资金无法取回的风险。合同当中对于追加资金的后续处理已经作出了明确的约定，史利兴可以在上述条件成就时取回所追加的资金，但如参考份额净值始终低于1，则其所追加资金将只能成为由史利兴自行承担的损失，史利兴在追加资金时即须按照合同约定承担这一风险。所以，史利兴追加资金的行为系其为了继续保有在资产管理计划中的投资权益所采取的自救行为，但因市场波动导致参考份额净值始终低于1，故史利兴只能依照合同约定承担这部分损失，对于其要求按照终止清算净值的比例取回投资的主张，一审法院不予支持。

六、关于融通公司与资产托管人所出具的清算报告对史利兴是否具有法律效力的问题

在前文事实查明的部分，一审法院已依据双方《资管合同》的约定对涉案计划的清算报告予以采信，对其清算结果予以确认，此处不再赘述。史利兴虽未参与清算行为但并不影响清算报告的效力，因为当事人已经在合同中对于清算事宜进行了约定，该约定对史利兴具有约束力，而本案的清算行为系完全按照合同约定而实施的，其在清算主体与清算程序方面均符合约定，因此其清算结果对史利兴来说亦具有法律效力。另外，从操作层面来说，由于涉案资产管理计划所涉人数众多，让每位投资者都参与到清算过程当中是不具有可行性的，因此《资管合同》选择由融通公司与第三方机构共同成立清算小组进行清算是符合实际情况的，也是符合该行业惯例的。所以，尽管史利兴与其他投资者均未参与涉案资产管理计划的清算活动，一审法院对于涉案清算行为的效力与清算结果均予以确认。

综上所述，虽然史利兴在本案中遭受了巨大的损失，但它属于史利兴所应承担的投资风险。本案的投资行为属于商事行为，应当适用商事法律调整。商事法律注重维持交易安全，实现交易公平，其相较于民事法律，更为突出合同自由、企业自治和市场自律。商事法律关系的独特之处在于商事主体追求营利，为此可能将营利性发挥到极致，相应的也将面临巨大的市场风险，甚至形成"零和博弈"。商事主体在商事活动中必须高度重视交易风险，如对风险估计不足，因市场判断错误而遭遇重大损失，其损失只能自行承担。在考虑商事活动中的公平时，不能忽视交易过程中曾经蕴藏、现已流逝的收益商机，仅凭重大损失的既成事实直接反证利益的失衡。否则，不但不利于维护交易安全，反而背离公平的本意。

在金融资产交易中，即便是金融专业人士对合同的权利义务配置是否公平也都难以作出普适的评估，而司法裁判者要准确估量合同的利益分配是否公平则更属不易，故一审法院只能循以下两条思路对当事人的利益均衡性进行大致评判：一是一方获得利益是否超过了法律所允许的限度；二是合同订立时当事人权利义务是否不对等。关于第一点，在涉案计划中，优先级份额委托人获得预期收益7.3%，其略高于银行同期贷款（年利率4.9%），但明显低于当前司法实践所保护的民间借贷法定利率上限(年利率 24%),因此优先级获取预期收益显然不属于暴利行为。关于第二点,需要注意的是对当事人权利义务是否对等的判断应以订立合同时的情况来确定,而不能以当事人最终的盈亏结果来确定。从合同内容本身来看,进取级 B 份额在涉案计划投资亏损时除了要承担自身的投资风险之外,还可能要承担追加资金的风险(如本案中追加的 760 万元),但其在投资盈利时所获得的收益也是巨大的。涉案计划最终亏损率为 13%,史利兴损失了 1060 万元(如其不追加投资,则损失只有 300 万元),但假设涉案计划投资取得了 50% 的收益,则收益金额为 7920 万元(计划总额 15,840 元 ×50%),史利兴可获得其中 25% 的收益,即使扣除经营费用与优先级的收益等,史利兴的收益亦在 1500 万元以上,其收益比例至少可达 500%。所以,进取级 B 份额的高风险性与高收益性是相一致的,投资者选择这一投资,其目的是追求高收益,但其相应所应承担的就是高风险。因此,史利兴与融通公司签订的委托理财合同为真实意思表示,不违反法律法规的强制性规定,对合同各方均有约束力。史利兴在本案投资计划发生亏损后,不愿承担约定的投资风险,请求融通公司予以赔偿,缺乏法律依据。

律师提示

大资管时代来临,资管争议纠纷定会越来越多。金融安全已经提上国家安全战略的高度,司法裁判规则与金融监管规则协调匹配会更加一致,因此尽管本案法院的部分裁判理由值得进一步商讨和观察,但该判决的详细论证过程特别值得学习。

058 利用资管通道间接高杠杆认购定增股份是否有效?

案例索引

最高人民法院(2017)最高法民终 492 号二审民事判决书。

案例导读

1. 本案是一起投资人通过资管通道发行结构化资管产品配资定向认购上市公司股份并且与上市公司股东给予保底保收益承诺的典型案例。

2. (1)保底保收益的上市公司股份定增认购协议是否有效? (2)投资人通过结构化资管产品以间接的、杠杆的方式认购定增股份,如何计算投资人的本金金额、固定收益和超额收益? (3)如何确定欠付利息的利率标准、起算时间和终止时间? 对于问题(1),一审、二审法院均给予了肯定答案;但对于问题(2)和问题(3),最高人民法院均给予与一审法院完全不同的最终明确意见,非常值得金融诉讼仲裁律师、金融审判法官和金融从业人员借鉴和实务运用。

裁判要旨

保底保收益的上市公司股份定增认购协议不违反法律法规禁止性规定应当认定为有效；投资人的本金金额、固定收益和超额收益仍应以事先约定的保底定增合同约定以投资人实际投入的本金为基数计算。

裁判逻辑

1. 目标公司(上市公司)控股股东对定增投资人保底定增承诺本质上系目标公司股东与投资者之间对投资风险及投资收益的判断与分配,属于当事人意思自治范畴,并不损害公司及公司债权人利益,没有明显增加证券市场风险、破坏证券市场稳定性,不违反法律、行政法规的禁止性规定。

2. 投资人通过资管通道发行结构化资管计划配资以间接方式和杠杆方式投资认购目标公司股份,投资人的本金金额、固定收益和超额收益仍应以事先约定的保底定增合同约定以投资人实际投入的本金为基数计算。

3. 在《协议书》对履行有关通知义务明确约定了联系人和联系方式的情况下,仍以当事人身份证地址邮寄函件的行为不能认定履行了通知或催收义务。

4. 对款项支付日期未明确约定,根据《合同法》第 62 条第 1 款第 4 项的规定,债权人可以随时要求履行;若起诉之前没有证据表明履行过催收义务的,法院可酌情从一审起诉之日起计算欠付项利息。

5. 当事人对于欠付利息的计算利率标准未提出异议,二审可仍按照一审判决确定的利率计算。

6. 对于利息结算的截止时间,原告一审诉请为款项付清时止,该诉请有法律依据,一审判决计算至判决履行期限届满之日止存在错误,但因一审原告对此未提起上诉,此系其对自身权利的处分,不违反法律规定,二审法院不予处理。

交易结构图

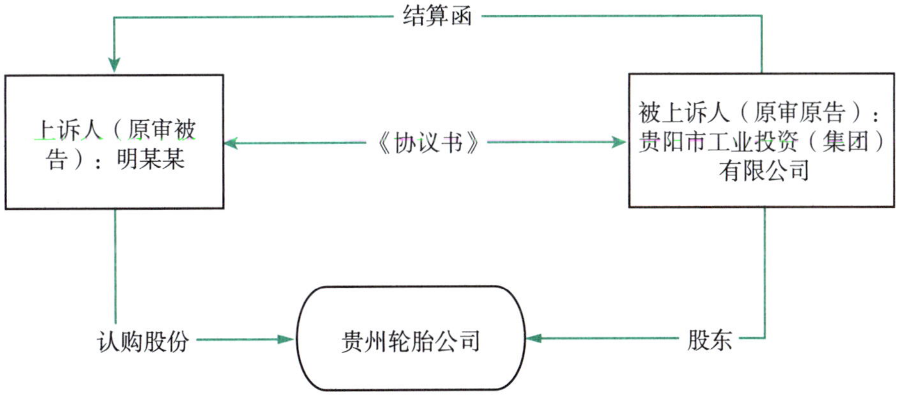

主要案情

上诉人(原审被告):明某某。

被上诉人(原审原告):贵阳市工业投资(集团)有限公司。

原审第三人:兴业证券股份有限公司。

上诉人明某某因与被上诉人贵阳市工业投资(集团)有限公司(以下简称工投公司)、原审第三人兴业证券股份有限公司(以下简称兴业公司)证券交易合同纠纷一案,不服贵州省高级人民法院(2015)黔高民商初字第79号民事判决,向最高人民法院提起上诉。

2013年12月,贵州轮胎公司经证监会核准非公开发行不超过3亿股新股。

2014年1月21日,明某某与工投公司签订《协议书》,约定:明某某通过发行"资产管理计划"的方式,以不低于4.48元/股的价格,认购贵州轮胎公司发行不少于3000万股的股份;工投公司保证明某某认购金额的本金安全并获得年化8%的固定收益;如明某某认购的全部股份的出售或处置所得(包括认购股份在持有期间的现金分红)超过明某某认购金额及固定收益,明某某应向工投公司支付20%的超额收益。《协议书》首部约定,鉴于:(1)工投公司子公司贵州轮胎公司已于2013年12月3日收到中国证券监督管理委员会核准非公开发行不超过3亿股股票的批复文件,发行底价为4.48元/股;(2)明某某拟通过发行的"资产管理计划"的方式认购贵州轮胎公司非公开发行的股份(明某某以该种方式间接认购贵州轮胎公司非公开发行股份的行为在协议中称"明某某认购"或"明某某本次认购");(3)工投公司承诺在一定条件下为明某某认购股份的投资本金安全及固定收益提供保证。第10条第6款约定,与本协议履行有关的通知,应送达下列各方的联系人。其中明某某方的联系人为:张杰,联系电话133××××2826,传真:023-67088918,电子邮件:zj2×××@163.com。《协议书》尾部"乙方(签章)"处,明某某未签字,在"法定代表人或授权代表"处,张杰签字捺印。

《贵阳市国资委关于贵阳市工业投资(集团)有限公司对贵州轮胎股份有限公司非公开发行股票相关事宜的批复》载明:"一、同意贵州轮胎股份有限公司采取承诺保底收益的方式进行本次非公开定向发行股票……"

兴业公司以发行"资产管理计划"的名义认购贵州轮胎公司3000万股股份,认购款总额为13,440万元。明某某在"资产管理计划"中的实际出资为45,558,742.46元。"资产管理计划"清算后净收益是275,775,336.13元,明某某作为次级份额投资人分得176,414,539.59元。

《资管计划合同》重要提示部分载明"本计划优先级份额、次级份额比例控制在2:1以下……当本计划总体组合资产扣除次级份额资产不足以支付优先级份额的本金和基本收益时,其中差额由次级份额的资产弥补。如计划的净资产全部分配给优先级后,仍不足以支付优先级的本金和约定收益,则清算后净资产全部分配予优先级,且本计划净资产与优先级本金及约定收益总额之间的差额,不进行弥补……所有次级份额委托人为一致行动人。"第2部分释义载明"优先级份额收益指本资产管理计划的优先级份额根据本合同的规定,获取的基准收益。次级份额收益指资产管理计划的次级份额根据本合同的规定，享有在扣除优先级份额的应计收益与相关管理费用后的全部剩余收益，并以次级份额持有人所持的份额资产净值为限承担亏损。"第7部分集合计划的分级载明"本资产管理计划优先级计划份额和次级计划份额的初始配比为2∶1（注：不包括募集期利息折份额的部分），且两类份额的资产合并运作……三、优先级和次级收益分配：（1）优先级计划份额的年约定收益率为8.2%，优先级的份额净值以份额初始面值为基准计算……（2）本计划的收益优先满足优先份额的约定收益，超出优先级份额约定收益的剩余收益分配给次级份额持有人。本计划收益不足以支付优先级约定收益时，则由次级委托人的本金（含补仓资金）进行支付。本计划仅以次级本金（含补仓资金）为限支付优先级本金和约定收益，若本计划净资产不足以支付优先级的本金和约定收益，其间差额不再进行弥补，优先级承担损失……"

2015年7月15日，工投公司向明某某邮寄《关于贵州轮胎股份有限公司非公开发行中所获得超额收益结算事宜的函》，要求明某某将工投公司应享有的超额收益支付给该公司。同月20日，明某某收到该函件。此后，明某某未履行合同义务，工投公司遂向法院起诉。

被上诉人（原审原告）工投公司一审请求：（1）明某某向工投公司支付合同约定的超额收益29,079,600元；（2）明某某向工投公司支付逾期付款利息（参照银行同期贷款利率上浮50%计算，从2015年4月21日计算至款项付清时止）；（3）明某某向工投公司支付85.5万元的分红；（4）案件受理费由明某某承担。一审立案日期为2015年9月14日。

一审法院判决：（1）明某某于判决生效之日起十日内向工投公司支付超额收益款29,079,600元及其利息（利息计算方式：以应支付的超额收益款29,079,600元作为计算基数，按中国人民银行公布的银行同期同类贷款基准利率的1.5倍计算，计算期限从2015年8月20日起至判决履行期限届满之日止①）。（2）明某某于判决生效之日起十日内向工投公司支付分红171,000元。（3）驳回工投公司的其他诉讼请求。

二审法院最高人民法院于2017年9月29日作出判决：（1）撤销贵州省高级人民法院（2015）黔高民商初字第79号民事判决第二项、第三项；（2）变更贵州省高级人民法院（2015）黔高民商初字第79号民事判决第一项为：明某某于本判决生效之日起十日内，向工投公司支付超额收益及分红25,329,986.91元②及其利息（利息计算方式：以25,329,986.91元作为计算基数，按中国人民银行公布的银行同期同类贷款基准利率的1.5倍③计算，计算期限从2015年9月14日④起至本判决履行期限届满之日止）⑤；（3）驳回工投公司的其他诉讼请求。

① 笔者提示：注意不是实际付清之日止，这一点可构成一审上诉理由，可惜原告未对此上诉。

② 笔者提示：比一审少了近400万元。

③ 笔者提示：是否可以适用罚息利率？但可惜双方对此未持异议，法院默认。

④ 笔者提示：一审起诉之日。

⑤ 笔者提示：由于没有上诉，二审未改。

法院观点

关于案涉《协议书》效力应如何认定的问题。明某某主张《协议书》因违反了《证券法》第9条和《证券发行与承销管理办法》第17条之规定，应当无效。对此，最高人民法院认为，在《协议书》签订前，案涉非公开发行股票行为已经得到贵阳市国资委的批复同意和证监会核准，该非公开发行股票行为程序合法。虽然《协议书》约定了工投公司在一定条件下为明某某认购股份的投资本金安全及固定收益提供保证，但该承诺仅是工投公司与明某某之间的内部约定，并非针对不特定多数人所作，不属于《证券法》第9条规定的公开劝诱形式。而且，保底承诺的主体系贵阳轮胎公司的股东工投公司，该约定本质上系目标公司股东与投资者之间对投资风险及投资收益的判断与分配，属于当事人意思自治范畴。目标公司股东对投资者的补偿承诺并不损害公司及公司债权人利益，没有明显增加证券市场风险、破坏证券市场稳定性，不违反法律、行政法规的禁止性规定。《证券发行与承销管理办法》系证监会发布的部门规章，不属于《合同法》第52条第5项规定的“法律、行政法规”范畴。该办法的根本目的在于规范证券发行与承销行为，保护投资者合法权益。目标公司股东的保底承诺是其为自身利益和目标公司经营发展考虑吸引其他投资者参与公司经营的激励措施，不损害投资者合法权益。明某某亦未提供证据证明大股东工投公司存在操纵股票市场等其他损害投资者权益的违法、违规行为，其关于《协议书》无效的上诉主张于法无据，不予支持。

关于明某某应否以及如何向工投公司支付超额收益和分红的问题。由前所述，《协议书》合法有效，对明某某具有法律约束力，明某某应按照《协议书》约定向工投公司支付超额收益及分红。二审中各方均认可“资产管理计划”在持有贵州轮胎公司股份期间，明某某没有实际单独获得分红，明某某最终获得的收益和分红以《资管计划清算报告》为准，故最高人民法院不再单独就工投公司关于明某某支付分红的诉请进行处理。本案中各方争议的实质即在于是按照“资产管理计划”总额还是明某某认购的份额计算超额收益和分红。首先，《协议书》首部约定，明某某拟通过发行的“资产管理计划”的方式认购贵州轮胎公司非公开发行的股份。明某某以该种方式间接认购案涉股份的行为在《协议书》中称“明某某认购”。第6条约定，如明某某认购的全部股份的出售或处置所得（包括认购股份在持有期间的现金分红）超过明某某认购金额及固定收益，明某某应向工投公司支付20%的超额收益。从上述约定内容看，由明某某以“资产管理计划”方式认购贵州轮胎公司非公开发行的股票是各方一致认可的投资模式，“明某某认购”在《协议书》中有具体明确所指，即明某某通过“资产管理计划”方式认购，而非明某某本人实际出资，因此，将《协议书》第6条“乙方认购”的全部股份，理解为明某某通过“资产管理计划”方式认购的全部股份，更符合合同本意。在认购案涉股份的行为中，应当将“资产管理计划”作为一个整体看待，而不宜就具体出资额单独割裂。虽然《资管计划合同》在《协议书》之后签订，但《协议书》中对该“资产管理计划”有明确约定，说明明某某对自己的投资方式是清楚的。其次，《资管计划合同》是明某某与兴业公司协商确定的结果，说明其对“资产管理计划”是知悉并认可的。根据合同约定，该“资产管理计划”为结构性组合，分为优先级份额和次级份额,优先级份额和次级份额控制在2∶1以下。优先级份额和次级份额的区别不在于份额的多少,而在于收益分配方式的不同,优先级份额收益是基准收益,次级份额收益是在扣除优先级份额的应计收益与相关管理费用后的全部剩余收益,并以次级份额持有人所持有的份额资产净值为限承担亏损。明某某在整个“资产管理计划”中具体出资数额只能决定“资产管理计划”规模的大小,并不与其实际获得的收益直接挂钩。因此,明某某主张按照其实际出资额所占“资产管理计划”总金额的比例支付工投公司相应的超额收益,不符合《资管计划合同》约定的收益分配方式。最后,从《协议书》实际履行情况看,《协议书》签订后,明某某即与兴业公司签订了《资管计划合同》,兴业公司据此发行了“资产管理计划”,并按照《协议书》约定以该“资产管理计划”名义认购了贵州轮胎公司3000万股股份。截至本案成讼前,各方对明某某按照《协议书》约定履行了认购行为均未提出异议。明某某最终实际获得的收益,亦按照《资管计划合同》确定的收益分配方式计算而来,而并非按照明某某实际认购金额占“资产管理计划”总认购金额的比例计算。综上,明某某关于按照其认购份额计算超额收益和分红的上诉主张,无事实依据,最高人民法院不予支持。明某某主张,因其在《资管计划合同》中承担了更大风险,理应分享更多超额收益。对此,法院认为,金融市场主体在参与投资过程应当承担的风险与其根据合同约定承担相应的义务并不矛盾。明某某在《协议书》中对以“资产管理计划”方式认购贵阳轮胎公司非公开发行的股份是认可的,在签订《资管计划合同》后,其亦未以“资产管理计划”会导致双方利益与风险显失公平为由,提出异议。现其以在《资管计划合同》中承担了更多风险为由主张仅支付部分超额收益,依据不足,不予支持。根据最高人民法院二审查明的事实,明某某实际向“资产管理计划”投入45,558,742.46元,经清算,明某某收回投资收益本息共计176,414,539.59元。对于其中的固定收益数额,明某某计算为4,205,862.56元,工投公司不持异议。工投公司认可以明某某到期收回的投资收益本息减去实际投入资金及固定收益计算超额收益及分红,明某某亦对该计算方法不持异议,最高人民法院予以采纳,因此,明某某应向工投公司支付的超额收益及分红具体金额为(176,414,539.59元-45,558,742.46元-4,205,862.56元)×20%=25,329,986.91元。对于上述款项的支付期限,《协议书》未明确约定,根据《合同法》第62条第1款第4项规定,债权人工投公司可以随时要求履行。由于《协议书》对履行有关通知义务明确约定了明某某一方的联系人和联系方式,工投公司向明某某发送催收函件的行为不符合合同约定,一审以工投公司向明某某身份证地址邮寄的《关于贵州轮胎股份有限公司非公开发行中所获得超额收益结算事宜的函》已被签收,认定工投公司履行了催收义务,存在不当,最高人民法院予以纠正。根据本案实际情况,法院酌定以工投公司一审起诉之日起计算欠付款项利息。对于利息的计算标准,明某某未提出异议,仍按照一审判决确定的利率计算。对于利息结算的截止时间,工投公司一审诉请为款项付清时止,该诉请有法律依据,一审判决计算至判决履行期限届满之日止存在错误,但因工投公司对此未提起上诉,此系其对自身权利的处分,不违反法律规定,最高人民法院二审不予处理。

律师提示

通过本案例阅读及模拟复盘,双方当事人各有得失,但一审原告损失较大(就本金部分,二审就少了近400万元),我们提出几点建议,以供借鉴:

1. 投资人通过资管产品以间接的、杠杆的方式认购定增股份,关于如何计算投资人的本金金额、固定收益和超额收益的问题,双方未在事前的《协议书》中明确约定,因此引发了计算基数争议。

2. 在《协议书》对履行有关通知义务明确约定了投资人联系人和联系方式的情况下,仍以投资人身份证地址邮寄催收函件,导致二审最高人民法院将欠付款利息起诉日期改到一审立案之日,显然不利于一审原告方。

3. 在关于欠付款利息的计算标准没有约定的情形下,适用同期银行贷款罚息利率本没有法律依据,但一审被告对此没有提出异议或作为上诉请求及理由。

4. 关于欠付款利息计算截止日期,原告一审诉请为款项付清时止,该诉请有法律依据,一审判决计算至判决履行期限届满之日止存在错误,但因一审原告对此未提起上诉,导致二审法院不予处理。

059 金融机构利用收益权概念对资管产品多层嵌套交易是否有效?

案例索引

最高人民法院(2016)最高法民终215号民事判决书。

案例导读

1. 本案是一起金融机构对基础资产私募债创设“私募债券收益权”转让后,再创设“资管计划收益权”转让,实现多层嵌套交易,结果底层借款人出现违约,到期无法兑付,引发收益权最终持有人提起的确认收益权转让无效的案例。

2. 最高人民法院通过本案例亮明了关于金融机构私募资管产品多层嵌套交易的裁判要旨。最高人民法院进行了大篇幅的详细论证,引用了大量金融监管规范性文件。为了更精准地理解最高人民法院的论证过程,本文梳理了十条裁判逻辑链。

3. 最高人民法院认为,本案多层嵌套交易不存在明显的违反交易发生之时监管规定的情形,交易有效,但不符合2018年的资管新规。

裁判要旨

金融机构之间利用收益权概念对私募资管产品多层嵌套交易虽有效，但不符合2018年的资管新规。

裁判逻辑

1. 关于交易标的的确定，首先应从当事人所签协议中关于交易标的以及各方权利义务的约定进行分析。

2. 收益权在我国法律体系中并无明确定位，法律性质亦无明确界定，尤其是全国人大及其常委会制定的法律中并没有收益权的表述。

3. 随着近年来收益权交易在金融市场中的活跃，相关金融监管文件已经广泛承认和使用收益权这一概念，已普遍认可收益权作为金融交易标的的行业实践。

4. 收益权的法律性质在无明确界定的情况下，应当根据我国法律的相关规定及其权利属性进行分析。

5. 各方当事人的交易标的"私募债券收益权""资管计划收益权"是交易主体以基础财产权利为基础，通过合同关系创设的一种新的债权债务关系，其本质在于"收益"，即获取基于基础资产而产生的经济利益的可能性，包括本金、利息等资金利益。

6. 收益权虽然依附于基础资产，甚至收益权与基础资产在内涵与价值上高度重叠，但在各方商事主体选择以收益权作为交易标的的情形下，意味着各方并无转让和受让基础财产的意思表示，应当尊重各方在协议中达成的合意，认定各方交易标的为收益权，而非基础财产。

7. 金融机构之间利用通道业务对私募债券创设收益权进行转让后再转让来实现私募资管产品多层嵌套交易模式并不存在明显的违反交易发生之时监管规定的情形。

8. 合同效力的司法认定调整的是民商事主体之间的权利义务关系，判断依据应当是法律和行政法规，合同内容是当事人的真实意思表示，内容不违反法律、行政法规的强制性规定，亦不存在《合同法》第52条规定的其他无效情形，应为有效。

9.《关于规范金融机构资产管理业务的指导意见》(银发〔2018〕106号)对金融机构资产管理业务提出了具体的规范要求，监管部门对于金融机构资产管理业务实行穿透式监管，禁止开展多层嵌套和通道业务。

10. 本案当事人的交易模式确实存在拉长资金链条，增加产品复杂性之情形，可能导致监管部门无法监控最终的投资者，对交易风险难以穿透核查，不符合《关于规范金融机构资产管理业务的指导意见》(银发〔2018〕106号)之要求。

交易结构图

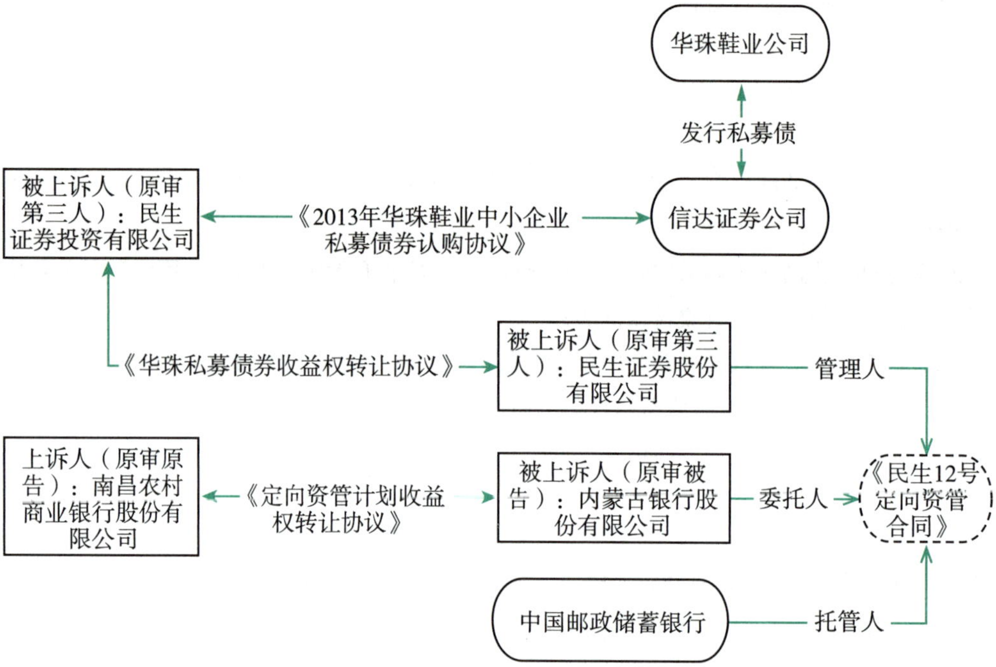

主要案情

上诉人(原审原告):南昌农村商业银行股份有限公司。

被上诉人(原审被告):内蒙古银行股份有限公司。

被上诉人(原审第三人):民生证券投资有限公司。

被上诉人(原审第三人):民生证券股份有限公司。

上诉人南昌农村商业银行股份有限公司(以下简称南昌农商行)因与被上诉人内蒙古银行股份有限公司(以下简称内蒙古银行)、民生证券投资有限公司(以下简称民生投资公司)、民生证券股份有限公司(以下简称民生股份公司)合同纠纷一案,不服江西省高级人民法院(2015)赣民二初字第31号民事判决,向最高人民法院提起上诉。最高人民法院依法组成合议庭,开庭进行了审理。

2013年6月,案外人华珠鞋业公司通过信达证券公司在深圳证券交易所(以下简称深交所)发行华珠私募债券,2013年7月10日深交所备案通过,2013年8月23日为发行起息日。该私募债券面值总额为人民币8000万元,期限3年,年息10%。主承销商为信达证券公司,担保人为中海信达。

2013年8月19日,民生投资公司与信达证券公司签订《2013年华珠鞋业中小企业私募债券认购协议》,民生投资公司认购了华珠私募债券全部份额8000万元,年收益利率为10%,约定的付款期限是2013年8月23日。

2013年8月19日，民生投资公司与民生股份公司签订《华珠私募债券收益权转让协议》。协议签订的具体日期是空白的，但根据民生股份公司内部用印审批表的内容、签字代表邢欣取得授权委托书时间以及本案整个交易的全过程综合认定，协议签订时间应为2013年8月19日。该份协议甲方为民生投资公司，乙方为民生股份公司（代表民生证券理财12号定向资产管理计划），主要约定：第一条标的私募债券收益权：(1)协议项下“标的私募债券收益权”是指民生投资公司签署《2013年华珠鞋业中小企业私募债券认购协议》购买的华珠私募债券投资本金8000万元对应的收益权及自标的私募债券收益权转让价款支付之日起的全部利息以及为实现收益权及担保权利而支付的一切费用等。(2)民生投资公司同意按照协议约定的条款及条件向民生股份公司转让标的私募债券收益权，民生股份公司同意按照协议约定的条款及条件受让。第二条标的私募债券收益权转让：转让价款为人民币8000万元，民生股份公司于协议签署后2个工作日内将转让价款支付至民生投资公司指定账户。第五条民生股份公司的陈述与保证：系根据资产管理计划相关文件的规定，以委托资金购买协议项下民生投资公司持有的标的私募债券收益权，并且该等购买行为不违反法律、行政法规的强制性规定。双方还就保密、协议变更、解除、违约等事项作出了约定。

2013年8月19日，委托人内蒙古银行、管理人民生股份公司、托管人中国邮政储蓄银行三方签订《民生12号定向资管合同》。合同对于资产委托状况，委托资产的投资，委托人的声明与保证，委托人的权利与义务，管理人的声明与保证，管理人的权利与义务，托管人的声明与保证，托管人的权利与义务，管理费、托管费与其他相关费用，委托资产清算与返还，合同变更、终止，适用法律与争议处理方式等24个方面作出了详细的约定。

《民生12号定向资管合同》签订后，民生股份公司于2013年8月23日向中国证券业协会履行相应的备案手续，并于2013年10月21日经复审后通过了备案。

2013年8月23日，内蒙古银行向民生股份公司发出投资指令（第1期），主要内容为：根据三方签署的《民生12号定向资管合同》，内蒙古银行作为委托人经过审慎研究，委托民生股份公司投资，投资金额为人民币8000万元，用于认购华珠私募债券收益权，委托期限3年，起息日2013年8月23日，到期日2016年8月23日。无论因任何原因，对合同所产生的后果，民生股份公司作为管理人无须承担任何责任。同日，民生股份公司出具《回执》，确认收到该投资指令并按照委托人指令进行投资。

2013年8月19日，南昌农商行（乙方）与内蒙古银行（甲方）签订《定向资管计划收益权转让协议》，主要约定：鉴于内蒙古银行与民生股份公司签署了《民生12号定向资管合同》，内蒙古银行是资管合同项下的受益人，持有了该资管合同项下的全部资管计划收益权。协议项下“资管计划收益权”是指，资管合同项下的委托人所享有的资管计划收益权，包括委托人根据资管合同约定应当收取的所有投资净收益及要求返还资产清算后的委托财产的权利，以及为实现资管计划利益的其他权利。内蒙古银行拟将所持有的资管计划收益权转让给南昌农商行。根据《合同法》《证券公司客户资产管理业务管理办法》《证券公司定向资产管理业务实施细则》等法律法规，平等协商，自愿签订协议。第一条“甲方向乙方转让资管计划收益权”：

(1)转让标的。内蒙古银行向南昌农商行转让的资管计划收益权是基于内蒙古银行与管理人签署的《民生12号定向资管合同》而持有的全部资管计划收益权,转让标的资管计划收益权对应的委托资金为人民币8000万元。(2)转让价款及支付。南昌农商行应于2013年8月23日前将转让价款8000万元一次性划入内蒙古银行指定账户。(3)南昌农商行支付全部价款之日为双方资管计划收益权转让日,南昌农商行根据协议和资管合同的规定享有资管合同项下的全部资管计划收益权,以及资管合同等相关文件项下的委托人权利和义务。自转让日起,内蒙古银行不再享有"管理合同"项下任何权益,不再承担任何风险(包括但不限于因合同文本、产品瑕疵等问题造成的管理计划本金、收益等损失)。南昌农商行向内蒙古银行所购买的收益权属于完全买断式。(4)自转让日起,未经南昌农商行同意,内蒙古银行不得行使法律、法规规定的和资管合同等相关文件约定的委托人的任何权利,不得与管理人签署资管合同补充协议,不得解除资管合同。(5)内蒙古银行应于转让前或当日将资管合同、收益权转让协议等相关文件原件移交给南昌农商行。(6)转让安排费。内蒙古银行向南昌农商行转让标的资管计划收益权,有权收取安排费12万元。(7)内蒙古银行知悉并同意,南昌农商行向内蒙古银行支付转让价款的前提是内蒙古银行已根据资管合同向管理人交付委托资金并成立资管计划,且资管合同不存在任何限制委托人转让资管计划收益权的情形。第二条"陈述与保证":南昌农商行确认其在签署协议前已详细阅读与所受让收益权相关的文件及其他相关资料,同意文件所载明的全部条款,清晰了解并自愿承担其中的投资风险。双方还对违约责任、法律适用及争议解决等其他事项进行了约定。

2013年8月22日,南昌农商行转款8012万元至内蒙古银行,同日内蒙古银行将8012万元转至邮储银行上海分行营业部,收款人全称为:民生证券理财12号定向资产管理计划,账户尾号50×××66。2013年8月23日,上述尾号50×××66的账户转款12万元至内蒙古银行。

2014年8月19日,信达证券公司向民生投资公司发出《告知函》,提示华珠鞋业公司因流动资金短缺将不能按时支付本年度利息800万元,特此通知并提示违约风险。2014年8月20日,民生投资公司向民生证券公司(代表"民生证券理财12号定向资产管理计划")发出《关于华珠鞋业有限公司2013年中小企业私募债券情况告知函》,提示华珠私募债券出现违约。

2014年8月20日,民生股份公司向内蒙古银行发出《关于民生证券理财12号定向资产管理计划的沟通函》,主要内容为:"贵行、我公司及中国邮政储蓄银行三方于2014年8月19日签订《民生12号定向资管合同》,通过与民生投资公司(我司全资子公司)签订《2013年华珠鞋业中小企业私募债券认购协议》,投资于信达证券公司承销的华珠(泉州)鞋业中小企业私募债券。贵行已于2013年8月19日对此进行了确认。我公司于2014年8月20日收悉民生投资公司发出的《告知函》。函告华珠鞋业有限公司因流动资金短缺将不能按时支付本年度利息800万元,申请延期支付。特此向贵行发起书面沟通,通知该情况并提示违约风险,请予确认。"2014年8月20日,内蒙古银行出具《回执》对沟通函予以确认。

2014年8月29日,信达证券公司发布《关于召开"13华珠债"2014年第一次债券持有人会议的公告》,载明会议基本情况、审议事项、出席会议的债券持有人登记办法等。

2014年9月3日,福建省泉州市企业资金应急处置联席会议办公室出具《关于华珠公司资金问题协调专题会议纪要》(泉应联办〔2014〕5号),就华珠私募债出现的问题进行了协商。南昌农商行参加了此次会议,并表示只要企业保证私募债不欠息,愿意继续给予支持。

2014年9月19日,南昌农商行向民生股份公司发出指令,要求民生股份公司于2014年9月30日前向担保人中海信达担保公司发送代偿函,要求其履行代偿义务。2014年9月26日,内蒙古银行向民生股份公司发出指令,要求民生股份公司向担保人中海信达担保公司发送代偿函,要求其履行代偿义务。

2014年9月28日,内蒙古银行给南昌农商行发出《告知函》,说明定向资管计划未能按期兑付2013年度利息,民生股份公司要求该行出具指令要求民生股份公司向担保机构中海信达担保公司发送代偿函并要求履行代偿义务。同日,南昌农商行给内蒙古银行出具《回执》,对出具指令予以确认;内蒙古银行给民生股份公司出具《指令》,要求民生股份公司向担保人主张代偿义务。

2014年12月9日,华珠鞋业公司向南昌农商行出具《还款计划》《付息计划书》,表示经营困难,争取2014年12月31日前处置部分抵押物偿还利息。

2014年12月25日,民生股份公司收到南昌农商行及内蒙古银行出具的《资产管理计划收益权人变更回执》,主要内容为:确认《民生12号定向资管合同》项下的受益人由内蒙古银行变更为南昌农商行。

2015年1月5日,信达证券公司出具了《信达证券股份公司关于再次建议债券持有人就13华珠债务违约事件采取法律措施的函》,发函主体是"民生投资公司并南昌农商行",内容是建议民生投资公司并南昌农商行尽快自行或授权信达证券公司采取法律措施。

除本案诉争《民生12号定向资管合同》收益权转让合同外,南昌农商行与内蒙古银行于2013年12月25日还签订了涉及金额达1,902,715,585.69元的《定向资产管理计划收益权转让协议》。

公证费、律师费情况。南昌农商行当庭提交公证费59,280元及律师费100万元的发票、北京市公证处(2015)京方园内经证字第04687号公证书,涉及内容146项956页,主要内容是与本案相关的一些邮件的往来。

上诉人(原审原告)南昌农商行一审诉讼请求:(1)确认南昌农商行与内蒙古银行2013年8月19日签订的《定向资管计划收益权转让协议》无效;(2)确认南昌农商行与民生证券公司2013年8月19日设立并实际存在的企业债券"借户交易"之事实法律关系无效;(3)判令内蒙古银行返还南昌农商行本金8000万元并承担自2013年8月22日起至执行兑付之日止的利息,利率按照年息10%计算(暂计至2015年5月21日利息为1400万元);(4)判令内蒙古银行返还南昌农商行"安排费"12万元;(5)判令内蒙古银行赔偿南昌农商行维权损失100万元;(6)判令民生投资公司、民生股份公司对内蒙古银行所负返还本息责任及赔偿义务承担连带责任;判令内蒙古银行、民生投资公司、民生股份公司承担本案诉讼费用。

一审法院判决:驳回南昌农商行的诉讼请求。

二审法院最高人民法院于2018年6月27日作出判决:驳回上诉,维持原判。

法院观点

本案二审的争议焦点是,各方当事人签订协议转让资管计划(私募债券)收益权的行为是否属于南昌农商行借用民生投资公司证券账户交易的性质,南昌农商行与内蒙古银行签订的《定向资管计划收益权转让协议》的效力如何。

一、关于本案交易标的是私募债券还是私募债券收益权的问题

南昌农商行上诉主张本案交易标的实际上是华珠私募债券,而非一审判决认定的私募债券(资管计划)收益权。对此问题,首先应从当事人所签协议中关于交易标的以及各方权利义务的约定进行分析。第一,民生投资公司通过与信达证券公司签订《2013年华珠鞋业中小企业私募债券认购协议》认购了华珠私募债券,对于该合同的交易标的,各方当事人均无异议。第二,民生投资公司与民生股份公司签订《华珠(泉州)鞋业有限公司2013年中小企业私募债券收益权转让协议》约定的交易标的为私募债券收益权,协议第一条对私募债券收益权作了如下界定:协议项下的标的私募债券收益权指民生投资公司签署《2013年华珠鞋业中小企业私募债券认购协议》购买的华珠私募债券投资本金8000万元对应的收益权及自标的私募债券收益权转让价款支付之日起的全部利息以及为实现收益权债权及担保权利而支付的一切费用等;同时第五条还约定,民生股份公司系根据资产管理计划相关文件的规定,以委托资金购买协议项下民生投资公司持有的标的私募债券收益权。第三,内蒙古银行与南昌农商行签订《定向资管计划收益权转让协议》"鉴于"部分约定,协议项下的"资管计划收益权"是指资管合同项下内蒙古银行所享有的资管计划收益权,包括内蒙古银行根据资管合同约定应当收取的所有投资净收益及要求返还资产清算后的委托财产的权利,以及为实现资管计划利益的其他权利;第一条约定,转让标的是基于内蒙古银行与民生股份公司签署资管合同而持有的全部资管计划收益权,对应的委托资金为人民币8000万元;自转让之日起,内蒙古银行不再享有资管合同项下任何利益、不再承担任何风险,该风险包括但不限于因合同文本、产品瑕疵等问题造成的本管理计划本金、收益等损失;本收益权属于完全买断式。从上述协议的约定来看,除了民生投资公司与信达证券公司所签《2013年华珠鞋业中小企业私募债券认购协议》约定交易标的为华珠私募债券之外,其他协议均表述为"私募债券收益权"和"资管计划收益权"。那么,"私募债券收益权"或者"资管计划收益权"是何种性质的权利,是本案需要解决的下一问题。

收益权在我国法律体系中并无明确定位,法律性质亦无明确界定,尤其是全国人大及其常委会制定的法律中并没有收益权的表述。在司法层面,仅有的是最高人民法院《关于适用〈中华人民共和国担保法〉若干问题的解释》第97条:"以公路桥梁、公路隧道或者公路渡口等不动产收益权出质的,按照担保法第七十五条第(四)项的规定处理",该规定将部分不动产收益权纳入《担保法》“权利质押”范围。但是，随着近年来收益权交易在金融市场中的活跃，相关金融监管文件已经广泛承认和使用收益权这一概念，如2013年中国银监会《关于规范商业银行理财业务投资运作有关问题的通知》（银监发〔2013〕8号）、2014年中国证监会《证券公司及基金管理公司子公司资产证券化业务管理规定》（证监会公告〔2014〕49号）、2016年4月中国银监会《关于规范银行业金融机构信贷资产收益权转让业务的通知》（银监办发〔2016〕82号）等，都对金融机构收益权交易作出了规定。这表明，在不断加强收益权交易监管的同时，已普遍认可收益权作为金融交易标的的行业实践。但是收益权的法律性质在无明确界定的情况下，应当根据我国法律的相关规定及其权利属性进行分析。对于物权，权能与权利相分离极为常见，所有权人可以将所有权中的部分权能与所有权本身相分离而单独转让给其他人，在其物上设立用益物权或者担保物权，以达到物尽其用的目的。而债权虽为相对权，但其内部亦存在多项权能可以明确分辨，这就为其权能与权利的分离提供了基础。除了物权法定原则之外，我国法律对其他财产性权利并未禁止。具体到本案，各方当事人的交易标的“私募债券收益权”“资管计划收益权”是交易主体以基础财产权利即华珠私募债券为基础，通过合同关系创设的一种新的债权债务关系，其本质在于“收益”，即获取基于华珠私募债券而产生的经济利益的可能性，包括本金、利息等资金利益。从其法律性质看，显然不属于法定的物权种类，而应为可分的债权权能之一。收益权虽然依附于基础资产，甚至收益权与基础资产在内涵与价值上高度重叠，但在各方商事主体选择以收益权作为交易标的的情形下，意味着各方并无转让和受让基础财产的意思表示。此种情况下，应当尊重各方在协议中达成的合意，认定各方交易标的为收益权，而非基础财产。

综上，一审判决认定本案交易标的为私募债券（资管计划）收益权而非私募债券本身，并无不当。南昌农商行上诉主张各方交易标的为私募债券而非私募债券收益权，与合同约定不符，亦无法律依据，最高人民法院不予支持。

二、关于《定向资管计划收益权转让协议》的效力问题

南昌农商行上诉主张该协议无效的理由主要有三点，一是该协议约定的交易模式属于“借户交易”，违反了《证券法》第80条关于“禁止法人非法利用他人账户从事证券交易；禁止法人出借自己或者他人的证券账户”的规定；二是该协议体现的交易模式违背了“合格投资者”监管制度；三是该协议“以合法形式掩盖非法目的”。以下将逐一分析。

首先，关于“借户交易”问题。南昌农商行主张本案交易模式为南昌农商行借用民生投资公司深交所证券账户进行债券交易，违反了《证券法》第80条的禁止性规定。但“借户交易”一般是指出借人将自己的证券账户借给他人，他人实际掌握该账户支配权的行为。而本案中，民生投资公司以自己名义买入华珠私募债券，并始终持有该私募债券，并未丧失对其证券账户的支配权，此种情形不属于《证券法》规定的“借户交易”。南昌农商行该项上诉主张缺乏事实和法律依据，最高人民法院不予支持。一审判决对此认定正确，最高人民法院予以维持。

其次，关于“合格投资者”制度。投资者适当性管理是现代金融服务的基本原则和要求，也是成熟市场普遍采用的保护投资者权益和管控创新风险的做法。2016年5月26日，中国证监会审议公布了《证券期货投资者适当性管理办法》(自2017年7月1日起施行)，从该办法的起草说明可以看到，投资者适当性管理主要是为知识储备、投资经验和风险意识不足的投资者构筑第一道防线，避免实际风险承受能力低的投资者参与较高风险的业务，遭受损失；同时借此加强对市场创新的监管，防范和化解系统性风险。由此可见，监管部门对于证券投资者实行适当性管理，其目的主要在于保护投资者利益，避免不具有风险识别能力和风险承受能力的投资者进行证券投资而受损失。而本案中，南昌农商行虽然未在深交所办理私募债券合格投资者认证，但根据《深圳证券交易所中小企业私募债券业务试点办法》的规定，其具备中小企业私募债券合格投资者条件，在经过申请备案后可以成为私募债券合格投资者。而且，南昌农商行作为金融机构，属于专业投资者，对于私募债券交易的利益和风险均有充分的认知，如果因此交易受到损失，应当承担相应的风险。

最后，关于"以合法形式掩盖非法目的"问题。判断案涉合同是否属于"以合法形式掩盖非法目的"之合同，首先，应当审查当事人是否具有通过签订合同达到"非法"之目的。本案中，南昌农商行签订协议的目的在于投资获取华珠私募债券的收益，对于金融机构来讲属于正常的商业交易，不属于《合同法》第52条规定的"非法目的"。其次，本案交易模式是否违反金融监管规定，应根据交易发生之时的相关监管规范分析判断。一审已查明，内蒙古银行、民生股份公司与中国邮政储蓄银行三方签订《民生12号定向资管合同》，主体资格及内容均符合《关于规范证券公司与银行合作开展定向资产管理业务有关事项的通知》(中证协发〔2013〕124号)之规定；民生股份公司在该合同签订后，按照《证券公司定向资产管理业务实施细则》(证监会公告〔2012〕30号)的规定向中国证券业协会履行了相应的备案手续；之后中国人民银行、中国银监会、证监会、保监会、国家外汇局五部门联合发布的《关于规范金融机构同业业务的通知》(银发〔2014〕127号)对于"同业投资[金融机构购买同业金融资产，或特定目的载体(包括但不限于证券公司资产管理计划)的投资行为]"也并未持否定态度；中国银监会《关于加强农村中小金融机构非标准化债权资产投资业务监管有关事项的通知》(银监合〔2014〕11号)要求"投资的非标资产标的不得包括AA－级以下债券品种和交易所发行的高风险私募债"，而华珠私债券的信用评级结果为AA，也符合该通知要求。因此，本案交易模式并不存在明显的违反交易发生之时监管规定的情形，亦不违反之后不久发布的相关通知要求。最后，合同效力的司法认定调整的是民商事主体之间的权利义务关系，判断依据应当是法律和行政法规。本案中，各协议均系当事人的真实意思表示，内容不违反法律、行政法规的强制性规定，亦不存在《合同法》第52条规定的其他无效情形，应为有效。南昌农商行据以主张合同无效的相关监管规定，如《银行间债券市场债券登记托管结算管理办法》(中国人民银行令〔2009〕第1号)、《证券登记结算管理办法》等，主要是针对证券交易所、证券公司以及证券登记结算机构的管理性规范，不能作为认定合同效力的法律依据。

综上，一审判决认定南昌农商行与内蒙古银行签订的《定向资管计划收益权转让协议》

有效，并无不当，最高人民法院予以维持。南昌农商行上诉提出本案合同因违反法律强制性规定、金融监管禁止性和强制性规定而无效的意见，理据不足，最高人民法院不予支持。

但需要指出的是，2018年4月27日，中国人民银行、中国银行保险监督管理委员会、中国证监会、国家外汇管理局联合发布了《关于规范金融机构资产管理业务的指导意见》（银发〔2018〕106号），对金融机构资产管理业务提出了具体的规范要求。从该监管新规来看，监管部门对于金融机构资产管理业务实行穿透式监管，禁止开展多层嵌套和通道业务。而本案当事人的交易模式确实存在拉长资金链条，增加产品复杂性之情形，可能导致监管部门无法监控最终的投资者，对交易风险难以穿透核查，不符合监管新规之要求。因此，本案各方当事人今后应严格按照资管新规，规范开展业务。

另外，南昌农商行上诉还提出，一审认定的案由错误，未准许其鉴定申请缺乏依据，但该问题对于本案的处理并无实质性影响，一审法院的认定及处理亦无不妥，因此最高人民法院予以维持。

律师提示

最高人民法院认为，本案多层嵌套交易不存在明显的违反交易发生之时监管规定的情形，但不符合2018年的资管新规。问题来了，假如本案发生在2018年资管新规过渡期实施之后，法院又会如何裁判呢？

2018年资管新规关于强制性或禁止性规定多达45处，但不是违反其中任何一条规定都会导致合同无效。如果违反了其中五条的话，则法院判决无效的可能性会比较大。

违反《大资管新规》哪些禁止性条款可导致无效？

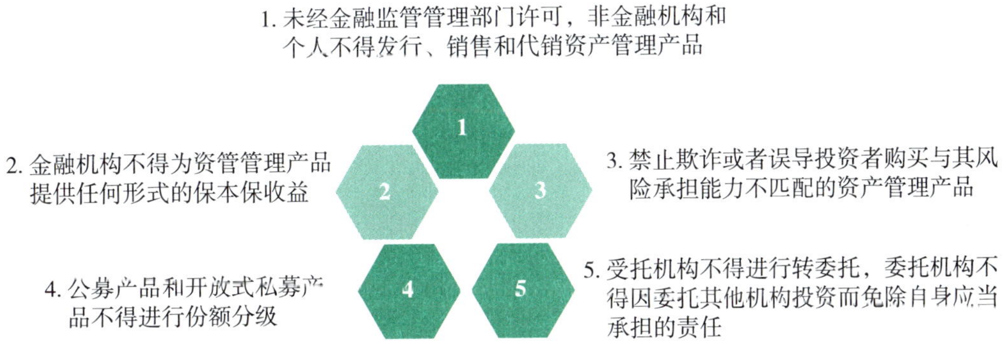

060 债务加入与保证担保有哪些关键区分点?

案例索引

最高人民法院(2018)最高法民终867号民事判决书。

案例导读

1. 本案是最高人民法院判决的一起典型的股权收益权回购纠纷,亮点在于原告的诉讼策略极其大胆!本案诉讼标的额达8亿多元,仅诉讼费就高达400多万元,受让方的诉讼请求没有向转让方主张回购,而仅仅向合同外的回购函出具方主张回购,并且胜诉。

2. 股权收益权回购承诺函是一般保证、连带保证还是债务加入?最高人民法院通过本案例给予了详细的论证分析,非常值得学习研究和运用,可参阅本文梳理的裁判逻辑链。

3. 原告仅起诉回购函出具一方的诉讼策略自信,应该源于对本案承诺函的法律性质及对被告履行能力的准确认知。本案原告的一系列操作,也非常值得学习。

裁判要旨

合同外第三方承诺承担一定合同义务,若无法认定为保证责任,且有直接实际利益的,则可认定为债务加入。

裁判逻辑

1.《股权转让及回购合同》系双方当事人的真实意思表示,于法无悖,该合同合法有效。

2. 合同外第三方向合同的一方当事人发出《承诺函》,表明承担一定法律义务或合同义务的,系单方允诺,但该单方允诺可能是保证,也可能是债务加入。

3. 保证尤其连带保证责任,在以担保原债务人的债务为目的这一点上,与债务加入(并存的债务承担),性质相同,特别在债权人与承担人达成合意、成立债务加入的情形下,两者更难区分。

4. 实践中债务加入与保证的区别主要有:(1)债务加入下承担人的债务,是与原债务并立的自己债务;而保证债务则为保证他人的债务,是附属于主债务的债务。(2)承担人在承担后对债权人有清偿或者其他免责行为时,对于原债务人有无求偿权及其求偿范围,依据承担人与债务人之间内部法律关系而确定;而《担保法》第31条规定,"保证人承担保证责任后,有权向债务人追偿"。

5. 在当事人意思表示不明时,应斟酌具体情势综合判断,如主要为原债务人的利益而为承担行为的,可以认定为保证,承担人有直接和实际的利益时,可以认定为债务加入。

6. 本案鉴于《承诺函》出具人基于何种目的负担回购义务、是否具有实际利益,其是否享有求偿权及求偿范围如何，均不甚清晰，难以径直认定成立连带责任保证，综合判断《承诺函》的出具过程及约定内容，认定构成债务加入更为适宜。

交易结构图

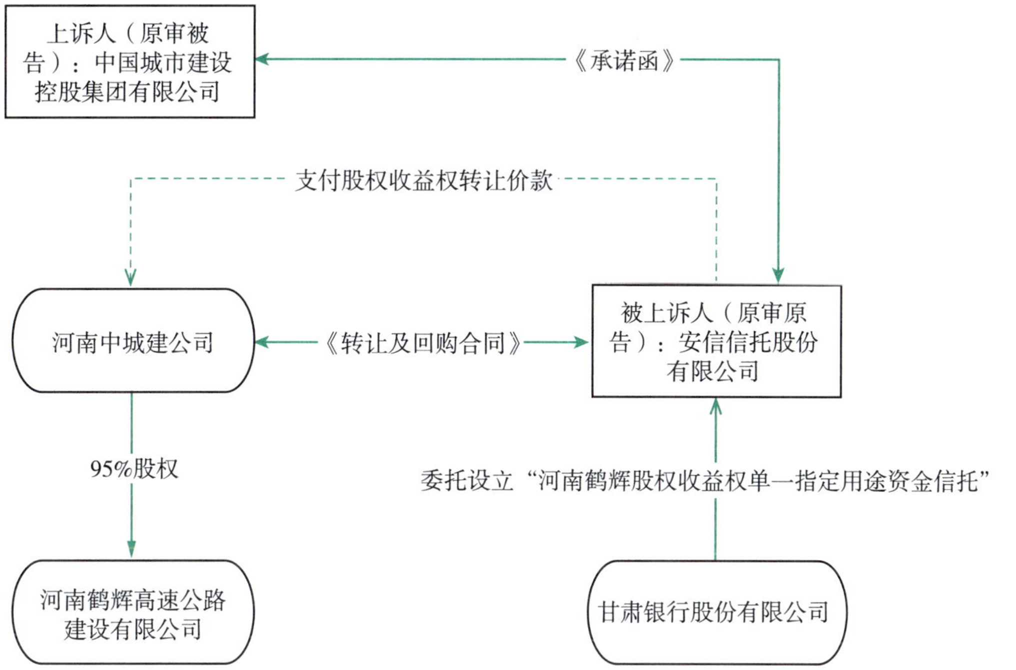

主要案情

上诉人(原审被告)：中国城市建设控股集团有限公司。

被上诉人(原审原告)：安信信托股份有限公司。

上诉人中国城市建设控股集团有限公司(以下简称中城建公司)因与被上诉人安信信托股份有限公司(以下简称安信公司)营业信托纠纷一案，不服上海市高级人民法院(2017)沪民初14号民事判决，向最高人民法院提起上诉。

2015年12月9日，河南中城建公司作为甲方(转让方)，安信公司作为乙方(受让方)签订《转让及回购合同》一份。合同约定：河南中城建公司合法持有河南鹤辉高速公路建设有限公司95%股权所对应的股权收益权，安信公司受甘肃银行股份有限公司委托设立"河南鹤辉股权收益权单一指定用途资金信托"。合同第2.1条约定，本合同项下，甲方自愿向乙方转让其合法享有的股权收益权，乙方同意受让该等股权收益权，并根据本合同约定向甲方支付股权收益权转让价款。合同第3.1条约定，甲乙双方一致确认，甲方转让股权收益权的转让价款为人民币捌亿元整(小写：¥800,000,000.00元)(具体以本信托委托人实际交付的信托资金总额为准)。合同第3.2条约定，甲、乙双方协商一致，本项目收益权的转让期限为贰年，自乙方按本合同约定将全部股权收益权转让价款支付至甲方转让价款使用账户之日起算，即自2015

年12月9日起至2017年12月9日止。合同第1.9条明确,核算日:指2016年6月20日、2016年12月20日、2017年6月20日及本信托终止日或提前终止日。合同第1.12条明确,年指360天。合同第4.2.1条约定,甲乙双方同意并确认:转让期限届满,甲方应无条件回购全部股权收益权,并应按本条如下规定向乙方支付回购总价款,回购总价款 = 回购价款 + 回购溢价款。合同第4.2.2条约定,回购价款金额与股权收益权转让价款一致,为人民币捌亿元整(¥800,000,000.00元),甲方应于信托到期一次性支付回购价款。回购溢价款 = 甲方实际占用的信托资金 ×【7.5】%/年 × 股权收益权转让价款支付至甲方转让价款使用账户之日起实际存续天数/360。合同第4.5条约定,本信托存续期间,如出现以下情形,乙方有权要求甲方提前支付回购总价款:……(2)甲方在任一核算日后3个工作日内仍未支付回购溢价款或回购价款的。合同第8.3条约定,甲方未按照本合同的约定支付回购价款,应当承担乙方追偿回购价款、回购溢价款和实现抵押权、质权(如有)所发生的费用,包括并不限于诉讼费、评估费、执行费、律师费、差旅费等。

同日,中城建公司经审阅《转让及回购合同》等相关文件,向安信公司发出《承诺函》,承诺如下:(1)若《转让及回购合同》项下的甲方(河南中城建公司)依据《转让及回购合同》的约定,在向乙方(安信公司)回购股权收益权并支付回购总价款(含回购价款及回购溢价款)过程中的任一约定支付日/核算日/付款日(含提前回购日)之后3个工作日内仍未付款的;(2)贵司按照《转让及回购合同》的约定未从河南中城建公司获得股权收益权回购价款和回购溢价款的。发生上述任一情形时,本公司将在贵行发出《股权收益权受让通知书》(附件一)后5个工作日内无条件收购贵司所持有的上述股权收益权,收购的价格为:(1)贵司受让股权收益权而支付的信托资金;及(2)该信托资金自信托计划运作起始日(若信托计划曾按约定支付收益,则自最近一次支付收益的收益核算日起。如未曾支付收益,则为该运作起始日,含当日)起按年化7.5%标准计算所得的收益。以上为无条件、不可撤销的承诺,本《承诺函》的内容是本公司的真实意思表示,出具程序符合我《公司章程》规定,且本《承诺函》一经作出,中城建公司任何情况下均无权撤回。本《承诺函》于中城建公司签章之日起生效,有效期至贵司实现上述《转让及回购合同》项下全部股权收益权回购价款及回购溢价款止,本《承诺函》自生效之日起即对中城建公司具有约束力。《承诺函》履行期内,有任何争议,应协商解决,协商不了的,可向贵司所在地有管辖权的人民法院提起诉讼。

2015年12月9日,安信公司将受让价款8亿元支付给河南中城建公司,河南中城建公司也在2016年6月20日如约支付第一期回购溢价款32,333,333.33元,但河南中城建公司未能在2016年12月20日如约支付第二期回购溢价款,仅支付了回购溢价款18,000,000.00元,尚有12,500,000.00元未支付。

2017年5月15日,因河南中城建公司在2016年12月20日之后四个多月未支付12,500,000.00元款项,安信公司依据《承诺函》约定向中城建公司发出《股权收益权受让通知书》,通知中城建公司收到通知书起5个工作日内无条件将《承诺函》中约定的回购总价款支付至安信公司收款账户。上述邮寄送达并经上海市黄浦公证处出具(2017)沪黄证经字第

6749号公证书予以公证。但中城建公司于2017年5月18日收取通知至今未支付。

2017年5月25日，安信公司与海南某律师事务所订立《法律事务委托合同》。2017年6月27日和2017年11月10日，安信公司共向海南某律师事务所支付律师服务费300万元。

2017年6月14日，安信公司起诉后，案外人北京华尚经纬投资有限公司代中城建公司向安信公司付款42,833,333.33元。

被上诉人(原审原告)安信信托公司一审诉讼请求：(1)中城建公司向安信公司支付回购款人民币824,666,666.67元(以下币种同)，包括回购基本价款800,000,000.00元和回购溢价款24,666,666.67元(暂算至2017年11月15日，其后仍按年7.5%不停止计算)；(2)中城建公司立即支付安信公司律师代理费3,000,000元和差旅费；(3)中城建公司承担本案诉讼费、财产保全费。

一审法院判决：中城建公司应于判决生效之日起10日内向安信公司支付回购价款和回购溢价款人民币824,666,666.67元，并自2017年11月15日起至实际清偿之日止，以人民币800,000,000.00元为基数，以每年7.5%的利率，支付回购溢价款。

最高人民法院于2018年11月13日作出二审判决：驳回上诉，维持原判。

法院观点

本案二审争议焦点为：(1)《承诺函》的性质应如何认定；(2)一审判决按照一年360日的标准计算案涉回购价款和回购溢价款是否正确。

一、关于《承诺函》的性质应如何认定的问题

中城建公司上诉称，《承诺函》系一般保证法律关系，即使构成单方允诺的民事法律行为，其亦仅应在《承诺函》约定的基础上承担责任。

安信公司辩称，《承诺函》系中城建公司向安信公司出具的设定义务的法律文书，双方之间据此形成收益权收购法律关系。

最高人民法院认为，《承诺函》系中城建公司的单方允诺，该承诺经安信公司接受，双方达成合意，中城建公司就河南中城建公司向安信公司支付案涉回购总价款的义务，构成债务加入，理由如下：

首先，安信公司与河南中城建公司签订的《转让及回购合同》，合法有效。依据该合同第4.2.1条的约定，河南中城建公司负有向安信公司支付股权收益权回购价款及回购溢价款的义务。

其次，《转让及回购合同》签订同日，中城建公司向安信公司出具《承诺函》，约定为保障安信公司实现《转让及回购合同》项下全部股权收益权回购价款及回购溢价款，如河南中城建公司不回购安信公司的股权收益权，则由中城建公司回购。从该约定中可知，中城建公司在河南中城建公司未付款或者安信公司按照约定未获得回购总价款时，即负有回购义务，并不以强制执行河南中城建公司无效果为前提。即中城建公司不享有先诉抗辩权，其在责任承担上不具有顺位性。故中城建公司关于其与安信公司之间成立一般保证法律关系的上诉主张,不能成立。

最后,《担保法》第6条规定,“本法所称保证,是指保证人和债权人约定,当债务人不履行债务时,保证人按照约定履行债务或者承担责任的行为。”根据该条规定,保证、尤其连带保证责任,在以担保原债务人的债务为目的这一点上,与债务加入(并存的债务承担),性质相同。尤其在债权人与承担人达成合意、成立债务加入的情形下,两者更难区分。但实践中,仍有区分的必要和标准,例如,债务加入下承担人的债务,是与原债务并立的自己债务;而保证债务则为保证他人的债务,是附属于主债务的债务。再如,承担人在承担后对债权人有清偿或者其他免责行为时,对于原债务人有无求偿权及其求偿范围,依据承担人与债务人之间内部法律关系而确定;而《担保法》第31条规定,保证人承担保证责任后,有权向债务人追偿。故,在当事人意思表示不明时,应斟酌具体情事综合判断,如主要为原债务人的利益而为承担行为的,可以认定为保证,承担人有直接和实际的利益时,可以认定为债务加入。本案中,鉴于中城建公司基于何种目的负担回购义务、是否具有实际利益,其是否向河南中城建公司享有求偿权及求偿范围如何,均不甚清晰,难以径直认定成立连带责任保证。综上,综合判断《承诺函》的出具过程及约定内容,认定中城建公司构成债务加入更为适宜。

二、关于一审判决按照一年360日的标准计算案涉回购价款和回购溢价款是否正确的问题

中城建公司上诉称,《承诺函》中无“年360天”的约定,应按一年365天的标准计算案涉回购价款及回购溢价款,一审判决多计算了50万元。

安信公司辩称,《转让及回购合同》中明确约定“年360天”及相应计算公式,中城建公司对此明知且认可,并已按此标准进行了实际付款。

法院认为,中城建公司在致安信公司《承诺函》中明确,“经认真审阅贵司与河南中城建投资有限公司于2015年12月9日签署的编号为《河南鹤辉股权收益权转让及回购合同》(以下简称《转让及回购合同》)等相关文件,特承诺如下”,表明其系在对《转让及回购合同》约定知晓并认可的情况下作出的审慎承诺。《转让及回购合同》第1.12条约定:“年指360天”。中城建公司上诉仅以《承诺函》中无该约定为由主张应按照一年365天的标准计算案涉回购价款及回购溢价款,明显有悖诚信,亦与其在先的付款事实不符,其据此上诉称一审判决多计算了50万元,最高人民法院不予支持。

综上,中城建公司关于其与安信公司之间成立一般保证法律关系,一审判决按照年360天标准计算案涉回购价款及回购溢价款,多计算了50万元的上诉请求,缺乏事实和法律依据,不予支持。一审判决对于《承诺函》性质的认定不够准确,但裁判结果正确,应予维持。

律师提示

如何准确区分保证与债务加入,其关键点是什么?

1.根据裁判逻辑第5条“在当事人意思表示不明时,应斟酌具体情势综合判断,如主要为原债务人的利益而为承担行为的，可以认定为保证，承担人有直接和实际的利益时，可以认定为债务加入。”区分保证与债务加入的关键点在于承诺函出具方是否有直接的实际利益。

2. 本案被告承担股权收益权回购义务，而不是单纯回购款连带担保支付义务，既存在支付相应回购款的义务，又同时直接实际获得相应股权收益权，包含了直接实际利益。

061 特定资产收益权补充再转让合同如何定性？

案例索引

最高人民法院（2017）最高法民终478号民事判决书。

案例导读

1. 本案是一起信托交易框架下特定资产收益权差额补充再转让合同纠纷。亮点在于：不仅争议标的高达12亿元，仅诉讼费就高达700多万元；案涉交易主体、法律关系及性质极其复杂，既有单一资金信托合同关系、特定资产收益权转让及回购合同关系、抵押及保证合同关系，又有收益权差额补充再转让合同法律关系；既有证券公司（背后肯定还有证券资管计划投资人）、信托公司、房地产公司，还有银行。

2. 如何厘清各主体之间的法律关系？如何认定一系列合同各自的性质及之间的关系？如何认定具有差额补充增信担保功能的特定资产收益权补充再转让合同的性质及各自的权利和义务？如何对待当事人提出违反金融监管公共政策进而主张合同无效的抗辩？由于案涉诉讼费巨大，甚至对于一审诉讼费负担也发生了争议，二审法院应该如何处理和纠正？对于以上问题，最高人民法院经过抽丝剥茧，最终给出了令人信服的裁判结论。本文归纳的10条裁判逻辑有助理解承办法官的论证过程，值得参阅。

裁判要旨

对于当事人讼争合同性质的认定，要基于合同条款的字面含义，从合同约定的具体权利义务关系出发，揭示当事人的真实意思，依照法律规定予以综合判断。在对本案诉争的《转让协议》这类商事合同进行解释时，更应观照蕴含于当事人缔约目的之中的商业考量与经济逻辑，反映商事合同不同于民事消费合同的风险分担和治理机制等特点，以维护交易秩序，促进商业活动发展。

裁判逻辑

1. 作为《信托合同》附件的《转让合同》《回购合同》《房地产抵押合同》《保证合同》《转让协议》等合同，是为了履行《信托合同》，完成信托事务，实现信托目的，系信托交易框架的组成部分。

2. 附件所列合同并非都是《信托合同》的从合同，本案讼争的《转让协议》，虽然构成信托交易框架的一部分，但与《信托合同》之间不存在主从关系，但《信托合同》效力并不必然影响案涉《转让协议》独立合同的效力。

3. 无论受托人如何管理运用或处分信托财产，因信托财产发生变动而形成的新的形态的财产仍归属于信托财产，这是信托法为保护委托人利益而设立的特殊规则，但该规则仅能被适用于界定信托财产构成范围的场合，而不能作为界定以信托财产为标的之合同性质的依据，更不能由此将所有涉及信托财产的合同一概认定为信托合同。

4. 对于当事人讼争合同性质的认定，要基于合同条款的字面含义，从合同约定的具体权利义务关系出发，揭示当事人的真实意思，依照法律规定予以综合判断。

5. 讼争《转让协议》其一是转让特定资产收益权及其回购债权和相应抵押权的债权转让法律关系，其二是具有增信担保作用的差额补充法律关系，双方约定各自负担不同类型的主给付义务，分别构成不同的合同关系，以对价关系而结合且不可分离，共同形成相互依赖的权利义务关系，系混合合同。

6. 因双方各自负担的给付义务不属于同一合同类型，并非法律规定的有名合同，鉴于当事人讼争的法律关系是复合的且不具有典型性，本案案由应当确定为合同纠纷。

7. 对于此类涉及公共政策的监管规定，作为金融机构的当事人须在签订、履行合同时予以严格遵守，人民法院亦应在审查相关合同效力时，按照《合同法》第52条的规定予以充分的考量。

8. 现行金融监管政策允许《转让协议》这一类的存量业务合同继续履行，有助于稳定相关市场预期，维护金融市场交易安全，也表明由此可能产生的金融风险处于可控制的范围之内，不构成《合同法》第52条规定的损害社会公共利益等合同无效的情形。

9. 案涉《转让协议》时应预见合同债权不能实现的风险，自愿签订《转让协议》意味着双方已对特定资产收益权不能实现的风险进行了适当分配，因此即使案涉特定资产收益无法实现，亦不影响特定资产收益权的存在，更不影响《转让协议》的履行。

10. 一审判决部分诉讼请求未予支持，该未予支持部分所对应的案件受理费应由一审原告负担，一审判决判令一审被告承担全部诉讼费用有失妥当，二审法院应予以纠正。

交易结构图

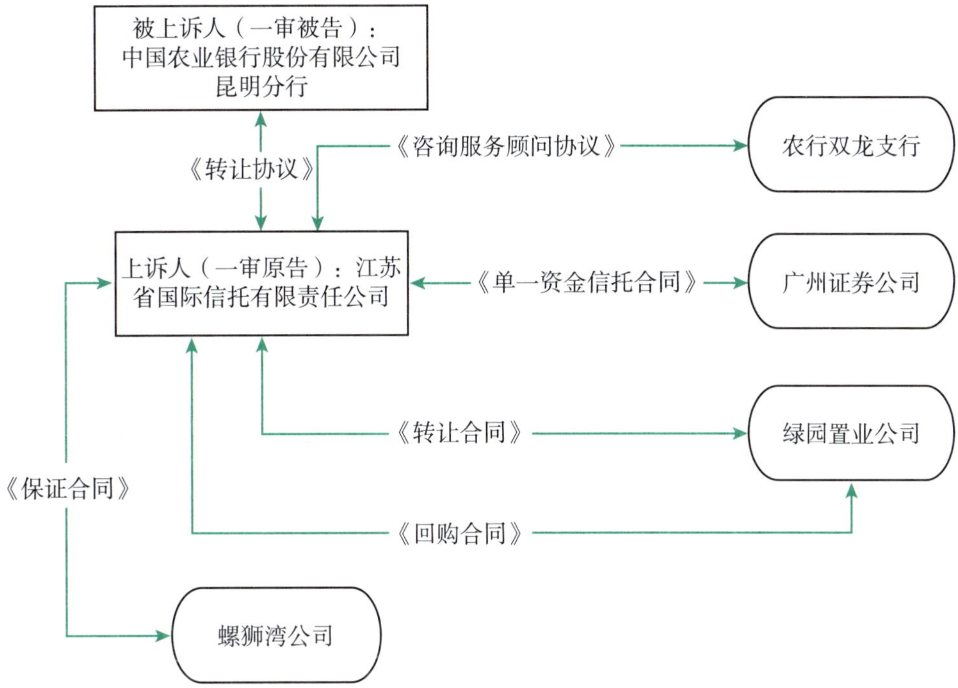

主要案情

上诉人(一审原告):江苏省国际信托有限责任公司。

被上诉人(一审被告):中国农业银行股份有限公司昆明分行。

上诉人江苏省国际信托有限责任公司(以下简称江苏信托公司)与被上诉人中国农业银行股份有限公司昆明分行(以下简称农行昆明分行)合同纠纷一案,不服江苏省高级人民法院(2015)苏商初字第00029号民事判决,向最高人民法院提起上诉。

2012年12月6日,江苏信托公司与广州证券公司签订《单一资金信托合同》,由广州证券公司向江苏信托公司交付信托资金12亿元,江苏信托公司将信托资金用于受让特定资产收益权,并通过收取回购价款等方式,为广州证券公司获取信托收益。该合同第一条明确以下主要内容:……(五)项目公司,指绿园置业公司;(六)转让合同,指江苏信托公司受委托人指定与项目公司签署的编号为[XY(2012-167)DFXTD]的《转让合同》;(七)回购合同,指江苏信托公司受委托人指定与项目公司签署的编号为[XY(2012-168)DFXTD]的《回购合同》;……(九)特定资产收益,是指"信托生效之日起至项目公司向受托人付清回购合同项下全部应付款项之日,开发建设、经营、管理、处分特定资产而产生的销售收入、租金收入等和因此等收入产生的其他任何现实收益。"(十)特定资产收益权,是指"受托人根据转让合同约定获得特定资产收益的权利。"……第七条"信托期限"(一)约定,本合同项下的信托资金的信托期限为两年，自信托生效日起计算。本信托自委托人按照本合同约定交付信托资金之日起成立并生效。第二十二条约定，委托人已经确知并同意本合同附件的内容，并且同意受托人签署作为本合同附件的全部文件。

2012 年 12 月 6 日，江苏信托公司与绿园置业公司签订《转让合同》[编号为 XY(2012－167)DFXTD]，内容为：(1)特定资产是指绿园置业公司持有的坐落于张家港市××××南的"东方新天地"中的面积为 65,690.91 平方米的房产；特定资产收益是指《单一资金信托合同》有效期内，因开发建设、经营、管理、处分特定资产而产生的销售收入、租金收入等和因此等收入产生的其他任何现实收益；特定资产收益权是指获得特定资产收益的权利。(2)绿园置业公司同意按照本合同约定的条件向江苏信托公司转让特定资产收益权，转让价款为 12 亿元，自江苏信托公司支付转让价款之日起，特定资产收益权即归江苏信托公司所有。(3)绿园置业公司有义务根据本合同及《履约准备金账户管理协议》的约定，在转让特定资产收益权后保证特定资产收益权的所有收益划付至绿园置业公司在农行双龙支行开立的履约准备金账户。

2012 年 12 月 6 日，江苏信托公司与绿园置业公司签订《回购合同》[编号为 XY(2012－168)DFXTD]，内容为：(1)本合同回购标的为依据《转让合同》江苏信托公司持有的特定资产收益权。(2)绿园置业公司回购特定资产收益权的期限为两年，自江苏信托公司依据《转让合同》向绿园置业公司支付特定资产转让价款之日(以下简称回购起始日)起计算，回购价款包括转让价款本金和溢价款两部分，其中转让价款本金为江苏信托公司按照《转让合同》向绿园置业公司支付的特定资产转让价款，溢价款为按照初始转让价款和 9.6%/年的溢价率以及回购期限计算得出的款项。本合同所称转让价款本金余额为江苏信托公司按照《转让合同》向绿园置业公司支付的特定资产转让价款金额减去绿园置业公司已经向江苏信托公司支付的转让价款本金数额。(3)溢价款的计价方式：①溢价款支付日为每年的 6 月 20 日、12 月 20 日及回购期限届满之日。溢价款支付日为法定节假日的，则顺延至下一个工作日。绿园置业公司应在该日或之前将已发生的溢价款支付给江苏信托公司。②溢价款根据转让价款本金余额进行分段计算。绿园置业公司应按照以下约定支付回购价款：①每年 6 月 20 日及 12 月 20 日应支付：转让价款本金余额×9.6%×自回购起始日(含)或上期支付溢价款之日(含)至当期支付溢价款之日(不含)止实际存续天数/360；②回购期限届满之日应支付：转让价款本金余额＋转让价款本金余额×9.6%×上期支付溢价款之日(含)至回购期限届满之日(不含)止实际存续天数/360。(4)本合同项下转让价款本金和溢价款的偿还，由绿园置业公司以《转让合同》项下特定资产提供抵押担保。(5)绿园置业公司未按本合同约定偿还回购价款，也未与江苏信托公司签订延期回购协议，或所延期限届满仍未偿还回购价款，江苏信托公司有权催收回购价款，并自逾期之日起溢价率在本合同约定的基础上加收 50%。(6)若绿园置业公司未按时足额向江苏信托公司支付溢价款，则绿园置业公司应按照违约金额 0.5%/日向江苏信托公司支付违约金，并赔偿江苏信托公司损失。

2012 年 12 月 6 日，江苏信托公司与绿园置业公司签订编号为 DYDB(2012－056)DFXTD 的《房地产抵押合同》，就绿园置业公司以特定资产即位于江苏省张家港市××××路 1 号 1

幢101室、201室、301室共三层建筑物及其对应的国有土地使用权为其履行特定资产收益权回购义务向江苏信托公司提供抵押担保事宜达成一致协议。

2012年12月6日，江苏信托公司与昆明螺狮湾投资发展股份有限公司(以下简称螺狮湾公司)、绿园置业公司签订编号为BZDB(2012－056)DFXTD的《保证合同》，就螺狮湾公司为绿园置业公司履行回购义务向江苏信托公司提供连带责任保证担保事宜达成一致协议。

2012年12月6日，江苏信托公司与农行双龙支行签订编号为XY(2012－184)DFXTD的《咨询服务顾问协议》，就农行双龙支行为江苏信托公司在"张家港东方新天地特定资产收益权项目单一资金信托"项下提供咨询服务之事宜达成协议，并约定由江苏信托公司向农行双龙支行支付咨询服务顾问费。

2012年12月6日，江苏信托公司与农行昆明分行签订《转让协议》[合同编号：XY(2012－171)DFXTD]，内容为：根据江苏信托公司与绿园置业公司签订《转让合同》的约定，江苏信托公司以人民币12亿元购买绿园置业公司持有的坐落于张家港市××××南的"东方新天地"中65,690.91平方米的房产对应的收益权，并由绿园置业公司按照《回购合同》的约定进行回购。江苏信托公司依据《转让合同》向绿园置业公司支付特定资产收益权转让价款之日(以下简称回购起始日)。双方同意按照本协议的约定，将江苏信托公司拥有的《转让合同》项下的特定资产收益权转让给农行昆明分行。双方就特定资产收益权转让事宜达成约定如下：(1)江苏信托公司同意按照本协议约定向农行昆明分行转让特定资产收益权，农行昆明分行同意按照本协议约定受让特定资产收益权。(2)除不可抗力外，农行昆明分行应于《转让合同》及《回购合同》项下的特定资产收益权回购到期日(回购起始日起满两年之日，如果回购提前到期，即为回购提前到期当日，以下简称回购到期日)前两日内(含回购到期日)受让江苏信托公司拥有的特定资产收益权，农行昆明分行应支付的特定资产收益权的转让价款为截至本条上述回购到期日绿园置业公司应付未付的转让价款本金以及截至农行昆明分行实际支付转让价款之日绿园置业公司应付未付的溢价款、违约金、江苏信托公司实现特定资产收益权的费用等。(3)自农行昆明分行支付完毕上述转让价款之日起，江苏信托公司在《转让合同》项下相应的特定资产收益权及相应的抵押权自动全部转让给农行昆明分行，江苏信托公司应当配合农行昆明分行办理抵押权的变更登记。在本协议约定的回购日到期或提前到期前，如江苏信托公司持有的绿园置业公司提供的抵押物被司法机关查封、冻结、保全或采取其他司法强制措施的，致江苏信托公司应转让给农行昆明分行的抵押权不能办理抵押权变更登记手续至农行昆明分行名下或农行昆明分行不能实现对抵押物的处置权的，江苏信托公司应以自身名义代农行昆明分行主张、实现抵押权，并将取得的抵押物处置价款于取得日后三个工作日内无偿转让给农行昆明分行；如果江苏信托公司以自身名义提出的代农行昆明分行主张、实现抵押权的请求不被司法机关支持或认可，江苏信托公司无须承担任何责任。(4)农行昆明分行承诺将本协议第二条约定的转让价款于回购到期日前两日内(含回购到期日)一次性划入江苏信托公司指定的银行账户：户名江苏省国际信托有限责任公司；开户银行中国农业银行股份有限公司昆明双龙支行；账号24×××37。……(5)如江苏信托公司按照本协议约定受让特定资产收益权前，绿园置业公司已按照《转让合同》及《回购合同》的约定支付了全部转让价款本金、溢价款及其他应付款项，则江苏信托公司和农行昆明分行不再履行本协议项下的特定资产收益权转让权利义务。(6)除不可抗力外，如农行昆明分行未按照本协议的约定向江苏信托公司按时支付特定资产收益权转让价款，即视为农行昆明分行违约，农行昆明分行应向江苏信托公司支付逾期违约金，违约金额 = 农行昆明分行应付的特定资产收益权转让价款总金额 ×0.03%/天 × 逾期天数。(7)江苏信托公司和农行昆明分行承诺并确认已获得签署本合同所必需的内部授权，不违反适用于江苏信托公司或农行昆明分行的法律、法规、政策和公司章程等规定。若一方违反内部章程和内部的其他规定而签署本合同，因此而产生的责任由该方承担，该方不得以此为由对抗本合同项下责任的承担和义务的履行。(8)双方之间关于本协议的一切争议，双方可协商解决；协商不成的，任何一方均应向本协议签订地的人民法院起诉。本协议签订地为江苏省南京市玄武区长江路 88 号。该协议上乙方落款栏内由农行昆明分行盖章并由其授权代表副总经理苏丽军签字。《转让合同》《回购合同》作为《转让协议》的附件。

2012 年 12 月 7 日，绿园置业公司、江苏信托公司、螺狮湾公司、农行双龙支行签订编号为 XY(2012 - 170)DFXTD 的《履约准备金账户管理协议》，就履约准备金账户的开立、监管、划扣等事宜达成协议。后江苏信托公司向农行双龙支行支付了咨询服务顾问费 1200 万元。

2012 年 12 月 11 日，江苏信托公司向绿园置业公司支付 12 亿元。江苏信托公司分别于 2012 年 12 月 12 日、2013 年 6 月 8 日、2013 年 12 月 8 日、2014 年 10 月 13 日向绿园置业公司出具利息通知单。绿园置业公司分别于 2012 年 12 月 20 日、2013 年 6 月 20 日、2013 年 12 月 19 日、2014 年 6 月 20 日向江苏信托公司支付 288 万元、5824 万元、5856 万元、5824 万元，合计 17,792 万元。2014 年 10 月 13、14 日，绿园置业公司分别向江苏信托公司支付 51,533,333.33 元、51,546,666.67 元。

2014 年 10 月 17 日，农行双龙支行向江苏信托公司发出《关于张家港绿园置业有限公司准备金账户的情况说明》，载明：2014 年 10 月 13、14 日绿园置业公司监管账户(账号 24 × × × 78)分别转账 51,533,333.33 元、51,546,666.67 元入信托扣收账户(江苏信托公司 24 × × × 37)，两笔资金在 2014 年 10 月 16 日均已按江苏信托公司电汇凭证转账。

2014 年 10 月 21 日，江苏信托公司向绿园置业公司发《函》称：绿园置业公司未在 2014 年 10 月 13 日前向履约准备金账户存入不少于人民币 2 亿元的回购价款本金及相应溢价款系违约行为，严重侵害了委托人的合法权益。

2014 年 11 月 14 日，农行双龙支行向江苏信托公司发出《关于张家港绿园置业有限公司准备金账户的情况说明》，载明：截至 2014 年 11 月 5 日绿园置业公司监管账户(账号 24 × × × 78)账户余额 71,737.33 元。

2015 年 5 月 11 日，江苏某律师事务所接受江苏信托公司委托，向农行昆明分行邮寄《张家港东方新天地特定资产收益权项目律师函》和《云南志远大厦特定资产收益权项目律师函》，并申请江苏省南京市石城公证处出具(2015)宁石证经内字第 3103 号《公证书》对两份邮寄函件内容及邮寄单据进行保全公证。

2015 年 5 月 25 日,农行昆明分行向江苏某律师事务所发出《复函》确认,农行昆明分行收悉江苏信托公司发来的律师函,但认为其与江苏信托公司已就云南志远、绿园置业信托项目的解决方案达成初步意向并进入实质性磋商、报批阶段,其中对绿园置业项目采取由江苏信托公司确认并转让债权的模式解决。

上诉人(一审原告)江苏信托公司一审诉讼请求:(1)农行昆明分行立即向江苏信托公司支付特定资产收益权转让价款总金额(暂计至 2015 年 8 月 31 日为人民币 1,333,198,533 元,其中包括转让价款本金 11 亿元、溢价款 50,746,666.67 元、违约金 182,451,866.7 元);(2)农行昆明分行按上述特定资产收益权转让价款总金额的 0.03%/天向江苏信托公司支付逾期违约金至给付之日(自 2014 年 12 月 11 日起暂计至 2015 年 8 月 31 日为 105,189,364.3 元);(3)农行昆明分行承担本案全部诉讼费用。

一审法院判决:(1)农行昆明分行于判决生效后十日内向江苏信托公司支付特定资产收益权转让价款本金 11 亿元和溢价款 50,746,666.67 元(自 2014 年 12 月 11 日起至实际给付之日止以 11 亿元为基数,按照年利率 14.4%计算)、违约金(自 2014 年 12 月 11 日起至实际给付之日止以 50,746,666.67 元为基数,按照每日千分之五的标准计算);(2)驳回江苏信托公司的其他诉讼请求。

二审法院最高人民法院于 2018 年 9 月 5 日作出判决:驳回上诉,维持原判。

法院观点

一、关于案涉《单一资金信托合同》与作为其附件的《转让协议》等合同的关系

根据本案查明的事实,2012 年 12 月 6 日,广州证券公司与江苏信托公司签订《单一资金信托合同》,约定由广州证券公司向江苏信托公司交付信托资金 12 亿元,江苏信托公司将信托资金用于受让特定资产收益权,并通过收取回购价款等方式,为受益人获取信托收益;广州证券公司已经确知并同意《转让合同》《回购合同》《转让协议》《房地产抵押合同》《保证合同》等《单一资金信托合同》附件的内容,并且同意江苏信托公司签署作为《单一资金信托合同》附件的全部文件。同日,江苏信托公司分别与绿园置业公司签订《转让合同》《回购合同》《房地产抵押合同》,与农行昆明分行签订《转让协议》,与农行双龙支行签订《咨询服务顾问协议》,与螺蛳湾公司、绿园置业公司签订《保证合同》。可见,江苏信托公司分别与绿园置业公司、农行昆明分行、螺蛳湾公司签订相关合同,是为了履行《单一资金信托合同》,完成信托事务,实现信托目的。《转让合同》《回购合同》《房地产抵押合同》《保证合同》《转让协议》等合同作为《单一资金信托合同》的附件,系广州证券公司与江苏信托公司信托交易框架的组成部分。依照《单一资金信托合同》与《转让合同》的约定,基于广州证券公司的委托,江苏信托公司以其名义将 12 亿元信托资金支付给绿园置业公司,同时受让了绿园置业公司的特定资产收益权。《信托法》第 14 条第 2 款规定,“受托人因信托财产的管理运用、处分或者其他情形而取得的财产,也归入信托财产。”《单一资金信托合同》第 5 条亦约定,信托财产包括信托资金在信托设立后,在受托人管理和处分过程中衍生的全部资产及收益。据此,由江苏信托公司处分案涉12亿元信托资金而取得的特定资产收益权系信托财产。农行昆明分行上诉理由中关于案涉《转让协议》系《单一资金信托合同》附件,与附件所列其他合同一起构成整个信托交易框架下的一部分,所转让的特定资产收益权系信托财产的主张成立。

但亦应指出的是,第一,依照《单一资金信托合同》第22条的约定,其附件所列合同之所以作为附件,只是表明委托人广州证券公司知晓并同意江苏信托公司运用其交付的信托资金开展相关的信托业务。附件所列合同并非《单一资金信托合同》的从合同,而是江苏信托公司为完成信托事务,经广州证券公司同意与不同当事人签订的各自独立的合同。故本案中江苏信托公司与农行昆明分行讼争的《转让协议》,虽然构成信托交易框架的一部分,但与《单一资金信托合同》之间不存在主从关系。第二,对于《单一资金信托合同》的效力,自应适用《信托法》第11条、《合同法》第52条等法律法规的规定进行审查,但《单一资金信托合同》的效力并不必然影响包括案涉《转让协议》在内的作为《单一资金信托合同》附件的各个独立合同的效力。因此,《单一资金信托合同》的效力问题不是本案的审理范围。第三,信托行为的实施会导致信托财产的形态发生变化。本案中,《单一资金信托合同》项下的12亿元信托资金是信托财产,《转让协议》所转让的特定资产收益权亦是信托财产。无论受托人如何管理运用或处分信托财产,因信托财产发生变动而形成之新的形态的财产仍归属于信托财产,此乃信托法为保护委托人利益而设立的特殊规则。而前述规则仅能被适用于界定信托财产构成范围的场合,而不能作为界定以信托财产为标的之合同性质的依据,更不能由此将所有涉及信托财产的合同一概认定为信托合同。是故,对于农行昆明分行上诉理由中有关信托合同因目的、行为违法而无效的主张,最高人民法院于本案不予理涉;农行昆明分行关于案涉特定资产收益权系信托财产因而《转让协议》系信托合同的观点,无事实和法律依据,不予采纳。

二、关于《转让协议》的性质

对于当事人讼争合同性质的认定,要基于合同条款的字面含义,从合同约定的具体权利义务关系出发,揭示当事人的真实意思,依照法律规定予以综合判断。在对本案诉争的《转让协议》这类商事合同进行解释时,更应观照蕴含于当事人缔约目的之中的商业考量与经济逻辑,反映商事合同不同于民事消费合同的风险分担和治理机制等特点,以维护交易秩序,促进商业活动发展。

依照《转让协议》鉴于部分及第1条载明的内容,江苏信托公司与农行昆明分行签订《转让协议》的目的,是转让江苏信托公司基于《转让合同》取得的特定资产收益权,该特定资产收益权是获得因开发建设、经营、管理、处分特定资产而获得销售收入、租金收入等和因此等收入获得其他任何现实收益的权利。与此同时,鉴于江苏信托公司与绿园置业公司通过签订《转让合同》《回购合同》同时成立特定资产收益权转让和回购法律关系,且在《回购合同》中就江苏信托公司转让特定资产收益权后绿园置业公司应对受让人承担《回购合同》项下的义务作出了特别约定,结合江苏信托公司与农行昆明分行将《回购合同》与《转让合同》一并列为《转让协议》的附件,并将绿园置业公司应付未付回购溢价款、违约金计入转让价款,以及江苏信托公司承诺向农行昆明分行转让为担保回购债权而设立的抵押权的事实，应当认定《转让协议》一并将江苏信托公司基于《回购合同》享有的回购债权及相应的抵押权纳入了转让范围。由此，《转让协议》的转让客体具有集合性，既包括特定资产收益权，也包括回购债权及相应的抵押权。

依照《转让协议》第2条的约定，除不可抗力外，农行昆明分行应于《转让合同》及《回购合同》项下的特定资产收益权回购到期日前两日内，受让江苏信托公司拥有的特定资产收益权；农行昆明分行应支付的转让价款为，截至回购到期日绿园置业公司应付未付的转让价款本金，以及截至农行昆明分行实际支付转让价款之日绿园置业公司应付未付的溢价款、违约金、江苏信托公司实现特定资产收益权的费用等。结合《转让协议》第3条关于自农行昆明分行支付完毕转让价款之日起，江苏信托公司在《转让合同》项下相应的特定资产收益权及相应的抵押权自动全部转让给农行昆明分行，第7条关于绿园置业公司依约支付全部转让价款本金、溢价款及其他应付款项，则江苏信托公司与农行昆明分行不再履行《转让协议》项下的特定资产收益权转让相关权利义务，以及第8条关于除不可抗力外，如农行昆明分行未按照约定向江苏信托公司按时支付转让价款即视为违约等合同条款的约定，农行昆明分行取得特定资产收益权及其回购债权和相应抵押权的对价，是向江苏信托公司支付绿园置业公司应付未付的转让价款本金、溢价款及违约金等款项，且该款项应当在特定资产收益权回购到期日前两日内支付。在《转让协议》系《单一资金信托合同》附件的背景下，《转让协议》对于农行昆明分行受让相关权利的对价及其支付方式、解除条件和违约责任的约定，于《转让合同》与《回购合同》而言，显然具有一种分担风险，强化信托财产投资安全的增信作用。也就是说，在特定资产收益权回购到期日前两日内，农行昆明分行即应向江苏信托公司支付绿园置业公司应付未付的相关款项，江苏信托公司的此项付款请求权对应构成的农行昆明分行的差额补充义务，在功能上具有担保江苏信托公司债权实现的作用。

由上，江苏信托公司与农行昆明分行签订的《转让协议》系混合合同，双方各自承诺负担的给付义务分别构成不同的合同关系，其一是转让特定资产收益权及其回购债权和相应抵押权的债权转让法律关系，其二是具有增信担保作用的差额补充法律关系。江苏信托公司和农行昆明分行基于《转让协议》约定各自负担不同类型的主给付义务，以对价关系而结合且不可分离，共同形成相互依赖的权利义务关系。因双方各自负担的给付义务不属于同一合同类型，故《转让协议》并非法律规定的有名合同。鉴于当事人讼争的法律关系是复合的且不具有典型性，本案案由应当确定为合同纠纷。一审判决将案涉《转让协议》认定为单一的债权转让，进而将案由确定为债权转让合同纠纷不当，最高人民法院予以纠正。

需要指出的是，《转让协议》约定由农行昆明分行承担的是特定资产收益权回购到期日之前的差额补充义务。上述义务属农行昆明分行作出的支付承诺，相对于被补充之债权具有独立性，农行昆明分行届期即应如数支付相应款项。此与通常具有从属性、补充性的保证担保不同，并不是在绿园置业公司不履行其回购义务时才由农行昆明分行向江苏信托公司依约履行债务或者承担责任。故其虽然具有增信担保的作用，但并非担保法意义上的保证担保行为。

农行昆明分行上诉理由中主张《转让协议》"名为转让实为担保"，理据不足，不予支持。

三、关于《转让协议》的效力

本案中，农行昆明分行主张《转让协议》因违反金融监管政策而无效。此项主张能否成立，应围绕国家金融监管政策的实施，依照《合同法》第52条的规定进行审查。

金融安全是国家安全的重要组成部分，金融制度是经济社会发展中重要的基础性制度。为防范化解重大金融风险，深化整治金融业市场乱象，国家近年来发布实施了一系列重要金融政策和监管措施。中国人民银行、中国银行业监督管理委员会、中国证券监督管理委员会、中国保险监督管理委员会、国家外汇局《关于规范金融机构同业业务的通知》（银发〔2014〕27号，以下简称《同业业务通知》）、中国银行业监督管理委员会《关于进一步深化整治银行业市场乱象的通知》（银监发〔2018〕4号，以下简称《整治市场乱象通知》）及其附件《进一步深化整治银行业市场乱象的意见》、《2018年整治银行业市场乱象工作要点》、中国人民银行、中国银行保险监督管理委员会、中国证券监督管理委员会、国家外汇管理局《关于规范金融机构资产管理业务的指导意见》（银发〔2018〕106号，以下简称《资管业务指导意见》）等金融监管文件，均规定了对违规开展涉及影子银行和交叉金融产品风险业务具体的监管与查处措施，明确将商业银行"为非标准化债权资产或股权性融资提供直接或间接、显性或隐性的担保或回购承诺"作为整治工作重点。对于此类涉及公共政策的监管规定，作为金融机构的当事人须在签订、履行同业业务合同时予以严格遵守，人民法院亦应在审查相关合同效力时，按照《合同法》第52条的规定予以充分的考量。

《同业业务通知》第18条规定，"金融机构于通知发布之日前开展的同业业务，在业务存续期间内向中国人民银行和相关监管部门报告管理状况，业务到期后结清。"《进一步深化整治银行业市场乱象的意见》第7条规定，"要新老划断，对于存量业务，区分问题性质、产生原因和造成后果等情况，给予一定的消化期和过渡期，差别化处置；对于整治银行业市场乱象工作开展以后（2017年5月1日后）的新增业务，严格按照法律法规进行规范，依法查处。"《资管业务指导意见》第29条规定，"按照'新老划断'原则设置过渡期，确保平稳过渡。过渡期为本意见发布之日起至2020年年底，对提前完成整改的机构，给予适当监管激励。过渡期内，金融机构发行新产品应当符合本意见的规定；为接续存量产品所投资的未到期资产，维持必要的流动性和市场稳定，金融机构可以发行老产品对接，但应当严格控制在存量产品整体规模内，并有序压缩递减，防止过渡期结束时出现断崖效应。"据此，在整治金融市场乱象的过程中，监管机关对存量业务与新增业务采取新老划断的差别化处置政策，存量业务应在过渡期内予以清理并在到期后结清。

本案《转让协议》系于2012年12月6日签订，所涉业务在上述金融监管文件出台之前即已存在。江苏信托公司提起本案诉讼，请求农行昆明分行履行《转让协议》并承担违约责任，属于清理存量业务。现行金融监管政策允许《转让协议》这一类的存量业务合同继续履行，有助于稳定相关市场预期，维护金融市场交易安全，也表明由此可能产生的金融风险处于可控制的范围之内，不构成《合同法》第52条规定的损害社会公共利益等合同无效的情形。一审判决认定《转让协议》有效正确,最高人民法院予以维持。农行昆明分行提出的《转让协议》因违反金融监管政策而无效的主张,缺乏事实和法律依据,不予支持。

此外,江苏信托公司并无实质审查农行昆明分行上级银行农行云南分行印章真伪的注意义务。在农行昆明分行已提供上级银行授权文件,且在《转让协议》上的相应签章及其负责人出具的授权文件均为真实的情形下,即使其上级银行授权文件上的印章系伪造,江苏信托公司亦有理由相信农行昆明分行有权开展案涉业务。《转让协议》第10条亦约定,合同一方违反内部章程和内部的其他规定而签署本合同,因此而产生的责任由该方承担,该方不得以此为由对抗本合同项下责任的承担和义务的履行。农行昆明分行开展案涉交易应否取得其上级银行的授权并非法律、行政法规明确规定的事项,其不得以银行内部管理规定对抗与其交易的善意相对人,亦不能据此否定《转让协议》的效力。与此同时,因《转让协议》不是担保合同,农行昆明分行签订《转让协议》并非作为法人分支机构对外提供担保,本案无须适用《担保法》第10条、第29条关于限制企业法人分支机构对外提供担保的规定,并以之审查《转让协议》的效力。由上,农行昆明分行以其未获得上级银行授权对外提供担保为由主张《转让协议》无效,无事实和法律依据,最高人民法院不予支持。

四、关于农行昆明分行应否支付转让价款的问题

根据《合同法》第60条第1款的规定,当事人应当按照约定全面履行自己的义务。《转让协议》第2条约定,农行昆明分行应在回购到期日前两日内向江苏信托公司支付转让价款。农行昆明分行应严守合同,诚信履行。

如前所述,《转让协议》的转让客体既包括特定资产收益权,也包括回购债权及相应的抵押权。《回购合同》约定江苏信托公司有权在绿园置业公司支付全部回购价款前,将其在《转让合同》项下的权利义务转让给第三方而无须征得后者的同意;转让后,绿园置业公司应对上述第三人承担根据《回购合同》应对江苏信托公司承担的义务,并享有相应的权利。江苏信托公司在二审答辩状中亦明确表示,其将在农行昆明分行付清转让款后,把《回购合同》项下债权及抵押权一并转让给农行昆明分行。本案中,由于绿园置业公司尚未依照《回购合同》的约定向江苏信托公司足额支付回购价款,《回购合同》项下的权利义务并未消灭,为担保回购债权的实现而设立的抵押权亦未灭失。农行昆明分行向江苏信托公司足额支付转让价款系清偿《转让协议》项下债务,《回购合同》项下的债权债务关系并不因农行昆明分行清偿其他合同项下的债务而终止。农行昆明分行主张抵押权因转让价款的支付而消灭,并无相应的合同依据和法律依据。由此,农行昆明分行取得案涉抵押权并无事实上或法律上的障碍,其签订《转让协议》的合同目的可以实现。农行昆明分行以无法实现合同目的为由拒绝履行《转让协议》,缺乏事实和法律依据,最高人民法院不予支持。

根据《转让合同》第1条的约定,特定资产收益权的内容包括对坐落于张家港市××××南的"东方新天地"中的面积为65,690.91平方米房产进行开发建设、经营、管理、处分而产生的销售收入、租金收入等和因此等收入产生的其他任何现实收益。上述约定明确了特定资产收益权的数量、权利内容和边界,已使特定资产收益权明确和特定。农行昆明分行关于案涉特定资产收益权不确定的主张不能成立。在绿园置业公司实际予以回购前，江苏信托公司拥有的案涉特定资产收益权仍然存在，并不因《回购合同》约定的两年回购期限的经过而丧失。《转让合同》将特定资产收益的范围约定为《单一资金信托合同》的有效期内产生的各种现实收益，亦非指特定资产收益权在两年的信托期限届满后自行消灭。因此，江苏信托公司可以管理、使用及处分案涉特定资产收益权，案涉特定资产收益权依法可以转让。农行昆明分行关于江苏信托公司已不再享有特定资产收益权，无法转让的主张，亦不能成立。需要指出的是，特定资产收益权系合同债权，双方在签订《转让协议》时对其有明确的界定，其能否实现取决于债务人是否履行合同义务等多重因素，存在一定的商业风险。即使案涉特定资产收益无法实现，亦不影响特定资产收益权的存在，更不影响农行昆明分行按照《转让协议》的约定向江苏信托公司履行支付转让价款的义务。农行昆明分行作为金融机构，在订立《转让协议》时应能预见合同债权不能实现的风险，其与江苏信托公司自愿签订《转让协议》意味着双方已对特定资产收益权不能实现的风险进行了适当分配。农行昆明分行以特定资产收益权系不良资产、不存在、继续履行《转让协议》显失公平等为由拒付转让价款，亦缺乏事实和法律依据，最高人民法院不予支持。

《转让协议》第3条约定，"自乙方(农行昆明分行)向甲方(江苏信托公司)支付完毕上述转让价款之日起，甲方在《转让合同》项下相应的特定资产收益权及相应的抵押权自动全部转让给乙方"，故农行昆明分行应先向江苏信托公司履行支付转让价款的义务，然后请求江苏信托公司履行转让特定资产收益权及其回购债权和相应抵押权的义务。根据《合同法》第67条的规定，当事人互负债务，有先后履行顺序，先履行一方未履行的，后履行一方有权拒绝其履行要求。农行昆明分行主张其与江苏信托公司并未约定履行的先后顺序，进而主张同时履行抗辩权，认为在江苏信托公司未先行行使抵押权或将抵押权随主债权一并转让的情形下其可拒付转让价款，没有事实依据，最高人民法院不予支持。因农行昆明分行未按照约定先履行支付转让价款的义务，江苏信托公司有权行使先履行抗辩权，拒绝转让回购债权及相应抵押权，亦可拒绝先行向绿园置业公司主张抵押权。

农行昆明分行在不享有相应履行抗辩权的情形下，未按照《转让协议》的约定于回购到期日前两日内向江苏信托公司支付转让价款，已构成违约。《合同法》第107条规定，"当事人一方不履行合同义务或者履行合同义务不符合约定的，应当承担继续履行、采取补救措施或者赔偿损失等违约责任"。《合同法》第109条规定，"当事人一方未支付价款或者报酬的，对方可以要求其支付价款或者报酬"。因此，农行昆明分行应向江苏信托公司支付转让价款。一审判决支持江苏信托公司提出的农行昆明分行支付转让价款的诉讼请求正确，最高人民法院予以维持。

五、关于一审判决认定的转让价款及违约金是否符合《转让协议》约定和法律规定的问题

《转让协议》第2条约定，转让价款为"截至本条上述回购到期日绿园置业应付未付的转让价款本金以及截至乙方实际支付转让价款之日绿园置业应付未付的溢价款、违约金、甲方实现特定资产收益权的费用等"。绿园置业公司应付转让价款本金、溢价款及违约金的数额，均可根据《回购合同》第3条、第11条的约定通过计算进行确定。截至回购到期日绿园置业公司未付的转让价款本金、溢价款及违约金的数额,亦可根据绿园置业公司实际履约情况确定。故江苏信托公司与农行昆明分行约定的转让价款具体明确,可以履行。农行昆明分行主张转让价款约定不明,没有事实依据,其主张根据《合同法》第61条的规定按照合同有关条款或交易习惯确定案涉特定资产收益权的转让价款,理据不足。同时,《回购合同》并未约定绿园置业公司应付溢价款包括农行双龙支行的中介服务费,《转让协议》亦未约定农行昆明分行向江苏信托公司支付的溢价款应扣除农行双龙支行的中介服务费,故农行昆明分行主张其向江苏信托公司支付的溢价款应扣除农行双龙支行的中介服务费,无事实依据。与此同时,农行昆明分行主张其不应向江苏信托公司支付绿园置业公司应付未付的违约金,显与《转让协议》第2条的约定相悖。因此,最高人民法院对农行昆明分行提出的上述主张均不予支持。一审判决确定的转让价款符合江苏信托公司与农行昆明分行的约定,予以维持。

江苏信托公司与绿园置业公司签订的《回购合同》第11条"违约责任"第2项约定,"若乙方(绿园置业公司)未按时足额向甲方(江苏信托公司)支付溢价款,则乙方应按照违约金额0.5%/日向甲方支付违约金,并赔偿甲方损失。"江苏信托公司与农行昆明分行签订的《转让协议》第8条约定,"除不可抗力外,如乙方(农行昆明分行)未按照本协议的约定向甲方(江苏信托公司)按时支付特定资产收益权转让价款,即视为乙方违约,乙方应向甲方支付逾期违约金,违约金额=乙方应付的特定资产收益权转让价款总金额×0.03%/天×逾期天数。"《回购合同》与《转让协议》分别约定的上述违约金条款,在行为主体、违约事实及违约金额计算方法等方面均不相同,各自形成相互独立的违约责任。但根据《转让协议》的约定,案涉转让价款的计算方式为:转让价款=至回购到期日绿园置业公司应付未付转让价款本金+至农行昆明分行实际给付转让价款之日绿园置业公司应付未付溢价款+至农行昆明分行实际给付转让价款之日绿园置业公司应付未付违约金。由此,本应由绿园置业公司承担的违约金,亦作为转让价款的一部分构成了农行昆明分行的合同义务。农行昆明分行关于本案存在违约金重复计算的主张不能成立。

违约金的基本功能是填补损失。《合同法》第114条第2款规定,"约定的违约金低于造成的损失的,当事人可以请求人民法院或者仲裁机构予以增加;约定的违约金过分高于造成的损失的,当事人可以请求人民法院或者仲裁机构予以适当减少。"依照《转让协议》的合同目的,在农行昆明分行承担的差额补充义务具有担保功能的情形下,农行昆明分行对江苏信托公司承担给付义务的范围应以绿园置业公司尚未清偿的债务范围为限。至回购到期日止,绿园置业公司尚未清偿的债务范围已经确定,农行昆明分行承担的差额补充义务范围也由此确定。在此之后,农行昆明分行依照《转让协议》第2条的约定,应向江苏信托公司支付的截至其实际付款之日绿园置业公司应付未付溢价款的违约金,已能够起到填补江苏信托公司损失的作用。江苏信托公司在此基础上还请求农行昆明分行依照《转让协议》第8条的约定,以全部应付转让价款总额为基数计付违约金,导致违约金数额过高。一审法院依照《合同法》第114条第2款的规定,酌定对其此部分诉讼请求不予支持,并无不当。江苏信托公司关于一审判决不支持其逾期付款违约金请求于法不当的主张，理据不足，最高人民法院不予支持。与此同时，在一审判决对江苏信托公司要求农行昆明分行支付逾期违约金的诉请未予支持的情形下，江苏信托公司向农行昆明分行收取期内溢价款的违约金，即使加上期外溢价款且仅以转让价款本金为基数进行计算，所能获得的年化收益率约为22%，不存在过分高于造成的损失的情形。农行昆明分行将一审判决未予支持的《转让协议》约定违约金的年化利率与《回购合同》约定期内溢价款违约金的年化利率简单相加，主张本案违约金年利率高达190.8%，且于二审继续请求减少其应向江苏信托公司支付的绿园置业公司期内溢价款的违约金，无事实和法律依据，不予支持。

六、关于诉讼费用的负担

根据《诉讼费用交纳办法》第29条的规定，诉讼费用由败诉方负担，部分胜诉、部分败诉的，根据案件的具体情况决定当事人各自负担的诉讼费用数额。本案一审判决支持了江苏信托公司要求农行昆明分行支付转让价款的诉讼请求，但对其要求农行昆明分行支付逾期违约金的部分诉讼请求未予支持，该未予支持部分所对应的案件受理费，应由江苏信托公司负担。故农行昆明分行、江苏信托公司应按照一审判决支持江苏信托公司的诉请金额与未予支持部分的比例，分担案件受理费。一审判决判令农行昆明分行承担全部诉讼费用有失妥当，最高人民法院予以纠正。①

综上所述，江苏信托公司的上诉请求不能成立；农行昆明分行的上诉请求，除诉讼费用负担的部分主张外，亦不能成立。一审判决认定事实清楚，针对当事人实体诉求所作的裁判适用法律正确。

律师提示

金融交易安全永远是第一位需要考虑的。本案从信托公司角度看，至少设有六道风控措施，以退为进，饱和增信，堪称完美风控，值得债权类投资者借鉴。

1. 所有协议文本签署之前获得金主的通知、同意，明确仅为通道责任。

2. 签署收益权《回购合同》，明确融资方的限期回购责任。

3. 签署《抵押合同》并办理抵押登记，明确对特定资产享有优先受偿权。

4. 签署《保证合同》，明确第三方公司的连带保证担保责任。

5. 签署《履约准备金账户管理协议》，明确履约准备金账户的开立、监管、划扣，特定化资金专户，达到资金质押效果。

6. 签署《转让协议》，明确具完全给付实力的银行对特定资产收益权的补充再受让责任。

增信手段饱和多样，可选择余地很多，是本案的重要非诉建议。

---

① 本案并未改判，但二审判决书对一、二审诉讼费负担进行了调整。

第十一章 债转股篇

062 债转股如何区别于企业改制?

案例索引

最高人民法院(2014)民申字第315号民事裁定书。

案例导读

一、本案是一起以"债权+实物资产"为出资模式的债转股交易纠纷,因没有充分注意企业改制与债转股的区分及风险,导致新公司对原公司债务承担连带清偿责任的案例。案例揭示的风险非常具有典型意义,值得一读。

二、什么是企业改制?什么是债转股?企业改制与债转股有何区别及法律后果有何不同?什么是政策性债转股?为什么政策性债转股不属于法院受理范围?原公司以实物资产出资新公司,为何新公司需要对原公司债务承担连带清偿责任?本案例引发了对这些问题的思考和判断,值得实务研究。

裁判要旨

正确判断债转股的概念,区分债转股与企业部分改制的不同,更需注意新设公司应当在所接收的财产范围内与原企业共同承担连带责任。

裁判逻辑

1. 政策性债转股是国家决定剥离银行不良资产和解除国有企业负债的一种改革机制,这种债转股是依据国家政策操作的,需要经过特殊的审批程序。

2. 政策性债权转股权,不属于人民法院受理民事案件的范围,应按国务院有关部门的规定处理。

3. 原公司将部分实物净资产剥离,以实物净资产出资与其他民事主体共同组建新公司,同时原公司资格仍然存在,原公司对新公司的出资行为不是债权转股权,更不符合政策性债权转股权的情形,应为企业部分改制行为,属于法院民事案件受理范围。

4. 因新公司接收了原公司实物净资产的出资,新公司应在接收的财产范围内与原公司共同对债权人的债权承担连带民事责任。

5. 原公司因未按约定偿还债务,陕西省技术进步投资有限责任公司作为保证人承担保证责任后向原公司追偿导致本案诉争,也不是债权转股权纠纷。

交易结构图

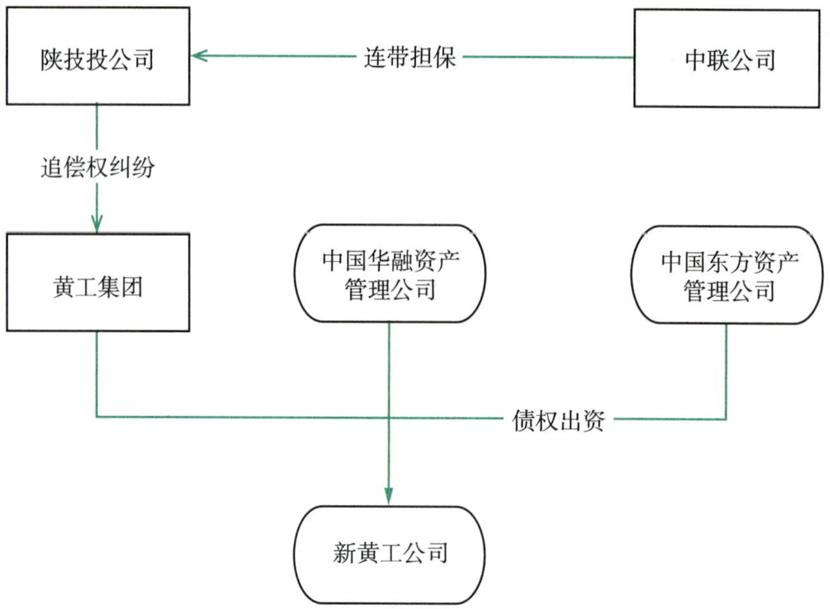

主要案情

再审申请人(一审被告、二审被上诉人):陕西中联重科土方机械有限公司(新公司)。

被申请人(一审原告、二审上诉人):陕西省技术进步投资有限责任公司(债权人之保证人)。

被申请人(一审被告、二审被上诉人):陕西黄河工程机械集团有限责任公司(原公司)。

再审申请人陕西中联重科土方机械有限公司(以下简称中联公司)因与被申请人陕西省技术进步投资有限责任公司(以下简称陕技投公司)、陕西黄河工程机械集团有限责任公司(以下简称黄工集团)企业借贷纠纷一案,不服陕西省高级人民法院(2013)陕民二终字第00046号民事判决,向最高人民法院申请再审。

2001年12月26日经陕西省经济贸易委员会批准,黄工集团、中国华融资产管理公司、中国东方资产管理公司签订《出资协议》,黄工集团(原公司)以实物净资产出资3361万元,占11.84%,中国华融资产管理公司、中国东方资产管理公司以对黄工集团(原公司)的债权出资,于2002年1月24日设立新黄工公司,设立时股东为黄工集团、中国华融资产管理公司、中国东方资产管理公司[2008年9月23日,新黄工公司名称变更为中联公司(新公司)]。

黄工集团(原公司)因未按约定偿还银行贷款,作为贷款保证人陕技投公司承担保证责任后向黄工集团追偿本金250万元及利息致本案诉争。陕技投公司同时诉请中联公司(新公司)对黄工集团欠陕技投公司本金及利息承担还款连带责任。

陕西省高级人民法院作出判决,支持了陕技投公司全部诉讼请求。中联公司(新公司)不服该判决,向最高人民法院申请再审。

中联公司申请再审称:(1)二审法院认定的事实不全面,一些关键事实没有认定,影响案件的公正判决。①黄工集团债转股涉及多家公司,庞大的资产也去向多家公司。假如陕技投公司的诉讼理由成立,那么承担连带责任的就不止中联公司一家。②黄工集团债转股是政策性债转股。③二审法院认定"黄工集团在其未通知债权人陕技投公司时转移债务"不符合事实。陕技投公司与黄工集团均属陕西省机械工业局下属单位,债转股时有参与,但陕技投公司拒绝将债权转为陕西新黄工机械有限责任公司(以下简称新黄工公司)的股权。(2)二审判决适用最高人民法院《关于审理与企业改制相关的民事纠纷案件若干问题的规定》第6条的规定错误。最高人民法院《关于审理与企业改制相关的民事纠纷案件若干问题的规定》第14条规定,政策性债权转股权按照国务院有关的规定处理。《国务院办公厅转发财政部等部门关于推进和规范国有企业债权转股权工作意见的通知》(国办发〔2004〕94号)第3条第2款规定:"原国有出资人与债转股新公司之间应实行机构、人员、业务和财务分开,各自独立核算,独立承担责任和风险。"本案属于政策性债转股,不属于司法调整范围,应按国务院有关部门的规定处理。中联公司依据《民事诉讼法》第200条第2项、第6项的规定申请再审。

陕技投公司提交书面意见称:通过一、二审的庭审程序均已查明黄工集团以3361万元的优质净资产出资设立了新黄工公司,此后黄工集团已无任何的经营性资产,其本身已无任何能力来偿还陕技投公司的债务。财产是企业法人在市场经济运行的核心基础,是法人进行民事法律行为的基础保障,国家的各项法律法规,也要求和鼓励企业法人应当保持资产的稳定性,不得随意抽逃出资、恶意减少资产来损害市场经济的稳定发展。本案中,虽然黄工集团依据政策进行改制,但其改制过程中也应依据法律进行,对于自身负担的债务应当有妥善合理的安排。黄工集团进行债转股时其净资产完全出资,本身无偿债能力。在转股后公司负债中明示:债务重组的基本原则是债务随着资产走,直接用于项目建设及短贷长用的随重组资产负担。当新黄工公司继受黄工集团的净资产后,其就同时负有连带偿还黄工集团对陕技投公司债务的义务。这是新设立的法人应当承担的义务,至于后期无论新法人的股权如何变动及企业名称的改变均不影响新设立法人对陕技投公司债权负有连带偿还责任。因新设立的公司后更名为中联公司,故而中联公司应当对陕技投公司负有连带偿还的义务。本案在诉讼过程中,中联公司一直企图混淆股东责任和法人责任,试图利用法人股东的变化免除法人本身的责任。本案的偿债责任在法人成立时已经成立,属于法人应负的独立责任,不应该也不可能随着股东的变化最终免除法人的责任,这不符合法人独立性的基本原理。

黄工集团提交书面意见称：陕技投公司作为担保人代替黄工集团偿还的银行贷款与中联公司无关，造成陕技投公司对黄工集团的追偿权，是因陕技投公司未按上级要求履行不当的行政行为引起，应该通过政府协调解决，不应该通过民事诉讼的方式解决。

最高人民法院于 2014 年 8 月 13 日作出裁定：驳回中联公司的再审申请。

法院观点

最高人民法院结合中联公司再审申请书载明的申请理由及其提供的证据，对以下问题进行审查。

一、关于黄工集团出资设立新黄工公司的行为是否属于政策性债转股的问题

政策性债转股是国家决定剥离银行不良资产和解除国有企业负债的一种改革机制，这种债转股是依据国家政策操作的，对哪些企业可以实施债转股份，哪些企业不能实施债转股，是由政府职能部门划定范围的。债转股是在国有商业银行的资产管理公司与国有企业之间进行的，需要经过特殊的审批程序，根据最高人民法院《关于审理与企业改制相关的民事纠纷案件若干问题的规定》，政策性债权转股权，不属于人民法院受理民事案件的范围，应按国务院有关部门的规定处理。法院查明的事实为，2001 年 12 月 26 日经陕西省经济贸易委员会批准，黄工集团、中国华融资产管理公司、中国东方资产管理公司签订《出资协议》，黄工集团以实物净资产出资 3361 万元，占 11.84%，于 2002 年 1 月 24 日设立新黄工公司，设立时股东为黄工集团、中国华融资产管理公司、中国东方资产管理公司。从上述事实看，黄工集团将其部分财产（实物净资产）从企业中剥离，与其他民事主体（中国华融资产管理公司、中国东方资产管理公司）共同组建新公司（新黄工公司），同时，原企业法人（黄工集团）资格仍然存在。黄工集团对新黄工公司的出资行为不是债权转股权，更不符合政策性债权转股权的情形。此外，从本案纠纷的原因看，黄工集团因未按约定偿还银行贷款，作为贷款保证人陕技投公司承担保证责任后向黄工集团追偿导致本案诉争，本案并不是债权转股权纠纷。因此，中联公司申请再审认为黄工集团出资设立新黄工公司的行为属于政策性债转股的事由不能成立。

二、关于中联公司是否应对黄工集团欠陕技投公司本金 250 万元及利息承担还款连带责任的问题

根据上述分析，黄工集团以实物净资产出资 3361 万元于 2002 年 1 月 24 日设立新黄工公司的行为性质为企业部分改制，不属于政策性债权转股权。本案纠纷依法应属于人民法院受理的民事案件的范围。从法院查明的事实看，2008 年 9 月 23 日，新黄工公司名称变更为中联公司。因新黄工公司（中联公司）接收了黄工集团实物净资产的出资，根据最高人民法院《关于审理与企业改制相关的民事纠纷案件若干问题的规定》的有关规定，新黄工公司（中联公司）应在接收的财产范围内与原企业黄工集团共同对陕技投公司的债权承担连带民事责任。二审判决对此适用法律并无不当。

律师提示

在市场化债转股正在推进的当下，债转股纠纷案将会日益增多，审理债转股纠纷的主要裁判规范依据是什么？实务操作又如何避免此类风险？

1. 最高人民法院《关于审理与企业改制相关的民事纠纷案件若干问题的规定》(法释〔2003〕1号)是法院审理裁判债转股纠纷的主要司法解释，其中第14、15、16条专门讲如何审理债转股纠纷。

2. 由于本案交易存在实物出资组建新的公司情形，掉入了“企业公司制改造”的陷阱。根据最高人民法院《关于审理与企业改制相关的民事纠纷案件若干问题的规定》第6条、第7条，新设公司应当在所接收的财产范围内与原企业共同承担连带责任。

3. 我们建议，接受实物出资设立新公司需要特别小心，需要对实物资产出资主体债务情况进行充分核查，并需要与该实物资产出资主体的所有债务人进行合理的法律处理，以避免新设公司需要对实物出资股东的债务承担连带清偿责任。

063 债转股工商变更登记有哪些法律障碍？

案例索引

贺州市中级人民法院(2017)桂11民终1092号民事判决书。

案例导读

一、本案是一起企业转制后债转股的案例，其亮点在于企业转制有限公司设立登记且又进行了债转股变更登记后，竟被登记机关撤销设立登记，公司再次设立登记后，却遭遇了债转股无法变更登记的令人始料未及的、离奇尴尬纠纷。事主债转股18年，一路维权，最终败诉，其经历十分曲折，结果令人唏嘘。

二、公司设立登记后被登记机关撤销再次设立登记，前后公司名称一样，注册资本金一样，但股东人数从13人变为31人。再次登记是否为恢复登记？再次登记前后的公司是同一主体还是不同主体？一审法院认为再次登记前后的公司为不同法律主体，而二审法院则虽未明确但又似乎隐约认可再次登记前后的公司为同一法律主体，可又否认了前次登记公司全部13名股东签署决议的效力。

裁判要旨

公司进行重大事项决策时，应严格按照公司章程及《公司法》相关规定进行，正确行使股东会职权、股东会议事方式和表决程序，否则将导致决议无效。

裁判逻辑

一、有限公司对于增加或者减少注册资本及修改公司章程的决议须经公司股东会进行表决,且必须经代表三分之二以上表决权的股东通过方可有效。

二、有限公司的债权转股权、增加注册资本的决议未经代表三分之二以上表决权的股东通过不发生效力,不得以此请求办理工商登记。

交易结构图

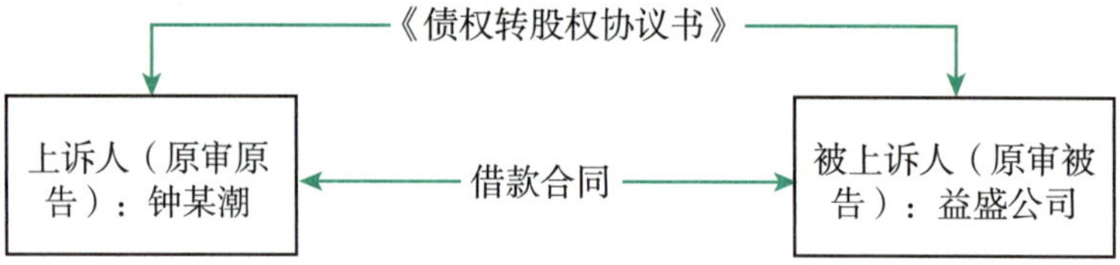

主要案情

上诉人(原审原告):钟某潮。

被上诉人(原审被告):贺州市益盛公交汽车有限公司。

上诉人钟某潮因与被上诉人贺州市益盛公交汽车有限公司(以下简称益盛公司)企业债权转股权合同纠纷一案,不服广西壮族自治区贺州市八步区人民法院(2017)桂1102民初696号民事判决,向贺州市中级人民法院提起上诉。

2001年6月14日,原县级贺州市人民政府作出《市人民政府关于市公共汽车公司转制为民营企业的批复》(贺政函〔2001〕34号),同意广西贺州市公共汽车公司改制为益盛公司(民营企业)。该批复指出,广西贺州市公共汽车公司转制后,原有的债务由转制后的企业负责清偿,承担民事责任。企业按照有限公司组建,股本构成及股本总额等具体事宜,应按公司章程组织实施。企业章程的制定和股本设置、变更由市经济体制改革办公室审核批准。

2001年10月11日,贺州市经济体制改革办公室作出《贺州市益盛公交汽车有限公司章程》的批复,同意益盛公司制定并经2001年9月11日首届股东会审议通过的《贺州市益盛公交汽车有限公司章程》;公司名称为"贺州市益盛公交汽车有限公司";注册资本为人民币63.38万元;公司股本总额为63.38万元,股份以人民币1元为计算单位,合计63.38万股;共有股东13人,股权设工会法人股和职工个人股两种,在职工个人股中分设基本股、资产股和职务股。

2001年9月至10月,益盛公司因改制需要,向原告钟某潮借款人民币111万元用于清偿债务。

2001年10月22日,益盛公司注册成立,法定代表人陈德继,公司注册资本39.80万元。

2001年10月26日,益盛公司(甲方)与原告钟某潮(乙方)签订《债权转股权协议书》,协议内容:益盛公司(改制前的贺州市公共汽车公司),于2001年9月至10月间为清还贺州市工商银行、贺州市财政局及私人债务，向海南省钟某潮先生借人民币壹佰壹拾壹万元（111 万元）。现借款期限已至，但目前尚未有能力偿还，现经双方协商同意，特签债权转股权协议如下：（1）甲方根据《贺州市放开搞活国有中小企业的实施意见》（贺办发〔2000〕165 号）文件第 4 条第 3 款“坚持对外开放……”的精神，同意将乙方的债权转为益盛公司的股权。乙方应占公司的股权比例经法定验资机构出具证明为准。（2）乙方的债权转股权后，即成为益盛公司的股东，按公司章程规定履行股东的权利和义务，经全体股东选举后可出任公司的法定代表人和董事长。（3）经双方协商同意，乙方的债权转股权后，未经全体股东会议通过不得抽走资金或退股。（4）乙方成为公司股东后，按照公司章程规定：股东按出资比例行使表决权。公司实行入股自愿，坚持股权平等，同股同利，风险共担，民主管理等。益盛公司法定代表人及 13 名股东、钟某潮均在该协议上签名，益盛公司盖章。

2001 年 10 月 25 日，益盛公司召开董事会，作出修改公司章程的决议，决定将原告钟某潮对公司拥有的 111 万元债权转为股权、增加工商注册资金等，同时决定改选公司董事会和变更公司法人代表。

2001 年 10 月 31 日，原县级贺州市工商行政管理局根据益盛公司的申请，核准其办理了变更登记。公司注册资金由 39.8 万元变更为 133 万元，其中：钟某潮出资 111 万元，占总股本的 83.46%，职工个股（13 人）出资 22 万元，占总股本的 16.54%。法定代表人由陈德继变更为钟某潮。

2010 年 4 月 29 日，由于益盛公司在设立及变更登记过程中，存在未严格按照政府改制批复的要求，擅自减少注册资本及变动股权设置等问题，贺州市工商行政管理局依法作出贺工商许决字（2010）1 号《撤销行政许可决定书》，决定：（1）撤销益盛公司设立登记和变更登记。（2）要求广西贺州市公共汽车公司按照原县级贺州市人民政府贺政函〔2001〕34 号文和原县级贺州市体改办贺体改字〔2001〕13 号文政府及有关部门批准的改制精神，重新验资和向贺州市工商行政管理局申请改制登记。

2010 年 4 月 30 日，贺州市工商行政管理局向广西贺州市公共汽车公司重新颁发了企业名称为“广西贺州市公共汽车公司”的企业法人营业执照，法定代表人为陈德继。

2014 年 3 月 11 日，贺州市八步区人民政府办公室作出贺八政办函〔2014〕32 号《关于贺州市公共汽车公司改制后重新成立贺州市益盛公交汽车有限公司有关问题的批复》，决定由贺州市八步区企业改革整顿领导小组办公室，按照原县级贺州市人民政府作出的贺政函〔2001〕34 号文的要求，履行对该公司的企业章程、股本设置和变更事项的审核批准职责。

2014 年 6 月 12 日，贺州市八步区企业改革整顿领导小组办公室作出贺八企改函〔2014〕1 号《关于〈贺州市益盛公交汽车有限公司章程〉的批复》，明确公司股权设置为：公司注册资本 63.2073 万元；公司股本总额为 63.2073 万元，其中现金股 22.3 万元，生活安置费入股，即 2001 年改制时 31 名在册职工各人理顺劳动关系生活安置费折成的股份 40.9073 万元。

2014 年 7 月 16 日，贺州市工商管理局根据申请，核发了企业名称为“贺州市益盛公交汽车有限公司”的企业法人营业执照。公司注册资本为 63.2073 万元，法定代表人胡栋保，股东

(发起人)包括陈德继、谭苏芳、朱仁基、赖海才、刘海珠等 31 人,不包括本案原告钟某潮。

原告认为,工商部门未将其登记为益盛公司股东错误,向该院提起行政诉讼,案经该院并经贺州市中级人民法院作出终审判决,驳回了钟某潮的诉讼请求。

原告认为,其与被告益盛公司签订的《债权转股权协议书》合法有效,被告益盛公司应当为其办理股权登记而未办理的行为,损害了其合法权益,因此提出本案诉讼。

上诉人(原审原告)钟某潮一审诉讼请求:(1)确认原、被告于 2001 年 10 月 26 日签订的《贺州市益盛公交汽车有限公司债权转股权协议书》(以下简称《债权转股权协议书》)合法有效;(2)判令被告为原告办理股权登记(原告应占公司的股权比例以法定验资机构出具的证明为准);(3)本案诉讼费由被告负担。

一审法院判决:驳回原告钟某潮的诉讼请求。

二审法院贺州市中级人民法院于 2018 年 2 月 22 日作出判决:驳回上诉,维持原判。

法院观点

综合诉辩双方的意见,归纳本案的争议焦点为:2001 年 10 月 26 日签订的《贺州市益盛公交汽车有限公司债权转股权协议书》是否有效;上诉人是否已合法取得公司股权,上诉人诉请被上诉人协助办理股权登记是否合法有据。

根据《公司法》(1999 年)第 38 条、第 39 条、第 40 条的规定,公司对于增加或者减少注册资本及修改公司章程的决议须经公司股东会进行表决,且必须经代表三分之二以上表决权的股东通过方可有效。从《贺州市益盛公交汽车有限公司章程》的规定看,公司原注册资本为 63.38 万元,公司股权设工会法人股和职工个人股两种,其中工会法人股共23.58万股,占股本总额的 37.2%,职工个人股共 39.8 万股,占股本总额的 62.8%。上诉人与被上诉人公司于 2001 年 10 月 26 日签订的《贺州市益盛公交汽车有限公司债权转股权协议》未经股东会决议,虽有占 62.8% 股权的职工个人股股东签名,但也未达三分之二以上有表决权的股东通过。被上诉人公司于 2001 年 10 月 25 日召开董事会,通过的债权转股权、增加注册资本的决议违反了《公司法》的上述规定,决议无效。被上诉人据此进行的工商变更登记也已被撤销,故上诉人请求确认《贺州市益盛公交汽车有限公司债权转股权协议》合法有效,并要求被上诉人为上诉人办理股权登记的诉求,依据不足,不予支持。

律师提示

关于公司债转股如何办理工商登记,需要符合哪些条件,需要提交哪些资料,有哪些情况必须特别注意额外法律风险等问题,我们认为,债转股工商变更登记的主要规范依据为:《公司法》《公司登记管理条例》,还有就是特别规定即由国家工商总局于 2012 年发布的《公司债权转股权登记管理办法》(第 57 号)。

关键几条需要特别留意:

1. 债权转股权作价出资金额与其他非货币财产作价出资金额之和,不得高于公司注册资本的百分之七十。

2. 用以转为股权的债权,应当经依法设立的资产评估机构评估。债权转股权的作价出资金额不得高于该债权的评估值。

3. 债权转股权应当经依法设立的验资机构验资并出具验资证明。

4. 公司申请变更登记,除按照《公司登记管理条例》和国家工商行政管理总局有关企业登记提交材料的规定执行外,还应当根据不同情况分别提交以下材料:(1)债权人和公司签署的债权转股权承诺书,双方应当对用以转为股权的债权符合该项规定作出承诺;或(2)人民法院的裁判文书;或(3)经人民法院批准的重整计划或者裁定认可的和解协议。

5. 公司提交的股东(大)会决议应当确认债权作价出资金额并符合《公司法》和公司章程的规定。

064 债转股回购条款约定内容有哪些?

案例索引

最高人民法院(2016)最高法民终34号民事判决书。

案例导读

本案是 起在债转股约定股权回购权与法定股权回购权发生竞合情况下,如何确定合理回购价格的最高人民法院案例。(1)债转股协议约定由公司逐步分期回购股权是否合法有效?(2)如何区分股东会表决时间与异议时间?(3)《公司法》法定股权回购条件有哪些?(4)如何确定股权回购价格?(5)迟延股权回购如何计算利息?(6)约定股权回购权与法定股权回购权发生竞合情况下,如何确定合理回购价格?最高人民法院通过本案例对以上问题均有相对明确的观点,但对问题(6)的观点比较含糊不清,阐述不够,值得研究探讨。

裁判要旨

债权方的股权通过新公司回购方式退出时,股权退出价格应综合考虑利润分红、股价增值、迟延股权回购的违约责任等情形。

裁判逻辑

1. "原企业资产出资+债权人债权出资设立新公司"的债转股协议约定由新公司逐步分期分批回购债权人股权,并没有加大新公司的负担,内容形式不违反法律、行政法规的强制性规定,合法有效。

2. 公司决定采取信函方式通知于某日召开临时股东会会议并形成股东会决议,该日期为公司召集临时股东会会议及形成决议的时间,并非限制各股东对决议的异议期限。

3. 股东对公司关于延长经营期限的股东会决议书面提出反对意见,有权依法请求公司按照合理的价格收购其股权。

4. 股东请求公司股权回购的合理价格通常以第三方审计报告或评估价值为参照,但当事人另有合同预先约定的,应优先从其约定。

5. 公司迟延履行支付回购股权的款项,应相应地给予利息,如果没有关于迟延利息的约定,则属法定孳息,可按照中国人民银行同期贷款基准利率计算利息。

交易结构图

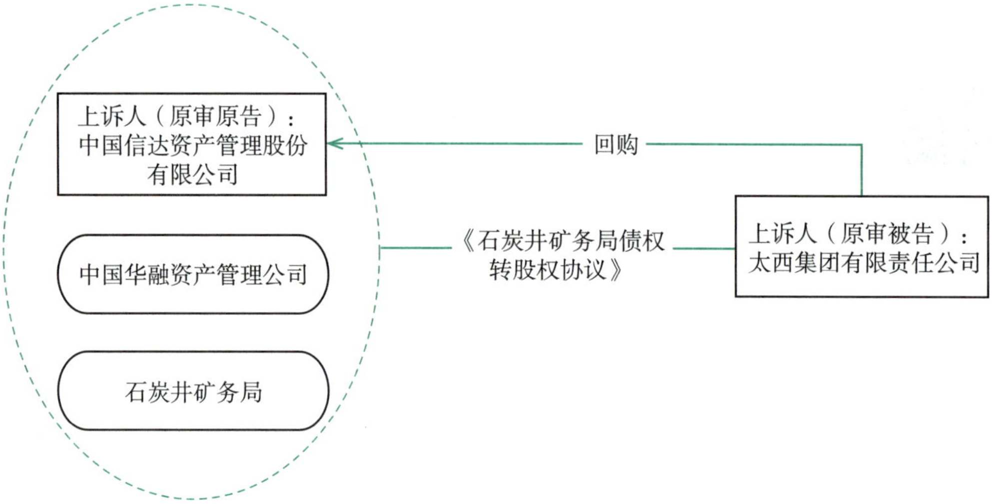

主要案情

上诉人(原审原告):中国信达资产管理股份有限公司。

上诉人(原审被告):太西集团有限责任公司。

上诉人中国信达资产管理股份有限公司(以下简称信达公司)与太西集团有限责任公司(以下简称太西集团)因请求公司收购股份纠纷一案,不服宁夏回族自治区高级人民法院2012年11月30日(2012)宁民商初字第16号民事判决,向最高人民法院上诉。最高人民法院于2013年4月25日作出(2013)民二终字第11号民事裁定,以原审判决认定事实不清为由发回重审。原审法院依法另行组成合议庭重新进行了审理,于2015年11月12日作出(2015)宁民商初字第16号民事判决。信达公司和太西集团均不服,向最高人民法院提起上诉。

2000年5月29日,信达公司(原中国信达资产管理公司)与中国华融资产管理公司(以下简称华融公司)、石炭井矿务局签订《石炭井矿务局债权转股权协议》,三方就石炭井矿务局实施债转股的有关事宜达成如下协议：债权方信达公司、华融公司以转股债权按照1∶1转换比例折合的债转股资产作为出资，石炭井矿务局以转入新公司的净资产按照1∶1转换比例折合的资产作为出资，共同设立太西集团，公司初始注册资本为133,976万元，其中石炭井矿务局出资107,783万元，占注册资本的80.45%，华融公司出资20,000万元，占注册资本的14.93%，信达公司出资6193万元，占注册资本的4.62%。协议还约定，华融公司、信达公司所持有新公司的股权可采取新公司回购、债权方转让和丙方（石炭井矿务局）收购三种退出方式，退出的时间为7年，从2000年开始退出，在2007年前全部退出。

2000年6月9日，信达公司与华融公司、石炭井矿务局签订《债权转股权补充协议》，约定债权方的股权通过新公司回购方式退出时，股权退出价格为债权方转股债权原值，不采取溢价方式计算，即在补充协议约定的回购期限内，债权方通过新公司回购债权方股权所得金额等于转股债权原值。原协议股权退出价款支付计划，按如下原则调整：原协议中债权方每年的股权退出比例、股权退出数额及股权全部退出年限不变，取消原计划中关于股权退出按一定股权溢价率支付回购价款的约定，新公司在每具体回购年度按照原计划中约定的回购股权本金比率实施回购，新公司回购股权价款绝对金额按上述原则重新确定。

2001年12月28日，工商行政部门核发了太西集团《企业法人营业执照》，营业期限自2000年6月28日至2010年6月28日。

2002年6月，太西集团给华融公司、信达公司核发《股权证明书》，载明太西集团出资为106,258万元，出资比例占80.22%，华融公司出资比例占15.10%，信达公司出资比例占4.68%。

该月，太西集团支付信达公司股权回购款35万元，信达公司持股比例由4.68%减少为4.65%，出资额由6193万元减少为6158万元。

2002年11月22日，宁夏回族自治区人民政府下发宁政发〔2002〕109号文件、宁政函〔2002〕176号批复，决定成立宁夏煤业集团，性质为国有独资公司，同意将宁夏亘元集团有限责任公司、太西集团、灵州集团有限责任公司、宁煤集团有限责任公司全部国有资产授权新组建集团公司经营。

2005年10月12日，宁夏回族自治区党委政府与神华集团有限责任公司（以下简称神华集团）签订《合资合作框架协议》。

2006年1月13日，宁夏回族自治区政府国资委与神华集团签订《增资扩股协议》，决定成立神华宁煤集团，由神华集团以人民币现金出资51亿元，占注册资本的51%，宁夏回族自治区政府国资委以宁夏煤业集团现有经评估的全部净资产出资50亿元，占注册资本的49%。

2006年10月30日，中宇资产评估有限公司中宇评报字（2006）第3006号资产评估报告书载明："……计算宁夏国资委享有的宁煤集团重组范围的净资产时，直接扣减的是华融与信达债转股的余额，没有考虑资产管理公司债转股股权享有宁煤集团的累积盈余及本次评估增值应增加的净资产。"

2011年8月18日，太西集团向各股东发出《关于以信函方式召开太西集团临时股东会会议的通知》,决定采取信函方式于2011年8月28日召开临时股东会会议并形成股东会决议,通知载明:“各股东接到此通知后,如无异议,请在‘关于太西集团延长经营期限股东会决议’加盖相应印鉴……如果就延长经营期限事项有异议,不能加盖印鉴,请回函明示为放弃表决或反对表决……”

2011年8月28日,太西集团形成《关于太西集团有限责任公司延长经营期限股东会决议》,将营业期限延长至2016年6月28日,太西集团和华融公司在决议上盖章,信达公司未盖章。

2011年9月13日,信达公司向太西集团发出《关于对太西集团有限责任公司临时股东会议题表决的函》,表示不同意延长太西集团经营期限。

2011年9月20日,经工商登记部门核准,太西集团营业期限延长至2014年6月28日。

2011年10月20日,信达公司向神华宁煤集团发出《关于要求以合理价格收购我公司持有的太西集团有限责任公司股权的函》,要求在法定期限内收购信达公司的股权,但双方未能达成一致意见。

原审另查明,信达公司于2002年至2007年每年均获得上一年度的股份分红,2007年以后再未获得分红。《石炭井矿务局债权转股权协议》《债权转股权补充协议》关于债权方股权通过新公司回购方式退出的约定,除2002年6月太西集团支付信达公司股权回购款35万元,信达公司持股比例由4.68%减少为4.65%,出资额由6193万元减少为6158万元之外,其他债权方股权回购内容没有履行。

上诉人(原审原告)信达公司一审诉讼请求:(1)依法判决太西集团以合理价格(按清算、审计及评估后确定的股权价值与信达公司出资额6158万元两者孰高原则确定)回购信达公司持有太西集团的4.65%的股份。(2)本案诉讼费由被告承担。案件审理中,信达公司明确其第一项诉讼请求为:判决太西集团以信达公司持有太西集团4.65%股份的合理价格即28,245.23万元+神华宁煤集团2012年净资产增加额×0.97%+2007年至2012年应该通过太西集团从神华宁煤集团分配的股利,以及上述款项2012年之后至实际偿还之日的利息,利息按照中国人民银行逾期利息计算。其中,28,245.23万元=4.65%×42.42%×49%×2,911,879.75万元,4.65%是信达公司持有太西集团的股份比例,42.42%是2002年成立宁夏煤业集团时太西集团占宁夏煤业集团的比例,49%是2006年神华集团和宁夏煤业集团重组成立神华宁煤集团时原宁夏煤业集团的持股比例,2,911,879.75万元是神华宁煤集团2011年年底的净资产数额;0.97%=4.65%×42.42%×49%是信达公司通过太西集团间接持有神华宁煤集团的股权比例。

一审法院判决:太西集团于判决生效之日起十日内支付信达公司4.65%股份的股份回购款6158万元及股份回购款6158万元自2007年1月1日至判决生效之日按中国人民银行同期贷款基准利率计算的利息。

二审法院最高人民法院于2016年3月31日判决:驳回双方当事人的上诉,维持原判。

法院观点

本案上诉争议焦点为信达公司是否有权依照《公司法》第74条规定请求太西集团收购其股份以及收购股权价格如何确定和是否应当支付利息的问题。

2011年8月18日，太西集团向信达公司等股东发出《关于以信函方式召开太西集团临时股东会会议的通知》，决定采取信函方式于2011年8月28日召开临时股东会会议并形成股东会决议，上述内容为太西集团召集临时股东会会议及形成决议的时间，并非限制各股东对决议的异议期限。信达公司在太西集团三个股东中有两个股东于2011年8月28日形成了《关于太西集团有限责任公司延长经营期限股东会决议》的情况下，于2011年9月13日向太西集团发出《关于对太西集团有限责任公司临时股东会议题表决的函》，表示不同意延长太西集团经营期限，并在法定期限内向原审法院提起诉讼，请求太西集团以合理的价格收购其在太西集团的股份，符合《公司法》第74条第3项规定的"公司章程规定的营业期限届满或者章程规定的其他解散事由出现，股东会会议通过决议修改章程使公司存续的"法定收购股权条件，信达公司对太西集团关于延长经营期限的股东会决议书面提出反对意见，当然有权依法请求太西集团按照合理的价格收购其股权，且符合相应程序规定。太西集团关于信达公司超出决议表决期作出无效反对表决，不符合公司收购股东股份条件，信达公司无权请求太西集团收购其股权的理由，不符合事实，缺乏法律依据。

对于本案股权收购款项的计算方式，信达公司主张应以太西集团净资产投入为纽带，分别确定太西集团在宁夏煤业集团及神华宁煤集团的股权占比，进而确定信达公司持有太西集团的股权价值，太西集团应以信达公司所持有的太西集团4.65%股份的合理价格进行收购，即28,245.23万元+神华宁煤集团2012年净资产增加额×0.97%+2007年至2012年应该通过太西集团从神华宁煤集团分配的股利，以及上述款项2012年之后至实际偿还之日的利息，利息按照中国人民银行逾期利息计算。太西集团认为本案股权回购价格，应当根据信达公司持股比例及太西集团实际资产状况确定合理价格，应在太西集团章程规定及《债权转股权协议》及其补充协议框架下，结合太西集团实际经营状况，信达公司所占股份原值大幅减少，应对其股权回购价格作出调整。信达公司无权要求太西集团依照神华宁煤集团的资产价值折算回购价格。最高人民法院认为，在股东之间对股权回购有明确约定的情况下，《公司法》第74条有关股东请求公司以合理的价格收购其股权的规定，并非能够完全脱离原出资协议约定而另行确定。太西集团章程第71条规定资产管理公司所持股权按《债权转股权协议》和《债权转股权补充协议》实施。信达公司于2000年5月29日及6月9日与石炭井矿务局及华融公司三方签订的《债权转股权协议》和《债权转股权补充协议》，不仅对上述三方股东共同设立太西集团的出资形式和比例作了约定，亦对各股东股权的退出及收购方式作了特别约定。2000年5月29日《债权转股权协议》第10章股权退出，约定信达公司以及华融公司所持有太西集团的股权，可以采取新公司回购、债权方向第三方转让和丙方石炭井矿务局收购三种退出方式，退出的时间为7年，从2000年开始退出，在2007年前全部退出。且对太西集团股权回购或者丙方石炭井矿务局收购计划约定了每年的股权退出比例、股权退出数,以及按照溢价率计算的每年股权退出的总价款。2000 年 6 月 9 日,信达公司与石炭井矿务局、华融公司三方股东就股权退出问题及分取红利、股权退出价款支付计划调整等签订《债权转股权补充协议》作了进一步约定,其中第 2 条针对股权退出补充约定:债权方的股权通过新公司回购方式退出时,股权退出价格为债权方转股债权原值,不采取溢价方式计算,即当事人实际取消原协议中关于股权退出按照一定股权溢价率支付回购价款的约定。对此约定,并不违反国务院办公厅《关于进一步做好国有企业债权转股权工作的意见》(国办发〔2003〕8 号)第 15 条第 5 项对债转股协议和方案中“要求原企业全部购买金融资产管理公司股权的有关条款”予以废止的规定,上述规定中“原企业”是指当时的丙方石炭井矿务局,本案当事人争议的是信达公司是否有权请求由石炭井矿务局、华融公司及信达公司三方股东共同出资设立的新公司太西集团收购或回购其股权以及以何种价格收购或回购,而并非要求原出资一方购买股权,二者有本质区别。至于原出资人石炭井矿务局主体资格演变如何认定,并不影响对本案中由原出资一方购买股权和新设立的公司购买股权两种性质的判断。当事人约定由三方股东设立的新公司太西集团回购股份,回购方式也非一次性全部回购,而是约定分期分批进行,并没有加大新公司的负担。原审判决认定本案《债权转股权协议》及《债权转股权补充协议》为当事人的真实意思表示,内容形式不违反法律、行政法规的强制性规定,协议合法有效,并无不当。信达公司上诉关于本案《债权转股权协议》《债权转股权补充协议》约定的回购方式,因违反国务院办公厅《关于进一步做好国有企业债权转股权工作的意见》(国办发〔2003〕8 号)第 15 条第 5 项有关规定,对当事人已不再具有效力的理由,不能成立,最高人民法院不予支持。太西集团主张原审判决不应该按照太西集团 2002 年股份账面原值计算收购股权价值,原审没有考虑太西集团资产因所属单位政策性破产而带来的股权价值变化的上诉理由,亦不能成立。对于股权退出方式及价格,是三方股东根据自愿原则自由商定的,对当事人具有法律约束力。至于成立的新公司后来资产发生了变化,并非必然导致股权价值的变化,股权价值还取决于公司其他因素。不能以股权回购时企业财产的实际状况已经发生减少,约定的股权收购价值就必须相应减少,当事人对此亦没有明确约定。况且信达公司债权转为股权作为对太西集团的出资,为太西集团减负,支持其经营,所起作用是显然的,要求相应减少股权回购款,对信达公司亦有不公。太西集团关于原审判决其承担 2007 年 1 月 1 日至判决生效之日的利息无事实和法律依据的上诉主张,最高人民法院认为,鉴于双方当事人在《债权转股权协议》《债权转股权补充协议》约定信达公司股权必须到 2007 年前退出完毕,但太西集团并没有按照约定履行其义务,太西集团迟延履行支付回购股权的款项,相应地给予利息,属法定孳息,具有合法依据。

律师提示

本案法院判决数额为 6158 万元,但相比于原告约 3 亿元诉请金额而言,难言胜诉。原因何在?我们认为,“债权方的股权通过新公司回购方式退出时,股权退出价格为债权方转股债权原值”的约定不够细致：

1. 没有考虑到利润分红、股价增值等情况，致使因公司长期不进行利润分配及股价上升而遭受了巨大经济利益损失。

2. 没有考虑公司迟延股权回购的违约责任，致使公司迟延股权回购，至多只承担同期银行贷款利息。

3. 没有考虑到在约定股权回购权与法定股权回购权发生竞合情况下如何确定合理回购价格，引发司法模糊争议地域，致不利判决。

第十二章 股 权 篇

065 典当公司股权转让报批是否为生效条件?

案例索引

嘉兴市中级人民法院(2010)浙嘉商终字第429号民事判决书。

案例导读

本案是一起典当公司股东会决议无效之诉,焦点却在于典当公司股权转让报批是否为生效条件。二审法院通过本案判决,对公司决议无效之诉的原告主体资格、典当公司股权转让报批是否为生效条件、未通知个别股东参会的股东会决议是否无效等争议均给出了明确观点。

裁判要旨

股权转让应当报批和报备着重于对典当经营许可的管理,并非股权转让合同的生效条件;而工商变更登记也不是股权转让合同生效的要件,实际上,工商变更登记手续要在股权转让合同生效并履行后才可进行。

裁判逻辑

1. 与股东会或股东大会决议内容有直接利害关系的人员可以作为决议无效之诉的原告。

2. 典当管理办法系部门规章,办法规定股权转让应当报批和报备着重于对典当经营许可的管理,并非股权转让合同的生效条件,且工商变更登记也不是股权转让合同生效的要件。

3. 公司股东依法享有资产收益、参与重大决策和选择管理者等权利,公司在股东会召开之前没有通知全体股东参加会议,未通知的个别股东也未实际参加出席股东会并参与表决,该股东会决议违反《公司法》有关保护股东权利的规定,应确认为无效。

交易结构图

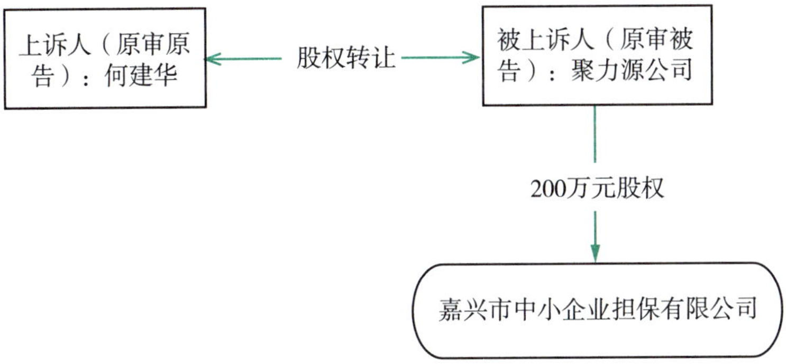

主要案情

上诉人(原审原告):何建华。

被上诉人(原审被告):嘉兴市聚力源典当有限责任公司。

上诉人何建华为与被上诉人嘉兴市聚力源典当有限责任公司(以下简称聚力源公司)股东会决议效力纠纷一案,不服嘉兴市南湖区人民法院(2010)嘉南商初字第951号民事判决,向嘉兴市中级人民法院提出上诉。

2006年4月19日,何建华通过嘉兴市产权交易中心国有产权交易以291万元竞得嘉兴市中小企业担保有限公司(以下简称担保公司)所持聚力源公司的200万元股权,嘉兴市国有资产监督管理委员会(以下简称嘉兴市国资委)事后也批准了该股权的交易。何建华虽按约支付了竞拍款项,但未及时办理股权变更手续,担保公司于2008年9月16日提起诉讼,要求何建华和聚力源公司立即办理股权转让过户手续,嘉兴市南湖区人民法院已作出如下判决:何建华、聚力源公司协助担保公司到相关部门办理股权过户手续。另查明,聚力源公司于2008年7月24日召开股东会,决议决定吸收陈怀民为新股东,增加注册资本504万元。

2006年4月19日,何建华通过竞拍以291万元获得担保公司在聚力源公司的200万元股权,2006年6月7日,担保公司与何建华签订股权转让合同,2006年6月26日嘉兴市国资委批准该笔股权交易,并通知聚力源公司。何建华已按约支付了股权转让款,但因对何建华受让股权比例系20%还是13.29%之争等原因影响,股权变更手续未及时办理。2008年7月24日,聚力源公司召开股东会,但未通知何建华参加,担保公司也未参与表决,股东会最后形成决议,主要内容为聚力源公司增资504万元,由陈俐和陈怀民两个自然人股东认缴全部增资。按股东会决议增资后,陈俐和陈怀民在聚力源公司股权比例合计为46.74%。

上诉人(原审原告)何建华一审诉讼请求:确认聚力源公司2008年7月24日股东会决议无效。

一审法院判决:驳回何建华的诉讼请求。案件受理费100元,减半收取50元,由何建华承担。

二审法院嘉兴市中级人民法院于 2011 年 8 月 2 日作出判决：(1)撤销(2010)嘉南商初字第 951 号民事判决；(2)确认聚力源公司 2008 年 7 月 24 日股东会决议无效。

法院观点

一、关于股权转让中未办理工商变更登记的受让人能否作为股东会决议无效之诉的原告的问题

嘉兴市中级人民法院认为，与股东会或股东大会决议内容有直接利害关系的人员可以作为无效之诉的原告。就本案而言，何建华是否有权提起股东会决议无效之诉，关键在于何建华与担保公司之间的股权转让合同是否生效。股权转让合同是平等民事主体之间就股权转让达成的合意，《合同法》第 44 条规定，“依法成立的合同，自成立时生效，法律、行政法规规定应当办理批准、登记等手续生效的，依照其规定”。《企业国有资产监督管理暂行条例》第 23 条规定，“国有资产监督管理机构决定其所出资企业的国有股权转让”。担保公司通过拍卖方式转让其在聚力源公司的国有股权，2006 年 6 月 7 日，根据竞拍结果何建华与担保公司签订股权转让合同，2006 年 6 月 26 日嘉兴市国资委批准了担保公司与何建华之间的股权转让交易，故在嘉兴市国资委批准后，何建华和担保公司的股权转让合同已依法成立生效。典当管理办法系部门规章，办法规定股权转让应当报批和报备着重于对典当经营许可的管理，并非是股权转让合同的生效条件，且没有证据证明何建华受让股权时存在不符合典当管理办法所规定的身份要求；而工商变更登记也不是股权转让合同生效的要件，实际上，工商变更登记手续要在股权转让合同生效并履行后才可进行。何建华与担保公司间股权转让尚未向省级商务主管部门报批及未办理工商变更手续不应影响股权转让的效力，股权转让合法有效。因此，何建华作为聚力源公司股权的受让人，与聚力源公司在何建华受让股权后召开股东会形成的股东会决议有直接利害关系，何建华作为原告主体适格。

二、关于 2008 年 7 月 24 日股东会决议是否有效的问题

何建华与担保公司之间的股权转让在 2006 年，转让的事实早已通知聚力源公司，聚力源公司明知何建华受让担保公司股权后，即成为股权实际享有人。即便在股东登记手续办理变更之前，聚力源公司也有义务保障何建华依法行使相应的股东权利。《公司法》第 4 条规定：“公司股东依法享有资产收益、参与重大决策和选择管理者等权利。”聚力源公司承认在股东会召开之前，没有通知何建华参加会议，2008 年 7 月 24 日股东会召开时何建华也未实际参加，且没有证据证明股权出让方担保公司代为出席股东会并参与了表决。而且，因聚力源公司从事的是典当行业，《典当管理办法》第 7 条第 5 项规定典当行需要“有两个以上法人股东，且法人股相对控股”，何建华受让担保公司股权时，聚力源公司的股东组成符合这一条件，但 2008 年 7 月 24 日股东会决议增资后，加上何建华受让的股权，股东出资比例已不符合典当管理办法的这一规定。综上，2008 年 7 月 24 日股东会决议违反《公司法》有关保护股东权利的规定，应确认为无效。

综上所述，原审判决适用法律错误，应予以纠正，对何建华的上诉请求，予以支持。

律师提示

召开股东会前未通知个别股东的股东会决议，到底应该适用撤销之诉还是无效之诉？

广西壮族自治区南宁市中级人民法院（2011）南市民一终字第2536号民事裁定书，广西建特沥青有限公司诉广西超智铁路有限公司公司决议效力确认案。该案裁判要点为：被告在原告未收到股东会会议通知而对会议召开不知情且未出席股东会会议的情况下，自行召开股东会会议并形成决议，被告的行为侵害了原告作为股东的权利，且决议内容不是原告的真实意思表示，违反了法律规定，被告的行为直接影响了其于2011年2月18日召开的股东会会议的正当性、合法性和有效性。因此，该会议作出的决议应属无效。①

066 为何没有公司诉讼代表权股东内斗很吃亏？

案例索引

最高人民法院（2017）最高法民终63号民事裁定书。

案例导读

1. 本案是一起最高院关于第三人撤销权诉讼的公报典型案例。关于第三人撤销权诉讼的功能与两个前提条件是什么；如何判定第三人的主体资格；一般对外的商事合同纠纷，公司股东是否具有第三人资格等问题，最高人民法院通过本案例均给予了明确观点。

2. 本案亮点在于高潮迭起、一幕又一幕的公司股东内斗大戏。本案原告（上诉人）为了开发房地产项目，与他人合作设立项目公司，各占50%的股权，先后投入巨资，最后法院却判决项目产权不属于项目公司名下，原告却因没有诉讼代表权而无法参与该诉讼。

3. 原告为了夺回项目产权，先后启动工商变更的行政诉讼、合同无效诉讼、公司解散诉讼、第三人撤销权诉讼等系列案件，历时六年，可谓穷尽各类法律诉讼手段，但最终还是败下阵来。

4. 笔者认为，“五五开”的畸形股权结构，导致本案原告股东一开始即丧失了公司的经营决策权，尤其是丧失了公司诉讼代表权，这是本案原告失败的根本原因。

5. “五五开”的股权结构，还不担任法定代表人，也不控制公司证照印鉴，又不参与实际经营管理，而且项目巨额资金投入来往混乱，这究竟意味着多大法律风险？关于公司诉讼代表

---

① 参见齐精智：《有答案了！两个判例要旨：未通知个别股东的股东会决议，有效吗？》。

权,司法实践如何判断?

裁判要旨

公司在诉讼活动中的主张也应认定其代表股东的整体利益,因此股东的利益和意见已经在诉讼过程中由公司所代表和表达,则不应再追加股东作为第三人参加诉讼。

裁判逻辑

1. 第三人撤销之诉制度的设置功能,主要是为了保护受错误生效裁判损害的未参加原诉的第三人的合法权益,因此第三人撤销权诉讼有两个前提条件:(1)提起第三人撤销之诉的主体必须符合本应作为第三人参加原诉的身份条件;(2)由于第三人本人以外的原因未能参加原诉。

2. 虽然股东与公司进行的民事诉讼的处理结果具有法律上的间接利害关系,但由于公司对外活动应推定为股东整体意志的体现,公司在诉讼活动中的主张也应认定其代表股东的整体利益,因此股东的利益和意见已经在诉讼过程中由公司所代表和表达,则不应再追加股东作为第三人参加诉讼。

3. 不同股东之间的分歧所导致的利益冲突,属于公司内部法律关系,应由股东与股东之间、股东与公司之间依法处理。

交易结构图

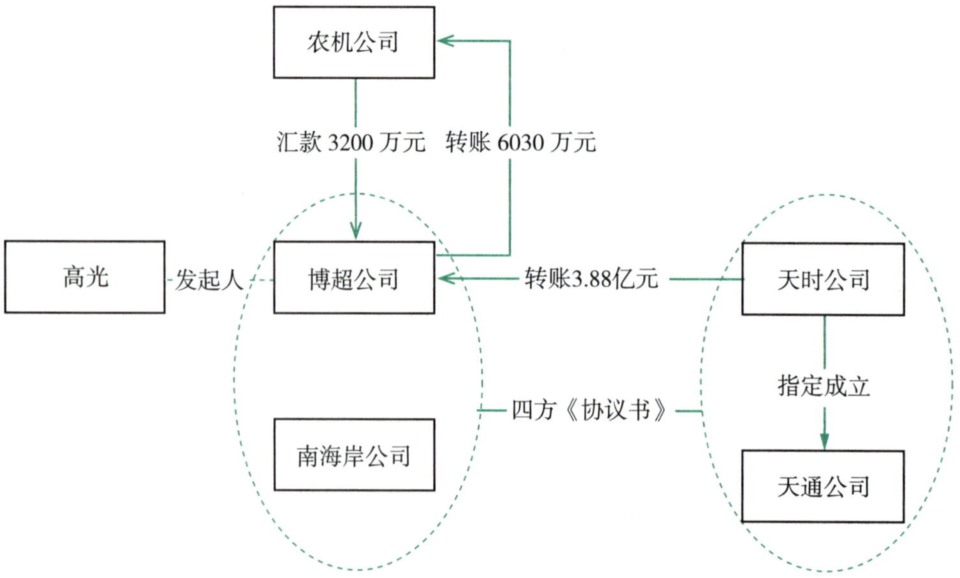

主要案情

上诉人(一审原告):高光。

被上诉人(一审被告):三亚天通国际酒店有限公司。

被上诉人(一审被告):海南博超房地产开发有限公司。

被上诉人(一审被告):三亚南海岸旅游服务有限公司。

被上诉人(一审被告):北京天时房地产开发有限公司。

上诉人高光因与被上诉人三亚天通国际酒店有限公司(以下简称天通公司)、海南博超房地产开发有限公司(以下简称博超公司)、三亚南海岸旅游服务有限公司(以下简称南海岸公司)、北京天时房地产开发有限公司(以下简称天时公司)第三人撤销之诉一案,不服海南省高级人民法院(以下简称海南高院)(2015)琼民一初字第43号民事裁定(以下简称一审裁定),向最高人民法院提起上诉。

1997年4月22日,南海岸公司成立,法定代表人为王胜国,投资者为田羽、庞村,二人认缴出资比例分别为98%和2%。1997年5月16日,南海岸公司取得证号为羊栏国用(1997)字第0011号、面积为7858.77平方米的国有土地使用权。

2005年11月3日,高光和邹春金作为公司股东(发起人)发起成立博超公司,企业类型为有限责任公司,注册资金1000万元,高光、邹春金各出资500万元,出资比例各占50%,邹春金任该公司执行董事、法定代表人。

2006年5月31日至2009年12月29日,天时公司向博超公司转账汇款15次共计3.88亿元,付款凭证记载用途均为投资款。

2006年7月5日,博超公司取得位于南海岸公司土地南侧面积为7511.07平方米的土地使用权及地上房屋产权。

2009年7月16日,天通公司成立,系天时公司指定为碧海华云酒店(现天通国际酒店)建成后经营酒店的项目公司,法定代表人为董士军,投资者为田羽、庞村,二人认缴出资比例分别为99.967%和0.033%。

2006年至2008年,农机公司受高光所在的黑龙江北鸿房地产开发有限公司委托向博超公司转账汇款4次,共计3200万元。往来凭证记载:2007年9月17日转账汇款400万元,银行摘要为货款;2007年11月1日转账汇款500万元,银行摘要为货款;2008年2月26日转账汇款300万元,银行摘要为货款;2008年4月3日转账汇款2000万元,银行摘要为还款。博超公司曾向农机公司转账汇款5次、代付汇款1次,共计6030万元,银行摘要为往来款。

2011年6月16日,博超公司作为甲方,南海岸公司作为乙方,天通公司作为丙方,天时公司作为丁方,四方共同签署了《协议书》,《协议书》于签署之日生效。《协议书》对位于海南省三亚市三亚湾海坡开发区的碧海华云酒店(现天通国际酒店)的现状、投资额及酒店产权确认、酒店产权过户手续的办理、工程结算及结算资料的移交、违约责任等方面均作明确约定。

2012 年 3 月 31 日，海南省海口市美兰区人民法院作出行政判决，认为《博超公司章程修正案》属于虚假材料，判决撤销了海南省工商行政管理局分别于 2009 年 10 月 22 日、2010 年 5 月 31 日为博超公司作出的工商变更登记和向博超公司重新核发《企业法人营业执照》的具体行政行为。海南省海口市中级人民法院（以下简称海口中院）于 2012 年 7 月 10 日作出行政判决，判决驳回上诉，维持原判。

2012 年 8 月 1 日，天通公司以博超公司和南海岸公司为被告、天时公司为第三人向海南高院起诉，请求判令：（1）碧海华云酒店（现天通国际酒店）房屋所有权（含房屋占用范围内的土地使用权）归天通公司所有；（2）博超公司和南海岸公司为天通公司办理天通国际酒店房屋及土地使用权的权属过户手续；（3）博超公司向天通公司移交酒店项目工程建设的全部工程资料以及结算资料；（4）博超公司向天通公司支付违约金 720 万元（暂时计算至起诉之日）；（5）本案的全部诉讼费用由博超公司、南海岸公司承担。海南高院于 2012 年 8 月 9 日立案。2012 年 10 月 25 日，海南高院作出 3 号民事判决："（1）确认碧海华云酒店（即天通国际酒店）的房屋所有权及土地使用权归天通公司所有；（2）博超公司、南海岸公司在本判决生效之日起三十日内将碧海华云酒店（即天通国际酒店）的房屋所有权及土地使用权办理至天通公司名下；（3）博超公司在本判决生效之日起十日内将碧海华云酒店（即天通国际酒店）项目工程建设的全部工程资料及结算资料移交给天通公司；（4）博超公司在本判决生效之日起十日内向天通公司支付违约金人民币 720 万元。"判决作出后，各方当事人均未提出上诉。

2012 年 8 月 28 日，高光以博超公司经营管理发生严重困难，继续存续将会使股东利益遭受重大损失为由起诉请求解散公司。2013 年 9 月 12 日，海口中院作出判决，解散博超公司。该判决查明事实部分载明："博超公司在依法设立后，承建了三亚天通国际酒店项目，该酒店目前处于正常经营的状态。"博超公司不服该判决，提出上诉。在二审庭审中，高光述称：博超公司"实际上由高光出钱让邹春金负责管理"；博超公司述称："博超公司主要是邹春金投资，日常经营委托了一个管理公司"，"博超公司现在正常运营"，"有许多凭证可以证明从 2006 年到 2009 年博超公司和其他单位以及高光本人的银行卡都有资金进出。"高光述称："这些钱是还款。因为高光通过其他单位给博超公司注资很多，博超公司转出是因为还款"，"农机公司是高光自己的公司，高光通过农机公司给博超公司打了很多钱"。关于经营天通国际酒店项目，博超公司述称："该公司除了经营天通国际酒店之外没有其他经营项目。"高光述称："因土地当时还在南海岸公司名下。开始是合作，后来博超公司买过来了。"2013 年 12 月 19 日，海南高院就该案作出判决，驳回上诉，维持原判。

2014 年 9 月 18 日，海口中院指定海南天皓律师事务所担任博超公司管理人，负责博超公司的清算。2015 年 4 月 20 日，博超公司管理人以天通公司、天时公司、南海岸公司为被告，向海南高院起诉请求：确认博超公司于 2011 年 6 月 16 日签订的《协议书》无效，将位于三亚市三亚湾路海坡度假区 15,370.84 平方米的土地使用权及 29,851.55 平方米的地上建筑物返还过户登记至博超公司管理人名下（标的约 4 亿元）。经审理，海南高院认为博超公司尚未注销，博超公司管理人不是适格诉讼主体，遂于2015年6月29日作出裁定，驳回了博超公司管理人的起诉。天时公司、天通公司在2015年5月收到该案诉讼文书后与博超公司管理人联系并向其提供了3号民事判决的复印件。

2015年11月4日，高光遂据此向海南高院提起本案第三人撤销之诉。一审起诉请求：撤销海南高院作出3号民事判决全部内容，将位于三亚市三亚湾路海坡度假区15,370.84平方米的土地使用权及29,851.05平方米的地上建筑物返还过户登记至博超公司名下。

2016年3月18日，因博超公司管理人以无法取得公司财务公章账目等资料无法开展后续清算工作为由申请终结清算程序，海口中院裁定终结博超公司的清算程序。

另据黑龙江省兴隆林区人民检察院作出的黑兴林检反贪保(2015)2号取保候审执行通知书记载：犯罪嫌疑人高光因涉嫌单位行贿罪被取保候审，期限从2015年4月11日起算。该通知书所载高光的工作单位为哈尔滨市嘉禾房地产开发有限公司。

上诉人(一审原告)高光针对已生效的海南高院3号民事判决而提起第三人撤销之诉讼。

一审法院裁定：驳回高光的起诉。

最高人民法院于2017年6月22日作出二审裁定：驳回上诉，维持原裁定。

法院观点

海南高院一审裁定认为高光不具备《民事诉讼法》第56条规定的第三人的主体资格而驳回其起诉，高光就此不服提起上诉，故本案二审应重点审查高光是否具备提起第三人撤销之诉的诉讼主体资格。

第三人撤销之诉制度的设置功能，主要是为了保护受错误生效裁判损害的未参加原诉的第三人的合法权益。由于第三人本人以外的原因未能参加原诉，导致人民法院作出了错误裁判，在这种情形下，法律赋予本应参加原诉的第三人有权通过另诉的方式撤销原生效裁判。因此，提起第三人撤销之诉的主体必须符合本应作为第三人参加原诉的身份条件。《民事诉讼法》第56条第1款和第2款规定了有权提起撤销之诉的两类第三人，即有独立请求权的第三人和无独立请求权的第三人。一审裁定已查明，3号民事判决案件系天通公司作为原告，以博超公司、南海岸公司为被告，天时公司为第三人提起的合资、合作开发房地产合同纠纷诉讼。最高人民法院认为，高光不符合以第三人身份参加该案诉讼的条件。理由是：

首先，高光对3号民事判决案件的诉讼标的无独立请求权，不属于该案有独立请求权的第三人。有独立请求权的第三人，是指对当事人之间争议的诉讼标的，有权以独立的实体权利人的资格提出诉讼请求的主体。在3号民事判决一案中，天通公司基于其与博超公司、南海岸公司、天时公司四方订立的《协议书》提出各项诉讼请求，包括请求确认碧海华云酒店(现天通国际酒店)的房屋所有权(含房屋占用范围内的土地使用权)归天通公司所有、要求博超公司支付违约金等，海南高院基于《协议书》的约定进行审理并作出判决。高光只是博超公司的股东之一，并不是《协议书》的合同当事人一方，其无权基于该协议约定提出诉讼请求。此外，对于《协议书》项下所交易的登记于博超公司名下的土地，高光主张其个人为竞买该土地支付了

1694.5万元。即便高光的主张成立，但由于该土地已登记于博超公司名下，说明土地已转化为法人财产。根据《公司法》的相关规定，法人的财产和股东的财产是相互独立的，虽然高光作为公司的股东享有资产收益的权利，但不能直接对法人财产主张实体权利。因此，高光不能以有独立请求权的第三人身份参加3号民事判决案件。

其次，高光不属于3号民事判决案件无独立请求权的第三人。无独立请求权的第三人，是指虽然对当事人双方的诉讼标的没有独立请求权，但案件处理结果同他有法律上的利害关系的主体。第三人同案件处理结果存在的法律上的利害关系，可能是直接的，也可能是间接的。本案中，3号民事判决只确认了博超公司应承担的法律义务，未判决高光承担民事责任，故高光与3号民事判决的处理结果并不存在直接的利害关系。关于是否存在间接利害关系的问题。通常来说，股东和公司之间系天然的利益共同体。公司股东对公司财产享有资产收益权，公司的对外交易活动、民事诉讼的胜败结果一般都会影响到公司的资产情况，从而间接影响到股东的收益权利。从这个角度看，股东与公司进行的民事诉讼的处理结果具有法律上的间接利害关系。但是，由于公司利益和股东利益具有一致性，公司对外活动应推定为股东整体意志的体现，公司在诉讼活动中的主张也应认定其代表股东的整体利益。因此，虽然公司诉讼的处理结果会间接影响到股东的利益，但股东的利益和意见已经在诉讼过程中由公司所代表和表达，则不应再追加股东作为第三人参加诉讼。本案中，虽然高光是博超公司的股东，但博超公司与南海岸公司、天时公司、天通公司的诉讼活动中，股东的意见已为博超公司所代表，则作为股东的高光不应再以无独立请求权的第三人身份参加该案诉讼。

至于不同股东之间的分歧所导致的利益冲突，属于公司内部法律关系，应由股东与股东之间、股东与公司之间依法处理。《公司法》第20条规定，公司股东应当遵守法律、行政法规和公司章程，依法行使股东权利，不得滥用股东权利损害公司或者其他股东的利益；不得滥用公司法人独立地位和股东有限责任损害公司债权人的利益。公司股东滥用股东权利给公司或者其他股东造成损失的，应当依法承担赔偿责任。本案中，高光主张邹春金利用博超公司的名义转让博超公司的全部财产，未经股东会同意签订《协议书》，从而损害了股东高光的权益。根据前述分析，高光主张的事实涉及股东之间的内部法律关系，可以依法另行处理。

综上所述，高光不符合以第三人参加3号民事判决案件的身份条件，不具有提起撤销3号民事判决之诉的主体资格。海南高院基于此裁定驳回高光的起诉是正确的，最高人民法院依法予以维持。至于高光上诉所主张的3号民事判决存在事实认定错误，属于虚假诉讼，天通公司、博超公司、南海岸公司和天时公司存在恶意串通等问题，均属于第三人撤销之诉实体审理的范畴。现因高光不具有第三人撤销之诉的主体资格，不符合起诉的条件，故本案对前述实体问题无须再作审理。

律师提示

一、关于公司诉讼代表权的有关规定

1.《民事诉讼法》第48条第2款规定："法人由其法定代表人进行诉讼"，因此，公司诉讼代表权专属于公司法定代表人，其他公司成员只能接受授权作为公司代理人参加诉讼。

2. 2011 年《最高人民法院行政审判庭关于谭永智不服甘肃省人民政府房产登记行政复议决定请示案的答复》规定："公司的法定代表人应以在公司登记机关登记备案为准。但是，如果经股东大会或者董事会任命的董事长虽未依法办理法定代表人登记手续，但全体股东对股东大会或者董事会决议的合法性无异议，可以代表公司申请行政复议或提起诉讼。如其后的股东大会、董事会通过新的决议否决了对原董事长的任命，则原董事长无权代表公司申请复议或诉讼。公司股东对行政复议机关或人民法院受理原董事长的复议申请或起诉提出异议后，行政复议机关或人民法院不应作出实体裁判，而应中止案件审理，要求相关当事人先行依法解决公司决议纠纷，明确公司代表权。"

3. 上海市高级人民法院《关于担任公司法定代表人的股东、董事与公司之间引发诉讼应如何确定公司诉讼代表人问题的解答》规定："在公司纠纷案件中，担任公司法定代表人的股东、董事与公司发生纠纷引发诉讼，往往就谁有权代表公司参加诉讼产生争议，实践中也存在分歧。为确保案件审理的正常进行，依法维护公司的合法权益，法院应当明确告知股东或董事在诉讼中不得同时代表公司参加诉讼，并要求公司另行确定诉讼代表人。鉴于我国公司法对上述情形下的公司诉讼代表权的确定未作规定，法院在诉讼过程中应当及时进行释明和指导，司法实践中可采取以下方式进行确定：(1)公司章程对公司诉讼代表权的人选确定有约定，按照章程约定。(2)建议公司召开临时股东会，或以股东协商方式选定公司诉讼代表人。(3)公司不能通过股东会或协议方式确定诉讼代表人的，对没有董事会的公司，通知副董事长代表公司参加诉讼。对未设董事会的公司，通知其他董事代表公司参加诉讼。其他董事有两人以上的，可协商确定其中之一。协商不成的，法院可予以指定。(4)公司董事会或董事中无合适人选的，基于公司监事会的法定职责，法院可指定公司监事会主席或执行监事代表公司参加诉讼。(5)通过以上途径仍不能确定，法院可指定与担任法定代表人的股东、董事提起的诉讼没有明显利害关系的其他股东作为公司诉讼代表人。"

二、原告（上诉人）股东内斗失败的原因

1. 设置了"五五开"的股权结构，一开始注定公司治理僵局，股东内斗难以避免。

2. 在"五五开"的股权结构情况下未亲自担任法定代表人，丧失对外签约权和诉讼代表权，本案《合作协议》及其诉讼，正是因为原告不具有对外签约权及诉讼代表权，以至于选择了基于股东身份的第三人撤销诉讼，失败当然是注定的。

3. 没有实际管控公司的证照印鉴及财务，导致对外商务合同及财务收支失控，甚至导致公司被法院判决解散后竟然无法清算并注销的局面。

4. 资金划拨往来性质不清，导致公司注册资本金及投资款结算证明困难，无法利用注册资本金及投资款等法律工具开展反击，反而是自己深陷其中。

067 违规但不明显违法的金融合同效力如何审查?

案例索引

上海金融法院(2018)沪74民终120号民事判决书。

案例导读

1. 本案是上海金融法院2019年3月作出的典型委托理财纠纷案例,亮点在于上海金融法院竟将违反监管规范的金融交易上升到违背公序良俗的高度! 具体论证过程,请参考本文梳理的裁判逻辑。

2. 本案裁判规则还运用了案例区别技术,遵从先例,也特别值得注意。在金融诉讼代理活动中,案例检索研究极其重要,毕竟"同案不同判"已经成为重要的上诉理由。

裁判要旨

违反证监会证券监管规定以配资加杠杆形式的投资为目的的合同,可因违背社会公共秩序及公共利益而无效。

裁判逻辑

1. 根据生效判决上海市第一中级人民法院(2018)沪01民终1643号民事判决书,已经认定《委托投资管理协议》应属无效,虽然该案与本案并非同一案件,但结合相关证据来看,两案涉及的系同一起委托投资项目,而且两案的《委托投资管理协议》除投资者不同外,其他内容均相同,故认定该生效判决关于《委托投资管理协议》效力的认定对本案具有既判力。

2. 证监会发布文件明确规定"证券公司不得以任何形式参与场外股票配资、伞形信托等活动,不得为场外股票配资、伞形信托提供数据端口等服务或便利",目的在于在2015年特定股市背景下(通过规制场外股票配资、伞形信托的融资融券业务控制金融市场风险,维护正常的经济秩序),双方当事人仍签订以伞形信托加杠杆形式的对外投资为目的的《委托投资管理协议》,属于违反社会公共经济秩序的行为,根据《民法总则》第153条第2款的规定,应属无效。

3. 基于金融风险的高传导性,虽然本案涉及的投资项目金额并不高,但在当时特定股市条件下如果允许市场主体在明令禁止的情况下通过通道业务等模式规避国家对证券市场的监管,不仅破坏了稳健有序的证券市场秩序,而且会导致金融风险的急剧增加,可能损害证券市场不特定投资人的利益,属于损害社会公共利益的行为,根据《合同法》第52条第4项的规定,亦应无效。

交易结构图

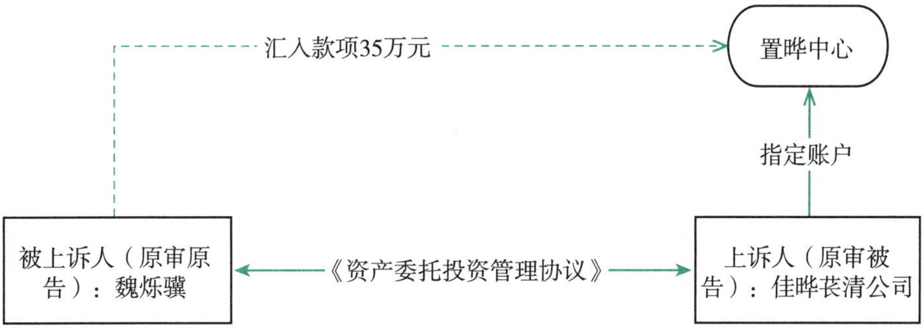

主要案情

上诉人(原审被告):上海佳晔苌清股权投资基金管理有限公司。

被上诉人(原审原告):魏烁骥。

上诉人上海佳晔苌清股权投资基金管理有限公司(以下简称佳晔苌清公司)因与被上诉人魏烁骥委托理财合同纠纷一案,不服上海市长宁区人民法院(2018)沪0105民初12848号民事判决,向上海金融法院提起上诉。

2015年5月29日,原告甲方、委托人与被告乙方、管理人就甲方将资产委托乙方投资管理事宜签订《长青鸿福一号证券投资基金资产委托投资管理协议》。协议约定:委托投资本金35万元;委托投资期限6+6个月;起始日期以云南信托汇金25号集合资金信托计划成立之日起;投资方向为二级市场股票投资以委托资金作为劣后资金投资伞形信托,杠杆率为1∶2,信托资金成本为年化8.6%,如不够12个月,罚息单月利息;年化2%的管理费用,作为本基金日常费用支出;乙方不保证投资本金,不承诺投资收益,如有亏损由甲方全部承担;收益支付方式为委托期限到期后收益随本金一并支付;收益清算顺序为基金封账时收取管理费,6个月内本基金不可赎回,6个月后可赎回,优先偿还信托成本,剩余资金视为基金净值,按上述分配比例进行分配,扣除管理方投资收益,全部分配给甲方;基金封账日为鸿福一号基金封账截止时间,即2015年5月31日17:00;甲方应在本协议生效之日起五个工作日内,将委托资金本金全额汇入户名为置晔中心的乙方指定账户。

同日,原告向协议指定的置晔中心账户汇入款项35万元。庭审中,被告认可收到原告该笔款项。

2017年11月,上海金融法院作出判决,查明事实包括:(1)被告成立于2010年4月30日,注册资本5000万元,经营范围为股权投资基金管理、投资咨询、资产管理、商务咨询等。被告与其法定代表人王志国系置晔中心的合伙人,置晔中心成立于2014年12月17日,出资额3000万元,经营范围为投资管理、投资咨询等,由被告委派代表王志国担任执行事务合伙人。中国证券投资基金业协会公示的《私募基金管理人公示信息》显示,被告的管理基金主要类别为证券投资基金。(2)被告提供的署名为证人张铁英的《长青鸿福一号证券基金情况说明》载明:“一、基金募集情况。鸿福一号证券投资基金由张铁英于2015年5月倡议发起,向本人亲友小范围进行募集,投资方式是通过场外配资使用杠杆进行二级市场股票投资,目标是获取股市牛市收益。本着自愿投资、风险自担的原则,张铁英等33位投资人合计出资1000万元。该基金借由被告担任名义基金管理人,张铁英为实际基金管理人,本基金于2015年6月11日全部实缴出资完毕。二、基金运作情况。鸿福一号证券投资基金成立后,根据基金管理人张铁英的指令,本基金与配资公司华粤公司签订股票配资借款协议,于2015年6月17日支付990万元保证金,华粤资产使用股票账户 s7zhangminghai 分别在四川信托宏赢149号恒生 HOMS、方正信托铭创交易分仓系统申请子账户,并将配好资金的股票子账户直接交给张铁英进行股票操作。”该案经二审,上海市第一中级人民法院于2018年4月作出判决,对原审认定事实予以确认,并查明,2015年4月22日中国证券监督管理委员会发布《中国证监会通报证券公司融资融券业务开展情况》,该文明确“不得以任何形式参与场外股票配资、伞形信托等活动,不得为场外股票配资、伞形信托提供数据端口等服务或便利”。

被上诉人(原审原告)魏烁骥一审诉讼请求:(1)确认魏烁骥与佳晔苌清公司签订的《委托投资管理协议》无效;(2)判令佳晔苌清公司返还魏烁骥投资款人民币(以下币种均为人民币)350,000元;(3)判令佳晔苌清公司偿付魏烁骥利息损失(以350,000元为基数,按中国人民银行规定的同期贷款利率,自2015年5月29日起计算至实际偿还之日止);(4)本案诉讼费由佳晔苌清公司承担。

一审法院判决:(1)魏烁骥与佳晔苌清公司于2015年5月29日签订的《委托投资管理协议》无效;(2)佳晔苌清公司应于判决生效之日起十日内返还魏烁骥投资款350,000元;(3)佳晔苌清公司应于判决生效之日起十日内偿付魏烁骥自2015年5月29日起至实际清偿之日止的利息损失(以350,000元为基数,按中国人民银行同期贷款利率计付)。

二审法院上海金融法院于2019年3月17日作出判决:驳回上诉,维持原判。

法院观点

本案二审的主要争议焦点为涉案《委托投资管理协议》是否有效。首先,从生效判决来看,根据上海市第一中级人民法院(2018)沪01民终1643号民事判决书,佳晔苌清公司与邸艳茹签订的《委托投资管理协议》依据《合同法》第52条第1项的规定应属无效。该案与本案虽并非同一案件,但结合相关证据来看,两案涉及的系同一起委托投资项目,即包括邸艳茹以及本案魏烁骥在内的33名投资者合计出资1000万元,委托佳晔苌清公司根据协议约定方式对外投资。而且两案的《委托投资管理协议》除投资者不同外,其他内容均相同,故上海金融法院认定该(2018)沪01民终1643号生效判决关于《委托投资管理协议》效力的认定对本案具有既判力。其次,从合同内容来看,涉案《委托投资管理协议》明确约定“投资方向为二级市场股票投资(以委托资金作为劣后资金投资伞形信托,杠杆率为1∶2,信托资金成本为年化8.6%,如不够12个月,罚息单月利息)”。结合该合同签订时即2015年上半年特定股票市场行情背景来看,该条款应为《委托投资管理协议》的核心条款,即合同双方当事人签订该合同的目的就是采用伞形信托加杠杆形式对外投资,通过高风险博取高收益。最后,2015 年 4 月 22 日,中国证券监督管理委员会发布《中国证监会通报证券公司融资融券业务开展情况》,该文明确“证券公司不得以任何形式参与场外股票配资、伞形信托等活动,不得为场外股票配资、伞形信托提供数据端口等服务或便利”。该规定虽然并非行政法规,并不符合《合同法》第 52 条第 5 项规定的无效情形,但其目的在于在 2015 年特定股市背景下,通过规制场外股票配资、伞形信托的融资融券业务控制金融市场风险,维护正常的经济秩序。此种强监管背景下,双方当事人仍签订以伞形信托加杠杆形式的对外投资为目的的《委托投资管理协议》,属于违反社会公共经济秩序的行为,根据《民法总则》第 153 条第 2 款的规定,应属无效。此外,基于金融风险的高传导性,虽然本案涉及的投资项目金额并不高,但在当时特定股市条件下如果允许市场主体在明令禁止的情况下通过通道业务等模式规避国家对证券市场的监管,不仅破坏了稳健有序的证券市场秩序,而且会导致金融风险的急剧增加,可能损害证券市场不特定投资人的利益,属于损害社会公共利益的行为,根据《合同法》第 52 条第 4 项的规定,亦应无效。但一审判决认为佳晔衣清公司构成欺诈且损害国家利益而致合同无效的理由不妥,上海金融法院予以纠正。至于合同无效的法律后果,一审法院认定上诉人佳晔衣清公司作为专业基金管理人存在过错且基于其擅自改变投资用途等因素并结合魏烁骥诉请判决其赔偿魏烁骥自 2015 年 5 月 29 日起至实际清偿之日止按照中国人民银行同期贷款利率计算的利息损失,并无明显不当,应予维持。

综上所述,上诉人佳晔衣清公司的上诉请求不能成立,应予驳回;一审判决认定事实清楚,但适用法律不准确,因不影响判决结果,故上海金融法院对法律适用条款予以调整后,予以维持。

律师提示

《民法总则》第 153 条　违反法律、行政法规的强制性规定的民事法律行为无效,但是该强制性规定不导致该民事法律行为无效的除外。

违背公序良俗的民事法律行为无效。

《合同法》第 52 条　有下列情形之一的,合同无效:

(一)一方以欺诈、胁迫的手段订立合同,损害国家利益;

(二)恶意串通,损害国家、集体或者第三人利益;

(三)以合法形式掩盖非法目的;

(四)损害社会公共利益;

(五)违反法律、行政法规的强制性规定。

068 股东账户用于公司结算后果有多严重?

案例索引

最高人民法院(2017)最高法民申 2646 号民事裁定书。

案例导读

1. 本案是一起关于股东与公司财产混同的典型案例。股东账户频繁用于公司结算为何构成财产混同?关于"欠条"类借款纠纷应该如何裁判?最高人民法院通过本案例均给予了合乎逻辑的论证,值得借鉴。

2. 有限公司股东本来只在出资范围承担有限责任,却因与公司财产混同导致对公司债务承担无限连带责任,教训很深刻。

3. 或许为了逃避干系,发生纠纷及诉讼过程中股东纷纷退出公司,这到底是高招,还是臭棋?除了财产混同,还有违反公司法哪一条款也会导致承担无限连带清偿责任呢?

裁判要旨

公司与股东之间若财产构成混同,公司便失去了独立承担债务的基础,如若其间其他股东又退出公司,致使公司变为一人有限公司,该情形严重损害了公司债权人的利益,根据《公司法》第 20 条的规定,"公司股东滥用公司法人独立地位和股东有限责任,逃避债务,严重损害公司债权人利益的,应当对公司债务承担连带责任"。

裁判逻辑

1. 大前提:我国实行银行账户实名制,原则上账户名义人即账户资金的权利人,同时根据《会计法》《税收征收管理法》《企业会计基本准则》等相关规定公司应当使用单位账户对外开展经营行为,公司账户与管理人员、股东账户之间不得进行非法的资金往来,以保证公司财产的独立性和正常的经济秩序。

2. 小前提:公司账户与股东账户之间存在大量、频繁的资金往来,且资金用途复杂,导致公司财产与股东财产无法进行区分,公司已经失去了独立承担债务的基础,公司与股东之间构成财产混同。

3. 补强理由:诉讼期间其他股东又退出公司,致使公司变为一人有限公司。

4. 裁判结论:以上情形严重损害了公司债权人的利益,根据《公司法》第 20 条的规定,"公司股东滥用公司法人独立地位和股东有限责任,逃避债务,严重损害公司债权人利益的,应当对公司债务承担连带责任"。

5. 关于"欠条"的裁判规则:欠条通常是由于债务人应当向债权人履行债务,因自身原因未能按期偿还而向债权人出具的债权凭证，是当事人之间的一个结算结果。因双方已经在欠条中注明金额欠款系之前借贷之累计数额，结合双方之前存在大量、频繁的借贷关系的事实，该欠条确定的欠款数额具有高度的可信性，欠款人未提交足以推翻该欠条的证据，法院对该欠条所记载的内容予以确认并无不妥。

交易结构图

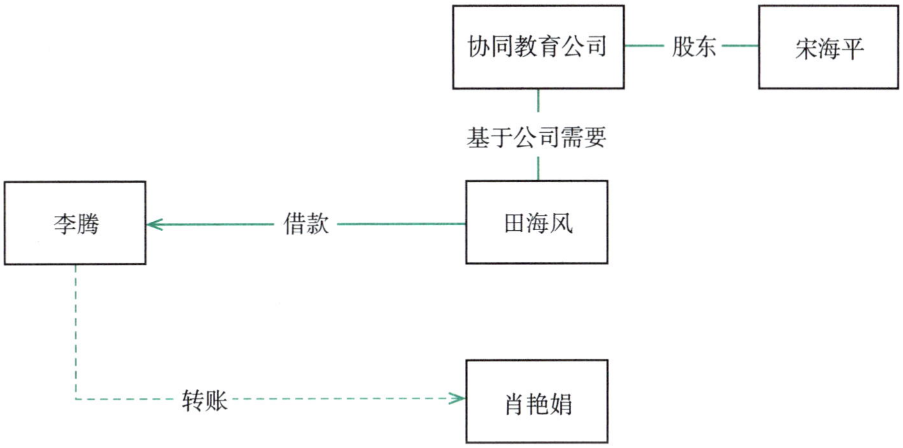

主要案情

再审申请人（一审被告、二审上诉人）：山东协同教育信息技术有限公司、田海风、肖艳娟、宋海平。

被申请人（一审原告、二审被上诉人）：李腾。

再审申请人山东协同教育信息技术有限公司（以下简称协同教育公司）、田海风、宋海平、肖艳娟因与被申请人李腾民间借贷纠纷一案，不服山东省高级人民法院（2016）鲁民终67号民事判决，向最高人民法院申请再审。

一审原告李腾起诉称：自2012年，被告田海风因被告协同教育公司业务需要多次从原告处借款，被告为方便提款指令原告将款汇往公司会计肖艳娟账户下，截至2014年11月3日被告共欠原告本金9,130,000元，利息876,480元（截至2014年10月8日按同期银行贷款利率的4倍计算）。经催要，被告一直未还。经调取肖艳娟中国建设银行尾号3688的银行记录发现，被告协同教育公司的财产与当时的股东宋海平、肖艳娟、田海风的财产发生了实质性的混同，肖艳娟的银行账户不仅与宋海平、协同教育公司的账户资金往来频繁，还与协同教育公司业务单位及协同教育公司其他工作人员如鲁景宽、郭效平等互相转移资金，另外还使用该账户进行理财和消费。后经调取协同教育公司的工商登记资料发现，宋海平自协同教育公司成立至2013年9月6日均为该公司最大股东及法定代表人，肖艳娟自2013年8月22日至2014年12月30日为公司股东并担任公司会计，田海风自2013年9月6日至今为该公司最大股东及法定代表人，但在 2014 年 12 月 30 日，被告协同教育公司公司登记发生突然变更，股东只剩下田海风一人。被告的行为明显是在利用有限责任公司的法律制度恶意逃避债务，侵害债权人的利益，根据《公司法》第 20 条第 3 款的规定，被告应承担连带责任。请求依法判令：(1) 被告协同教育公司偿还原告借款 9,130,000 元，利息 876,480 元（截至 2014 年 10 月 8 日按同期银行贷款利率的 4 倍计算），之后的利息支付到判决履行之日。(2) 被告田海风、肖艳娟、宋海平承担连带还款责任。(3) 诉讼费由被告承担。

申请人再审称：(1) 有足以推翻原判决的新证据。涉案的肖艳娟、宋海平的银行账户的实际控制、使用人是协同教育公司，而不是肖艳娟及宋海平本人，该二人与协同教育公司不存在财产混同，更不存在滥用法人地位及股东有限责任逃避债务、损害债权人利益的情况，肖艳娟、宋海平不应对协同教育公司的借款承担连带清偿责任。2017 年 5 月调取的肖艳娟中国建设银行尾号 3688 银行卡开户信息资料显示，该银行卡是 2011 年开户，开户时预留网上银行、电话银行及手机银行联系人电话号码机主分别是田海风和宋海平。肖艳娟本人从未使用过该银行卡。结合建行 3688 银行卡交易记录显示，肖艳娟不在菏泽期间，其名下的建行 3688 银行卡在菏泽地区频繁地有大额支取操作，金额总计有 500 多万元，交易信息显示的交易地点均为菏泽地区，显然这不可能是肖艳娟本人所为。2017 年 5 月北京好瑞思建筑节能咨询有限公司企业邮箱及工作记录、工资表等证明，宋海平自 2013 年 1 月至 2014 年 5 月一直在北京工作不在菏泽，而宋海平名下的银行卡在这一期间的交易信息所显示的交易地点则全部为菏泽地区，这也很明确地证明，银行卡的实际使用人不是宋海平本人，该银行账户也不是宋海平本人的个人财产账户。协同教育公司实际出资人是田海风，对此李腾也非常清楚。肖艳娟、宋海平只是代田海风持股的名义股东，并没有实际出资。根据肖艳娟的劳动合同、社保信息资料证明，肖艳娟于 2014 年 3 月离开协同教育公司到济南工作，而宋海平更是自 2013 年 1 月就已经离开菏泽去北京工作，2014 年 12 月协同教育公司的股权变更只是根据公司发展需要进行形式上的工商登记变更，对公司资产没有任何影响。(2) 李腾的陈述表明，其提交的八张借条所记载的借款金额是将利息计入本金所形成的，原判决将李腾提供的八张借条总额 851 万元认定为本案借贷纠纷的本金，驳回协同教育公司提出的通过对账或第三方审计方式确定欠款金额的申请，显然认定事实不清。综上，协同教育公司、田海风、宋海平、肖艳娟依据《民事诉讼法》第 200 条第 1 项、第 2 项、第 3 项和第 11 项的规定申请再审本案。

被申请人（一审原告、二审被上诉人）李腾一审诉讼请求：(1) 被告协同教育公司偿还原告借款 9,130,000 元，利息 876,480 元（截至 2014 年 10 月 8 日按同期银行贷款利率的 4 倍计算），之后的利息支付到判决履行之日。(2) 被告田海风、肖艳娟、宋海平承担连带还款责任。(3) 诉讼费由被告承担。

一审法院判决：(1) 被告协同教育公司于本判决生效后十日内偿还原告李腾借款本金 851 万元及利息（其中 65 万元自 2014 年 4 月 2 日起算、236 万元自 2014 年 4 月 13 日起算、180 万元自 2014 年 4 月 17 日起算、80 万元自 2014 年 4 月 18 日起算、70 万元自 2014 年 4 月 27 日起算、100 万元自 2014 年 5 月 1 日起计算、120 万元自 2014 年 5 月 2 日起算，均按照中国人民银行发布的同期同类银行贷款基准利率的4倍计算至本判决确定的履行期限届满之日，履行期限届满前自动履行的，计算到自动履行之日，并扣减利息20万元）；（2）被告田海风、肖艳娟、宋海平对本判决第一项中的借款本金及利息承担连带清偿责任；（3）驳回原告李腾的其他诉讼请求。

二审法院判决：驳回上诉，维持原判。

再审法院最高人民法院于2018年1月裁定：驳回协同教育公司、田海风、宋海平、肖艳娟的再审申请。

法院观点

1. 关于肖艳娟和宋海平申请再审时提供的证据是否为新证据的问题。肖艳娟2017年5月调取的其中国建设银行尾号3688银行卡开户信息资料及其旅行凭证等资料、宋海平提供的2017年5月北京好瑞思建筑节能咨询有限公司企业邮箱及工作记录等资料不符合《民事诉讼法》第200条第1项规定的情形。

2. 关于原判决对借款本金及利息的认定是否正确的问题。原判决认定，李腾与协同教育公司之间自2012年12月6日至2014年7月存在大量、频繁的资金借贷关系，双方对此没有异议。2014年6月8日，田海风向李腾出具了一份《欠条》，记载："截至2014年6月8日，本人田海风自2014年1月1日累计从李腾处向李腾借款合计人民币共计玖佰壹拾叁万元，月息三分计算。"欠条通常是由于债务人应当向债权人履行债务，因自身原因未能按期偿还而向债权人出具的债权凭证，是当事人之间的一个结算结果。因双方已经在欠条中注明913万元欠款系之前借贷之累计数额，结合双方之前存在大量、频繁的借贷关系的事实，该欠条确定的欠款数额具有高度的可信性。因协同教育公司、田海风、宋海平、肖艳娟未提交足以推翻该欠条的证据，原判决对该欠条所记载的内容予以确认并无不妥。

3. 关于判决田海风、肖艳娟、宋海平对涉案借款承担连带清偿责任是否正确的问题。我国实行银行账户实名制，原则上账户名义人即账户资金的权利人。同时，根据《会计法》《税收征收管理法》《企业会计基本准则》等相关规定，公司应当使用单位账户对外开展经营行为，公司账户与管理人员、股东账户之间不得进行非法的资金往来，以保证公司财产的独立性和正常的经济秩序。根据本案认定的事实，李腾出借的款项均汇入了协同教育公司股东肖艳娟账户（大部分款项又汇入宋海平账户，小部分款项汇入协同教育公司账户），协同教育公司亦通过肖艳娟、宋海平等股东账户向李腾偿还借款。同时，协同教育公司的账户与肖艳娟、宋海平等股东的账户之间存在大量、频繁的资金往来，且资金用途复杂，导致公司财产与股东财产无法进行区分。协同教育公司、宋海平、肖艳娟申请再审称协同教育公司实际控制肖艳娟、宋海平等股东账户，股东账户的资金属于公司资金，但未提供充足的证据。因此，原判决认定因协同教育公司与股东之间构成财产混同，公司已经失去了独立承担债务的基础，有事实和法律依据。同时，肖艳娟、宋海平在本案诉讼期间又退出协同教育公司，致使公司变为一人有限公司（田海风一人股东）。以上情形严重损害了公司债权人的利益，根据《公司法》第20条的规定，公司股东滥用公司法人独立地位和股东有限责任，逃避债务，严重损害公司债权人利益的，应当对公司债务承担连带责任。

律师提示

1. 已经发生了公司与股东财产混同的事实，想通过股权退出免除有关法律责任是行不通的。正如有人总想通过离婚来逃避已经发生的夫妻共同债务一样，都是在法律层面行不通的，反而会增强对方及法院关于认定逃废债务的内心确信。

2. 除了公司与股东财产混同会导致股东承担无限连带清偿责任之外，股东怠于履行清算义务同样也会导致承担无限连带清偿责任。

3. 根据最高人民法院《关于适用〈中华人民共和国公司法〉若干问题的规定（二）》第 18 条的规定，有限责任公司的股东、股份有限公司的董事和控股股东因怠于履行义务，导致公司主要财产、账册、重要文件等灭失，无法进行清算，债权人主张其对公司债务承担连带清偿责任的，人民法院应依法予以支持。

069 解除股权转让合同还应考虑哪些特殊因素？

案例索引

最高人民法院（2017）最高法民终 919 号民事判决书。

案例导读

1. 本案是一起最高人民法院审理的关于承债式收购房地产公司 80% 股权纠纷的典型案例。受让方未付转让款 1.5 亿元，出让方诉请主张返还股权，诉请被法院驳回。

2. 由于股权转让款构成约定不清、付款条件约定不严、合同解除条件约定不明及操作过程风险控制措施不够等原因，结果出现 1.5 亿元股转款迟迟不能得到支付却又无法主张返还股权的局面。因此本案例非常值得学习和借鉴。

3. 如何判断付款条件是否成就？合同解除有哪些条件？股权转让合同解除应当特别注意综合考虑哪三项因素？如何判断股权转让价款的构成？如何判断迟延履行债务与合同目的能否实现的关系？如何判断股权客观上已经无法返还？最高人民法院通过本案例，均阐述了相应的裁判理由，值得在类似案件诉讼实务中运用。

4. 本案是一起被告虽然违约但原告却败诉的典型案例。由于合同付款条件约定不明，致使一审法院判定付款条件尚未成就，原告差点陷入“进退无门、钱股两不得”的更为恐怖的诉讼陷阱深渊之中。

裁判要旨

合同是双方意思表示一致的产物，是交易过程中的“行为指南”，也是法官的裁判参考，因此股权转让协议中应尽可能详尽地约定股权转让款的构成、付款条件、合同解除条件及操作过程风险控制措施等，以便确实维护自己的合法权益。

裁判逻辑

1. 根据《合同法》第 45 条的规定，当事人为自己的利益不正当地阻止条件成就的，视为条件已成就；不正当地促成条件成就的，视为条件不成就；鉴于本案股权受让方怠于对目标公司在建工程造价进行审核，系为其利益不正当地阻止股权转让款支付条件的成就，应视为“建工程造价完成审核”这一付款条件已成就，构成迟延履行债务。

2. 根据《合同法》第 94 条的规定，解除合同应具备以下条件之一：(1)因不可抗力致使不能实现合同目的；(2)在履行期限届满之前，当事人一方明确表示或者以自己的行为表明不履行主要债务；(3)当事人一方迟延履行主要债务，经催告后在合理期限内仍未履行；(4)当事人一方迟延履行债务或者有其他违约行为致使不能实现合同目的；(5)法律规定的其他情形。

3. 股权是一种综合性的财产权利，不仅包括财产收益权还包括公司经营决策权等多种权利。鉴于股权转让合同的签订与履行不仅直接影响合同当事人的利益，而且还会影响目标公司的员工、债权人及其他相关第三人的利益，因此解除股权转让合同除应依据法律的明确规定外，还应考虑股权转让合同的特点。尤其在股权已经变更登记，受让方已经支付大部分款项，且已经实际控制目标公司的情况下，解除股权转让合同应结合合同的履行情况、违约方的过错程度以及股权转让合同目的能否实现等因素予以综合判断。

4.《合同法》第 94 条第 4 项关于迟延履行不能实现合同目的，是指迟延的时间对于债权的实现至关重要，超过了合同约定的期限履行合同，合同目的就将落空。作为股权的出让方，其转让股权的目的在于收取股权转让款，迟延交付股权转让款虽使其遭受损失，但是通过股权买受人继续履行股权转让款支付义务并承担违约责任等，合同目的仍能实现。

5. 虽然股权受让方存在尚未支付剩余股权转让款的违约行为，但《股权转让协议》并未约定迟延支付该部分款项时股权出让方将不接受《股权转让协议》的履行，因此在已支付股权转让款占全部股权转让款的 60% 的情形下，尚未支付剩余股权转让款虽然构成违约，但不能认定导致合同目的不能实现。

6. 鉴于与案涉股权过户时相比，目标公司股权的价值及股权结构均已发生较大变化，案涉股权客观上已经无法返还，受让方虽然存在迟延支付股权转让款的违约行为，但不符合股权转让合同法定解除条件。

交易结构图

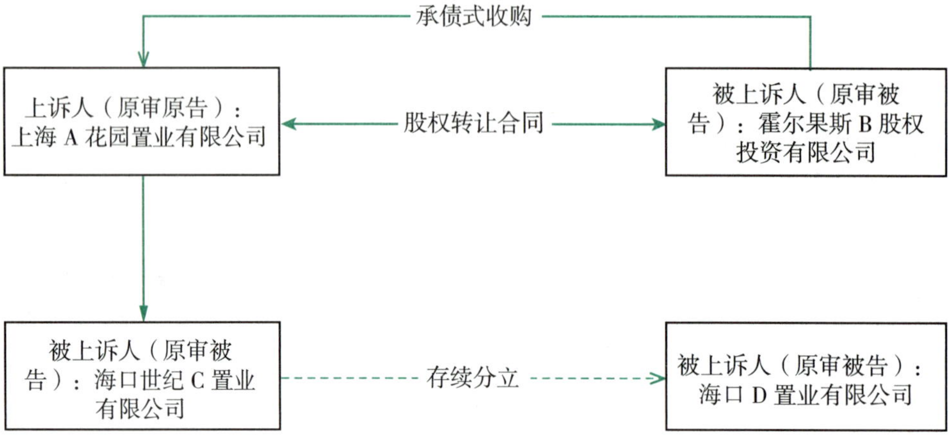

主要案情

上诉人(原审原告):上海A花园置业有限公司。

被上诉人(原审被告):霍尔果斯B股权投资有限公司。

被上诉人(原审被告):海口世纪C置业有限公司。

被上诉人(原审被告):海口D置业有限公司。

上诉人上海A花园置业有限公司(以下简称A公司)因与被上诉人霍尔果斯B股权投资有限公司(以下简称B公司)、海口世纪C置业有限公司(以下简称C公司)、海口D置业有限公司(以下简称D公司)股权转让纠纷一案,不服海南省高级人民法院(2017)琼民初34号民事判决,向最高人民法院提起上诉。

2015年2月9日,A公司作为甲方,B公司作为乙方,C公司作为丙方签订《股权转让协议》。

该协议第1.1条约定,甲方将持有的C公司80%的股权(以下简称标的股权)全部转让给乙方。

第1.2条约定,乙方收购标的股权,为承债式收购,即乙方在受让甲方所持有的C公司80%股权的同时,该等股权所附属的全部债权债务,一并由乙方承继。

第2.1条约定,甲乙双方经协商一致同意,标的股权转让价格以经公允合理评估及调整后的净资产为计价基础,同时考虑C公司开发的外滩中心项目一期住宅亏损原因、股东资本金实际出资到位情况等相关因素。故甲乙双方确认,乙方收购标的股权的对价款为1.76亿元,另有甲方及其关联方截至2014年12月31日向C公司提供的股东借款1.99亿元,由乙方一并负责通过C公司向甲方支付。此次股权转让的总价款合计为3.75亿元。

第2.2条约定,乙方应按照本协议的约定支付股权转让总价款。

第3.1条约定,本协议签署之日,乙方向甲方支付1000万元,作为本次股权转让的定金。

截至本协议签署之日,海南恒道置业有限公司转让海口外滩城房地产有限公司股权的应付未付的股权转让款(咨询服务费)6900 万元。在本协议签署后 2 个工作日内,由乙方负责将其中的 900 万元支付予甲方;在本协议第 5.1.5 条约定事项达成之日,由乙方负责将剩余的 6000 万元全部支付予甲方。

第 3.2 条约定,在 2015 年 2 月 18 日前,C 公司必须支付的工程款由乙方负责筹集,并通过 C 公司支付。该等由乙方负责筹集,并通过 C 公司支付的工程款,作为 C 公司向乙方的借款,并与 C 公司的现有债务相抵冲(相应减少 C 公司的现有债务)。

第 3.3 条约定,在本协议第 5.1.5 条约定事项达成之后的 3 个工作日内,以甲方名义开设、由甲乙双方共管的银行资金账户,乙方应当在共管账户开通后 7 个工作日内打入股权转让总价款的 60%(2.25 亿元,含之前支付的 1000 万元)作为股权过户资金保障,并出具付款指令。

第 3.4 条约定,甲方应于本协议生效后的 30 个工作日内,积极配合乙方办理完毕股权过户手续。在办理完转让股权工商变更及法定代表人、董事、监事变更登记之日(即股权交割日),共管账户的资金由监管银行根据先前乙方出具的付款指令,无条件地解冻并支付予甲方。

第 3.5 条约定,乙方应付甲方股权转让总价款的 40%(1.5 亿元),由乙方在股权交割后,在威斯汀酒店在建工程造价审核完成后的 60 个工作日内,但最迟不晚于本协议签署后 9 个月内,向甲方付清。如乙方发现并经甲方确认 C 公司有甲方未披露的其他外债欠款、欠缴税款、外滩中心项目权利限制等重大瑕疵和风险以及根据本协议第 5.1.7 条,乙方有权在股权转让总价款的尾款中予以扣除。

第 4.1 条约定,甲乙双方同意,以本协议第 5.1.5 条约定事项达成之日为时间界限,在此时间界限以前,C 公司的损益由甲方承担和享有;在此时间界限以后,C 公司的损益由乙方承担和享有,C 公司发生的债务由乙方承担。

第 4.2 条约定,乙方将 60% 的股权转让总价款汇入甲乙双方共管账户后、股权交割日之前,为过渡期。第 4.2.1 条约定,在过渡期,C 公司的日常管理由甲乙双方共同负责。C 公司日常经营所需支出(人员薪酬,水、电、煤等公共事业费)、对外签署任何合同、协议等,需得到甲乙双方的书面同意。第 4.2.2 条约定,在过渡期,甲方不再向 C 公司提供股东借款。C 公司所需日常开支、工程款支付等资金,由乙方负责筹措,并通过 C 公司支付。

第 4.3 条约定,在股权交割日后的次日,乙方全权接管 C 公司。甲乙双方共同销毁 C 公司原有印章,由乙方重新刻制 C 公司公章、合同章、财务专用章以及法定代表人名章。同时,由甲乙双方共同签署确认文件一式三份,文件上预留原有印章印鉴,以确认:C 公司原有印章所签署的一切法律文件项下所产生并实际发生的法律责任,除了已根据各方移交并签署确认由 C 公司继续履行的内容外,均由甲方负责解决并承担连带责任。

第 5.1.5 条约定,在本协议签订后 60 日内,甲方负责、乙方和 C 公司配合取得 C 公司借款银行和 C 公司威斯汀酒店喜达屋酒店管理集团对本次股权转让书面同意。

第 5.1.7 条约定,在本协议正式生效之日,即视作为乙方按现状接收 C 公司威斯汀酒店在建工程。在乙方按现状接收C公司威斯汀酒店在建工程后,由乙方为主、甲乙双方共同配合对C公司威斯汀酒店截至本协议生效之日前的现状工程造价进行审核,C公司提供一切所需资料和便利,酒店工程结算最终以审计结算为准;同时鉴于威斯汀酒店项目工程尚未完工且需进行整改,双方同意会同威斯汀酒店管理方对该酒店现状工程进度进行三方确认,并提出续建及整改验收标准的报告。在审核过程中,如发现C公司威斯汀酒店工程建设过程中存在超合同规定之工程造价或采购定价支付、合同造价或采购定价明显偏高的问题,由甲乙双方共同与工程承包方或供应商沟通核减,无法沟通核减的,甲乙双方促使C公司依法向有关责任人追索。

第5.1.8条约定,甲方保证上述陈述真实完整,无重大遗漏和虚假陈述,为乙方提供了为完成本次交易所需要的应由甲方提供的各种资料和文件。除上述已经披露的债务外,甲方及C公司没有其他任何负债(包括或有负债)或权利限制,并保证C公司没有诉讼、仲裁或潜在的诉讼、仲裁、纠纷事项。甲方保证没有就本次股权转让相关事宜故意误导和欺骗乙方,如甲方的陈述与实际情形不一致而给乙方造成损失,甲方将对此承担相应的法律责任。

第5.2.4条约定,在本协议签订后60日内,乙方负责、甲方和C公司配合,与C公司所在地税务部门进行沟通,以获得C公司所在地税务部门对C公司股权变更的同意函。

第5.2.6条约定,如因违反本协议约定而给甲方造成损失,乙方将对此承担相应的违约责任。

第7.1条约定,本协议对转让、受让方均有约束力和可执行性,如任何一方无法履行其根据本协议所负义务或一方根据本协议所做的陈述与保证是不真实的或有重大遗漏,该方应被视为违约,违约方应对另一方因该方违约所造成的损失负赔偿责任。

第7.2条约定,若乙方违反本协议第3条约定,迟延支付股权款,则每延迟一日,乙方应向甲方支付相当于迟付金额万分之三的滞纳金。

第7.3条约定,若因甲方的原因(除本协议第5.1.5条所列原因及第8条不可抗力外),在乙方按照本协议第3.2条约定共管资金后30个工作日内,甲方未能完成股权过户手续,则每延迟一日,甲方应向乙方支付本协议约定的股权转让款项万分之三的违约金。逾期超过30日的,乙方有权解除本协议,除上述违约金外,甲方自乙方作出解除通知之日起将乙方根据本协议第3.1条、第3.2条向甲方支付的定金及共管资金无条件退还乙方,由此造成乙方损失的甲方负赔偿责任。

2015年11月18日,A公司、C公司、B公司与上置公司及国升公司签订《备忘录》。备忘录鉴于部分载明:(1)2015年2月9日,A公司与B公司签订了C公司股权转让协议,A公司将其持有的C公司80%股权转让给B公司。目前,该转让协议尚在履行,将进行股权变更登记。(2)2015年10月15日,B公司、国升公司与绿地置业公司以及C公司签订了股权转让合同,拟在B公司受让A公司持有的C公司80%股权后,对C公司进行分立,将C公司拥有的外滩中心项目二期土地使用权平移至分立新设公司,再将分立新设公司100%股权转让予绿地置业公司。(3)截至2015年11月18日,C公司在中国银行海口海甸支行有41,197.87万元贷款尚未归还，上置公司及其附属公司为该等贷款提供了保证担保，C公司在中国民生信托有限公司（通过上置物业委托贷款）有1亿元贷款尚未归还，C公司在中信银行海口营业部有3000万元，合计贷款余额54,197.87万元尚未归还。(4)B公司及其实际控制人王东升，为筹措受让A公司持有的C公司80%股权对价款，将B公司100%股权质押给了绿地金融公司，并同意将B公司自A公司受让的C公司80%股权以及国升公司持有的C公司20%股权质押予绿地金融公司。鉴于此，各方就有关事项签署本备忘录，以资共同遵守：(1)A公司持有的C公司80%股权的转让：①由A公司与B公司、国升公司和绿地置业公司签订《指令付款协议书》，作为本备忘录的附件。②A公司与B公司签署、盖章将A公司持有的C公司80%股权转让给B公司的协议等一系列文件。③在签署、盖章80%股权转让文件当日，B公司向由A公司与B公司共同监管的银行账户汇入2.15亿元，其中1.31亿元用以支付C公司到期贷款和利息。④A公司持有的C公司80%股权转让变更完成当日，A公司与B公司释放银行监管账户内的8400万元，支付予A公司。⑤B公司与A公司签署、盖章80%股权复原（转让）协议等一系列文件。一旦中国银行海口海甸支行最终未能同意A公司将其持有的C公司80%股权转让予B公司，或虽同意A公司将其持有的C公司80%股权转让予B公司，但未能同意解除上置公司及其附属公司为C公司在中国银行海口海甸支行贷款提供的保证担保，B公司与A公司签署、盖章的80%股权复原（转让）协议等一系列文件即行生效，并即刻递交工商行政管理部门进行变更登记，对此B公司和国升公司无条件予以配合（包括面签，如需要）。⑥国升公司与A公司签署、盖章国升公司将其持有的C公司20%股权转让予A公司（转让价格为7400万元）的协议等一系列文件。一旦中国银行海口海甸支行最终未能同意A公司将其持有的C公司80%股权转让予B公司，或虽同意A公司将其持有的C公司80%股权转让予B公司，但未能同意解除上置公司及其附属公司为C公司在中国银行海口海甸支行贷款提供的保证担保，国升公司与A公司签署、盖章的20%股权转让协议等一系列文件即行生效，并即刻递交工商行政管理部门进行变更登记，对此国升公司和B公司无条件予以配合（包括面签，如需要）。(2)如中国银行海口海甸支行同意80%股权转让：①由B公司和国升公司负责与中国银行海口海甸支行进行协调，在A公司将其持有的C公司80%股权转让给B公司完成后的30日内，撤销上置公司及其附属公司对C公司贷款的保证担保。否则将按本备忘录第1条第5款、第6款执行。②在A公司将其持有的C公司80%股权转让给B公司完成后的30日内，B公司向A公司支付1.31亿元（受让A公司将其持有的C公司80%股权转让对价款的一部分）。如延期付款，B公司需承担日万分之五的违约金。③上置公司及其附属公司与C公司结清2015年1月31日以来新发生的往来款，在A公司将其持有的C公司80%股权转让给B公司完成后的30日内，由国升公司通过C公司支付予上置公司及其附属公司。如延期付款，B公司需承担日万分之五的违约金。④在本备忘录第2条第2款、第3款执行完毕后，C公司方可进行分立、资产和债务平移等事项。(3)如中国银行海口海甸支行不同意80%股权转让：①银行按本备忘录第1条第5款、第6款执行。②在执行本备忘录第1条第5款、第6款约定时，如B公司持有的C公司80%股权，以及国升公司持有的C公司20%股权仍处于被绿地金融公司质押状态，则 A 公司将受让（复原）C 公司 80% 股权的对价款和受让国升公司持有的 C 公司 20% 股权的对价款，按绿地金融公司借予 B 公司及其实际控制人王某升的贷款本金和利息总额（不大于 A 公司受让 B 公司和国升公司持有的 C 公司 100% 股权转让对价款），汇入以 A 公司名义开设的、由 A 公司、B 公司和绿地金融公司共同监管的银行资金监管账户。该等支付等同于 A 公司向 B 公司和国升公司履行的股权转让对价款的付款义务。③在绿地金融公司解除 B 公司持有的 C 公司 80% 股权以及国升公司持有的 C 公司 20% 股权质押的当日，A 公司、B 公司释放由 A 公司、B 公司和绿地金融公司共同监管的银行监管账户资金，并支付给绿地金融公司。④A 公司受让（复原）C 公司 80% 股权、受让国升公司持有的 C 公司 20% 股权的对价款，扣除支付予绿地金融公司的款项后的余额，在该等股权转让完成后的 60 日内，由 A 公司向国升公司支付。如延期付款，A 公司需承担日万分之五的违约金。⑤国升公司与 C 公司结清所发生的往来款，由 A 公司通过 C 公司支付予国升公司。（4）本备忘录经各方签署后对各方均具有法律约束力，任何一方发生违约，守约方可据此向违约方要求赔偿因违约方违约对守约方造成的一切损失。

2015 年 11 月 19 日，C 公司的股东由 A 公司、国升公司变更为 B 公司、国升公司，其中 B 公司持股 80%。

2015 年 11 月 20 日，A 公司向 B 公司出具《委托支付指令函》，内容如下："致霍尔果斯 B 股权投资有限公司：根据贵公司与我司于 2015 年 2 月 9 日签署的《关于海口世纪 C 置业有限公司股权转让协议》，我司持有的海口世纪 C 置业有限公司 80% 的股权于 2015 年 11 月 18 日与贵公司在海口完成了股权变更手续，我司确认贵司已于 2015 年 11 月 20 日准备完毕部分股权转让价款人民币贰亿壹仟伍佰万元整，并向我司发出支付通知。现因我司经营需要，特委托贵司将其中的壹亿叁仟壹佰零肆万元的股权转让款定向支付给海口世纪 C 有限公司以下账户，支付后即视为贵司已按协议履行该部分股权转让金付款义务。剩余股权转让金捌仟叁佰玖拾陆万元，我司将另行通知贵司具体支付方式。特出具此委托支付指令函！"

2016 年 2 月 19 日，C 公司（注册资本为 2.2 亿元）以存续分立的方式，分立为 C 公司（存续公司，注册资本为 1.2 亿元）和 D 公司（新设公司，注册资本为 1 亿元）。

A 公司、B 公司、C 公司和 D 公司一致认可《股权转让协议》约定的 B 公司应向 A 公司支付股权转让总价款 3.75 亿元及 6900 万元海南恒道置业有限公司转让海口外滩城房地产有限公司股权应付未付的股权转让款（咨询服务费），B 公司已向 A 公司支付股权转让总价款中的 60% 即 2.25 亿元，剩余 40% 即 1.5 亿元及 6900 万元（咨询服务费）B 公司尚未支付。

上诉人（原审原告）A 公司一审诉讼请求：（1）判令解除原告 A 公司与两被告 B 公司、C 公司于 2015 年 2 月 9 日签订的《股权转让协议》；（2）判令被告 B 公司将其持有的被告 C 公司 80% 股权返还原告 A 公司；（3）判令被告 B 公司、C 公司配合原告 A 公司前往海口市工商行政管理局办理将被告 B 公司持有的 C 公司 80% 股权变更至原告 A 公司名下的相关变更登记手续；（4）判令被告 C 公司偿还借款 14,434.768816 万元；（5）判令 B 公司将其持有的 D 公司 80% 股权返还 A 公司；（6）判令 B 公司、D 公司配合 A 公司前往海口市工商行政管理局办理将

B 公司持有的 D 公司 80% 股权变更至 A 公司名下的相关变更登记手续;(7)判令 A 公司有权将《股权转让协议》解除后应返还给 B 公司的股权转让款优先用于清偿 B 公司将 C 公司 80% 股权质押给第三人国民信托有限公司所担保的主债权,以解除 D 公司 80% 股权质押;(8)判令 D 公司对 C 公司应当偿还 A 公司的借款 14,434.768816 万元承担连带还款责任;(9)本案案件受理费、财产保全费等诉讼费用由三被告共同承担。

一审法院判决:驳回原告 A 公司的全部诉讼请求。

二审法院最高人民法院于 2017 年 12 月 28 日作出判决:驳回上诉,维持原判。

法院观点

A 公司上诉认为,B 公司拒不支付 80% 的股权转让款已超过两年,逃废债行为十分明显,《股权转让协议》的合同目的已无法实现,依据《合同法》第 94 条的规定应解除《股权转让协议》。《合同法》第 94 条规定:"有下列情形之一的,当事人可以解除合同:(一)因不可抗力致使不能实现合同目的;(二)在履行期限届满之前,当事人一方明确表示或者以自己的行为表明不履行主要债务;(三)当事人一方迟延履行主要债务,经催告后在合理期限内仍未履行;(四)当事人一方迟延履行债务或者有其他违约行为致使不能实现合同目的;(五)法律规定的其他情形。"本案中,《股权转让协议》是否应予解除主要涉及以下问题,最高人民法院对此逐一评述如下:

一、B 公司是否存在迟延支付股权转让款的违约行为

(一)B 公司是否已向 A 公司支付 2.25 亿元股权转让款

A 公司确认 B 公司已按《股权转让协议》约定支付 2.25 亿元款项,但上诉认为其中 1.31 亿元为 A 公司对 C 公司的借款,故 1.31 亿元不属于股权转让款。根据查明的事实,A 公司于 2015 年 11 月 20 日向 B 公司出具《委托支付指令函》,委托 B 公司将其中的 1.31 亿元的股权转让款定向支付给 C 公司,支付后即视为 B 公司已按协议履行该部分股权转让款付款义务。后 B 公司将该笔款项支付至 C 公司名下账户,故 1.31 亿元应属于股权转让款。30 号民事判决虽判决 B 公司向 A 公司支付 1.3104 亿元股权转让款及利息,但该判决为未生效的一审判决,对本案无拘束力。因此,一审法院认定 B 公司已向 A 公司支付 2.25 亿元股权转让款正确,A 公司该项上诉理由不成立。

(二)B 公司支付 1.5 亿元股权转让款的条件是否已经成就

A 公司上诉认为,B 公司支付 1.5 亿元股权转让款的条件于 2015 年 11 月 9 日已经成就。《股权转让协议》第 3.5 条约定,乙方应付甲方股权转让总价款的 40%(1.5 亿元),由乙方在股权交割后,在威斯汀酒店在建工程造价审核完成后的 60 个工作日内,但最迟不晚于本协议签署后 9 个月内,向甲方付清。《股权转让协议》于 2015 年 2 月 9 日签订,因此,依照《股权转让协议》约定,1.5 亿元最迟应于 2015 年 11 月 9 日支付。但是,案涉股权于 2015 年 11 月 19 日才完成变更登记,《备忘录》签订于 2015 年 11 月 18 日。因此,1.5 亿元最迟应于 2015 年 11 月 9 日的支付期限已经被《备忘录》所变更。1.5 亿元的支付条件仅为"在威斯汀酒店在建工程造价审核完成后的60个工作日内”。A公司上诉主张B公司支付1.5亿元股权转让款的条件于2015年11月9日已经成就,与事实不符。

《股权转让协议》第5.1.7条约定,在本协议正式生效之日,即视作为乙方按现状接收C公司威斯汀酒店在建工程。在乙方按现状接收C公司威斯汀酒店在建工程后,由乙方为主、甲乙双方共同配合对C公司威斯汀酒店截至本协议生效之日前的现状工程造价进行审核,C公司提供一切所需资料和便利,酒店工程结算最终以审计结算为准。(甲方为A公司、乙方为B公司)因此,对威斯汀酒店在建工程造价现状完成审核主要系B公司的义务,而且该工程造价审核是《股权转让协议》生效之日前的现状工程造价审核。《股权转让协议》于2015年2月9日签订,A公司于2015年11月19日将C公司80%的股权变更登记为B公司,在距今长达两年多时间内,B公司仍未完成对威斯汀酒店在建工程造价的审核,且亦无证据证明A公司不配合B公司进行审核。《合同法》第45条规定,当事人为自己的利益不正当地阻止条件成就的,视为条件已成就;不正当地促成条件成就的,视为条件不成就。因此,B公司怠于对威斯汀酒店在建工程造价进行审核,系为其自己的利益不正当地阻止1.5亿元支付条件的成就,应视为“对威斯汀酒店在建工程造价完成审核”这一条件已成就,B公司支付1.5亿元股权转让款的条件已经成就。一审法院认定1.5亿元股权转让款的支付条件未成就错误,最高人民法院予以纠正。

(三)6900万元是否为《股权转让协议》项下B公司的付款义务

A公司上诉认为,一审法院认定6900万元与《股权转让协议》履行无关,属认定事实错误。《股权转让协议》第3.1条约定,本协议签署之日,乙方向甲方支付1000万元,作为本次股权转让的定金。截至本协议签署之日,海南恒道置业有限公司转让海口外滩城房地产有限公司股权的应付未付的股权转让款(咨询服务费)6900万元。在本协议签署后2个工作日内,由乙方负责将其中的900万元支付予甲方;在本协议第5.1.5条约定事项达成之日,由乙方负责将剩余的6000万元全部支付予甲方。第5.1.5条约定,在本协议签订后60日内,甲方负责、乙方和C公司配合取得C公司借款银行和C公司威斯汀酒店喜达屋酒店管理集团对本次股权转让书面同意。因此,6900万元系《股权转让协议》项下B公司的合同义务。依据《股权转让协议》的约定,B公司在协议签署2个工作日内应支付900万元,B公司至今未支付,应承担迟延支付900万元的违约责任。但喜达屋酒店管理集团对本次股权转让未出具书面同意,因此,B公司支付6000万元的条件尚未成就,A公司关于威斯汀酒店即将开业可视为喜达屋酒店管理集团对案涉股权转让出具了书面同意、B公司支付6000万元条件已经成就的上诉主张不能成立。A公司、B公司、C公司和D公司一致认可,《股权转让协议》约定的B公司应向A公司支付股权转让总价款3.75亿元与海南恒道置业有限公司转让海口外滩城房地产有限公司股权应付未付的股权转让款(咨询服务费)6900万元是相互独立的两笔款项,故一审法院认为“6900万元(咨询服务费)的履行情况不应作为评判本案股权转让交易行为是否违约的依据”,并无明显不当。

此外,关于将C公司分立为C公司和D公司是否为B公司和C公司的违约行为问题。A

公司上诉认为,B 公司和 C 公司违反了《备忘录》第 2 条第 4 款的约定对 C 公司进行分立,应承担违约责任。最高人民法院认为,A 公司在一审中未主张该违约行为,一审法院亦未以此判断《股权转让协议》是否应予解除。《备忘录》第 2 条第 2、3、4 款约定了 C 公司分立的条件,但涉及国升公司、上置公司及其附属公司的合同义务,而国升公司、上置公司及其附属公司并非《股权转让协议》的当事人,与《股权转让协议》是否符合法定解除条件应予解除并无必然关联性。因此,对 B 公司和 C 公司将 C 公司分立为 C 公司和 D 公司的行为是否构成违约行为,最高人民法院不予评述。

二、《股权转让协议》的合同目的是否不能实现,是否应予解除

A 公司依据《合同法》第 94 条第 4 项的规定主张解除《股权转让协议》,即本案是否存在 B 公司迟延履行债务或者其他违约行为致使不能实现合同目的。B 公司已支付股权转让款 2.25 亿元,占全部股权转让款的 60%,尚未支付剩余 1.5 亿元股权转让款虽然构成违约,但并未致使《股权转让协议》的目的不能实现。迟延履行不能实现合同目的,指迟延的时间对于债权的实现至关重要,超过了合同约定的期限履行合同,合同目的就将落空。虽然 B 公司存在尚未支付剩余 1.5 亿元股权转让款的违约行为,但《股权转让协议》并未约定 B 公司迟延支付该部分款项,A 公司将不接受《股权转让协议》的履行。A 公司作为股权的出让方,其转让股权的目的在于收取股权转让款,迟延交付 1.5 亿元股权转让款虽使其遭受损失,但是通过股权买受人继续履行股权转让款支付义务并承担违约责任等,合同目的仍能实现。现最高人民法院认定剩余 1.5 亿元股权转让款的支付条件已经成就,A 公司主张迟延履行支付 1.5 亿元股权转让款致使《股权转让协议》合同目的不能实现的理由不成立。此外,如前所述,虽然 6900 万元为《股权转让协议》项下 B 公司的支付义务,B 公司尚未支付 900 万元构成违约行为,但是该款项并不属于 B 公司应支付案涉股权的对价,因此,B 公司尚未支付 900 万元不影响《股权转让协议》目的的实现。关于 B 公司和 C 公司将 C 公司分立的违约行为,前已述及,最高人民法院对此不予评述。即使 B 公司和 C 公司存在提前将 C 公司分立的违约行为,C 公司的分立亦非《股权转让协议》项下的主要合同义务,A 公司亦不能依据 B 公司和 C 公司的该违约行为主张解除《股权转让协议》。

股权是一种综合性的财产权利,不仅包括财产收益权还包括公司经营决策权等多种权利。股权转让合同的签订与履行不仅直接影响合同当事人的利益,而且还会影响目标公司的员工、债权人及其他相关第三人的利益。因此,解除股权转让合同除应依据法律的明确规定外,还应考虑股权转让合同的特点。尤其在股权已经变更登记,受让方已经支付大部分款项,且已经实际控制目标公司的情况下,解除股权转让合同应结合合同的履行情况、违约方的过错程度以及股权转让合同目的能否实现等因素予以综合判断。本案中,A 公司已将 C 公司 80% 的股权变更登记至 B 公司名下,B 公司已经实际接管 C 公司达两年多,占 C 公司 20% 股权的股东国升公司明确反对 A 公司再次进入 C 公司,威斯汀酒店也开业在即,C 公司在中国银行海口海甸支行的贷款本息已经还清,C 公司也于 2016 年 2 月 19 日分立为 C 公司和 D 公司。与 2015 年 11 月 19 日案涉股权过户时相比,B 公司持有的 C 公司股权的价值及股权结构均已发生较大变化,案涉股权客观上已经无法返还。综上,B公司虽然存在迟延支付股权转让款的违约行为,但是依据本案事实和法律规定,《股权转让协议》并不符合法定解除条件应予以解除,A公司该项上诉请求不成立,最高人民法院不予支持。

A公司关于返还股权及协助变更登记的诉讼请求,因最高人民法院不予支持A公司关于判令解除《股权转让协议》的诉讼请求,故对A公司该上诉请求均不予支持。

综上所述,A公司的上诉请求不能成立,应予驳回;一审判决在认定1.5亿元转让款条件是否成就等方面存在错误,最高人民法院予以纠正,但一审判决结果正确,应予维持。

律师提示

本案是一起被告虽然违约但原告却败诉的典型案例。通过本案例,站在原告即股权出让方角度,如果做好以下几点,也许可以避免尴尬:

1. 既然确定收购标的股权的对价款为1.76亿元,就不要将股东借款1.99亿元并入,使得股权总价款变成3.75亿,而应根据款项性质不同进行不同的约定。本案正因为《股权转让协议》第2.1条约定不当,才导致"未付股权转让款比例是80%还是40%的争议",法院认定为40%,难以认定被告构成未履行主要债务,而仅仅是未履行合同债务。

2. 本案《股权转让协议》第3.5条约定"乙方应付甲方股权转让总价款的40%(1.5亿元),由乙方在股权交割后,在威斯汀酒店在建工程造价审核完成后的60个工作日内,但最迟不晚于本协议签署后9个月内,向甲方付清"的付款条件约定尚还不够清晰,致使一审法院判定付款条件尚未成就,原告差点陷入"进退无门、钱股两不得"的诉讼陷阱之中。二审最高人民法院明察秋毫,进行了纠正,否则原告更惨且要惨到底了。如果改成"乙方应付甲方股权转让总价款的40%(1.5亿元),由乙方在股权交割后,在威斯汀酒店在建工程造价审核完成后的60个工作日内,但最迟不晚于股权交割后N个月内,向甲方付清",是不是更为清楚且能够避免争议呢?

3. 最高人民法院裁判理由之一是"虽然B公司存在尚未支付剩余1.5亿元股权转让款的违约行为,但《股权转让协议》并未约定B公司迟延支付该部分款项,A公司将不接受《股权转让协议》的履行"。反之,假如《股权转让协议》做了具体约定呢?至少应该会多了一项利于原告的条款。

4. 本案法院驳回原告解除合同的最重要一点理由是"与案涉股权过户时相比,目标公司股权的价值及股权结构均已发生较大变化,案涉股权客观上已经无法返还"。假如《股权转让协议》合同约定"股权过户变更后,受让方在未付清全部股权转让款之前不得进行二次转让",同时约定并落实股权质押为股权转让款担保等风控措施,也许结局会不一样。

070 上市公司隐名持股协议无效后如何处理?

案例索引

最高人民法院(2017)最高法民申2454号民事裁定书。

案例导读

1. 本案是一起关于"上市公司隐名持股无效"案例。是继"保险公司股权代持无效"案后又一起以金融交易损害公共利益为由裁定无效的典型案例,两案裁判逻辑思路高度一致,值得实务界高度注意。

2. 上市公司隐名持股效力审查的法条依据是什么?上市公司股权不得隐名代持有哪些具体的规范依据?上市公司股权不清晰为何会损害到社会公共利益?关于上市公司股权不得隐名代持的规定为何需要得到司法裁判的尊重?股权代持无效后如何确定各方当事人的权利和义务?法律文件中括号内注明内容为何更具有确定性、更应予以采信?最高人民法院通过再审审查裁定书均给予了逻辑自洽的论证说明,值得法官裁判"释法说理"学习,也值得律师用于案件答辩辩论代理词参考。

裁判要旨

上市公司股权隐名代持的规定,属于证券行业监管基本要求与业内共识,并对广大非特定投资人利益构成重要保障,对社会公共利益亦为必要保障所在,故依据《合同法》第52条第4项等规定,上市公司隐名持股协议应认定为无效。

裁判逻辑

1. 上市公司股权代持协议效力的认定应当根据上市公司监管相关法律法规以及《合同法》等规定综合予以判定。

2. 上市公司发行人必须真实,并不允许发行过程中隐匿真实股东,否则公司股票不得上市发行,公司上市发行人必须股权清晰,且股份不存在重大权属纠纷,公司上市需遵守如实披露的义务,披露的信息必须真实、准确、完整,这是证券行业监管的基本要求,也是证券行业的基本共识:上市公司股权不得隐名代持。

3. 如上市公司真实股东都不清晰的话,其他对于上市公司系列信息披露要求、关联交易审查、高管人员任职回避等监管举措必然落空,必然损害到广大非特定投资者的合法权益,从而损害到资本市场基本交易秩序与基本交易安全,损害到金融安全与社会稳定,从而损害到社会公共利益。

4. 关于上市公司股权不得隐名代持的规定,有些属于法律明确应于遵循之规定,有些虽属于部门规章性质，但因经法律授权且与法律并不冲突，并属于证券行业监管基本要求与业内共识，并对广大非特定投资人利益构成重要保障，对社会公共利益亦为必要保障所在，故依据《合同法》第52条第4项等规定，上市公司隐名持股协议应认定为无效。

5. 上市公司隐名持股而无效，但这并不意味着否认当事人之间委托投资关系的效力，更不意味着否认双方之间委托投资的事实，也不意味着否认当事人持有上市公司股权的效力，更不意味着否认上市公司股东之间围绕公司上市及其运行所实施的一系列行为之效力。

6. 双方上市公司隐名持股协议虽认定为无效，但属于“不能返还或者没有必要返还的”情形，故委托人要求将诉争股权过户至其名下的请求难以支持，但委托人可依进一步查明事实所对应的股权数量请求公平分割相关委托投资利益。

7. 考虑双方股权代持协议认定为无效后，需进一步根据查明的事实，就委托投资利益结合双方过错以及贡献大小等情况进行公平与合理的分割，并为妥善化解矛盾，力求案结事了，以指令原审法院再审为宜。

8. 另根据文字表示习惯与常理，括号内注释的内容一般表示欲进行的解释与说明，以防括号前的表述不准确或造成误解，因此括号内的注明内容更具有确定性、更应予以采信。

交易结构图

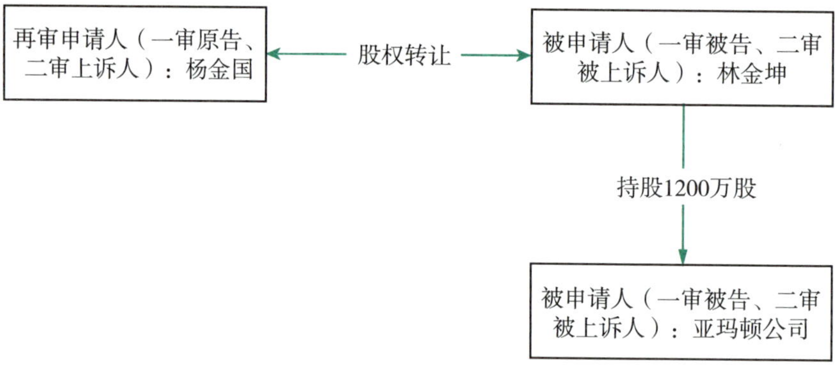

主要案情

再审申请人（一审原告、二审上诉人）：杨金国。

被申请人（一审被告、二审被上诉人）：林金坤、常州亚玛顿股份有限公司。

再审申请人杨金国因与被申请人林金坤、常州亚玛顿股份有限公司（以下简称亚玛顿公司）股权转让纠纷一案，不服江苏省高级人民法院（2016）苏民终1031号民事判决，向最高人民法院申请再审。

杨金国申请再审称：原审判决存在《民事诉讼法》第200条第2项、第4项、第6项规定之情形，应予再审，请求撤销二审判决，改判支持杨金国的全部诉讼请求，诉讼费用由林金坤、亚玛顿公司承担。主要事实和理由如下：

1. 本案诉争合同标的数量是1200万股亚玛顿公司股份,二审判决认定为120万股,与事实不符。首先,从合同语句及条款看,对交易标的之核心阐述是“总股本1%(即1200万股)”。无论从汉语正常表述的逻辑推理,还是合同起草的惯常理解,括号中内容一般是对括号前内容的更具体、更细化、更明确的解释,应当更能准确反映出当事人缔约时的本意。因此,从合同语句及条款分析,应认定为1200万股。其次,双方在签约之时,亚玛顿公司已经完成股改,林金坤持1200万股(占亚玛顿公司总股本的10%),双方交易对象明确是针对林金坤持有的该1200万股,合同根本目的是期望通过交易获得投资收益。若杨金国按照二审裁判所认定的只是购买120万股,则是在公司还未上市就以10倍的价格购买股份,并且仅占1%,投资风险巨大,而此时林金坤不仅享有9%的股份还有杨金国收益20%的回报,这种权利义务的设定完全失衡,不合常理。再次,从诚实信用原则来看,双方在2010年10月19日签订的《协议书》中明确地写明:杨金国将受让林金坤持有亚玛顿公司1%(1200万股)的股权,对价1200万元,并且杨金国是2010年10月19日在《委托投资协议书》上签字,而林金坤则是2010年10月25日在《委托投资协议书》上签字,林金坤对于1200万股有充分的时间来核实,并且林金坤前后两次都在协议上签字认可,故并无林金坤审查不严、误写成1200万股的可能。最后,在本案管辖权异议期间,林金坤一审的代理律师葛晓奇于2013年11月2日以电子邮件形式向中间人发出《和解协议书》。在《和解协议书》中,林金坤提出的和解金额为7394万元,根据其中载明的和解金额,并结合该《和解协议书》中的承诺,可以合理推论,诉争《委托投资协议书》项下的股权转让标的应为林金坤持有的亚玛顿公司1200万股股权。林金坤与案外人蒋英姿之间的协议及付款等,矛盾百出、疑点重重,不应将其作为推论本案杨金国与林金坤之间交易标的数量的依据。

2. 二审判决存在程序失当情形。二审判决的“本院另查明”部分内容,仅仅是一审中林金坤举证和法院对其以及案外人蒋英姿所作笔录的记载情况,对于其所述事实及证明内容,杨金国在一审中并未认可。对于其中林金坤与蒋英姿的协议等事实,林金坤并未提供充分证据,杨金国更是始终未曾认可其真实性及关联性。二审开庭时,对于蒋英姿与林金坤之间的协议及付款情况等,林金坤当庭表示庭后5个工作日内提交收到1200万元的证据,但此后并未提交。

3. 二审判决法律适用错误。本案中当事人对交易标的数量是确定的,并无上述条款需要协议补充或另行确定的前提条件,但二审判决却错误引用了《合同法》第61条。二审判决提到《合同法》第125条第1款的规定,该条款已经明确了对合同条款理解有争议的处理方法,故上述《合同法》第61条并不应当适用。

林金坤答辩称:(1)二审法院认定《委托投资协议书》项下,林金坤与杨金国的委托投资标的是亚玛顿公司总股本的1%即120万股符合双方当事人的真实意思表示,符合诚实信用、公平合理原则,符合证券投资的基本逻辑和交易惯例。首先,《委托投资协议书》中的“1%”是协议主文,杨金国利用协议括号中解释性文字的表述笔误主张协议标的为“1200万股”,但是没有提供足够的相反证据推翻协议主文关于1%的约定,且从签署协议时起至亚玛顿公司上市前亚玛顿公司的总股份数均为1.2亿股,其对应的1%当然应为120万股。其次,协议括号中“1200万股”是解释性内容,事实上杨金国充分知晓委托协议项下委托投资标的为亚玛顿公司股份总数的1%,括号中的“1200万股”只是表述笔误。当协议主文内容不需要解释也可以独立存在且表述清晰、准确而不存在歧义时,解释性内容即可有可无。“1200万股”字样中的“万股”也并非法定单位量词,其表述客观上具有不确定性。因此,该“1200万股”字样不应用来诠释本案协议双方的具体权利义务。最后,结合本案相关事实,依据股权投资的基本逻辑和交易惯例并参照中国股权投资市场现状,亚玛顿公司自2010年6月发起设立以来,到2010年10月净资产已经是注册资本的2.34倍,可知亚玛顿公司是连续盈利企业,且已制定、实施公司整体上市计划,其净资产价值远大于注册资本金额,任何人几乎没有可能按照与注册资本1∶1金额的对价收购亚玛顿公司的股份。并且林金坤基于特定关系才于2010年5月31日向亚玛顿公司支付对价人民币1600万元受让10%的股权,绝无可能按1200万元处理给任何人。杨金国对自己委托投资之标的在事实和法律上均认识错误,其诉请脱离实际,严重超出其协议书项下投资增值目的的合理性预期,违反公平合理、诚实信用原则,意图损害他人利益,应予否定。(2)二审判决程序合法。杨金国认为二审判决将未经二审质证的事实直接予以认定因此程序失当,没有事实和法律依据,不能成立。本案中,林金坤与亚玛顿公司于一审期间提交的证据,杨金国已经于本案一审时予以质证或发表意见,因此,杨金国认为二审法院在二审判决中列明另查明部分属于程序失当,不能成立。二审程序中,除非一方当事人提交“新的证据”,否则即不存在“二审质证”程序。本案二审期间,当事人均未提交任何新证据,因此杨金国关于“二审程序失当”的再审理由没有依据。综上,杨金国的再审请求及其理由,均无事实与法律依据,二审判决认定事实清楚、适用法律正确且程序合法,应予维持。

亚玛顿公司答辩称:(1)案件事实认定清楚。本案有关杨金国与林金坤之间的合同签订、履行,亚玛顿公司从未参与,在本案诉讼开始之前,亚玛顿公司也从不知晓。亚玛顿公司认为原审判决对案件事实认定清楚,证据充分。(2)本案诉讼程序无违法、失当情形。原审判决查明有关蒋英姿一节事实,仅是对一审查明事实的叙述,不存在未经二审质证直接认定的情形,原审判决不存在程序违法的情形。

再审申请人(一审原告、二审上诉人)杨金国一审诉讼请求:(1)确认林金坤名下0199005574证券账户内的1200万股亚玛顿公司股票及相应红利为其所有;(2)判令林金坤、亚玛顿公司为其办理变更股东、签发出资证明书、记载于股东名册及公司章程、办理公司登记等相关手续;(3)判令林金坤将2011~2013年度的股票分红421.2万元返还给杨金国,并赔偿逾期利息(自林金坤应付分红之日起按银行同期贷款利率计算至支付完毕之日止),亚玛顿公司对林金坤应返还的2013年度股票分红43.2万元承担连带给付义务;(4)由林金坤、亚玛顿公司承担本案诉讼费用。

最高人民法院于2018年3月21日作出裁定:(1)指令江苏省高级人民法院再审本案;(2)再审期间,中止原判决的执行。

法院观点

本案争议的焦点问题是杨金国请求林金坤名下1200万股亚玛顿公司股份及相应的红利为其所有并将股票过户至杨金国名下的请求能否得到支持。关于这一问题，首先需要查明的是杨金国与林金坤之间争议标的之数额，即双方诉争协议中关于约定股本的数额；其次是诉争协议的法律性质及其效力如何认定；最后需认定杨金国请求股权过户的主张能否得到支持。具体分述如下：

一、关于诉争协议中双方标的股权之数额问题

本案诉争《委托投资协议书》及《协议书》中对股权数额的约定均为“公司总股本1%（即1200万股）”，杨金国与林金坤对此条款中的数额存在争议。《合同法》第125条规定：“当事人对合同条款的理解有争议的，应当按照合同所使用的词句、合同的有关条款、合同的目的、交易习惯以及诚实信用原则，确定该条款的真实意思。”本案之中“公司总股本1%（即1200万股）”的文字表述本身并无歧义，意思表示明确，即协议约定的“公司总股本1%”即为“1200万股”，原审判决结合协议之外的相关事实对该文字进行解释并认定双方诉争股权为120万股，尚有待相关事实进一步查明。

1. 根据文字表示习惯与常理，括号内注释的内容一般表示欲进行的解释与说明，以防括号前的表述不准确或造成误解，因此括号内的注明内容更具有确定性、更应予以采信。诉争协议中对于亚玛顿公司总股本的数量未予明确，目前亦无证据证明林金坤曾告知过杨金国亚玛顿公司的总股本数量，因此“总股本1%”并非准确数字。协议中在不确定的“总股本1%”后面加上括号写明1200万股，其所要表示与传达的信息明确、清楚、确定，即明确双方交易的股份数额为1200万股。事实上，“1%”的数量亦必然随着公司总股本的变化而变化，亦非确定数量，由此才需在括号内予以特别明确。可见，双方协议中一致认可“总股本1%”即为1200万股，此时的“1%”即已成为一个固定数额，即代表着1200万股，协议该条之后提到的“1%”亦均应是指1200万股。原审判决认定协议中约定“总股本1%”即为120万股，系根据亚玛顿公司当时的总股本额进行的事后推定，对于签订合同当时林金坤是否知晓亚玛顿公司总股本及其将来变化情况等以及是否将亚玛顿公司当时总股本情况确实告知过杨金国等相关事实并未查明。尤其是，如果确定系以当时亚玛顿公司1.2亿元的公司注册资本来计算1%股份的话，则需双方一致同意并认可，但诉争协议内容之中并无双方就此一致意思表示。因此，原审判决对于双方是否均确实知晓亚玛顿公司当时总股本情况并一致同意按1.2亿股本的1%来计算股权数额，尚未查清。

2. 根据证据规则判断与采信，原审判决以丁烽与杨金国存在利害关系为由否定其证言，目前理由亦不充分。在本案中，杨金国与林金坤双方对于合同项下的标的数额存在相互矛盾的主张，双方陈述存在明显冲突，此时应当结合与案件事实最为密切之证据，依靠证据优势认定本案事实。从证人证言来看，丁烽以律师身份作为本案协议签订的唯一见证人，尽管其确受杨金国委托参与签约，但林金坤当时亦未反对，可见双方对丁烽参与签订协议均事先予认可，且事后对该事实各方均无异议。且丁烽作为证人在原审开庭时到庭作证，其证言能够反映杨金国与林金坤签订协议的主要过程，亦对条款为何签订为“公司总股本1%（即1200万股）”作出了合理解释，具有可信性，原审法院以其与杨金国有利害关系即全然否定其证人证言效力，目前尚缺乏事实依据。相反，对于林金坤所提交的其与蒋英姿之间的委托投资协议及蒋英姿个人陈述，林金坤并未在合理诉讼期间及时提交相关证据，且林金坤与蒋英姿双方关于委托持股的论述相互矛盾，对于协议内容的更改时间以及有关现金给付、利润分红等并未作出合理说明，故蒋英姿的协议及证言目前亦存在诸多可疑之处。上述事实均应结合案情进一步查证，以便对双方诉争股权的数额作出准确认定。

3. 原审判决对于林金坤低价转让股份属不合常理的推定以及亚玛顿公司净资产的认定，证据并不充分，亦需进一步查明。原审判决认定林金坤以1200万元转让其1600万元受让的股份不合常理，此同样系事后根据亚玛顿公司上市及其股票价格所进行的推定，并无充分事实依据。虽然林金坤以1600万元受让亚玛顿公司1200万股份，但原审法院对于林金坤资产情况及受让股权资金来源等事实未经查实。林金坤低价转让其股权可能存在多种原因，以事后公司股份的价值来判断当时转让的不合理性，显然不能必然得出。据杨金国庭审陈述，林金坤在受让股权后资金紧张，但原审法院对于林金坤当时的资产状况及受让股权资金来源等未作查实，且当时公司能否上市亦不明确，此时林金坤不仅直接收回1200万元资金，在公司上市后还能取得杨金国收益的20%作为回报，其有所低价转让是否即为不合常理。此外，原审判决作此推定判断的重要依据是当时亚玛顿公司净资产为2.8亿元，公司持续盈利，但对于公司净资产的实际数量目前除亚玛顿公司单方提供外，并未作最终查明，杨金国不仅对此未作明确认可，而且还曾提出异议，故对于亚玛顿公司当时的净资产数额如果作为案件事实予以认定的话，亦需进一步查实。

4. 从商业交易惯例来看，原审判决认定诉争股权为120万股的理由亦有待商榷。股权转让交易量词一般都为“股”，而不会用“元股”表述。林金坤主张“1200万股”系笔误，双方真实意思应为“1200万元股”。但在股权转让交易中，受让方往往对于交易价格和交易股份数最为关心，作为股份购买人，只能按照股数购买，而不用管目标公司总股本是多少，因为总股本可能会变化，尤其是就一个即将上市的公司总股本而言，但双方购买的股数不会变，是特定的。林金坤称“1200万股”应当为“1200万元股”，是否符合股权交易的数量表述惯例。此外，从商事交易的判断原则来看，本案诉争协议签订于亚玛顿公司上市之前，因此，对于双方利益的衡量应置于当时的环境之中，而不能基于事后已知亚玛顿公司确已上市及其上市后的股票价值进行判断。因此，结合商业交易习惯的表述方式、商业判断规则等，原审判决相关考量亦有待核实。

二、关于诉争协议的法律性质及其效力如何认定，以及杨金国请求股权过户的主张能否得到支持的问题

（一）关于诉争协议的法律性质

杨金国与林金坤签订的本案《委托投资协议书》及《协议书》，从形式上看为双方之间的股权转让协议，但该协议签订于亚玛顿公司上市之前，且双方签订协议的基础是亚玛顿公司上市之后对于股权转让的事实不予披露，双方交易的股权不予过户，该股权仍以林金坤名义持有，并由杨金国与林金坤按比例共享公司上市后的股权收益；结合亚玛顿公司于本案双方协议之后的上市事实，以及亚玛顿公司上市后林金坤仍持有股权，并代行股东权利等基本特征，本案以上协议实质构成上市公司股权的隐名代持。因此，本案诉争协议的性质并非一般股权转让，而是属于上市公司股权之代持。

（二）关于诉争协议之法律效力

诉争协议即为上市公司股权代持协议，对于其效力的认定则应当根据上市公司监管相关法律法规以及《合同法》等规定综合予以判定。首先，中国证券监督管理委员会于2006年5月17日颁布的《首次公开发行股票并上市管理办法》第13条规定："发行人的股权清晰，控股股东和受控股股东、实际控制人支配的股东持有的发行人股份不存在重大权属纠纷。"《证券法》第11条规定："设立股份有限公司公开发行股票，应当符合《中华人民共和国公司法》规定的条件和经国务院批准的国务院证券监督管理机构规定的其他条件。"第78条规定："发行人、上市公司依法披露的信息，必须真实、准确、完整，不得有虚假记载、误导性陈述或者重大遗漏。"《上市公司信息披露管理办法》第3条规定："发行人、上市公司的董事、监事、高级管理人员应当忠实、勤勉地履行职责，保证披露信息的真实、准确、完整、及时、公平。"根据上述规定等可以看出，公司上市发行人必须股权清晰，且股份不存在重大权属纠纷，并且公司上市需遵守如实披露的义务，披露的信息必须真实、准确、完整，这是证券行业监管的基本要求，也是证券行业的基本共识。由此可见，上市公司发行人必须是真实股东，并不允许发行过程中隐匿真实股东，否则公司股票不得上市发行。通俗而言，即上市公司股权不得隐名代持。本案中，在亚玛顿公司上市前，林金坤代杨金国持有股份，以林金坤名义参与公司上市发行，实际隐瞒了真实股东或投资人身份，违反了发行人如实披露义务，为上述规定明令禁止。其次，中国证券监督管理委员会根据《证券法》授权对证券行业进行监督管理，是为保护广大非特定投资者的合法权益。要求拟上市公司股权必须清晰，约束上市公司不得隐名代持股权，系对上市公司监管的基本要求，否则如上市公司真实股东都不清晰的话，其他对于上市公司系列信息披露要求、关联交易审查、高管人员任职回避等监管举措必然落空，必然损害到广大非特定投资者的合法权益，从而损害到资本市场基本交易秩序与基本交易安全，损害到金融安全与社会稳定，从而损害到社会公共利益。据此，根据《合同法》第52条的规定，"有下列情形之一的，合同无效：(一)一方以欺诈、胁迫的手段订立合同，损害国家利益；(二)恶意串通，损害国家、集体或者第三人利益；(三)以合法形式掩盖非法目的；(四)损害社会公共利益；(五)违反法律、行政法规的强制性规定"。本案中，杨金国与林金坤签订的《委托投资协议书》与《协议书》，违反公司上市系列监管规定，而这些规定有些属于法律明确应于遵循之规定，有些虽属于部门规章性质，但因经法律授权且与法律并不冲突，并属于证券行业监管基本要求与业内共识，并对广大非特定投资人利益构成重要保障，对社会公共利益亦为必要保障所在，故依据《合同法》第52条第4项等规定，本案上述诉争协议应认定为无效。

(三)关于杨金国请求股权过户的主张能否得到支持

《合同法》第58条规定:“合同无效或者被撤销后,因该合同取得的财产,应当予以返还;不能返还或者没有必要返还的,应当折价补偿。有过错的一方应当赔偿对方因此所受到的损失,双方都有过错的,应当各自承担相应的责任。”鉴于诉争《委托投资协议书》及《协议书》应认定为无效,而本案中杨金国系依据协议有效主张其股权归属,原审判决亦判定协议有效并履行,由此需向杨金国作出释明后征询其诉求意愿。并且,本案中双方协议因涉及上市公司隐名持股而无效,但这并不意味着否认杨金国与林金坤之间委托投资关系的效力,更不意味着否认双方之间委托投资的事实;同样,也不意味着否认林金坤依法持有上市公司股权的效力,更不意味着否认林金坤与亚玛顿公司股东之间围绕公司上市及其运行所实施的一系列行为之效力。据此,本案双方协议虽认定为无效,但属于“不能返还或者没有必要返还的”情形,故杨金国要求将诉争股权过户至其名下的请求难以支持,但杨金国可依进一步查明事实所对应的股权数量请求公平分割相关委托投资利益。

综上,原审判决认定本案基本事实尚不清楚,缺乏证据证明,杨金国的再审申请符合《民事诉讼法》第200条第2项、第6项规定的情形;且考虑本案双方协议认定为无效后,需根据进一步查明的事实,就本案委托投资利益结合双方过错以及贡献大小等情况进行公平与合理的分割,并为妥善化解矛盾,力求案结事了,本案以指令原审法院再审为宜。

律师提示

以损害公共利益为由裁定交易合同无效的法理依据、价值依据何在?充分必要条件应该有哪些?当事人如何预防此类风险和减少损失?这些问题非常值得金融律师研究和探讨。

1. 我们认为,在目前将金融安全上升为国家安全战略及中美贸易大战已经拉开序幕的大背景下,金融纠纷案件审理司法裁判政策导向显然已经发生了重大变化,以金融交易损害公共利益为由裁定无效的案例,还会接二连三地出现。

2. 裁判金融商事合同无效本是国家司法基于国家、社会及个人利益的保护,对商事契约自由的合理干涉,但在市场经济领域,这种干涉应该有合理、清晰的边界,尽管这种边界也会左右摇摆。

3. 从最高人民法院出现的两个案例来看,以损害公共利益为由并援引《合同法》第52条第4项规定裁定金融交易合同无效充分必要条件至少有以下四点:(1)法律法规没有强制性的效力性禁止规定;(2)部门规章等金融监管规范性文件有非常清晰、明确的禁止性规定;(3)该部门规章等金融监管规范性文件经法律授权且与法律并不冲突,并属于金融业务监管基本要求;(4)如果司法判决有效,会导致该金融监管举措必然落空,必然损害到广大非特定人员的合法权益,从而损害到金融基本交易秩序与基本交易安全,损害到金融安全与社会稳定。

4. 为了预防此类风险,减少经济损失,建议在设计金融交易结构拟定金融交易法律文本时,需要充分研读国家政府金融监管文件,领会精神实质,动态把握司法裁判政策走向及裁判规则。

5. 基于合同无效的法律后果是缔约过失责任的承担，而缔约过失责任又适用过错责任原则，因此建议合理设置把握合同签订过程、陈述合同签订背景及过程，甚至预设合同无效的责任承担条款，避免承担或过重承担缔约过失责任。

071 新公司接受原公司实物出资存在债务连带责任风险吗？

案例索引

最高人民法院(2018)最高法民申697号民事裁定书。

案例导读

1. 本案是一起优质财产剥离至新公司结果对原公司债务承担连带清偿责任的典型案例。新公司接受原公司实物出资，原公司因此获得相应股权，本是正常的商业交易，但出现了如此大的风险，从而引发关于公司接受实物出资的规范建议，这正是本案例的指引意义所在。

2. 有关公司债务纠纷中，即使公司并未涉及企业改制，人民法院可否参照企业改制司法解释规定，由新公司在接受资产的范围内对原公司债务承担连带责任？接受实物出资的新公司应承担哪些举证责任和证明责任，才能避免对原公司债务承担连带责任？本案的判决给出了非常有实务价值的参考，值得琢磨。

裁判要旨

企业以优质财产与他人组建新公司，而将债务留在原企业，债权人以新设公司和原企业作为共同被告提起诉讼主张债权的，新设公司应当在所接收的财产范围内与原企业共同承担连带责任。

裁判逻辑

1. 最高人民法院《关于审理与企业改制相关的民事纠纷案件若干问题的规定》(以下简称《企业改制司法解释》)第7条规定，企业以优质财产与他人组建新公司，而将债务留在原企业，债权人以新设公司和原企业作为共同被告提起诉讼主张债权的，新设公司应当在所接收的财产范围内与原企业共同承担连带责任，目的是防止企业借企业改制逃避债务。

2. 即使公司并未涉及改制，但公司将优质资产出资与他人组建新公司而将债务留在原公司，使原公司丧失偿债能力，债权人以新公司与原公司为共同被告主张债权的，若不追加新公司在接受资产的范围内承担责任,将会严重损害债权人的利益。

3. 有关公司债务纠纷中,即使公司并未涉及企业改制,人民法院参照《企业改制司法解释》第7条规定,由新公司在接受资产的范围内承担连带责任,亦不违反相关法律及司法解释的规定。

4. 原公司将土地使用权、房屋及其他建筑物、设备设施等出资,将导致原公司的财产实质性减少;同时,债务人将正在经营的核心业务全部无偿转让至新公司经营,实质是将优质财产剥离至新公司,将债务留在原公司,已严重影响原公司的偿债能力。

5. 债权人对于债务人原公司与新公司之间的具体出资的实际履行情况无法知晓,而新公司作为《出资协议》约定资产实际接收人,有义务向法庭提交资产实际接收的有关证据,但新公司以没有接收任何资产为由拒不提供《出资协议书》履行方面的相关证据,又未提供原公司对其所持股权份额及价值的证据,应由新公司承担相应的举证不能责任,新公司诉称其没有义务承接原公司对外债务的主张不能成立。

交易结构图

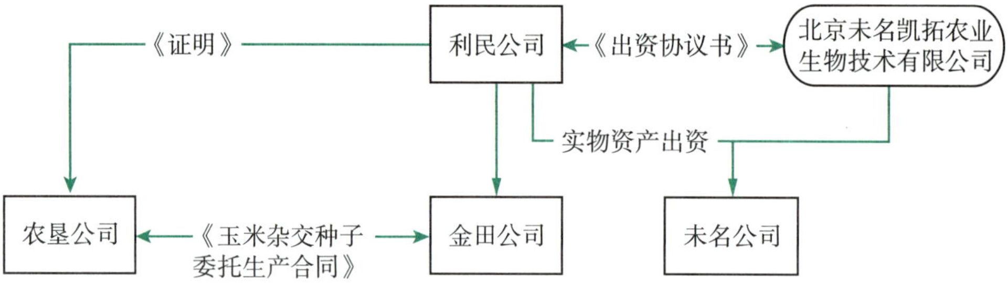

主要案情

再审申请人(一审被告、二审上诉人):吉林未名种业有限公司。

被申请人(一审原告、二审被上诉人):甘肃农垦良种有限责任公司。

二审被上诉人(一审被告):永昌金田种业有限责任公司。

二审被上诉人(一审被告):松原市利民种业有限责任公司。

再审申请人吉林未名种业有限公司(以下简称未名公司)因与被申请人甘肃农垦良种有限责任公司(以下简称农垦公司)及二审被上诉人永昌金田种业有限责任公司(以下简称金田公司)、松原市利民种业有限责任公司(以下简称利民公司)买卖合同纠纷一案,不服甘肃省高级人民法院(2017)甘民终232号民事判决,向最高人民法院申请再审。最高人民法院依法组成合议庭进行了审查,现已审查终结。

2013年3月20日,农垦公司与金田公司签订了《玉米杂交种子委托生产合同》,约定农垦公司为金田公司生产种子3300亩。双方还对生产品种、质量、价格及结算方式、付款方式、付款时间进行了约定。合同订立后,农垦公司依约制种。

2013年11月12日，金田公司又签订了一份备忘录，就生产的种子单价约定7.8元/公斤进行结算，此价格为农垦公司以火车运输方式发到金田公司指定的火车站到站价。

2014年1月20日，双方对2013年种子款进行结算，并签订了结算协议，内容为，根据2014年1月20日双方核对的对账表，乙方现欠甲方种子款689.179万元。经双方协商达成如下协议：(1)截至2014年1月20日前支付甲方种子款189.179万元；(2)余款500万元于2014年3月30日付清；(3)如乙方无法按期付货款，按以下办法支付利息：本金按未付清货款的总额；年利率9%；计息日期从2014年1月20日起至货款结清日。

2014年3月18日，利民公司向农垦公司出具证明一份，内容为：金田公司是利民公司的子公司，金田公司欠农垦公司的货款，由本公司承担。利民公司支付了50万元利息后，剩余货款本金及利息均未支付。

2014年5月21日，利民公司与北京未名凯拓农业生物技术有限公司签订《出资协议书》，共同出资组建了未名公司，该协议第2条约定：利民公司出资4900万元，以其拥有所有权的国有土地使用权、房屋、其他建筑物、设备设施、种子等实物资产出资（出资实物资产清单作为本协议附件），持有新公司49%的股权。该协议第5条第1款约定：利民公司以其现有优质实物资产向新公司出资……第3款约定利民公司承诺将其现有正在经营的核心种业业务全部无偿转移至新公司经营……

2014年6月6日，北京未名凯拓农业生物技术有限公司名称变更为未名生物农业集团有限公司。

被申请人（一审原告、二审被上诉人）农垦公司一审诉讼请求：(1)判令金田公司、利民公司、未名公司支付农垦公司种子款及利息共计768.4万元（利息自2014年1月20日起算至2016年2月26日，之后利息至实际清偿日）；(2)金田公司、利民公司、未名公司承担本案诉讼费用。

一审法院判决：(1)金田公司、利民公司于判决生效之日起十日内给付农垦公司种子款689.179万元，利息79.221万元（利息计算至2016年2月24日，以本金689.179万元为基数，自2016年2月25日至判决确定的给付之日止的利息，按结算协议约定的年利率9%计收）；(2)未名公司对上述种子款本息在其接收的财产范围内承担连带偿还责任。

二审法院判决：驳回上诉，维持原判。

再审法院最高人民法院于2018年3月30日作出裁定：驳回未名公司的再审申请。

法院观点

原审认定由未名公司在接受财产的范围内承担连带清偿责任，并无不当。经查，利民公司与北京未名凯拓农业生物技术有限公司（后公司名称变更为未名生物农业集团有限公司）签订《出资协议书》共同组建未名公司，并约定利民公司以土地使用权、房屋、其他建筑物、设备设施、种子等实物资产出资，并承诺将利民公司正在经营的核心种业业务全部无偿转让至新公司经营。依据上述协议，利民公司将土地使用权、房屋及其他建筑物、设备设施等出资，将导致利民公司的财产实质性减少;同时,利民公司将正在经营的核心种业业务全部无偿转让至新公司经营,实质是将优质财产剥离至未名公司,将债务留在利民公司,已严重影响利民公司的偿债能力。

公司法人资本是公司从事经营活动和对外偿债的物质基础,也是衡量公司有无财产责任能力的基础。企业法人应当以其所有的财产独立对外承担民事责任。企业法人存续期间,其财产不得随意支配、转移和抽逃。《企业改制司法解释》第7条规定,企业以优质财产与他人组建新公司,而将债务留在原企业,债权人以新设公司和原企业作为共同被告提起诉讼主张债权的,新设公司应当在所接收的财产范围内与原企业共同承担连带责任。该条规定涉及的企业改制,是指依据《公司法》《合同法》等有关法律、行政法规及相关政策,对企业产权制度进行的改造。《企业改制司法解释》第7条规定的目的是防止企业借企业改制逃避债务。依据该条款的精神,即使公司并未涉及改制,但公司将优质资产出资与他人组建新公司而将债务留在原公司,使原公司丧失偿债能力,债权人以新公司与原公司为共同被告主张债权的,若不追加新公司在接受资产的范围内承担责任,将会严重损害债权人的利益。因此,有关公司债务纠纷中,即使公司并未涉及企业改制,人民法院参照该条规定,由新公司在接受资产的范围内承担连带责任,亦不违反相关法律及司法解释的规定。

结合本案,金田公司欠付农垦公司相应种子款及利息,利民公司承诺对金田公司的债务承担连带责任。利民公司在无法偿还农垦公司债务的情形下,将优质资产与实物资产向未名公司出资,是致其偿债能力不足的直接原因。同时,未名公司作为协议约定的资产接收人,虽主张其并未实际接受资产,但并未提供相应的证据证明。另外,未名公司虽陈述利民公司对其投资已转化为股权,但并未提供利民公司对其所持股权份额及价值的证据。据此,原审参照《企业改制司法解释》第7条规定,判决未名公司在接收财产的范围内承担连带责任,并无不当。

律师提示

公司设立,接受实物出资,到底应如何操作才能有效避免对出资人公司债务承担连带责任?笔者认为,公司接受实物出资,做好以下三点,足以避免此类法律风险:

1. 根据《公司法》关于“股东可以用货币出资,也可以用实物、知识产权、土地使用权等可以用货币估价并可以依法转让的非货币财产作价出资;但是,法律、行政法规规定不得作为出资的财产除外。对作为出资的非货币财产应当评估作价,核实财产,不得高估或者低估作价。法律、行政法规对评估作价有规定的,从其规定”的有关规定,可以得出结论:实物出资本来是合法的;新公司接受原公司实物出资,原公司因此获得相应股权,本是正常的商业交易;但是出资的实物必须通过合法的评估,以保障价格公允、公平合理、等价有偿。

2. 根据本案例第5条裁判逻辑,当涉及类似纠纷争议时,公司作为《出资协议》约定资产实际接收人,有义务提交资产实际接收的有关证据,并提供原公司对其所持股权份额及价值的证据,以证明:本次实物出资的价格公允、公平合理、等价有偿;既没有损害新公司的其他股东及债权人利益,也没有损害出资人原公司及其债权人的利益。

3.避免约定接受原公司的核心业务及人员作为出资,核心业务及人员往往是一家企业的根本,是造血和利润的重要资源,又很难评估量化,容易掉入转移资源、脱壳经营、逃避债务的陷阱之中。

第十三章 金融票证篇

072 通谋虚伪票据贴现借新还旧是否有效?

案例索引

最高人民法院(2017)最高法民终41号民事判决书。

案例导读

1. 本案是一起银行与借款人等事先通谋,以没有真实交易背景的商业承兑汇票贴现来实现化解不良(归还逾期贷款)借新还旧的案例。

2. 如何认定票据活动中的通谋虚伪行为? 存在通谋虚伪行为的案件如何确定各方法律关系? 参与通谋的银行对取得票据是否享有票据权利? 参与通谋的票据贴现中间人应承担什么责任? 最高人民法院通过本案例均给予了明确的裁判观点,值得实务参考借鉴。

3. 本案最大看点有二:一是最高人民法院首次将《民法总则》关于通谋虚伪行为运用到现实案例判决之中;二是最高人民法院关于参与通谋的票据中间人对借款不能归还不承担法律责任的认定,足以震惊银行机构。

裁判要旨

通谋虚伪行为虽然一般无效,但不是绝对,我们应关注虚假意思表示所隐藏的真实法律关系,若真实法律关系是双方的真实意思表示且不违反法律和行政法规的禁止性规定,则应认定为有效。

裁判逻辑

1. 银行为了化解不良(归还逾期贷款)而取得该票据,明知票据签发人并不具有支付该票据项下款项能力的情况下,为其单笔授信了该票据票面金额的贴现额度,可认定银行参与了通谋虚伪行为。

2. 鉴于票据活动(签发、转让、贴现)均是各方(包括银行)通谋虚伪行为,所涉民事行为无效,故贴现银行不享有票据权利,不具有追索权。

3. 通过签发、转让、贴现没有真实贸易背景的商业承兑汇票贴现方式来实现消化逾期贷款的,票据贴现是表面虚伪手段,借新还旧是隐藏的真实目的,双方应当按照借款法律关系处理。

4. 参与票据贴现的中间人仅是属于配合银行与借款人实现以票据贴现方式借款的目的,尽管收取了部分价差,但是中间人的行为与借款不能归还的风险之间并无因果关系,而是由于银行出于自己目的的考虑在未尽基本审查义务的情形下出借款项造成,因此借款不能归还的风险不应由中间人承担而应由银行自行承担。

交易结构图

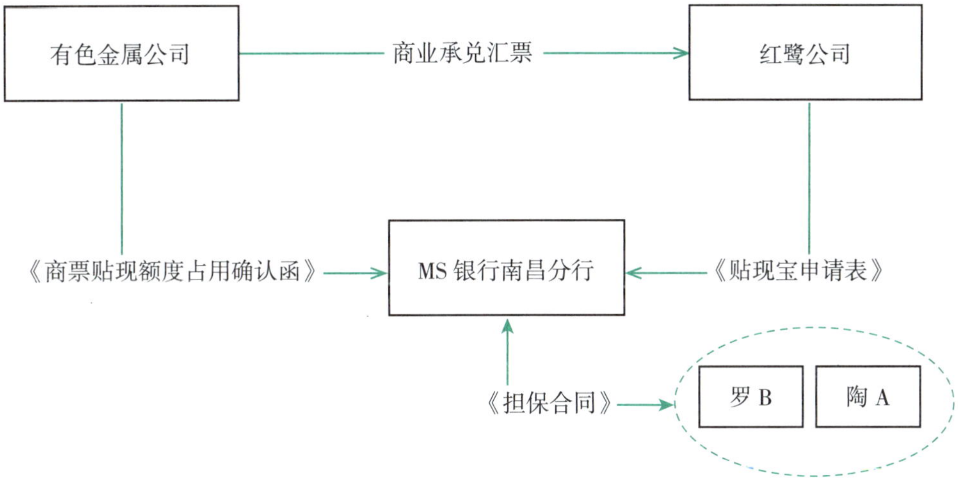

主要案情

上诉人(原审原告):中国 MS 银行股份有限公司南昌分行。

上诉人(原审被告):SH 红鹭国际贸易有限公司。

被上诉人(原审被告):JX 省地方有色金属材料有限公司。

被上诉人(原审被告):陶 A。

被上诉人(原审被告):罗 B。

中国 MS 银行股份有限公司南昌分行(以下简称 MS 银行南昌分行)诉 JX 省地方有色金属材料有限公司(以下简称有色金属公司)、SH 红鹭国际贸易有限公司(以下简称红鹭公司)、陶 A、罗 B 票据追索权纠纷一案,MS 银行南昌分行、红鹭公司不服江西省高级人民法院作出(2016)赣民初 5 号民事判决,向最高人民法院提起上诉。

2012 年 12 月 28 日,有色金属公司作为付款人开具了票面金额为 1.1 亿元的商业承兑汇票一张,票号为 00100063/21113251,收款人为红鹭公司,到期日为 2013 年 6 月 28 日。

同日,红鹭公司(甲方)作为贴现申请人与 MS 银行南昌分行(乙方)作为代理人及贴现银行、有色金属公司(丙方)作为汇票前手持票人签订编号公贴现字第 201207 号《贴现宝合作协议》,红鹭公司、MS 银行南昌分行、有色金属公司均在该协议上加盖公司及法定代表人印章予以确认。

同日,红鹭公司向 MS 银行南昌分行出具《贴现宝申请表》,就票号为 00100063/21113251 的商业承兑汇票办理票据贴现,贴现利率为 10%,并确认将票据贴现款项划入户名为红鹭公司、账号为 10×××04、开户行为工行联合大厦支行的指定账户。MS 银行南昌分行经审核同意办理该贴现业务,确认贴现款金额为 104,438,888.89 元。

同日,有色金属公司向 MS 银行南昌分行出具《商票贴现额度占用确认函》,同意红鹭公司向 MS 银行南昌分行办理票号为 00100063/21113251 的商业承兑汇票贴现业务时,占用其贴现额度。

同日,罗 B 与 MS 银行南昌分行签订《担保合同》,合同约定为确保有色金属公司与 MS 银行南昌分行签订的主合同的履行,罗 B 自愿为主合同项下的债务提供连带保证责任。陶 A 与 MS 银行南昌分行也签订了与上述内容相同的《担保合同》。

上述协议签订后,MS 银行南昌分行依约办理了商业承兑汇票贴现业务,在扣除利息 5,561,111.11 元后,向红鹭公司支付贴现款 104,438,888.89 元。

商业承兑汇票到期后,有色金属公司未能如期支付票据款项,MS 银行南昌分行仅从该账户中扣款 1919.7 元。截至 2013 年 7 月 14 日,该笔商票贴现项下应还款金额为 110,357,407.36元,其中垫款本金 109,998,080.3 元、逾期罚息按照约定的中国人民银行公布的半年期贷款基准利率上浮 50% 即 8.4% 计算为 359,337.06 元。

2014 年 4 月 14 日,在本案原一审审理中,MS 银行南昌分行向上海市公安局出具还款证明,内容为:"兹有客户有色金属公司于 2014 年 4 月 14 日归还编号为 00100063/21113251 的商业承兑汇票项下逾期垫款(我行已起诉至江西省高院、案号 2013 赣民二初字第 14 号)本金壹仟伍佰万元(1500 万元)。特此证明。"

另查明,2016 年 9 月 27 日,上海市黄浦区人民法院作出 828 号刑事判决,认定被告单位有色金属公司犯骗取贷款罪,认定罗 B 犯骗取贷款罪,责令两被告继续退赔违法所得给被害单位。

还查明,2016 年 1 月 25 日,MS 银行南昌分行向上海市黄浦区人民法院提交一份《情况说明》,该《情况说明》表明该行与有色金属公司、红鹭公司的本笔票据业务属于一笔正常的银行业务,不涉及犯罪行为,同时认为,本笔业务,即使涉及犯罪,受害人也不是 MS 银行南昌分行。因为贴现资金进入红鹭公司账户后,资金的所有权已经属于红鹭公司,无论贴现资金如何使用或产生任何风险,均与 MS 银行南昌分行无关,也不能因此影响或免除红鹭公司作为贴现申请人依据票据法相关规定对 MS 银行南昌分行应当承担的责任。

再查明,2014 年 7 月 9 日,江西省南昌市中级人民法院对 MS 银行南昌分行与正拓公司、有色金属公司、江邬公司、陶 A、罗 B 追偿权纠纷作出(2013)洪民二初字第 204 号民事判决,该判决主文为:正拓公司、有色金属公司偿付 MS 银行南昌分行本金及利息 29,327,513.03

元;陶A、罗B对上述全部款项的偿付承担连带清偿责任。

2013年7月22日,MS银行南昌分行向原审法院起诉,一审诉讼请求:(1)判令有色金属公司、红鹭公司立即支付票款65,098,080.30元,并承担延迟还款利息、罚息22,917,558.63元,共计88,015,638.93元(利息、罚息暂计至2016年2月15日,实际金额计算至还清款项之日止);(2)判令陶A、罗B对有色金属公司、红鹭公司的前述债务承担连带清偿责任。

一审法院判决:(1)有色金属公司、红鹭公司于本判决生效后十日内向MS银行南昌分行支付65,098,080.30元;(2)罗B、陶A对上述第一项有色金属公司、红鹭公司应负的债务承担连带清偿责任,罗B、陶A承担连带保证责任后可向有色金属公司追偿;(3)驳回MS银行南昌分行其他诉讼请求。

二审法院最高人民法院于2017年12月27日作出判决:(1)撤销江西省高级人民法院(2016)赣民初5号民事判决;(2)有色金属公司于本判决发生法律效力之日起十日内向MS银行南昌分行偿还所欠借款59,536,969.19元及利息(利息计算:自2012年12月28日起至付清之日止,按照中国人民银行规定的同期一年期贷款基准利率计付);(3)罗B、陶A对上述欠款本金及利息承担连带责任;罗B、陶A承担连带责任后有权向有色金属公司追偿;(4)驳回MS银行南昌分行的其他诉讼请求。

法院观点

MS银行南昌分行与有色金属公司在本案中的真实意思表示是借款;案涉票据活动是各方通谋虚伪行为,所涉相关民事行为应属无效,MS银行南昌分行依法不享有票据权利;本案应按虚假意思表示所隐藏的真实法律关系处理。

1. MS银行南昌分行与有色金属公司在本案中的真实意思表示是借款。首先,根据已生效828号刑事判决所认定的事实,本案商业承兑汇票开立、贴现源于正拓公司对MS银行南昌分行负有7000余万元的逾期贷款未还。基于此,同为正拓公司与有色金属公司实际控制人的罗B,向MS银行南昌分行金融市场部副总经理严东军提出,由有色金属公司向红鹭公司购买阴极铜,有色金属公司以商业承兑汇票形式支付货款,再由红鹭公司持该票据向MS银行南昌分行申请贴现,罗B并承诺会确保红鹭公司将所得贴现款用于归还正拓公司的逾期贷款。之后,上述协商过程经双方操作实际发生,正拓公司所欠MS银行南昌分行的逾期贷款已用本案票据贴现款归还,其余贴现款亦被罗B实际使用。为实现上述协商事宜,MS银行南昌分行还向有色金属公司单笔授信本案票据票面金额的商业承兑汇票贴现额度。可见,MS银行南昌分行与有色金属公司在本案中的真实意思表示是借款,并且双方约定所借款项必须保证归还正拓公司所欠MS银行南昌分行逾期贷款,票据贴现只是双方商定的具体融资方式。其次,本案一审中,MS银行南昌分行系依民法通则及合同法规定,以借款合同纠纷案由提起本案诉讼,请求有色金属公司和红鹭公司支付MS银行南昌分行垫付的资金。该事实表明,MS银行南昌分行亦认为其与有色金属公司之间实为借款关系。再次,有色金属公司的法定代表人罗B不论是在案涉刑事案件中还是在本案诉讼中,一直主张本案是先有逾期贷款再有票据贴现,其与MS银行南昌分行之间就是借新还旧的借款关系，而且陈述双方之前的借贷都是以与本案相同的票据贴现方式进行。而罗B这一陈述与原审判决认定的2012年9月14日，MS银行南昌分行与正拓公司及有色金属公司之间签订《商业汇票贴现协议》后所发生的以票据贴现方式融资的事实相印证，可以证明罗B所述有事实依据。最后，生效的828号刑事判决亦认定有色金属公司及罗B在本案中的行为属于以欺骗手段骗取银行贷款，给银行造成特别重大损失，其行为已构成骗取贷款罪。据此，根据上述双方当事人协商过程、事实发生结果、诉讼中双方陈述以及生效刑事判决的认定，MS银行南昌分行与有色金属公司之间在本案中的实际法律关系应为借款关系，票据贴现只是双方商定的具体融资方式。

2. 本案票据活动是各方通谋虚伪行为，所涉民事行为无效，MS银行南昌分行主张本案票据权利依法不应支持。本案中，有色金属公司的法定代表人罗B为达到向MS银行南昌分行借款之目的，在与该行协商以票据贴现形式借款并保证以所借款项归还正拓公司逾期贷款的同时，亦与红鹭公司总经理房绪庆协商，由正拓公司、有色金属公司分别与红鹭公司签订无实物交割的阴极铜连环贸易合同，红鹭公司将钱款转手并从中赚取差价。罗B与MS银行南昌分行及红鹭公司商妥后，各方即开始实施并在同一天完成了上述协商的所有事宜，即2012年12月28日早晨，有色金属公司的法定代表人罗B与其公司员工，及MS银行南昌分行员工严东军等人一同前往红鹭公司，由红鹭公司在没有真实交易内容的《阴极铜购销合同》、有色金属公司开立的商业承兑汇票、《贴现宝合作协议》《贴现申请表》等一系列材料上盖章。之后，MS银行南昌分行员工立即携带上述材料赶回该行办理贴现手续。当日下午，MS银行南昌分行将贴现款转入红鹭公司账户，红鹭公司在扣除其所述的差价款后将余款全部转入正拓公司在MS银行南昌分行开立的账户，MS银行南昌分行即扣划收回了正拓公司所欠的逾期贷款。上述行为中，首先，有色金属公司与MS银行南昌分行均明知本案票据开立、贴现及系列合同签订的真实意思表示是借款，只是就MS银行南昌分行而言，其上述行为的主要目的在于能够实现正拓公司归还其逾期贷款，而有色金属公司的目的则除了用该笔借款归还正拓公司的逾期贷款外，还能够再继续获得一部分借款以解决其资金困难问题。其次，对于红鹭公司而言，虽按其所述，其系出于赚取差价签订了案涉合同及相关文书，红鹭公司并不知晓有色金属公司与MS银行南昌分行借新还旧、转嫁风险的真实意图，但是红鹭公司至少明知其与正拓公司、有色金属公司分别签订的《阴极铜购销合同》没有真实交易内容。故对于本案票据的签发、取得和转让不具有真实的交易关系，红鹭公司账户收到的票据贴现款的用途亦并非用于向正拓公司支付票据项下《阴极铜购销合同》的货款，有色金属公司、MS银行南昌分行、红鹭公司均属明知。三方虽然明知本案票据项下无真实交易关系，但出于不同真实目的，相互合谋实施了该票据行为，属于通谋虚伪行为。因此，本案票据活动是各方伪装行为，所掩盖、隐藏的真实行为实际是借款。根据《民法通则》第55条规定及2017年10月1日起施行的《民法总则》第146条的规定，行为人与相对人以虚假的意思表示实施的民事法律行为无效，以虚假的意思表示隐藏的民事法律行为的效力，依照相关法律规定处理。据此，最高人民法院对本案通谋虚伪的票据活动所订立的《阴极铜购销合同》及其补充协议、《贴现宝合作协议》、《贴现申请书》、《担保合同》,均确认无效。虽然上述票据活动所涉合同均因属各方伪装行为而应认定为无效,但是,MS 银行南昌分行持有的本案票据在形式上符合《票据法》第 22 条规定,应属有效票据。只是,由于 MS 银行南昌分行取得该票据,系出于实现正拓公司能够归还所欠其逾期贷款的目的,而在明知该票据的签发、转让均无真实交易关系的情况下,与有色金属公司及其法定代表人罗 B 以通谋虚伪行为取得。而且,为取得该票据,作为有色金属公司和正拓公司的开户行,MS 银行南昌分行亦在明知有色金属公司并不具有支付该票据项下款项能力的情况下,为其单笔授信了该票据票面金额的贴现额度,而本案票据贴现占用的亦正是该贴现额度。因此,MS 银行南昌分行取得本案票据属于《票据法》第 12 条第 1 款及最高人民法院《关于审理票据纠纷案件若干问题的规定》第 15 条第 2 项规定的以非法手段取得的情形,据此,MS 银行南昌分行依法不得享有票据权利。退一步说,即便 MS 银行南昌分行享有票据权利,但因其在取得票据时,明知票据债务人红鹭公司与出票人有色金属公司之间并无真实的交易关系,因此,红鹭公司以此抗辩其不应承担本案票据义务,亦符合《票据法》第 13 条第 1 款“票据债务人不得以自己与出票人或者与持票人的前手之间的抗辩事由,对抗持票人。但是,持票人明知存在抗辩事由而取得票据的除外”的规定,依据最高人民法院《关于审理票据纠纷案件若干问题的规定》第 15 条第 3 项规定,对于红鹭公司的抗辩,最高人民法院应予以支持。

3. 本案应按虚假意思表示所隐藏的真实法律关系处理。本案中,MS 银行南昌分行与有色金属公司之间通谋虚伪行为隐藏的真实意思表示是借款,因此双方之间形成的真实法律关系应是借款关系。由于双方之间的借款为其真实意思表示,且不违反法律和行政法规的禁止性规定,该借款行为应属有效。MS 银行南昌分行通过票据贴现形式向有色金属公司借出款项时,在扣除了部分借款利息后,实际借出款项为 104, 438, 888. 89 元。根据《合同法》第 200 条“借款的利息不得预先在本金中扣除。利息预先在本金中扣除的,应当按照实际借款数额返还借款并计算利息”的规定,本案的借款本金应为 104, 438, 888. 89 元。本案诉讼中,MS 银行南昌分行认可有色金属公司已经归还了 4490 万元,加上 MS 银行南昌分行已扣划的 1919. 70元,有色金属公司尚欠借款本金为 59, 536, 969. 19 元。故有色金属公司应当向 MS 银行南昌分行归还上述欠款本金及利息。

4. 关于红鹭公司的责任问题。首先,基于 MS 银行南昌分行不享有本案票据权利或红鹭公司关于不应承担票据责任的抗辩理由成立,红鹭公司不应承担本案票据责任。其次,MS 银行南昌分行、有色金属公司、红鹭公司签订的《贴现宝合作协议》因属三方通谋虚伪意思表示而应认定为无效合同,合同无效后,红鹭公司应将基于罗 B 的承诺而收取有色金属公司的款项返还给该公司,双方之间就该款项的返还可另行依法解决。最后,红鹭公司对于有色金属公司不能归还本案借款不应承担责任。本案借款系 MS 银行南昌分行与有色金属公司之间主动协商发生,且借款实际发生的前提是 MS 银行南昌分行向有色金属公司提供了本案借款金额的授信额度,MS 银行南昌分行作为有色金属公司的开户行,明知有色金属公司的资信状况,在此情形下,MS 银行南昌分行对向有色金属公司出借款项后,该款不能归还的风险,应自行承担。红鹭公司在本案中的行为,仅是属于配合 MS 银行南昌分行与有色金属公司实现以票据贴现方式借款的目的,而通过红鹭公司的行为,MS 银行南昌分行与有色金属公司均实现了各自的目的,当然红鹭公司亦收取了其所述的价差。但是,红鹭公司在本案中的行为与本案借款不能归还的风险之间并无因果关系。本案借款不能归还,完全是由于 MS 银行南昌分行出于自己目的的考虑,在未尽基本审查义务的情形下出借款项造成,风险应由其自行承担。

5. 关于罗 B、陶 A 应承担的责任。本案 MS 银行南昌分行与有色金属公司之间的真实意思表示是借款,票据活动系各方虚假意思表示,因此,罗 B、陶 A 分别与 MS 银行南昌分行签订的《担保合同》,约定为主债权《贴现宝合作协议》及《贴现申请表》提供担保,亦为双方虚伪意思表示,其真实意思表示是为 MS 银行南昌分行向有色金属公司的借款提供担保。故虽然上述《担保合同》无效,但基于罗 B、陶 A 对有色金属公司本案借款提供担保的意思表示真实,因此,罗 B、陶 A 应当按其承诺对有色金属公司的本案债务承担连带保证责任。

关于红鹭公司上诉所述原审法院财产保全错误问题,红鹭公司可就此依法向原审法院提出财产保全异议,不属于本案实体审理范围。原审法院未予调取有关证据及采信案涉《情况说明》问题,经最高人民法院二审,对所涉相关事实已经作出认定,红鹭公司所述原审法院程序不当影响了案件实体处理的问题已经得以解决。

关于本案民事判决与 828 号刑事判决的关系问题。最高人民法院认为,828 号刑事判决虽责令有色金属公司与罗 B 继续退赔违法所得给被害单位,但不影响本案因 MS 银行南昌分行提起诉讼而作出民事判决。

综上,本案票据活动为各方通谋虚伪行为,所涉相关合同应认定为无效,MS 银行南昌分行主张本案票据权利不应予以支持。本案票据活动虚假行为隐藏的真实意思表示是 MS 银行南昌分行与有色金属公司之间的借款关系,该借款关系及罗 B、陶 A 为该借款提供连带责任保证,均属各方真实意思表示,应属有效。有色金属公司获得案涉借款后,尚欠 59, 536, 969.19 元未还,故 MS 银行南昌分行上诉请求有色金属公司、罗 B、陶 A 应对该欠款本金及其正常银行利息承担责任的理由成立,最高人民法院予以支持。本案借款系 MS 银行南昌分行与有色金属公司之间出于各自目的主动协商发生,MS 银行南昌分行在明知有色金属公司资信状况下向该公司提供借款,应对该借款未能归还的风险自行承担责任。红鹭公司在本案中的行为与该借款的发生及还款不能的风险无因果关系,不应对此承担民事责任。红鹭公司关于其不应承担案涉借款的还款责任的上诉理由成立,最高人民法院予以支持。原审判决关于本案《贴现宝合作协议》《贴现申请书》为有效合同、MS 银行南昌分行是本案票据的合法权利人、刑事判决不影响 MS 银行南昌分行行使票据权利、红鹭公司应对本案票据承担支付责任,以及有色金属公司与罗 B、陶 A 不承担本案借款利息责任的认定,均属适用法律不当,最高人民法院予以纠正。

律师提示

1.《民法总则》第 146 条规定:行为人与相对人以虚假的意思表示实施的民事法律行为无效。以虚假的意思表示隐藏的民事法律行为的效力,依照有关法律规定处理。

2. 通谋虚伪行为虽然一般无效,但不是绝对无效,笔者归纳,至少存在以下三种情形的例外适用:

(1)不适用身份关系行为。例如《婚姻法》规定了四种婚姻无效的情形并不包括通谋虚伪表示。

(2)不适用单独虚伪表示。通谋虚伪表示的规定一般适用情形为合同行为及有相对人的单独行为等,《民法总则》第146条未规定单独虚伪表示的民事法律行为之效力。

(3)不得以虚伪意思表示无效对抗善意第三人。这里的善意第三人是指未参与虚伪意思表示同时又是基于善意及合理期待并尽到合理注意义务的人。

073 票据诈骗案引发的票据回购民事纠纷法院如何裁判?

案例索引

最高人民法院(2017)最高法民终313号民事判决书。

案例导读

1. 本案是一起因票据诈骗案引发的票据回购纠纷,也是2017年最高人民法院审理典型刑民交叉案例,值得研究学习。

2. 本案一审法院对因票据诈骗导致经济损失问题,认为双方银行均有过错,损失各自承担50%。虽然最高人民法院维持了原判,但对一审法院的判决理由却有了非常大的纠正。

3. 表见代理还是表见代表?合同无效还是合同可撤销?最高人民法院通过本案给予了明确区分,本案二审裁判逻辑对诉讼律师、法官实务参考价值巨大。

裁判要旨

单位负责人在其任职期间以单位名义实施签订合同及合同履行等行为,足以使相对人相信系其代单位行使的职务行为,其行为构成表见代表行为,而非表见代理。

裁判逻辑

1. 单位负责人在其任职期间以单位名义实施签订合同及合同履行等行为,足以使相对人相信系其代单位行使的职务行为,其行为构成《合同法》第50条规定的表见代表行为,而非《合同法》第49条规定的表见代理,二者不可混淆。

2. 根据《关于在审理经济纠纷案件中涉及经济犯罪嫌疑若干问题的规定》第3条规定,单位负责人因表见代表行为或其他工作人员因表见代理行为构成犯罪被追究刑事责任，均不能免除其单位依法应当承担的民事责任。

3. 鉴于刑事案件查明的事实，双方均有通过汇票转贴现业务为他人违法套取银行资金的意思表示和行为，因此应适用《合同法》第52条第3项关于"以合法形式掩盖非法目的"的合同无效之规定，而非适用《合同法》第54条关于"一方以欺诈、胁迫的手段或者乘人之危，使对方在违背真实意思的情况下订立的合同"的可撤销合同之规定，无效与可撤销二者不可混淆。

4. 合同无效，关于利息的约定亦无效，关于利息的诉讼请求法院不予支持。

5. 合同无效或者被撤销后，经济损失应依照《合同法》第58条的规定根据双方的过错合理分担。

6. 刑民交叉的案件中，民事判决依据先行生效的刑事判决确定被害人损失数额并无不当。

交易结构图

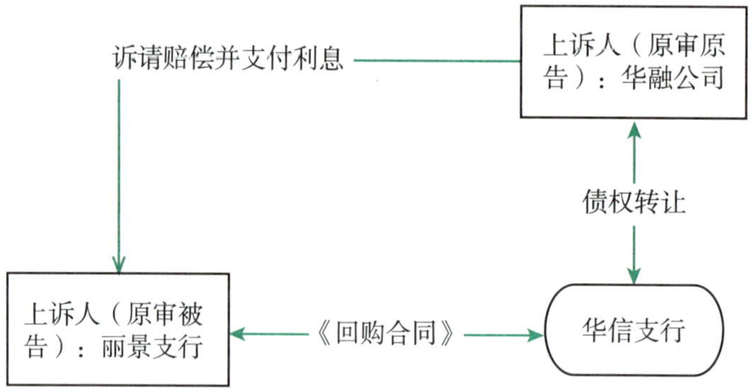

主要案情

上诉人（原审原告）：中国华融资产管理股份有限公司河南省分公司。

上诉人（原审被告）：中国建设银行股份有限公司珠海丽景支行。

上诉人中国华融资产管理股份有限公司河南省分公司（以下简称华融公司）因与上诉人中国建设银行股份有限公司珠海丽景支行（以下简称丽景支行）票据回购纠纷一案，不服河南省高级人民法院（2005）豫法民二初字第2号民事判决，向最高人民法院提起上诉。

2003年3月31日，中国工商银行郑州市华信支行（以下简称华信支行）与丽景支行签订《回购合同》，约定：该合同所称回购是指华信支行对丽景支行所持尚未到期的商业汇票实施限时购买，丽景支行于双方约定的时间按票面金额将商业汇票购回的业务；华信支行购入丽景支行持有的商业汇票5张，票面金额5000万元，实付回购金额按票面金额扣除贴现日至汇票购回日前一天的利息计算，利率2.5‰，回购期限144天，应付利息60万元，实付金额4940万元，回购期限届满日为2003年8月22日。华信支行在该合同上加盖公章及负责人李广普印鉴，丽景支行时任行长黄学良在该合同上签字并加盖了伪造的丽景支行公章、黄学良印鉴。2003年4月11日，华信支行与丽景支行签订《回购合同》，约定：华信支行购入丽景支行持有的商业汇票8张,合计金额8000万元,利率2.2‰,实付金额7893.813336万元,回购期限181天,届满日为2003年10月9日;丽景支行指定的银行账户为丽景支行,开户银行为政一街支行,账号为91×××03。该合同加盖了华信支行公章和负责人李广普印鉴,丽景支行时任行长黄学良在该合同上签名,并加盖了伪造的丽景支行公章、黄学良印章。同日,华信支行向丽景支行转款7893.813336万元,该款转入丽景支行在政一街支行开立的91×××03账户上。

河南省郑州市中级人民法院(2007)郑刑一初字第92号、(2009)郑刑一初字第55号刑事判决、河南省高级人民法院于2011年8月18日作出的(2011)豫法刑一终字第28号刑事裁定(以下统称刑事判决),已经发生法律效力,认定如下事实:2002年11月上旬,珠海实力集团有限公司(以下简称实力公司)董事长谢建贻因珠海市梅花村旧城改造工程资金紧缺,找到丽景支行时任行长黄学良,协商由丽景支行用商业承兑汇票贴现回购的方式融资。经梁永权介绍认识了经纬支行副行长杨红霞,黄学良提出丽景支行没有得到珠海市分行授权经营商业汇票回购业务,故办理该笔业务时贴现行不能向其上级行查询,也不能经人民银行账户转汇,杨红霞表示同意,前提是保证资金安全,并约定提成利益的比例。

黄学良于2003年10月1日供述:"我认为虽然操作上违规,但也没有风险,便同意帮助他们在商业承兑汇票上盖丽景支行的结算章","我就将带来的结算专用章在谢提供的商业承兑汇票上盖了5张","张颖晖还到了我办公室,看看我是否就是丽景支行的行长,好放心开这5000万元的自带支票给梁总和谢建贻","华信支行有个男同志打电话到我办公室……我说这5000万元没有关系……对方问我是不是还有8000万元这一笔,我说有","为这件事我去过郑州5次","在郑州市商业银行××街支行开立的丽景支行'91×××03'账户是谢建贻或梁永权开的。我提供了丽景支行的营业执照复印件、法人代码证原件和人民银行批准的金融机构许可证及我本人的身份证复印件。按规定不能异地开户,只能到本地的人民银行开户"。

上述资金中,谢建贻得款8049万元,大部分用于出借、还款及与梁永权、陈明全、黄学良等人分赃,追缴、冻结赃款人民币2148.1889万元;北京泰邦房地产开发有限公司用款3954.146669万元全部归还;830.666667万元的好处费中,陈启洪得款50万元,余款由梁永权、杨红霞支配。案发后追缴、查封、冻结、扣押赃款、赃物价值约合人民币6826.3733万元。

该一审刑事判决书第40页载明:"经本院查证,虽然该5000万元承兑汇票案发后由丽景支行提取,但非丽景支行回购该承兑汇票,不能据此认为华信支行已得到清偿。"

上述刑事判决认定:被告人谢建贻犯票据诈骗罪,诈骗金额1.3亿元,判处无期徒刑,剥夺政治权利终身,并处没收个人全部财产,与前判有期徒刑十年并罚,决定执行无期徒刑,剥夺政治权利终身,并处没收个人全部财产;被告人梁永权犯票据诈骗罪,诈骗金额1.3亿元,判处有期徒刑十五年,剥夺政治权利三年,并处罚金三十万元;被告人黄学良犯票据诈骗罪,诈骗金额5000万元,判处有期徒刑八年,并处罚金十万元;被告人陈启洪犯票据诈骗罪,诈骗金额5000万元,判处有期徒刑十年,剥夺政治权利二年,并处罚金十万元;被告人陈明全犯票据诈骗罪,诈骗金额5000万元,判处有期徒刑十年,剥夺政治权利二年,并处罚金十万元;被告人杨红霞犯票据诈骗罪,诈骗金额1.3亿元,判处有期徒刑十二年,剥夺政治权利三年,并处罚金二十万元；被告人张颖晖犯国有企业人员失职罪，判处有期徒刑六年零六个月；追缴、查封、冻结、扣押在案的赃款、赃物，发还被害单位。

上诉人（原审原告）华融公司一审诉讼请求：（1）丽景支行赔偿华融公司本金6830.480935万元；（2）丽景支行向华融公司支付上述本金所产生的利息2382.778484万元（利息暂计至2004年12月22日，以后利息按日万分之五顺延计算）。

一审法院判决：丽景支行于判决生效后十日内赔偿华融公司3086.8134万元。

二审法院最高人民法院于2017年5月27日作出判决：驳回上诉，维持原判。

法院观点

根据双方当事人的上诉及答辩意见，本案二审争议的焦点问题是，丽景支行应否承担黄学良以丽景支行名义与华信支行签订履行《回购合同》而产生的民事责任，《回购合同》的效力以及华信支行的损失如何认定和处理。

一、丽景支行应否承担黄学良以丽景支行名义与华信支行签订履行《回购合同》而产生的民事责任

《合同法》第50条规定："法人或者其他组织的法定代表人、负责人超越权限订立的合同，除相对人知道或者应当知道其超越权限的以外，该代表行为有效。"本案中，《回购合同》签订之时，黄学良系丽景支行行长，也系丽景支行营业执照记载的企业负责人，其在任职期间以丽景支行名义签订《回购合同》、出具《贴现凭证（代申请书）》、开立账户等行为，足以使华信支行相信系其代表丽景支行行使的职务行为，因此黄学良以丽景支行名义与华信支行签订履行《回购合同》的行为构成《合同法》第50条规定的代表行为。虽然华信支行在票据转贴现过程中存在未尽到合理审查义务等过错行为，但不能据此否认华信支行对于黄学良系以丽景支行行长身份代表丽景支行履行职务的判断。丽景支行上诉提出因黄学良未参与8000万元的票据诈骗行为，因此不应对8000万元《回购合同》的损失承担责任，但两份《回购合同》密不可分，华信支行均系基于黄学良系丽景支行行长职务的信赖而签订及履行，而黄学良也在该8000万元《回购合同》上签字，因此丽景支行该上诉主张理据不足，最高人民法院不予支持；华信支行的该项答辩意见，最高人民法院予以采纳。根据《民法通则》第43条关于"企业法人对它的法定代表人和其他工作人员的经营行为，承担民事责任"以及最高人民法院《关于贯彻执行〈中华人民共和国民法通则〉若干问题的意见（试行）》第58条关于"企业法人的法定代表人和其他工作人员，以法人名义从事的经营活动，给他人造成经济损失的，企业法人应当承担民事责任"的规定，丽景支行应当对黄学良从事上述行为的法律后果依法承担相应的民事责任。一审判决认定黄学良在办理转贴现业务中的行为系职务行为，并无不当，最高人民法院予以维持，但认定黄学良的行为构成表见代理，系对《合同法》第49条规定的表见代理与第50条规定的表见代表两种制度的混淆，最高人民法院予以纠正。另外，依据最高人民法院《关于在审理经济纠纷案件中涉及经济犯罪嫌疑若干问题的规定》第3条关于"单位直接负责的主管人员和其他直接责任人员，以该单位的名义对外签订经济合同，将取得的财物部分或全部占为己有构成犯罪的,除依法追究行为人的刑事责任外,该单位对行为人因签订、履行经济合同造成的后果,依法应当承担民事责任"的规定,追究黄学良的刑事责任并不能免除其单位即丽景支行依法应当承担的民事责任。因此,丽景支行上诉提出一审判决认定黄学良之行为属于代表行为错误、因黄学良构成犯罪故而丽景支行不应承担民事责任的主张,理据不足,最高人民法院不予支持;华信支行对此问题的答辩意见,最高人民法院予以采纳。

二、《回购合同》的效力如何认定

根据刑事判决认定的事实,本案所涉商业承兑汇票是丽景支行时任行长黄学良与实力公司法定代表人谢建贻、经纬支行时任副行长杨红霞等人串通,为吸收资金和个人谋取好处费,在丽景支行经营范围之外,在其上级行没有授权的情况下私自开具的,该承兑汇票的付款人实力公司等与丽景支行没有真实的承兑业务,与收款人顺德祥龙家电有限公司等也没有真实的交易关系。在业务办理过程中,黄学良提供了"中国建设银行珠海市分行"的印章复印件,并在复印件上手绘丽景支行的公章样式,提供了丽景支行工作人员王杰、陈伟华的名字和其本人的工作证样本,又提供了丽景支行的业务专用章和转讫章的复印件。刑事判决认定黄学良与谢建贻、杨红霞等人构成票据诈骗罪。上述事实证实,黄学良代表丽景支行签订《回购合同》的目的显然是为谢建贻等人骗取银行资金。而对于华信支行一方,虽然刑事判决认定其工作人员张颖晖犯国有企业人员失职罪,不存在与黄学良等人共同诈骗的主观故意,但是其有利用银行之间的汇票转贴现业务为他人套取银行资金的意思表示和行为。从刑事判决认定的事实看,5000 万元的《回购合同》签订之后,张颖晖与杨红霞等人到广东省珠海市将转贴现款 4460 万元的汇票交给谢建贻;之后,张颖晖又向杨红霞提议为其姐夫田吉龙的公司融资,故而又签订 8000 万元的《回购合同》,并将其中的贴现款 3954.146669 万元转到了田吉龙任法定代表人的北京泰邦房地产开发有限公司。李进中、王志铁的陈述则证实,华信支行在发现该行的转贴现资金并未进入丽景支行大账后,没有选择报案,而是找到黄学良要求其在《回购合同》上签字并出具承诺书,要求丽景支行尽快还款。上述事实表明,华信支行签订《回购合同》的目的也并非银行之间合法的票据转贴现,并非为了解决丽景支行头寸不足问题。因此,华信支行与丽景支行均有通过汇票转贴现业务为他人违法套取银行资金的意思表示和行为。依据《合同法》第 52 条第 3 项关于"以合法形式掩盖非法目的"的合同无效之规定,本案所涉《回购合同》属于无效合同。一审判决认定《回购合同》为有效合同属于适用法律错误,最高人民法院予以纠正。丽景支行该项上诉理由有事实和法律依据,最高人民法院予以支持;华融公司的该项答辩意见,最高人民法本院不予采纳。

三、《回购合同》无效后的损失如何处理

《合同法》第 58 条规定:"合同无效或者被撤销后,因该合同取得的财产,应当予以返还;不能返还或者没有必要返还的,应当折价补偿。有过错的一方应当赔偿对方因此所受到的损失,双方都有过错的,应当各自承担相应的责任。"据此,《回购合同》无效造成的华信支行的损失,依法应当根据双方的过错合理分担。

关于华信支行的损失,刑事判决认定,该案诈骗金额为 1.3 亿元,案发后追缴、查封、冻结、扣押赃款、赃物约合6826.3733万元，因此一审判决认定华信支行的损失为6173.6267万元，有事实依据，并无不当。至于丽景支行于2003年9月28日向华信支行划转的5000万元是否属于支付华信支行回购款的问题，根据一审查明的事实，该笔款项在刑事案件案发之前由华信支行王志铁与丽景支行黄学良及盛唐公司法定代表人李洁商议，由盛唐公司暂时出资代替丽景支行回购票据，再由谢建贻或者丽景支行支付5000万元给盛唐公司，但由于黄学良等人的刑事案件案发，谢建贻或者丽景支行均未能归还该5000万元。因盛唐公司与华信支行也存在票据转贴现关系，故华信支行将该5000万元冲正为盛唐公司的票据款。此种情况下，尤其是在刑事判决已经认定华信支行损失6000余万元的情况下，一审判决认定该笔5000万元不属于丽景支行支付的回购款，并无不当。丽景支行上诉所提该5000万元已经支付给华信支行、不应再计为华信支行损失的主张，与事实不符，最高人民法院不予支持；华信支行该项答辩意见，最高人民法院予以采纳。对于华融公司主张的利息部分的上诉请求，鉴于双方当事人均同意由最高人民法院直接处理，因此不再就此问题发回重审，但需指出，一审判决对于该部分诉请未予处理确有不当，应予纠正。华融公司在本案中主张丽景支行应当按照《回购合同》的约定支付回购款利息，但因《回购合同》无效，关于利息的约定亦无效，因此对该项诉讼请求，最高人民法院不予支持。

关于双方的过错，一审已经查明，双方在签订和履行《回购合同》的过程中均有过错，共同导致了华信支行损失的发生。丽景支行的过错主要在于用人不善、印章管理不规范，而黄学良的代表行为为信用程度本来较低的商业承兑汇票增加了银行信用，为票据转贴现提供了更高的信用基础；华信支行的过错主要在于未尽到办理票据转贴现业务应有的合理的审查义务，具体表现正如一审判决所认定，而刑事判决认定的因新乡分行通过向珠海市分行传真伪造的汇票查询真伪使得谢建贻等人诈骗未果的事实也能印证，华信支行之所以被骗与其未尽到合理的审查义务具有直接关系。因此，华融公司上诉所提其不存在过错的主张与本案查明的事实不符，最高人民法院不予支持；丽景支行该项答辩意见，最高人民法院予以采纳。关于损失分担的比例，一审判决酌定为双方当事人平分，符合本案实际情况，本院予以维持。华融公司、丽景支行对此问题的上诉主张，最高人民法院均不予支持。

另外，华信支行答辩还对丽景支行的上诉提出质疑，认为丽景支行上诉状加盖的印章为“中国建设银行股份有限公司珠海丽景支行业务专用章（1）”，该印章仅是丽景支行众多业务章中的一枚，不能代表丽景支行提起上诉。但是丽景支行的印章问题已在一审时予以查清，丽景支行至今没有刻制行政公章，因此最高人民法院认可丽景支行在法律文书上加盖前述印章的效力。华信支行该项答辩意见，最高人民法院不予采纳。

还需指出的是，一审判决在判项之后本应明确，依照《民事诉讼法》第253条之规定，如果丽景支行未按判决指定的期间履行给付金钱义务的，应当加倍支付迟延履行期间的债务利息，但一审判决遗漏，最高人民法院予以纠正。

律师提示

区分表见代理与表见代表，关键要看行为人是否为单位负责人（法定代表人）；判断合同无效或者合同可撤销,关键要看双方的行为及意思表示内容。

074 受益人基础合同违约情形是否影响其独立保函索款?

案例索引

最高人民法院(2017)最高法民再134号民事判决书。

案例导读

1. 本案是最高人民法院发布的第21批第109号指导性案例,亮点有二:受益人自身基础合同违约情形是否影响到独立保函索款?独立保函欺诈是否影响到独立反担保函索款?

2. 本案关于独立保函欺诈例外原则、有限审查原则、欺诈例外的例外原则三个问题所确立的裁判标准,具有审判指导意义,可结合本文梳理归纳的五条裁判逻辑理解学习。

3. 合同纠纷中,可能单方违约,也可能双方违约。为何独立保函受益人自身基础合同违约情形不影响到独立保函索款?在实务中,这一问题对于委托人来讲,可谓一个法律"深坑"!

裁判要旨

受益人自身在基础合同履行中存在的违约情形,并不必然构成独立保函项下的欺诈索款。

裁判逻辑

1. 申请人主张受益人的行为构成独立保函项下的欺诈,应当提交证据证明受益人在实现独立保函时具有下列行为之一:(1)为索赔提交内容虚假或者伪造的单据;(2)索赔请求完全没有事实基础和可信依据。

2. 认定构成独立保函欺诈需对基础交易进行审查时,应坚持有限及必要原则,审查范围应限于:(1)受益人是否明知基础合同的相对人并不存在基础合同项下的违约事实;(2)受益人是否存在明知自己没有付款请求权的事实。

3. 即使生效判决或者仲裁裁决认定受益人构成基础合同项下的违约,该违约事实的存在亦不必然成为构成保函"欺诈"的充分必要条件,其自身在基础合同履行中存在的违约情形,并不必然构成独立保函项下的欺诈索款。

4. 认定独立反担保函项下是否存在欺诈时,只有担保行明知受益人系欺诈性索款且违反诚实信用原则付款,并向反担保行主张独立反担保函项下款项时,才能认定担保行构成独立反担保函项下的欺诈性索款。

5. 即使独立保函存在欺诈情形,亦不能推定担保行在独立反担保函项下构成欺诈性索款,独立保函项下已经善意付款的,法院亦不得裁定止付独立反担保函项下款项。

交易结构图

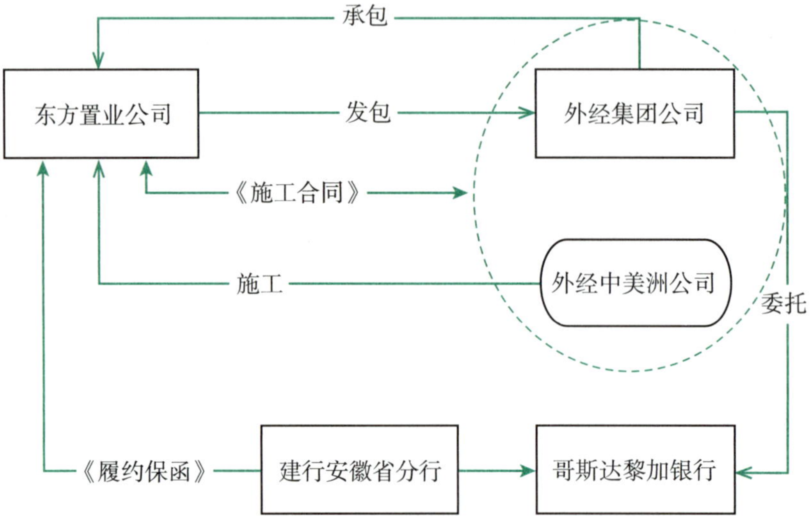

主要案情

再审申请人(一审被告、二审上诉人):东方置业房地产有限公司(受益人)。

被申请人(一审原告、二审被上诉人):安徽省外经建设(集团)有限公司(委托人)。

一审第三人:哥斯达黎加银行(Bancode Costa Rica)(转开行)。

一审第三人:中国建设银行股份有限公司安徽省分行(反担保行)。

再审申请人东方置业房地产有限公司(以下简称东方置业公司)因与被申请人安徽省外经建设(集团)有限公司(以下简称外经集团公司)、一审第三人哥斯达黎加银行、中国建设银行股份有限公司安徽省分行(以下简称建行安徽省分行)保函欺诈纠纷一案,不服安徽省高级人民法院(2014)皖民二终字第00389号民事判决,向最高人民法院申请再审。最高人民法院于2016年6月3日作出(2016)最高法民申61号民事裁定,提审本案。

2010年1月16日,东方置业公司作为开发方,与作为承包方的外经集团公司、作为施工方的安徽外经建设中美洲有限公司(以下简称外经中美洲公司)在哥斯达黎加共和国圣何塞市签订了《哥斯达黎加湖畔华府项目施工合同》(以下简称《施工合同》),约定承包方的施工范围为:三栋各十四层综合商住楼,三层地下室,总面积大约35,516.8平方米,其中地下结构9909平方米,地上结构25,607.8平方米以及雨水管道改向。《施工合同》第二十条约定,"承包方应向开发商提交银行开具的履约保函,金额相当于合同总价的10%,合同签订日起生效,工程竣工到期,如果出现合同期限的变更,承包商应更改到期时间。……合同执行期间或合同执行后,都用于保证施工期间材料的使用质量和耐性,赔偿或补偿造成的损失,和(或)承包商未履行义务的偿付。……”

2010 年 5 月 28 日，哥斯达黎加银行开立编号为 G051225 的履约保函，担保人为建行安徽省分行，委托人为外经集团公司，受益人为东方置业公司，担保金额为 2,008,000 美元，有效期至 2011 年 10 月 12 日，后延期至 2012 年 2 月 12 日。保函说明：无条件的、不可撤销的、必需的、见索即付的保函。执行此保函需要受益人给哥斯达黎加银行中央办公室外贸部提交一式两份的证明文件，指明执行此保函的理由，另外由受益人出具公证过的声明指出通知外经中美洲公司因为违约而产生此请求的日期，并附上保函证明原件和已经出具过的修改件。同时，建行安徽省分行向哥斯达黎加银行开具编号为 34147020000289 的反担保函，承诺自收到哥斯达黎加银行通知后二十日内支付保函项下的款项。反担保函是“无条件的、不可撤销的、随时要求支付的”，并约定“遵守国际商会出版的 458 号《见索即付保函统一规则》”。

2012 年 2 月 7 日，外经中美洲公司以东方置业公司为被申请人向哥斯达黎加建筑师和工程师联合协会争议解决中心提交仲裁请求，请求仲裁庭裁决解除合同并裁决东方置业公司赔偿其损失共计 1,213,487.3 美元，理由是东方置业公司拖欠应支付之已施工完成量的工程款及相应利息，构成严重违约。

2012 年 2 月 8 日，东方置业公司向哥斯达黎加银行提出索赔声明和违约声明，称：鉴于外经中美洲公司施工部分品质低劣，不符合标准，需要修改之费用十分可观，时至今日尚无法估量，未能履行其良好施工的基本要件，已违反《施工合同》违约条款第 V 条第 20 款之规定，无法达成工程检验的要求，对施工计划造成影响，同时提交了 2012 年 1 月 23 日 AIA 国际建筑师事务所建筑师 Jose Brenes 和 Mauricio Mora 签名的《项目工程检验报告》。

2012 年 2 月 10 日，哥斯达黎加银行向建行安徽省分行发出电文，称东方置业公司提出索赔，要求支付 G051225 号银行保函项下 2,008,000 美元的款项，哥斯达黎加银行因而要求建行安徽省分行须于 2012 年 2 月 16 日前支付上述款项。

2012 年 2 月 12 日，应外经中美洲公司申请，哥斯达黎加行政诉讼法院第二法庭下达临时保护措施禁令，裁定哥斯达黎加银行暂停执行 G051225 号履约保函。

2012 年 2 月 23 日，外经集团公司向一审法院提起保函欺诈纠纷诉讼，同时申请中止支付 G051225 号保函、34147020000289 号保函项下款项，一审法院于 2 月 27 日作出裁定，中止支付 G051225 号保函及 34147020000289 号保函项下款项，并于 2 月 28 日向建行安徽省分行送达了上述裁定。2 月 29 日，建行安徽省分行向哥斯达黎加银行发送电文告知了一审法院已作出的裁定事由，并于当日向哥斯达黎加银行寄送了上述裁定书的复印件，哥斯达黎加银行于 3 月 5 日收到上述裁定书复印件。

2012 年 3 月 6 日，哥斯达黎加行政诉讼法院第二法庭判决外经中美洲公司申请预防性措施败诉，解除了临时保护措施禁令。

2012 年 3 月 16 日，哥斯达黎加银行向建行安徽省分行发出电文，表示决定中止支付 G051225 号保函项下款项直到纠纷解决，且明确表述“一旦中国法院告知你方，该纠纷解决了，我们将按照中国法院的解决方法来实施”，并以此要求建行安徽省分行延长 34147020000289

号保函的期限直至纠纷被中国法院解决。3 月 20 日，建行安徽省分行延长了 34147020000289 号保函的有效期，并承诺“一旦中国法院要求我们支付保函 34147020000289，我们将立即支付此笔款项至哥斯达黎加银行”。

2012 年 3 月 21 日，哥斯达黎加银行向东方置业公司支付了 G051225 号保函项下款项。

2013 年 7 月 9 日，哥斯达黎加建筑师和工程师联合协会作出仲裁裁决，仲裁裁决中对于工程质量问题亦有相关表述，即：“第十九期进度款未被监理和业主审查通过”，“事实表明，承包商已多次收到工程项目不达标或有瑕疵的通知，这些工程项目，承包商必须自行改善或由其他次级分包商加以修正，楼盘的外部水泥粉墙工程问题尤为突出。在履行合同期间，直到 18 号工程时，并未发现有业主扣押承包商工程保证金之情况”。该仲裁裁决认定东方置业公司在履行合同过程中严重违约，并裁决终止《施工合同》，东方置业公司向外经中美洲公司支付 1 号至 18 号工程进度款共计 800, 058. 45 美元及利息；第 19 号工程因未获得开发商验收，相关工程款请求未予支持；因 G051225 号保函项下款项已经支付，不支持外经中美洲公司退还保函的请求。

2014 年 4 月 9 日，本案一审法院做出（2012）合民四初字第 00005 号民事判决，认定东方置业公司针对 G051225 号履约保函的索赔行为构成欺诈，建行安徽省分行终止向哥斯达黎加银行支付编号为 34147020000289 的银行保函项下 2, 008, 000 美元的款项。

2015 年 5 月 21 日，因哥斯达黎加建筑师和工程师联合协会仲裁裁决作出后，东方置业公司向哥斯达黎加共和国最高人民法院第一法庭请求确认裁决无效，哥斯达黎加共和国最高人民法院第一法庭作出裁决驳回东方置业公司的请求。

被申请人（一审原告、二审被上诉人）外经集团公司（委托人）一审诉讼请求：（1）东方置业公司的行为构成保函欺诈；（2）东方置业公司进行保函索赔的民事行为无效；（3）建行安徽省分行不得向哥斯达黎加银行支付编号为 34147020000289 的银行保函项下 2, 008, 000 美元的款项；（4）哥斯达黎加银行不得向东方置业公司支付编号为 G051225 的银行保函项下的 2, 008, 000 美元的款项。

一审法院判决：（1）东方置业公司针对 G051225 号履约保函的索赔行为构成欺诈；（2）建行安徽省分行终止向哥斯达黎加银行支付编号为 34147020000289 的银行保函项下 2, 008, 000 美元的款项；（3）驳回外经集团公司的其他诉讼请求。

二审法院判决：驳回上诉，维持原判。

再审法院最高人民法院于 2017 年 12 月 14 日作出判决：（1）撤销安徽省高级人民法院（2014）皖民二终字第 00389 号、安徽省合肥市中级人民法院（2012）合民四初字第 00005 号民事判决；（2）驳回外经集团公司的诉讼请求。

法院观点

因为本案中引发争议的当事方东方置业公司及哥斯达黎加银行的经常居所地位于我国领域外，所以本案系涉外商事纠纷。根据《涉外民事关系法律适用法》第 8 条“涉外民事关系的定性，适用法院地法律”的规定，外经集团公司作为外经中美洲公司在国内的母公司，是涉案保函的开立申请人，其申请建行安徽省分行向哥斯达黎加银行开立见索即付的反担保保函，由哥斯达黎加银行向受益人东方置业公司转开履约保函。根据保函文本内容，哥斯达黎加银行与建行安徽省分行的付款义务均独立于基础交易关系及保函申请法律关系，因此，上述保函可以确定为见索即付独立保函，上述反担保保函可以确定为见索即付独立反担保函。外经集团公司以保函欺诈为由向一审法院提起诉讼，本案性质为保函欺诈纠纷。被请求止付的独立反担保函由建行安徽省分行开具，该分行所在地应当认定为外经集团公司主张的侵权结果发生地。一审法院作为侵权行为地法院对本案具有管辖权。因涉案保函载明适用《见索即付保函统一规则》，应当认定上述规则的内容构成争议保函的组成部分。根据《涉外民事关系法律适用法》第 44 条“侵权责任，适用侵权行为地法律”的规定，《见索即付保函统一规则》未予涉及的保函欺诈之认定标准应适用中华人民共和国法律。我国没有加入《联合国独立保证与备用信用证公约》，本案当事人亦未约定适用上述公约或将公约有关内容作为国际交易规则订入保函，依据意思自治原则，《联合国独立保证与备用信用证公约》不应适用。

本案争议焦点为外经集团公司能否援引“欺诈例外”原则止付本案争议保函及与之相关的反担保函。结合本案事实，归纳各方再审请求与答辩意见，并经各方当事人当庭确认，最高人民法院围绕争议焦点分述如下：

一、关于东方置业公司作为受益人是否具有基础合同项下的初步证据证明其索赔请求具有事实依据的问题

这一问题涉及基础合同项下相关事实的审查问题。本案双方当事人均主张对方在基础合同履行中存在违约行为，均依据基础交易主张权利。因此，必须判断受益人是否具有基础合同项下的初步证据证明其索赔请求具有事实依据。人民法院在审理独立保函及与独立保函相关的反担保案件时，对基础交易的审查，应当坚持有限原则和必要原则，审查的范围应当限于受益人是否明知基础合同的相对人并不存在基础合同项下的违约事实或者不存在其他导致独立保函付款的事实。否则，对基础合同的审查将会动摇独立保函“见索即付”的制度价值。

根据最高人民法院《关于贯彻执行〈中华人民共和国民法通则〉若干问题的意见（试行）》第 68 条的规定，欺诈主要表现为虚构事实与隐瞒真相。根据最高人民法院再审查明的事实，哥斯达黎加银行开立编号为 G051225 的履约保函，该履约保函明确规定了实现保函需要提交的文件为：说明执行保函理由的证明文件、通知外经中美洲公司执行保函请求的日期、保函证明原件和已经出具过的修改件。外经集团公司主张东方置业公司的行为构成独立保函项下的欺诈，应当提交证据证明东方置业公司在实现独立保函时具有下列行为之一：（1）为索赔提交内容虚假或者伪造的单据；（2）索赔请求完全没有事实基础和可信依据。本案中，保函担保的是“施工期间材料使用的质量和耐性，赔偿或补偿造成的损失，和（或）承包方未履行义务的赔付”，意即，保函担保的是施工质量和其他违约行为。因此，受益人只需提交能够证明存在施工质量问题的初步证据，即可满足保函实现所要求的“说明执行保函理由的证明文件”。本

案基础合同履行过程中，东方置业公司的项目监理人员 Jose Brenes 和 Mauricio Mora 于 2012 年 1 月 23 日出具《项目工程检验报告》。该报告认定了施工项目存在“施工不良”“品质低劣”且需要修改或修理的情形，该《项目工程检验报告》构成证明存在施工质量问题的初步证据。

本案再审期间，外经集团公司向最高人民法院提交证据认为 Jose Brenes 和 Mauricio Mora 并非美国建筑师协会国际会员，由其签名的《项目工程检验报告》是虚假的。最高人民法院认为，本案当事方在《施工合同》中以及在保函项下并未明确约定实现保函时应向哥斯达黎加银行提交《项目工程检验报告》，因此，东方置业公司有权自主选择向哥斯达黎加银行提交“证明执行保函理由”之证明文件的类型，其是否向哥斯达黎加银行提交该报告不影响其保函项下权利的实现。另外，《施工合同》以及保函亦未规定上述报告须由 AIA 国际建筑师事务所或者具有美国建筑师协会国际会员身份的人员出具，因此，Jose Brenes 和 Mauricio Mora 是否具有美国建筑师协会国际会员身份并不影响其作为发包方的项目监理人员出具《项目工程检验报告》。二审判决一方面认定“东方置业公司虽提供了 AIA 国际建筑师事务所建筑师签名的《项目工程检验报告》”，另一方面又认定“AIA 国际建筑师事务所出具的《项目工程检验报告》与仲裁庭作出的仲裁裁决认定事实相互冲突”，混淆了《项目工程检验报告》的出具主体，最高人民法院予以纠正。

最高人民法院注意到，在外经集团公司向最高人民法院提交的三份新证据中包含涉案工程第一期到第十八期“进度款项明细表”，在上述十八期“进度款项明细表”中，均有东方置业公司委派的监理工程师签字。其中第一期至第九期均由 Mauricio Mora 单独签字认可，第十期由 Jose Brenes 单独签字认可，第十一期、第十二期、第十五期由 Jose Brenes、Kelvin Collado 共同签字认可，其余由 Kelvin Collado 单独签字认可。上述证据由外经集团公司提交，最高人民法院庭审中，外经集团公司认可“进度款项明细表”的证明效力并据此主张权利。最高人民法院认为，外经集团公司对 Jose Brenes 和 Mauricio Mora 均为发包方的项目监理人员身份是明知的，在其出具工程检验报告并领取工程款项时对 Jose Brenes 和 Mauricio Mora 的监理身份是认可的，其以自身认可的足以证明 Jose Brenes 和 Mauricio Mora 监理身份的证据反证 Jose Brenes 和 Mauricio Mora 出具的《项目工程检验报告》虚假，逻辑上无法自洽，最高人民法院不予支持。因外经集团公司未能提供其他证据证明东方置业公司实现案涉保函完全没有事实基础或者提交虚假或伪造的文件，东方置业公司据此向哥斯达黎加银行申请实现保函权利具有事实依据。

东方置业公司于再审期间提交哥斯达黎加共和国圣何塞民事第四法庭第 150－2016 号初审判决，意图证明该民事判决已经认定外经中美洲公司在《施工合同》履行中存在严重违约情形。因该判决系境外法院做出且尚未经我国司法程序承认，在我国领域内进行的诉讼程序中不具有既判力，同时，上述判决尚未发生法律效力，不能作为基础交易履行情况的辅助证据在诉讼中使用。

综上，《项目工程检验报告》构成证明外经集团公司基础合同项下违约行为的初步证据，外经集团公司提供的证据不足以证明上述报告存在虚假或者伪造，亦不足以证明东方置业公司明知基础合同的相对人并不存在基础合同项下的违约事实或者不存在其他导致独立保函付款的事实而要求实现保函。东方置业公司基于外经集团公司基础合同项下的违约行为,依据合同的规定,提出实现独立保函项下的权利不构成保函欺诈。原审判决认定东方置业公司针对 G051225 号履约保函的索赔行为构成保函欺诈错误,最高人民法院予以纠正。

二、关于仲裁裁决认定东方置业公司基础交易项下构成违约,东方置业公司作为受益人,其在基础合同履行中存在违约情形又要求实现保函权利,是否可以认为构成欺诈的问题。本案庭审中,外经集团公司认为,根据最高人民法院《关于审理独立保函纠纷案件若干问题的规定》(以下简称《独立保函司法解释》)第 12 条第 3 项、第 4 项、第 5 项,应当认定东方置业公司构成独立保函欺诈。最高人民法院根据《独立保函司法解释》第 25 条的规定,庭审释明本案属于按照审判监督程序再审的案件,不应适用上述司法解释的规定。外经集团公司在庭审释明后,仍坚持认为不应违反《独立保函司法解释》的规定精神。因此,结合本案事实,最高人民法院对上述涉及《独立保函司法解释》的相关问题作如下阐释。

独立保函独立于委托人和受益人之间的基础交易,出具独立保函的银行只负责审查受益人提交的单据是否符合保函条款的规定并有权自行决定是否付款,担保行的付款义务不受委托人与受益人之间基础交易项下抗辩权的影响。东方置业公司作为受益人,在提交证明存在工程质量问题的初步证据时,即使未启动任何诸如诉讼或者仲裁等争议解决程序并经上述程序确认相对方违约,都不影响其保函权利的实现。即使基础合同存在正在进行的诉讼或者仲裁程序,只要相关争议解决程序尚未做出基础交易债务人没有付款或者赔偿责任的最终认定,亦不影响受益人保函权利的实现。进而言之,即使生效判决或者仲裁裁决认定受益人构成基础合同项下的违约,该违约事实的存在亦不必然成为构成保函"欺诈"的充分必要条件。

本案中,保函担保的事项是施工质量和其他违约行为,而受益人未支付工程款项的违约事实与工程质量出现问题不存在逻辑上的因果关系,东方置业公司作为受益人,其自身在基础合同履行中存在的违约情形,并不必然构成独立保函项下的欺诈索款。《独立保函司法解释》第 12 条第 3 项的规定内容,将独立保函欺诈认定的条件限定为"法院判决或仲裁裁决认定基础交易债务人没有付款或赔偿责任",因此,除非保函另有约定,对基础合同的审查应当限定在保函担保范围内的履约事项,在将受益人自身在基础合同中是否存在违约行为纳入保函欺诈的审查范围时应当十分审慎。虽然哥斯达黎加建筑师和工程师联合协会作出仲裁裁决,认定东方置业公司在履行合同过程中违约,但上述仲裁程序于 2012 年 2 月 7 日由外经集团公司发动,东方置业公司并未提出反请求,2013 年 7 月 9 日作出的仲裁裁决仅针对外经集团公司的请求事项认定东方置业公司违约,但并未认定外经集团公司因对方违约行为的存在而免除付款或者赔偿责任。因此,不能依据上述仲裁裁决的内容认定东方置业公司构成《独立保函司法解释》第 12 条第 3 项下的保函欺诈。

另外,双方对工程质量发生争议的事实以及哥斯达黎加建筑师和工程师联合协会争议解决中心作出的《仲裁裁决书》中涉及工程质量问题部分的表述能够佐证,外经中美洲公司在《施工合同》项下的义务尚未完全履行,本案并不存在东方置业公司确认基础交易债务已经完全履行或者付款到期事件并未发生的情形。现有证据亦不能证明东方置业公司明知其没有付款请求权仍滥用权利。东方置业公司作为受益人,其自身在基础合同履行中存在的违约情形,虽经仲裁裁决确认但并未因此免除外经集团公司的付款或者赔偿责任。综上,即使按照外经集团公司的主张适用《独立保函司法解释》,本案情形亦不构成保函欺诈。二审判决认为哥斯达黎加建筑师和工程师联合协会争议解决中心作出的《仲裁裁决书》并没有认定外经中美洲公司在施工中存在严重违约问题,《项目工程检验报告》与仲裁庭作出的《仲裁裁决书》认定事实相互冲突,并据此认定东方置业公司在履行保函过程中进行欺诈缺乏事实依据,最高人民法院予以纠正。

三、关于本案涉及的与独立保函有关的独立反担保函问题

本案中,外经集团公司向建行安徽省分行提出申请,并以哥斯达黎加银行作为转开行,向作为受益人的东方置业公司开立编号为 G051225 的履约保函后,建行安徽省分行作为担保人向哥斯达黎加银行开具编号为 34147020000289 的反担保函,承诺自收到哥斯达黎加银行通知后二十日内支付保函项下的款项。东方置业公司向哥斯达黎加银行提出索赔声明后,哥斯达黎加银行即告知建行安徽省分行有关东方置业公司之索赔事项,在哥斯达黎加行政诉讼法院第二法庭下达临时保护措施禁令后,哥斯达黎加银行暂停执行 G051225 号履约保函。2012 年 3 月 6 日,哥斯达黎加行政诉讼法院第二法庭解除了临时保护措施禁令。2012 年 3 月 20 日,建行安徽省分行应哥斯达黎加银行的要求延长了 34147020000289 号独立反担保函的有效期。2012 年 3 月 21 日,哥斯达黎加银行向东方置业公司支付了 G051225 号保函项下款项。

基于独立保函的特点,担保人于债务人之外构成对受益人的直接支付责任,独立保函与主债务之间没有抗辩权上的从属性,即使债务人在某一争议解决程序中行使抗辩权,并不当然使独立担保人获得该抗辩利益。另外,即使存在受益人在独立保函项下的欺诈性索款情形,亦不能推定担保行在独立反担保函项下构成欺诈性索款。只有担保行明知受益人系欺诈性索款且违反诚实信用原则付款,并向反担保行主张独立反担保函项下款项时,才能认定担保行构成独立反担保函项下的欺诈性索款。外经集团公司以保函欺诈为由提起本案诉讼,其应当举证证明哥斯达黎加银行明知东方置业公司存在独立保函欺诈情形,仍然违反诚信原则予以付款,并进而以受益人身份在见索即付独立反担保函项下提出索款请求并构成反担保函项下的欺诈性索款。现外经集团公司不仅不能证明哥斯达黎加银行向东方置业公司支付独立保函项下款项存在欺诈,亦没有举证证明哥斯达黎加银行在独立反担保函项下存在欺诈性索款情形,其主张止付独立反担保函项下款项没有事实依据。

综上,外经集团公司不能证明东方置业公司存在独立保函欺诈情形以及哥斯达黎加银行明知东方置业公司存在独立保函欺诈情形,仍然违反诚信原则予以付款,外经集团公司主张止付本案独立保函及独立反担保函项下款项没有事实依据。一、二审判决认定事实错误,适用法律错误,应予纠正。

律师提示

1. 为何独立保函受益人自身基础合同违约情形不影响到独立保函索款? 由于独立保函单

方义务及独立于基础合同等固有属性，导致在独立保函纠纷中无法基于基础合同提起抗辩。

2. 对于委托人来讲，本案反映的问题，可谓是一个法律风险"深坑"！如何预防此类法律风险？似乎可以从独立保函索款受益人提交证明文件、流程、异议程序，及双向出具保函等方面做文章。但不可否认，这样一来，显然会让独立保函"见索即付"大打折扣。实际操作中，此类风险防控问题如何解决和平衡，确实值得研究探讨。

075 信用证项下款项已通过其他途径支付后能否仍向法院主张？

案例索引

浙江省宁波市中级人民法院(2014)浙甬商外初字第53号民事判决书。

案例导读

1. 本案是一起信用证典型纠纷。在已通过其他途径收到涉案信用证项下基础合同90%以上货款的情形下，受益人继续以信用证独立性原则为由要求全额支付信用证项下款项的诉讼请求，法院为何不支持？关于这一问题可参阅本文归纳的裁判逻辑。

2. 如何区分判定议付行及通知行？何为信用证独立性原则？信用证欺诈例外原则？信用证欺诈例外的例外原则？本案法院的观点，值得学习研究。

3. 本案原告国内企业不仅损失了高达6.8%的收款手续费，还有汇率损失及迟延收款利息损失，经验教训不可不总结。

裁判要旨

信用证项下款项90%以上已通过其他途径支付后，仍然全额主张信用证项下款项，与信用证单据欺诈获利一样，不符合公平正义，亦属非法，应不再适用信用证独立性原则。

裁判逻辑

1. 因本被告国内银行在涉案信用证关系的地位是通知行，而不是议付行，无论如何约定收汇风险负担，均不能改变其在涉案信用证关系中的地位，无须承担偿付义务。此外，关于收汇风险负担的约定也不必要。

2. 尽管信用证交易独立于基础交易，信用证交易应当遵循独立性原则，但是当基础交易存在欺诈情形时，法院可判决终止支付信用证项下的款项，而不适用独立性原则，适用信用证欺诈例外原则。

3. 在受益人已通过其他途径收到涉案信用证项下基础合同90%以上货款的情形下，其仍旧要求全额支付信用证项下款项的诉讼请求如果得到法院支持，则会出现利用信用证重复获利的结果，该结果与通过信用证单据欺诈获利一样，不符合公平正义，亦属非法，应不再适用信用证独立性原则。

4. 当然，根据信用证欺诈例外的例外原则，如果存在最高人民法院《关于审理信用证纠纷案件若干问题的规定》第10条规定的例外情形，如议付行善意地进行了议付等，则仍旧适用独立性原则。

交易结构图

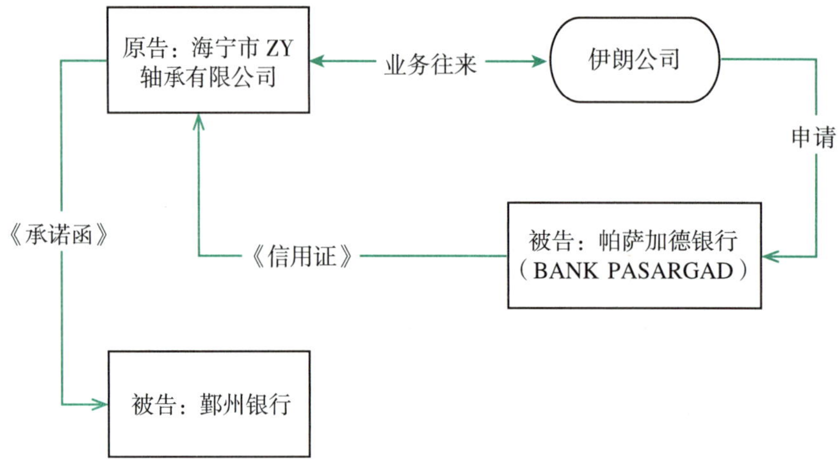

主要案情

原告：海宁市ZY轴承有限公司（受益人）。

被告：帕萨加德银行（BANK PASARGAD）（开证行）。

被告：宁波鄞州农村商业银行股份有限公司（通知行）。

原告海宁市ZY轴承有限公司（以下简称ZY公司）为与被告帕萨加德银行（BANK PASARGAD）、宁波鄞州农村商业银行股份有限公司（以下简称鄞州银行）信用证纠纷一案，于2014年7月24日向浙江省宁波市中级人民法院起诉，浙江省宁波市中级人民法院于同日立案后，依法组成合议庭，于2017年8月23日公开开庭进行了审理。

ZY公司与伊朗公司OSKUSANATNOVINCO. 素有轴承买卖业务往来。2012年1月1日，帕萨加德银行经OSKUSANATNOVINCO. 申请，开立了一份编号为304/2/90733131的信用证，载明：受益人为ZY公司，信用证币别和金额为“欧元218,000”，指定银行及信用证兑付方式（41A，AvailableWith... By...）为“鄞州银行延期付款”，付款期限为180天远期，不允许分批和转运。最晚发货日期为2012年2月5日，货物描述为“轴承净重48,900（公斤）数量109,137（个）”，偿付行为昆仑银行，该信用证适用国际商会《跟单信用证统一惯例》（UCP）最新版本。

2012 年 1 月 17 日,上述信用证作了第一次修改,主要内容为:付款期限改为 120 天远期,允许转运,发货日期不迟于 2012 年 4 月 1 日。

2012 年 5 月 3 日,该信用证作了第二次修改,主要内容为:信用证号码改为 304/1/90733131,金额改为 211,460 欧元,指定银行及信用证兑付方式改为“鄞州银行即期付款”,发货日期不迟于 2012 年 7 月 1 日。

2012 年 6 月 25 日,该信用证又作了第三次修改,主要内容为:货物描述改为“轴承净重 44,200(公斤)数量 201,433(个)”。

2012 年 7 月 27 日,ZY 公司向鄞州银行出具了一份承诺函,就涉案信用证向鄞州银行保证,OSKUSANATNOVINCO. 未在国际上收到任何制裁,并且交易货物也不在欧盟相关禁止清单之列,申请鄞州银行受理该单业务,其收汇风险和可能引起的其他风险由其公司自行承担。在此后出具的客户交单委托书中,ZY 公司也勾选了“迟交单”“逾效期”等由其承担不能收汇风险的选项。就涉案信用证的偿付问题,帕萨加德银行、鄞州银行和昆仑银行之间也进行了交涉。

2012 年 8 月 18 日,帕萨加德银行向鄞州银行发送了拒付通知报文,理由是信用证项下单据存在两个不符点:(1)提单未由帕萨加德银行签发;(2)提单显示装运日期晚于 2012 年 7 月 1 日。

2012 年 8 月 20 日,鄞州银行向 ZY 公司发送了上述拒付通知。

2012 年 10 月 10 日,经过 ZY 公司、OSKUSANATNOVINCO. 与帕萨加德银行的交涉,OSKUSANATNOVINCO. 回复 ZY 公司,称其已经和帕萨加德银行完成了单据交易。

2013 年 3 月 17 日,OSKUSANATNOVINCO. 转发帕萨加德银行致 ZY 公司的电子邮件,该邮件称“我们将这两点通知了 OSKUSANATNOVINCO,他们接受了不符点,并且从银行取得了单据。我们收到了 OSKUSANATNOVINCO. 的文件,这意味着该问题得到了解决”。

2014 年 1 月 21 日,ZY 公司通过电子邮件以及国际快递,向帕萨加德银行发送了催款函,在该份催款函中, ZY 公司称“关于信用证里不一致之处,贵行已经发送了 OSKUSANATNOVINCO. 的许可副本,证明信用证单证是被确认并被接受的,所以贵行应该在六天内付款给我们。但是这笔款项延迟了一年多,我们并未收到贵行的任何付款。这期间通知银行宁波鄞州银行(the notification bank of Ningbo Yinzhou bank)也多次给贵行发出信件催款,但没有得到任何回复。我们的客户 OSKUSANATNOVINCO. 也前往贵行,但无法沟通”。

2014 年 1 月 27 日,帕萨加德银行回复 ZY 公司,对延迟付款表示歉意,“我们知道对付款负责,努力在不远的将来通过中央银行完成付款”。

2014 年 2 月 11 日,ZY 公司致函鄞州银行,将 OSKUSANATNOVINCO. 和帕萨加德银行接受不符点的情况告知该行,并请该行通知议付行进行付款。

2014 年 7 月 24 日,ZY 公司向浙江省宁波市中级人民法院提起本案诉讼。

2015 年 8 月 19 日,鄞州银行向帕萨加德银行发报,告知受益人 ZY 公司已向法院起诉,并且昆仑银行拒绝偿付信用证,如果帕萨加德银行愿意付款,建议在当前的情况下,允许鄞州银行借由帕萨加德银行的 H. O 账户进行托付。

2015 年 8 月 24 日,帕萨加德银行回复鄞州银行,称依据信用证申请人和受益人的协定,信用证项下款项已经通过其他途径支付给受益人。

2015 年 11 月 27 日,ZY 公司向鄞州银行发送了一份律师函,称"经过多方的努力下,最终在 2015 年 5 月 29 日收到此信用证项下 196, 610 欧元,但是尚有 14, 850 欧元未议付,ZY 公司因汇率下跌造成较大损失"。

2016 年 5 月 24 日,帕萨加德银行发报给鄞州银行,"就扣除 14, 850 欧元作为转账手续费一事,你们都知道,伊朗银行系统以及昆仑银行正在被制裁,这也不受我们的控制。我们已经把 MT 740(日期 2012 年 1 月 5 日)发送给昆仑银行,用以偿付信用证金额。尽管在不符单据被接受后,我们也向贵行提交了支付申请,但是由于制裁,昆仑银行无法操作我们的支付申请,并表示他们无法接受鄞州银行的偿付申请,我们被迫通过其他途径来完成交付。参照我们的 MT 700(日期 2012 年 1 月 5 日),其所有相关的在伊朗以外产生的银行手续费,包括偿付费用(如有),将由收款人承担"。

2016 年 11 月 16 日,鄞州银行原名宁波鄞州农村合作银行,变更为现名。

本案庭审中,ZY 公司称,因帕萨加德银行多次告知其即将付款,且该笔 196, 610 欧元的到账时间也比较巧合,故认为该款由伊朗方面支付,但是直至开庭,仍无法查实该款是否为帕萨加德银行所付。

原告 ZY 公司(受益人)一审诉讼请求:判令帕萨加德银行、鄞州银行共同支付编号为 304/2/90733131 的信用证项下的款项 211, 460 欧元,以及该款自 2013 年 3 月 7 日至实际支付日止的利息损失(按照同期银行贷款利率计算)。

浙江省宁波市中级人民法院于 2017 年 10 月 10 日作出判决:驳回原告 ZY 公司的诉讼请求。

法院观点

因帕萨加德银行住所地在伊朗伊斯兰共和国,故本案系涉外信用证纠纷。根据最高人民法院《关于审理信用证纠纷案件若干问题的规定》第 2 条的规定,人民法院审理信用证案件时,当事人约定适用相关国际惯例或者其他规定的,从其约定;当事人没有约定的,适用国际商会《跟单信用证统一惯例》或者其他相关国际惯例。而本案信用证明确约定受国际商会《跟单信用证统一惯例》(UCP)最新版本约束,因本案信用证开立时的最新版本为国际商会第 600 号出版物即 UCP 600,因此有关本案信用证纠纷应适用 UCP 600。如涉及信用证欺诈,则应适用侵权行为地即中华人民共和国法律。

本案的争议焦点主要是:(1)鄞州银行是否为议付行;(2)涉案信用证项下的不符点是否被接受;(3)涉案信用证项下的款项应否支付。

关于鄞州银行是否为议付行问题。浙江省宁波市中级人民法院认为,对鄞州银行地位的认定必须放在涉案信用证关系中进行,无论鄞州银行与 ZY 公司如何约定收汇风险负担,均不能改变鄞州银行在涉案信用证关系中的地位。根据 UCP 600 第 2 条的规定:“议付指指定银行在相符交单下,在其应获偿付的银行工作日当天或之前向受益人预付或者同意预付款项,从而购买汇票(其付款人为指定银行以外的其他银行)及/或单据的行为。”而从本案来看,涉案信用证在 2012 年 1 月 1 日开立时的指定银行及信用证兑付方式(AvailableWith... By...)为“鄞州银行延期付款”,2012 年 5 月 3 日第二次修改时改为“鄞州银行即期付款”,无论如何修改,均未指定鄞州银行为议付行(AvailableWith... ByNegotiation)。并且,ZY 公司在向帕萨加德银行催款时对鄞州银行的地位也认定为通知行(the notification bank)。故鄞州银行在涉案信用证关系的地位应当是通知行,而不是议付行。基于鄞州银行在涉案信用证关系中的通知行地位,故其无须承担偿付义务。由此,评判鄞州银行与 ZY 公司之间关于收汇风险负担的约定也不必要,浙江省宁波市中级人民法院对此不置赘言。

关于涉案信用证项下的不符点是否被接受问题。浙江省宁波市中级人民法院认为,2012 年 10 月至 2014 年 1 月,ZY 公司、OSKUSANATNOVINCO. 与帕萨加德银行之间交涉的邮件已经足以证明 OSKUSANATNOVINCO. 和帕萨加德银行接受了不符点。并且,帕萨加德银行在 2016 年 5 月 24 日发给鄞州银行的报文中再次表示不符单据已被接受。故应当认定涉案信用证项下的不符点已经被帕萨加德银行接受。

关于涉案信用证项下的款项应否支付问题。浙江省宁波市中级人民法院认为,首先,ZY 公司于 2015 年 5 月 29 日收到的 196,610 欧元应当认定为涉案信用证项下基础合同的货款。ZY 公司在 2015 年 11 月 27 日向鄞州银行发送的律师函中明确“经过多方的努力下,最终在 2015 年 5 月 29 日收到此信用证项下 196,610 欧元”,虽然其在庭审中改称无法证实该笔款项为涉案信用证项下之款项,但自 ZY 公司收到该笔款项至今已逾两年,此等巨额国际汇款并无证据证明属于不当得利,并且帕萨加德银行在 2015 年 8 月 24 日回复鄞州银行时称,信用证项下款项已经通过其他途径支付给 ZY 公司,与 ZY 公司 2015 年 5 月 29 日收款可以对应。2016 年 5 月 24 日帕萨加德银行发给鄞州银行的报文中又对“其他途径付款”做了合理解释。浙江省宁波市中级人民法院综合以上因素,认定 ZY 公司收到了涉案信用证项下基础合同的货款 196,610 欧元。

其次,尽管信用证交易独立于基础交易,信用证交易应当遵循独立性原则。但是当基础交易存在欺诈情形时,则不适用独立性原则。最高人民法院《关于审理信用证纠纷案件若干问题的规定》第 8 条规定的前三种欺诈情形“(一)受益人伪造单据或者提交记载内容虚假的单据;(二)受益人恶意不交付货物或者交付的货物无价值;(三)受益人和开证申请人或者其他第三方串通提交假单据,而没有真实的基础交易”均表明,利用信用证项下单据进行欺诈的目的在于非法获取信用证项下的款项,也即,信用证沦为非法获利的工具,而非正常的支付方式。这种欺诈当为法律禁止,最高人民法院《关于审理信用证纠纷案件若干问题的规定》第 15 条规定,“人民法院通过实体审理,认定构成信用证欺诈并且不存在本规定第十条的情形的,应当判决终止支付信用证项下的款项”。本案中,ZY 公司在涉案信用证项下的不符点已经被帕萨加德银行接受的情形下，要求帕萨加德银行支付信用证项下款项，其请求正当无疑。但是在诉讼过程中ZY公司已经收到涉案信用证项下基础合同90%以上货款的情形下，其仍旧要求帕萨加德银行全额支付信用证项下款项，因涉案信用证项下款项为不可分割的整体，则ZY公司的诉讼请求要么支持，要么驳回。如ZY公司的诉讼请求得到保护，则会出现利用信用证重复获利的结果，该结果与通过信用证单据欺诈获利一样，均不符合公平正义，均属非法。尽管ZY公司的诉讼请求不符合最高人民法院《关于审理信用证纠纷案件若干问题的规定》第8条规定的第（一）、（二）、（三）项的欺诈情形，但是该条第（四）项也对其他进行信用证欺诈的情形做了兜底规定，浙江省宁波市中级人民法院参照该条规定，认为本案不适用信用证独立性原则。

当然，根据信用证欺诈例外的例外原则，如果本案存在最高人民法院《关于审理信用证纠纷案件若干问题的规定》第10条规定的例外情形，如议付行善意地进行了议付等，则仍旧适用独立性原则。但涉案信用证并不存在上述情形。

综上，浙江省宁波市中级人民法院认为，鄞州银行仅为涉案信用证的通知行，并非议付行，并无偿付义务。涉案信用证项下不符点已为开证行帕萨加德银行接受，但在涉案信用证项下基础合同的货款已经有90%以上得到支付的情形下，再令帕萨加德银行偿付信用证项下款项，致使ZY公司重复受偿，则明显有违公正，在此情形下，不再适用信用证独立性原则，帕萨加德银行无须再偿付涉案信用证项下款项。ZY公司的诉讼请求不予支持。帕萨加德银行经本院合法传票传唤，无正当理由拒不到庭参加诉讼，浙江省宁波市中级人民法院依法缺席判决。

律师提示

诉为非诉，以讼止讼。本案原告国内企业不仅损失了高达6.8%的收款手续费，还有汇率损失及迟延收款利息损失，经验教训不可不总结。关于如何预防及弥补此类风险，有以下几点值得注意。

1. 企业国际贸易与投资，需要充分了解国际政治动态风险，本案正是由于贸易对手被美国制裁导致收款出现问题，从而引发本案一系列争议，导致我国出口商遭受经济损失。

2. 信用证付款虽然是一种相对比较安全的付款方式，但对信用证规则及单证要求极高，需要专业人士操作及审查，否则一不小心就可能会因为单证存在不符点或信用证欺诈而被议付银行拒付，甚至出现本案没有锁定议付行责任的情形。

3. 本案原告信用证纠纷败诉，但并不意味着其损失完全不可挽回，理论上其还可通过基础合同提起国际贸易合同纠纷的诉讼或仲裁，只是该路径显然会更为困难罢了。

4. 本案提到的昆仑银行在案涉信用证法律关系下处于什么法律地位及应承担什么样的权利和义务，是否为议付行？本案原告如果变更诉请为剩余款项14,850欧元，是否会有不同结果呢？以上问题均值得进一步分析。

第十四章　执　行　篇

076 破产停息是否适用于违约金？

案例索引

最高人民法院(2016)最高法民终231号民事判决书。

案例导读

1. 本案是一起信托公司股权收益权“买入返售”业务纠纷典型案例。最高人民法院通过本案例,就股权收益权“买入返售”合同性质、提前还款的情况下的溢价计算、一次性违约金与按日计算违约金是否属于重复计算、破产停息是否适用于违约金等焦点争议均给予了明确的裁判规则,信息含量极大,值得研读。

2. 可以说,信托公司之所以能够全面胜诉,《股权收益权转让暨回购合同》详尽严密的约定起到绝对性的作用,合同起草人员功不可没!

3. 按日计算违约金与一次性计算违约金到底孰优孰劣？另外,本案最高人民法院二审只是对按日计算违约金应适用于破产停息做了改判,为何最后最高人民法院的判决却对一审法院四项判决全做了变更呢？

裁判要旨

附利息的债权自破产申请受理时起停止计息,尽管规定并未明确违约金是否属于应停止计算的“利息”,但为及时确认债权数额,逾期付款违约金的截止时间也应当参照《中华人民共和国企业破产法》(以下简称《企业破产法》)的相关规定。

裁判逻辑

1. 信托公司采用股权收益权转让暨回购的“买入返售”信托资金管理模式并发行相应的信托计划,与信托贷款业务存在区别,且合同关于“信托公司取得的特定资产收益权及其产生的全部收益归入信托财产”的约定也说明,信托公司的收益不是固定收益,回购价格应为最低收益,因此并非名为营业信托实为借贷性质。

2. 鉴于《回购合同》关于“回购方不得提前支付全部或部分回购本金,否则受让方有权要求回购方支付全部回购本金以及从提前支付日至到期日之间的剩余期间的回购溢价”的约定,不仅约定了提前还款属于违约行为,还对于可能发生的违约行为约定了提前退出情形下的回购溢价的给付标准,且信托资金从投资项目的提前退出并不意味着案涉股权收益权投资集合资金信托计划的提前终止,结合信托资金未能归还的客观事实,信托公司起诉请求给付合同约定期限内的全部回购溢价款应当支持。

3. 鉴于合同违约责任条款包含逾期支付违约金和一次性违约金两种形式,原告请求将溢价款部分与本金部分别计算违约金,即自逾期之日起至实际给付之日止按照合同约定的利率给付逾期溢价款违约金,按照本金部分的一定比例给付一次性违约金,因计算基数不同,不存在重复计算的问题,且相比以(本金+溢价)基数按日计算违约金数额要低,因此该诉讼请求应支持。

4.《企业破产法》第46条第2款关于“附利息的债权自破产申请受理时起停止计息”的规定并未明确违约金是否属于应停止计算的“利息”,但是,为及时确认债权数额,逾期付款违约金的截止时间也应当参照上述规定。

交易结构图

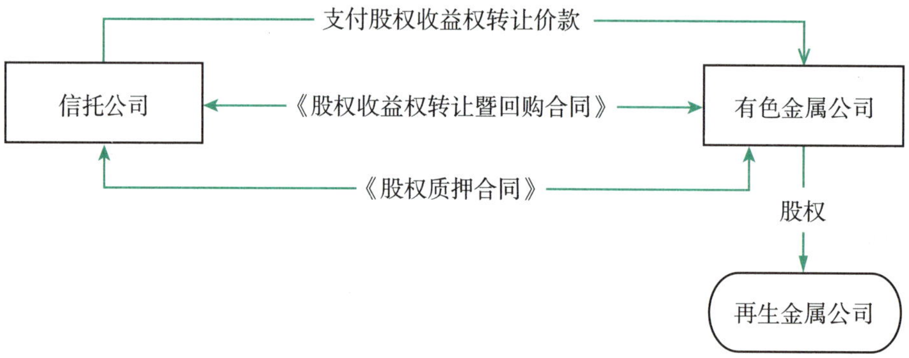

主要案情

上诉人(原审被告):广西有色金属集团有限公司(进入破产清算)。

被上诉人(原审原告):五矿国际信托有限公司。

上诉人广西有色金属集团有限公司(以下简称有色金属公司)为与被上诉人五矿国际信托有限公司(以下简称信托公司)营业信托纠纷一案,不服青海省高级人民法院(2015)青民二初字第80号民事判决,向最高人民法院提起上诉。

2014年10月24日,信托公司与有色金属公司签订了《股权收益权转让暨回购合同》(以下简称《回购合同》),约定有色金属公司将其合法持有的广西有色再生金属有限公司(以下简称再生金属公司)87.37%的股权收益权转让给信托公司,转让价款为人民币5亿元。信托公司取得特定股权收益权后,有色金属公司应按合同约定回购全部特定股权收益权并支付回购价款。回购价款等于回购本金总额与回购溢价金额之和,溢价率为13%/年。同时,《回购合同》还约定如有色金属公司未按合同约定支付其应付的特定股权收益,或未履行/未完全履行其在合同项下的回购特定股权收益权的义务,或未按合同约定履行支付其应付的其他任何款项的,有色金属公司应在收到信托公司通知后5个工作日内予以改正并采取满足信托公司要求的补救措施,否则信托公司有权宣布各笔回购本金均提前到期。第8.3条约定有色金属公司未按照本合同约定支付任何一单笔回购本金、回购溢价款的,或有色金属公司未按本合同约定支付其应付的任何款项,信托公司有权要求有色金属公司立即支付,且有权自有色金属公司逾期之日起按逾期未支付款项的万分之五按日计收违约金。第8.4条约定有色金属公司出现任何违约情形(发生本合同第3.4条约定的情形)自违约情形发生之日起要求有色金属公司支付违约金,违约金数额为特定股权收益权转让价款的10%。第8.4.4条约定要求有色金属公司提前支付全部或者部分回购价款。

2014年10月24日,信托公司与有色金属公司签订了编号为P2014M12A-GXYS－003的《股权质押合同》,约定有色金属公司以持有的再生金属公司全部股权(对应出资436,850,924.31元)出质给信托公司,对其在《回购合同》项下全部债务提供质押担保,担保的范围为主合同约定的回购价款以及债务人因违反合同约定而产生的违约金、赔偿金、债务人应向信托公司支付的其他款项(包括但不限于有关手续费、电讯费、杂费等)、信托公司实现债权与担保权利而发生的费用(包括但不限于诉讼费、仲裁费、财产保全费、差旅费、执行费、评估费、拍卖费、公证费、送达费、公告费、律师费等)。并于同日办理了股权质押登记手续。

2014年10月27日,信托公司成立了信托计划并向有色金属公司支付股权收益权转让价款人民币5亿元。

2015年3月,有色金属公司向信托公司出具《承诺函》,主要内容为:有色金属公司同意按照《回购合同》约定条款与条件向信托公司回购特定股权收益权并支付回购价款。并承诺在其合法持有的有色金属公司金属集团办公大楼及东盟文化交流中心竣工验收并办理完毕房屋所有权证后,以该房产为信托公司提供第二顺位抵押担保,签订抵押合同,办理抵押登记手续。

按照《回购合同》的约定,有色金属公司应于2015年6月19日向信托公司支付回购溢价款15,816,438.36元,但有色金属公司并未按期支付。2015年6月25日,信托公司向有色金属公司发送了《督促函》;2015年7月7日,信托公司委托北京市昊凯律师事务所向有色金属公司出具了律师函,要求有色金属公司立即向信托公司支付尚未支付的特定股权收益权回购溢价。有色金属公司于2015年7月10日向信托计划的受益人出具了《还款计划说明》,承诺其将于2015年7月17日前向信托公司支付回购溢价500万元,并于2015年7月24日前向信托公司支付剩余应付未付款项。截至2015年8月7日,有色金属公司仅支付回购溢价500万元,并未支付剩余款项。为追索欠款,信托公司向原审法院提起诉讼。

2015年12月18日,有色金属公司以其不能清偿全部到期债务为由,向广西壮族自治区南宁市中级人民法院申请破产重整。2015年12月23日,该院作出(2015)南市破(预)字第1号民事裁定书,受理有色金属公司的重整申请。之后,信托公司向有色金属公司管理人提交《债权申报说明书》,申报债权总额为709,283,157.54元,其中本金为5亿元,回购溢价款为158,665,753.43元,一次性违约金为5000万元,截至2015年9月28日的逾期付款违约金为617,404.11元。

2016年3月14日,有色金属公司管理人向信托公司出具《债权审查意见函》,审查结论为,5亿元回购溢价的计算期限应从2015年3月20日计算至2015年9月28日(提前到期日),经计算为23,304,794.51元;违约金以不超过实际损失的130%确定,经计算为1,791,129.52元。一次性违约金属于重复计算的违约金,显失公平,不予支持。

2016年3月22日,信托公司向有色金属公司管理人出具《债权审查意见回复函》,仍然坚持原申报债权总额709,283,157.54元。

2016年5月19日,有色金属公司管理人向信托公司出具《债权异议复审函》,认为信托公司提出的异议不成立,维持《有色金属公司债权表》载明的债权审查结果。

被上诉人(原审原告)信托公司一审诉讼请求:(1)有色金属公司向信托公司支付应付未付的股权收益权回购溢价以及提前到期的股权收益权回购价款,合计回购价款本金5亿元,回购溢价158,665,753.43元;(2)有色金属公司向信托公司支付违约金5000万元和自回购方逾期之日起按逾期未付款项的按日万分之五计收违约金,至有色金属公司实际给付全部逾期未付款项之日止,暂计算至2015年9月28日为617,404.11元,合计50,617,404.11元;(3)请求依法处置有色金属公司持有的全部再生金属公司质押股权,并判令信托公司对质押股权处置价款在质押担保范围内享有优先受偿权;(4)本案诉讼费由有色金属公司承担。

一审法院判决:(1)有色金属公司于该判决生效之日起十日内偿还信托公司回购价款本金5亿元;(2)有色金属公司于该判决生效之日起十日内支付信托公司违约金5000万元;(3)有色金属公司于该判决生效之日起十日内支付信托公司回购溢价158,665,753.43元及相应违约金(截至2015年9月28日为617,404.11元;自此之后以回购溢价158,665,753.43元为基数按日万分之五计收至实际支付完毕止);(4)对有色金属公司持有的再生金属公司全部质押股权准予采取拍卖、变卖等方式依法变价。信托公司在该判决第一、二、三项的范围内对该财产变价的款项优先受偿。

最高人民法院于2016年9月10日作出二审判决:(1)变更青海省高级人民法院(2015)青民二初字第80号民事判决主文第一项为:有色金属公司偿还信托公司回购价款本金5亿元;(2)变更该民事判决主文第二项为:有色金属公司支付信托公司违约金5000万元;(3)变更该民事判决主文第三项为:有色金属公司向信托公司支付回购溢价158,665,753.43元及相应违约金(截至2015年9月28日为617,404.11元;自此之后以回购溢价158,665,753.43元为基数按日万分之五计收至2015年12月23日止);(4)变更该民事判决主文第四项为:对有色金属公司持有的再生金属公司全部质押股权准予采取拍卖、变卖等方式依法变价。信托公司在本判决第一、二、三项的范围内对该财产变价的款项优先受偿。

法院观点

本案的争议焦点为，本案合同的性质及效力问题；原审判决计算的回购溢价款给付标准是否符合《回购合同》约定；原审判决认定的违约金是否符合合同约定，是否需要进行调整的问题。

一、关于本案合同的性质及效力问题

2014 年 10 月 24 日，信托公司与有色金属公司签订了《回购合同》，约定有色金属公司将其持有的再生金属公司 87.37% 的股权收益权转让给信托公司，信托公司以其发起设立的信托公司—有色金属公司股权收益权投资集合资金信托计划项下募集的信托资金受让该项股权收益权，转让价款为人民币 5 亿元。信托公司取得特定股权收益权后，有色金属公司按照合同约定期限回购全部特定股权收益权并支付回购价款。依据信托公司—有色金属公司股权收益权投资集合资金信托计划，信托公司与案外委托人之间形成了信托法律关系；依据《回购合同》，信托公司与有色金属公司之间形成了股权收益权返售回购法律关系。根据《信托公司管理办法》《信托公司集合资金信托计划管理办法》等信托业监管规定，在具体的信托计划项下，信托公司可以采用“买入返售”等信托资金管理模式。信托公司采用股权收益权转让暨回购的方式管理信托资金，并发行相应的信托计划，与信托贷款业务存在区别。《回购合同》第 2.1 条规定：“信托公司取得的特定资产收益权及其产生的全部收益归入信托财产。”该约定说明，在信托公司取得特定资产收益权期间内，特定资产产生的任何收益均属于信托公司所有。因此，信托公司的收益不是固定收益，回购价格应为最低收益。该合同约定的业务内容属于信托公司正常的业务经营活动。本案《回购合同》签订后，信托公司已向其监管单位青海省银监局履行了报备手续，青海省银监局并未提出整改意见。原审法院认定本案合同性质为营业信托性质，并无不当。上诉人有色金属公司关于本案合同属于名为营业信托实为借贷性质的上诉理由不能成立。

本案《回购合同》等相关协议，系各方当事人真实的意思表示，且不违反法律、行政法规的禁止性规定，原审认定其为有效合同，适用法律正确。信托公司依约履行了受让特定资产收益权及支付受让款等合同义务，但合同到期后，有色金属公司未按照约定回购该项资产收益权、返还 5 亿元信托资金的本金及相应的溢价款，已构成违约。据此，信托公司主张有色金属公司应按照合同约定的方式，给付特定资产收益权本金及溢价款，证据充分，应予支持。

二、关于原审判决计算的回购溢价款给付标准是否符合《回购合同》约定的问题

信托公司与有色金属公司签订的《回购合同》约定，回购价款包括回购本金和回购溢价两部分。同时，还约定了提前到期日，对于有色金属公司可能发生的违约行为，约定了提前退出情形下的回购溢价的给付标准。《回购合同》第 3.3.2 条约定：“回购方不得提前支付全部或部分回购本金，否则受让方有权要求回购方支付全部回购本金以及从提前支付日至到期日之间的剩余期间的回购溢价。”根据上述约定，有色金属公司在本案发生与“提前支付”相当的“逾期支付”的情况下，因同属违反合同约定的违约行为，原审判决将回购溢价款按照 5 亿元本金，以约定的利率为标准，自欠息开始日的 2015 年 3 月 20 日起至信托资金约定的回购到期日止，扣除期间已支付的 500 万元，计算为 158, 665, 753. 43 元，认定事实清楚，合同依据充分。有色金属公司上诉主张信托公司只能主张起诉日之前的回购溢价款，该主张不仅与合同约定不符，而且信托资金从投资项目的提前退出并不意味着案涉股权收益权投资集合资金信托计划的提前终止。结合有色金属公司至今仍然占用 5 亿元信托资金未能归还的客观事实，信托公司起诉请求给付合同约定期限内的全部回购溢价款，事实依据充分。故有色金属公司关于原审判决计算回购溢价款的天数、方式、数额不当的上诉理由，因缺乏事实与法律依据，不能成立。

三、关于违约金的认定问题

在《回购合同》第 8 条违约责任标题下，第 8. 3 条约定，有色金属公司违约时，信托公司有权自有色金属公司逾期之日起按逾期未付款项的万分之五每日计收违约金；第 8. 4. 1 条约定，信托公司有权自有色金属公司违约情形发生之日起要求有色金属公司支付特定资产收益权转让价款的 10% 作为违约金。上述违约责任条款包含逾期支付违约金和一次性违约金两种形式。根据查明的事实，有色金属公司应于 2015 年 6 月 19 日向信托公司支付回购溢价款 15, 816, 438. 36 元，但有色金属公司并未按期支付。2015 年 6 月 25 日，信托公司向有色金属公司发送了《督促函》；2015 年 7 月 7 日，信托公司委托北京市昊凯律师事务所向有色金属公司出具了律师函，要求有色金属公司立即向信托公司支付尚未支付的特定股权收益权回购溢价。有色金属公司于 2015 年 7 月 10 日向信托计划的受益人出具了《还款计划说明》，承诺其将于 2015 年 7 月 17 日前向信托公司支付回购溢价 500 万元，并于 2015 年 7 月 24 日前向信托公司支付剩余应付未付款项。截至 2015 年 8 月 7 日，有色金属公司仅支付回购溢价 500 万元，并未支付剩余款项。信托公司于 2015 年 9 月 28 日要求提前回购特定资产收益权，并要求有色金属公司承担违约责任，合同依据充分。原审判决将溢价款部分与本金部分分别计算违约金，自有色金属公司逾期之日起至实际给付之日止，按照合同约定的日万分之五给付逾期溢价款 158, 665, 753. 43 元部分的违约金，按照 5 亿元本金部分的 10% 给付一次性违约金。因计算基数不同，不存在重复计算的问题。而且在《回购合同》规定的可适用的违约金约定中，适用了违约金金额较低的计算方法，不存在显失公平、明显超过实际损失的情形。有色金属公司未能提交证明本案违约金计算标准过高的证据，故对于有色金属公司提出的关于调整违约金的上诉请求，最高人民法院不予支持。

关于违约金的截止时间。最高人民法院二审期间查明，广西壮族自治区南宁市中级人民法院于 2015 年 12 月 23 日受理了有色金属公司的破产申请。《企业破产法》第 46 条第 2 款规定，“附利息的债权自破产申请受理时起停止计息”。尽管该条规定并未明确违约金是否属于应停止计算的“利息”，但是，为及时确认债权数额，逾期付款违约金的截止时间也应当参照上述规定，自 2015 年 12 月 23 日起，有色金属公司不再给付信托公司相应的逾期付款违约金。

律师提示

1. 按日计算违约金与一次性计算违约金到底孰优孰劣？按日计算违约金有适用于破产停息规定的风险，一次性计算违约金则没有此类烦恼，本案信托公司两者都用上，也许是不错的建议。

2. 为何最后最高人民法院的判决对一审法院四项判决全做了变更呢？因为一审在判决结果部分均用了主体的简称，为了严谨起见，最高人民法院全部变更成全称了。

077 债权人撤销权纠纷案谁应对是否无偿转让财产举证？

案例索引

福建省漳州市中级人民法院(2016)闽06民终1486号民事判决书。

案例导读

本案是一起典型债权人撤销权纠纷案件，一、二审法院从诉讼主体资格、举证责任证明及债权侵害构成三个方面给予可参考的裁判规则，为债权人反逃债提供了法律保障。

裁判要旨

因债务人放弃其到期债权或者无偿转让财产，对债权人造成损害的，债权人可以请求人民法院撤销债务人的行为，若债务人主张其为有偿转让财产的，应对其主张事实进行举证。

裁判逻辑

1. 诉讼主体资格：已经生效判决确认债权的债权人具有债权人撤销权纠纷案件的原告主体资格，债务人为被告，应以财产受让人为第三人参加诉讼。

2. 举证责任分配：债权人撤销权纠纷案件中，债务人应对其有偿转让财产的事实进行举证且举证要求较严格，仅有财产转让双方陈述自认不足以证明已实际支付了购房款，可根据高度盖然性标准认定为无偿转让财产。

3. 债权侵害构成：在债务人财产不足以偿还债务且无其他债权的情况下，债务人无偿转让财产的行为侵害了债权人的债权，符合合同法规定的债权人行使撤销权的条件。

交易结构图

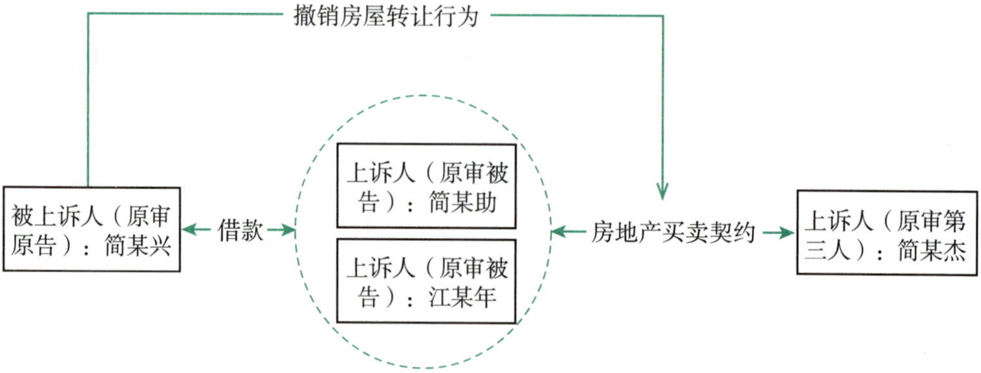

主要案情

上诉人(原审被告):简某助。

上诉人(原审被告):江某年。

上诉人(原审第三人):简某杰。

被上诉人(原审原告):简某兴。

上诉人简某杰、上诉人简某助、江某年因与被上诉人简某兴债权人撤销权纠纷一案,不服福建省南靖县人民法院(2016)闽0627民初763号民事判决,向福建省漳州市中级人民法院提起上诉。

2015年12月25日南靖县人民法院作出(2015)靖民初字第3270号民事调解,简某助于2009年9月至2015年3月多次向简某兴借款共计人民币730,000元,简某助、江某年同意于2015年12月31日前归还简某兴借款人民币730,000元及利息。因简某助、江某年没有按调解书确定期限归还欠款,简某兴于2016年1月18日向南靖县法院申请强制执行,至本案一审法庭辩论终结前,简某助、江某年尚未履行调解书确定的归还借款义务。

2015年11月30日,简某助、江某年与第三人简某杰签订了房地产买卖契约,双方约定简某助、江某年将讼争房产以人民币224,000元的价格出售给第三人简某杰;并约定于2015年11月30日前以现金方式一次付清购房款,于2015年12月1日移交房屋。同日,简某助、江某年将讼争房产转移登记为第三人简某杰所有,在南靖县住房保障和房地产管理局的《房屋所有权登记审核表》上,房屋来源一项登记为:2015年11月30日向简某助、江某年购买。该房屋的核定计税价格为人民币235,079元。

简某助、江某年是夫妻关系,简某助、江某年与第三人简某杰是父母子女关系。简某杰于2008年起在大学就读,于2015年6月毕业,于2015年10月参加工作。

简某助、江某年因金融借款、民间借贷纠纷被起诉的案件有8件,总计标的额为人民币3,211,960元,并已经由南靖县人民法院审理终结。审结案件中已向法院申请强制执行的有6

件,总计标的额为人民币2,807,600元。简某助、江某年拥有的财产有:坐落在南靖县山城镇富康路65号的店面一间,建设路207号的店面一间,建设路207号204室、604室房屋2套,上述房产已经被一审法院查封(财产价值尚未评估)。简某助、江某年自述上述房产总价值约人民币200余万元,且没有其他债权。

被上诉人(原审原告)简某兴一审诉讼请求:撤销被告简某助、江某年与第三人简某杰之间房屋转让行为;恢复讼争房产的原有物权登记形式,恢复被告简某助、江某年对该房产的所有权;诉讼费由被告承担。

一审法院判决:(1)撤销被告简某助、江某年与第三人简某杰2015年11月30日关于南靖县山城镇建设路207号404室房产的转让行为。(2)被告简某助、江某年应于判决生效后十日内将位于南靖县山城镇建设路207号404室房产恢复登记至被告简某助、江某年名下。

二审法院福建省漳州市中级人民法院于2016年8月8日作出判决:驳回上诉,维持原判。

法院观点

根据一审法院2015年12月25日(2015)靖民初字第3270号民事调解,简某助、江某年尚欠简某兴借款人民币730,000元及利息,在未偿还该债务的情形下,将讼争房产转移给第三人,原告简某兴以简某助、江某年的行为损害其债权权益为由提起撤销权诉讼,主体适格。简某助、江某年与第三人简某杰虽然签订了讼争房屋买卖契约,并完成权属变更登记,但是因讼争房产的购房款数额较大,简某助、江某年及第三人仅主张购房款是以现金支付,既没有说明资金来源,也没有提供相关证据证实其已经实际支付给简某助、江某年购房款,况且简某助、江某年和第三人陈述的支付购房款时间又是在第三人大学毕业不足半年,参加工作仅两个月,简某助、江某年与第三人又是父母子女关系,基于上述事实,第三人没有实际支付简某助、江某年购房款,简某助、江某年和第三人之间为虚假房产交易的事实存在高度可能性。简某助、江某年在庭审中自认其所负债务大于所拥有资产,在此情形下仍将讼争房产无偿转移给第三人,导致其责任财产不当减少,进而损害了简某兴和其他债权人的合法权益,故简某兴请求撤销简某助、江某年与第三人简某杰之间的房屋转让行为,恢复讼争房产的原有物权登记形式,恢复简某助、江某年对该房产的所有权,有事实和法律依据,依法应予支持。

因债务人放弃其到期债权或者无偿转让财产,对债权人造成损害的,债权人可以请求人民法院撤销债务人的行为。本案中债务人简某助和江某年应对其有偿转让财产的事实进行举证。上诉人简某杰和简某助、江某年主张简某杰购买房屋已经支付了购房款,但是仅有当事人陈述,没有任何其他证据证实简某杰实际支付了购房款,上诉人主张已实际支付了购房款依据不足。根据一审查明的事实,上诉人简某助和江某年的财产不足以偿还债务且无其他债权,因此,简某助和江某年无偿转让财产的行为侵害了简某兴的债权,符合合同法规定的债权人行使撤销权的条件。一审判决并未认定简某杰和简某助、江某年之间的合同无效，上诉人认为一审判决错误于法无据。

律师提示

本案例的特殊点在于债务人将房产转移给没有经济来源的子女，被法院以高度可能性为由认定为无偿转让。现实中同类案情不少，因此本案可借鉴和吸取教训的地方甚多，也为防范债务人逃废债务提供了鲜活的案例参考。

078 执行一般保证人财产的先决条件有哪些？

案例索引

最高人民法院(2017)最高法执复38号民事裁定书。

案例导读

1. 本案是关于执行一般保证人财产的典型案例，最高人民法院关于“主债务人财产不方便执行，即可执行一般保证人财产”的观点很有实务参考价值。

2. 通常情况下，一般保证人享有先诉抗辩权或先执行抗辩权，本案主债务人虽然存在在建工程及土地使用权可供执行，但法院以“不方便执行”为由裁定直接执行一般保证人财产。本文梳理的裁判逻辑可充分展示法院的论证说理过程。

裁判要旨

在一般保证情形，即使债务人有财产，但只要其财产不方便执行，即可执行一般保证人的财产。

裁判逻辑

1. 审理案件期间，保证人为了请求法院不对被告财产采取保全措施或解除保全措施而提供保证担保，即使生效法律文书中未确定保证人承担责任，人民法院有权裁定执行保证人在保证责任范围内的财产。

2. 在一般保证情形，并非只有在债务人没有任何财产可供执行的情形下，才可以要求一般保证人承担责任，即使债务人有财产，但只要其财产不方便执行，即可执行一般保证人的财产。

3. 鉴于本案被执行人仅有在建工程及相应的土地使用权可供执行且其价值远超过执行标的额，既不方便也不经济，人民法院可以直接执行一般保证人的财产。

交易结构图

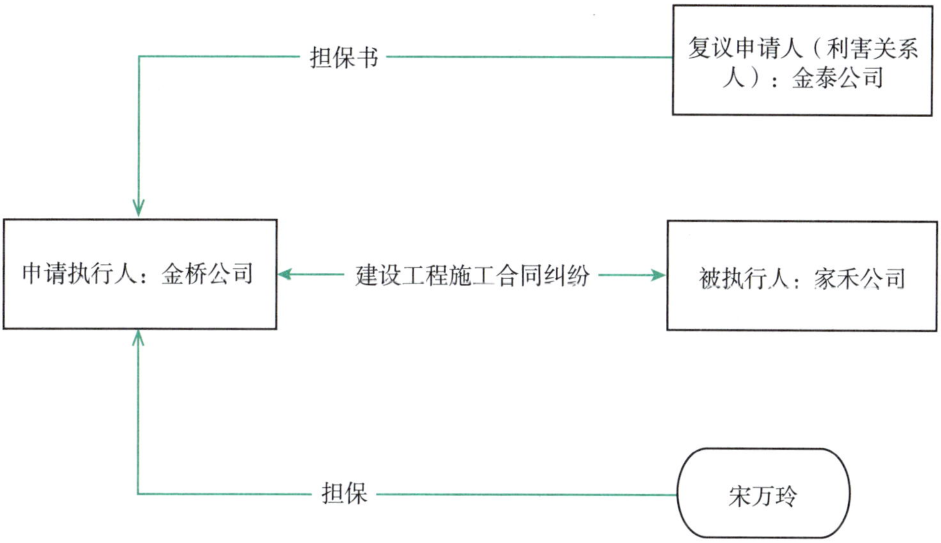

主要案情

复议申请人（利害关系人）：青海金泰融资担保有限公司。

申请执行人：上海金桥工程建设发展有限公司。

被执行人：青海三工置业有限公司。

复议申请人青海金泰融资担保有限公司（以下简称金泰公司）不服青海省高级人民法院（以下简称青海高院）（2016）青执异7号执行裁定，向最高人民法院申请复议。最高人民法院作出裁定，撤销青海高院（2016）青执异7号执行裁定，发回青海高院重新审查。青海高院重新审查后作出（2017）青执异12号执行裁定。金泰公司不服，向最高人民法院申请复议。

青海高院审理上海金桥工程建设发展有限公司（以下简称金桥公司）与青海海西家禾酒店管理有限公司（后更名为青海三工置业有限公司，以下简称家禾公司）建设工程施工合同纠纷一案期间，因原告金桥公司申请，该院依法采取财产保全措施，对被告家禾公司1701201000012759、105014554811账户存款各冻结1500万元（1701201000012759账户实有存款余额152,173.33元，105014554811账户实有存款余额83,359.44元），并查封该公司32,438.8平方米土地使用权（该土地使用权向金泰公司抵押，抵押金额为1277.92万元）。之后，家禾公司以需要办理银行贷款为由，申请对1701201000012759账户予以解封，并由担保人宋万玲以银行存款1500万元提供担保。该院据此冻结了宋万玲银行存款1500万元，解除了对家禾公司1701201000012759账户银行存款的冻结措施。

2014年5月22日，金泰公司向青海高院提供担保书，称愿为家禾公司提供担保，若法院判决家禾公司承担责任，家禾公司无力承担责任时，保证人愿承担家禾公司所应承担的责任，担保最高限额为1500万元，并申请解除宋万玲1500万元担保存款的冻结措施。金泰公司提供担保后，青海高院解除了对宋万玲1500万元担保存款的冻结措施。

案件判决生效后，因家禾公司未履行生效判决确定的给付义务，金桥公司申请强制执行。经青海高院核查，被执行人家禾公司除已经被抵押的土地使用权及地上的在建“三工城市广场”工程外（该财产也已向金泰公司抵押，抵押金额2.32亿元），无其他可供执行财产。

青海高院于2016年4月11日作出（2016）青执10之一号执行裁定，根据最高人民法院《关于人民法院执行工作若干问题的规定（试行）》（以下简称《执行规定》）第85条规定裁定金泰公司在三日内清偿金桥公司债务1500万元。后青海高院扣划了金泰公司银行账户存款820万元。

复议申请人金泰公司申提出执行异议申请，请求返还扣划的1500万元资金。

青海高院裁定驳回金泰公司的异议。

最高人民法院于2017年12月21日作出裁定：驳回金泰公司复议申请，维持青海高院（2017）青执异12号执行裁定。

法院观点

本案的争议焦点为：保证人在人民法院审理案件期间为被执行人提供保证，承诺在被执行人无力承担责任时可执行保证人财产的，人民法院能否在被执行人除在建工程及相应的建设用地使用权以外无可供执行的财产的情况下，执行保证人的财产。

《执行规定》第85条规定：“人民法院在审理案件期间，保证人为被执行人提供保证，人民法院据此未对被执行人的财产采取保全措施或解除保全措施的，案件审结后如果被执行人无财产可供执行或其财产不足清偿债务时，即使生效法律文书中未确定保证人承担责任，人民法院有权裁定执行保证人在保证责任范围内的财产。”金泰公司于2014年5月22日向青海高院出具担保书，提出“现担保人愿为家禾公司提供担保，若贵院最终判决家禾公司承担本案责任，但家禾公司无力承担本案责任时，担保人愿承担家禾公司所应承担的责任，担保最高限额为1500万元。”上述《执行规定》第85条规定中的保证责任及金泰公司所作承诺，类似于担保法规定的一般保证责任。《担保法》第17条第1款及第2款规定：“当事人在保证合同中约定，债务人不能履行债务时，由保证人承担保证责任的，为一般保证。一般保证的保证人在主合同纠纷未经审判或者仲裁，并就债务人财产依法强制执行仍不能履行债务前，对债权人可以拒绝承担保证责任。”最高人民法院《关于适用〈中华人民共和国担保法〉若干问题的解释》第131条规定：“本解释所称‘不能清偿’指对债务人的存款、现金、有价证券、成品、半成品、原材料、交通工具等可以执行的动产和其他方便执行的财产执行完毕后，债务仍未能得到清偿的状态。”依据上述规定，在一般保证情形下，并非只有在债务人没有任何财产可供执行的情形时，才可以要求一般保证人承担责任，即使债务人有财产，但只要其财产不方便执行，即可执行一般保证人的财产。参照上述规定精神，金泰公司尽管承诺的是在家禾公司无力承担本案责任时承担家禾公司所应承担的责任，但由于家禾公司仅有在建工程及相应的土地使用权可供执行，既不经济也不方便，在这种情况下，人民法院可以直接执行金泰公司的财产。

综上所述，金泰公司申请复议的理由不能成立。

律师提示

财产保全是诉讼实务对被告常用的一种限制措施，但被告为了保障正常的生产经营，通常希望法院不对被告财产采取保全措施或解除保全措施，这就可能需要被告提供第三方保函。此类诉讼中的保函如何出具，应注意什么问题？

1. 对于原告方来讲，如果将保函内容“现担保人愿为家禾公司提供担保，若贵院最终判决家禾公司承担本案责任，但家禾公司无力承担本案责任时，担保人愿承担家禾公司所应承担的责任，担保最高限额为1500万元”改成“现担保人愿为家禾公司提供担保，若贵院最终判决家禾公司承担本案责任，但家禾公司未按时承担本案责任时，担保人愿承担家禾公司所应承担的责任，担保最高限额为1500万元”，也许本案就不存在争议了。

2. 另外，此类担保还应注意，担保人要向人民法院而不是向对方当事人提供担保，否则人民法院就无权未经判决直接执行保证人财产了。

3. 关于执行阶段的执行担保，可参阅自2018年3月1日起施行的《执行规定》。

079　不良担保债权竟可通过侵权损害赔偿案由获赔实现？

案例索引

最高人民法院（2017）最高法民终181号民事判决书。

案例导读

1. 本案是一起最高人民法院关于债权损害赔偿纠纷的典型案例。亮点在于：2亿多的担保债权，被多次转让换手，经历债务人破产，资产公司也历经各种法律障碍、离奇裁判，却机缘巧合、因祸得福、柳暗花明、绝处逢生、化腐朽为神奇，历时20年，终于全额实现该债权！（1）受让人提起诉讼，法院对担保债权予以确认却未判令债务人履行保证义务；（2）因债务人为国有企业，持有的上市公司 2000 万国有股权优质资产在破产前三年被无偿划转；(3) 之后债务人破产，该笔 2 亿多元的担保债权竟又未被清算组确认，无法参与分配；(4) 又提起债权人撤销之诉，历经起诉、驳回起诉、上诉、裁定受理、撤诉，未果；(5) 再提起合同之诉维权，后又变更为侵权损害赔偿之诉，经二审改判、再审审查维持，终于完美实现该债权！

2. 从司法裁判规则角度来看，本案也是“以债权为客体的侵权损害赔偿纠纷”经典裁判，可结合本文梳理归纳的裁判逻辑及法院的认定思路，追寻最高人民法院对此类案件的司法态度，学习其裁判思路。

3. 本案堪称不良资产处置经典，可做教材案例，非常值得不良资产行业人士精读、细读、回味。

裁判要旨

债务人财产无偿转让损害债权人利益的，债权人可对无偿受让方提起侵权损害赔偿。

裁判逻辑

1. 案由是对当事人诉争法律关系的概括和浓缩，当事人在诉讼过程中增加或者变更诉讼请求导致当事人诉争的法律关系发生变更的，人民法院应当相应变更案件案由。

2. 债权发生在特定的当事人之间，缺乏公示性，第三人往往无法预见，通常不属于侵权法的保护范围，但侵权责任法亦未将债权排除在保护范围之外，故债权保护主要通过合同法等法律制度救济，如认定合同当事人以外的第三人承担侵权赔偿责任，应当从严把握。

3. 在债权债务关系中，债务人应当遵循诚实信用原则，履行合同义务，积极促进实现债权的清偿；同时，债务人之外的第三人，对于依法成立并生效的债权，亦应秉持善意，不得随意侵犯。

4. 在企业改制过程中，必须保全金融债权、落实金融债务，防止利用企业改制逃废金融债务，国有企业无偿转让重大财产，依法不得损害债权人的合法权益。

5. 作为国有企业股权无偿划转接受一方，存在一定的被动性，如不具有与债务人意思联络共同侵犯他人财产权益的主观故意，则不属于共同侵权，不应承担连带责任。

6. 接受国有股权无偿划转一方侵害了债权人的合法财产权益，具有过错，应当结合债权人自身是否也有过错情况，酌定在接受股权价值范围内承担一定比例的赔偿责任。

交易结构图

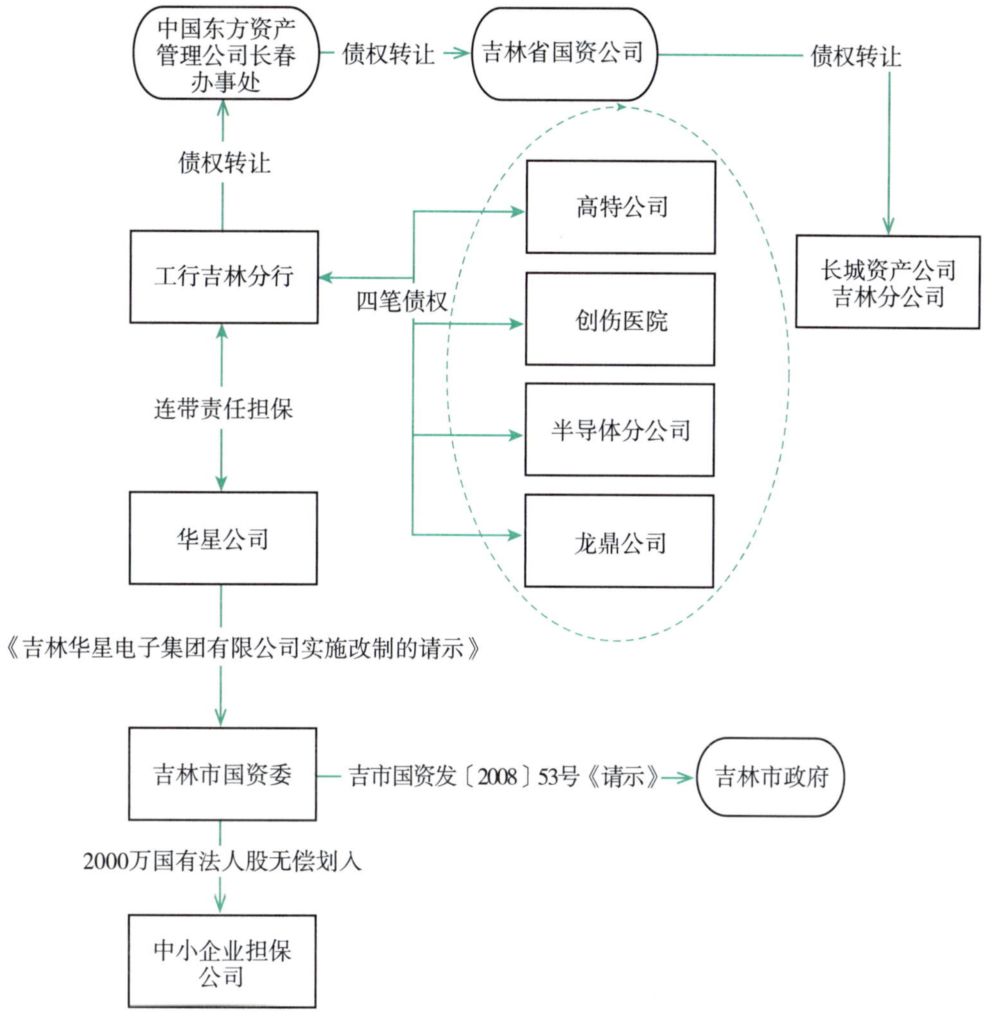

主要案情

上诉人(原审被告):吉林市中小企业信用担保集团有限公司。

被上诉人(原审原告):中国长城资产管理股份有限公司吉林省分公司(原中国长城资产管理公司长春办事处)。

原审被告:吉林市人民政府国有资产监督管理委员会。

上诉人吉林市中小企业信用担保集团有限公司(以下简称中小企业担保公司)因与被上诉人中国长城资产管理股份有限公司吉林省分公司(以下简称长城资产公司吉林分公司)、原审被告吉林市人民政府国有资产监督管理委员会(以下简称吉林市国资委)侵权责任纠纷、股东损害公司债权人利益责任纠纷一案,不服吉林省高级人民法院(2015)吉民二初字第8号民事判决,向最高人民法院提起上诉。

1997 年至 2001 年,华星公司为主债务人吉林高特(集团)有限公司(以下简称高特公司)、吉林市创伤医院(以下简称创伤医院)、吉林高新技术产业开发区进出口贸易公司半导体分公司(以下简称半导体分公司)及吉林龙鼎集团有限公司(以下简称龙鼎公司)在中国工商银行股份有限公司吉林省分行(以下简称工行吉林分行)的四笔债务本金人民币 6663 万元、480 万美元及相应利息提供连带责任保证。

2005 年 7 月 31 日,工行吉林分行将上述四笔债权一并转让给了中国东方资产管理公司长春办事处。

2006 年 1 月 16 日,华星公司向吉林市国资委提交《吉林华星电子集团有限公司实施改制的请示》,请示内容为:"拟用我公司持有的华微电子国有股权交给市政府处理,职工由吉林市政府接收安置。"

2006 年 2 月 15 日,吉林市国资委下发吉市国资发〔2006〕29 号文件,同意华星公司将"持有的吉林市华微电子股份有限责任公司(以下简称华微公司)2000 万国有法人股移交给吉林市政府,由吉林市人民政府安置职工,支付职工安置费。"

2008 年 10 月 31 日,吉林市国资委向吉林市人民政府提交《关于将吉林华星电子集团有限公司国有法人股无偿划入吉林市中小企业信用担保有限公司的请示》(吉市国资发〔2008〕53 号),请示内容为:"拟将吉林华星电子集团有限公司持有的 2000 万国有法人股无偿划入吉林市中小企业信用担保有限公司。"同日,吉林市人民政府下发《吉林市人民政府同意将吉林华星电子集团有限公司国有法人股无偿划入吉林市中小企业信用担保有限公司的批复》(吉市政函〔2008〕265 号),"同意将吉林华星电子集团有限公司持有的 2000 万国有法人股无偿划入吉林市中小企业信用担保有限公司。"2008 年 11 月 18 日,吉林市国资委向吉林省国资委提交《关于将吉林华星电子集团有限公司国有法人股无偿划入吉林市中小企业信用担保有限公司的请示》(吉市国资发〔2008〕58 号),就"拟将吉林华星电子集团有限公司持有的 2000 万国有法人股无偿划入吉林市中小企业信用担保有限公司"事宜,报请吉林省国资委审核。2008 年 12 月 2 日,吉林省国资委向国务院国资委提交《关于报请核准吉林市国资委无偿划转吉林华星电子集团国有法人股的请示》(吉国资报产权〔2008〕66 号),就"拟同意吉林市国资委的国有股权划转行为",报请国务院国资委批准。2008 年 12 月 29 日,国务院国资委下发《关于吉林华微电子股份有限公司国有股东所持股份无偿划转有关问题的批复》(国资产权〔2008〕1439 号),同意华星公司将持有的华微公司的 2000 万股股份无偿划转给中小企业担保公司。

2009 年 1 月 15 日,《中国证券登记结算有限责任公司上海分公司过户登记确认书》明确,"上述股权无偿划转事宜的过户登记手续已于 2009 年 1 月 15 日办理完毕"。2009 年 1 月 20 日,华微公司董事会发布《关于国有股权无偿划转过户事宜的提示性公告》(公告编号:临 2009-002),并于 2009 年 1 月 21 日,将该公告刊登于上海证券报。

2009 年 5 月 20 日,中国东方资产管理公司长春办事处将上述四笔债权一并转让给吉林省国有资产经营管理有限责任公司(以下简称吉林省国资公司)。2011 年 1 月 4 日,吉林省国资公司以华星公司为被告向吉林省高级人民法院提起诉讼,要求华星公司就上述四笔债务履行担保责任(以下简称华星公司担保责任案)。

2011 年 3 月 15 日,吉林省国资公司将上述四笔债权一并转让给了长城资产公司吉林分公司。长城资产公司吉林分公司遂变更为华星公司担保责任案的原告。

2011 年 4 月 15 日,华星公司向吉林高新技术产业开发区人民法院(以下简称吉林高新区法院)申请破产。长城资产公司吉林分公司依法向华星公司破产管理人申报了债权。

2011 年 8 月 24 日,吉林高新区法院作出(2011)吉高新民破字第 1 - 4 号民事裁定,裁定终结华星公司破产清算程序。在破产清算过程中,华星公司的破产财产不足以清偿第一顺位劳动债权,尚有缺口 7193.68 万元。由于华星公司担保责任案并未审结,该案所涉长城资产公司吉林分公司的债权并未被确认为普通破产债权。

2013 年 5 月 13 日,吉林省工商行政管理局下发《核准注销登记通知书》(吉核注通内字〔2013〕第 1300481950 号),核准华星公司注销登记。

2013 年 12 月 11 日,吉林省高级人民法院就华星公司担保责任案作出(2013)吉民一初字第 1 号民事判决,判决长城资产公司吉林分公司对华星公司享有本金人民币 6663 万元、480 万美元及利息人民币 44,645,448.12 元、586,904.90 美元的担保债权。2014 年 12 月 27 日,最高人民法院就该案作出(2014)民二终字第 99 号民事判决,判决驳回上诉,维持原判。

另查明,2011 年 3 月,长城资产公司吉林分公司曾以华星公司和中小企业担保公司为被告向吉林省高级人民法院提起债权人撤销权之诉,请求撤销华星公司与中小企业担保公司之间的股权转让协议。

在该案审理期间,吉林市人民政府向吉林省高级人民法院出具《吉林市人民政府关于对吉林华星电子集团有限公司法人股进行行政性调整的情况说明函》(吉市政函〔2011〕104 号),就该案中对华星公司“持有的 2000 万股国有法人股进行的行政性调整一事说明如下:(1)该国有法人股权的调整是经吉林市、吉林省和国务院三级政府批准调整的企业改制行政行为。(2)根据《最高人民法院关于审理与企业改制相关的民事纠纷案件若干问题的规定》第 3 条‘政府主管部门在对企业国有资产进行行政性调整、划转过程中发生的纠纷,当事人向人民法院提起民事诉讼的,人民法院不予受理’的规定,对长城资产公司吉林分公司的起诉应按上述规定处理。”吉林省高级人民法院于 2011 年 11 月 28 日作出(2011)吉民二初字第 1 号民事裁定,驳回长城资产公司吉林分公司的起诉。长城资产公司吉林分公司不服该裁定,向最高人民法院提起上诉,最高人民法院于 2013 年 8 月 5 日作出裁定认为:“这一划转行为虽经吉林市人民政府及相关部门批准,但就其实质来讲,仍然是吉林市国资委作为出资人处分华星电子财产的民事行为,由此引发纠纷应作为民事案件受理”“因吉林高新区法院是受理华星公司破产清算法院,根据《企业破产法》第 21 条关于‘人民法院受理破产申请后,有关债务人的民事诉讼,只能向受理破产申请的人民法院提起’的规定,本案应由吉林高新技术产业开发区人民法院受理”。裁定撤销(2011)吉民二初字第 1 号民事裁定,由吉林高新区法院作为一审法院受理此案。在吉林高新区法院审理过程中,长城资产公司吉林分公司于 2015 年 1 月 28 日撤回起诉。吉林高新区法院于 2015 年 1 月 29 日作出(2014)吉高新民二初字第 129 号民事裁定,准许长城资产公司吉林分公司撤回起诉。

2015 年 1 月 28 日,长城资产公司吉林分公司向一审法院提起本案诉讼。中小企业担保公司于本案一审开庭审理时申请追加华星公司为本案被告,后又于 2016 年 3 月 22 日撤销该申请。

被上诉人(原审原告)长城资产公司吉林分公司一审诉讼请求:(1)判令中小企业担保公司在无偿接收华星公司持有的华微公司 2000 万股股权受益范围内,就华星公司对债务本息 209,240,000 元承担连带偿还责任;(2)判令吉林市国资委在其滥用股东权利无偿划转华星公司持有的华微公司 2000 万股股权范围内就上述债务本息承担连带偿还责任;(3)诉讼费用由中小企业担保公司和吉林市国资委承担。

一审法院判决:(1)中小企业担保公司在其无偿接收华星公司持有的华微公司 2000 万股股权受益范围内,对华星公司所欠长城资产公司吉林分公司的 209,240,000 元债务本息承担连带清偿责任;(2)驳回长城资产公司吉林分公司的其他诉讼请求。

二审法院判决:(1)撤销吉林省高级人民法院(2015)吉民二初字第 8 号民事判决;(2)中小企业担保公司于本判决生效之日起十日内在其无偿接收华星公司持有的华微公司 1600 万股股权受益范围内,对华星公司所欠长城资产公司吉林分公司的 209,240,000 元债务本息承担赔偿责任;(3)驳回长城资产公司吉林分公司的其他诉讼请求。

再审法院最高人民法院于 2018 年 11 月 9 日作出裁定:驳回中小企业担保公司的再审申请。

法院观点

一、关于一审程序是否违法的问题

(一)关于本案案由问题

长城资产公司吉林分公司以中小企业担保公司、吉林市国资委为被告向一审法院提起本案诉讼,请求:(1)中小企业担保公司在无偿接收华星公司持有的华微公司 2000 万股股权受益范围内,与华星公司共同就债务本息对长城资产公司吉林分公司承担连带偿还责任;(2)吉林市国资委在滥用股东权利无偿划转华星公司持有的华微公司 2000 万股股权范围内,与华星公司共同就债务本息对长城资产公司吉林分公司承担连带偿还责任。长城资产公司吉林分公司依据华星公司作为债务人的担保合同起诉,一审法院立案时将本案案由确定为合同纠纷。在一审庭审中,长城资产公司吉林分公司变更相应的诉讼请求为:(1)中小企业担保公司在无偿接收华星公司持有的华微公司 2000 万股股权受益范围内,就华星公司对长城资产公司吉林分公司的债务本息承担连带偿还责任;(2)吉林市国资委在滥用股东权利无偿划转华星公司持有的华微公司 2000 万股股权范围内,与华星公司对长城资产公司吉林分公司的债务本息承担连带偿还责任。理由是华星公司故意逃避债务,无偿将案涉股权划转给中小企业担保公司,中小企业担保公司与华星公司恶意串通,客观上造成债权落空,应承担连带偿还责任;吉林市国资委滥用公司法人独立地位和股东有限责任，帮助华星公司逃避债务，严重损害债权人利益，应承担连带偿还责任。《最高人民法院关于印发修改后的通知》第3条第6款规定，“当事人在诉讼过程中增加或者变更诉讼请求导致当事人诉争的法律关系发生变更的，人民法院应当相应变更案件案由。”案由是对当事人诉争法律关系的概括和浓缩。一审法院根据长城资产公司吉林分公司变更后的诉讼请求确定本案诉争法律关系的性质，并将案由确定为侵权责任纠纷、股东损害公司债权人利益责任纠纷，并无不当。

（二）关于华星公司在本案诉讼地位问题

2015年10月14日，中小企业担保公司向一审法院申请追加华星公司为本案当事人，庭审时又坚持要求追加华星公司为本案被告。本案原告长城资产公司吉林分公司提出，其没有针对华星公司起诉，华星公司破产管理人已注销，不同意追加。中小企业担保公司在庭审之后提交了撤销追加华星公司为本案被告的书面申请。长城资产公司吉林分公司与华星公司间的债权债务纠纷已经由最高人民法院另案（2014）民二终字第99号二审判决作出认定和处理。在本案诉讼之前，华星公司破产审理程序已经终结并办理企业法人注销登记，华星公司企业法人资格灭失，不具有诉讼主体资格。一审法院未予追加华星公司为本案被告并无不当。

二、关于中小企业担保公司应否承担连带责任的问题

（一）长城资产公司吉林分公司享有的担保债权应否通过《合同法》《企业破产法》解决

1. 长城资产公司吉林分公司的担保债权合法有效

1997年至2001年，华星公司为高特公司、创伤医院、半导体分公司及龙鼎公司的贷款债务提供担保。担保合同生效之后，担保人华星公司依约负有担保债务，应当依诚实信用原则适当履行。2009年1月15日，华星公司将其持有的案涉股权无偿划转给中小企业担保公司。2011年1月4日，担保债权人吉林省国资公司起诉华星公司承担担保责任。其后，长城资产公司吉林分公司从吉林省国资公司受让案涉担保债权，担保债权转让后，其作为原告提出该案诉讼。根据最高人民法院（2014）民二终字第99号判决查明的事实，在上述股权无偿划转前，债权人向主债务人及华星公司均主张了债权，但未能获得清偿。该判决认定，长城资产公司吉林分公司对华星公司享有担保债权。该判决发生效力之时，华星公司已注销，案涉担保债权未能获得清偿。

2. 长城资产公司吉林分公司享有的担保债权未列入破产债权

2011年3月15日，长城资产公司吉林分公司从吉林省国资公司有偿受让案涉担保债权，债权转让已通知债务人华星公司，长城资产公司吉林分公司有权向华星公司主张债权。2011年4月15日，华星公司向吉林高新区法院申请破产，2011年8月24日，吉林高新区法院作出（2011）吉高新民破字第1－4号裁定终结破产清算程序，破产债权中第一顺位清偿的为华星公司欠付的劳动报酬，吉林市吉桦化工产品经销处等八个单位债权为普通破产债权，长城资产公司吉林分公司享有的案涉担保债权未列入破产债权。《企业破产法》第44条规定：“人民法院受理破产申请时对债务人享有债权的债权人，依照本法规定的程序行使权利。”第48条规定："债权人应当在人民法院确定的债权申报期限内向管理人申报债权。"第57条规定："管理人收到债权申报材料后，应当登记造册，对申报的债权进行审查，并编制债权表。"长城资产公司吉林分公司在华星公司破产申请受理后依法向破产管理人申报了债权，但破产管理人未将长城资产公司吉林分公司列为破产债权人，长城资产公司吉林分公司因不能归责于其自身的事由未能参与破产财产分配，且破产清算程序已经终结，其担保债权不能通过破产程序救济。中小企业担保公司关于长城资产公司吉林分公司是华星公司的破产债权人，应当依据《企业破产法》的规定行使权利的上诉理由，不能成立。

3. 案涉股权不属于债权人长城资产公司吉林分公司在华星公司破产程序终结后可以请求追加分配的财产

《企业破产法》第123条规定："自破产程序依照本法第四十三条第四款或者第一百二十条的规定终结之日起二年内，有下列情形之一的，债权人可以请求人民法院按照破产财产分配方案进行追加分配：(一)发现有依照本法第三十一条、第三十二条、第三十三条、第三十六条规定应当追回的财产的；(二)发现破产人有应当供分配的其他财产的。"案涉股权已不能按照破产财产分配方案向债权人追加分配。首先，案涉股权于2009年1月15日划转至中小企业担保公司，华星公司破产申请时以及破产申请受理后至破产程序终结前，案涉股权未纳入华星公司债务人财产范围，不适用《企业破产法》第33条的规定。其次，案涉股权划转两年后华星公司进入破产程序，破产管理人没有依据《企业破产法》第31条的规定请求撤销追回涉案股权，亦不符合《企业破产法》第32条、第36条规定的情形。最后，关于追回两年期限的问题。中小企业担保公司并未提供证据证明，在华星公司无偿划转案涉股权时通知了债权人，债权人依据《合同法》有权自知道或者应当知道撤销事由之日起一年内行使撤销权。2011年3月，长城资产公司吉林分公司向吉林省高级人民法院起诉华星公司及中小企业担保公司，请求撤销案涉股权无偿划转行为，吉林省高级人民法院裁定驳回起诉。2013年8月5日，最高人民法院(2012)民二终字第58号民事裁定撤销一审，指令该案由吉林高新区法院审理，2014年7月3日吉林高新区法院受理该案时，华星公司已破产清算终结超过两年。长城资产公司吉林分公司难以依据《企业破产法》的规定实现权利救济。

综上，中小企业担保公司关于长城资产公司吉林分公司应根据《合同法》《企业破产法》的相关规定主张权利的上诉理由，不能成立。

(二)关于中小企业担保公司应否承担侵权责任的问题

根据长城资产公司吉林分公司的诉讼请求和理由，长城资产公司吉林分公司主要请求中小企业担保公司承担侵权责任。一般来说，债权发生在特定的当事人之间，缺乏公示性，第三人往往无法预见，通常不属于侵权法的保护范围，当然，侵权责任法亦未将债权排除在保护范围之外。故，债权保护主要通过合同法等法律制度救济，如认定合同当事人以外的第三人承担侵权赔偿责任，应当从严把握。

1. 关于中小企业担保公司是否存在主观过错的问题

根据一审查明的事实，2006年1月16日，华星公司向吉林市国资委请示，因华星公司资不抵债,申请改制。方案为华星公司将其持有的案涉股权交由吉林市政府处理,吉林市政府负责接收安置华星公司职工。吉林市国资委批复同意并向吉林市政府提出建议,将案涉股权无偿划入中小企业担保公司。故上述股权无偿划转方案,属华星公司企业改制方案的组成部分。国务院国有资产监督管理委员会《关于规范国有企业改制工作意见的通知》《关于进一步规范国有企业改制工作实施意见的通知》,明确强调在企业改制过程中,必须保全金融债权、落实金融债务,防止利用企业改制逃废金融债务。虽然案涉股权无偿划转形式上经由吉林市政府及其相关部门批准,但实质是吉林市国资委履行出资人职责,改制单位华星公司无偿划转国有资产给中小企业担保公司,三方配合落实改制方案。《企业国有资产法》第30条规定,"国家出资企业合并、分立、改制、上市,增加或者减少注册资本,发行债券,进行重大投资,为他人提供大额担保,转让重大财产,进行大额捐赠,分配利润,以及解散、申请破产等重大事项,应当遵守法律、行政法规以及企业章程的规定,不得损害出资人和债权人的权益。"华星公司在改制过程中对案涉股权的处分,属于国有企业无偿转让重大财产,依法不得损害债权人的合法权益。国务院国有资产监督管理委员会于2005年8月29日发布实施的《企业国有产权无偿划转管理暂行办法》第6条规定:"企业国有产权无偿划转应当做好可行性研究。无偿划转可行性报告一般应当载明下列内容……(三)被划转企业的财务状况及或有负债情况。"第7条规定:"划转双方应当在可行性研究基础上,按照内部决策程序进行审议,并形成书面决议。"第8条规定:"划出方应当就无偿划转事项通知本企业(单位)债权人,并制定相应的债务处置方案。"上述规范性文件明确规定,划转方无偿划转应当通知债权人,华星公司作为划出方应当依规制定债务处置、划转方案,中小企业担保公司作为接收方应当研究审议并形成书面决议。华星公司向政府有关部门请示无偿划转案涉股权资产时企业已资不抵债,对此,中小企业担保公司知道或者应当预见。《民法通则》第5条规定:"公民、法人的合法的民事权益受法律保护,任何组织和个人不得侵犯。"长城资产公司吉林分公司的担保债权属于债权人依法享有的财产权益,受法律保护。在债权债务关系中,债务人应当遵循诚实信用原则,履行合同义务,积极促进实现债权的清偿。同时,债务人之外的第三人,对于依法成立并生效的债权,亦应秉持善意,不得随意侵犯。华星公司在资不抵债、濒临破产的情形下无偿划转案涉股权给他人,具有逃废债务的主观故意。中小企业担保公司未能提供证据证明其取得股权财产支付了合理对价。中小企业担保公司配合华星公司逃废债务行为违反了法律和规范性文件规定,违背公序良俗,具有侵犯他人财产权的主观过错。中小企业担保公司、吉林市国资委一、二审主张,案涉股权的划转名为无偿、实为有偿,中小企业担保公司接收股权转让的对价是政府有关部门对华星公司职工进行安置,安置职工的费用超过两个亿,但均未提供证据证明。此外,中小企业担保公司和吉林市国资委又称,华星公司7000余万元的第一顺位劳动债权尚未获得清偿,一审判决将引发职工维权。中小企业担保公司关于接收股权已支付对价的陈述前后不一,最高人民法院不予采信。中小企业担保公司关于其无偿接收案涉股权并无过错的上诉理由,不能成立。

2. 无偿划转案涉股权行为直接损害了华星公司债权人财产利益

华星公司将案涉股权划转至中小企业担保公司后即进入破产程序。吉林高新区法院(2011)吉高新民破字第1-4号裁定查明,2011年8月23日,根据破产管理人的清核,华星公司的破产财产仅包括4台车辆、3台电脑和现金322.12万元总计371.86万元,尚不足以清偿第一顺位劳动报酬债权。案涉股权的无偿划转与接收客观上导致华星公司偿债能力降低,与涉案担保债权不能实现具有直接因果关系,长城资产公司吉林分公司通过不良资产转让形式继受取得的担保债权无法依据担保法、合同法等合同之债途径突破合同相对性向合同当事人以外的第三人,即无偿接收财产的中小企业担保公司,主张权利。据此,根据本案实际情况,适用侵权责任法作为保护财产权益的补充手段,是必要的;否则,享有合法财产权益的债权人,难以通过法定路径予以救济,有违公平正义。

综上,因中小企业担保公司配合华星公司划转案涉股权的行为具有过错,其无偿接收案涉股权侵害长城资产公司吉林分公司的合法财产权益,依据《民法通则》第106条"公民、法人由于过错侵害国家的、集体的财产,侵害他人财产、人身的,应当承担民事责任"的规定,中小企业担保公司应当承担民事责任。

3. 长城资产公司吉林分公司向中小企业担保公司主张权利不违反债权公平受偿原则

长城资产公司吉林分公司自受让案涉担保债权以来,一直多方寻求救济途径。第一,长城资产公司吉林分公司在吉林省国资公司起诉主债务人及华星公司履行担保责任一案中主张权利,但因华星公司进入破产程序,该案仅对华星公司担保债权予以确认,并未判令华星公司履行保证义务。第二,长城资产公司吉林分公司在华星公司进入破产程序后,积极申报债权,但非因自身原因未被列为破产债权人,其意图通过破产程序救济的努力未果。第三,长城资产公司吉林分公司几乎在受让案涉担保债权的同时,亦就案涉股权无偿划转行为行使了债权人撤销权,但因该案经最高人民法院二审并由吉林高新区法院立案实体审理时,距华星公司破产程序终结超过两年,案涉股权已不能被追加分配,亦未果。综上,长城资产公司吉林分公司提起本案财产侵权诉讼,系因权利救济途径已经基本穷尽,其并非怠于主张合同权利或规避破产程序以追求个别清偿或者优先受偿。中小企业担保公司关于长城资产公司吉林分公司的普通债权个别受偿,侵害了华星公司其他债权人的财产权益的主张,不能成立。

(三)原审判决中小企业担保公司承担连带清偿责任依据不足

本案难以认定中小企业担保公司与华星公司构成共同侵权。《民法通则》第130条规定,二人以上共同侵权造成他人损害的,应当承担连带责任。2008年11月18日,吉林市国资委向吉林省国资委提交的《关于将吉林华星电子集团有限公司国有法人股无偿划入吉林市中小企业信用担保公司的请示》载明,案涉股权划转系为"进一步增强中小企业担保公司的实力,为吉林市中小企业发展提供融资平台",故案涉股权的无偿划转具有国有企业改制背景,并且是在政府主管部门指导和批准后完成,中小企业担保公司作为国有出资设立的企业接受案涉股权,存在一定的被动性,不具有与华星公司意思联络共同侵犯他人财产权益的主观故意,长城资产公司吉林分公司并未提交充分的证据证明华星公司与中小企业担保公司属于共同侵权,故原审判令中小企业担保公司承担连带责任不当,最高人民法院予以纠正。

(四)中小企业担保公司应承担相应的赔偿责任

2009年1月,案涉股权由华星公司无偿划转至中小企业担保公司,此时的债权人中国东方资产管理公司长春办事处、吉林省国资公司客观上可以密切关注债务人华星公司重大资产变动而未发现上述情况。上述事实均发生于长城资产公司吉林分公司受让案涉担保债权之前。债务人的清偿能力、债权人对权利瑕疵的知情、把握等情况,会对债权的实现产生影响。长城资产公司吉林分公司作为专门从事不良债权收购和处置的企业法人,对收购标的物债权的实现风险应当具备专业核查和判断能力。中国东方资产管理公司长春办事处、吉林省国资公司的行为导致其后案涉担保债权实现的困难和风险加大,亦具有过错,其法律后果应由债权受让人长城资产公司吉林分公司承担。《民法通则》第131条规定:“受害人对于损害的发生也有过错的,可以减轻侵害人的民事责任。”长城资产公司吉林分公司不得在中小企业担保公司无偿接收股权范围内主张全部损失。此外,还考虑到中小企业担保公司在接收案涉股权后履行股东职责,以及中小企业担保公司接收案涉股权具有一定的被动性等因素,最高人民法院酌定其在无偿接收案涉股权80%的范围内承担相应的赔偿责任。

长城资产公司吉林分公司诉讼请求为中小企业担保公司承担连带责任,中小企业担保公司上诉主张其不应承担民事责任,最高人民法院认为一审判决中小企业担保公司承担连带责任不当。鉴于连带责任与赔偿责任均为承担侵权责任的方式,在不违反本案纠纷定性的前提下,根据“两便”原则,最高人民法院依法予以改判。

综上,原审判决不当,最高人民法院予以纠正。

律师提示

复盘本案,我们能总结出哪些经验教训?仁者见仁,智者见智。笔者认为,本案至少有四点值得关注。

1. 不良资产处置要有一颗执着不放弃的坚强内心,穷尽所有法律救济程序,要有踏破铁鞋的精神。本案维权至少三次陷入绝境,例如:(1)法院对担保债权予以确认却未判令债务人履行保证义务;(2)担保债权竟未被清算组确认,无法参与分配;(3)又提起债权人撤销之诉失败。

2. 不良资产处置要不断精进专业,研究检索涉及的各类法律问题,尤其破产法,厘清相关主体的法律关系。本案原告维权路径选择经历一个曲折和摸索的过程,从债权人撤销之诉,到合同之诉,再到侵权损害赔偿之诉,最后才迎来“柳暗花明又一村”。

3. 股权划转是否有实质对价,是本案最关键的一个争议焦点,应当说,本案被告关于债务人职工安置及劳动债权清偿的陈述前后矛盾是个败笔。

4. 另外,本案如果不是金融债权或原告不是国有资产管理公司,也许维权过程及结果会有不同。

080 刑事裁判涉财产部分执行为何不适用案外人执行异议之诉?

案例索引

最高人民法院(2017)最高法民再120号民事裁定书。

案例导读

1. 本案是一起最高人民法院刑事裁判涉财部分执行的典型案例,在当前金融类犯罪高发时期,对刑事案件结案后续涉财纠纷如何处置,具有非常高的指导价值,可谓及时雨。

2. 最高人民法院通过本案例,明确了执行标的物是否具有刑事违法性的审查程序与民事诉讼程序不同,不适用案外人执行异议之诉的裁判观点,及时纠正了一审、二审法院的判决,具体详见本文梳理归纳的七条裁判逻辑。

3. 对于投资人及债权人来讲,追究债务人的刑事责任不是目的,最关心的是如何最大限度挽回追回财产减少经济损失,因此,刑事裁判涉财部分执行程序就显得越来越重要了,越来越成为引发争议纠纷发生的重要领域。刑事裁判涉财产部分执行维权路径应该如何安排?

裁判要旨

在刑事裁判涉财产部分执行案中,案外人主张对执行财产享有实体权利,应适用《最高人民法院关于刑事裁判涉财产部分执行的若干规定》第14条规定提起执行异议,不得直接提起案外人执行异议之诉。

裁判逻辑

1. 根据《刑法》第64条、《最高人民法院关于适用〈中华人民共和国刑事诉讼法〉的解释》第139条,犯罪分子非法占有、处置被害人财产的违法所得,应当依法予以追缴或者责令退赔。

2. 执行法院在刑事追缴或责令退赔的执行过程中,应适用刑事法律及相关司法解释的规定追缴、处理案涉财产,并首先就执行标的物是否具有刑事违法性予以审查。

3. 审查中不应按照被告人承担刑事附带民事或普通民事责任的情形,仅以民法上"责任财产"的查明方法与证明标准,审查案涉财产是否属犯罪分子违法所得;也不能仅适用一般民事执行法律、司法解释判断执行机构追缴违法所得或责令退赔的行为是否正确。

4.《民事诉讼法》第227条规定的案外人执行异议之诉是一种民事诉讼程序,并不适用于审查刑事追缴、责令退赔的财产是否属于犯罪分子违法所得,以及案外人民事权利能否排除"刑事裁判涉财产部分"执行的问题。

5.《最高人民法院关于刑事裁判涉财产部分执行的若干规定》第14条规定:"执行过程中,当事人、利害关系人认为执行行为违反法律规定,或者案外人对执行标的主张足以阻止执行的实体权利，向执行法院提出书面异议的，执行法院应当依照民事诉讼法第二百二十五条的规定处理。”

6. 案外人对执行法院刑事判决执行裁定及执行措施不服的，可提出执行异议，但在执行中院作出执行裁定后案外人如不服，应按照《民事诉讼法》第 225 条的规定，自裁定送达之日起十日内向上一级人民法院申请复议。

7. 执行法院适用《民事诉讼法》第 227 条规定受理案外人执行异议之诉案，与《最高人民法院关于刑事裁判涉财产部分执行的若干规定》第 14 条规定不符。

交易结构图

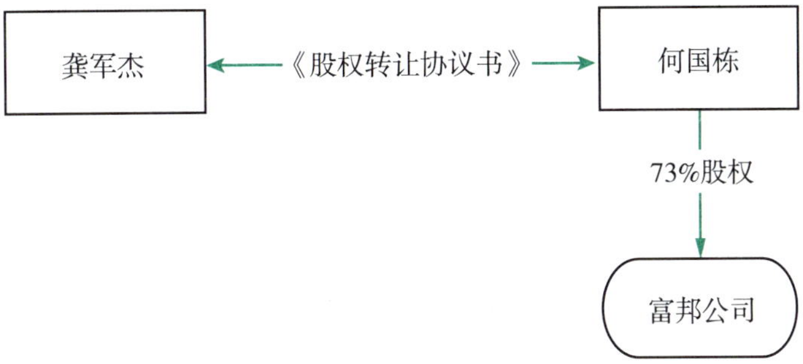

主要案情

再审申请人（一审原告、二审上诉人）：龚军杰。

被申请人（一审被告、二审被上诉人）：何国栋。

再审申请人龚军杰因与被申请人何国栋案外人执行异议之诉一案，不服江西省高级人民法院（以下简称江西高院）（2016）赣民终 60 号民事判决，向最高人民法院申请再审。最高人民法院于 2016 年 12 月 30 日，作出裁定，提审本案。

2013 年 7 月 29 日，江西省抚州市中级人民法院（以下简称抚州中院）作出（2013）抚刑二初字第 4 号刑事判决，认定何国栋犯合同诈骗罪、非法吸收公众存款罪、虚报注册资本罪、非法持有枪支罪、伪造公司印章罪，数罪并罚，决定执行有期徒刑 20 年，并处罚金人民币 60 万元；追缴被告人何国栋犯罪所得返还被害人，不足部分责令何国栋退赔被害人损失。刑事判决发生法律效力后，移送抚州中院执行。

2013 年 9 月 30 日，抚州中院向广西国泰富邦房地产开发有限公司（以下简称富邦公司）发出了（2013）抚中法执字第 65－2 号执行裁定及协助执行通知书，禁止何国栋提取和禁止富邦公司向何国栋支付已到期的收益 4707.7 万元。

富邦公司另一股东，案外人龚军杰不服，提出执行异议称，何国栋在 2008 年 11 月至 2012 年 12 月不享有 73% 的股权收益。龚军杰与何国栋在 2008 年 11 月 10 日签订的《股权转让协议书》是双方的真实意思表示，合法有效，所以在协议签订后何国栋已不享有富邦公司经营收益权。执行法院将富邦公司 73% 股权在 2008 年 11 月至 2012 年 12 月产生的股权收益，认定为何国栋的财产，并采取执行措施不当，应予纠正。

2015 年 2 月 2 日，抚州中院作出（2015）抚执异字第 1 号执行裁定，驳回龚军杰的异议。龚军杰不服，向抚州中院提起案外人执行异议之诉，异议请求：第一，撤销抚州中院（2015）抚执异字第 1 号执行裁定、（2013）抚中法执字第 65 －2 号执行裁定及协助执行通知书；第二，确认抚州中院执行的富邦公司之股权收益 22, 255, 759. 84 元属于龚军杰所有，同时请求对该执行标的物（股权收益）终止执行；第三，确认富邦公司的 91% 股权为龚军杰所有。

一审法院抚州中院于 2015 年 9 月 22 日，作出（2015）抚民二初字第 62 号民事判决，判决：（1）确认 2009 年 1 月龚军杰持有富邦公司 18% 股权，2012 年 12 月龚军杰增加持有了富邦公司 62% 股权，至此龚军杰总计持有富邦公司 80% 股权。（2）驳回龚军杰的其他诉讼请求。

二审法院江西高院于 2016 年 4 月 10 日作出（2016）赣民终 60 号民事判决，判决：驳回上诉，维持原判。

再审法院最高人民法院于 2017 年 12 月 21 日作出的（2017）最高法民再 120 号民事裁定书，裁定：（1）撤销江西高院（2016）赣民终 60 号民事判决及抚州中院（2015）抚民二初字第 62 号民事判决；（2）驳回龚军杰的起诉。

法院观点

本案争议焦点是，在何国栋刑事裁判涉财产部分执行案中，案外人龚军杰主张对执行财产享有实体权利，应适用何种法律程序处理。

本案属于刑事裁判涉财产部分执行案件。根据《刑法》第 64 条、最高人民法院《关于适用〈中华人民共和国刑事诉讼法〉的解释》第 139 条，犯罪分子非法占有、处置被害人财产的违法所得，应当依法予以追缴或者责令退赔。本案执行依据系抚州中院（2013）抚刑二初字第 4 号刑事判决，该判决中涉财产部分的内容为“追缴被告人何国栋犯罪所得返还被害人，不足部分责令何国栋退赔被害人损失”。执行法院在刑事追缴或责令退赔的执行过程中，应适用刑事法律及相关司法解释的规定追缴、处理案涉财产，并首先就执行标的物是否具有刑事违法性予以审查。审查中不应按照被告人承担刑事附带民事或普通民事责任的情形，仅以民法上“责任财产”的查明方法与证明标准，审查案涉财产是否属犯罪分子违法所得；也不能仅适用一般民事执行法律、司法解释判断执行机构追缴违法所得或责令退赔的行为是否正确。而《民事诉讼法》第 227 条规定的案外人执行异议之诉是一种民事诉讼程序，并不适于审查刑事追缴、责令退赔的财产是否属于犯罪分子违法所得，以及案外人民事权利能否排除“刑事裁判涉财产部分”执行的问题。

最高人民法院《关于刑事裁判涉财产部分执行的若干规定》第 14 条规定：“执行过程中，当事人、利害关系人认为执行行为违反法律规定，或者案外人对执行标的主张足以阻止执行的实体权利，向执行法院提出书面异议的，执行法院应当依照民事诉讼法第二百二十五条的规定处理。”该规定于 2014 年 10 月 30 日颁布，2014 年 11 月 6 日起施行。本案中，抚州中院（2015）抚执异字第 1 号执行裁定系 2015 年 2 月 2 日作出，故案外人龚军杰对执行标的主张权利，应适用该司法解释的规定。在抚州中院作出上述执行裁定后，案外人龚军杰如不服，应按照《民事诉讼法》第225条的规定，自裁定送达之日起十日内向上一级人民法院申请复议。抚州中院、江西高院适用《民事诉讼法》第227条，受理龚军杰所提案外人执行异议之诉案，与司法解释规定不符。

综上，在何国栋刑事裁判涉财产部分执行案中，案外人龚军杰所提诉讼，不属人民法院受理案外人执行异议之诉的范围，江西高院立案受理不当，应予纠正。

律师提示

刑事裁判涉财产部分执行维权路径应该如何安排？我们认为：

1.《民事诉讼法》第225条规定："当事人、利害关系人认为执行行为违反法律规定的，可以向负责执行的人民法院提出书面异议。当事人、利害关系人提出书面异议的，人民法院应当自收到书面异议之日起十五日内审查，理由成立的，裁定撤销或者改正；理由不成立的，裁定驳回。当事人、利害关系人对裁定不服的，可以自裁定送达之日起十日内向上一级人民法院申请复议。"第227条规定："执行过程中，案外人对执行标的提出书面异议的，人民法院应当自收到书面异议之日起十五日内审查，理由成立的，裁定中止对该标的的执行；理由不成立的，裁定驳回。案外人、当事人对裁定不服，认为原判决、裁定错误的，依照审判监督程序办理；与原判决、裁定无关的，可以自裁定送达之日起十五日内向人民法院提起诉讼。"根据以上两条规定，民事执行的维权路径可归纳：(1)对执行行为有异议的，可提执行异议，对法院裁定不服的，可再申请复议。(2)对执行标的有异议的，可提执行异议，对法院裁定不服的：①若认为原判决、裁定错误的，可申请再审。②若与原判决、裁定无关的，可再提起执行异议之诉。

2.《最高人民法院关于刑事裁判涉财产部分执行的若干规定》第14条规定："执行过程中，当事人、利害关系人认为执行行为违反法律规定，或者案外人对执行标的主张足以阻止执行的实体权利，向执行法院提出书面异议的，执行法院应当依照民事诉讼法第二百二十五条的规定处理。人民法院审查案外人异议、复议，应当公开听证。"第15条规定："执行过程中，案外人或被害人认为刑事裁判中对涉案财物是否属于赃款赃物认定错误或者应予认定而未认定，向执行法院提出书面异议，可以通过裁定补正的，执行机构应当将异议材料移送刑事审判部门处理；无法通过裁定补正的，应当告知异议人通过审判监督程序处理。"根据以上两条规定，刑事裁判涉财产部分执行维权路径可归纳：(1)对执行行为或执行标的有异议的，可提执行异议，对法院裁定不服的，可再申请复议，但不能提执行异议之诉。(2)对涉案财物是否属于赃款赃物认定错误或者应予认定而未认定的：①若可以通过裁定补正的，请求移送刑事审判部门处理；②若无法通过裁定补正的，可通过审判监督程序处理。

3.最高人民法院《关于审理民间借贷案件适用法律若干问题的规定》(法释〔2015〕18号)第13条第1款规定："借款人或者出借人的借贷行为涉嫌犯罪，或者已经生效的判决认定构成犯罪，当事人提起民事诉讼的，民间借贷合同并不当然无效。人民法院应当根据合同法第五十二条、本规定第十四条之规定，认定民间借贷合同的效力。"根据该条规定：债务人涉嫌犯罪，并不意味着坐以待毙，干等刑事追缴或责令退赔程序；也可以积极主动采取民事诉讼等法律措施，尤其是及时对有关担保人提起诉讼及财产保全措施，以减少损失。

081 生效法律文书迟延履行加倍利息不在抵押担保优先受偿范围？

案例索引

上海市第一中级人民法院(2018)沪01民终344号民事判决书。

案例导读

本案是一起上海法院关于分配方案异议之诉的典型案例，争议焦点是：生效法律文书迟延履行加倍利息是否在抵押担保优先受偿范围。二审法院通过分配方案应考虑的因素、抵押担保优先受偿范围、生效法律文书迟延履行加倍利息性质三个方面进行了阐述论证，具体可参阅本文梳理的裁判逻辑。

裁判要旨

迟延履行期间的加倍债务利息不应当在抵押担保债权所确定的优先受偿的范围。

裁判逻辑

1. 参与分配是对被执行人为公民或者其他组织财产不足以清偿所有债权时，适用的特别执行程序，执行法院在制作财产分配方案时，应当考虑相关债权是否具有法定优先受偿的担保物权确定清偿顺位、普通债权比例、数额等。

2. 担保物权的担保范围包括主债权及其利息、违约金、损害赔偿金、保管担保财产和实现担保物的费用，当事人另有约定的，按照约定。如果抵押登记"债权数额"仅为债权本金的记载，并不能就此否定当事人之间有关担保范围的约定，应根据双方当事人在合同中明确约定的抵押担保债权范围确定优先受偿的范围。

3. 迟延履行期间的加倍债务利息是法定的，其产生的基础是债务人不履行生效法律文书确定的金钱给付义务，作为法院主动实施的一种执行措施，具有惩戒和赔偿的性质，其目的在于督促被执行人及时履行义务，而不是弥补优先受偿权人的损失，故迟延履行期间的加倍债务利息不应当在抵押担保债权所确定的优先受偿的范围内。

交易结构图

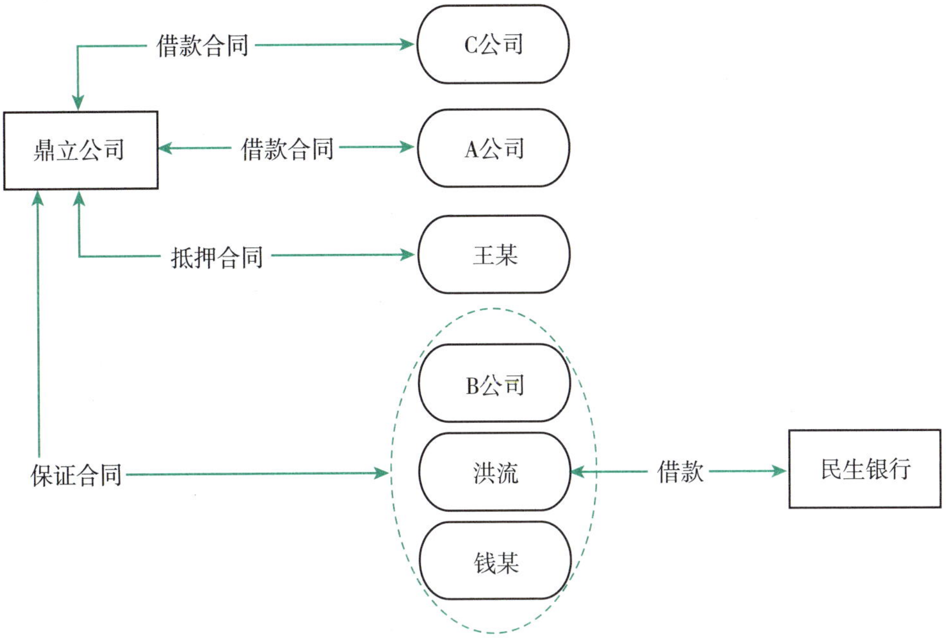

主要案情

上诉人(原审原告):上海浦东新区长江鼎立小额贷款有限公司。

上诉人(原审被告):中国民生银行股份有限公司上海分行。

被上诉人(原审被告):洪流、上海徐汇大众小额贷款股份有限公司。

上海浦东新区长江鼎立小额贷款有限公司(以下简称鼎立公司)、中国民生银行股份有限公司上海分行(以下简称民生银行)因与洪流、上海徐汇大众小额贷款股份有限公司(以下简称徐汇公司)执行分配方案异议之诉一案,不服上海市浦东新区人民法院(以下简称浦东法院)(2016)沪0115民初83390号民事判决,向上海市第一中级人民法院提出上诉。

2012年11月7日,浦东法院受理鼎立公司诉上海A有限公司(以下简称A公司)、上海B有限公司(以下简称B公司)、洪流、钱某、王某金融借款合同纠纷案。2013年4月18日,作出(2012)浦民六(商)初字第7637号民事判决:A公司应归还鼎立公司借款本金500万元;A公司应给付鼎立公司至2012年11月7日的利息35,700元;A公司应给付鼎立公司自2012年11月8日起至实际清偿之日止的利息(按《借款合同》的约定计算);如A公司未履行前述还款义务,鼎立公司可与王某协议,以王某名下所有的位于上海市黄浦区××路××弄××号××室的房产作为抵押物折价,或者申请以拍卖、变卖该抵押物所得价款优先受偿;B公司、洪流、钱某对上述第一、二、三项判决义务承担连带清偿责任。

2012年11月7日,浦东法院受理鼎立公司诉上海C有限公司(以下简称C公司)、B公司、洪流、钱某、王某金融借款合同纠纷案,2013 年 4 月 18 日作出(2012)浦民六(商)初字第 7638 号民事判决:C 公司应归还鼎立公司借款本金 500 万元;C 公司应给付鼎立公司至 2012 年 11 月 7 日的利息 35,700 元;C 公司应给付鼎立公司自 2012 年 11 月 8 日起至实际清偿之日止的利息(按《借款合同》的约定计算);如 C 公司未履行前述还款义务,鼎立公司可与王某协议,以王某名下所有的位于上海市黄浦区××路××弄××号××室的房产作为抵押物折价,或者申请以拍卖、变卖该抵押物所得价款优先受偿;B 公司、洪流、钱某对上述第一、二、三项判决义务承担连带清偿责任。

2014 年 1 月 13 日,浦东法院作出的(2014)浦民六(商)初字第 214 号民事调解书确认,洪流应归还民生银行借款本金 22,312,359.32 元,并支付截至 2013 年 10 月 31 日的利息 1,487,706.90 元、逾期利息 20,819.46 元以及自 2013 年 11 月 1 日起至实际清偿日止的利息及逾期利息(按中国人民银行相关规定及本案合同约定计算,以民生银行提供的对账单为准);洪流应支付民生银行律师费 10 万元;民生银行就上海市××路××弄××号××室房产拍卖、变卖等处置所得的价款享有优先受偿权。

上述抵押房屋由浦东法院拍卖执行后,2016 年 8 月 25 日,民生银行向浦东法院申请参与分配,对优先受偿债权进行申报:截至 2016 年 8 月 31 日借款本金 22,312,359.32 元、利息 4,739,225.08 元、逾期利息 2,820,737.21 元、迟延履行期间的加倍债务利息 3,451,721.99 元(自 2014 年 1 月 15 日计至 2016 年 6 月 17 日)、律师费 100,000 元、案件受理费 80,702 元,合计 33,504,745.60 元(如 2016 年 8 月 31 日前申请执行人未能领取到执行款的,则利息、逾期利息继续计算)。

2016 年 10 月 14 日,执行法院作出(2013)浦执字第 13512 号执行款分配方案:对优先受偿的第一抵押权人,优先受偿部分包括本金(借款总金额扣除还款部分);利息部分按照合同第 4 条、第 5 条,时间按计至拍卖成交日即 2016 年 6 月 17 日;逾期利息部分按合同第 6 条,在贷款利率基础上加收 40%,时间计算至拍卖成交日;迟延履行期间的债务利息,按本金从判决生效之日起算至拍卖成交日,另外包括律师费及诉讼费;对徐汇公司及鼎立公司也按上述标准进行计算。

鼎立公司不同意该分配方案,向浦东法院提起执行分配方案异议之诉,一审诉讼请求:撤销(2013)浦执字第 13512 号执行款分配方案。

一审法院判决:撤销(2013)浦执字第 13512 号执行款分配方案。

二审法院上海市第一中级人民法院于 2018 年 3 月 30 日作出判决:驳回上诉,维持原判。

法院观点

根据《民事诉讼法解释》第 508 条的规定,被执行人为公民或者其他组织,在执行程序开始后,被执行人的其他已经取得执行依据的债权人发现被执行人的财产不能清偿所有债权的,可以向人民法院申请参与分配。因此,参与分配是对被执行人为公民或者其他组织财产不足以清偿所有债权时,适用的特别执行程序。因此,执行法院在制作财产分配方案时,应当考虑相关债权是否具有法定优先受偿的担保物权确定清偿顺位、普通债权比例、数额等。

本案的争议焦点在于:(1)一般抵押情形下,抵押权人优先受偿的范围是否以登记机构登记的债权金额为限;(2)迟延履行期间的债务利息是否属于优先受偿的范围及如何计算。

关于第一项争议焦点,《物权法》第 173 条规定,担保物权的担保范围包括主债权及其利息、违约金、损害赔偿金、保管担保财产和实现担保物的费用。当事人另有约定的,按照约定。民生银行与洪流的《个人购房抵押借款合同》第 33 条约定的担保范围包括本合同约定的借款本金、利息、罚息、复利、违约金、损害赔偿金、实现债权和担保权利的费用(包括但不限于处分抵押财产的费用、律师费、差旅费等)和其他相关合理费用。合同签订后,民生银行进行抵押登记,系第一顺位抵押权人,均真实合法。该院作出的(2014)浦民六(商)初字第 214 号的民事调解书基于法律和当事人的合同约定,确认洪流应支付民生银行本金 22,312,359.32 元、截至 2013 年 10 月 31 日的利息 1,487,706.90 元、逾期利息 20,819.46 元以及自 2013 年 11 月 1 日起至实际清偿日止按中国人民银行相关规定及《个人购房抵押借款合同》约定的利息及逾期利息;不履行前述付款义务,民生银行有权以抵押物优先受偿。现该民事调解书已生效,且《个人购房抵押借款合同》明确了民生银行抵押担保优先受偿范围为本合同约定的借款本金、利息、罚息、复利、违约金、损害赔偿金、实现债权和担保权利的费用(包括但不限于处分抵押财产的费用、律师费、差旅费等)和其他相关合理费用,故执行程序中应依此对拍卖抵押物所得款项进行分配。

对于抵押登记"债权数额 25,000,000 元"的认定,结合本案证据,该数额应为债权本金的记载,并不能就此否定当事人之间有关担保范围的约定。由于抵押权设立之时,除本金数额可以明确外,利息、逾期利息等是否会实际发生以及发生的实际金额均尚不可知,故应根据双方当事人在合同中明确约定的抵押担保债权范围确定优先受偿的范围。因此,鼎立公司认为优先受偿范围以抵押登记债权金额为限的主张,无事实和法律依据,不予采信。

关于第二项争议焦点,鼎立公司认为不应当既计算逾期利息又计算迟延履行期间的加倍债务利息,且认为利息、逾期利息均应计算至拍卖成交之日止,之后不可再计算逾期利息等。民生银行的债权申报方案中申报的利息和逾期利息计算至 2016 年 8 月 31 日、迟延履行期间的加倍债务利息自 2014 年 1 月 15 日计算至 2016 年 6 月 17 日。执行法院于 2016 年 10 月 14 日作出的(2013)浦执字第 13512 号执行款分配方案中明确利息、逾期利息及迟延履行期间的债务利息均计算至拍卖成交日(2016 年 6 月 17 日),并予以优先受偿。

首先,迟延履行期间的加倍债务利息是法定的,其产生的基础是债务人不履行生效法律文书确定的金钱给付义务。作为法院主动实施的一种执行措施,具有惩戒和赔偿的性质,其目的在于督促被执行人及时履行义务,而不是弥补优先受偿权人的损失。故迟延履行期间的加倍债务利息不应当在抵押担保债权所确定的优先受偿的范围内。其次,根据 2014 年 8 月 1 日起施行的《最高人民法院关于执行程序中计算迟延履行期间的债务利息适用法律若干问题的解释》的规定,迟延履行期间的债务利息包括迟延履行期间的一般债务利息和加倍部分债务利息。迟延履行期间的一般债务利息,根据生效法律文书确定的方法计算。人民法院对被执行人财产拍卖、变卖或者以物抵债的,加倍部分债务利息计算至成交裁定或者抵债裁定生效之日。本解释施行前的迟延履行期间债务利息按照之前的规定计算,施行后的迟延履行期间债务利息按照本解释计算。故就本案中涉及的迟延履行期间的债务利息,其中2014年1月16日起至2014年7月31日止,应按《民事诉讼法》关于迟延履行期间的债务利息的规定计算;2014年8月1日之后的一般债务利息,根据生效民事调解书计算,2014年8月1日起至成交裁定生效日止的加倍部分债务利息应按《最高人民法院关于执行程序中计算迟延履行期间的债务利息适用法律若干问题的解释》的规定计算。

浦东法院于2016年10月14日作出的(2013)浦执字第13512号执行分配方案,给民生银行在(2013)浦执字第13512号执行案件中的抵押不动产拍卖执行款,享有加倍迟延履行的债务利息以优先受偿权,确有错误。

律师提示

银行败诉,对银行意味的是经验教训,是非诉建议,是法律文本修改,是查漏补缺的好机会。非诉建议如下:

1. 立即修改抵押合同优先受偿权范围条款,将生效法律文书迟延履行期间的双倍利息,纳入优先受偿范围。示范条款:抵押担保优先受偿范围为本合同约定的借款本金、利息、罚息、复利、违约金、损害赔偿金、实现债权和担保权利的费用(包括但不限于处分抵押财产的费用、律师费、差旅费等)、生效法律文书迟延履行期间的双倍利息和其他相关合理费用。

2. 另外,为避免抵押登记债权数额被固定的风险,建议抵押登记时,加上备注"抵押债权金额及范围以抵押合同约定为准"字样。

082 新设公司平移资源脱壳经营被判对原公司债务承担责任?

案例索引

浙江省宁波市中级人民法院(2016)浙02民终322号民事判决书。

案例导读

1. 本案是实际控制人利用公司平移、脱壳经营、人格混同、利益转移,滥用公司法人独立地位,逃废债务,被法院判决担责的典型案例,值得关注。

2. 本案亮点有:一是法院从人员、业务、财产三个方面对是否构成公司人格混同进行审查;二是原告的超级强的证据收集能力和举证技巧。

裁判要旨

股东或实际控制人为了逃避合同之债,恶意设立新公司,将具有经营价值的财产转移到新设立公司,但对原公司既不主动清算,也不申请注销,应由新设立公司对原公司债务承担连带责任。

裁判逻辑

1. 公司的财产独立系公司人格独立的一个侧面,故当公司的财产不具有独立性时,自然也就否认了公司的人格具有独立性,并进而导致公司承担独立责任的基础丧失。

2. 原公司在把自身优质资源转移给新公司后,其盈利能力大幅下降,偿债能力也随之下降,必然造成债权人利益受损。

3. 公司股东滥用公司法人独立地位和股东有限责任,逃避债务,严重损害公司债权人利益的,应当对公司债务承担连带责任。

4. 对股东或实际控制人转移公司具有经营价值的资产,导致新公司与原公司人格混同,主要从组织机构人员、财产、业务三个方面进行审查。

5. 在债权人提供的证据足以证明原公司与新公司在人员、财产、业务上存在混同可能性的情况下,根据《最高人民法院关于民事诉讼证据的若干规定》有证据证明一方当事人持有证据无正当理由拒不提供,如果对方当事人主张该证据的内容不利于证据持有人,可以推定该主张成立。

交易结构图

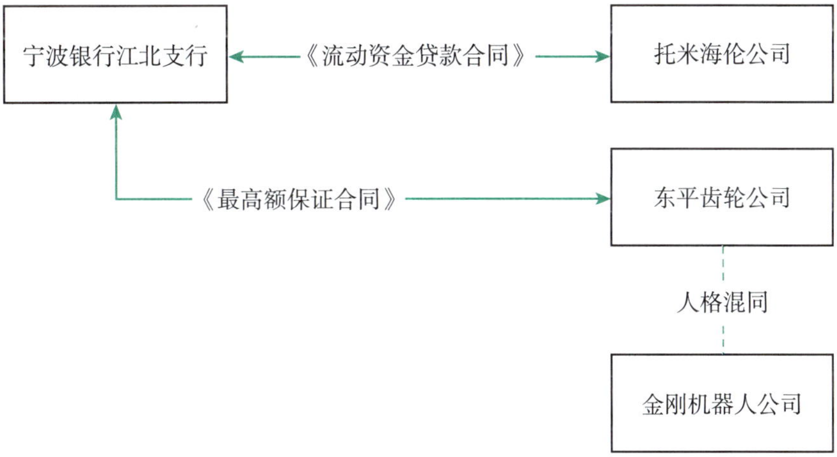

主要案情

上诉人(原审被告):宁波金刚机器人有限公司。

被上诉人(原审原告):宁波银行股份有限公司江北支行。

原审被告:宁波市鄞州托米海伦服饰有限公司。

原审被告:宁波东平齿轮制造有限公司。

原审被告:其他自然人。

上诉人宁波金刚机器人有限公司(以下简称金刚机器人公司)与被上诉人宁波银行股份有限公司江北支行(以下简称宁波银行江北支行)、原审被告宁波市鄞州托米海伦服饰有限公司(以下简称托米海伦公司)、宁波东平齿轮制造有限公司(以下简称东平齿轮公司)及其他自然人金融借款合同纠纷一案,不服宁波市江北区人民法院(2015)甬北商初字第 293 号民事判决,向浙江省宁波市中级人民法院提起上诉。

2013 年 5 月 21 日,宁波银行江北支行与东平齿轮公司签订了《最高额保证合同》(合同编号为 04001BY20130817),约定东平齿轮公司为托米海伦公司在宁波银行江北支行处自 2013 年 5 月 21 日至 2020 年 12 月 31 日债权本金不超过 250 万元限额内形成的债务提供连带保证担保。

2014 年 8 月 26 日,宁波银行江北支行与托米海伦公司签订一份《流动资金贷款合同》(合同编号为 04001LK20148183),合同约定:贷款期限为自 2014 年 8 月 29 日至 2014 年 12 月 22 日,贷款金额为 124 万元,年利率 7.84%,按季结息,结息日为每季末月的 20 日,付息日为结息日下一日历日,且贷款到期,利随本清。

当日,宁波银行江北支行向托米海伦公司发放贷款 124 万元。

之后,托米海伦公司在宁波银行江北支行处的另一笔贷款逾期未还[已另案向宁波市江北区人民法院起诉,案号为(2015)甬北商初字第 294 号],已构成违约,尚欠本金 124 万元及截至 2015 年 11 月 24 日之利息、罚息、复利共计 113,958.74 元。

2014 年 6 月 20 日,金刚机器人公司设立,注册资金 150 万元,经营范围为工业机器人及其零部件,齿轮加工设备及齿轮、齿轮箱、机械零部件的制造、加工,其登记股东为宁波东湖液压传动有限公司(以下简称东湖液压公司)会计李琪、屠世明(原东平齿轮公司的员工),分别持股 70%、30%,其经营场地与原东平齿轮公司相同,并使用原东平齿轮公司的机器设备进行生产,接受了原东平齿轮公司的员工,并与原东平齿轮公司大多数客户保持业务关系。目前,其未开展工业机器人及其零部件方面的经营。

东平齿轮公司的经营范围为齿轮、机械设备及零部件、汽车零部件的制造、加工,齿轮的热处理加工。

被上诉人(原审原告)宁波银行股份有限公司江北支行一审诉讼请求:(1)托米海伦公司立即偿还贷款本金 124 万元及自 2014 年 8 月 29 日起算至 2015 年 11 月 24 日止之利息、罚息、复利 113,958.74 元,2015 年 11 月 25 日之后的复息、罚息等按《流动资金贷款合同》约定计算;(2)东平齿轮公司、陈国栋、边赛珍、陈慈怀、鲍碧华、陈曙、陈蔚泉、金刚机器人公司对托米海伦公司的上述债务承担连带保证责任。

一审法院判决:(1)被告宁波市鄞州托米海伦服饰有限公司于判决生效后十日内偿还原告宁波银行股份有限公司江北支行借款本金 124 万元,并支付至 2015 年 11 月 24 日止之利息、罚息、复息共计 113,958.74 元及自 2015 年 11 月 25 日起至实际履行日止按《流动资金贷款合同》(编号 04001LK20148183)约定计算的复息、罚息;(2)被告宁波东平齿轮制造公司、陈国栋、边赛珍、陈慈怀、鲍碧华、陈曙、陈蔚泉对被告托米海伦公司上述债务承担连带清偿责任;其承担保证责任后,有权向被告托米海伦公司追偿;(3)被告金刚机器人公司对被告东平齿轮公司的上述连带清偿责任承担连带责任。

二审法院浙江省宁波市中级人民法院于2016年5月3日作出判决：驳回上诉，维持原判。

法院观点

本案的争议焦点是：(1)东平齿轮公司和金刚机器人公司是否存在人格混同；(2)若东平齿轮公司和金刚机器人公司存在人格混同，是否损害了宁波银行江北支行的利益。

关于争议焦点一，金刚机器人公司主张其与东平齿轮公司在人员、业务、财产等方面均不存在人格混同，浙江省宁波市中级人民法院从以下三个方面加以分析：

首先，金刚机器人公司和东平齿轮公司在人员上是否存在混同。金刚机器人公司主张其公司在2014年6月成立之初，从社会招募员工20多人，此后东平齿轮公司的员工到金刚机器人公司工作是经相关主管部门协调，是员工自愿选择就业的结果，金刚机器人公司与东平齿轮公司在人员上并不混同。浙江省宁波市中级人民法院认为，现任职于金刚机器人公司的大部分员工原系东平齿轮公司员工，且大部分员工并未与东平齿轮公司解除劳动关系，金刚机器人公司和东平齿轮公司的员工流动情况不符合普通企业之间的员工流动。关于金刚机器人公司的股东，金刚机器人公司的股东之一李琪原为东湖液压公司会计，东湖液压公司为东平齿轮公司法定代表人陈国栋侄子陈涉经营，李琪在金刚机器人公司未领取工资；金刚机器人公司的另一名股东屠世明原为东平齿轮公司员工，其领取的工资也仅为一般普通员工的工资水平。且原审法院曾到金刚机器人厂区调查走访，厂区门卫称金刚机器人公司的老板为陈国栋。故金刚机器人公司的实际控制人为陈国栋存在可能性。

其次，金刚机器人公司和东平齿轮公司在财产上是否存在混同。金刚机器人公司主张其租赁东平齿轮公司的机器设备和厂房进行生产经营活动，并不构成财产混同。浙江省宁波市中级人民法院认为，金刚机器人公司租赁东平齿轮公司部分厂房，租金低廉，且在自身注册资金仅为100万元的情况下，在将近一个半月的时间内，分两次付清了6年的租金48万元。此外，东平齿轮公司抵押给东钱湖小贷公司的机器设备仅能贷款380万元，但按照金刚机器人在二审中的陈述，其需要偿付642万元的借款本金，以上金刚机器人公司的行为均不符合理性商事主体的行为模式。

最后，金刚机器人公司和东平齿轮公司在业务上是否存在混同。金刚机器人公司主张其对外独立销售并结算，其虽使用东平齿轮公司的机器设备，但制造的零部件也适用于工业机器人的制造。浙江省宁波市中级人民法院认为，金刚机器人公司与东平齿轮公司的上下游客户存在高度重叠，而金刚机器人公司与东平齿轮公司在经营范围上的最大区别即工业机器人及其零部件方面的生产经营，却并未开发。

综上，从现有证据看，金刚机器人公司与东平齿轮公司在人员、财产、业务上存在混同的可能性。此外，根据最高人民法院《关于民事诉讼证据的若干规定》第75条，有证据证明一方当事人持有证据无正当理由拒不提供，如果对方当事人主张该证据的内容不利于证据持有人，可以推定该主张成立。宁波银行江北支行主张会计凭证、财务账簿能够证明两家公司存在财务上混同，但在二审中，金刚机器人公司和东平齿轮公司经法院要求无正当理由拒不提供两家公司的会计凭证和财务账簿，故浙江省宁波市中级人民法院认为，金刚机器人公司和东平齿轮公司存在宁波银行江北支行所主张的公司平移、人格混同、利益转移，滥用公司法人独立地位的现象，对金刚机器人公司的上诉主张难以支持。

关于争议焦点二，东平齿轮公司在把自身优质资源转移给金刚机器人公司后，其盈利能力大幅下降，向宁波银行江北支行承担担保责任的能力也随之下降，必然造成宁波银行江北支行利益受损。

律师提示

本案属于股东为了逃避担保责任，将原公司优质资产转移至新设立公司，恶意损害债权人利益的典型案例。对于股东或实际控制人转移公司具有经营价值的资产，导致新、原公司人格混同，主要从组织机构、财产、业务三方面进行审查：

一、组织机构的转移

公司是社会团体，其运行基础是人的组合，一旦组织机构转移，公司意思随之转移，极易导致财产、利益的转移和混同。组织机构的转移表现在新、原公司股东、高级管理人员混同，以及工作人员，尤其是生产型企业一线工人劳动关系的非正常解除、建立。

二、财产转移

公司拥有独立的财产，是其对外承担责任的基础，股东或实际控制人转移公司生产资料、专利技术、资金等财产，将导致公司丧失对外承担责任的能力。但通常情况下，新公司为了避免债权人撤销权的追索，并不会从表面上无偿或以不合理低价受让原公司财产，往往通过租赁、融资租赁等看似合法的方式获得原公司资产的使用权，以致原公司和新公司的财产混同。此外，若新设立公司的自有资本与生产经营规模完全不相匹配，该新公司用于经营的资本也极有可能来源于原公司。生产型企业一线工人劳动关系的非正常解除、建立。

三、业务转移

业务转移主要表现在公司之间经营范围相同或高度雷同，上下游客户重合度高。

083 法院对公证债权文书不予执行理由有哪些？

案例索引

北京市第三中级人民法院(2017)京03执复45号执行裁定书。

案例导读

公证处违反执业区域规定出具公证书，构成法院不予执行的理由吗？如何认定公证债权文书的内容与事实不符？本案是一起具有强制执行效力的公证债权文书法院却不予执行的典型案例，债权人操作失误及漏洞在哪？到底存在哪些问题的公证债权文书法院不予执行？什么属于"确有错误"？

裁判要旨

以房产抵押的，应当办理抵押登记，未办理抵押登记，房屋抵押未产生物权效力。执行证书在抵押权未成立的情况下，仍将抵押人列为被执行人，属于公证债权文书的内容与事实不符或者违反法律强制性规定，可以认定为公证债权文书确有错误，法院不予执行。

裁判逻辑

1. 公证处违反执业区域规定出具公证书，不属于违反法律强制性规定，故其此项不予执行的理由不能成立。

2. 在涉案房屋未进行抵押登记且无其他保证责任约定的情况下，执行证书中仍将抵押人列为被执行人，属于载明内容与事实不符。

3. 公证债权文书的内容与事实不符或者违反法律强制性规定，可以认定为公证债权文书确有错误，法院不予执行。

4. 抵押人对房屋未办理抵押登记导致抵押权未成立是否有过错及是否应承担赔偿责任，不属于执行异议复议审查范围，可通过其他法律途径另案解决。

交易结构图

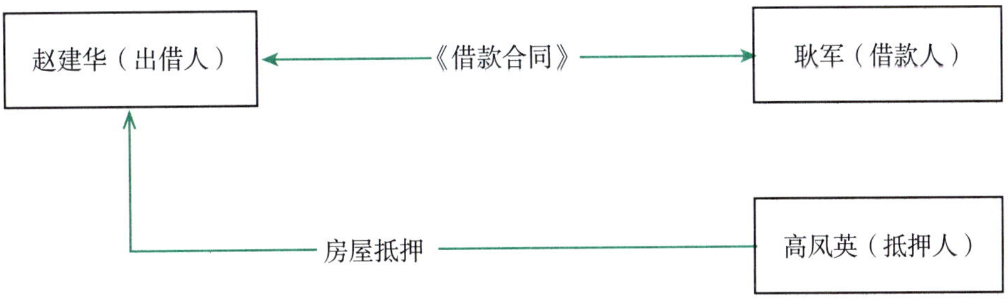

主要案情

复议申请人(申请执行人)：赵建华。

被执行人：高凤英。

被执行人：耿军。

2013年12月10日,甲方赵建华(出借人)与乙方耿军(借款人)、丙方高凤英(抵押人)签订《借款合同》,当中载明"丙方高凤英以位于北京市朝阳区×××号房产(房屋所有权证编号:京房权证朝私08字第××××号)为该借款提供抵押担保"。方正公证处于次日出具(2013)京方正内民证字第43774号公证书,对《借款合同》予以公证,并赋予强制执行效力。

2014年4月29日方正公证处出具(2014)京方正执行证字第00258号执行证书,当中列明被执行人为债务人耿军、抵押人高凤英,并载明:赵建华可持本执行证书向有管辖权的人民法院申请强制执行。执行标的为:本金人民币柒拾伍万元及相应利息,违约金、实现债权的费用(包括但不限于公证费)。

另据(2013)京方正内民证字第43774号公证卷宗中询问笔录显示,方正公证处于2013年12月10日分别告知赵建华、耿军、高凤英"抵押需要办理抵押登记才能产生物权效力",三人均分别表示"清楚"。

本案审查中,经询高凤英,赵建华,双方对涉案房屋未办理抵押登记的事实不持异议。

复议申请人(申请执行人)赵建华异议请求:(2014)京方正执行证字第00258号执行证书确有错误,我申请对该执行证书中涉及我的部分裁定不予执行。

北京市朝阳区人民法院裁定:对(2014)京方正执行证字第00258号执行证书中涉及高凤英的部分不予执行。

北京市第三中级人民法院于2017年4月18日裁定:驳回赵建华的复议申请,维持(2016)京0105执异269号执行裁定。

法院观点

当事人以房产抵押的,应当办理抵押登记,抵押权自登记时设立。本案高凤英虽然在《借款合同》中约定以涉案房屋为借款提供抵押担保,但该房屋一直未办理抵押登记,房屋抵押未产生物权效力。本案执行证书在抵押权未成立的情况下,仍将高凤英以抵押人的身份列为被执行人,与事实不符。北京市朝阳区人民法院裁定对执行证书中涉及高凤英的部分不予执行,符合法律规定,应予维持。赵建华主张高凤英是以保证人身份提供担保,但未提供相应证据予以证明,对该主张北京市第三中级人民法院不予支持;其提出的高凤英对房屋未办理抵押登记导致抵押权未成立有过错,应与耿军承担连带赔偿责任等理由,不属于本案异议复议审查范围,可通过其他法律途径解决。

律师提示

1.《民事诉讼法》第238条第2款是法院裁定不予执行公证债权文书的直接依据。该款规定,"公证债权文书确有错误的,人民法院裁定不予执行,并将裁定书送达双方当事人和公证机关"。

2.《民事诉讼法解释》第480条第1款进一步明确了公证债权文书"确有错误"的四种类型:(1)属于不得赋予强制执行效力的债权文书;(2)严重违反公证程序;(3)内容与事实不符

或违反法律强制性规定;(4)未载明被执行人不履行义务或者不完全履行义务时同意接受强制执行的。

3.具体案件是否满足以上四种情形,实务中还要参考依据《公证法》、最高人民法院《关于人民法院办理执行异议和复议案件若干问题的规定》(法释〔2015〕10号文)、《关于公证机关赋予强制执行效力的债权文书执行有关问题的联合通知》(司发通〔2000〕107号)、《关于充分发挥公证书的强制执行效力服务银行金融债权风险防控的通知》(司发通〔2017〕76号)、《公证程序规则》、《办理具有强制执行效力债权文书公证及出具执行证书的指导意见》等规范性文件加以判断。浙江省的公证执行案件,还要参考浙江省高级人民法院、浙江省司法厅《关于规范债权文书公证和强制执行及公证机构协助执行有关问题的通知》(浙司〔2016〕89号)。

084 房屋承租人能否通过续租方式对抗抵押权?

案例索引

浙江省高级人民法院(2018)浙民终125号民事判决书。

案例导读

本案是一起不动产抵押权实现除去租赁权的典型案外人执行异议之诉案例。(1)实际控制人将个体工商户注销后设立的有限公司能否继续享有原个体工商户的房屋租赁权?(2)租赁关系对抗抵押权的实现需要哪些要件?(3)租赁续约行为发生在抵押权设立之后能否对抗抵押权?本案一审法院与二审法院对于问题(1)和问题(2)观点一致,但对问题(3)的观点不一致。

裁判要旨

租赁关系对抗抵押权的实现,需以承租人在抵押权设定前签订合法有效的书面租赁合同并占有使用为前提,在原租赁期间到期之后的租赁续约行为发生在抵押权设立之后,承租人则不享有以续租合约对抗抵押权的租赁权。

裁判逻辑

1.房屋承租人个体工商户注销后并设立有限公司,虽然是两个不同法律主体,但在生产经营范围以及实际控制人(出资人)上具有延续性,个体工商户注销后至原房屋租赁合同约定的租赁期限到期之前,新设的有限公司一直按照原租赁合同约定向出租人支付租金,且有限公司登记设立时的住所地即为该租赁房屋,根据《合同法》第 88 条的规定,应认定有限公司在登记成立时即在事实上按照原房屋租赁合同履行相关义务,并对涉案房屋享有租赁权。

2. 租赁关系对抗抵押权的实现,需以承租人在抵押权设定前签订合法有效的书面租赁合同并占有使用为前提。

3. 原租赁合同虽然签订于抵押权设立之前,但在原租赁期间到期之后的租赁续约行为发生在抵押权设立之后,承租人则不享有以续租合约对抗抵押权的租赁权。

交易结构图

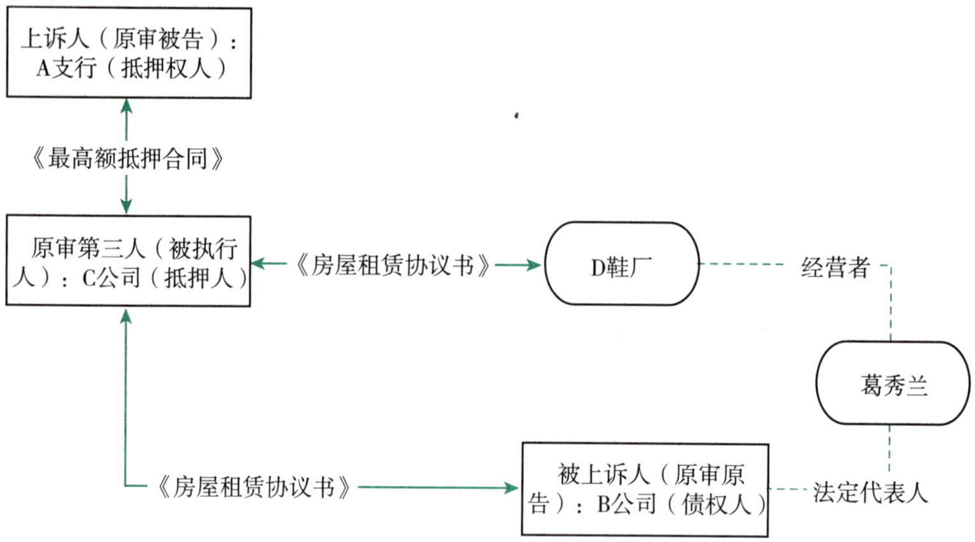

主要案情

上诉人(原审被告):中国 A 银行股份有限公司温州 A 支行(抵押权人)。

被上诉人(原审原告):温州市 B 鞋业有限公司(债权人)。

原审第三人(被执行人):温州市 C 实业有限公司(抵押人)。

上诉人中国 A 银行股份有限公司温州 A 支行(以下简称 A 支行)因与被上诉人温州市 B 鞋业有限公司(以下简称 B 公司)、原审第三人温州市 C 实业有限公司(以下简称 C 公司)案外人执行异议之诉一案,不服温州市中级人民法院(2017)浙 03 民初 527 号民事判决,向浙江省高级人民法院提起上诉。

2002 年 5 月 28 日,D 鞋厂系个体工商户成立,经营者系葛秀兰。

2009 年 4 月 1 日,D 鞋厂与 C 公司签订《房屋租赁协议书》,协议约定 C 公司将其名下的坐落于温州市鹿城区双屿镇 × × 工业区厂房第 1 幢 3 层(面积 1328 平方米)及宿舍 3 间出租给 D 鞋厂使用;租赁期限为 36 个月,即自 2009 年 4 月 1 日至 2012 年 3 月 31 日,租金合计为每半年 109,700 元,租金每 6 个月付一次。协议签订后,C 公司将上述房屋交付 D 鞋厂使用。2009 年 4 月 1 日、2009 年 9 月 30 日,D 鞋厂向 C 公司交付两期租金。

2010 年 3 月 11 日，温州市鹿城区市场监督管理局核准 D 鞋厂注销；2010 年 3 月 30 日，B 公司注册成立，企业性质系有限责任公司，住所地为温州市双屿镇 × × 工业区（C 公司内 B 幢 1 楼），法定代表人为葛秀兰。

2012 年 3 月 2 日，B 公司与 C 公司签订《房屋租赁协议书》，协议约定 C 公司将其名下的坐落于温州市鹿城区双屿镇 × × 工业区厂房 B 幢 1 ~ 3 层（面积 1328 平方米）及宿舍 3 间（413、415、417）出租给 D 鞋厂使用，租赁期限为八年，即自 2012 年 4 月 1 日至 2020 年 3 月 31 日；自 2012 年 4 月 1 日至 2017 年 3 月 31 日，每半年付一次租金，租金合计为每半年 134,500 元；自 2017 年 4 月 1 日至 2020 年 3 月 31 日，每一年付一次租金，租金合计为每年 250,000 元。该份租赁协议的其他条款约定与上述第一份租赁协议内容基本相同。上述两份租赁协议所约定的租赁房屋完全相同。2010 年 3 月 25 日至 2017 年 3 月 9 日，B 公司或葛秀兰向 C 公司陆续支付十四笔租金。

2010 年 5 月 27 日，C 公司与 A 支行签订《最高额抵押合同》，约定以坐落于温州市鹿城区双屿镇 × × 工业区的厂房及土地使用权作为抵押物，为其向 A 支行自 2010 年 5 月 27 日至 2015 年 5 月 27 日期间发生的债务提供最高额抵押担保，同日办理了抵押登记。

2012 年 8 月 10 日，因最高额抵押项下担保责任的最高额变更，双方办理了抵押权变更登记。

2014 年 5 月 26 日，因 C 公司未按约偿付借款及利息，A 支行向一审法院起诉，一审法院对涉案厂房进行诉讼保全（查封），并于 2014 年 12 月 16 日作出（2014）浙温商外初字第 17 号民事判决。上述判决发生法律效力后，A 支行向一审法院申请执行。

2016 年 8 月 4 日，在执行过程中，一审法院作出（2015）浙温执民字第 441 拍卖预告并张贴于涉案厂房现场，责令厂房占有人限期搬迁，因厂房占有人未向一审法院申报权利，且逾期未自动迁出，一审法院于 2017 年 2 月 28 日作出中止供电的公告并张贴于涉案厂房现场。B 公司遂向一审法院提出执行异议，一审法院于 2017 年 5 月 26 日作出（2017）浙 03 执异 37 号执行裁定书，驳回 B 公司的异议。B 公司不服，向浙江省高级人民法院申请复议，浙江省高级人民法院于 2017 年 8 月 15 日作出（2017）浙执复 34 号执行裁定书，撤销一审法院（2017）浙 03 执异 37 号执行裁定，本案发回一审法院重新作出裁定。一审法院于 2017 年 9 月 22 日重新作出（2017）浙 03 执异 87 号执行裁定，驳回 B 公司的异议请求。B 公司不服，故向一审法院提起案外人执行异议之诉。

B 公司一审诉讼请求：（1）中止对坐落于温州市鹿城区双屿镇 × × 工业区厂房执行腾空措施；（2）确认 B 公司对上述厂房享有租赁权至 2020 年 3 月 31 日，并对其进行带租拍卖。

一审法院判决：（1）不得除去原告温州市 B 鞋业有限公司在第三人温州市 C 实业有限公司所有的坐落于温州市鹿城区双屿镇 × × 工业区房屋 B 幢 1 ~ 3 层及宿舍 413 室、415 室、417 室至 2020 年 3 月 31 日止的租赁权。（2）驳回原告温州市 B 鞋业有限公司的其他诉讼请求。

二审法院浙江省高级人民法院于 2018 年 4 月 26 日作出判决：（1）撤销温州市中级人民法院（2017）浙 03 民初 527 号民事判决；（2）驳回温州市 B 鞋业有限公司的诉讼请求。

法院观点

本案的争议焦点是B公司与C公司的租赁关系能否对抗A支行就案涉房屋抵押权的执行。

首先,关于抵押权与租赁权对抗关系的法律适用问题。《最高人民法院关于人民法院办理执行异议和复议案件若干问题的规定》第31条第1款针对的是不动产被人民法院查封前承租人的租赁权保护问题,与本案所涉的租赁关系对抗抵押权执行确实有所区别,但《物权法》第190条以及《最高人民法院关于适用〈中华人民共和国担保法〉若干问题的解释》第65条均对抵押权和租赁关系的对抗关系作出规定,本案又系承租人以租赁关系对抗抵押权执行的执行异议之诉案件,与不动产被人民法院查封前承租人以租赁权对抗执行的执行异议之诉案件有相通之处,就得以对抗抵押权执行的租赁关系之认定可以参照《最高人民法院关于人民法院办理执行异议和复议案件若干问题的规定》第31条进行判断,即该租赁关系需以承租人在抵押权设定前签订合法有效的书面租赁合同并占有使用为前提。一审法院直接援引《最高人民法院关于人民法院办理执行异议和复议案件若干问题的规定》第31条第1款不妥,但其同时已引用《物权法》第190条的相关规定,故该用语上的瑕疵并不影响本案的实体处理。

其次,双方当事人一致确认:2010年5月27日,A支行与C公司签订《最高额抵押合同》,并办理了抵押权登记,而2012年3月2日,B公司才与C公司签订《房屋租赁协议书》。也就是说,B公司与C公司签订《房屋租赁协议书》系在A支行抵押权设立之后,根据《物权法》第190条之后半段规定,B公司不能依据2012年3月2日《房屋租赁协议书》为基础建立的租赁关系来对抗A支行对案涉房屋的执行。

最后,D鞋厂与B公司虽然是两个不同法律主体,但D鞋厂与B公司在生产经营范围以及实际控制人(出资人)上具有延续性,D鞋厂注销后至第一份《房屋租赁协议书》约定的租赁期限到期之前,葛秀兰或B公司一直按照第一份《房屋租赁协议书》约定向C公司支付租金,且B公司登记设立时的住所地即为C公司B幢1楼,根据《合同法》第88条的规定,一审认定B公司在2010年3月30日登记成立时即在事实上按照第一份《房屋租赁协议书》履行相关义务,并对涉案房屋享有租赁权,并无不当。不过,既然B公司享有的合同权利来源于第一份《房屋租赁协议书》,其权利主张自然不能超出第一份《房屋租赁协议书》约定的范围,且B公司与C公司已经于2012年3月2日签订第二份《房屋租赁协议书》,其在2012年3月2日后并非基于第一份《房屋租赁协议书》而享有合同权利。因此,B公司得以对抗抵押权的租赁关系是应以第一份《房屋租赁协议书》约定内容为准,而不能以B公司与C公司在抵押权设定后签订的第二份《房屋租赁协议书》约定内容为准,该租赁关系存续于2010年3月30日至2012年3月2日之间,而不能延续至2020年3月31日。B公司要求排除的执行行为发生在2016年8月4日之后,此时,B公司就案涉房屋已不享有足以排除执行的租赁权。一审法院对B公司得以对抗抵押权执行的租赁关系存续时间认定有误,导致案件的实体处理不当,应予纠正。综上所述,上诉人的上诉请求成立,浙江省高级人民法院予以支持。

律师提示

关于以租赁权对抗抵押权的案外人执行异议之诉,该如何确立诉讼请求?法院假如支持的话,该如何判决?

一审起诉请求:(1)中止对坐落于温州市鹿城区双屿镇××工业区厂房执行腾空措施;(2)确认B公司对上述厂房享有租赁权至2020年3月31日,并对其进行带租拍卖。

一审法院认为:B公司请求对涉案房屋进行带租拍卖,系针对执行行为提出的异议,不属于本案审理范围,不予支持。

一审法院判决:不得除去原告B公司在第三人C公司所有的坐落于温州市鹿城区双屿镇××工业区房屋B幢1~3层及宿舍413室、415室、417室上至2020年3月31日止的租赁权。

通过对比可见,法院并非判如所请。笔者认为,承租人案外人执行异议之诉,目的在于请求租赁权免于除去,因此建议诉讼请求这样描述"不得除去原告×××在第三人×××所有的坐落于×××房屋×幢×层×室上至×年×月×日止的租赁权"。至于中止腾空措施,本案诉讼提起后法院当然要依法中止执行,无须诉请。关于带租拍卖,是本案争议判决生效后如何恢复执行的问题,无须承租人帮助执行申请人考虑了。可见,一审判决虽然被二审改判,却也有值得学习借鉴的地方。

另外,通过本案事实部分发现一个重要细节"2012年8月10日,因最高额抵押项下担保责任的最高额变更,双方办理了抵押权变更登记。"在此提出一个可探讨的问题:对最高额抵押的最高额变更登记,是否意味着新的抵押权,是否会影响到除去租赁权?

085 债权人代位权诉讼立案的"初步证据"是什么?

案例索引

最高人民法院(2015)最高法民提字第186号民事裁判文书。

案例导读

1. 本案是最高人民法院关于债权人代位权诉讼立案审查标准典型案例。对于债权人代位权诉讼的立案标准与判决标准的区别,最高人民法院给予了准确分析和解答。

2. 债权人代位权是债的保全或责任财产的保全制度的一种。为解决"执行难"问题提供了一条路径或利器,值得执行申请人(债权人)掌握和运用。债权人代位权诉讼实际上包含了确认之诉与给付之诉，诉讼请求如何确定？也值得学习。

裁判要旨

起诉人提供了初步证据用以证明其符合提起债权人代位权诉讼的主体条件、债权到期条件等，受诉人民法院应予立案受理。

裁判逻辑

1. 债权人代位权诉讼是否符合立案受理条件时，应在审查该当事人的起诉是否符合民事诉讼法的起诉条件的同时，结合《合同法解释(一)》提起代位权诉讼的条件一并予以审查。

2. 起诉人提供了初步证据用以证明其符合提起债权人代位权诉讼的主体条件、债权到期条件等，对此，受诉人民法院应予立案受理。

3. 至于债权人代位权主张最终能否客观成立，属于债权人代位权之诉的实体审理认定事项，应当在立案以后，根据债权人、债务人、次债务人的诉辩主张，结合举证质证以及庭审情况综合判定。

4. 在对该案未予立案，未予开展诉辩交锋以及审理的情况下，即判定起诉人主张债权到期缺乏证据证明，并据此不予立案，系对《合同法解释(一)》第11条规定的理解过于严格，不利于依法保护当事人的诉讼权利。

交易结构图

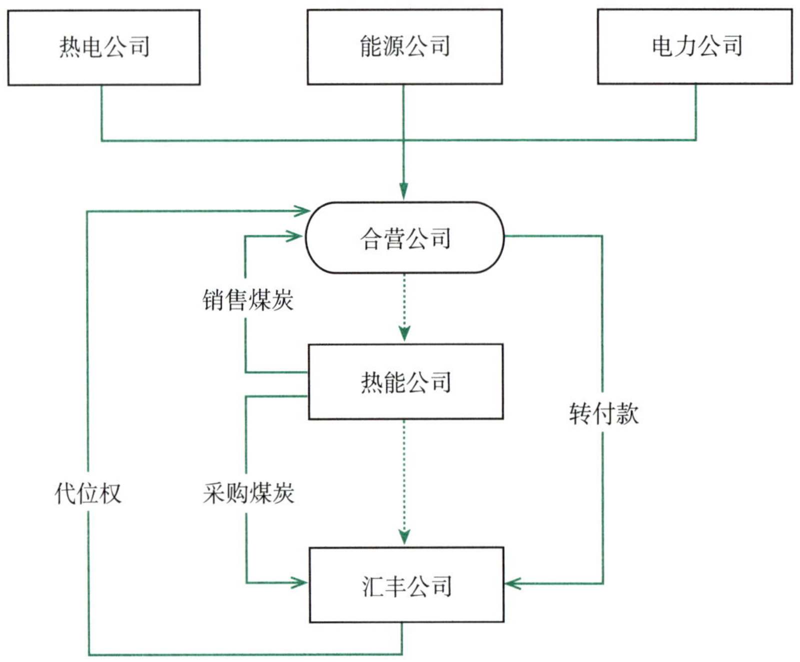

主要案情

再审申请人(一审起诉人,二审上诉人):辉南县汇丰煤炭生产有限公司。

再审申请人辉南县汇丰煤炭生产有限公司(以下简称汇丰公司)因债权人代位权纠纷一案,不服辽宁省抚顺市中级人民法院(以下简称抚顺中院)作出的(2014)抚中立一民初字第00001号不予受理裁定,向辽宁省高级人民法院(以下简称辽宁高院)提起上诉。辽宁高院经审理,作出(2014)辽立一民终字第00089号民事裁定:驳回上诉,维持原裁定。汇丰公司仍不服,向最高人民法院申请再审。最高人民法院于2015年7月24日作出(2015)民申字第1091号民事裁定,本案由最高人民法院提审。

因抚顺市热能燃料有限责任公司(以下简称热能公司)拖欠汇丰公司货款,经辽宁高院(2008)辽民二终字第233号民事判决认定,其应给付汇丰公司欠款本金4,604,584.45元及利息损失130万元。

2009年11月10日,由抚顺长顺热电有限公司(以下简称热电公司)、抚顺长顺能源有限公司(以下简称能源公司)、抚顺长顺电力有限公司(以下简称电力公司)组成的合营公司,通过热能公司转付给汇丰公司2,132,700元,尚欠本息及诉讼费用3,879,811.45元未付。

热能公司未能按照法院判决付款,至2014年6月30日,又发生逾期利息及双倍利息4,225,166.65元,共计应给付汇丰公司8,104,978.10元。

因热能公司购买汇丰公司的煤炭给合营公司使用,截至2007年2月,合营公司累计拖欠热能公司煤炭款94,721,854.15元。

在2010年12月法院执行过程中,热能公司的法定代表人王会森在法院调查笔录中证实合营公司尚欠其煤款三四千万元。汇丰公司虽多次向热能公司催款,法院也进入了执行程序,但其不向合营公司主张债权,给汇丰公司造成了债权不能实现的后果。

汇丰公司一审诉讼请求:(1)汇丰公司享有代热能公司向热电公司、能源公司、电力公司主张民事权利的代位权;(2)判决合营公司向汇丰公司支付欠热能公司的欠款及迟延履行法院生效判决的双倍利息、诉讼费共计8,104,978.10元,并承担自2014年7月1日起至还清之日止的银行贷款基准利率的双倍利息;(3)本案诉讼费由热电公司、能源公司、电力公司承担。

一审法院(抚顺中院)裁定:该院依照《民事诉讼法》第123条的规定,于2014年7月18日作出(2014)抚中立一民初字第00001号民事裁定:对汇丰公司的起诉不予受理。

二审法院(辽宁高院)裁定:该院依照《民事诉讼法》第170条第1款第1项、第171条的规定,于2014年8月18日作出(2014)辽立一民终字第00089号民事裁定:驳回上诉,维持原裁定。

再审法院(最高人民法院)于2015年10月27日作出裁定:(1)撤销辽宁省高级人民法院(2014)辽立一民终字第00089号民事裁定和辽宁省抚顺市中级人民法院(2014)抚中立一民初字第00001号民事裁定;(2)指令辽宁省抚顺市中级人民法院对辉南县汇丰煤炭生产有限公司的起诉立案受理。

法院观点

在审查当事人提起的债权人代位权诉讼是否符合立案受理条件时,应在审查该当事人的起诉是否符合《民事诉讼法》第119条规定的起诉条件的同时,结合《合同法解释(一)》第11条规定的提起代位权诉讼的条件一并予以审查。从《合同法解释(一)》第11条的规定来看,其一方面阐释了提起代位权诉讼的条件,另一方面亦作为审理此类案件中判断债权人代位权主张能否成立的实体标准。因此,在理解该条文时,应适度区分审查立案及实体判断的不同尺度,避免以审代立或者以立代审。

本案中,汇丰公司作为债权人,请求以自己的名义代位行使债务人热能公司对次债务人热电公司、能源公司、电力公司享有的债权。汇丰公司作为起诉人,属于与本案有直接利害关系的法人,有明确的被告,有具体的诉讼请求和事实、理由,其请求解决的事项属于人民法院民事案件受理范围和受诉人民法院管辖,符合《民事诉讼法》第119条规定的起诉条件。同时,结合《合同法解释(一)》第11条的规定,汇丰公司亦提供了初步证据用以证明其符合提起债权人代位权诉讼的主体条件、债权到期条件等,对此,受诉人民法院应予立案受理。至于汇丰公司提出的债权人代位权主张最终能否客观成立,属于债权人代位权之诉的实体审理认定事项,应当在立案以后,根据债权人、债务人、次债务人的诉辩主张,结合举证质证以及庭审情况综合判定。因此,抚顺中院、辽宁高院在对该案未予立案,未予开展诉辩交锋以及审理的情况下,即判定汇丰公司主张债权到期缺乏证据证明,并据此不予立案,系对《合同法解释(一)》第11条规定的理解过于严格,不利于依法保护当事人的诉讼权利,最高人民法院对此予以纠正。

律师提示

1. 代位权和撤销权共为合同的保全。保全,又称责任财产的保全,指债权人行使代位权和撤销权,防止债务人的责任财产不当减少,以确保无特别担保的一般债权得以清偿。从保全责任财产的角度,保全属于一般担保的手段。保全责任财产,最终使债权得以保障,从这个意义上来说,保全又为债权的保全。

2. 虽然债权人不能支配债务人的财产,倘若债务人任意处分财产,自由地减少责任财产,就会害及一般债权,故法律赋予债权人干预债务人责任财产的权利。(1)当债务人消极地怠于行使权利听任责任财产减少害及债权时,债权人可以行使代位权,维持责任财产。(2)当债务人积极地减少责任财产害及债权时,债权人可以行使撤销权,恢复责任财产。(3)债权人通过行使代位权和撤销权,可以有效防止责任财产的不当减少,使债权得以保全。

3. 代位权指债务人怠于行使权利,债权人为保全债权,以自己的名义向第三人行使债务人现有债权的权利。代位权虽有代位诉权、间接诉权之称,然其仍属债权人的实体权利。

4. 代位权发生的条件有四个:一是需债务人对第三人享有债权,倘若债务人没有对外的债权,就无所谓代位权。债务人对第三人的债权尚需是非专属于债务人本身的权利。二是需债务人怠于行使其债权,债务人应当收取债务,且能够收取,而不收取。债务人已经行使了权利,即使不尽如人意,债权人也不能行使代位权。三是债务人怠于行使自己的债权,已害及债权人的债权。债务人怠于行使权利若不害及债权人的债权,则不发生代位权。四是需债务人已陷于迟延履行。债务人的债务未到履行期和履行期间未届满的,债权人不能行使代位权。债务履行期间已届满,债务人陷于迟延履行,债权人方可行使代位权。但债权人专为保存债务人权利的行为,如中断时效,可以不受债务人迟延的限制。

5. 债权人行使代位权请求清偿的财产额,应以债务人的债权额和债权人所保全的债权为限,超越此范围,债权人不能行使。债权人有数人,一人行使代位权能够保全其他债权人的债权的,其他债权人不能再就同一债权重复行使代位权。

6. 债权人行使代位权,对第三人、债务人和债权人本人都会产生法律效力。(1)对第三人的效力。债权人行使代位权,是代债务人的地位向第三人行使权利,因此第三人对债务人的抗辩,如不安抗辩、同时履行抗辩、后履行抗辩、时效届满的抗辩、虚假表示可撤销的抗辩等,同样可以对抗债权人。(2)对债务人的效力。债权人行使代位权且通知债务人后,债务人的权利并未丧失,其仍可行使自己的权利,惟债务人处分权的行使应受限制,即在不损害债权人利益的情况下可以行使其权利。倘若妨害债权人行使代位权,如免除第三人的债务,债务人则不得行使,否则代位制度形同虚设。债权人行使代位权,提起代位诉讼,法院的判决对债务人及其他债权人是否发生效力?如果债务人作为具有独立请求权的第三人参加诉讼,法院的判决自然对其发生效力。如果债务人未参加诉讼,法院判决的效力亦及于债务人。例如,甲法院审理代位诉讼案,判决债权人败诉,债权人又向乙法院提起诉讼,乙法院如判决债权人败诉,则是一事二理,劳民伤财;若判决债权人胜诉,则造成两个法院的判决不一致,既影响法院的威严,又使得第三人无所适从。(3)对债权人的效力。债权人行使代位权,为的是增加债务人的责任财产,充实债务人一般担保的实力,第三人偿还的财产为全体债权人的共同担保物,故行使代位权的债权人不能因此获得优先受偿债权,而与其他债权人处于同等地位受偿。债权人行使债务人的债权,基于法定的代位关系,故行使代位权的费用,债权人可请求债务人偿还。

086 网络司法拍卖如何保障承租人优先购买权?

案例索引

江苏省高级人民法院(2018)苏执复54号民事裁定书。

案例导读

本案是因法院通知程序不当,引发网络司法拍卖侵犯承租人优先购买权的案例。法院应当以何种方式通知优先购买权人？法院可否仅以公告方式通知优先购买权人申报权利？优先权人参与网络司法拍卖是否可视为行使了优先购买权？案件复议审查过程中，法院可否告知承租人再行主张优先购买权？江苏省高级人民法院通过本案例对以上问题给予了可借鉴的裁判观点。

裁判要旨

处置有承租人的房屋，首先需要明确承租人是否享有承租权，然后锁定拟处置房屋的优先购买权人，并在拍卖五日前以书面或者其他能够确认收悉的适当方式通知优先购买权人参加拍卖。

裁判逻辑

1. 人民法院应当在拍卖五日前以书面或者其他能够确认收悉的适当方式，通知当事人和已知的担保物权人、优先购买权人或者其他优先权人于拍卖日到场。优先购买权人经通知未到场的，视为放弃优先购买权。

2. 执行法院在变卖公告中已经明确涉案房屋上存在租赁，即执行法院在变卖之前就已经知道变卖程序中存在潜在的优先购买权人，却仅以公告方式通知优先购买权人申报权利，而未依法以书面或其他能够确认收悉的方式对优先购买权人进行通知，程序不当。

3. 网络司法拍卖在优先购买权的行使方式上与现场拍卖不同，在法院未事先进行优先购买权系统设置的情况下，优先购买权人无法自动实现以最终的最高竞价同等条件优先购买，仅以优先购买权人参与了网络变卖程序但未最后应价为由，认为其放弃了优先购买权，没有事实和法律依据。

4. 在案件复议审查过程中，法院告知承租人可以再行主张优先购买权并要求其在法院指定期限内将购房款支付到指定账户，而其未再次行使优先购买权的，应视为放弃优先购买权。

交易结构图

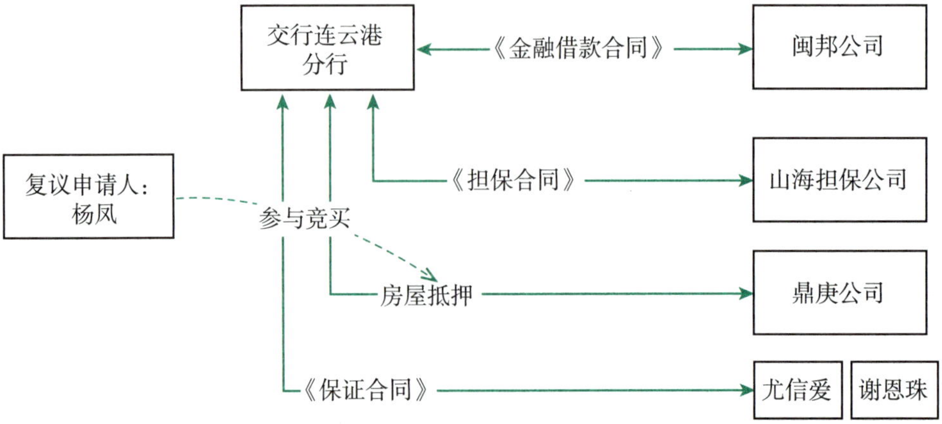

主要案情

复议申请人:杨凤。

申请执行人:交通银行股份有限公司连云港分行。

被执行人:连云港闽邦贸易有限公司、谢恩珠、尤信爱、连云港鼎庚贸易有限公司、连云港山海担保有限公司。

复议申请人杨凤不服江苏省连云港市中级人民法院(以下简称连云港中院)(2017)苏07执异32号执行裁定,向江苏省高级人民法院申请复议。江苏省高级人民法院于2018年2月5日立案受理后,依法组成合议庭进行审查,现已审查终结。

交通银行股份有限公司连云港分行(以下简称交行连云港分行)与连云港闽邦贸易有限公司(以下简称闽邦公司)、谢恩珠、尤信爱、连云港鼎庚贸易有限公司(以下简称鼎庚公司)、连云港山海担保有限公司(以下简称山海担保公司)金融借款合同纠纷一案,连云港中院(2013)连商初字第0114号民事判决已经发生法律效力,判决内容为:(1)闽邦公司于判决生效后十日内给付交行连云港分行人民币39,999,923元及利息、复利、罚息;(2)闽邦公司于判决生效后十日内给付交行连云港分行人民币1100万元及利息、复利、罚息;(3)山海担保公司对上述第一项债务承担连带清偿责任;(4)谢恩珠、尤信爱对上述第(1)(2)项债务承担连带清偿责任;(5)交行连云港分行有权对鼎庚公司所有的位于连云港海州区朝阳东路30号凯旋广场106、201、201A、301A号房屋在登记范围内优先受偿。因各被执行人未依法履行义务,交行连云港分行向连云港中院申请,连云港中院依法立案受理,案号为(2014)连执字第0184号。2015年6月18日,连云港中院对该案终结本次执行程序。2016年6月12日,连云港中院对该案恢复执行,案号为(2016)苏07执恢112号。执行过程中,连云港中院依法对鼎庚公司抵押的位于连云港海州区朝阳东路30号凯旋广场106、201、201A、301A号房屋进行评估拍卖,经一、二、三次网拍,均无人购买而流拍。后经分证变卖,其中106号房屋在2016年7月15日10时起的变卖中由案外人李艳娟购得,成交价为4,060,512元。

杨凤参与了2016年7月15日10时起的变卖,出价一次,出价金额为4,010,512元。之后利害关系人杨凤向连云港中院提出执行异议,要求确认其优先购买权。

杨凤提出异议称:其是涉案房屋合法承租人的事实已由连云港市海州区人民法院(2014)海民初字第0762号民事判决书、连云港中院(2015)连执异字第00025号执行裁定书确认。根据《合同法》第230条的规定,承租人在同等条件下享有优先购买权。法院在拍卖公示中显示“无优先购买权人”显然错误。请求法院确认其优先购买权并在拍卖中予以公示。

2016年6月30日,连云港中院发出(2014)连执字第0184号变卖公告,将于2016年7月15日10时起至2016年7月16日10时止对涉案房屋进行变卖,公告中明确拍品现状为有租赁,并在变卖须知中要求优先购买权人参加竞买时,应于变卖开始前2日向法院提交有效证明，经法院确认后才能以优先购买权人身份参与竞买；逾期不提交的，视为放弃对本标的物享有的优先购买权。在涉案房屋的变卖程序中，并未设置优先购买权的相关信息和权限。竞买人李艳娟最终以4,060,512元竞得案涉房屋，杨凤参与了此次变卖的竞价，但仅出价一次。

连云港中院(2016)苏07执异32号卷宗中杨凤执行异议申请书的落款时间为2016年7月11日，请求事项为确认其优先购买权，并在拍卖中予以公示。连云港中院(2016)苏07执恢112号卷宗中另有一份落款时间为2016年8月9日的杨凤再次向连云港中院提出执行异议申请书，请求撤销拍卖裁定，并确认其享有优先购买权。2016年9月29日，连云港中院对杨凤的异议立案审查，即为连云港中院(2016)苏07执异32号案件。此外，连云港中院于2016年12月9日作出(2016)苏07执异32号执行裁定，驳回杨凤的异议请求，并于2016年12月15日作出(2016)苏07执恢112号执行裁定，确定涉案房屋及土地使用权归李艳娟、徐越英共同共有。

连云港市海州区人民法院(2014)海民初字第0762号民事判决和连云港中院(2015)连执异字第00025号执行裁定中，均在审理查明部分认定2012年6月鼎庚公司、连云港吾盛贸易有限公司、连云港飞宏企业管理咨询有限公司、杨凤四方签订了《协议书》，将凯旋广场建筑面积约6800平方米的房屋(包含本案涉案房屋)的租赁权转让给杨凤，该租赁协议合法有效且杨凤已经支付租金。

在本案复议审查过程中，本院告知杨凤如要主张优先购买权，可再次与连云港中院联系，并在连云港中院指定的期限内将购房款支付至连云港中院指定账户。杨凤未在指定期限内支付购房款，且在此期间一直与原买受人李艳娟磋商继续承租事宜。2018年6月21日，杨凤向本院提交放弃优先购买权的书面声明，主张因个人原因无法行使优先购买权，故放弃优先购买权，并重新主张承租权。

连云港中院经审查于2016年12月9日作出(2016)苏0703执异32号执行裁定，驳回杨凤的异议请求。

杨凤不服该裁定向江苏省高级人民法院申请复议。江苏省高级人民法院于2017年8月10日作出(2017)苏执复63号执行裁定，发回连云港中院重新审查。

连云港中院重新作出(2017)苏07执异32号执行裁定，再次驳回杨凤的异议请求。杨凤再次不服，向江苏省高级人民法院再次申请复议。

江苏省高级人民法院于2018年6月28日作出的(2018)苏执复54号民事裁定书，驳回杨凤的复议申请，维持连云港中院(2017)苏07执异32号执行裁定。

法院观点

本案的争议焦点为：连云港中院在对涉案房屋进行变卖时，是否违反了法定程序并侵害了杨凤的优先购买权；杨凤的优先购买权是否还应继续予以保障。

《最高人民法院关于人民法院民事执行中拍卖、变卖财产的规定》第14条规定："人民法院应当在拍卖五日前以书面或者其他能够确认收悉的适当方式，通知当事人和已知的担保物权人、优先购买权人或者其他优先权人于拍卖日到场。优先购买权人经通知未到场的，视为放弃优先购买权。”本案中，执行法院在变卖公告中已经明确涉案房屋上存在租赁，即执行法院在变卖之前就已经知道变卖程序中存在潜在的优先购买权人，却仅以公告方式通知优先购买权人申报权利，而未依法以书面或其他能够确认收悉的方式对优先购买权人进行通知，程序不当。结合本案事实，复议申请人杨凤自2016年7月11日，即变卖程序开始前4日即向法院主张优先购买权，并请求在公告中予以公示。在变卖成交后，杨凤再次于2016年8月9日向连云港中院提出异议，请求撤销拍卖，确认其享有优先购买权。由此可见，杨凤的权利主张自2016年7月11日开始就处于持续状态之中，而连云港中院直到2016年9月29日才对其异议立案审查，程序违法，亦阻碍了杨凤优先购买权的行使。

网络司法拍卖在优先购买权的行使方式上与现场拍卖不同，在未事先进行优先购买权系统设置的情况下，优先购买权人无法自动实现以最终的最高竞价同等条件优先购买。故连云港中院在未对杨凤的优先购买权进行变卖系统设置的前提下，仅以杨凤参与了网络变卖程序但未最后应价为由，认为杨凤放弃了优先购买权，没有事实和法律依据。

在本案复议审查过程中，江苏省高级人民法院告知杨凤可以再行主张优先购买权，并要求其在连云港中院指定期限内将购房款支付到指定账户。而杨凤未再次行使优先购买权，并提交书面声明表示放弃优先购买权。江苏省高级人民法院认为，杨凤放弃其自身权利的行为符合法律规定，不损害国家、集体和其他人的合法权益。鉴于杨凤主动放弃了优先购买权，对其作为承租人所享有的优先购买权，依法不再予以保障。

对于杨凤提出的承租权请求，其未经异议程序而在本复议案中径行提出，江苏省高级人民法院不予理涉，杨凤可向执行法院另行主张。

综上，复议申请人杨凤的复议理由不成立。驳回杨凤的复议申请，维持连云港中院(2017)苏07执异32号执行裁定。

律师提示

一、关于网络司法拍卖如何保障优先购买权人的优先权的问题

笔者认为，为保障优先购买权人的优先权，应做好以下几点：(1)准确确定承租人是否享有承租权，进而锁定拟处置房屋的优先购买权人；(2)在拍卖五日前以书面或者其他能够确认收悉的适当方式通知优先购买权人参加拍卖；(3)法院事先对司法网络拍卖系统进行优先购买权系统设置。如下图所示：

> **优先购买权人**是指法律赋予特定对象（特定人）依照法律规定或合同约定，在出卖标的物于第三人时，享有的在同等条件下优先于第三人购买的权利。是否为优先购买权人需要法院或者卖家判定，您可以联系询问您是否享有优先购买权哦。如果没有，您也是可以正常报名参加拍卖的。
>
> 如符合优先购买权人条件，需要做以下操作：
>
> 1. 在开拍前两个工作日之前，到拍卖的人民法院申报对拍卖标的物享有优先购买权，经人民法院确认后，由法院在拍卖公告中明示。
> 2. 报名并缴纳保证金。
> 3. 优先购买权，**必须在登录状态下，且在出价阶段行权**，即当有其他竞买人出价时，优先购买权人可出与其他非优先购买权人同样的价格。
>
> 当前标的物是否有优先购买权人您可以在手机端或者电脑端标的物页面竞买公告下方查看。

二、关于承租部分房屋的承租人在出租人整体出卖房屋时是否享有优先购买权的问题

最高人民法院关于承租部分房屋的承租人在出租人整体出卖房屋时是否享有优先购买权的复函——(2004)民一他字第29号

江苏省高级人民法院：

你院请示的关于承租部分房屋的承租人在出租人整体出卖房屋时是否享有优先购买权的问题，目前，法律和司法解释对此均无明确规定。经研究认为：目前处理此类案件，可以从以下两个方面综合考虑：

第一，从房屋使用功能上看，如果承租人承租的部分房屋与房屋的其他部分是可分的、使用功能可相对独立的，则承租人的优先购买权应仅及于其承租的部分房屋；如果承租人的部分房屋与房屋的其他部分是不可分的、使用功能整体性较明显的，则其对出租人所卖全部房屋享有优先购买权。

第二，从承租人承租的部分房屋占全部房屋的比例看，承租人承租的部分房屋占出租人出卖的全部房屋一半以上的，则其对出租人出卖的全部房屋享有优先购买权；反之则不宜认定其对全部房屋享有优先购买权。

请你院结合以上因素，根据案件具体情况，妥善处理。

二〇〇五年七月二十六日

第十五章　金融犯罪篇

087 全国首例公职人员内部交易罪是如何裁判的?

案例索引

江苏省南通市人民检察院诉刘宝春、陈巧玲内幕交易一审案,南通市中级人民法院(2010)通中刑二初字第0005号刑事判决书。

案例导读

本案是一起涉及内幕交易中国家工作人员因履行工作职责参与上市公司的重组洽谈,并向其配偶泄露重组信息从事证券交易非法获利的案例。

裁判要旨

国家工作人员因履行工作职责而获取对证券交易价格具有重大影响的、尚未公开的信息的,属于内幕信息的知情人员。

裁判逻辑

1. 中国证监会在法定职权范围内,对本案内幕信息、知情人员、价格敏感期起止日期以及利用内幕信息进行股票交易等出具的认定意见,是根据法律授权作出的专业认定,符合客观事实和法律规定,具有证明力。

2. 国家工作人员因履行工作职责而获取对证券交易价格具有重大影响的、尚未公开的信息的,属于内幕信息的知情人员。

3. 在内幕信息敏感期内,知情人员与关系密切人共同从事证券交易活动,情节严重的,应当以内幕交易罪定罪处罚。

4. 行为人对其行为的法律性质和法律后果存在认识上的错误,不影响司法机关对其行为的性质认定和责任追究。

5. 行为人行为时是否意识到犯罪,反映行为人主观恶性程度,可在量刑时酌情考量。

交易结构图

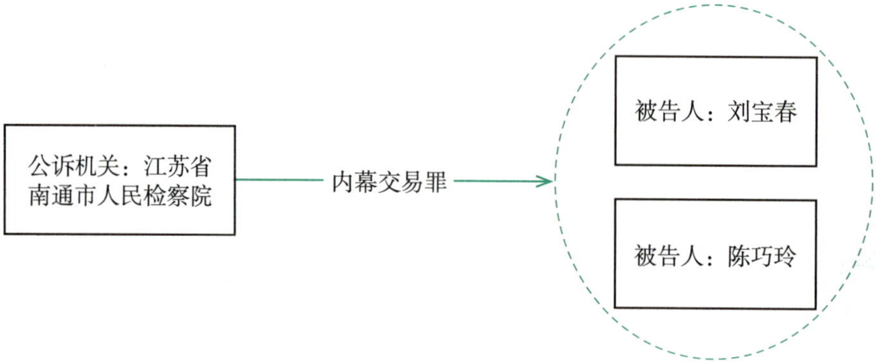

主要案情

公诉机关:江苏省南通市人民检察院。

被告人:刘宝春,原南京市经济委员会主任。

被告人:陈巧玲,被告人刘宝春之妻,原系南京证券有限责任公司工作人员。

江苏省南通市人民检察院以被告人刘宝春、陈巧玲犯内幕交易罪提起公诉,认为被告人刘宝春作为内幕信息知情人员,与被告人陈巧玲共谋,在价格敏感期内利用该信息进行股票交易,情节严重,两被告人的行为均构成内幕交易罪。本案系共同犯罪,被告人刘宝春是主犯,被告人陈巧玲是从犯。

2009年2月至4月,被告人刘宝春受南京市人民政府指派,代表南京市经济委员会(以下简称南京市经委)参与中国电子科技集团公司第十四研究所(以下简称十四所)及其下属企业国睿集团有限公司(以下简称国睿集团)与高淳县政府洽谈重组江苏高淳陶瓷股份有限公司(以下简称高淳陶瓷公司)过程,在涉及对证券交易价格有重大影响的信息尚未公开前,将该信息告知被告人陈巧玲。后刘宝春、陈巧玲经共谋,在价格敏感期内,以出售所持其他股票、向他人借款人民币400万元所得资金,并使用其家庭控制的刘如海、刘如兵、费忙珠、刘仁美等人的股票账户,由陈巧玲在其办公室通过网上委托交易方式先后买入共计614,022股的高淳陶瓷流通股,抛出后非法获利人民币7,499,479.22元。公诉机关认为,刘宝春作为内幕信息知情人员,与陈巧玲共谋,在价格敏感期内利用该信息进行股票交易,情节严重,其行为触犯了《刑法》第180条第1款的规定,应以内幕交易罪追究两被告人的刑事责任。本案系共同犯罪。提请江苏省南通市中级人民法院依法判处。

被告人刘宝春辩称,(1)其仅是十四所与高淳县政府商谈重组高淳陶瓷公司的牵线联系人,对于重组的谈判过程、谈判能否成功其不清楚,其不是内幕信息知情人。(2)其购买高淳陶瓷股票时,内幕信息尚未形成,不能因为其买卖该股票就认为利用了内幕信息。(3)其购买高淳陶瓷股票时没有意识到自己的行为是内幕交易犯罪。

被告人刘宝春的辩护人辩称，刘宝春无罪。理由是：(1)刘宝春是政府机关公务人员，作为内幕交易罪的犯罪主体不适格。(2)刘宝春所知悉的信息不属"内幕信息"。(3)侦查机关在2010年3月30日移送审查起诉以后再补充证据材料，属程序违法，这部分证据应当予以排除。(4)中国证监会、上海证券交易所法律部出具的函件，属于法律未作规定的单位作证，主体不适格，应当予以排除，并申请法庭通知上述函件的经办人员出庭接受质询。

被告人陈巧玲辩称，其购买高淳陶瓷股票时，并不知道被告人刘宝春从事的工作性质，没有意识到自己的行为是内幕交易犯罪；刘宝春让其买卖高淳陶瓷股票是事实，自己很后悔，请求法庭从宽处理。

被告人陈巧玲的辩护人辩称，指控陈巧玲犯内幕交易罪的事实不清，证据不足。理由是：(1)中国证监会出具的两份认定函作为证据不具有合法性，认定函的内容不具有客观真实性；(2)现有证据不能证明被告人刘宝春在2009年3月6日之后将内幕信息告知过陈巧玲。刘宝春与陈巧玲共谋的是买股票，但不是共同利用内幕信息共谋，不构成共同犯罪。

法院查明：

一、被告人刘宝春负责联系重组洽谈，获悉内幕信息的事实

2009年1月，十四所为做强该所下属企业国睿集团，欲通过一家上市公司进行资产重组"借壳"上市，以配合南京市政府"再造十家百亿企业集团工程"的实施。时任南京市经委主任的被告人刘宝春受南京市政府的指派，负责牵线联系十四所与高淳县政府洽谈由十四所重组高淳陶瓷公司事宜。2009年2月上旬，刘宝春介绍十四所与高淳县政府有关领导见面商谈、陪同实地考察，双方均表达了合作意向。2009年2月中下旬，刘宝春又约双方联系人到其办公室，指导双方磋商出台合作方案。2009年3月6日，由十四所草拟的《合作框架》形成初稿，条款包括高淳县政府将所持的高淳陶瓷公司股权转让给十四所、使其成为该公司第一大股东、实际控制人等内容。后洽谈双方对合作框架多次进行磋商、修改。其间，双方将合作谈判进展情况告知刘宝春，刘宝春即向南京市政府分管领导作了汇报。2009年4月19日，十四所将双方最终商定的《合作框架意向书》送至南京市经委，刘宝春在该意向书上作为鉴证方签名并加盖南京市经委公章后，出席洽谈双方签署《合作框架意向书》的签字仪式。2009年4月20日，高淳陶瓷股票在股市开盘后出现涨停。同日，高淳陶瓷公司发布《关于公司重大事项停牌公告》，宣布公司控股股东正在筹划重大资产重组事项，高淳陶瓷股票自4月21日起停牌。自4月21日至5月21日，高淳陶瓷公司例行发布《重大资产重组事项进展公告》《复牌公告》等一系列公告。2009年5月22日，高淳陶瓷股票复牌交易后价格上扬，在该股票的交易日内连续10个涨停。

高淳陶瓷公司于2003年1月在上海证券交易所上市。在十四所重组前，高淳县国有资产经营(控股)有限公司持有的高淳陶瓷公司国有股占该公司总股本的31.33%，是该公司第一大股东、实际控制人。

二、被告人刘宝春、陈巧玲进行内幕交易的事实

2009年2月至2009年3月，被告人刘宝春在牵线联系高淳陶瓷公司资产重组期间，将重

组信息透露给在南京证券有限责任公司工作的配偶被告人陈巧玲。在刘宝春的授意下，被告人陈巧玲分别于2009年4月1日、4月7日、4月8日，在南京证券有限责任公司其办公室以电脑网上委托交易的方式，通过家庭实际控制的刘如海、费忙珠股票交易账户，买入高淳陶瓷股票共计45,800股，支付人民币共计318,271.60元；4月13日，又通过家庭实际控制的刘仁美股票交易账户，买入高淳陶瓷股票10,100股，支付人民币72,975元。

2009年4月初，被告人刘宝春决定向他人借款并授意被告人陈巧玲以借款资金购买高淳陶瓷股票。4月13日、14日，刘宝春向蒋国春借得款项共计300万元。陈巧玲分别于2009年4月13日、4月14日、4月15日，通过刘如海和临时借用的刘如兵的股票交易账户，买入高淳陶瓷股票共计419,500股，支付人民币共计2,999,718.21元。4月15日，刘宝春向薛军借得款项100万元。同日，陈巧玲通过费忙珠股票交易账户，买入高淳陶瓷股票共计138,622股，支付人民币1,000,218.39元。

2009年5月初，被告人刘宝春授意被告人陈巧玲、刘如海将上述股票交易账户的所有高淳陶瓷股票在复牌后尽快卖出。自5月22日高淳陶瓷股票复牌至6月24日，刘如海、刘如兵以及陈巧玲通过电脑网上委托和电话委托等交易方式，将刘如海、刘如兵、费忙珠、刘仁美股票交易账户中的614,022股高淳陶瓷股票全部卖出，收入金额人民币共计11,890,662.42元。

综上，被告人刘宝春、陈巧玲自2009年4月1日至2009年4月15日，买入高淳陶瓷股票共计614,022股，支付人民币共计4,391,183.20元；自2009年5月22日至2009年6月24日，将高淳陶瓷股票全部卖出，收入金额人民币共计11,890,662.42元，非法获利人民币共计7,499,479.22元。

2010年3月17日、2010年4月22日，中国证监会先后作出《关于刘宝春等人涉嫌内幕交易、泄露内幕信息案有关问题的认定函》《关于刘宝春等人涉嫌内幕交易案有关事项的补充认定函》，认定：2009年3月6日，十四所与高淳县政府商洽重组高淳陶瓷公司，并形成合作框架初稿等事项，在公开披露前属于《证券法》第75条规定的内幕信息；被告人刘宝春属于《证券法》第74条规定的证券交易内幕信息的知情人；内幕信息的价格敏感期为2009年3月6日至2009年4月20日。

案发后，被告人刘宝春、陈巧玲退出全部违法所得。侦查机关扣押涉案电脑主机一台，冻结涉案股票账户和资金账户。

上述事实，有经庭审举证、质证的被告人刘宝春、陈巧玲的供述、证人证言、书证、物证、中国证监会认定函等证据证实，足以认定。

江苏省南通市中级人民法院于2010年12月20日判决如下：

1. 被告人刘宝春犯内幕交易罪，判处有期徒刑五年，并处罚金人民币750万元。

2. 被告人陈巧玲犯内幕交易罪，免予刑事处罚。

3. 被告人刘宝春、陈巧玲违法所得人民币7,499,479.22元予以追缴，上缴国库。

一审宣判后，被告人刘宝春、陈巧玲在法定期间内均未提出上诉，检察机关也未提出抗诉，判决已发生法律效力。

法院观点

本案的争议焦点是:(1)上市公司重大资产重组洽谈这一事件是否属于“内幕信息”;(2)被告人刘宝春作为国家工作人员,因履行工作职责参与上市公司的重组洽谈,是否属于内幕信息的知情人员;(3)在内幕信息敏感期内,被告人陈巧玲从事证券交易获利的行为,是否构成共同犯罪;(4)中国证监会的认定函及上海证券交易所法律部的函件可否作为证据采信。

关于第一个争议焦点。根据《证券法》(2014年)第75条的规定,内幕信息是指证券交易活动中,涉及公司的经营、财务或者对该公司证券的市场价格有重大影响的尚未公开的信息,包括:持有公司百分之五以上股份的股东或者实际控制人,其持有股份或者控制公司的情况发生较大变化;公司股权结构的重大变化;国务院证券监督管理机构认定的对证券交易价格有显著影响的其他重要信息。

本案中,从参与主体和内容看,被告人刘宝春牵线的高淳陶瓷公司资产重组,涉及相对控股31.33%的股东转让股权,属于持有公司5%以上股份的股东,其持有股份、控制公司的情况发生较大变化的法定重大事件;由十四所受让股权,拟成为第一大股东,属于公司股权结构的重大变化。上述事项均是法定的内幕信息。从时间上看,2009年3月6日的《合作框架》是内幕信息的第一次书面化,虽双方对洽谈重组方案有几易其稿、不断完善的过程,但所涉十四所受让国有股、成为公司第一大股东和实际控制人等内容始终被保留,即十四所重组高淳陶瓷公司“借壳”上市的总思路从一开始即已确定。从知情范围看,自2009年3月6日形成《合作框架》初稿,到2009年4月20日高淳陶瓷公司发布停牌公告、向社会公开披露重大资产重组事项前,该内幕信息的知悉人控制在很小的范围内,具有秘密性,完全符合内幕信息尚未公开的法定要求。从影响力看,因高淳陶瓷公司于停牌期间发布一系列公告信息,在2009年5月22日复牌交易后,高淳陶瓷股票连续10个涨停,充分说明资产重组事项对股票市场价格的重大影响。因此,中国证监会作出关于“2009年3月6日,十四所与高淳县政府商谈由十四所重组高淳陶瓷公司,并形成合作框架,以上事项在公开披露前属于内幕信息,价格敏感期为2009年3月6日至2009年4月20日”的认定意见,有充分的事实依据和法律依据。刘宝春关于其购买高淳陶瓷股票时内幕信息尚未形成的辩解及其辩护人关于刘宝春知悉的信息不属“内幕信息”的辩护意见均不能成立。

关于第二个争议焦点。根据《刑法》第180条的规定,内幕信息的知情人员范围,依照法律、行政法规的规定确定。根据《证券法》(2014年)第74条的规定,证券交易内幕信息的知情人包括相关公司人员、证券监管人员以及国务院证券监督管理机构规定的其他人。

本案中,被告人刘宝春代表南京市经委,作为十四所与高淳县政府洽谈十四所对高淳陶瓷公司资产重组事项的南京市政府部门联系人,参与了重组过程,在此期间,洽谈双方均多次告知刘宝春合作谈判的进展情况,刘宝春也多次向南京市政府分管领导进行汇报。刘宝春是因其担任的行政机关职务、履行其工作职责而获悉了内幕信息。刘宝春在价格敏感期内外借巨资买入巨额高淳陶瓷股票、谋取巨额利益的行为,也充分证明其是内幕信息知情人。作为国务院证券监督管理机构的中国证监会作出“刘宝春属于《证券法》规定的证券交易内幕信息知情人”的认定，有充分的事实依据和法律依据，应予采信。刘宝春关于其不是内幕信息知情人的辩解及其辩护人关于刘宝春是政府机关公务人员、作为内幕交易罪的犯罪主体不适格的辩护意见均不能成立。

关于第三个争议焦点。被告人刘宝春和被告人陈巧玲是夫妻关系，刘宝春知悉十四所重组高淳陶瓷公司的内幕信息后，泄露给陈巧玲。在刘宝春的授意下，陈巧玲通过家庭实际控制的多个股票交易账户，将刘宝春所借巨资以及卖出其他股票所得资金全部买入高淳陶瓷股票，获得非法利益。上述事实充分说明陈巧玲主观上知道高淳陶瓷公司资产重组的信息，其客观上实施具体操作股票交易、帮助实现犯罪目的的行为，构成共同犯罪。陈巧玲的辩护人关于陈巧玲的行为不构成共同犯罪的辩护意见不能成立。

关于第四个争议焦点。中国证监会是国务院证券监督管理机构，依法行使监督管理全国证券期货市场、维护证券期货市场秩序的行政职能。《证券法》赋予中国证监会对内幕信息、知情人员等的认定权。最高人民法院、最高人民检察院、公安部、中国证监会《关于整治非法证券活动有关问题的通知》规定，对非法证券活动是否涉嫌犯罪，由公安机关、司法机关认定；公安机关、司法机关认为需要有关行政主管机关进行性质认定的，行政主管机关应当出具认定意见。故中国证监会在法定职权范围内，对本案内幕信息、知情人员、价格敏感期起止日期以及利用内幕信息进行股票交易等出具的认定意见，是根据法律授权作出的专业认定，符合客观事实和法律规定，具有证明力。

至于上海证券交易所法律部受侦查机关的委托，经该所有关部门对涉案股票账户实际交易记录的相关数据进行核算后作出的专业统计，既与两被告人的供述、相关证人证言相一致，又与书证涉案账户股票交易的明细情况互相印证，亦具有证明力。因该回函所证明的案件事实已经查清，函件经办人员无必要再到庭作证。故两被告人的辩护人关于中国证监会、上海证券交易所法律部出具的函件不应作为本案的证据采用的辩护意见不能成立，被告人刘宝春的辩护人要求出具上述函件的经办人员出庭接受质询的申请，不予采纳。

此外，对被告人刘宝春和陈巧玲关于买入高淳陶瓷股票之时没有意识到自己的行为是内幕交易犯罪的辩解，法院认为，行为时是否意识到犯罪，反映行为人主观恶性程度，可在量刑时酌情考量。但行为人对其行为的法律性质和法律后果存在认识上的错误，不影响司法机关对其行为的性质认定和责任追究。

综上，被告人刘宝春作为十四所与高淳县政府洽谈十四所重组高淳陶瓷公司事项的南京市政府部门联系人，因履行工作职责获取了内幕信息，是内幕信息知情人员。在内幕信息尚未公开前，刘宝春向被告人陈巧玲泄露该信息，共同利用所知悉的内幕信息进行股票交易，情节特别严重，其行为均构成内幕交易罪。本案系共同犯罪，刘宝春是主犯，陈巧玲是从犯。刘宝春、陈巧玲均是初犯、偶犯，案发后退出全部赃款，在庭审中认罪态度较好，均可酌情从轻处罚。根据宽严相济的刑事政策，综合陈巧玲作为非身份犯，受刘宝春的指使、被动实施内幕交易行为的犯罪情节和悔罪表现，依法对其免除处罚。

律师提示

1. 对于具有专业知识的人员，即使是利用专业知识掌握了内幕信息的内容，只要其进行专业知识判断时依据其利用职务或工作便利获取的信息，也应当认定为内幕信息的知情人员。

2. 对于具有专业知识的人员，如果其通过非法手段获取了内幕信息，同时在此过程中也通过其专业知识加强了其判断，或者是先通过专业知识预判出重组对象，后通过获取内幕信息加强了对其预判的确信，原则上只要其从事与内幕信息有关的证券期货交易，情节严重的，就应当追究内幕交易的刑事责任。

088 最高人民法院如何认定变相非法吸收公众存款罪？

案例索引

尤湖塔园有限责任公司——惠庆祥、陈创、冯振达非法吸收公众存款，惠庆祥挪用资金案刑事判决书（最高人民法院公报2008年第6期）。

案例导读

与热词“来路不明的资金”最相关的应该是非法吸收公众存款罪，而利用各类许可、牌照等合法手段作掩护向社会不特定公众借贷则最可能构成变相非法吸收公众存款。如何非法吸收公众存款？如何认定变相吸收公众存款？如何区分合法民间借贷与非法吸收公众存款？

裁判要旨

未经中国人民银行批准，不以吸收公众存款的名义，向社会不特定对象吸收资金，但承诺履行的义务与吸收公众存款性质相同，即承诺在一定期限内返本付息的，属于《刑法》第176条规定的“变相吸收公众存款”。

裁判逻辑

1. 非法吸收公众存款，是指未经中国人民银行批准，向社会不特定对象吸收资金，出具凭证，承诺在一定期限内还本付息的活动。

2. 非法吸收公众存款罪，尽管也表现为一定民间借贷的特征，但因为其借贷的范围具有不特定的公众性且扰乱了国家金融秩序，所以具有民间借贷不会造成的严重社会危害性，这是两者的根本区别。

3. 变相吸收公众存款,是指未经中国人民银行批准,不以吸收公众存款的名义,向社会不特定对象吸收资金,但承诺在一定期限内还本付息的行为,构成犯罪的应依法追究刑事责任。

4. 在本案中,尤湖塔园公司与客户签订的合同,表面上是塔位销售合同,但双方在合同中明确约定,尤湖塔园公司对购买塔位的客户承担两年期还本返利的义务。此外,该公司推出的所谓“投资型”塔位不与特定死者的骨灰相对应,该公司承诺既可以根据塔位销售合同逐年返利,也可以更名、退单。所谓退单,是指由尤湖塔园公司按照市场价回购。由于尤湖塔园公司的虚假操作,在没有任何依据的情况下,投资型塔位的价格被不定期地不断调高,因此在退单的时候,尤湖塔园公司除了向用户返还购买时的原价,还需支付增值的部分,事实上就是变相的“返本付息”。

交易结构图

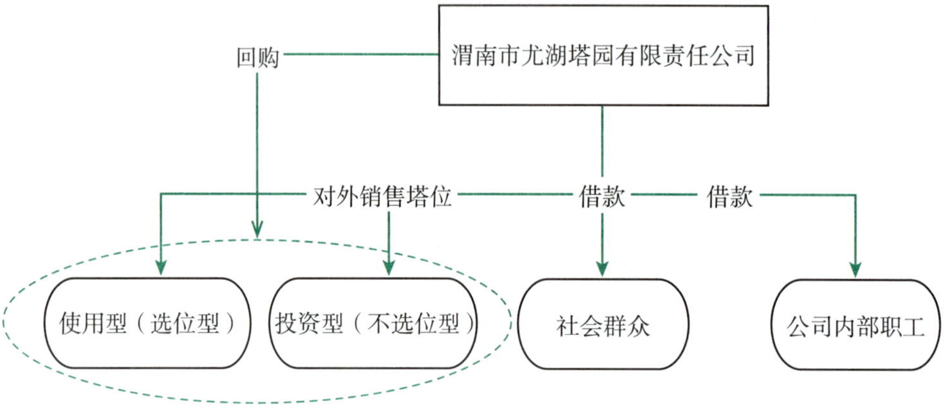

主要案情

公诉机关:陕西省渭南市人民检察院。

被告单位:渭南市尤湖塔园有限责任公司。

诉讼代表人:徐月山,男,50 岁,该公司副总经理。

被告人:惠庆祥,男,52 岁,原系渭南市尤湖塔园有限责任公司董事长兼总经理,住无锡市滨湖区蠡湖街道长桥社区。2006 年 10 月 31 日因涉嫌非法吸收公众存款罪被刑事拘留,同年 11 月 16 日被依法逮捕。

被告人:陈创,男,31 岁,原系渭南市尤湖塔园有限责任公司常务副总经理兼营销部经理,住江苏省常州市大圩沟。2006 年 10 月 13 日因涉嫌非法吸收公众存款罪被刑事拘留,同年 11 月 2 日被依法逮捕。

被告人:冯振达,男,36 岁,原系渭南市尤湖塔园有限责任公司营销部市场总监,住广州市中山大道 190 号骏景花园。2006 年 9 月 22 日因涉嫌非法吸收公众存款罪被刑事拘留,同年 11 月 2 日被依法逮捕。

陕西省渭南市人民检察院以被告单位渭南市尤湖塔园有限责任公司(以下简称尤湖塔园公司)以及被告人惠庆祥、陈创、冯振达犯非法吸收公众存款罪,惠庆祥犯挪用资金罪,向陕西省渭南市中级人民法院提起公诉。

被告单位尤湖塔园公司经被告人惠庆祥和其他股东合作;于1998年7月7日在渭南市工商局正式注册成立。惠庆祥担任公司董事长兼总经理。被告人陈创担任公司常务副总经理兼营销部经理、西安分公司(办事处)负责人,具体负责公司在西安的营销事项等。被告人冯振达自2001年起参与该公司在西安地区的塔位营销,2003年3月任该公司市场总监,承包该公司在西安地区的塔位营销,按销售额提取28%~30%的销售费用。

被告单位尤湖塔园公司为解决资金困难问题,违反国家公墓销售的有关规定,在被告人惠庆祥、陈创、冯振达等人的操纵下,非法吸收公众资金,其主要手段是将该公司塔园内用于安放死者骨灰的塔位分为使用型(选位型)、投资型(不选位型)两种,大肆向社会群众进行虚假宣传,谎称购买投资型塔位可以保值、增值,并承诺在塔位购买合同规定的期限内可更名、退单。尤湖塔园公司为了欺骗群众,在没有任何依据的情况下,不定期地随意调高塔位价格,并向客户公布价格调整情况,虚构塔位升值的假象,同时还将该公司前期退单情况向客户宣传,用以吸引社会群众购买。在惠庆祥等人的操纵下,上述行为主要在西安地区实行,自1998年4月到2005年8月,在惠庆祥任总经理、陈创任西安分公司(办事处)负责人期间,西安地区购买投资型塔位的被害群众高达4334人,尤湖塔园公司非法吸收公众资金9698万余元。此外,由于尤湖塔园公司资金严重短缺,惠庆祥还决定面向该公司内部职工及社会群众高息借款。1998年12月至2006年7月,尤湖塔园公司共计借款180余人次,总金额高达1098万余元。综上,尤湖塔园公司非法吸收公众存款1.07亿余元。惠庆祥作为该公司董事长兼总经理,领导、策划并组织尤湖塔园公司实施非法吸收公众存款的犯罪行为,属直接负责的主管人员;陈创作为该公司常务副总经理兼营销部经理,参与该公司非法吸收公众存款9698万余元;冯振达作为该公司市场部总监,在任职期间参与该公司非法吸收公众存款2632万余元;均属直接责任人员。

渭南市中级人民法院于2007年6月5日判决:(1)被告单位尤湖塔园公司犯非法吸收公众存款罪,判处罚金50万元;(2)被告人惠庆祥犯非法吸收公众存款罪,判处有期徒刑五年,并处罚金40万元,犯挪用资金罪,判处有期徒刑七年,决定执行有期徒刑十一年,并处罚金40万元;(3)被告人陈创犯非法吸收公众存款罪,判处有期徒刑三年,缓刑五年,并处罚金20万元;(4)被告人冯振达犯非法吸收公众存款罪,判处有期徒刑三年,缓刑五年,并处罚金10万元;(5)对被告单位尤湖塔园公司、被告人惠庆祥、陈创、冯振达非法吸收公众存款犯罪所得的一切财物依法予以追缴并返还被害人;(6)对被告人惠庆祥挪用资金的400万元赃款依法予以追缴并返还。

法院观点

根据取缔办法的规定,非法吸收公众存款是指未经中国人民银行批准,向社会不特定对象吸收资金,出具凭证,承诺在一定期限内还本付息的活动;变相吸收公众存款是指未经中国人民银行批准,不以吸收公众存款的名义,向社会不特定对象吸收资金,但承诺履行的义务与吸收公众存款性质相同的活动。在本案中,尤湖塔园公司与客户签订的合同,表面上是塔位销售合同,但双方在合同中明确约定,尤湖塔园公司对购买塔位的客户承担两年期还本返利的义务。此外,该公司推出的所谓“投资型”塔位不与特定死者的骨灰相对应,该公司承诺既可以根据塔位销售合同逐年返利,也可以更名、退单。所谓退单,是指由尤湖塔园公司按照市场价回购。由于尤湖塔园公司的虚假操作,在没有任何依据的情况下,投资型塔位的价格被不定期地不断调高,因此在退单的时候,尤湖塔园公司除了向用户返还购买时的原价,还需支付增值的部分,事实上就是变相的“返本付息”。因此,尤湖塔园公司的上述行为符合取缔办法第4条规定的变相吸收公众存款的特征,构成非法吸收公众存款罪,其上诉理由不能成立,不予采纳。上诉人尤湖塔园公司未经金融主管机关批准,采取向社会公众销售投资型塔位,承诺到期退单兑付和向社会公众高息借款的手段,变相吸收公众存款,数额巨大,后果严重,严重扰乱了金融秩序和社会秩序,其行为已构成非法吸收公众存款罪,依法应予惩处。上诉人惠庆祥作为该公司法定代表人和总经理,直接参与并组织、领导了该公司全部犯罪活动,是单位犯罪中直接负责的主管人员,依法构成非法吸收公众存款罪。原审被告人陈创作为该公司西安办事处负责人,组织、领导该公司在西安地区的非法吸收公众存款行为,也是单位犯罪中直接负责的主管人员;原审被告人冯振达是单位犯罪的直接责任人员,均应以非法吸收公众存款罪定罪处罚。

律师提示

本案主要涉及两个关键问题:一是关于如何认定变相吸收公众存款的问题,二是关于如何区分合法民间借贷与非法吸收公众存款的问题。

1. 变相吸收公众存款的行为与非法吸收公众存款的行为在非法性特征和对象特征以及承诺的义务等方面均是相同的,所不同的是非法吸收公众存款是以直接的名义吸收存款,表现在其出具存款凭证,并承诺在一定期限内还本付息;而变相吸收公众存款则不以直接吸收存款的名义出现,而以成立资金互助会或以投资、集资入股等名义,但承诺履行的义务与吸收公众存款性质相同。这里的承诺的义务与吸收公众存款的性质相同,即都是承诺在一定期限内还本付息,从而达到吸收公众存款的目的。

2. 我们认为,刑法是规定犯罪及其刑事责任的法律规范,即刑法规定的是犯罪行为,而其他法律规定的都是一般违法行为。非法吸收公众存款罪,尽管也表现为一定民间借贷的特征,但因为其借贷的范围具有不特定的公众性且扰乱了国家金融秩序,所以具有民间借贷不会造成的严重社会危害性,这是两者的根本区别。如果民间借贷的对象范围满足前文所讲的两个条件即“非法性”和“广延性”,即未经有权机关批准和向社会不特定对象吸收资金,且借款利率高于法定利率,扰乱了国家金融秩序,则就超出了民间借贷的范畴,演化为非法吸收公众存款,而对于像“只向少数个人或者特定对象如仅限于本单位人员等吸收存款”的行为当然不是本罪中的非法吸收公众存款的行为，因为这种“民间借贷”不可能对国家金融秩序造成破坏。

089 最高人民法院如何指导办理拒不执行判决、裁定罪案件？

案例索引

最高人民法院指导案例 71 号(最高人民法院审判委员会讨论通过 2016 年 12 月 28 日发布)。

案例导读

本案是最高人民法院指导案例，其核心焦点问题是：拒不执行判决、裁定罪中规定的“有能力执行而拒不执行”的行为起算时间如何认定，即被告人拒不执行判决的行为是从相关民事判决发生法律效力时起算，还是从执行立案时起算。

文章最后列举了关于拒不执行判决、裁定罪的所有法条依据、立法解释及司法解释，对“人民法院的判决、裁定”“对人民法院的判决、裁定有能力执行而拒不执行，情节严重”“其他有能力执行而拒不执行，情节严重的情形”“判决、裁定是否包括人民法院的调解书?”等均有明确解释。

裁判要旨

具有执行内容的判决、裁定发生法律效力后，负有执行义务的人有隐藏、转移、故意毁损财产等拒不执行行为，致使判决、裁定无法执行，情节严重的，应当以拒不执行判决、裁定罪定罪处罚。

裁判逻辑

1. 生效法律文书进入强制执行程序并不是构成拒不执行判决、裁定罪的要件和前提。

2. 有能力执行而拒不执行判决、裁定的时间从判决、裁定发生法律效力时起算。

3. 具有执行内容的判决、裁定发生法律效力后，负有执行义务的人有隐藏、转移、故意毁损财产等拒不执行行为，致使判决、裁定无法执行，情节严重的，应当以拒不执行判决、裁定罪定罪处罚。

交易结构图

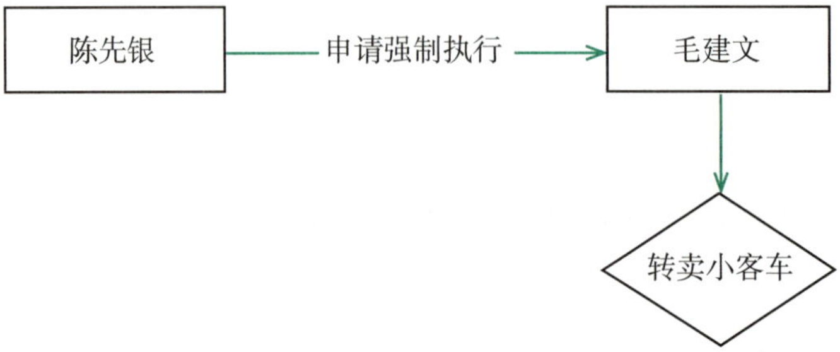

主要案情

浙江省平阳县人民法院于 2012 年 12 月 11 日作出(2012)温平鳌商初字第 595 号民事判决,判令被告人毛建文于判决生效之日起 15 日内返还陈先银挂靠在其名下的温州宏源包装制品有限公司投资款 200,000 元及利息。该判决于 2013 年 1 月 6 日生效。因毛建文未自觉履行生效法律文书确定的义务,陈先银于 2013 年 2 月 16 日向平阳县人民法院申请强制执行。立案后,平阳县人民法院在执行中查明,毛建文于 2013 年 1 月 17 日将其名下的浙 CVU661 小型普通客车以 150,000 元的价格转卖,并将所得款项用于个人开销,拒不执行生效判决。毛建文于 2013 年 11 月 30 日被抓获归案后如实供述了上述事实。

浙江省平阳县人民法院于 2014 年 6 月 17 日作出(2014)温平刑初字第 314 号刑事判决:被告人毛建文犯拒不执行判决罪,判处有期徒刑十个月。宣判后,毛建文未提起上诉,公诉机关未提出抗诉,判决已发生法律效力。

法院观点

被告人毛建文负有履行生效裁判确定的执行义务,在人民法院具有执行内容的判决、裁定发生法律效力后,实施隐藏、转移财产等拒不执行行为,致使判决、裁定无法执行,情节严重,其行为已构成拒不执行判决罪。公诉机关指控的罪名成立。毛建文归案后如实供述了自己的罪行,可以从轻处罚。

本案的争议焦点为,拒不执行判决、裁定罪中规定的"有能力执行而拒不执行"的行为起算时间如何认定,即被告人毛建文拒不执行判决的行为是从相关民事判决发生法律效力时起算,还是从执行立案时起算。对此,法院认为,生效法律文书进入强制执行程序并不是构成拒不执行判决、裁定罪的要件和前提,毛建文拒不执行判决的行为应从相关民事判决于 2013 年 1 月 6 日发生法律效力时起算。主要理由如下:第一,符合立法原意。全国人民代表大会常务委员会对《刑法》第 313 条规定解释时指出,该条中的"人民法院的判决、裁定",是指人民法院依法作出的具有执行内容并已发生法律效力的判决、裁定。这就是说,只有具有执行内容的判决、裁定发生法律效力后,才具有法律约束力和强制执行力,义务人才有及时、积极履行生效法律文书确定义务的责任。生效法律文书的强制执行力不是在进入强制执行程序后才产生的,而是自法律文书生效之日起即产生。第二,与民事诉讼法及其司法解释协调一致。《民事诉讼法》第111条规定:“诉讼参与人或者其他人拒不履行人民法院已经发生法律效力的判决、裁定的,人民法院可以根据情节轻重予以罚款、拘留;构成犯罪的,依法追究刑事责任。”《民事诉讼法解释》第188条规定:“民事诉讼法第一百一十一条第一款第六项规定的拒不履行人民法院已经发生法律效力的判决、裁定的行为,包括在法律文书发生法律效力后隐藏、转移、变卖、毁损财产或者无偿转让财产、以明显不合理的价格交易财产、放弃到期债权、无偿为他人提供担保等,致使人民法院无法执行的。”由此可见,法律明确将拒不执行行为限定在法律文书发生法律效力后,并未将拒不执行的主体仅限定为进入强制执行程序后的被执行人或者协助执行义务人等,更未将拒不执行判决、裁定罪的调整范围仅限于生效法律文书进入强制执行程序后发生的行为。第三,符合立法目的。拒不执行判决、裁定罪的立法目的在于解决法院生效判决、裁定的“执行难”问题。将判决、裁定生效后立案执行前逃避履行义务的行为纳入拒不执行判决、裁定罪的调整范围,是法律设定该罪的应有之意。将判决、裁定生效之日确定为拒不执行判决、裁定罪中拒不执行行为的起算时间点,能有效地促使义务人在判决、裁定生效后即迫于刑罚的威慑力而主动履行生效裁判确定的义务,避免生效裁判沦为一纸空文,从而使社会公众真正尊重司法裁判,维护法律权威,从根本上解决“执行难”问题,实现拒不执行判决、裁定罪的立法目的。

律师提示

面对被执行人拒不执行判决、裁定的行为,除了通过公安、检察机关,走公诉程序追究拒执罪外,公民个人也可以通过自诉方式,亲手把“老赖”送进监狱。假如想要走自诉程序,公民个人需要搜集如下材料:

一、证明被告人主体信息的证据材料

1. 被告人为自然人的,应当收集证明被告人身份信息的户籍资料。

2. 被告人为单位的,应当收集该单位的工商登记资料,以及该单位主管人员或直接责任人员的身份信息、职务等材料。

二、证明被告人负有执行义务或协助执行义务的证据材料

1. 被告人为被执行人、担保人的,应当收集由被告人承担履行义务的生效裁判文书(包括一、二审或再审判决书、裁定书,诉前保全裁定书,诉讼保全裁定书,先予执行裁定书,追加、变更被执行人裁定书等)及人民法院为了执行生效裁判文书而作出的执行通知书等法律文书。

2. 被告人为协助执行义务人的,应当收集作为协助执行依据的相关生效裁判文书、人民法院作出的协助执行通知书及证明协助义务人应当承担协助执行义务的其他证据材料。

3. 对于执行支付令、生效的调解书、仲裁裁决、公证债权文书的案件,应当收集支付令、生效的调解书、仲裁裁决、公证债权文书以及人民法院为执行支付令、生效的调解书、仲裁裁决、公证债权文书而作出的裁定书等。

上述材料中的书证应当收集原件，如确实无法取得原件的，收集副本或复印件。副本或复印件上须注明原件所在地及收集人，并加盖原件所在单位和收集人员的单位印章。

三、证明被告人有履行能力的证据材料

1. 证明被执行人、担保人拥有清偿判决、裁定确定债权的全部或者一部分财产的有关证据材料；或者能够以自己的行为或者委托他人在判决、裁定确定期间完成判决、裁定确定应履行的行为义务的证据材料。包括：

(1)执行法院为调查被执行人、担保人财产情况而出具的搜查令及相关笔录；

(2)执行法院查封、扣押、冻结被执行人、担保人财产而出具的裁定书、协助执行通知书及查封公告，查封、扣押、冻结物品清单等；

(3)执行法院查询被执行人、担保人存款、股权等的通知书及回执；

(4)执行法院查询被执行人、担保人名下不动产、车辆的登记情况记录；

(5)根据《民事诉讼法》第241条的规定，被执行人向执行法院提交的财产情况报告；

(6)执行法院对被执行人采取限制高消费、信用惩戒措施的相关法律文书；

(7)公安机关依法侦查获取的被执行人、担保人有履行能力的相关文件、证言等；

(8)其他能够证明被执行人、担保人具有履行能力的证人证言、文件、查询记录等。

2. 证明属于协助执行义务人的工作职责、业务范围或者协助执行义务人持有、控制判决、裁定指定交付的财产、财产权证或者其他物品的证据材料。包括：相关工商登记材料、相关机构出具的证明文件，财产被查封、扣押、冻结或委托保管的相关文书，其他相关笔录、登记文件、查询记录等。

四、证明被告人拒不履行判决、裁定或妨害执行的证据材料

1. 证明被执行人隐藏、转移、故意损毁财产或者无偿转让财产、以明显不合理的低价转让财产的证据材料或担保人隐藏、转移、故意损毁或者转让已向执行法院提供担保的财产的证据材料，包括相关的笔录、证人证言、银行存款查询记录、担保函、转让合同、交易记录、财产过户登记等。

2. 证明协助执行义务人接到执行法院协助执行通知书后，拒不协助执行的证据，包括相关协助执行通知书、送达回证、调查笔录、证人证言及证明协助执行义务人拒不协助执行的其他证据材料。

3. 证明被执行人、担保人、协助执行义务人与国家机关工作人员通谋，利用国家机关工作人员的职权妨害执行的证据材料，包括证明国家机关工作人员职权范围的证据材料；证明被执行人、担保人、协助执行义务人与国家机关工作人员通谋的证据材料；证明国家机关工作人员利用职务便利妨害执行的证据材料。

4. 证明被执行人因妨害执行或因拒绝报告、虚假报告财产状况、违反执行法院限制高消费及有关消费令等已被执行法院采取民事强制措施的证据材料，包括执行法院出具的罚款决定书、拘留决定书、拘传票及其他证明被执行人因妨害执行被采取民事强制措施的证明材料等。

5. 证明被告人以暴力、威胁、聚众等方式阻碍执行或者对执行人员进行侮辱、围攻、扣押、

殴打或者毁损、抢夺执行案件材料、执行公务车辆和其他执行器械、执行人员服装以及执行公务证件的证据材料，包括现场照片、录音录像、证人证言、鉴定报告等。

6. 证明被告人拒不交付法律文书指定交付的财物、票证或者拒不迁出房屋、退出土地的证据材料，包括证明被告人占有财物、票证的证据，在房屋、土地上工作、生活、活动的证据材料等。

7. 证明被告人与他人串通，通过虚假诉讼、虚假仲裁、虚假和解等方式妨害执行的证据材料，包括虚假诉讼、仲裁、和解的判决书、裁定书、仲裁裁决书、和解协议，庭审笔录，相关证人的证言，履行虚假判决、裁定、仲裁裁决、和解协议的证明材料等。

8. 证明被告人伪造、毁灭有关被执行人履行能力的证据的证据材料或者以暴力、威胁、贿买方法阻止他人作证或者指使、贿买、胁迫他人作伪证，妨碍执行法院查明被执行人财产情况的证据材料，包括调查笔录、证人证言、交易记录、鉴定报告等。

9. 证明被告人拒不执行法院判决、裁定，致使债权人遭受重大损失的证据材料，包括相关的笔录、法律文书等。

10. 其他证明被告人拒不履行判决、裁定或妨害执行的证据材料。

五、证明自己“曾经提出控告，而公安机关、检察机关对负有执行义务的人不予追究刑事责任”的证据材料

1. 公安机关出具的《不予立案通知书》或人民检察院出具的《不起诉决定书》。

2. 能够证明公安机关、检察机关不予接收申请执行人的报案材料或者超过15日不予答复的材料。

参考法条

《中华人民共和国刑法》第三百一十三条　拒不执行判决、裁定罪

（一）对人民法院的判决、裁定有能力执行而拒不执行，情节严重的，处三年以下有期徒刑、拘役或者罚金；情节特别严重的，处三年以上七年以下有期徒刑，并处罚金。

（二）单位犯前款罪的，对单位判处罚金，并对其直接负责的主管人员和其他直接责任人员，依照前款的规定处罚。

全国人民代表大会常务委员会关于《中华人民共和国刑法》第三百一十三条的解释，下列情形属于刑法第三百一十三条规定的“有能力执行而拒不执行，情节严重”的情形：

（一）被执行人隐藏、转移、故意毁损财产或者无偿转让财产、以明显不合理的低价转让财产，致使判决、裁定无法执行的；

（二）担保人或者被执行人隐藏、转移、故意毁损或者转让已向人民法院提供担保的财产，致使判决、裁定无法执行的；

（三）协助执行义务人接到人民法院协助执行通知书后，拒不协助执行，致使判决、裁定无法执行的；

（四）被执行人、担保人、协助执行义务人与国家机关工作人员通谋，利用国家机关工作人员的职权妨害执行，致使判决、裁定无法执行的；

(五)其他有能力执行而拒不执行,情节严重的情形。

最高人民法院《关于审理拒不执行判决、裁定刑事案件适用法律若干问题的解释》

负有执行义务的人有能力执行而实施下列行为之一的,应当认定为全国人民代表大会常务委员会关于刑法第三百一十三条的解释中规定的"其他有能力执行而拒不执行,情节严重的情形":

(一)具有拒绝报告或者虚假报告财产情况、违反人民法院限制高消费及有关消费令等拒不执行行为,经采取罚款或者拘留等强制措施后仍拒不执行的;

(二)伪造、毁灭有关被执行人履行能力的重要证据,以暴力、威胁、贿买方法阻止他人作证或者指使、贿买、胁迫他人作伪证,妨碍人民法院查明被执行人财产情况,致使判决、裁定无法执行的;

(三)拒不交付法律文书指定交付的财物、票证或者拒不迁出房屋、退出土地,致使判决、裁定无法执行的;

(四)与他人串通,通过虚假诉讼、虚假仲裁、虚假和解等方式妨害执行,致使判决、裁定无法执行的;

(五)以暴力、威胁方法阻碍执行人员进入执行现场或者聚众哄闹、冲击执行现场,致使执行工作无法进行的;

(六)对执行人员进行侮辱、围攻、扣押、殴打,致使执行工作无法进行的;

(七)毁损、抢夺执行案件材料、执行公务车辆和其他执行器械、执行人员服装以及执行公务证件,致使执行工作无法进行的;

(八)拒不执行法院判决、裁定,致使债权人遭受重大损失的。

090 投资融资领域收融资顾问费是否构成职务侵占罪?

案例索引

哈尔滨市南岗区人民法院(2016)黑0103刑初7号刑事判决书。

案例导读

1.在投融资领域,加收融资顾问费现象很常见,容易引发商业腐败,最终爆发商业贿赂案及职务侵占案等刑事案件。

2.细读本刑事判决书,不仅可以发现投资经理角色的刑事责任风险,也可以了解投融资领域常见商业操作手法,还能隐约发现投融资行业的一些潜规则。

3. 本案的爆发原因非常有意思,外部审计时在融资项目电子档案里发现了一份可疑《融资协议》,顺藤摸瓜发现腐败,继而单位报案。细节是天使也是魔鬼,本案有价值的辩护细节比较多,值得探讨。

裁判要旨

代表单位与融资方协商确定的包含融资顾问费在内的项目所得收益应当归单位所有。

裁判逻辑

1. 代表单位与融资方协商确定的包含融资顾问费在内的项目所得收益应当归单位所有。

2. 被告作为公司的人员,利用职务上的便利,将本单位的财物非法占为己有,数额巨大,其行为构成职务侵占罪。

3. 被告人违法所得的一切财物,应当予以责令退赔。

交易结构图

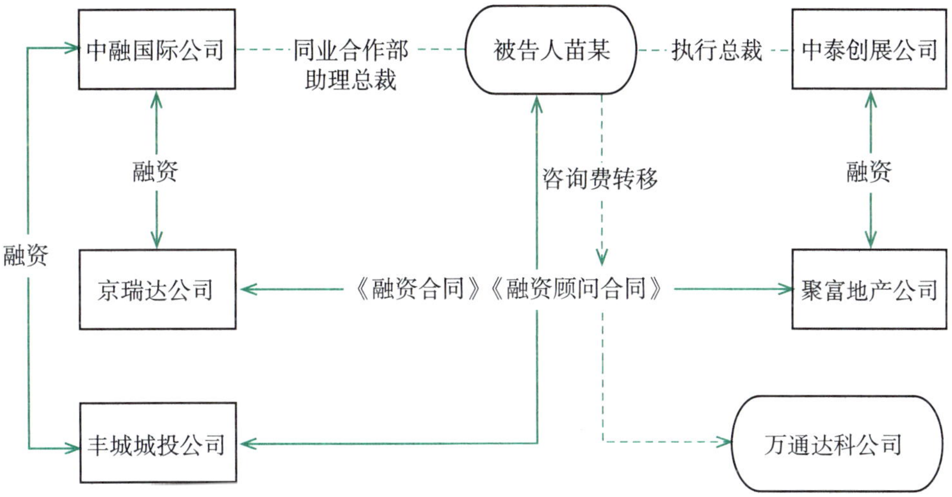

主要案情

公诉机关:黑龙江省哈尔滨市南岗区人民检察院。

被告人:苗某,女,汉族,1975 年 2 月 7 日出生,原系中融国际信托有限公司同业合作部助理总裁、中泰创展控股有限公司执行总裁,住北京市通州区。因涉嫌犯职务侵占罪于 2014 年 11 月 7 日被刑事拘留,同年 12 月 12 日被逮捕,羁押于哈尔滨市第二看守所。

2012 年至 2013 年,被告人苗某在担任中融国际信托有限公司(以下简称中融国际公司)同业合作部助理总裁和中泰创展控股有限公司(以下简称中泰创展公司)执行总裁期间,利用其负责贷款项目,可以商定贷款条件,对于项目的融资费率具有一定范围内自主决定权的职务便利，在其负责中融国际与武汉中京瑞达房地产有限公司（以下简称中京瑞达公司）融资项目过程中，代表中融国际公司与融资方中京瑞达公司商定，由中融国际公司向中京瑞达公司融资人民币5亿元，中京瑞达公司定期支付融资费，融资费率为27%。其后，苗某采取分别与中京瑞达公司签署《融资合同》（费率25%）和《融资顾问合同》（费率2%）的手段，以收取咨询费的名义将该2%转至由其亲属实际控制的冒用刘某某名义注册成立的北京万通达科咨询有限公司（以下简称万通达科公司）。至案发，中京瑞达公司共计支付咨询费人民币1500万元。

被告人苗某在负责中融国际公司与江西丰城市城市建设投资有限公司（以下简称丰城城投公司）、中泰创展与黑龙江聚富房地产开发有限公司（以下简称聚富地产公司）融资项目过程中，采取同样的犯罪手段，分别收取融资方咨询费人民币400万元和人民币500万元。

综上，被告人苗某通过万通达科公司共计收取咨询顾问费人民币2400万元。经侦查，被告人苗某于2014年11月6日被公安机关抓获。

被告人苗某辩称：起诉书指控的三个项目都是谢某某商定后指派她去的，都是公司安排好的，她只是执行者，都是谢某某谈好的。

其辩护人认为：万通达科公司与中京瑞达公司签订的融资顾问协议和转账证明是中融国际公司在其系统里调取的，中融国际公司不可能不知道万通达科公司，中京瑞达公司向万通达科公司支付咨询费必须由中融国际公司的现场监管人员发起，经中融国际公司一系列审核才能支付，万通达科公司收取咨询费中融国际公司不仅知道还审核通过，这种情况下不排除万通达科公司是中融国际公司壳公司的可能。万通达科公司与中京瑞达公司等项目方咨询服务合同是合法的，万通达科公司收取的咨询费不能直接认定为中融国际公司的资产。故认定苗某犯罪构成不了证据链。

法院经审理查明：

中融国际公司与中泰创展公司同属中植集团下属单位。

2012年至2013年，被告人苗某在担任中融国际公司同业合作部助理总裁和中泰创展公司执行总裁期间，对其负责的融资项目，公司给予其一定权限，可以商定融资条件，对于项目的融资费率具有一定范围内自主决定权。万通达科公司是由苗某亲属实际控制，并是冒用刘某某名义注册成立的，该公司与中融国际公司、中泰创展公司没有任何关系。

2012年5月，被告人苗某完成了中泰创展公司与聚富地产公司的融资项目。该项目借款主体为聚富地产公司，放款主体为北京旭辉昭阳投资有限公司，放款金额5000万元，期限24个月。项目由中泰创展公司同业合作三部执行项目操作。在商谈过程中，苗某与对方确定了融资费率为40%/年（律师提示：融资成本高），并利用职务上的便利，使得聚富地产公司认为万通达科公司系中泰创展公司的子公司。苗某私自以签订两个合同的手段，导致聚富地产公司并非将全部融资费支付给中泰创展公司，而将其中部分融资费即每年500万元以咨询服务费的名义约定直接支付给万通达科公司。万通达科公司于2012年6月19日、2013年12月2日、2014年5月30日共分三次收到该项目融资费500万元。

2012年5月，被告人苗某完成了中融国际公司与丰城城投公司的融资项目，丰城城投公司向中融国际公司融资2亿元。在商谈过程中,苗某与对方确定了融资费率为13.5%/年,并利用职务上的便利,使得丰城城投公司认为万通达科公司系中融国际公司的关联公司。苗某私自以签订两个合同的手段,导致丰城城投公司并非将全部融资费支付给中融国际公司,而将其中部分融资费(融资费率1%/年)以咨询服务费的名义约定直接支付给万通达科公司。万通达科公司于2012年7月19日、2012年7月3日、2012年12月24日共分三次收到该项目融资费400万元。

2012年7月,苗某负责完成了中融国际公司与武汉中京瑞达公司融资项目,中京瑞达公司向中融国际公司融资人民币5亿元。中京瑞达公司是新长江置业有限公司为在武汉市开发瑞达广场的项目成立的。在商谈过程中,苗某与对方确定了融资费率为27%/年,并利用职务上的便利,使得中京瑞达公司认为万通达科公司与中融国际公司是一家的。苗某私自以签订两个合同的手段,导致中京瑞达公司并非将全部融资费支付给中融国际公司,而将其中部分融资费(融资费率2%/年)以咨询服务费的名义约定直接支付给万通达科公司。万通达科公司于2012年7月31日、2013年7月26日分两次收到该项目融资费1500万元。

综上,被告人苗某共实施职务侵占三起,数额共计2400万元。经侦查,苗某于2014年11月6日被公安机关抓获。

哈尔滨市南岗区人民法院于2016年11月30日作出判决:(1)被告人苗某犯职务侵占罪,判处有期徒刑十一年(刑期从判决执行之日起计算,判决执行以前先行羁押的,羁押一日折抵刑期一日,即自2014年11月7日至2025年11月6日止);(2)责令被告人苗某退赔违法所得人民币2400万元,依法返还被害人中融国际信托有限公司人民币1900万元;被害人中泰创展控股有限公司人民币500万元。

法院观点

被告人苗某作为公司的人员,利用职务上的便利,将本单位的财物非法占为己有,数额巨大,其行为已构成职务侵占罪,公诉机关指控罪名成立,应予惩处。关于辩护人的辩护意见,中融国际公司及中泰创展公司均证实万通达科公司与其没有任何关系,苗某也没有供述万通达科公司是中融国际公司或中泰创展公司的壳公司。苗某是代表单位,项目所得收益应当归单位所有。故辩护人关于不排除万通达科公司是中融国际公司壳公司的可能,万通达科公司收取的咨询费不能直接认定为中融国际公司的资产的辩护意见,哈尔滨市南岗区人民法院不予采纳。苗某违法所得的一切财物,应当予以责令退赔。

律师提示

职务侵占罪在客观方面表现为利用职务上的便利,侵占本单位财物,数额较大的行为,具体而言,包括以下三个方面:

1. 必须是利用自己的职务上的便利。所谓利用职务上的便利,是指利用职权及与职务有关的便利条件。职权,是指本人职务、岗位范围内的权力,与职务有关的便利条件,是指虽然不是直接利用职务或岗位上的权限，但却利用了本人的职权或地位所形成的便利条件，或通过其他人员利用职务或地位上的便利条件。

2. 必须有侵占的行为。本单位财物，是指单位依法占有的全部财产，包括本单位以自己名义拥有或虽不以自己名义拥有但为本单位占有的一切物权、无形财物权和债权。其具体形态可是建筑物、设备、库存商品、现金、专利、商标等。

3. 必须达到数额较大的程度。如果仅有非法侵占公司、企业及其他单位财物的行为，但没有达到数额较大的标准，则也不能构成本罪。至于数额较大的起点数额，参照最高人民法院、最高人民检察院《关于办理贪污受贿刑事案件适用法律若干问题的解释》（法释〔2016〕9号）之规定。

091 全国首例“抢帽子”交易构成操纵证券市场罪是如何判决的？

案例索引

北京市高级人民法院（2011）高刑终字第512号刑事裁定书。

案例导读

1. 在目前当局大喊资本市场要“抓鳄逮鼠打狼”的背景下，我们有必要重新再研习操纵证券市场罪的案例，以备不时之需。

2.《刑法》第182条对操纵证券、期货市场罪明确规定了连续联合买卖、相互交易、自买自卖三种操纵资本市场犯罪行为模式，并以“兜底条款”将“以其他方法操纵证券、期货市场”的行为类型归入操纵市场犯罪的刑事规制领域。

3. 本案例则是我国因“抢帽子”交易手法被法院按照《刑法》第182条的“兜底条款”判决构成操纵证券市场罪的第一案。

裁判要旨

严重的抢先交易行为与操纵证券市场罪明示规定的犯罪类型具有相同性质，根据操纵证券市场罪中的“以其他方法操纵证券、期货市场”这一“兜底条款”将抢先交易行为认定为犯罪，符合罪刑法定原则。

裁判逻辑

1. 抢先交易也称“抢帽子”交易，是指证券公司、证券咨询机构、专业中介机构及其工作人员，买卖或者持有相关证券，并对该证券或其发行人、上市公司公开作出评价、预测或者投资建议,以便通过期待的市场波动取得经济利益的行为。

2.《刑法》第182条对操纵证券、期货市场罪明确规定了连续联合买卖、相互交易、自买自卖等三种操纵资本市场犯罪行为模式,并以"兜底条款"将"以其他方法操纵证券、期货市场"的行为类型归入操纵市场犯罪的刑事规制领域。

3.严重的抢先交易与操纵证券市场罪明示规定的犯罪类型具有相同性质,根据操纵证券市场罪"以其他方法操纵证券、期货市场"这一"兜底条款"将汪建中抢先交易行为认定为犯罪,符合罪刑法定原则。

交易结构图

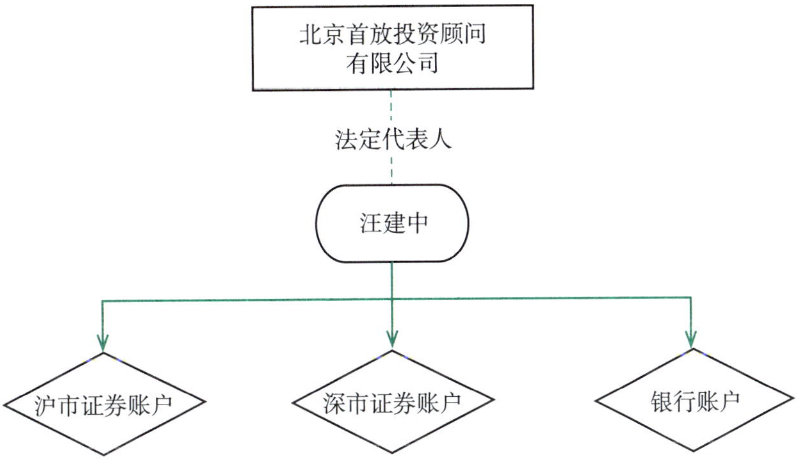

主要案情

公诉机关:北京市人民检察院第二分院。

被告人:汪建中,北京首放投资顾问有限公司法定代表人。

被告人汪建中在担任北京首放投资顾问有限公司负责人期间,在2006年7月至2008年3月,先后利用其本人及他人的身份证开立了由其实际控制的沪、深市证券账户,并使用上述账户,在中信证券北京北三环中路营业部、国信证券北京三里河营业部等证券营业部开立了10余个资金账户用于证券交易。同时,在中国工商银行开立了10个银行账户,用于证券交易资金的存取和划转。2007年1月9日至2008年5月21日,被告人汪建中采取先买入"工商银行""中国联通"等38只股票,后利用首放公司名义通过新浪网、搜狐网、《上海证券报》、《证券时报》等媒介对外推荐其先期买入的股票,并在股票交易时抢先卖出相关股票,人为影响上述股票的交易价格,获取个人非法利益。根据中国证券监督管理委员会统计,在首放公司推荐股票的内容发布后,相关38只股票交易量在整体上出现了较为明显的上涨:个股开盘价、当日均价明显提高;集合竞价成交量、开盘后1小时成交量成倍放大;全天成交量大幅增长;当日换手率明显上升;参与买入账户明显增多;新增买入账户成倍增加。汪建中采取上述方式操纵证券市场55次，累计买入成交额人民币52.6亿余元，累计卖出成交额人民币53.8亿余元，非法获利共计人民币1.25亿余元归个人所有。

一审法院北京市第二中级人民法院于2011年8月3日作出判决：(1)被告人汪建中犯操纵证券市场罪，判处有期徒刑七年（刑期自判决执行之日起计算；判决执行以前先行羁押的，羁押一日折抵刑期一日，即自2009年9月28日起至2016年3月18日止），罚金人民币125,757,599.5元（已被中国证券监督管理委员会申请强制执行并上缴国库的罚款人民币54,626,119.99元予以折抵，余款于判决生效后三个月内缴纳）。(2)随案移送的财物分别予以充抵罚金、发还、存档备查和退回北京市人民检察院第二分院。

二审法院北京市高级人民法院于2012年3月13日裁定：驳回汪建中的上诉，维持原判。

法院观点

汪建中无视国家法律，为牟取个人利益，操纵证券市场，其行为侵害了国家对证券交易的管理制度和投资者的合法权益，已构成操纵证券市场罪，且犯罪情节特别严重，依法应予惩处。一审法院判决认定汪建中犯操纵证券市场罪的事实清楚，证据确实、充分，定罪及适用法律正确，量刑适当，审判程序合法，应予维持。

律师提示

该案例争议焦点在于如何对被告人汪建中抢先交易的行为在刑法上予以评价。在法律没有明确规定的情况下，能否依据操纵证券市场罪的"兜底条款"来定罪处罚？

本文赞同汪建中抢先交易行为已经构成操纵证券市场罪，理由如下：

一、主体上的包含关系

抢先交易行为的主体是"证券公司、证券资讯机构、专业中介机构及其工作人员"，是特殊主体，能为操纵证券市场罪的主体要件（任何人、任何机构）所包含。同时，他人与之合谋，也能构成该罪的共犯。

二、客体上的同一性

抢先交易行为与操纵证券市场罪明示的三种行为指向同一客体，即证券、期货市场的管理秩序和投资者对交易机会的把握及合法权益。

三、主观故意的契合

抢先交易与操纵证券市场罪的主观方面都是出于操纵证券市场故意，即行为人主观上有通过对其先期买卖或持有的证券进行推荐，使其他市场参与者作出其期待的交易行为，对股票价格产生影响，操纵证券市场的故意。其明知自己操纵市场的行为是违背公平、公正、公开的原则，妨害社会主义市场经济秩序，仍然追求、放任或决意为之。同时，在《刑法修正案（六）》出台后，是否出于获取不正当利益或者转嫁风险的目的已经不是必备要件了。

四、行为模式异曲同工

行为方式的符合性，是判断是否构成操纵证券市场罪的最为关键因素。严重的抢先交易行为符合操纵证券市场罪范畴内的客观行为要件。具体而言,其具备以下两个特征:(1)必须同时具备符合先后顺序的“推荐”与“交易”行为。“推荐”是指证券从业机构或其工作人员利用自身的专业性、影响力获得投资者的信赖,通过各种公开媒介推荐股票。“交易”是指行为人在推荐股票前已经买入或者持有所推荐的股票,在推荐后,投资者跟进,出现预期市场波动的情况下,行为人又进行交易,以获取差价。(2)行为人的行为必须具有引起市场明显波动的较大可能性。只有行为引起或者足以引起市场明显波动,行为人才可能会获得不法收益,投资者才可能会受到较大损害,达到情节严重的入刑标准。

参考法条

《中华人民共和国刑法》

第一百八十二条　有下列情形之一,操纵证券、期货交易价格,获取不正当利益或者转嫁风险,情节严重的,处五年以下有期徒刑或者拘役,并处或者单处违法所得一倍以上五倍以下罚金:

(一)单独或者合谋,集中资金优势、持股或者持仓优势或者利用信息优势联合或者连续买卖,操纵证券、期货交易价格的;

(二)与他人串通,以事先约定的时间、价格和方式相互进行证券、期货交易,影响证券、期货交易价格或者证券、期货交易量的;

(三)以自己为交易对象,进行不转移证券所有权的自买自卖,或者以自己为交易对象,自买自卖期货合约,影响证券、期货交易价格或者证券、期货交易量的;

(四)以其他方法操纵证券、期货交易价格的。

单位犯前款罪的,对单位判处罚金,并对其直接负责的主管人员和其他直接责任人员,处五年以下有期徒刑或者拘役。

092 融资顾问(FA)促成融资收佣金竟被判刑全没收?

案例索引

江苏省高级人民法院(2017)苏刑终29号刑事裁定书。

案例导读

本案是一起国有公司的总经理,促成两笔融资交易,收取顾问费高达3亿元,结果被判入刑全部没收的案例。在投融资领域,加收融资顾问费的现象很常见。当事人如果是普通公司职员,是否还会涉嫌什么罪名呢?

裁判要旨

利用职务便利,自己经营与其所任职的国有企业同类的营业,获取非法利益,数额特别巨大,其行为已构成非法经营同类营业罪。

裁判逻辑

1. 经国家出资企业中负有管理、监督国有资产职责的组织批准或者研究决定,代表其在国有控股、参股公司及其分支机构中从事组织、领导、监督、经营、管理工作的人员,应当认定为国家工作人员。

2. 利用职权擅自将本单位正在开展的业务转由其个人经营,不仅严重违反公司管理的法律规定,破坏了公司的经营管理,同时破坏公平竞争的市场秩序,其从中获得了巨额非法利益。该行为具有严重的社会危害性。

3. 利用职务便利,自己经营与其所任职的国有企业同类的营业,获取非法利益,数额特别巨大,其行为已构成非法经营同类营业罪;为谋取不正当利益,促成交易,给予其他公司工作人员以财物,数额巨大,其行为已构成对非国家工作人员行贿罪。

交易结构图

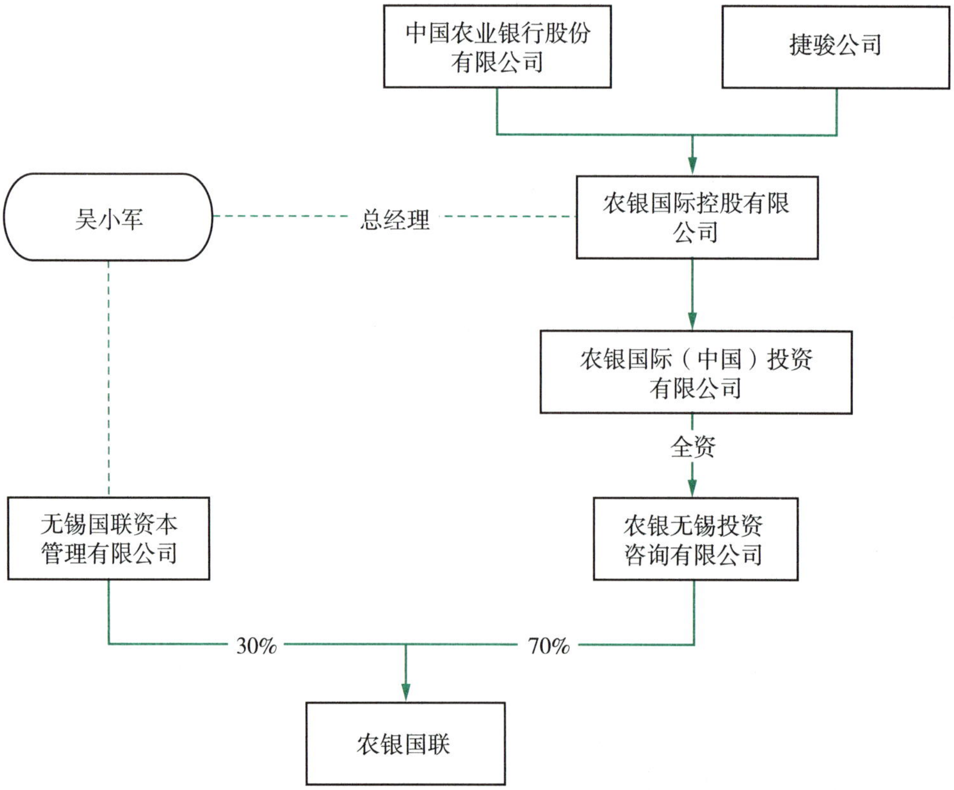

主要案情

上诉人(原审被告人):吴小军,南京来恩投资管理有限公司法定代表人,曾任农银国联无锡投资管理有限公司总经理。

江苏中级人民法院审理江苏省淮安市人民检察院指控的被告人吴小军非法经营同类营业、对非国家工作人员行贿一案,于2017年1月5日作出一审判决。宣判后,原审被告人吴小军不服,提出上诉。

一、主体身份事实

农银国联无锡投资管理有限公司(以下简称农银国联)设立于2011年9月30日,股东为无锡国联资本管理有限公司(国有独资有限公司,持股30%)、农银无锡投资咨询有限公司(以下简称农银无锡,持股70%)。农银无锡系农银国际(中国)投资有限公司(也称为北京总部)的全资子公司。农银国际(中国)投资有限公司的股东为农银国际控股有限公司(在香港设立)。农银国际控股有限公司的股东为中国农业银行股份有限公司及其投资成立的捷骏公司。

被告人吴小军原系农业银行江苏省分行员工,2011年10月24日被聘任为投资银行部总经理,经江苏省农行党委组织部研究提任正处级。2011年12月,吴小军被派至农银国际控股有限公司,任农银国联总经理(正处级),2011年12月31日与省农行解除劳动合同。2011年12月22日吴小军赴无锡国联任职,2012年12月5日吴小军向农银国际提交了个人辞呈,2013年1月25日吴小军签订了离职承诺书,2013年4月9日农银国联的董事会决议解聘吴小军的总经理职务。

二、非法经营同类营业事实

1.被告人吴小军在担任农银国联总经理期间,利用本公司与苏宁集团接洽并提供融资服务的便利,得知苏宁集团有10亿元融资需求,遂安排工作人员以苏宁集团需融资5亿元项目立项上报北京总部。在北京总部作出暂缓决议后,被告人吴小军个人决定私下运作苏宁集团融资项目。吴小军联系了农业银行秦皇岛分行,并由该行作为资金托管银行,大连银行作为出资行,安徽国元信托(以下简称安徽国元)作为信托通道。2012年7月19日,苏宁集团与安徽国元达成借款10亿元的借款合同;相关各方也分别达成资金信托合同。吴小军通过其朋友黄某控制的如皋港务集团下属中港担保有限责任公司与苏宁集团签订财务顾问协议。2012年7月和9月,苏宁集团依照约定分别将5000万元和3500万元财务顾问费汇至江苏中港担保有限公司。上述款项有580万元通过江苏金海岸投资建设发展有限公司于2012年7月27日直接汇至吴小军账户,剩余款项中的7220万元间接通过黄某账户交付给吴小军(江苏中港公司扣除税款700万元),吴小军非法获取顾问费7800万元。

2.2012年6月,被告人吴小军经原省农行同事引荐,结识了南京丰盛集团老总季某。经过商谈,初步认为可以用丰盛集团的六合文化城项目融资。吴小军遂安排农银国联的李某和丰盛集团对接,并完成项目的尽职报告。2012 年 9 月,经北京总部风险合规部审核,认为该项目有风险,未立即批准该项目实施。在与丰盛集团的接触中,吴小军得知丰盛集团需要在年底前融资 30 亿元,遂决定利用自己实际控制的来恩公司来完成丰盛集团的 30 亿元融资项目。

被告人吴小军接手该笔业务后主要联系了宏源汇智公司落实项目的资金方和过手方,以安徽国元作为信托通道和放款单位,确定了融资各方的利率。为确保自己的收益,吴小军将自己的收益通过两部分拆分实现,一部分由来恩公司和丰盛集团签订财务顾问协议;一部分由来恩公司和安徽国元签订财务顾问协议。在吴小军的斡旋下,丰盛集团所需的 30 亿元融资项目分别在 2012 年 11 月由丰盛科技与安徽国元签订了 8 亿元借款合同;2012 年 12 月丰盛科技和安徽国元签订了 12 亿元的借款合同;2013 年 1 月丰盛投资集团和安徽国元签订了 10 亿元的借款合同。在这三笔借款合同的同时,丰盛集团下属的江苏省房地产发展实业有限公司与来恩公司签订了财务顾问协议。在相关一揽子借款协议中,来恩公司又与安徽国元签订了财务顾问协议。

2012 年 12 月至 2013 年 6 月,江苏省房地产发展实业有限公司陆续支付给吴小军及其指定账户共计 13,105.8 万元(预扣税款 814.2 万元);2013 年 1 月至 2014 年 7 月,安徽国元信托共支付来恩公司财务顾问费共计 10,013.979453 万元。吴小军共从该项目中非法获利 23,119.779453 万元。

三、对非国家工作人员行贿事实

2012 年 11 月,被告人吴小军为运作丰盛集团 30 亿元融资项目,联系了宏源汇智公司的胡某寻找重庆农商行作为出资方,民生银行苏州分行作为名义担保方,并与安徽国元、过手方重庆光大银行等机构确定收益比例。在第一笔融资 8 亿元时,被告人吴小军为了掩盖该 30 亿元项目系农银国联的业务,在与胡某的电子邮件中要求胡某保密。2012 年 11 月底,在北京和胡某见面时确定给予胡某个人好处费 700 万元。后由吴小军控制的来恩公司于 2013 年 1 月 14 日、2013 年 2 月 22 日、2013 年 3 月 28 日、2013 年 7 月 17 日,分别汇款 180 万元、100 万元、150 万元、262.5 万元至胡某指定的上海坤山投资管理咨询有限公司、上海市挺友投资管理有限公司(其中吴小军扣除税款 7.5 万元,合计 692.5 万元)。

一审法院判决结果:被告人吴小军犯非法经营同类营业罪,判处有期徒刑四年,并处罚金人民币 200 万元;犯对非国家工作人员行贿罪,判处有期徒刑三年,并处罚金人民币 100 万元。合并执行有期徒刑六年,并处罚金人民币 300 万元。被告人吴小军扣押在案的犯罪所得赃款予以没收,上缴国库;不足部分,继续追缴。

二审法院江苏省高级人民法院于 2017 年 9 月 6 日作出裁定:驳回上诉,维持原判。

法院观点

本案争议焦点有三:一是吴小军是否具有非法经营同类营业罪的主体身份;二是吴小军为苏宁集团、丰盛集团提供的财务顾问服务与其任职的农银国联经营的业务是否“同类”;三是吴小军在为苏宁集团、丰盛集团提供的财务顾问服务中是否谋取不正当利益。江苏省高级人民法院综合分析评判如下：

关于吴小军及其辩护人提出吴小军不具有非法经营同类营业罪的主体身份的上诉理由及辩护意见，经查：(1)根据《中华人民共和国企业国有资产法》第5条、《最高人民法院、最高人民检察院关于办理国家出资企业中职务犯罪案件具体应用法律若干问题的意见》(以下简称《意见》)第7条的规定，农银国联系国家出资企业。吴小军作为农银国联总经理系国家出资企业工作人员。(2)吴小军原系由农业银行江苏省分行党委研究任命的国家出资企业中的国家工作人员。2011年11月，中国农业银行股份有限公司人力资源部(中国农业银行党委组织部)将其调动至农银无锡并推荐为农银国联总经理(正处级)人选。根据《意见》第6条"经国家出资企业中负有管理、监督国有资产职责的组织批准或者研究决定，代表其在国有控股、参股公司及其分支机构中从事组织、领导、监督、经营、管理工作的人员，应当认定为国家工作人员"的规定，吴小军系国家出资企业中的国家工作人员，具备非法经营同类营业罪"国有公司经理"的主体身份。故吴小军及辩护人提出的该点上诉理由和辩护意见不能成立，江苏省高级人民法院不予采信。

关于吴小军及其辩护人提出吴小军为苏宁集团、丰盛集团提供的财务顾问服务与吴小军任职的农银国联经营的业务不属于同类营业的上诉理由及辩护意见，经查：(1)农银国联登记的经营范围为"投资管理；企业管理咨询；利用自有资金对外投资"，其中未明确包括财务顾问、融资咨询、服务等业务。但证人朱某证言证实"企业管理咨询"包括为资金方和资金提供方提供服务，收取中介费，撮合资金供方和需方达成协议。即开展财务顾问、融资咨询、服务等业务并未超出"企业管理咨询"范围。该证言与农银国联业务二部的内部管理制度第5章业务板块规定的可开展业务的范围相一致。(2)2012年7月经吴小军审核的农银国联《上半年工作总结及下半年发展规划的报告》、2012年10月《近期工作总结及下阶段发展规划的报告》中均明确农银国联开展"财务顾问"业务并将已经立项论证的为苏宁集团、丰盛集团、鑫泰集团提供财务顾问服务业务作为重点项目推进。(3)农银国联以农银无锡名义为苏宁集团提供的3亿元的财务顾问融资咨询服务。(4)农银国联的《投资管理制度》第2章公司业务分类中，规定公司投资业务包括财务顾问类业务。(5)证人李某、秦某、周某、杜某、曾某等人证言均证实农银国联可以并实际开展财务顾问业务，吴小军以往亦予以供认，证人证言与吴小军的供述与上述书证相印证。上述证据足以证实农银国联自成立就实际开展财务顾问业务。综上，吴小军及辩护人提出的该点上诉理由和辩护意见不能成立，江苏省高级人民法院不予采信。

关于吴小军及其辩护人提出吴小军的行为不具有社会危害性的上诉理由及辩护意见，经查：吴小军作为国有公司的经理，利用职权擅自将本单位正在开展的业务转由其个人经营，不仅严重违反公司管理的法律规定，破坏了公司的经营管理，同时破坏公平竞争的市场秩序，其本人从中获得了高达3亿余元的非法利益。该行为具有严重的社会危害性，故吴小军及辩护人提出的该点上诉理由和辩护意见不能成立，江苏省高级人民法院不予采信。

关于吴小军及其辩护人提出吴小军给予胡某2692.5万元不构成对非国家工作人员行贿

罪的上诉理由及辩护意见,经查:(1)吴小军为丰盛集团融资提供财务顾问服务属于非法经营同类营业行为。因此吴小军与宏源汇智投资公司主管公司融资、投资业务的副总经理胡某联系请其帮助寻找出资方、名义担保方,属于为了谋取不正当利益。因此,吴小军为请胡某尽快帮其落实出资方而给予胡某2692.5万元,符合《刑法》第164条对非国家工作人员行贿犯罪的构成要件,依法构成对非国家工作人员行贿罪。(2)根据吴小军以往供述和胡某证言,其二人是通过他人介绍取得联系,吴小军给胡某送款是为了请胡某尽快帮助联系出资方。吴小军及其辩护人提出吴小军给予胡某钱款是因胡某妻子身患重病需要巨额医疗费,属朋友之间帮助行为的辩解及辩护意见无充分依据。故吴小军及辩护人提出的该点上诉理由和辩护意见不能成立,江苏省高级人民法院不予采信。

江苏省高级人民法院认为,吴小军身为国有公司的总经理,利用职务便利,自己经营与其所任职的农银国联无锡投资管理有限公司同类的营业,获取非法利益,数额特别巨大,其行为已构成非法经营同类营业罪;吴小军为谋取不正当利益,给予其他公司工作人员以财物,数额巨大,其行为已构成对非国家工作人员行贿罪。其一人犯数罪,依法应予数罪并罚。吴小军归案后如实供述自己的罪行,系坦白,可以从轻处罚。一审判决认定事实清楚,证据充分,定罪准确,量刑适当。检察员发表的意见成立,江苏省高级人民法院予以采信。

律师提示

普通公司投融资人员,如果利用职务上的便利,在投融资交易中私自加收融资顾问费,其行为涉嫌构成职务侵占罪。

093 利用未备案私募基金集资后果有多严重?

案例索引

上海市第一中级人民法院(2017)沪01刑终1793号刑事判决书。

案例导读

1.本案是一起利用未登记备案的私募基金募资从事房地产项目投资,总共募资17亿元资金,到期未兑付6.7亿元,仅1.1亿元用于房地产项目,最后被法院判决构成非法吸收公众存款罪的典型案例。

2.通过本案例,上海法院关于利用私募基金工具非法集资案件如何符合非法吸收公众存款罪的四个构罪要件(主体非法性、公开宣传性、承诺还本付息或给付回报、向社会不特定对象吸收资金）等问题，进行了非常详实、严密的论述，非常值得借鉴和研究。

3. 本案特别有警示意义的是，除了单位实际控制人及一高管被判刑外，被告人郭晶仅是单位市场部工作人员，在市场部负责人的领导下开展资金募集工作，结果也被法院判决构成犯罪。单位构成犯罪，到底哪些人员会被追究刑事责任？

裁判要旨

本案所涉基金未进行相关备案登记，且所控制、支配资金的去向，根本不是投资人披露所募集资金的真正去向，相关公司没有存款业务的经营权，其相应的融资行为也未依法履行相关融资法律程序，明显具有非法性特征。

裁判逻辑

1. 非法吸收公众存款罪的四个构罪要件，即主体非法性、公开宣传性、承诺还本付息或给付回报、向社会不特定对象吸收资金。

2. 本案所涉基金未进行相关备案登记，且所控制、支配资金的去向，根本不是投资人披露所募集资金的真正去向，相关公司没有存款业务的经营权，其相应的融资行为也未依法履行相关融资法律程序，明显具有非法性特征。

3. 为了规避合伙制基金的人数限制，成立多家有限合伙企业吸收资金，即使从表面上看有的合伙企业的人数没有突破 50 人的人数限制，但实际吸收资金总的人数已远远超过人数上限；通过第三方中介和银行理财经理在吸收资金时根本没有了解投资人的财产信息，没有合格投资者门槛，其集资行为指向根本没有针对性，相反在募集对象的选择上具有普遍性，没有因人而异，只要愿意出资都加以接受，投资人和上诉人之间的关系也仅仅具有利益联系性，因此明显符合社会性特征。

4. 通过投资人签订的认购合同、投资推介书、合伙协议、回购协议、有限合伙份额认购书等书证及投资人证言可以证实，承诺在一定期限内给予投资人固定的回报，并向投资人承诺返本付息，且约定的回报远高于正常的存储或理财产品的收益，符合利诱性特征。

5. 投资人大多通过亲友、邻居、第三方中介的银行经理、理财公司业务员以及介绍等“口口相传”的方式知晓吸收资金的信息而前来投资，这种口头宣传的方式通过上诉人、知情人、先行投资人对周围人员的广为传播，事实上在不特定人群中构成非法吸存信息的发散性传递，符合公开性特征。

6. 公司市场部经理，系单位内部负责融资的部门负责人，属于主管人员，其承担了招聘融资人员、提供融资人事保障、寻找融资渠道的工作，且对融资文书提出过修改意见，不仅对单位非法吸收资金系明知，且积极参与其中，其具有非法吸收公众存款的主观故意及客观行为，应以非法吸收公众存款罪论处。

7. 鉴于二审期间，上诉人通过代理人积极筹划还款，原审被告单位的关联公司代为退缴的部分违法吸收的资金由提存的公证机关划至一审法院账户，并促使债权人放弃了相应债权，在客观上增加了本案被害人的清偿比率,为投资人挽回部分损失,故可在一审判决的基础上再对上诉人酌情从轻处罚。

交易结构图

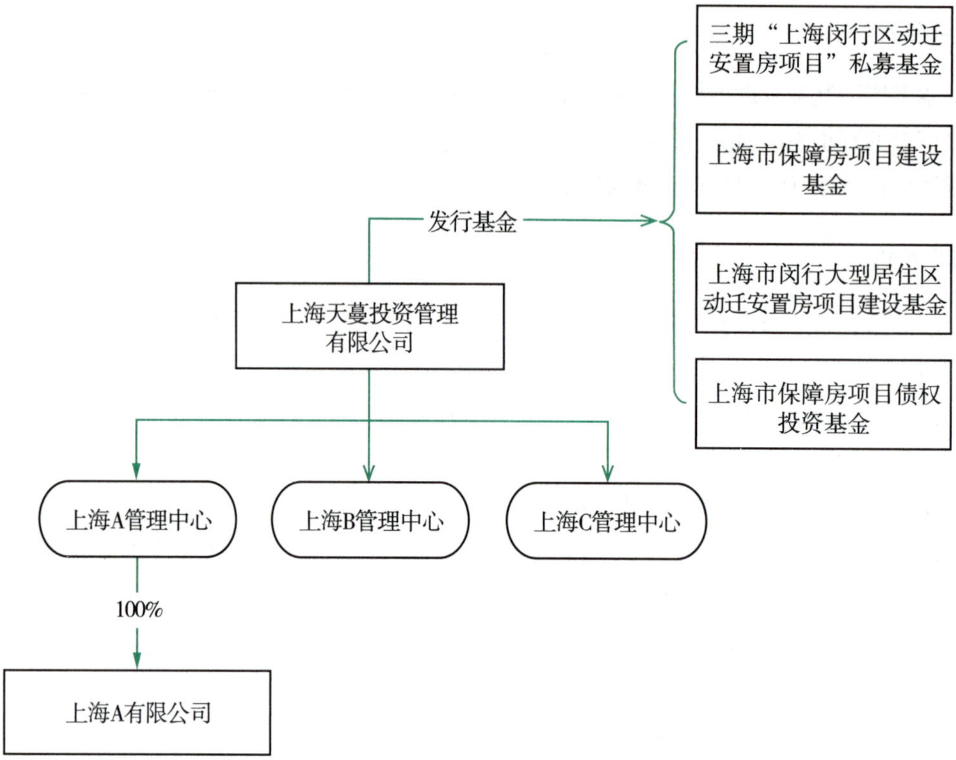

主要案情

原公诉机关:上海市闵行区人民检察院。

上诉人(原审被告人):朱琦。

上诉人(原审被告人):孙维晔。

上诉人(原审被告人):郭晶。

原审被告单位:上海天蔓投资管理有限公司。

上海市闵行区人民法院审理上海市闵行区人民检察院指控原审被告单位上海天蔓投资管理有限公司(以下简称上海天蔓公司)、原审被告人朱琦、孙维晔、郭晶犯非法吸收公众存款罪一案,于2017年8月15日作出(2016)沪0112刑初1545号刑事判决。原审被告人朱琦、孙维晔、郭晶不服,提出上诉。

2012年1月,被告人朱琦通过浙江××股份有限公司(以下简称浙江××股份公司)以招投标方式,摘牌取得上海市闵行区××镇××地块的上海市闵行区马桥镇的动迁安置房建设项目(以下简称马桥动迁房项目),并以浙江××股份公司名义设立上海A有限公司(以下简称A公司)作为马桥动迁房项目的项目公司。2012年3月,被告人朱琦以其实际控制的被告单位上海天蔓公司下属的上海A管理中心(以下简称A中心,有限合伙制企业)获得A公司100%的股权。

2011年10月,被告人朱琦经人介绍认识了原宁波银行工作人员刘某。2011年12月至2013年7月,被告单位上海天蔓公司通过刘某先后设计并发售了三期"上海闵行区动迁安置房项目"私募基金,经刘某的销售团队及其他金融中介机构工作人员私下推荐,并以固定高额回报为诱,对外招揽不特定投资人认购A中心的合伙份额。涉及投资人250余人,募集资金共计人民币3.39亿余元(以下所称币种均为人民币)。截至案发,尚有石某等19人未完全兑付,共计0.36亿余元。

2012年4月,被告人朱琦决定由被告单位上海天蔓公司自行设计发售私募基金,并指派市场部经理被告人孙维晔、市场部专员被告人郭晶等人负责操作。截至2014年11月,被告单位上海天蔓公司以A中心、上海B管理中心(以下简称B管理中心)、上海C管理中心(以下简称C管理中心)为募集主体,对外发售"上海市保障房项目建设基金""上海市闵行大型居住区动迁安置房项目建设基金"等,并以固定高额回报为诱,对外招揽不特定投资人认购上述有限合伙企业份额。涉及投资人650余人,募集资金共计13.59亿余元,被告人郭晶涉及资金10.7亿余元。截至案发,尚有290余人未完全兑付,共计6.04亿余元。

另查明,2013年5月至2014年9月,被告人朱琦、孙维晔、郭晶等人以被告单位上海天蔓公司、B管理中心、C管理中心、上海D管理中心(以下简称D管理中心)等公司为募集主体,对外发售"上海市保障房项目债权投资基金""上海市闵行区大型居住区动迁安置房项目建设基金""天蔓银证通私募投资基金"等,并以固定高额回报为诱,对外招揽不特定投资人认购上述有限合伙企业份额,涉及投资人22人,募集资金共计3976万元,差额共计3903.9万元。

经审计确认,2011年12月至2014年9月,被告人朱琦等人以闵行区动迁保障房、安置房等项目名义,与陈某、曹某等901人签订了1049套合同,吸收资金1,739,100,000元,归还本金1,045,378,536元,支付利息86,421,300元,缴纳罚款1,582,715元,收付差额605,717,449元(扣除未查见姓名的两笔2,300,000元,收付差额-195,500元)。其中,曹某等322人未完全兑付,未兑付金额共计680,208,899元。其中,被告单位用于在浙江省进行房地产开发资金计1.1亿元。

一审期间,浙江××股份公司于2017年7月21日将1.1亿元提存于上海市闵行公证处,代被告单位主动退回资金1.1亿元。

一审法院判决:(1)被告单位上海天蔓公司犯非法吸收公众存款罪,判处罚金人民币700万元;(2)被告人朱琦犯非法吸收公众存款罪,判处有期徒刑八年,并处罚金人民币40万元;(3)被告人孙维晔犯非法吸收公众存款罪,判处有期徒刑六年六个月,并处罚金人民币30万元;(4)被告人郭晶犯非法吸收公众存款罪,判处有期徒刑六年,并处罚金人民币28万元;(5)违法所得予以追缴。

二审法院上海市第一中级人民法院于2017年12月29日作出的判决:(1)维持上海市闵行区人民法院(2016)沪0112刑初1545号刑事判决的第一、五项;(2)撤销上海市闵行区人民法院(2016)沪0112刑初1545号刑事判决的第二、三、四项;(3)上诉人朱琦犯非法吸收公众存款罪,判处有期徒刑四年六个月,并处罚金人民币40万元;(4)上诉人孙维晔犯非法吸收公众存款罪,判处有期徒刑四年,并处罚金人民币30万元;(5)上诉人郭晶犯非法吸收公众存款罪,判处有期徒刑三年六个月,并处罚金人民币28万元。

法院观点

一、孙维晔的行为是否构成非法吸收公众存款罪

最高人民法院《关于审理非法集资刑事案件具体应用法律若干问题的解释》明确了非法吸收公众存款罪的四个构罪要件,即主体非法性、公开宣传性、承诺还本付息或给付回报、向社会不特定对象吸收资金。

上海市第一中级人民法院认为,被告单位上海天蔓公司以出售A中心、B管理中心、C管理中心等有限合伙企业份额的方式,向社会公众募集资金的行为完全符合非法吸收公众存款的上述四性特征,并不属于正当的合法的私募行为。具体理由如下:第一,私募基金应备案登记,私募基金管理人必须履行登记备案基金信息的义务,包括基金的名称、成立时间、投资领域等,同时对于投资人应披露投资对象、资产负债、收益分配等重要信息,不得隐瞒或提供虚假信息。在案证据表明,本案中所涉基金未进行相关的备案登记,且上诉人朱琦控制、支配资金的去向,根本没有向投资人披露所募集资金的真正去向;合伙企业股东方面也仅有C管理中心的部分人员进行过工商变更登记。上海天蔓公司等涉案相关公司没有存款业务的经营权,其相应的融资行为也未依法履行相关融资法律程序,明显具有非法性特征。第二,朱琦等人为了规避合伙制基金的人数限制,成立多家有限合伙企业吸收资金,即使从表面上看有的合伙企业的人数没有突破50人的人数限制,但实际吸收资金总的人数已远远超过人数上限。我国私募投资基金募集行为管理办法明确规定,私募只能面对特定的合格投资者,合格投资者是指具备相应风险识别能力和风险承担能力,金融资产不低于300万元或最近三年个人年收入不低于50万元的个人以及净资产不低于1000万元的机构,且投资于单只私募基金的金额不低于100万元。本案中,朱琦、孙维晔、郭晶通过第三方中介和银行理财经理在吸收资金时根本没有了解投资人的财产信息,其集资行为指向根本没有针对性,相反在募集对象的选择上具有普遍性,没有因人而异,只要愿意出资都加以接受,投资人和朱琦、孙维晔、郭晶之间的关系也仅仅具有利益联系性,明显符合社会性特征。第三,投资人签订的认购合同、投资推介书、合伙协议、回购协议、有限合伙份额认购书等书证及投资人证言可以证实,朱琦、孙维晔、郭晶承诺在一定期限内给予投资人固定的回报,并向投资人承诺返本付息,且约定的回报远高于正常的存储或理财产品的收益,符合利诱性特征。第四,投资人大多通过亲友、邻居、第三方中介的银行经理、理财公司业务员以及孙维晔、郭晶的介绍等"口口相传"的方式知晓上海天蔓公司吸收资金的信息而前来投资,这种口头宣传的方式通过朱琦、孙维晔、郭晶、知情人、先行投

资人对周围人员的广为传播,事实上在不特定人群中构成非法吸存信息的发散性传递,符合非法吸收资金的公开性特征。

孙维晔作为原审被告单位上海天蔓公司的市场部经理,系单位内部负责融资的部门负责人,属于主管人员,其承担了招聘融资人员、提供融资人事保障、寻找融资渠道的工作,且对融资文书提出过修改意见,不仅对上海天蔓公司非法吸收资金系明知,且积极参与其中,其具有非法吸收公众存款的主观故意及客观行为,应以非法吸收公众存款罪论处。孙维晔对募集合同提出过修改意见,从众多协议所反映的投资人数、投资金额、收益及返本付息等内容足以证明募集资金的公开性、社会性和利诱性。孙维晔辩解募集合同不是由其制作,募集过程有专业律师参与确认,其主观上不知其行为具有非法性,孙维晔作为原审被告单位负责融资的部门主管,对于公司的融资行为必须在法律法规的框架下运行应有充分的认识,孙维晔对其行为的错误认识,并不影响对其行为性质的认定。孙维晔及其辩护人对孙维晔行为性质所提相关意见,均与查明的事实不符,上海市第一中级人民法院不予采信。

二、郭晶能否认定为从犯,其涉案金额应如何认定

上海市第一中级人民法院认为,郭晶虽然是孙维晔招聘进入上海天蔓公司,孙维晔是郭晶的直接领导人,但两人同为上海天蔓公司市场部负责募集资金的主管人员,两人共同为募集资金寻找第三方中介,接待客户,收取并向第三方分配佣金,且彼此之间存在抽取、支配佣金的事实,故两人应对共同涉及的非法吸收资金的数额承担刑事责任。上海司法会计中心出具的司法鉴定意见书,投资人的证言及涉案相关书证,足以证实郭晶参与的犯罪数额系 10 亿余元,郭晶对犯罪数额所提异议,与查明的事实不符,上海市第一中级人民法院不予采信。本案系单位犯罪,原审被告单位与朱琦、孙维晔、郭晶之间并非共同犯罪,孙维晔、郭晶作为原审被告单位上海天蔓公司直接负责的主管人员,积极参与单位非法吸收资金的融资活动,郭晶与孙维晔所处地位、所起作用基本相当,故本案不应区分主从犯,但考虑到孙维晔、郭晶系接受朱琦的指令在上海天蔓公司从事非法融资业务,故在实际量刑时,应比照朱琦酌情从轻处罚。

综上所述,上海市第一中级人民法院认为,原审被告单位上海天蔓公司违反国家金融管理法规,以转让债权、设立合伙企业方式,向社会公众募集资金,并以高额回报为诱,非法吸收公众存款,扰乱金融秩序,数额巨大;朱琦作为单位的实际控制人,孙维晔、郭晶作为单位直接负责的主管人员,被告单位及朱琦、孙维晔、郭晶的行为均已构成非法吸收公众存款罪。孙维晔系累犯,依法应当从重处罚。原审被告单位上海天蔓公司及朱琦、孙维晔、郭晶具有自首情节,依法可以从轻处罚。一审法院认定原审被告单位及三名上诉人朱琦、孙维晔、郭晶犯非法吸收公众存款罪的事实清楚,证据确实、充分,适用法律正确,审判程序合法。上海市人民检察院第一分院对原审被告单位及三名上诉人朱琦、孙维晔、郭晶行为性质的评判意见正确,上海市第一中级人民法院予以支持。鉴于二审期间,上诉人朱琦通过代理人积极筹划还款,原审被告单位的关联公司代为退缴的部分违法吸收的资金 1.1 亿元由提存的公证机关划至一审法院账户,并促使债权人放弃了对 A 公司的 1.8 亿元的债权,在客观上增加了本案被害人的清偿比率，为投资人挽回部分损失，故可在一审判决的基础上再对三名上诉人酌情从轻处罚，对上诉人及其辩护人所提从宽处罚的量刑意见予以采纳。

律师提示

一、单位犯罪中哪些人应定罪处罚

《刑法》第31条规定，单位犯罪的，对单位判处罚金，并对其直接负责的主管人员和其他直接责任人员判处刑罚。直接负责的主管人员就是对单位犯罪负有直接责任的单位领导人员；其他直接责任人员应是明知所实施的行为是单位犯罪仍积极实施的单位内部非领导成员。对于二者的处罚应根据其在单位犯罪中的地位、作用和犯罪情节，分别处以相应的刑罚。

二、单位犯罪中“直接负责的主管人员”如何认定

2001年1月最高人民法院发布了《全国法院审理金融犯罪案件工作座谈会纪要》规定：“直接负责的主管人员，是在单位实施的犯罪中起决定、批准、授意、纵容、指挥等作用的人员，一般是单位的主管负责人，包括法定代表人。”

三、单位犯罪中“其他直接责任人员”如何认定

最高人民法院《全国法院审理金融犯罪案件工作座谈会纪要》指出：“其他直接责任人员，是在单位犯罪中具体实施犯罪并起较大作用的人员，既可以是单位的经营管理人员，也可以是单位的职工，包括聘任、雇佣的人员。应当注意的是，在单位犯罪中，对于受单位领导指派或奉命而参与实施了一定犯罪行为的人员，一般不宜作为直接责任人员追究刑事责任。”最高人民法院、最高人民检察院、海关总署《关于办理走私刑事案件适用法律若干问题的意见》第18条规定：“根据单位人员在单位走私活动中所发挥的不同作用，对其直接负责的主管人员和其他直接责任人员，可以确定一人或者数人。对于受单位领导指派积极参与实施走私犯罪行为的人员，如果其行为在走私犯罪的主要环节起重要作用的，可以认定为单位犯罪的直接责任人员。”

第十六章　其　他　篇

094　挂靠关系下如何判定是否构成表见代理？

案例索引

最高人民法院(2017)最高法民再209号民事判决书。

案例导读

1. 本案是一起挂靠经营者私刻印章以挂靠公司名义为他人担保的典型案例。一审、二审法院均以构成表见代理认定担保有效，挂靠公司应承担担保责任；最高人民法院经过再审提审，却改判不构成表见代理，挂靠公司无须承担责任。本案让您真正读透表见代理，深刻认识萝卜章裁判规则。

2. 挂靠经营者对外以挂靠公司名义借款及担保为何系无权代理？表见代理的构成要件有哪些？如何判断相对人是否有理由相信挂靠经营者有代理权？能够证明挂靠经营者享有以挂靠公司名义为他人提供担保的代理权外观的证据有哪些？挂靠关系及挂靠经营者因此而持有相关印章、文件的事实，是否不足以表彰其代理权限的存在？法院能否以相对人事后获知的挂靠经营者私刻的公司印章在其他地方也使用过(甚至政府职能部门确认过)的事实，来反推相对人在签约时对挂靠经营者代理权限的判断？最高人民法院通过本案均给出了深刻意见。

裁判要旨

表见代理行为的本质是无权代理，认定无权代理人的行为构成表见代理则意味着本人必须承受其意思以外的他人决定的约束，有违当事人自主决定的民法基本原则，故立法将相对人的信赖利益保护限定在其善意无过失的场合。

裁判逻辑

1. 挂靠经营者挂靠在挂靠公司名下，从事土地开发项目，挂靠公司没有授权挂靠经营者对外提供担保,且事先并未获悉此节事实,故依法应当认定挂靠经营者以挂靠公司的名义对外签订案涉保证合同的行为系无权代理。

2. 鉴于无权代理,在挂靠公司拒绝追认案涉保证合同的情况下,只有挂靠经营者的行为构成表见代理,该保证合同的效果才能够归属于挂靠公司并由其承担相应的法律责任。

3. 表见代理行为的本质是无权代理,认定无权代理人的行为构成表见代理则意味着本人必须承受其意思以外的他人决定的约束,有违当事人自主决定的民法基本原则,故立法将相对人的信赖利益保护限定在其善意无过失的场合。

4. 在判断相对人是否有理由相信挂靠经营者有代理权这一问题时,法院可从三个方面进行综合考量:(1)挂靠经营者是否具有表征代理权存在的外观?(2)相对人对相关的权利外观的信赖是否合理?(3)挂靠公司作为被代理人对该权利外观的存在是否具有可归责性及其程度?

5.《公司法》第16条规定公司以决议前置的方式限制法定代表人担保权限的立法安排,其规范意旨在于确保该担保行为符合公司的意思,不损害公司、股东的利益。

6. 相对人作为专业的放贷机构,应当知道《公司法》第16条存在公司为他人提供担保的限制性规定,且在获得了公司的章程、股东出资信息、组织机构代码证等证据材料后,已经实际知道借款人挂靠经营者既非挂靠公司的股东,也非法定代表人,仅凭借挂靠经营者持有印章、贷款卡及自称为挂靠公司法定代表人的姐夫的口头说明,并不足以证明挂靠经营者享有相应的代理权外观,相对人也未尽通常情形下的注意义务,更不足以证明关于相对人对挂靠经营者代理权的信赖是合理,难言善意无过失。

7. 能够证明挂靠经营者享有以挂靠公司名义为他人提供担保的代理权外观的证据,只能限于:挂靠公司的股东会决议或者执行董事的授权,或者是能够证明案涉担保行为确系挂靠公司真实意思的其他相关证据;而无论是挂靠经营者与挂靠公司之间的挂靠关系,还是挂靠经营者因此而持有相关印章、文件的事实,均不足以表彰其代理权限的存在。

8. 法院不能以相对人事后获知的挂靠经营者私刻的公司印章在其他地方也使用过(甚至政府职能部门确认过)的事实,来反推相对人在签约时对挂靠经营者代理权限的判断。(核心裁判规则)

9. 在无证据表明挂靠公司同意挂靠经营者另行刻制印章,或者对挂靠经营者私刻其印章对外开展民事活动存在放任不管的情形下,法院不能仅以挂靠关系并事后使用该私刻公章的行为认定对外具有公示效力,也不能推定挂靠公司对于挂靠经营者使用该枚公章对外从事民事活动是知晓的。

10. 法院不能仅以挂靠公司对他案中的抵押担保予以追认延伸到对本案的担保,更不能以挂靠公司另案执行程序中的事后追认行为得出本案贷款担保系有权代理的结论。

交易结构图

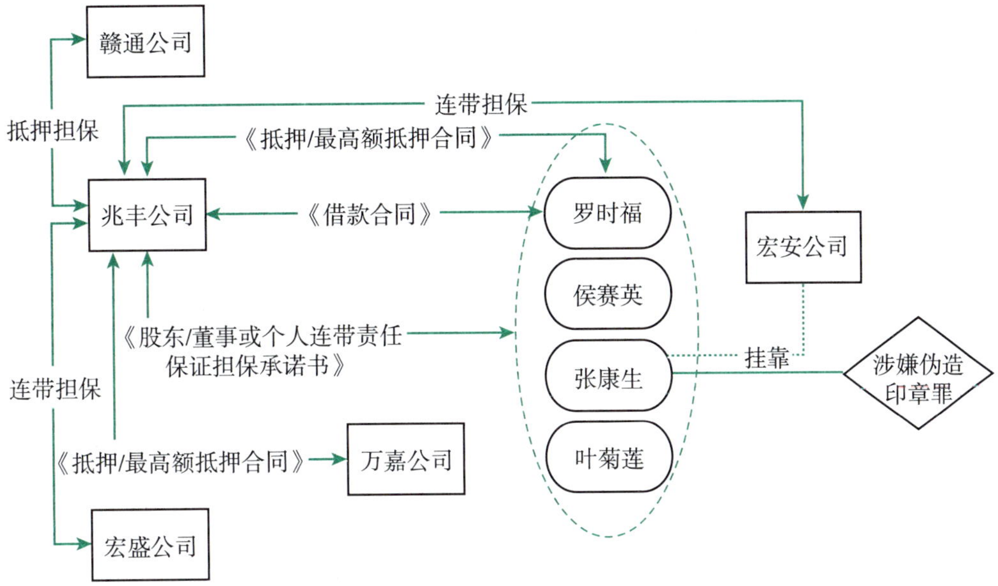

主要案情

再审申请人(一审被告、二审上诉人):江西宏安房地产开发有限责任公司(挂靠公司)。

被申请人(一审原告、二审被上诉人):南昌县兆丰小额贷款股份有限公司。

被申请人(一审被告、二审被上诉人):张康生(挂靠经营者)。

被申请人(一审被告、二审被上诉人):罗时福、侯赛英、张康生、叶菊莲、雷晓云、宋兰兰、横峰县万嘉国际酒店有限公司、辽宁赣通置业有限公司、弋阳县赣宏房屋建筑工程有限公司、江西宏盛建业集团有限公司。

再审申请人江西宏安房地产开发有限责任公司(以下简称宏安公司)因与被申请人南昌县兆丰小额贷款股份有限公司(以下简称兆丰公司)、罗时福、侯赛英、张康生、叶菊莲、雷晓云、宋兰兰、横峰县万嘉国际酒店有限公司(以下简称万嘉公司)、辽宁赣通置业有限公司(以下简称赣通公司)、弋阳县赣宏房屋建筑工程有限公司(以下简称赣宏公司)、江西宏盛建业集团有限公司(以下简称宏盛公司)借款合同纠纷一案,不服江西省高级人民法院(2016)赣民终321号民事判决,向最高人民法院申请再审。最高人民法院于2017年4月28日作出(2017)最高法民申462号民事裁定,提审本案。

2007年1月9日,叶金街、高水福、洪冬根、全新忠、宣忠、余金福、董开明共同制定宏安公司《章程》,规定公司注册资本2000万元,其中叶金街认缴840万元,占比42%;高水福、董开明、洪冬根、全新忠分别出资240万元,占比各为12%;宣忠出资200万元,占比10%。公司不设董事会,设执行董事一人,行使召集和主持股东会议、决定公司的经营计划和投资方案、代表公司签署有关文件等职权。2007年1月10日，弋阳县工商局核发了宏安公司的《企业法人营业执照》，法定代表人为叶金街。

张康生挂靠在宏安公司名下，从事弋阳县弋江镇北街居委会城北汽车站的土地开发项目。

2012年4月17日，兆丰公司与罗时福签订编号为2012借字第003号的《借款合同》，兆丰公司向罗时福提供金额为人民币300万元的借款，借款期限为3个月，自2012年4月17日起至2012年7月16日止，合同项下借款自贷款发放之日起按日计息，利率为2%（月率），结息日为每月15日，结息日为非法定工作日的，则顺延至下一个工作日，借款到期，利随本清。该合同第八条第3、4款约定：借款到期，罗时福未按约偿还的，自逾期之日起在原利率基础上加收100%的利息。

2012年4月17日，罗时福、侯赛英、张康生、叶菊莲分别向兆丰公司出具《股东/董事或个人连带责任保证担保承诺书》，对上述借款本金加利息，罗时福、侯赛英、张康生、叶菊莲承诺承担连带偿还责任。

2012年4月17日，罗时福与兆丰公司签订编号为2012年抵字第003－1号的《抵押/最高额抵押合同》，2012年4月17日，兆丰公司与万嘉公司签订编号为2012年抵字第003－3号《抵押/最高额抵押合同》，2012年4月17日，赣通公司与兆丰公司签订编号为2012年抵字第003－2号的《抵押/最高额抵押合同》。

2012年4月17日，兆丰公司与罗时福、侯赛英签订编号为2012年保字第003－1号的《保证/最高额保证合同》，为保证兆丰公司债权的实现，罗时福、侯赛英自愿向兆丰公司提供保证担保。2012年4月17日，兆丰公司与张康生、叶菊莲签订编号为2012年保字第003－3号的《保证/最高额保证合同》，为保证兆丰公司债权的实现，张康生、叶菊莲自愿向兆丰公司提供保证担保。2012年4月17日，兆丰公司与雷晓云签订编号为2012年保字第003－8号的《保证/最高额保证合同》，为保证兆丰公司债权的实现，雷晓云自愿向兆丰公司提供保证担保。2012年4月17日，兆丰公司与万嘉公司签订编号为2012年保字第003－2号的《保证/最高额保证合同》，为保证兆丰公司债权的实现，万嘉公司自愿向兆丰公司提供保证担保。2012年4月17日，兆丰公司与赣通公司签订编号为2012年保字第003－4号的《保证/最高额保证合同》，为保证兆丰公司债权的实现，赣通公司自愿向兆丰公司提供保证担保。2012年4月17日，兆丰公司与赣宏公司签订编号为2012年保字第003－5号的《保证/最高额保证合同》，为保证兆丰公司债权的实现，赣宏公司自愿向兆丰公司提供保证担保。2012年4月17日，兆丰公司与宏安公司签订编号为2012年保字第003－7号的《保证/最高额保证合同》，为保证兆丰公司债权的实现，宏安公司自愿向兆丰公司提供保证担保。

2012年9月29日，兆丰公司通过胡珍娥向罗时福分两笔分别转款100万元、200万元。

2014年10月8日，张康生因涉嫌伪造印章罪被江西省玉山县公安局刑事拘留，2014年10月10日变更为取保候审，后因涉嫌非法吸收公众存款罪于2014年12月26日被江西省弋阳县公安局刑事拘留，2015年1月30日经弋阳县人民检察院批准并由弋阳县公安局执行逮捕。2015年12月21日，弋阳县人民检察院以张康生犯非法吸收公众存款罪向弋阳县人民法院提起公诉,其间以贷款诈骗罪、伪造公司、企业印章罪追加起诉。2017 年 1 月 17 日,江西省弋阳县人民法院作出(2015)弋刑初字第 146 号刑事判决:张康生犯非法吸收公众存款罪、伪造公司、企业印章罪、骗取贷款罪,决定执行有期徒刑十一年,并处罚金 80 万元,依法追缴违法所得 17,758.085 万元并返还给受害人,随案移送的赃物依法予以处理。其中,关于伪造公司、企业印章罪的犯罪事实为:2012 年 2 月,张康生为了在兆丰公司办理贷款,在明知自己不是宏安公司股东的情况下,伪造了宏安公司印章,使用伪造的该公司印章在弋阳县房管局办理了房屋的他项权证抵押,并在抵押人处签了自己的名字,以宏安公司的名义担保在兆丰公司贷了两笔共计 700 万元的贷款,后因无钱归还贷款,致使法院查封了宏安公司的房产。此外,张康生为了达到向兆丰公司办理贷款或者释放抵押于上饶市农业银行信江支行、玉山县农村信用合作社的房产证的目的,分别伪造了宏盛公司、中国农业银行股份有限公司上饶信江支行、玉山县农村信用合作社印章各一枚。2017 年 3 月 31 日,江西省上饶市中级人民法院作出(2017)赣 11 刑终 53 号刑事判决,维持了弋阳县人民法院关于张康生犯非法吸收公众存款罪、伪造公司、企业印章罪、骗取贷款罪,决定执行有期徒刑十一年,并处罚金 80 万元的判决主文。

另外,自 2012 年 1 月起,兆丰公司与张康生之间即存在口头的借款合同关系,张康生共向兆丰公司借款 6000 万元。因张康生未依约归还借款,2013 年 5 月 27 日,兆丰公司以张康生、叶菊莲、赣通公司为被告,向一审法院提起诉讼。2014 年 4 月 30 日,一审法院作出(2013)洪民二初字第 137 号民事判决,判令张康生向兆丰公司归还借款本金 3056.0243 万元及利息,叶菊莲、赣通公司承担连带清偿责任,兆丰公司有权就赣通公司提供的抵押物折价或者以拍卖、变卖后的价款优先受偿。在前述借款之外,2012 年 4 月 17 日,兆丰公司与张康生另行签订一份《借款合同》,约定张康生向兆丰公司借款 400 万元,借款期限 3 个月,月利率为 2%。因张康生未及时归还借款本息,2013 年 5 月 27 日,兆丰公司以张康生、叶菊莲、雷晓云、宋兰兰、赣宏公司、赣通公司、宏盛公司、宏安公司为被告,向一审法院提起诉讼。2014 年 3 月 11 日,一审法院作出(2013)洪民二初字第 138 号民事判决,判令张康生向兆丰公司归还借款本金 400 万元及利息,叶菊莲、雷晓云、宋兰兰、赣宏公司、赣通公司、宏盛公司、宏安公司就上述债务承担连带清偿责任,兆丰公司有权就宏安公司、赣通公司提供的抵押物折价或以拍卖、变卖后的价款优先受偿。

在一审法院审理本案期间,弋阳县弋江镇杭南长高速铁路客运专线协调领导小组于 2014 年 7 月 9 日向一审法院出具《证明》:宏安公司位于弋阳县弋江镇北街居委会城北汽车站的房屋及土地因高铁建设被征用,拆迁征地补偿款合计 16,940,865.12 元。此款项分四次付清,最后一次付款时间是 2012 年 4 月 24 日。宏安公司拆迁补偿款领款人是张康生,付款方式为银行转账。

被申请人(一审原告、二审被上诉人)南昌县兆丰小额贷款股份有限公司一审诉讼请求:(1)岁时福向兆丰公司归还借款人民币 300 万元,并支付自实际借款之日起至实际还款日止的借款利息、逾期利息(其中借款利息从 2012 年 9 月 29 日起至 2012 年 12 月 28 日止按月利率 2% 计算;逾期罚息自 2012 年 12 月 29 日起暂计至 2014 年 2 月 17 日止按银行同期贷款利率的四倍计算,所欠利息和逾期利息总计人民币 120.5 万元)。(2)侯赛英、张康生、叶菊莲、雷晓云、宋兰兰、万嘉公司、赣通公司、赣宏公司、宏盛公司、宏安公司对上述借款及利息、逾期罚息向兆丰公司承担连带还款责任。(3)兆丰公司对各担保人提供的担保物有优先受偿权。(4)全部案件诉讼费、保全费等由罗时福、侯赛英、张康生、叶菊莲、雷晓云、宋兰兰、万嘉公司、赣通公司、赣宏公司、宏盛公司、宏安公司承担。

一审法院江西省南昌市中级人民法院于2015年11月16日作出(2014)洪民二初字第146号民事判决书,判决:(1)罗时福在判决生效后十日内一次性向兆丰公司归还借款本金300万元及其利息(自2012年9月29日至2012年12月28日以300万元为基数按年利率22.4%计算,自2012年12月29日起至付清之日止以300万元为基数按年利率24.6%计算)。(2)侯赛英、张康生、叶菊莲、雷晓云、万嘉公司、赣通公司、赣宏公司、宏安公司对上述借款本息承担连带清偿责任。(3)侯赛英、张康生、叶菊莲、雷晓云、万嘉公司、赣通公司、赣宏公司、宏安公司承担责任后,有权向罗时福追偿。(4)驳回兆丰公司的其他诉讼请求。

二审江西省高级人民法院于2016年7月15日作出(2016)赣民终321号民事判决书,判决:驳回上诉,维持原判。

最高人民法院于2017年12月8日作出的(2017)最高法民再209号民事判决书,判决:(1)撤销江西省高级人民法院(2016)赣民终321号民事判决;(2)维持江西省南昌市中级人民法院(2014)洪民二初字第146号民事判决第一项、第四项;(3)变更江西省南昌市中级人民法院(2014)洪民二初字第146号民事判决第二项为:侯赛英、张康生、叶菊莲、雷晓云万嘉公司、赣通公司、赣宏公司对上述借款本息承担连带清偿责任;(4)变更江西省南昌市中级人民法院(2014)洪民二初字第146号民事判决第三项为:侯赛英、张康生、叶菊莲、雷晓云、万嘉公司、赣通公司、赣宏公司承担责任后,有权向罗时福追偿。

法院观点

本案核心争议焦点为:张康生的行为是否构成表见代理,案涉保证合同对宏安公司是否发生效力。

本案中,张康生挂靠在宏安公司名下,从事弋阳县弋江镇北街居委会城北汽车站的土地开发项目,但就案涉担保事宜,宏安公司不仅没有授权张康生为罗时福的借款向兆丰公司提供担保,且事先并未获悉此节事实,故依法应当认定张康生以宏安公司的名义与兆丰公司签订案涉《保证/最高额保证合同》的行为系无权代理。《合同法》第48条第1款规定:“行为人没有代理权、超越代理权或者代理权终止后以被代理人名义订立的合同,未经被代理人追认,对被代理人不发生效力,由行为人承担责任。”第49条规定:“行为人没有代理权、超越代理权或者代理权终止后以被代理人名义订立合同,相对人有理由相信行为人有代理权的,该代理行为有效。”根据前述规定,在宏安公司拒绝追认案涉《保证/最高额保证合同》的情况下,只有张康生的行为构成表见代理,该保证合同的效果才能够归属于宏安公司并由其承担相应的法律责任。表见代理行为的本质是无权代理,认定无权代理人的行为构成表见代理则意味着本人必须承受其意思以外的他人决定的约束,有违当事人自主决定的民法基本原则,故立法将相对人的信赖利益保护限定在其善意无过失的场合。据此,在判断兆丰公司是否有理由相信张康生有代理权这一问题时,最高人民法院将从张康生是否具有表征代理权存在的外观、兆丰公司对相关的权利外观的信赖是否合理、宏安公司作为被代理人对该权利外观的存在是否具有可归责性及其程度这三个方面进行综合考量。

关于张康生是否具有以宏安公司名义为他人提供担保的代理权外观的问题。《公司法》第16条规定,公司为他人提供担保,依照公司章程的规定,由董事会或者股东会、股东大会决议;公司章程对担保的数额有限额规定的,不得超过规定的限额。公司为公司股东或者实际控制人提供担保的,必须经股东会或者股东大会决议。前款规定的股东或者受前款规定的实际控制人支配的股东,不得参加前款规定事项的表决。该项表决由出席会议的其他股东所持表决权的过半数通过。由此可见,在公司为他人提供担保这一可能影响股东利益的场合,立法规定了公司机关决议前置程序以限制法定代表人的代表权限。在公司内部,为他人提供担保的事项并非法定代表人所能单独决定,其决定权限交由公司章程自治:或由公司股东决定,或是委诸商业判断原则由董事会集体讨论决定;在为公司股东或实际控制人提供担保的场合,则必须交由公司其他股东决定。这种以决议前置的方式限制法定代表人担保权限的立法安排,其规范意旨在于确保该担保行为符合公司的意思,不损害公司、股东的利益。据此,能够证明张康生享有以宏安公司名义为他人提供担保的代理权外观的证据,只能限于宏安公司的股东会决议或者执行董事的授权,或者是能够证明案涉担保行为确系宏安公司真实意思的其他相关证据。而在本案中,无论是张康生与宏安公司之间的挂靠关系,还是张康生因此而持有相关印章、文件的事实,均不足以表彰其代理权限的存在。首先,张康生挂靠宏安公司开发城北汽车站地产项目的事实,使得张康生享有以宏安公司名义对外开展与该房地产开发有关的通常经营业务的代理权外观,但该代理权外观并不能延展至为他人提供担保这一特别事项方面。最高人民法院注意到,弋阳县弋江镇杭南长高速铁路客运专线协调领导小组于2014年7月9日所出具的证明,是在一审法院审理本案期间发生,并非兆丰公司在签订保证合同时获知的事实。若以该节事后获知的事实来反推兆丰公司在签约时对张康生代理权限的判断,并不能令人信服。其次,兆丰公司称张康生签约时向其提供了宏安公司的章程、贷款卡、股东出资信息、组织机构代码证等相关材料,并持有宏安公司印章,张康生持有上述资料的确能够证明张康生与宏安公司存在某种关联。但考虑到本案中兆丰公司作为专业的放贷机构,其在接受赣通公司、赣宏公司、宏盛公司所提供的担保时,均要求张康生提供了相关的公司决议,说明其已经知道《公司法》第16条存在公司为他人提供担保的限制性规定。故兆丰公司在获得了宏安公司的章程、股东出资信息、组织机构代码证等证据材料后,已经实际知道张康生既非宏安公司的股东,也非宏安公司的法定代表人,仅凭借张康生持有印章、贷款卡及自称为宏安公司法定代表人的姐夫的口头说明,并不足以证明张康生享有相应的代理权外观。

一、关于兆丰公司对张康生代理权的信赖是否合理的问题

首先,从兆丰公司与张康生之间的交易历史来看,兆丰公司在签订担保合同时存在要求提供公司相关决议文件的做法。在(2013)洪民二初字第137号案件中,兆丰公司在年初向张康生发放6000万元贷款后,因张康生未能全额归还,于2012年4月17日补签书面的借款合同并由张康生担任法定代表人的赣通公司提供担保,兆丰公司要求张康生和其妻叶菊莲出具了《赣通公司股东/董事会决议(借款)》《赣通公司股东/董事会决议(担保)》两份书面文件,同意由赣通公司为张康生向兆丰公司所借 4000 万元借款本息承担保证责任。在(2013)洪民二初字第 138 号案件中,兆丰公司要求张康生提供了宏盛公司、宏安公司、赣通公司共同出具的《股东/董事会决议(担保)》。由此可见,兆丰公司在开展贷款业务时,已经认识到提供担保的行为须经公司机关决议,并非公司法定代表人所能单独决定。而在本案中,2015 年 2 月 17 日张康生在公安机关的讯问笔录中供述称其曾经应兆丰公司的要求,向兆丰公司出具了他和其妻子叶菊莲的股东会决议,并加盖了宏安公司的印章。但兆丰公司否认该决议的存在,并称其虽然曾经要求张康生提供宏安公司的股东会决议,但张康生告知其能够代表宏安公司签订合同,且宏安公司章程也未要求公司对外担保须经股东会或董事会同意,因此兆丰公司最终并未要求其提供决议。最高人民法院认为,因本案与(2013)洪民二初字第 137 号、(2013)洪民二初字第 138 号案件中的借款和担保合同均签订于 2012 年 4 月 17 日,兆丰公司关于其并未就本案借款要求张康生提供宏安公司决议的相关陈述,与其在 138 号案件中将宏安公司的决议作为证据提交的事实相互矛盾,最高人民法院不予采信。其次,张康生虽然持有宏安公司的印章,但兆丰公司作为实际知道法律对公司为他人提供担保存在须经公司机关决议的法定要求的专业贷款经营机构,应当知道公章不能等同于公司决议。在张康生所提交的材料既不能证明其系宏安公司的股东,又不能证明其系宏安公司的实际控制人的情况下,在 2012 年 4 月 17 日签订合同至 2012 年 9 月 29 日实际发放贷款这一长达五个多月的时间内,既未向宏安公司核实张康生的代理权限,亦未要求张康生出示委托书、公司决议等能够证明代理权限存在的证据,兆丰公司的行为既与其公司经营业务特性不符,也未尽通常情形下的注意义务。本案中,只要兆丰公司向宏安公司做核实了解,就可以获悉张康生的行为系无权代理,由此可以认定,兆丰公司对张康生的无权代理行为至少属于因重大过失而不知。最后,关于 138 号案件中张康生利用私刻的宏安公司的公章办理抵押登记的事实能否用以证明本案中兆丰公司的合理信赖问题,本案借款、担保合同与 138 号案件中的借款和担保合同系于 2012 年 4 月 27 日同时签订,而弋阳县房管局办理抵押登记的时间是 2012 年 9 月 28 日(注意时间先后关系)。兆丰公司关于其基于对公权力部门的信任而相信张康生确实能够代表宏安公司提供担保的诉讼理由,理据不足,最高人民法院不予采信。原审判决以张康生使用的该枚印章已为相关政府职能部门确认,兆丰公司基于对该枚公章的合理信赖利益应当得到保护的认定,未能根据法律规定正确审查、认定公司为他人提供担保的代表和代理权限,仅以印章的真伪作为宏安公司是否应当承担责任的判断依据,对法律的理解并不正确,最高人民法院予以纠正。

二、关于宏安公司作为被代理人对张康生的行为是否具有可归责性的问题

本案中,宏安公司虽与张康生存在挂靠开发的关系,客观上使得张康生存在职务代理的授权外观,但第三人对该外观的合理信赖应当限于与工程开发相关的事务为宜。在与挂靠开发有关的事项范围内,张康生以宏安公司名义对外从事的法律行为,应当由宏安公司承受相应的法律后果。根据生效刑事判决认定的事实,张康生私刻宏安公司的印章系为用于其与兆丰公司之间的贷款担保事宜，本案中并无证据表明宏安公司同意张康生另行刻制印章，或者对张康生私刻其印章对外开展民事活动存在放任不管的情形。故原审判决关于张康生挂靠宏安公司并使用该公司公章的行为对外具有公示效力，应推定宏安公司对于张康生使用该枚公章对外从事民事活动是知晓的认定不当，最高人民法院予以纠正。虽然宏安公司在获悉对138号案件的判决后对该案中的抵押担保予以追认，该追认行为系其作为被代理人依法行使权利，不能由此延伸到对本案300万元贷款的担保，更不能以宏安公司另案执行程序中的事后追认行为得出本案贷款担保系有权代理的结论。兆丰公司关于宏安公司在已经认可该枚印章在抵押合同上的效力就不能选择性地主张本案担保合同上的印章无效的诉讼理由，并无相应的事实和法律依据，最高人民法院不予支持。

综上所述，最高人民法院认为，兆丰公司关于其有理由相信张康生有权代理宏安公司为他人作保的诉讼理由不能成立，不予支持。张康生的行为不构成表见代理，案涉保证合同对宏安公司不生效力。申请人宏安公司的申请理由成立，最高人民法院予以支持。原审判决认定事实和适用法律均有不当之处，最高人民法院予以纠正。

律师提示

与（2016）最高法民申425号民事裁定书相比较，两案类似度非常高。但笔者认为，最高人民法院关于此类案件的裁判规则并无实质改变，只是进一步深化和明确了表见代理裁判规则，尤其是本案核心裁判规则“法院不能以相对人事后获知挂靠经营者私刻的公司印章在其他地方也使用过（甚至政府职能部门确认过）的事实，来反推相对人在签约时对挂靠经营者代理权限的判断”特别值得注意。

095 永续债怠于信息披露是否构成根本违约？

案例索引

上海市第二中级人民法院（2018）沪02民终3136号民事判决书。

案例导读

本案案例来源于上海市高级人民法院发布的2018年十大典型金融案例之第八个案例。永续债券与普通债券相比，其最大的特点是无固定到期日、发行人可递延支付利息并有权决定是否行使赎回。但本案例却因发行人怠于信息披露被法院判决提前还本付息，有关裁判要旨及裁判逻辑非常值得一读。

裁判要旨

永续债的发行人存在怠于履行相关披露义务等行为，足以影响持有人出卖债券获益可能性的，发行人构成根本违约，持有人享有解除合同的权利。

裁判逻辑

1. 鉴于募集书“期限在发行人赎回时到期，赎回权为发行人所有，投资者无回售权”之条款，案涉债券为永续债券。

2. 债券持有人通过流通债券实现自己的经济利益是其持有债券的重要目的之一，也是债券市场存在的重要价值之所在。

3. 披露募集资金用途变更、发行人控股股东变更、资产转让、定期财务报表等信息，属于债券发行企业重大事项信息披露的最低要求。

4. 债券发行人多次未按约披露信息，直接影响投资者对企业信用风险、投资价值的判断，以及投资者的投资信心，从而导致涉案债券缺乏市场流通性，债券持有人欲通过出售票据收回本金的目的已难以实现，故债券发行人未披露公司重大事项之行为已构成根本违约。

5. 负有先履行债务的当事人能够证明对方存在经营状况严重恶化、可能丧失履行债务能力的，可以中止履行并及时通知对方，对方在合理期限内未恢复履行能力并且未提供适当担保的，中止履行的一方可以解除合同；当事人一方延迟履行债务或者有其他违约行为致使不能实现合同目的，当事人亦可以解除合同。

6. 债券发行人主体及涉案债券的信用等级均被下调至 C 级，代表该公司已不能偿还债务，且未能按约履行多支债券的给付义务，并出让公司主要资产，偿债能力在合同签订后已明显下降，债券持有人据此要求行使不安抗辩权并无不当。

7. 鉴于涉案债券持有人会议要求债券发行人为债券的本息偿付提供抵押、质押或保证，增加交叉违约条款及限制发行人处置资产或股权，均遭拒绝，债券持有人有权解除合同。

8. 合同的违约方赔偿损失的范围除实际已发生的损失，还应当包含对方的预期利益损失，但该预期利益损失不超过合同订立时违约方的预见范围。

交易结构图

主要案情

上诉人（原审被告）：中国城市建设控股集团有限公司（债券发行人）。

被上诉人（原审原告）：景顺长城基金管理有限公司（债券持有人）。

上诉人中国城市建设控股集团有限公司(以下简称中城建公司)因与被上诉人景顺长城基金管理有限公司(以下简称景顺长城公司)公司债券交易纠纷一案,不服上海市黄浦区人民法院(2017)沪0101民初13670号民事判决,向上海市第二中级人民法院提起上诉。

一、涉案票据基本信息

1. 2015年11月11日,中城建公司发布《募集说明书》称,将在全国银行间债券市场发行2015年度第二期中期票据,该债券简称15中城建MTN002,代码×××××××××。该债券期限在发行人赎回时到期,赎回权为发行人所有,投资者无回售权。票据发行利率为5.35%,采用固定利率计息。自第6个计息年度起,每5年重置一次票面利率;如果发行人不行使赎回权,则从第6个计息年度开始票面利率调整为当期基准利率加上初始利差再加上300个基点,在第6个计息年度至第10个计息年度内保持不变。起息日为2015年11月23日,付息日为自2016年起每年的11月23日;除非发生强制付息事件,本期中期票据的每个付息日,发行人可自行选择将当期利息以及按照本条款已经递延的所有利息及其孳息推迟至下一个付息日支付,且不受到任何递延支付利息次数的限制;每笔递延利息在递延期间应按当期票面利率再加300个基点累计计息。景顺长城公司现持有该债券总计5000万元。

2.《募集说明书》中以粗体字形式提示:"凡通过认购、受让等合法手段取得并持有本公司发行的本期中期票据,均视同自愿接受本募集说明书对各项权利义务的约定。本公司承诺根据法律法规的规定和本募集说明书的约定履行义务,接受投资者监督。截至本募集说明书签署日,除已披露信息外,无其他影响偿债能力的重大事项。"

3. 中城建公司承诺将严格按照中国人民银行颁布的《银行间债券市场非金融企业债务融资工具管理办法》及中国银行间市场交易商协会的相关规则和指引,真实、准确、完整、及时地进行信息披露,不存在虚假记载、误导性陈述或重大遗漏。

在融资券存续期间,通过中国货币网、上海清算所网站定期披露以下信息:每年4月30日以前,披露上一年度的年度报告和审计报告;每年8月31日以前,披露本年度上半年的资产负债表、利润表和现金流量表;每年4月30日和10月31日以前,披露本年度第一季度和第三季度的资产负债表、利润表及现金流量表。第一季度信息披露时间不得早于上一年度信息披露时间。在中期票据存续期间,及时向市场公开披露可能影响公司偿债能力的重大事项:包括公司涉及可能对其资产、负债、权益和经营成果产生重要影响的重大合同;公司发生可能影响其偿债能力的资产抵押、质押、出售、转让、划转或报废;公司发生未能清偿到期重大债务的违约情况;公司三分之一以上董事、三分之二以上监事、董事长或者总经理发生变动;董事长或者总经理无法履行职责。

二、中城建公司在涉案债券募集过程中存在不实陈述

1. 中城建公司未全面披露该公司股权结构

2015年,中国城市发展研究院有限公司设立了中国城市运营有限公司。随后中国城市运营有限公司于2015年全资设立了中国城市发展投资有限公司(BVI,后改名为中国城建国际控股有限公司)。中国城建国际控股有限公司于2015年10月成为中国城市发展研究院国际有限公司的股东,持股比例为99%。中国城市发展研究院有限公司对中国城市发展研究院国际有限公司持股比例降至1%。中城建公司为中国城市发展研究院国际有限公司的全资二级子公司。因此,中国城市运营有限公司、中国城市发展投资有限公司间接持有中城建公司99%的股权。但中城建公司在《募集说明书》中陈述其为中国城市发展研究院有限公司的全资三级子公司,隐瞒了中国城市运营有限公司、中国城市发展投资有限公司的设立,以及中国城市发展投资有限公司持有中国城市发展研究院国际有限公司股权的事实。

2. 中城建公司未披露其子公司转让事项

《募集说明书》签署前,中城建公司将其持有的第四工程公司、第十三工程公司的股权全部转让至中国城建集团股份有限公司,并最终由领端投资有限公司受让前述股权。但城建控股在《募集说明书》中仍将上述两家公司列为其拥有的全资及二级子公司。

三、债券存续期间,中城建公司未按约披露重大信息

1. 未披露募集资金用途的改变

中城建公司在《募集说明书》中约定,募集资金中8亿元用于补充下属子公司中城投第六工程局有限公司(原中城建第六工程局集团有限公司,以下简称第六工程局)的日常营运资金。而根据2016年3月1日及5月5日中城建公司发布的《中国城市建设控股集团有限公司关于部分下属工程局公司股权变更及减持的公告》《中国城市建设控股集团有限公司关于部分下属工程局公司股权变更及减持情况的补充公告》显示,中城建公司已将第六工程局转让给了海南林源投资有限公司,该公司无须支付现金交易对价,中城建公司从2016年第一季度起不再对第六工程局进行合并报表。对于何时签订股权转让协议、海南林源投资有限公司如何支付对价以及涉案债券为第六工程局日常经营所募集的资金如何处理等信息,两份公告中均未予以披露。

2. 未披露相关定期报告

根据《银行间债券市场非金融企业债务融资工具披露规则》的规定及《募集说明书》的约定,中城建公司应于每年4月30日以前,披露上一年度的年度报告和审计报告;每年8月31日以前,披露本年度上半年的资产负债表、利润表和现金流量表;每年4月30日和10月31日以前,披露本年度第一季度和第三季度的资产负债表、利润表及现金流量表。但中城建公司至今未披露2016年年度报告及2017年各季度财务报表。

3. 未按约披露可能影响其偿债能力的其他重大事项

中国银行间市场交易商协会认定,中城建公司在债券存续期间存在以下违反银行间市场相关自律规则指引的行为:(1)未披露"12中城建MTN1"利息兑付信息;(2)未合规披露公司抵质押等资产受限情况;(3)未合规披露持有部分子公司股权转让情况;(4)未及时披露控股股东变更事项;(5)未积极配合协会自律调查工作。为此,交易商协会给予城建控股公开谴责处分,暂停相关业务,责令其针对本次事件中暴露出的问题进行全面深入的整改。

四、联合资信评估有限公司(以下简称联合资信)下调了中城建公司主体及涉案债券信用等级

2016年4月至11月,联合资信多次发布了公告,逐步将中城建公司主体长期信用等级及“15中城建MTN002”的债项信用等级由AA+级下调至C级。公告另载明,中城建公司股权结构和经营性资产发生重大变动,信息披露不及时,相关信息透明度不高,公司的上述变化对其融资环境或产生较大影响。中城建公司的子公司中国城市建设(国际)有限公司发行、城建控股提供维好协议、流动性支持以及EIPU的点心债由于中城建公司99%的股权变更为非国有企业所持有,导致提前赎回事件的发生。该提前赎回请求目前已无法按时、按合同完成,中城建公司尚未对此事件作出公告。

五、中城建公司出现大量违约并转移了部分资产

中城建公司未能按约履行“11中城建MTN1”“12中城建MTN1”等多支债券的给付义务,并于2016年12月至2017年1月期间,转让了其持有的建筑材料公司、第五工程公司、第八工程公司及第十六工程公司的全部股权。中城建公司未披露转让价款等信息。

六、中城建公司拒绝为涉案债券提供担保并提前兑付

涉案债券持有人会议要求城建控股为“15中城建MTN002”的本息偿付提供抵押、质押或保证,增加交叉违约条款及限制发行人处置资产或股权,均遭中城建公司拒绝。2017年4月20日,景顺长城公司向中城建公司发出“关于中城建公司2015年度第二期中期票据还本付息的催告函”,要求中城建公司兑付本息。

被上诉人(原审原告):景顺长城基金管理有限公司(债券持有人)一审诉讼请求:(1)判令解除景顺长城公司与中城建公司签订的《募集说明书》;(2)判令中城建公司偿还景顺长城公司认购“15中城建MTN002”票据的本金50,000,000元;(3)判令中城建公司支付自2016年11月23日起至实际清偿日止,以50,000,000元为基数按年利率5.35%计算的利息。

一审法院判决:(1)景顺长城公司与中城建公司之间的《中国城市建设控股集团有限公司2015年度第二期中期票据募集说明书》于2017年11月21日解除;(2)中城建公司应于判决生效之日起十日内支付景顺长城公司2015年度第二期中期票据本金50,000,000元;(3)中城建公司应于判决生效之日起十日内赔偿景顺长城公司自2016年11月23日起至实际清偿日止,以50,000,000元为基数,按年利率5.35%计算的利息损失。

二审法院上海市第二中级人民法院于2018年6月28日作出判决:驳回上诉,维持原判。

法院观点

本案的争议焦点在于:中城建公司未披露公司重大信息之行为是否构成根本违约行为;景顺长城公司可否以中城建公司转移资产、清偿能力下降为由行使不安抗辩权;景顺长城公司是否可以据此解除合同,并要求中城建公司兑付本息以及确定利息的支付标准。

对于争议焦点一,中城建公司在全国银行间债券市场发行了2015年度第二期中期票据,该债券《募集说明书》约定,凡通过认购、受让等合法手段取得并持有该中期票据的视同接受

《募集说明书》对各项权利义务约定。故该《募集说明书》是确定票据发行人与持有人之间权利与义务的载体，构成双方之间的有效合同，双方均应按照《募集说明书》的约定全面履行各自的义务。中城建公司在《募集说明书》中承诺，将严格按照中国人民银行颁布的《银行间债券市场非金融企业债务融资工具管理办法》及中国银行间市场交易商协会的相关规则和指引，遵循诚实信用的原则，真实、准确、完整、及时地进行信息披露，承诺在所有信息披露的过程中不存在虚假记载、误导性陈述或重大遗漏。经查明，中城建公司在募集时隐瞒了注册于英属维京群岛的两家公司间接持有中城建公司的99%股权以及中城建公司已转让其持有的第四工程公司、第十三工程公司股权的事实；在涉案票据存续期间，中城建公司对于其转让第六工程局股权、控股股东变更等信息，均未按约予以披露；同时，中城建公司至今未能披露其2016年年度报告、2017年一季度、半年度及三季度财务报表。上述行为违反了《募集说明书》的相关约定，中城建公司已构成违约。

债券持有人通过流通债券实现自己的经济利益是其持有债券的重要目的之一，也是债券市场存在的重要价值之所在。披露募集资金用途变更、发行人控股股东变更、资产转让、定期财务报表等信息，属于企业重大事项信息披露的最低要求。中城建公司多次未按约披露信息，直接影响投资者对企业信用风险、投资价值的判断，以及投资者的投资信心，从而导致涉案债券缺乏市场流通性。据此，景顺长城公司欲通过出售票据收回本金的目的已难以实现，故中城建公司未披露公司重大事项之行为已构成根本违约。

关于争议焦点二，中城建公司主体及涉案债券的信用等级均被联合资信从发行债券时的AA+级下调至C级，代表该公司已不能偿还债务。中城建公司未能按约履行“11中城建MTN1”“12中城建MTN1”等多支债券的给付义务，并于2016年12月至2017年1月，转让了其持有的建筑材料公司、第五工程公司等四家公司的全部股权。上述事实充分体现了中城建公司的偿债能力在合同签订后已明显下降，景顺长城公司据此要求行使不安抗辩权并无不当。

关于争议焦点三，根据《合同法》第68条、第69条、第94条的规定，负有先履行债务的当事人能够证明对方存在经营状况严重恶化、可能丧失履行债务能力的，可以中止履行并及时通知对方，对方在合理期限内未恢复履行能力并且未提供适当担保的，中止履行的一方可以解除合同；当事人一方延迟履行债务或者有其他违约行为致使不能实现合同目的，当事人亦可以解除合同。现中城建公司的违约行为导致景顺长城公司购买本案系争债券的目的无法实现，且中城建公司出现大量违约事件，转让其名下多家公司股权，造成偿债能力严重下降，可能丧失履行债务的能力。景顺长城公司通过函件、债券持有人会议等形式要求中城建公司提供履约担保或提前兑付系争债券，中城建公司拒绝履行，景顺长城公司据此要求解除双方合同关系，于法有据，予以支持。景顺长城公司在庭审中向中城建公司提出要求解除双方合同关系，故一审法院认定双方之间的合同自2017年11月21日起解除。合同解除后，景顺长城公司有权要求中城建公司赔偿损失，现景顺长城公司要求其按年利率5.35%支付利息损失，该利率并未高于合同约定利率，予以支持。

中城建公司在诉讼中关于景顺长城公司在认购时明知系争票据是永续债券且存在诸多风险之答辩意见不能对抗其未披露公司重要信息之根本违约行为以及债务履行能力根本性下降之事实,其要求驳回景顺长城公司诉请的意见一审法院不予采纳。

根据《合同法》第113条的规定,当事人一方不履行合同义务或者履行合同义务不符合约定,给对方造成损失的,损失赔偿额应当相当于因违约所造成的损失,包括合同履行后可以获得的利益,但不得超过违反合同一方订立合同时预见到或者应当预见到的因违反合同可能造成的损失。即合同的违约方赔偿损失的范围除实际已发生的损失,还应当包含对方的预期利益损失,但该预期利益损失不超过合同订立时违约方的预见范围。本案中,根据涉案债券的发行情况公告和募集说明书,前5个计息年度的票面利率为5.35%,如果发行人不行使赎回权,第6~10个计息年度的票面利率调整为当期基准利率加上初始利差再加上300个基点。因此,若合同正常履行,景顺长城公司可以获得的利益至少为按年利率5.35%计算可得的利息,此亦属中城建公司在发行债券时明确可预见的违约损失的合理范围,故景顺长城公司要求中城建公司按约定利率标准赔偿合同解除后的预期利息损失,于法有据,应予支持。中城建公司主张按同期银行贷款利率标准计算损失的上诉意见,缺乏法律依据,上海市第二中级人民法院不予采纳。

律师提示

金融机构发行金融产品怠于信息披露可构成根本性违约之裁判思路,为类似金融产品的投资人维权路径提供了建设性的新思路。例如契约型私募基金,管理人应当履行投资者适当性义务、信息披露义务、忠实勤勉义务、风险揭示义务和及时清算义务,如果管理人怠于履行以上义务,均可成为投资人维权之突破口。又如,私募股权投资,对于目标公司及实际控制人亦可设置充分的信息披露义务条款,一旦投后发现目标公司及实际控制人怠于信息披露,即可主张违约责任,或解除合同退出或主张赔偿。

096 如何认定不当得利善意受领人的法律责任?

案例索引

最高人民法院(2017)最高法民再287号民事判决书。

案例导读

1.本案是最高人民法院以类推方法弥补法律漏洞完美审判涉及连环诈骗案中的不当得

利民事纠纷案。案外人(诈骗罪犯)虚构市政工程项目以合伙形式骗取本案原告信任向挂靠路桥公司(本案被告)支付巨额工程保证金,再虚构其他工程项目骗取市政公司(本案被告)信任收取该保证金后再支付到案外人(诈骗罪犯)实际控制的企业或个人用于挥霍。此种连环诈骗中,仅仅过账的市政公司是否需要承担不当得利返还责任?一审判无责,二审改判有责,再审又改判“构成不当得利法律关系,但无须承担责任”。最高人民法院的裁判逻辑令人叹服!

2. 不当得利法律关系有哪三个要件,分为哪两种基本类型?不当得利的因果关系如何认定?何谓法律漏洞,如何判断为法律漏洞?法律漏洞分为哪两类,分别如何弥补?不当得利受益人的返还义务范围是否构成法律漏洞?如何类推使用《物权法》中的占有关系法律规定?如何区分不当得利受领人善意或者恶意并进行合理归责?关于这些问题,最高人民法院通过本案再审均给出了非常详实的论证,彰显了释法说理的魅力,值得精读。

3. 本案案外人诈骗,却要由路桥公司来赔偿2000万元保证金及巨额利息,此类风险不可不防。

裁判要旨

不当得利法律关系中,如一旦构成不当得利即不问过错一概由受益人负全部返还义务,既欠缺法律依据,混淆了不当得利的构成要件和法律效果这两个本属不同层面的问题,也违反了不当得利调节财产价值不当移动的规范意旨和价值指向。

裁判逻辑

1. 构成不当得利,应符合以下要件:(1)民事主体一方取得利益;(2)取得利益没有法律根据;(3)取得利益致使民事主体他方受到损失(因果关系)。

2. 根据发生原因的不同,可以将不当得利划分为两种基本类型:(1)基于给付而生的不当得利;(2)基于给付之外的事由而生的不当得利。对于前者而言,是否构成不当得利,应就给付行为发生当时进行判断。

3. 不当得利的因果关系的认定系属难点,除直接因果关系外,虽然一方取得利益的原因事实与另一方受到损失的原因事实并非同一原因事实,但整体而言两者之间基于公平理念和社会一般观念足以认定存在牵连关系的,亦应认定因果关系成立,构成不当得利。

4. 法律漏洞,是指违反立法计划导致法律规范的不完整性。是否构成法律漏洞应视此种未规定的事项是否违反了法律规范的目的,以及是否立法者出于立法技术等方面的考虑而有意不设置条文而定。

5. 法律漏洞可以区分为开放的漏洞和隐蔽的漏洞,前者指针对某一事项欠缺法律规定,后者指虽有法律规定,但依据该规定的目的,不应适用于某一事项。

6. 在法律适用中,不同性质的法律漏洞,主要通过类推适用、目的论的限缩等不同方法加以填补。对因法律未作规定而构成的开放的漏洞,应采用类推适用的方法来填补。即对法律未规定的事项，参照、援引与其性质相类似的法律规定，加以适用。

7. 就不当得利受益人的返还义务范围而言，现行法律未规定在原物毁损、灭失或者因其他法律或者事实上的原因返还不能的情况下，应当返还的不当利益的范围如何确定，已对法律适用造成困扰，构成法律漏洞。

8. 应当返还的不当利益的范围问题，在法律性质和基本权利义务结构上，与占有关系中占有人和权利人，尤其占有物毁损、灭失之际，权利人可向占有人主张的损害赔偿请求权问题，具有相似性，甚至会产生一定程度的竞合关系，可类推适用《物权法》中有关占有关系中占有人和权利人之间的权利义务规则，加以填补。

9.《物权法》有关占有关系规则表明，法律对占有关系进行调整时，无论占有人使用占有物时权利人的损害赔偿请求权，占有物毁损、灭失时权利人的损害赔偿请求权，抑或权利人对占有物的返还请求权，均区分占有人的主观心理状态，分别对善意占有人和恶意占有人赋予不同的权利义务、课以不同的责任方式和责任范围。因此，在确定不当得利返还义务范围时，对现存利益和受领人的主观心理状态加以考量。

10. 区分受领人善意或者恶意，如受领人主观上是善意的，其返还义务的范围应以现存利益为限，没有现存利益的，不再负有不当得利的返还义务；如受领人主观上为恶意，即使没有现存利益，也不能免除其返还所受不当利益的义务。

交易结构图

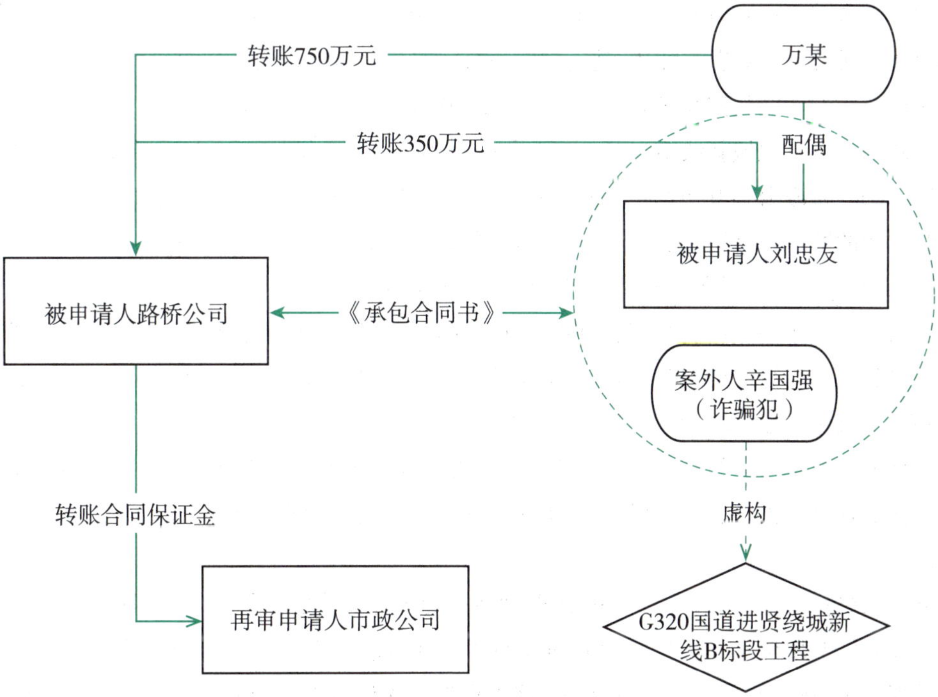

主要案情

再审申请人(一审被告、二审被上诉人):南昌市市政建设有限公司(以下简称市政公司)。

被申请人(一审原告、二审上诉人):刘忠友。

被申请人(一审被告、二审上诉人):江西省福振路桥建筑工程有限公司(以下简称路桥公司)。

再审申请人市政公司因与被申请人刘忠友、路桥公司建设工程合同纠纷一案,不服江西省高级人民法院(2017)赣民终55号民事判决,向最高人民法院申请再审。最高人民法院于2017年7月20日作出(2017)最高法民申2181号民事裁定,提审本案。

2014年5月5日,路桥公司(甲方)与刘忠友(乙方)、案外人辛国强(诈骗罪犯)签订一份《项目施工管理目标责任书(承包合同书)》,合同约定:"乙方作为G320国道进贤绕城新线B标段工程的实际承包方行使项目经理的权利和义务,代表甲方实施上述工程项目的施工管理。第一笔融资款到位后,优先偿还刘忠友2000万元等内容。"

同日,刘忠友通过自己的账户向路桥公司转入350万元,通过其妻子万某的账户向路桥公司转入750万元。同日,路桥公司向刘忠友出具一张收条,收条写明:"今收到刘忠友人民币2000万元用于G320国道合同保证金。"

2014年5月6日,刘忠友通过自己的账户向路桥公司转入100万元,向路桥公司借800万元,共计2000万元。

2014年5月30日,刘忠友通过自己的账户向路桥公司转入800万元,用于归还向路桥公司的800万元借款。刘忠友陈述,其还向路桥公司支付了800万元借款的利息16万元。

2014年5月12日,路桥公司收到刘忠友2000万元的转款后,按照辛国强的指示基于其虚构"G320国道进贤绕城新线B标段工程"将其中600万元转入市政公司,款项用途为"合同保证金"。次日,市政公司基于与辛国强合伙投标进贤产业园排水工程将收到的该600万元转入辛国强掌控的博世强公司,银行进账单中载明的是:"进贤产业园道路排水工程投标保证金。"后,该600万元用于辛国强个人债务归还以及其他支出。

2014年6月12日,路桥公司将其中500万元转入案外人江西省百勤房地产开发公司用于购买南昌朝阳峰会写字楼,其余900万元分别转给了案外人黄丽萍(300万元)、樊荣(280万元)、范灿辉(50万元)以及福振实业公司(350万元)。

2014年6月19日,刘忠友在双方约定工程迟迟未开工的情况下,到市政公司对账,发现辛国强称将2000万元转款到市政公司的事实系虚假,于是前往路桥公司要求返还2000万元合同保证金。

同日,路桥公司出具承诺书一份,载明:"我公司中标承建的进贤G320绕城公路新线B标段,于2014年5月6日与刘忠友、辛国强签订了内部承包协议,该工程保证金由刘忠友向我公司交纳保证金2000万元,由于种种原因,该工程近期无法实施。故双方签订的内部协议也无法履行,因此本公司承诺于2014年6月23日退回刘忠友保证金1200万元、2014年6月30日前归还800万元,以上款项的利息按月息2%及交退款的实际天数计息,亦于2014年6月底前付清。”该承诺书上,加盖了路桥公司的公章,黄玉福作为承诺人签名,还有辛国强的签名。路桥公司出具承诺书后,陆续向刘忠友归还了1120万元。

2014年9月15日,由于剩余款项一直未归还,刘忠友将辛国强扭送至南昌市公安局西湖分局朝阳派出所,并由南昌市公安局西湖分局经济犯罪侦查大队对此立案侦查。后由南昌市人民检察院以辛国强犯合同诈骗罪为由向南昌中院提起公诉。南昌中院于2015年9月29日作出(2015)洪刑二初字第14号刑事判决书,认定辛国强以非法占有为目的,在签订履行合同过程中虚构事实,隐瞒真相,诈骗他人钱财共计人民币880万元,数额特别巨大,其行为已经构成诈骗罪。依法判决辛国强犯合同诈骗罪,判处无期徒刑,剥夺政治权利终身,并处没收个人全部财产。

另,路桥公司于2015年以不当得利为由起诉市政公司,请求市政公司返还合同保证金600万元款项及利息,南昌市东湖区人民法院及南昌中院经过一审、二审,分别作出(2015)东民初字第1650号、(2016)赣01民终130号民事判决,驳回了路桥公司的诉讼请求。

被申请人(一审原告、二审上诉人)刘忠友一审诉讼请求:(1)判令路桥公司赔偿刘忠友经济损失880万元及利息98万元(按照月息2分计算,暂计算至2015年2月5日);(2)判令市政公司对路桥公司应承担的600万元及利息承担连带返还责任。

一审江西省南昌市中级人民法院判决:(1)路桥公司在一审判决生效后十日内返还刘忠友交纳的工程履约保证金计人民币880万元及利息(自2014年5月5日起按年利率24%计算至返还款项之日止);(2)驳回刘忠友其他诉讼请求。

二审法院江西省高级人民法院判决:(1)撤销一审判决第二项;(2)变更一审判决第一项为:路桥公司于本判决生效后十日内返还到刘忠友交纳的工程履约保证金计人民币280万元以及利息(以280万元为本金自2014年5月5日起按年利率24%计算至返还款项之日止);(3)市政公司于本判决生效后十日内返还刘忠友合同保证金计人民币600万元及利息(以600万元为本金自2014年5月13日起按年利率24%计算至返还款项之日止),路桥公司对该款项及利息承担连带返还责任;(4)驳回刘忠友的其他诉讼请求。

再审法院最高人民法院于2017年12月27日作出判决:(1)撤销江西省高级人民法院(2017)赣民终55号民事判决;(2)维持江西省南昌市中级人民法院(2016)赣01民初176号民事判决。

法院观点

本案审理的争议焦点为:市政公司是否负有返还刘忠友600万元不当得利的义务。该争议焦点项下,涉及不当得利的构成要件和法律效果两个层面的问题,其一,市政公司与刘忠友之间是否构成不当得利;其二,市政公司是否因此负有返还刘忠友600万元及相应利息的义务。分析如下:

一、市政公司与刘忠友之间是否构成不当得利

《民法通则》第92条规定:“没有合法根据,取得不当利益,造成他人损失的,应当将取得的不当利益返还受损失的人。"2017 年 10 月 1 日起施行的《民法总则》第 122 条基本沿袭了该条规定,"因他人没有法律根据,取得不当利益,受损失的人有权请求其返还不当利益"。根据上述规定,构成不当得利,应符合以下要件:民事主体一方取得利益;取得利益没有法律根据;取得利益致使民事主体他方受到损失。根据发生原因的不同,可以将不当得利划分为基于给付而生的不当得利,和基于给付之外的事由而生的不当得利两种基本类型。对于前者而言,是否构成不当得利,应就给付行为发生当时进行判断。

根据本案已查明的事实,市政公司系基于与辛国强合伙投标进贤产业园排水工程,于 2014 年 5 月 12 日收到自路桥公司处按照辛国强的指示转入的 600 万元投标保证金。其系出于对和辛国强形成合伙关系的信赖和基于合伙事务的执行而取得利益,但因该合伙关系为辛国强所虚构,系辛国强犯合同诈骗罪的一个环节,实际并不存在,故市政公司取得该 600 万元利益不具有合法原因。就刘忠友而言,其于 2014 年 5 月 5 日、6 日向路桥公司共计转入 2000 万元,以及与辛国强作为合伙体,要求路桥公司于 2014 年 5 月 12 日向市政公司转入 600 万元,均系受辛国强虚构市政公司为发包单位的进贤 G320 绕城公路工程所欺诈而缴纳的工程保证金,上述 2000 万元,嗣后仅被返还 1120 万元,其财产总额减少了 880 万元,其中的 600 万元损失,即系因路桥公司按照辛国强的指示转入市政公司而发生。就市政公司取得 600 万元利益和刘忠友受到 600 万元损失的原因来看,前者是基于辛国强虚构的合伙投标进贤产业园排水工程,后者是基于辛国强虚构的进贤 G320 绕城公路工程,似乎不属于严格意义上的同一原因事实,但整体而言,前述两个虚构行为系辛国强同一合同诈骗犯罪活动的不同环节而已,基于公平理念和社会一般观念,应当认定两者之间具有实质上的牵连关系,足以成立因果关系。故,基于上述构成要件层面的分析,市政公司和刘忠友之间成立不当得利。

二、市政公司是否因此负有返还刘忠友 600 万元及相应利息的义务

虽市政公司无法律根据取得 600 万元利益,致刘忠友受到 600 万元损失,二者之间构成不当得利,但因市政公司在取得 600 万元的次日,即按照辛国强的指示将该 600 万元转出至辛国强掌控的博世强公司,就市政公司而言,其所获利益已不存在,是否仍应负有向刘忠友返还 600 万元及相应利息的义务,还应在不当得利的法律效果层面,尤其在不当得利受益人的返还义务范围上予以检视。

就不当得利受益人的返还义务范围而言,现行法律中,除前述《民法通则》第 92 条有"应当将取得的不当利益返还受损失的人",《民法总则》第 122 条有"受损失的人有权请求其返还不当利益"的规定外,并未针对受益人应当返还的不当利益的范围设置具体条文。《最高人民法院关于贯彻执行〈中华人民共和国民法通则〉若干问题的意见(试行)》第 131 条亦仅规定,"返还的不当利益,应当包括原物和原物所生的孳息。利用不当得利所取得的其他利益,扣除劳务管理费用后,应当予以收缴",未规定在原物毁损、灭失或者因其他法律或者事实上的原因返还不能的情况下,应当返还的不当利益的范围如何确定。需要指出的是,并非所有法律未规定的事项,均当然地构成法律漏洞。所谓法律漏洞,是指违反立法计划导致法律规范的不完整性。是否构成法律漏洞应视此种未规定的事项是否违反了法律规范的目的,以及是否立法者出于立法技术等方面的考虑而有意不设置条文而定。不当得利法律关系中，如一旦构成不当得利即不问过错一概由受益人负全部返还义务，既欠缺法律依据，混淆了不当得利的构成要件和法律效果这两个本属不同层面的问题，也违反了不当得利调节财产价值不当移动的规范意旨和价值指向。故，现行法律未就原物毁损、灭失或者因其他法律或者事实上的原因返还不能时，受益人应当返还的不当利益的范围作出规定，已对法律适用造成困扰，构成法律漏洞。

具体而言，法律漏洞可以区分为开放的漏洞和隐蔽的漏洞，前者指针对某一事项欠缺法律规定，后者指虽有法律规定，但依据该规定的目的，不应适用于某一事项。在法律适用中，不同性质的法律漏洞，主要通过类推适用、目的论的限缩等不同方法加以填补。本案所涉事项系因法律未作规定而构成的开放的漏洞，应采用类推适用的方法来填补。即对法律未规定的事项，参照、援引与其性质相类似的法律规定，加以适用。本案中，市政公司本身亦为辛国强合同诈骗犯罪活动的对象，其系基于对与辛国强合伙投标进贤产业园排水工程的信赖而收取并转出600万元。现无证据证明，市政公司对该合伙项目属辛国强虚构知情，亦无证据证明其对辛国强采取虚构市政公司为发包单位的进贤G320绕城公路工程，虚构与路桥公司、刘忠友之间的内部承包、合伙关系，指示路桥公司向市政公司缴纳进贤G320绕城工程保证金600万元的方式诈骗刘忠友的情形知情，其在对该600万元款项的收取、占有以及嗣后的转出上，主观上均为善意。市政公司作为善意受益人，在其收取的600万元已于次日转出、所获利益不存在的情况下，其对受损人刘忠友所负返还义务的范围问题，在法律性质和基本权利义务结构上，与占有关系中占有人和权利人，尤其占有物毁损、灭失之际，权利人可向善意占有人主张的损害赔偿请求权问题，具有相似性，甚至会产生一定程度的竞合关系。《物权法》第244条规定："占有的不动产或者动产毁损、灭失，该不动产或者动产的权利人请求赔偿的，占有人应当将毁损、灭失取得的保险金、赔偿金或者补偿金等返还给权利人；权利人的损害未得到足够弥补的，恶意占有人还应当赔偿损失。"上述规定，与该法第242条关于"占有人因使用占有的不动产或者动产，致使该不动产或者动产受到损害的，恶意占有人应当承担赔偿责任"、第243条关于"不动产或者动产被占有人占有的，权利人可以请求返还原物及其孳息，但应当支付善意占有人因维护该不动产或者动产支出的必要费用"的规定，共同构成了占有人与权利人之间的权利义务规则。上述规则的体系解释表明，法律对占有关系进行调整时，无论占有人使用占有物时权利人的损害赔偿请求权，占有物毁损、灭失时权利人的损害赔偿请求权，抑或权利人对占有物的返还请求权，均区分占有人的主观心理状态，分别对善意占有人和恶意占有人赋予不同的权利义务、课以不同的责任方式和责任范围。例如，占有物毁损、灭失场合下，权利人请求赔偿的，善意占有人仅负有返还因"毁损、灭失取得的保险金、赔偿金或者补偿金"的义务。同样地，不当得利关系中，亦应区分受益人的善意与否，确定不同的返还义务范围，如受益人主观上是善意的，其返还义务的范围应以现存利益为限，没有现存利益的，不再负有不当利益的返还义务；如受益人主观上为恶意，即使没有现存利益，也不能免除其返还所受不当利益的义务。事实上，这一结论，在比较法解释的层面上，亦能获得充分的支持。基于上述分析，本案中，市政公司作为善意受益人，因其在收到600万元的次日即将该款项转出，所受利益已不存在,不应向刘忠友负有返还义务。二审判决关于市政公司无论过错与否均需返还 600 万元及其利息的认定,适用法律已有不当;在此之外还依据路桥公司对刘忠友作出的“月息 2 分”的承诺来计算市政公司未返还款项的利息,认定事实更为错误,最高人民法院予以纠正。

综上,市政公司关于其不应承担返还不当得利义务的再审申请,具有事实和法律依据,最高人民法院予以支持。

律师提示

笔者认为,路桥公司遭受如此重大经济损失,失误有三:(1)未经挂靠方二人共同的付款指令(尤其是付款人刘忠友的同意)打款至市政公司;(2)在没有与市政公司等其他单位、个人签有书面合同依据的情况下,打款给对方;(3)轻率出具还款承诺函。

此外,市政公司接受款项和支付款项均无合同依据,导致争议诉讼,险些败诉产生巨额经济损失,幸好经过不懈再审,最高人民法院运用高超智慧拨云见日,终于赢得诉讼,避免损失。此类风险不可不防!

097 缔约过失责任人是否应赔偿善意相对人的间接损失?

案例索引

最高人民法院(2016)最高法民终 803 号民事判决书。

案例导读

本案是一起地方财政局不履行国有金融企业股份转让申报审批恶意阻止合同生效,被最高人民法院判决赔偿 1000 万元机会损失,实属全国罕见。国有金融企业转让超过 5% 股权需要哪些机关审批? 解除通知到达相对方的时间为合同解除时间的前提条件有哪些? 政府部门作为国有资产出让一方,为何更要遵循政务诚信准则? 如何认定构成《合同法》第 42 条第 3 项规定的“其他违背诚实信用原则的行为”? 缔约过失责任制度的损失是否限定于直接损失? 什么情况下缔约过失方还应赔偿机会损失(间接损失)? 什么是法律意义上的“机会”及“机会损失”? 法院如何合理酌定涉案股权转让受让方的机会损失数额? 关于以上问题,最高人民法院通过本案例均给出了非常有参考指导意义的裁判规则。

裁判要旨

通常情况下,缔约过失责任人对善意相对人缔约过程中支出的直接费用等直接损失予以赔偿,善意相对人的利益即可得到恢复。但如果善意相对人确实因缔约过失责任人的行为遭受交易机会损失等间接损失,则缔约过失责任人也应当予以适当赔偿。

裁判逻辑

1. 依法成立的合同,自成立时生效;法律、行政法规规定应当办理批准、登记等手续生效的,依照其规定。

2. 国有金融企业转让超过5%股权的股权转让合同应经有批准权的政府及金融行业监督管理部门批准方产生法律效力,未经有权机关批准,应认定其效力为未生效。

3. 在没有约定或法定无理由解除合同权的情形下,只有在存在《合同法》第93条第2款规定的"双方合同约定的解除条件成就"或者第94条第1~5项情形时,当事人才有权单方解除合同,并以解除通知到达相对方的时间为合同解除时间。

4. 除非合同有约定或另一方表示认可,非合同一方当事人发出的解除合同通知函不能产生解除合同的法律效果。

5. 合同一方向另一方发出要求返还保证金及支付交易费的通知,应为对合同解除后如何处理提出要求,虽未明示同意解除合同,但并未主张继续履行合同,应认定为表示同意解除合同。

6. 在通过第三方交易平台招拍挂签订涉案国有金融企业股份转让合同应视为认可受让方的主体资格,至于股份转让合同是否批准,应由政府及金融行业监管部门决定,当地财政局作为合同出让一方当事人,不具有审批权力,不能以其自身判断而违反合同约定免除其报送审批的义务。

7. 本案国有金融企业股份出让方当地市财政局作为政府部门,在国有产权交易过程中,既应践行诚实信用价值观念,有约必守;更要遵循政务诚信准则,取信于民,引领全社会建设诚实守信市场秩序。

8. 在能够将涉案合同报送有权机关批准的情况下,拒不按照审批部门的要求提交相应材料,导致审批部门对相关行政许可事项不予以受理,致使合同不能生效,不仅如此,还将涉案股权在很短时间内另行高价出售,可认定恶意阻止涉案合同生效,其行为明显违反诚实信用原则,恶意阻止合同生效的过错明显,属于《合同法》第42条第3项规定的"其他违背诚实信用原则的行为"。

9. 缔约过失责任制度是实现诚实守信这一民法基本原则的具体保障,通过要求缔约过失责任人承担损害赔偿责任,填补善意相对人信赖利益损失,以敦促各类民事主体善良行事,恪守承诺。

10.《合同法》第42条规定了缔约过失责任,即在合同缔约过程中,如一方当事人违背诚实信用原则,不履行相关先合同义务,其应对相对人因此所受损失承担赔偿责任,但该"损失"并未限定于直接损失,因此一律免除缔约过失责任人对相对人间接损失的赔偿责任没有法律依据。

11. 通常情况下,缔约过失责任人对善意相对人缔约过程中支出的直接费用等直接损失予以赔偿,即可使善意相对人利益得到恢复,但如果善意相对人确实因缔约过失责任人的行为遭受交易机会损失等间接损失,则缔约过失责任人也应当予以适当赔偿。

12. 缔约过失责任人对于相对人客观合理的间接损失承担赔偿责任也是贯彻诚实信用原则,保护无过错方利益的应有之义,虽然交易机会本身存在的不确定性对相应损害赔偿数额的认定存在影响,应当根据具体案情予以确定,但不应因此而一概免除缔约过失责任人的间接损失赔偿责任。

13. 所谓机会,是指特定利益形成或者特定损害避免的部分条件已经具备,但能否最终具备尚不确定的状态;而所谓机会损失,则是当事人获取特定利益或避免特定损害的可能性降低或者丧失。

14. 双方已经达成合意并签订合同,在合同生效要件具备前,双方的相互信赖的程度已经达到更高程度,因信赖对方诚实守信的履行相关义务从而获取特定利益的机会也就具有相当的可能性,此时,如一方当事人不诚实守信履行报批义务,其应当预见对方因此而遭受损失。

15. 一方面,在一方因其过错行为获得利益的情况下,如果不对另一方的交易机会损失予以赔偿,将导致双方利益严重失衡,不符合公平原则;另一方面,不诚信的恶意过错方在赔偿无过错的另一方直接损失的基础上,对间接损失承担适当赔偿责任,以使其为不诚信行为付出相应代价,有利于敦促各类民事主体善良行事,恪守诚实信用,也有利于维护诚实守信的市场交易秩序。

16. 鉴于股权价值涨跌不确定,且并不妨碍其之后将资金另行投资其他项目获得收益,故对受让方的交易机会损失,法院酌定按出让方转售涉案股权价差的10%予以确定损失。

交易结构图

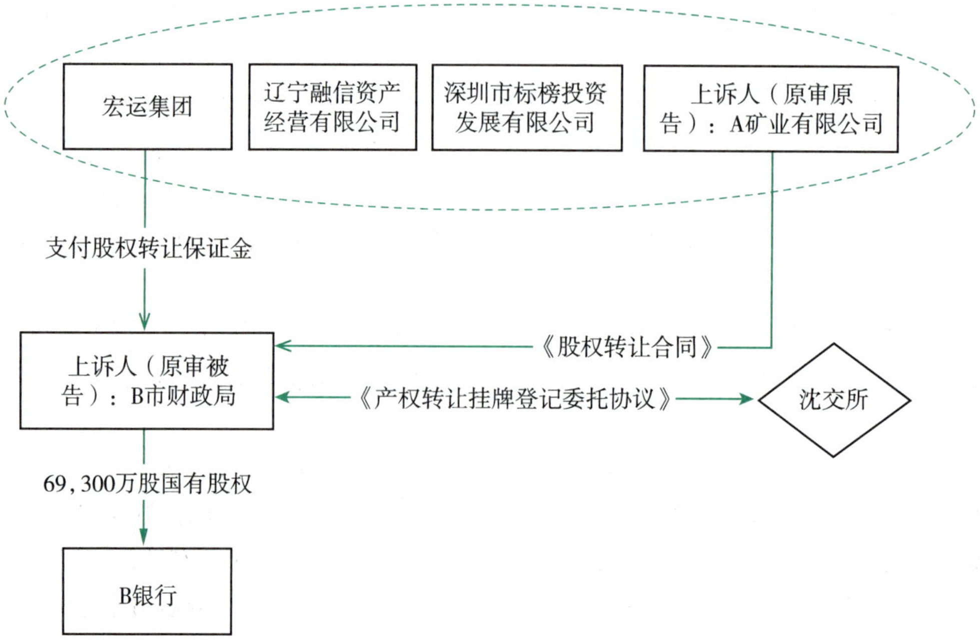

主要案情

上诉人(原审原告):A 矿业有限公司。

上诉人(原审被告):B 市财政局。

上诉人 A 矿业有限公司(以下简称 A 公司)因与上诉人 B 市财政局(以下简称 B 财政局)股权转让纠纷一案,不服辽宁省高级人民法院(2015)辽民二初字第 00061 号民事判决,向最高人民法院提起上诉。

2011 年 11 月 29 日,B 财政局为委托方,沈交所为受托方,双方签订一份《产权转让挂牌登记委托协议》,约定 B 财政局作为出让方将标的资产,即 B 银行 69,300 万股国有股权出让信息委托沈阳联合产权交易所登记并挂牌公布。

2011 年 12 月 30 日,在沈交所网站上对 B 财政局转让 27.7161% 股权(69,300 万股)及股份转让明细、转让价格、受让股东资格条件、保证金比例金额、挂牌时间等内容进行转让挂牌公告。同时,在沈交所网站招商信息网页上公布了《B 银行国有股权转让招商说明书》。该说明书载明,B 银行 32.3155% 国有股权转让项目,已经于 2011 年 12 月 30 日在辽宁日报和沈交所网站上刊登了股权转让挂牌公告。为使投资者了解 B 银行,现将 B 市概况及 B 银行基本情况、未来发展方向、国有股权结构等情况,做出说明。

2012 年 2 月 24 日,宏运集团代表四家摘牌企业向 B 财政局支付了 3500 万元股权转让保证金。同日,又支付了 1348 万元(按 80,800 万股股份挂牌总价为 161,600 万元的 3% 计算,共计 4848 万元,含本案 A 公司应支付的 1200 万元)。

2012 年 3 月 21 日,A 公司向沈交所提交了挂牌公告中要求提交的摘牌材料。

2012 年 3 月 28 日,辽宁融信资产经营有限公司、深圳市标榜投资发展有限公司、A 公司、宏运集团有限公司四家公司摘牌,其中 A 公司摘牌 22,500 万股,含涉案 B 财政局股权 2 亿股,另有海城镁矿耐火材料总厂 2500 万股。

2012 年 3 月 29 日,沈交所向 A 公司发出编号为 GQ2011017、GQ2011024《意向受让受理通知书》,该通知书载明:“A 公司:你公司于 2012 年 3 月 21 日向沈交所提交的,标的为 B 银行 22,500 万股转让项目的相关摘牌材料收悉。经与转让方共同审核,认为你公司符合意向受让资格,予以受理。请于 2012 年 3 月 30 日 17 时前将摘牌保证金 1350 万元汇入我所账户,如在规定的时间内没有如期交付保证金,视为自愿放弃受让资格。”

2012 年 3 月 30 日,A 公司向沈交所交纳保证金 1650 万元(本案 1200 万元)。

2012 年 4 月 17 日,转让方 B 财政局(甲方)与受让方 A 公司(乙方)签订一份编号为 2012 - JR002《股份转让合同书》,该合同主要约定的内容为:鉴于甲方拟转让其合法持有的标的企业 7.9989% 即 20,000 万股份,乙方拟收购甲方转让的上述股份,签订本股权交易合同如下:1.7 审批机关:包括中国银行业监督管理委员会、B 市 × × 委等依国家法律、法规规定具有审批权限的机关或其地方授权机关;1.9 产权交易费用:指转让方和/或受让方或标的企业就转让产权或谈判、准备、签署本合同和/或本合同下的任何文件,或履行、完成本合同下交易而发生的,包括取得必要或适当的任何政府部门或第三方的豁免、同意或批准而发生的费用及支出;以及产权交易机构费用等所有现款支出和费用的总额。2.1 本合同所涉及之标的企业B 市银行是合法存续的具有独立企业法人资格的股份有限公司。3.1 甲方将其持有的标的公司7.9989% 即 20,000 万股份(以下均称股权)以人民币4 亿(每股2.00 元人民币)的价格转让给乙方。6.1 转让价格:根据公开挂牌结果,甲方将本合同项下转让标的以人民币 4 亿元转让给乙方。6.2 乙方已按照甲方和沈交所的要求支付了交易保证金 1200 万元。保证金在沈交所出具交易凭证后转为成交价款的一部分支付给甲方。7.1 本次转让依法应上报有权审批机关审批。甲、乙双方应履行或协助履行向审批机关申报的义务,并尽最大努力,配合处理任何审批机关提出的合理要求和质询,以获得审批机关对本合同及其项下股权交易的批准。8.2 依照有关约定,股权交易过程中所产生的交易服务费由甲、乙双方各自向沈交所交纳。标的企业主要股东承诺:不谋求优于其他股东的关联交易;不干预银行的日常经营事务;自股份交割之日起 5 年内不转让所持标的企业股份,并在标的企业章程中载明,到期转让股份及受让方的股东资格应取得监管部门的同意;持续补充资本及不向标的企业施加不当的指标压力。12.1 甲方的权利和义务:(1)至工商行政管理部门完成股份变更前,转让标的如出现质押或任何影响股权转让、股东权利行使的限制或义务时,愿承担由此给交易相关方造成的损失;(2)本合同生效后,有义务按合同约定收取转让价款,协助、配合乙方办理股权证明、工商行政管理部门股份变更等相关手续。15.2 有关本合同的解释或履行,当事人之间发生争议的,应由双方协商解决;协商解决不成的,可依法向标的企业所在地有管辖权的人民法院提起诉讼。16. 合同生效:本合同自甲乙双方法定代表人或授权委托人签字及盖章,并依法律、行政法规规定获得有权审批机关批准后生效。

2012 年 2 月 10 日,A 公司按约定将相关报批材料按双方合同约定提交至 B 银行,并在申报的材料中作出书面不谋求优于其他股东的关联交易、干预银行日常经营、5 年内不转让所持股份及不发生违规关联交易的承诺和声明。

2012 年 6 月,B 银行向中国银行业监督管理委员会 B 监管分局报送了《关于标榜公司等 2 家企业受让持股 B 银行股东资格审查的请求》,并附有申请材料目录清单。

2012 年 6 月 12 日,中国银行业监督管理委员会 B 监管分局向辽宁银监局报送了鞍银监发(2012)165 号《关于 B 银行股份有限公司 2012 年度股东变更情况的监管意见》,该意见载明:"辽宁银监局:近日,我局收到 B 银行报送的《关于标榜公司等 2 家企业受让持股 B 银行股东资格审查的请求》,依据《中华人民共和国银行业监督管理法》和中国银行业监督管理委员会《中资商业银行行政许可事项实施办法》的有关要求,我局对 B 银行股东变更情况进行了初审,现将有关情况报告如下:截至日前,B 银行股本总额为 250,035 万元,其中国家股及国有法人股 144,800 万元,占总股本 57.91%;企业法人股 97,280.55 万元,占总股本 38.91%;个人股 7954.85 万元,占总股本 3.18%。B 银行本次股东变更股份共计 33,300 万股,其中 B 财政局转让 24,300 万股,受让方分别为标榜公司受让 22,500 万股和宏运集团公司受让 1800 万股;海城镁矿耐火材料总厂转让 9000 万股,受让方分别为标榜公司受让 5000 万股和宏运集团有限公司受让4000万股,转让价格为人民币2元/股。B银行按照中资商业银行股东变更股份审批事项的要求报送了相应的申请材料,申请材料基本符合中国银行业监督管理委员会行政许可事项申请材料目录及格式的要求。B银行此次股东变更后,国有股份占比将进一步下降,股权结构也得到进一步调整,彻底改变了国有股份一股独大的局面,有利于其持续稳定健康发展。综上所述,我局拟同意B银行此次股东变更有关行政许可事项。"

2012年6月12日,B市××委、深圳市标榜投资发展公司、宏运集团及A矿业有限公司、辽宁融信资产经营有限公司致函沈交所,就交易费问题作出承诺:"无论受让方企业是否通过银行业监管部门审批或由于转受让双方的任何原因致使本次转让未成交,该款项均正常交纳。"

2012年7月3日,A公司等四家摘牌企业收到沈交所退还的扣除200万元交易费用后的4648万元摘牌保证金(含本案12,943,069.30元)。

2012年10月31日,A公司发表声明:"A公司入股B银行后,保证不发生违规关联交易。"

2013年3月25日,B市××委作出鞍国资函〔2013〕13号《关于终止B银行国有股权受让的函》,该函载明:"宏运集团:贵集团等四户企业于2012年3月28日在沈交所摘牌,拟受让B银行国有法人股8.08亿股(B财政局持股6.93亿股,海城镁矿耐火材料总厂持股1.15亿股)。2012年6月12日,该转让事项经B市银监局审核后报辽宁省银监局审批。近日,银监部门向市政府反馈了明确意见,认为贵集团等四户企业存在关联交易,不会通过审批。上述项目从2011年12月30日挂牌至今,时间已长达15个月之久,严重影响了B银行国有股减持工作,故市政府责成我委函告贵集团等四户企业,终止双方B银行国有股权转让事宜。有关保证金退还事宜,请贵集团与沈交所、B财政局协商,按照规定程序办理。此次B银行与贵集团的合作未能成功我们深表遗憾,期望与贵集团在其他领域的再次合作。"

2013年3月27日,B市××委作出鞍国资函〔2013〕15号《关于终止B银行国有股权转让的函》,该函载明:"沈交所:宏运集团等四户企业于2012年3月28日在贵所摘牌,拟受让B银行国有法人股8.08亿股(B财政局持股6.93亿股,海城镁矿耐火材料总厂持股1.15亿股)。2012年6月12日,该转让事项经B市银监局审核后报辽宁省银监局审批。近日,银监部门向市政府反馈了明确意见,认为贵集团等四户企业存在关联交易,不会通过审批。上述项目从2011年12月30日挂牌至今,时间已长达15个月之久,严重影响了B银行国有股减持工作,故市政府责成我委函告贵所,终止B银行国有股权转让事宜。有关保证金退还事宜,请贵所与转、受让双方协商按程序办理。"

2013年3月26日,中国银行业监督管理委员会辽宁监管局作出城商处(2013)1号《行政许可事项不予受理通知书》载明:"B银行:你单位报送《关于标榜公司等2家企业受让持股B银行股东资格审查的请求》,按照《中国银行业监督管理委员会行政许可实施程序规定》《辽宁银监局行政许可事项操作规程》等相关规定,你行于补正通知发出之日起3个月内未能提交补正申请材料,该行政许可事项不予以受理。"

2013年4月11日，宏运集团代表摘牌公司作出《关于国资委来函终止B银行股权转让项目的回复》函复B市××委。该回复函载明："B市××委：贵单位向我公司发出的终止B银行80,800万股股权转让项目的来函已收悉。经与各摘牌企业沟通，由我公司代表其复函：如摘牌企业不符合规定导致项目终止是银行监管部门的意见，我方希望获得银监局的正式通知。如无正式文件，根据贵我双方签订的《股份转让合同书》，在未发生约定的合同终止条件时，应继续履约，如任何一方单方擅自终止合同，属违约行为并承担违约责任。特此致函。"

2013年5月2日，B市××委作出鞍国资函〔2013〕53号《关于对宏运集团有限公司等企业进行审计的函》。该函载明："宏运集团、辽宁融信资产经营有限公司、深圳市标榜投资发展有限公司、A公司：贵公司送达B银行的关于入股B银行的备审资料已收悉。按法定程序，B市××委、B财政局、B市银行将委托会计师事务所对贵公司呈报的资料及相关信息进行专项审计，按审计结果再行逐级报送各级监管部门审定。请贵公司予以配合。"

2013年6月6日，B财政局作出鞍财债〔2013〕137号《关于终止B银行国有股权转让的函》。该函载明："沈交所：B银行国有及国有法人股8.08亿股于2011年12月30日在贵所挂牌交易，并于2012年3月28日由宏运集团等四户企业摘牌。该项国有金融资产转让的价格为每股2元，但至今仍未最终成交。截至2011年12月31日，根据资产评估机构对B银行的资产评估报告，每股评估值为2.52元，与当初的转让价格相比发生了重大变化，国有资产明显增值。根据《财政部关于印发金融企业非上市国有产权交易规则的通知》[财金(2011)118号]第44条的规定，产权转让过程中，出现可能影响国有金融资产合法权益的，主管财政部门可以要求产权交易机构中止或终止产权交易。鉴于本次国有金融资产转让久未成交，目前实际情况与挂牌时相比已经发生较大变化，为维护国有金融资产的合法权益，经研究，我局决定终止本次B银行国有及国有法人股8.08亿股的转让，请协助办理相关手续。"

2013年6月14日，沈交所根据B财政局上述文件，向深圳市标榜投资发展公司、宏运集团及A公司、辽宁融信资产经营有限公司发出《关于终止B银行国有股权转让的通知》。该通知载明：B银行国有及国有法人股8.08亿股(占总股份的32.3155%)于2011年12月30日在我所挂牌交易，2012年3月28日至3月30日你们四户企业分别摘牌受让，历时一年多一直没有完成交易。根据《财政部关于印发〈金融企业非上市国有产权交易规则〉的通知》的有关规定，B财政局提出终止该交易的要求(《关于终止B银行国有股权转让的函》。为维护国有金融资产的合法权益，现终止B银行股份有限公司32.3155%国有股权转让。

2013年6月17日，B市鑫鑫会计师事务所有限公司作出"鞍鑫专审〔2013〕194号审计报告"。该报告载明审计意见为："我们认为，由于存在四、(三)事项，A公司连续三年会计报表不能够公允反映连续三年财务状况、经营成果和现金流量。同时也没有足够自有资金进行股份收购。由于该公司所提交有关关联方的资料有限，我们无法判断是否存在影响收购的关联关系。"

2013年10月11日，宏运集团代表四家挂牌公司向B财政局作出《关于要求返还交易保证金的函》。该函载明："B财政局：我集团已接收到B市××委《关于终止B银行国有股权受让的函》,提出终止宏运集团等四家企业与B财政局、海城镁矿耐火材料总厂进行的B银行80800万股股份转让,并告知关于保证金退还事宜与B财政局办理。四家企业提出希望能按照原协议继续履行,恢复交易,但贵局明确表态无法实现。鉴于此,我集团代表各受让企业向B财政局提出退还保证金及支付交易费的要求,请贵局在接到本函之日起三日内将4948万元(包括4848万元保证金及100万元交易费)返还我方。特此函告。”

2013年10月16日,A公司授权宏运集团代收退还保证金。同日,A公司等受让企业收到B财政局退还的保证金4848万元(含本案1350万元)。

2013年12月31日,B财政局在北京金融资产交易所将上述股权重新挂牌转让。

2015年5月20日,宏运集团、辽宁融信资产经营有限公司、深圳市标榜投资发展有限公司、A公司向B财政局、海城镁矿耐火材料总厂向B财政局发出《关于要求损失赔偿的函》,要求赔偿交易费用、应得利益、摘牌保证金利息等损失。B财政局于2015年5月26日签收该函,但未予回应。

2015年9月1日,A公司向一审法院提起本案诉讼。

在庭审中,B财政局当庭向一审法院提出书面申请,要求对A公司2009年至2011年连续三年的财务情况进行审计,确认其是否具备自有资金入股B银行。

A公司一审诉讼请求:(1)判令B财政局赔偿A公司交易费用损失人民币247,524.75元及截至清偿之日的利息损失人民币49,792.7元(暂计至具状之日);(2)判令B财政局赔偿A公司交易保证金利息损失人民币140.047957万元;(3)判令B财政局赔偿A公司交易可得利益损失人民币1亿元;(4)判令B财政局支付A公司因维权所实际支出的案件受理费等诉讼相关费用。

一审辽宁省高级人民法院判决:(1)B财政局在本判决发生法律效力之日起十日内赔偿A公司交易费本金人民币24.752475万元及相应利息(自2012年3月30日起至实际给付之日止,按银行同期贷款利率支付);(2)B财政局在本判决发生法律效力之日起十日内赔偿A公司1200万元的保证金利息(以1200万元为基数,自2012年2月24日起至2013年10月16日止,按银行同期贷款利率支付);(3)B财政局在本判决发生法律效力之日起十日内赔偿A公司1150.49505万元的保证金利息(以1150.49505万元为基数,自2012年3月30日起至2012年7月2日止,按银行同期贷款利率支付);(4)驳回A公司其他诉讼请求。

二审法院最高人民法院于2017年5月26日作出判决:(1)维持辽宁省高级人民法院(2015)辽民二初字第00061号民事判决第一项、第二项、第三项;(2)撤销辽宁省高级人民法院(2015)辽民二初字第00061号民事判决第四项;(3)B财政局于本判决生效之日起十五日内,赔偿A公司损失1000万元;(4)驳回A公司其他诉讼请求。

法院观点

本案争议焦点问题是:(1)涉案《股份转让合同书》的效力应如何认定;(2)涉案《股份转让合同书》解除的方式应如何认定;(3)B财政局应否赔偿A公司交易费、保证金利息损失及可得利益损失。

一、涉案《股份转让合同书》应认定为成立未生效合同

《合同法》第44条规定,依法成立的合同,自成立时生效。法律、行政法规规定应当办理批准、登记等手续生效的,依照其规定。国务院办公厅国办发明电(1994)12号《关于加强国有企业产权交易管理的通知》第2条规定,地方管理的国有企业产权转让,要经地级市以上人民政府审批,其中有中央投资的,要事先征得国务院有关部门同意,属中央投资部分的产权收入归中央。中央管理的国有企业产权转让,由国务院有关部门报国务院审批。所有特大型、大型国有企业(包括地方管理的)的产权转让,报国务院审批。财政部《金融企业国有资产转让管理办法》第7条规定,金融企业国有资产转让按照统一政策、分级管理的原则,由财政部门负责监督管理。财政部门转让金融企业国有资产,应当报本级人民政府批准。政府授权投资主体转让金融企业国有资产,应当报本级财政部门批准。金融企业国有资产转让过程中,涉及政府社会公共管理和金融行业监督管理事项的,应当根据国家规定,报经政府有关部门批准。《商业银行法》第28条规定,任何单位和个人购买商业银行股份总额百分之五以上的,应当事先经过国务院银行业监督管理机构批准。涉案《股份转让合同书》的转让标的为B财政局持有的B银行7.9989%即20,000万股股权,系金融企业国有资产,转让股份总额已经超过B银行股份总额的5%。依据上述规定,该合同应经有批准权的政府及金融行业监督管理部门批准方产生法律效力。由此,本案的《股份转让合同书》虽已经成立,但因未经有权机关批准,应认定其效力为未生效。A公司主张涉案合同已经B市人民政府批准,其所依据的是B市国有银行股权转让说明书,但该说明书仅是B市人民政府对涉案股权挂牌出让的批准,并非对涉案《股份转让合同书》的批准。A公司关于涉案合同已生效的上诉理由,不符合法律规定,不能成立。

二、关于涉案《股份转让合同书》解除的方式应如何认定的问题

1.涉案《股份转让合同书》应认定为于2013年10月11日协商解除。《合同法》第93条规定,当事人协商一致,可以解除合同。当事人可以约定一方解除合同的条件。解除合同的条件成就时,解除权人可以解除合同。本案中,B财政局于2013年6月6日以国有资产明显增值为由,向沈交所发出鞍财债〔2013〕137号《终止B银行国有股权转让的函》,沈交所根据该函,于2013年6月14日向深圳市标榜投资发展有限公司、宏运集团、A公司、辽宁融信资产经营有限公司发出终止B银行国有股权转让的通知。2013年10月11日,宏运集团代表四家挂牌公司向B财政局发出《关于要求返还交易保证金的函》。该函虽未明示同意解除合同,但并未主张继续履行合同,反而对合同解除后如何处理提出要求,即要求返还保证金及支付交易费,该回复函应认定为表示同意解除合同。由此,原审判决认定双方于2013年10月11日达成一致解除合同,合法有据。

2.B财政局、A公司关于涉案合同已单方解除的上诉理由均不能成立。《合同法》第96条对合同解除权行使作了规定,只有在存在《合同法》第93条第2款规定的"双方合同约定的解除条件成就"或者第94条第1~5项情形时,当事人才有权单方解除合同,并以解除通知到达相对方的时间为合同解除时间。一方面,本案中B市××委虽于2013年3月27日作出《关于终止B银行国有股权转让的函》,A公司等亦于2013年4月11日回函提出异议,但B市××委并非涉案合同当事人,B财政局也无证据证明B市××委的意思表示可以视为B财政局的意思表示。因此,B市××委终止交易的函,不能产生解除合同的法律效果。B财政局关于涉案合同因B市××委作出终止转让的函而解除的上诉理由,于法无据,不能成立。另一方面,根据前述分析,对于B财政局向沈交所发出的终止交易的函,A公司等已发函表示同意,双方就合同解除达成一致,涉案合同应认定为于2013年10月11日协商一致解除。A公司关于涉案合同于2013年6月14日经B财政局单方通知解除的上诉理由,与事实不符,亦不能成立。

三、关于B财政局应否赔偿A公司交易费、保证金利息及可得利益损失的问题

《民法通则》第4条规定,民事活动应当遵循自愿、公平、等价有偿、诚实信用的原则。《合同法》第42条规定,当事人在订立合同过程中有下列情形之一,给对方造成损失的,应当承担损害赔偿责任:(一)假借订立合同,恶意进行磋商;(二)故意隐瞒与订立合同有关的重要事实或者提供虚假情况;(三)有其他违背诚实信用原则的行为。上述法律规定确立了缔约过失责任,即在合同缔约过程中,如一方当事人违背诚实信用原则,不履行相关先合同义务,其应对相对人因此所受损失承担赔偿责任。根据法律规定及本案事实,对本案合同解除后B财政局所应承担的责任性质、赔偿范围及具体数额,分析如下:

(一)B财政局未将涉案合同报送批准存在缔约过失

首先,B财政局未履行报批义务违反合同约定。《合同法》第8条规定,依法成立的合同,对当事人具有法律约束力。当事人应当按照约定履行自己的义务,不得擅自变更或者解除合同。依法成立的合同,受法律保护。《合同法解释(二)》第8条规定,依照法律、行政法规的规定经批准或者登记才能生效的合同成立后,有义务办理申请批准或者申请登记等手续的一方当事人未按照法律规定或者合同约定办理申请批准或者未申请登记的,属于合同法第四十二条第(三)项规定的"其他违背诚实信用原则的行为",人民法院可以根据案件的具体情况和相对人的请求,判决相对人自己办理有关手续;对方当事人对由此产生的费用和给相对人造成的实际损失,应当承担损害赔偿责任。根据上述法律和司法解释规定,如果合同已成立,合同中关于股权转让的相关约定虽然需经有权机关批准方产生法律效力,但合同中关于报批义务的约定自合同成立后即对当事人具有法律约束力。当事人应按约履行报批义务,积极促成合同生效。本案中,《股份转让合同书》第7.1条规定,本次转让依法应上报有权审批机关审批。甲、乙双方应履行或协助履行向审批机关申报的义务,并尽最大努力,配合处理任何审批机关提出的合理要求和质询,以获得审批机关对本合同及其项下股权交易的批准;第11.2条规定,A公司作为乙方保证向甲方及沈交所提交的各项证明文件及资料均真实、准确、完整。上述约定虽未明确涉案合同报批义务及协助报批义务具体由哪一方负担,但根据约定A公司的主要义务是提供相关证明文件、资料,主要是协助报批。据此,应认定涉案合同报批义务由B财政局负担。但B财政局违反合同约定,未履行报批义务,亦未按照有权机关要求补充报送相关材料,依据上述司法解释规定,其行为属于《合同法》第42条第3项规定的"其他违背诚实信用原则的行为",应认定B财政局存在缔约过失。B银行并非涉案《股份转让合同书》的当事人,B财政局上诉主张报批义务由B银行承担,没有合同依据,不予支持。

其次,B财政局不履行报批义务的抗辩理由不能成立。一方面,B财政局关于A公司等四户企业存在关联关系导致其不具有受让涉案股权资格的证据不足。根据查明的事实,B市××委于2013年3月25日作出鞍国资函〔2013〕13号《关于终止B银行国有股权受让的函》,以A公司等四户企业存在关联交易为由终止涉案股权转让。但在A公司等企业提出异议后,B市××委又于2013年5月2日发函对A公司等四户企业呈报资料进行审计,并按审计结果上报监管部门审定。由于审计报告的作出时间早于B财政局终止涉案股权转让的时间,审计结论亦未明确否定A公司等企业不具有受让资格,因此,B财政局关于A公司因存在关联关系等原因不具有涉案股权受让资格的上诉理由,证据不足,不能成立。另一方面,B财政局拒不报送审批材料无合法依据。在B财政局已与A公司签订涉案合同的情况下,应视为其认可A公司具有合同主体资格。涉案《股份转让合同书》是否批准,应由政府及金融行业监管部门决定,B财政局作为合同一方当事人,不具有审批权力,不能以其自身判断而违反合同约定免除其报送审批的义务。B财政局关于涉案合同因A公司等不具有受让资格而无须报批的上诉理由,无事实和法律依据,不能成立。

综上,B财政局无正当理由不履行涉案合同报批义务,其行为已构成《合同法》第42条规定的"其他违反诚实信用原则的行为",应认定其存在缔约过失。

(二)B财政局对A公司的直接损失应予赔偿

根据上述分析,B财政局违反诚实信用原则,存在缔约过失。A公司在缔约过程中支付交易费及保证金利息,属于A公司的直接损失,应由B财政局承担赔偿责任。具体分析如下:首先,关于交易费及利息问题。根据查明的事实,A公司于2012年3月30日向沈交所交付了涉案交易费用,B财政局退还的保证金亦扣除了交易费,该费用系A公司在合同签订过程中实际财产的减损,该费用及相应利息均应由B财政局予以赔偿。A公司已向沈交所保证无论交易成功与否均不退还交易费,故在交易不成功的情况下,该笔交易费已经构成其损失,且是因B财政局不诚信行为导致。因此,B财政局主张其不应赔偿的上诉理由不能成立。其次,关于保证金利息问题。B财政局虽已将A公司支付的保证金返还,但A公司作为商事主体,无论是否以自有资金支付保证金,均因保证金的支付产生财务成本。因此,A公司所支付保证金的相应利息属于直接损失,应当由B财政局予以赔偿。最后,关于利息计算标准问题。原审判决以人民银行同期贷款利率作为计算上述交易费及保证金利息的标准,符合通常的计算标准,并无不当。B财政局主张应以同期银行存款利率为标准计算利息,没有法律依据,不予支持。B财政局关于不付利息是行业惯例的上诉理由,无证据证明,应当不予采信。

（三）B 财政局对 A 公司所主张的可得利益损失应予适当赔偿

1. 当事人客观合理的交易机会损失应属于缔约过失责任赔偿范围

缔约过失责任制度是实现诚实守信这一民法基本原则的具体保障，通过要求缔约过失责任人承担损害赔偿责任，填补善意相对人信赖利益损失，以敦促各类民事主体善良行事，恪守承诺。通常情况下，缔约过失责任人对善意相对人缔约过程中支出的直接费用等直接损失予以赔偿，即可使善意相对人利益得到恢复。但如果善意相对人确实因缔约过失责任人的行为遭受交易机会损失等间接损失，则缔约过失责任人也应当予以适当赔偿。一方面，免除缔约过失责任人对相对人间接损失的赔偿责任没有法律依据。《合同法》第 42 条规定的“损失”并未限定于直接损失。根据《合同法解释（二）》第 8 条规定在报批生效合同当事人未履行报批义务的，如合同尚有报批可能，且相对人选择自行办理批准手续的情况下，可以由相对人自行办理报批手续，并由缔约过失责任人赔偿相对人的相关实际损失。上述规定均未排除缔约过失责任人对相对人交易机会损失等间接损失的赔偿责任。另一方面，缔约过失责任人对于相对人客观合理的间接损失承担赔偿责任也是贯彻诚实信用原则，保护无过错方利益的应有之义。虽然交易机会本身存在的不确定性对相应损害赔偿数额的认定存在影响，应当根据具体案情予以确定，但不应因此而一概免除缔约过失责任人的间接损失赔偿责任。

2. 关于 B 财政局应否对 A 公司其他损失承担赔偿责任的问题

首先，B 财政局恶意阻止合同生效的过错明显。B 财政局作为政府部门，在国有产权交易过程中，既应践行诚实信用价值观念，有约必守；更要遵循政务诚信准则，取信于民，引领全社会建设诚信市场秩序。但在本案中，其在能够将涉案合同报送有权机关批准的情况下，拒不按照银监部门的要求提交相应材料，导致银监部门对相关行政许可事项不予以受理，致使合同不能生效。不仅如此，还将涉案股权在很短时间内另行高价出售。B 财政局恶意阻止涉案合同生效，其行为明显违反诚实信用原则，过错明显。

其次，A 公司存在客观合理的交易机会损失。A 公司主张的可得利益损失实际系丧失取得涉案股权的交易机会所带来的损失。所谓机会，是指特定利益形成或者特定损害避免的部分条件已经具备，但能否最终具备尚不确定的状态。而所谓机会损失，则是当事人获取特定利益或避免特定损害的可能性降低或者丧失。一般而言，在交易磋商阶段，合同是否能够订立以及合同订立所带来的交易机会能否最终实现均属未知，故此时交易机会尚不具有可能性。但如果双方已经达成合意并签订合同，在合同生效要件具备前，双方的相互信赖的程度已经达到更高程度，因信赖对方诚实守信的履行相关义务从而获取特定利益的机会也就具有相当的可能性。此时，如一方当事人不诚实守信履行报批义务，其应当预见对方因此而遭受损失。就本案而言，涉案《股份转让合同书》订立后，虽须经有权机关批准方才生效，但双方已就 A 公司购买 B 银行股权达成合意，在无证据证明该合同不能获得有权机关批准的情况下，A 公司有合理理由信赖 B 财政局恪守承诺，及时妥善的履行报批手续，从而使涉案合同的效力得到确定，进而通过合同的履行实际取得涉案股权，获取相关利益。因此，A 公司获得涉案股权的可能性现实存在。但因 B 财政局拒不将涉案合同报批，继而还将涉案股权另行高价出售，其不诚信行为直接导致A公司获得涉案股权的可能性完全丧失，导致A公司因此而获得相关利益的现实性完全丧失。综上，A公司因B财政局的不诚信行为存在客观现实的交易机会损失。

最后，B财政局对A公司交易机会损失承担赔偿责任是维护公平正义和市场交易秩序的需要。一方面，B财政局对A公司交易机会损失承担赔偿责任符合公平原则。B财政局所获得的股权出售价差利益，是以A公司丧失购买涉案股权的机会为代价。在B财政局因其过错行为获得利益的情况下，如果不对A公司的交易机会损失予以赔偿，将导致双方利益严重失衡，不符合公平原则。另一方面，B财政局在赔偿A公司直接损失的基础上，对A公司间接损失承担适当赔偿责任，以使其为不诚信行为付出相应代价，有利于敦促各类民事主体善良行事，恪守诚实信用，也有利于维护诚实守信的市场交易秩序。

3. 关于A公司交易机会损失的数额认定问题

结合本案事实，对A公司因合同未生效导致交易机会损失数额，应综合考虑以下因素予以确定：首先，B财政局的获益情况。如前所述，B财政局违反诚实信用，以2.5元/股的价格将涉案股权另行出售，其所获得的0.5元/股的价差，系其不诚信行为所得。A公司丧失涉案股权交易机会的损失数额，可以此作为参考。其次，A公司的交易成本支出情况。因涉案合同未生效并已解除，A公司未实际支付对价，亦未实际取得涉案股权，其主张应当以B财政局转售股权价差的全部作为标准进行赔偿不符合本案情况，不应支持。本案中，即使A公司实际取得涉案股权，因双方合同对股权再转让有期限限制的约定，故约定期限届满之后，涉案股权价值是涨是跌，尚不确定。最后，A公司虽丧失购买涉案股权的交易机会，但并不妨碍其之后将资金另行投资其他项目获得收益。综上，对A公司交易机会损失，本院酌定按B财政局转售涉案股权价差的10%予以确定，以涉案股权转售价2.5元/股减去涉案股权转让合同价2元/股乘以2亿股再乘以10%计算，即1000万元。该损失应由B财政局予以赔偿。

律师提示

本案地方财政局二审败诉，关键在于存在以下几个致命缺陷：

1. 在未正式收到银监部门不同意审批的通知之前，仅根据非正式反馈就通知摘牌企业要求终止合同。

2. 作为国有金融企业股份出让方，在没有确定证据之前，擅自判定摘牌企业不符合受让资格，况且作为合同一方当事人也无权作出判定。

3. 在银监局作出关于“你行于补正通知发出之日起3个月内未能提交补正申请材料，该行政许可事项不予以受理”通知书后，财政局没有积极及时补正申请材料。

4. 财政局事后另行出让标的股权获得超额差价，“不能让恶意方受益，善意方却反而遭受损失”也是法律价值所在。

098 法院判决残值在保险金中直接扣除要什么条件?

案例索引

河南省新乡市中级人民法院(2016)豫07民终1769号民事判决书。

案例导读

本案例是法院主动对保险财产残值进行处理的典型案例,非常值得借鉴。本案例对法院如何确定保险财产的保险价值、残值所有权的归属判定、残值在保险金直接扣除需要哪些条件等问题给出了明确裁判规则。同时法院认为,法院主动释明对残值进行处理具有积极意义,文末提示了残值在保险金中直接扣除的三个条件,欢迎参阅。

裁判要旨

经双方协商同意,保险人可将其享有的保险财产残余部分的权益作价归被保险人,并可在保险金中直接扣除。

裁判逻辑

1. 若保险财产的保险价值在保险单中未明确,则应以发生保险事故时的价值来确定;而发生事故时保险财产尚未使用的,可以购买价格为保险价值。

2. 保险财产残值所有权根据是否为足额保险而全部或部分赋予保险人的转变;足额保险的情况下,保险公司在履行赔付义务后依法取得保险财产的残值。

3. 为了更有利于促进交易便捷、降低交易成本、减轻当事人诉累,可以将保险残值在保险金中直接扣除,但保险公司应当与被保险人协商同意。

交易结构图

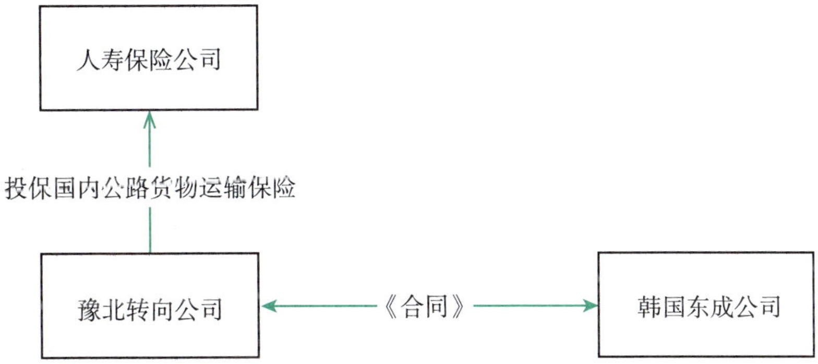

主要案情

上诉人(一审被告):中国人寿财产保险股份有限公司郑州市中心支公司。

被上诉人(一审原告):豫北转向系统股份有限公司。

上诉人中国人寿财产保险股份有限公司郑州市中心支公司(以下简称人寿保险公司)因与被上诉人豫北转向系统股份有限公司(以下简称豫北转向公司)财产保险合同纠纷一案,不服河南省新乡市红旗区人民法院(2015)红民金初字第147号民事判决,向河南省新乡市中级人民法院提起上诉。

2014年7月16日,豫北转向公司与韩国东成工程有限公司(以下简称韩国东成公司)签订合同,向韩国东成公司购买轴承油封装入上壳体设备1台、阀组件转入上壳体设备1台、自动选装钢球设备2台、摇臂轴组件组装设备1台、调整螺栓分装设备1台、轴承油封装入下壳体设备2台、力矩试验机1台共9台设备,共计169万美元。

2015年4月7日,豫北转向公司就上述9台设备向青岛保税港黄岛海关报关,报关单载明提运单号为SNK0010150203067。

2015年4月11日,豫北转向公司向人寿保险公司就所购9台设备投保国内公路货物运输保险,并按约定缴纳保险费5245.76元。

当日,人寿保险公司出具《国内公路运输货物保险单》,载明投保人为豫北转向公司,被保险人为豫北转向公司,货物名称为9台韩国设备,运单/货票号码为SNK0010150203067,件数/重量为9台,启运日期为2015年4月12日,运输方式为公路,目的地为新乡,运输工具为鲁R×××××、鲁R×××××、豫G×××××货车,启运地/中转地为青岛,险别为公路货物运输保险条款,保险金额人民币1049.1520万元,保险费为人民币5245.76元,特别约定9台韩国设备明细为1台轴承油封转入上壳体设备、1台阀组件转入上壳体设备、2台自动选装钢球设备、1台摇臂轴组件组装设备、1台调整螺栓分装设备、2台轴承油封转入上壳体、1台力矩试验机,该保险单保险人处加盖人寿保险公司印章,投保人声明处无投保人签章。

2015年4月13日,豫北转向公司所购9台设备运至青岛港,由豫北转向公司驻青岛办事处的负责人王世刚负责接货转运,王世刚安排车牌号为鲁B×××××号货车运至龙门吊货场老板惠均林处,惠均林让其雇佣的龙门吊驾驶员刘峰高预将9台设备从鲁B×××××号货车转运至张建党驾驶的车牌号为豫G×××××号货车上,由于刘峰高操作龙门吊的起吊高度不够,张建党受下雨天气影响,在倒车过程中撞到货物,导致货物侧翻,轴承油封装入下壳体设备受损,受损货物购买价格23.7578万美元。

发生保险事故后,豫北转向公司通知了保险人。

2015年4月16日,人寿保险公司委托青岛大华保险公估有限公司派公估师前往山东省青岛市黄岛区前湾港四区码头对受损货物进行现场查勘、检验、收集资料。

2015年4月24日,青岛大华保险公估有限公司出具DH(P)-15260077号国内公路运输货物险公估报告,认为牵引车与挂车辆行车证、车辆类别、品牌、识别代码、所有人等主要内容均与事故现场车辆相符和一致，并在合格的有效期内，与保单约定内容相同；货车司机张建党三证完整，均在合法的有效期限内，驾驶的车辆资格与所驾出险车型相符，为合格、合法的驾驶员，出险车辆为保险标的，出险时间与实际情况相符，并在保单约定的有效期内；事故原因是被保险人委托的货运公司不负责任，将货物转载业务交给"三无"的货场进行转载，货场人员不负责任、疏忽大意、违规违法操作；确认保险标的物为汽车，车牌号豫G×××××，车型货车，机器设备为2台轴承油封转入上壳体（但在该报告第12页载明出险受损箱体名称：轴承、油封转入下壳体设备，并且该报告附件显示受损的是轴承油封转入下壳体）。

2015年6月19日，豫北转向公司委托代理人孟文青和人寿保险公司委托代理人李东风、谷西广因受损设备残值鉴定问题到一审法院，豫北转向公司陈述"因该案涉及的设备系其从韩国进口并专门定制，是高精密度设备，经核实国内尚不具备鉴定该类设备的条件，所以建议由韩国东城公司对受损设备的零件进行测试确认残值，形成的测试报告需经过公证才可作为证据使用，该测试报告需经中国驻韩国大使馆认证，该认证过程中涉及的相关费用均由豫北转向公司承担"。对于豫北转向公司的建议，人寿保险公司表示"（1）对涉案设备受损认可，对事故发生的过程须于庭审中核实；（2）在法院进一步核实国内鉴定机构对受损货物无法鉴定的前提下，同意将设备运回韩国鉴定，且该鉴定需得到我国司法机关的认可并应符合法律规定"。

对相关问题，一审法院技术科对相关评估机构发出咨询函，河南中新资产评估事务所有限责任公司、新乡市兴发价格评估有限公司、河南正源资产评估有限公司先后答复无法对残值鉴定。

2015年10月30日，韩国东成公司对受损的轴承油封装入下壳体残值出具鉴定结论，设备严重损坏，完全无法保证设备功能的启动，该设备再无利用价值，已报废，该设备残余部分的价值为1.78万美元。

2015年12月3日，经当地公证机关对鉴定报告公证和韩国外交部签章后，中国驻韩国大使馆领事部二等秘书兼领事王晓光予以认证，认证号为（2015）韩领认字第0059157号。

庭审中，人寿保险公司确认现场出事故的设备是轴承油封装入下壳体设备1台，在承保范围内，无证据证明就投保人声明中的内容向豫北转向公司尽到了说明义务。

双方当庭均确认投保时是人寿保险公司业务员代办的。

豫北转向公司主张第一项诉求主张的美元应按2015年4月13日保险事故发生之日汇率折算人民币，人寿保险公司无异议。

2015年4月15日，上诉人人寿保险公司委托青岛大华保险公估有限公司对受损货物进行现场查勘、检验、收集资料，受损设备的生产厂家韩国东成公司也派出代表参加了现场勘验。

青岛大华保险公估有限公司出具的《公估报告》第6.0条损失核定部分附有韩国东成公司出具的受损设备判定报告，并记载韩国东成公司判定损坏情况为"目前此设备所有功能无法正常启动"，判定结论为"建议重新制造新的设备"。

二审审理中，豫北转向公司称受损设备现存放在韩国东成公司，并称其准备再向韩国东成公司订购替代性的新设备，人寿保险公司对此无异议。

双方当事人均同意将受损设备的残余价值从应赔付保险金金额中予以扣除。

原告一审诉讼请求：(1)判令被告向原告赔付保险金共计23.7578万美元(折合人民币1,473,126.1468元)；(2)本案诉讼费用由被告承担。

一审法院判决：人寿保险公司于本判决生效之日起三日内向豫北转向公司赔付保险金23.7578万美元(如折算为人民币支付，应按2015年4月13日中国人民银行授权中国外汇交易中心公布的人民币对美元中间价折算)。

二审法院河南省新乡市中级人民法院于2016年5月25日作出判决：变更新乡市红旗区人民法院(2015)红民金初字第147号民事判决为：人寿保险公司于本判决生效之日起十日内向豫北转向公司赔付保险金21.9778万美元(如折算为人民币支付，应按2015年4月13日中国人民银行授权中国外汇交易中心公布的人民币对美元中间价折算)；本案受损设备权益(残值1.78万美元)归豫北转向公司所有。

法院观点

人寿保险公司与豫北转向公司签订的国内公路运输货物保险合同系双方真实意思表示，不违反法律规定，且双方当事人对受损设备损失属于保险公司赔偿范围均无异议，故一审认定该保险合同依法成立并生效正确，河南省新乡市中级人民法院依法予以确认。

一、关于人寿保险公司上诉称韩国东成公司所作的鉴定报告不应采信并申请重新鉴定的问题

受人寿保险公司委托的青岛大华保险公估有限公司作出的《公估报告》第6.0条损失核定部分，已明确记载了生产厂家韩国东成公司判定受损设备所有功能无法正常启动，建议重新制造新的设备等内容，人寿保险公司对此是明知的，后同意由韩国东成公司进行鉴定，充分表明双方当事人对受损设备鉴定机构的选择达成合意，而韩国东成公司所作的鉴定报告亦经韩国当地公证机关的公证及我国驻韩国大使馆的认证，且人寿保险公司也未提供证据证明韩国东成公司鉴定报告违反法律规定，故该鉴定报告合法有效，应予采信。

人寿保险公司关于该鉴定报告不应采信并要求重新鉴定的请求缺乏事实和法律依据，河南省新乡市中级人民法院不予支持。

二、关于人寿保险公司上诉称受损设备残余价值处理不当的问题

《中国人寿财险保险股份有限公司货物运输保险条款》第18条载明“经双方协商同意，保险人可将其享有的保险财产残余部分的权益作价归被保险人，并可在保险金中直接扣除”，一审时双方当事人未就残余价值的处理进行协商，二审中双方均同意将受损设备的残余价值在应赔付保险金中予以扣除。

鉴于受损设备现存放在韩国，且经法庭询问豫北转向公司称将重新从韩国东成公司购买新设备，由豫北转向公司取得受损设备残值，更有利于促进交易便捷、降低交易成本、减轻当事人诉累。

故河南省新乡市中级人民法院予以确认，从人寿保险公司应赔付保险金中扣除受损设备残值1.78万美元，豫北转向公司取得该受损设备的全部权益。

综上，一审判决认定基本事实清楚，但对受损设备残值的处理，河南省新乡市中级人民法院依法予以变更。

律师提示

关于保险财产残值在保险金中直接抵扣至少需要三个条件：一是保险残值所有权属于保险人；二是双方就残值在保险金中直接扣除已经达成合意；三是对残值的价格没有异议或有了明确的估算方法。

099 与员工离职挂钩的股票激励回购条款是否有效？

案例索引

广东省深圳市南山区人民法院(2013)深南法民二初字第50号民事判决书。

案例导读

1. 本案是一起限制性股票激励员工主动离职五年后被公司秋后算账巨额赔偿的案例，特别值得做股权激励的公司和员工参阅。

2. 本案法院对限制性股票激励的效力、与员工离职挂钩的回购条款效力、诉讼时效起算点均给予了明确的裁判意见，值得金融律师参阅。

裁判要旨

股权激励关系中，劳动者同时是公司的股东，劳动者与公司之间存在股权法律关系和劳动合同法律关系。

裁判逻辑

1. 具有转让锁定期限的限制性股票激励计划有利于增强公司经营团队的稳定性及工作积极性，增进公司与股东的利益，不违反法律强制性规定，合法有效。

2. 约定了“当激励对象在约定期限内辞职这一条件成就时，公司有权从激励对象回购限制性股份，回购价格按公司上一年度经审计的每股净资产计算，激励对象只能获得约定的利益(即上一年度经审计的每股净资产价值)”的回购条款，体现了激励与约束相结合原则，公平合理。

3. 股票激励协议中关于“不以书面形式向公司提出辞职、不连续旷工7日”的表述虽然涉及劳动者应遵守的劳动纪律,但这并非劳动者为获取工作机会而作出的承诺,而是股东基于认购股票对公司的承诺,以其承诺换取股票收益,故是公司与股东之间的普通合同纠纷,非劳动合同纠纷。

4. 鉴于《承诺函》中明确承诺于“本人应持有公司的股票在证券市场可以公开出售之日后三个交易日内向公司支付违约金”,因此诉讼时效期间应以承诺支付“违约金”期限届满的次日起计算。

交易结构图

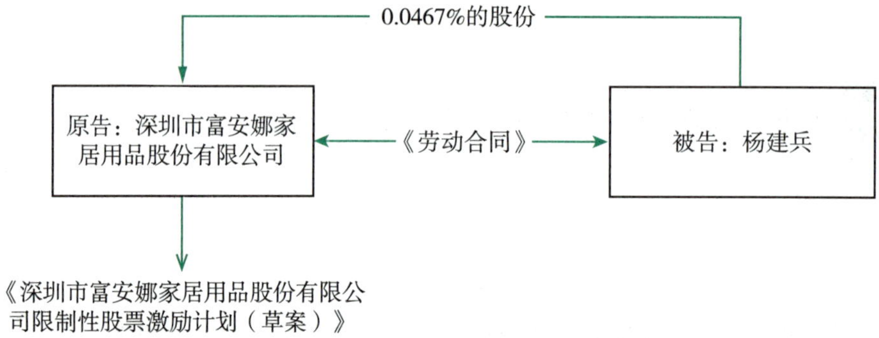

主要案情

原告:深圳市富安娜家居用品股份有限公司。

被告:杨建兵。

原告深圳市富安娜家居用品股份有限公司诉被告杨建兵合同纠纷一案,广东省深圳市南山区人民法院受理后,依法适用普通程序,于2013年11月28日公开开庭进行了审理。

2008年1月1日,原告与被告双方签订了《劳动合同》,合同约定期限自2008年1月1日至2010年12月31日。2008年6月25日,被告以身体健康为由向原告提出辞职。

2007年6月20日,原告召开第一次临时股东大会,审议通过了《深圳市富安娜家居用品股份有限公司限制性股票激励计划(草案)》,同意原告以定向发行新股的方式,向高级管理人员及主要业务骨干发行700万股限制性股票,发行价格为1.45元/股。同年,被告向原告支付了52,200元,认购原告的股票36,000股。2007年6月29日,原告在深圳市市场监督管理局(原深圳市工商行政管理局)办理了股权变更登记,原告提交的核发证照(通知书)情况记录表显示,原告于2007年6月29日的注册资本为7700万元,其中被告占有原告0.0467%的股份。

2008年3月4日,原告召开第一届董事会第九次会议,会议达成了《关于终止〈深圳市富安娜家居用品股份有限公司限制性股票激励计划(草案)的议案〉》,内容为:终止实施《深圳市富安娜家居用品股份有限公司限制性股票激励计划(草案)》,拟对109名激励对象所持有的700万股限制性股票做如下处理:给予限制性股票持有人股票回售选择权,对于放弃股票回售选择权的限制性股票持有人,其持有的限制性股票全部转换为同股数的无限制性的公司普通股,与公司其他普通股股东所持有的股票同股同权等。该草案"特别提示"部分规定:"本限制性股票激励计划的期限为4.5年,包括禁售期1.5年、限售期3年。自激励对象获授限制性股票之日起1.5年(即2007年下半年及2008年度),为限制性股票禁售期。"第1条"释义"部分规定:"限制性股票指富安娜公司根据本计划授予激励对象的、转让受到限制的富安娜公司人民币普通股,以及因公司送红股或转增股本而新增的相应股份。"第10条"限制性股票的授予和解锁程序"部分规定:"激励对象在获授限制性股票后,享有与公司普通股股东相同的权利、承担相同的义务,但限制性股票的转让受本计划限制。"第11条"限制性股票的回购、再授予与注销"部分规定:"在本限制性股票禁售期和限售期内,激励对象因辞职而终止与公司的劳动关系时,公司有权根据公司上一年度经审计的每股净资产作价回购其所持限制性股票""激励对象因触犯法律、违反职业道德、泄露公司机密、失职或渎职等行为严重损害公司利益或声誉,公司有权根据限制性股票认购成本价回购其所持限制性股票"。

2008年3月20日,原告召开2008年第二次临时股东大会,审议通过了《关于终止〈深圳市富安娜家居用品股份有限公司限制性股票激励计划(草案)的议案〉》。同日,被告出具《确认函》及《承诺函》,其中《确认函》内容为:"本人杨建兵,根据公司2007年第三次临时股东大会审议通过的《深圳市富安娜家居用品股份有限公司限制性股票激励计划(草案)》的有关约定,现持有公司限制性股票3.6万股。根据公司2008年第二次临时股东大会审议通过的《关于终止〈深圳市富安娜家居用品股份有限公司限制性股票激励计划(草案)的议案〉》的有关约定,本人同意将持有的公司限制性股票转换为同股数的无限制性的公司普通股,与公司其他普通股股东所持有的股票同股同权。"《承诺函》内容为:"本人杨建兵,为深圳市富安娜家居用品股份有限公司(以下简称公司)的股东。截至本承诺函签署日,本人持有公司股份3.6万股。鉴于本人在公司任职,且是以优惠的条件获得上述股份,本人在此自愿向公司承诺:(1)自本承诺函签署日至公司申请首次公开发行A股并上市之日起三年内,本人不以书面的形式向公司提出辞职、不连续旷工超过七日、不发生侵占公司资产并导致公司利益受损的行为、不发生收受商业贿赂并导致公司利益受损的行为。(2)若发生上述违反承诺的情形,本人自愿承担对公司的违约责任并向公司支付违约金,违约金=(本人持有的公司股票在证券市场可以公开抛售之日的收盘价-本人发生上述违反承诺的情形之日的上一年度的公司经审计的每股净资产)×(本承诺函签署日本人持有的股份+本人持有的公司股票在证券市场可以公开出售之日前赠送的红股)。(3)若发生上述违反承诺的情形,本人应在持有公司的股票在证券市场可以公开出售之日后三个交易日内向公司支付违约金。"

2009年12月30日,原告发布首次公开发行股票上市公告书,原告的控股股东、担任公司董事、监事、高级管理人员的股东及其他股东均承诺:自公司股票上市之日起36个月内不转让或者委托他人管理其所持有的本公司股份,其于首次公开发行前已发行的股份可上市交易时间为2012年12月30日。同日,富安娜股票(股票代码:002327)在深圳证券交易所上市,首次公开发行后总股本数为10,300万股。

2010年5月19日、2012年4月19日,原告分别召开了2009年年度股东大会、2011年年度股东大会,会议分别审议通过了《关于〈2009年度利润分配及资本公积转增股本的预案〉的议案》《关于〈2011年度资本公积转增股本的预案〉的议案》,经过两次转增,被告持有原告股份增至56,160股。

广东大华德律会计师事务所于2009年7月21日出具的《深圳市富安娜家居用品股份有限公司截至2009年6月30日、2008年12月31日、2007年12月31日、2006年12月31日财务报表的审计报告》显示,2007年12月31日,原告的净资值为170,816,910.18元,总股本数为7700万股。

2012年12月31日富安娜股票的收盘价为33元/股。

原告认为:原告实行股权激励计划以优惠的价格向被告及其他员工增发股份是为了吸引和留住优秀人才,以期待其为原告服务并作出贡献,提高公司可持续的发展能力,但被告在取得原告的股票后,于2008年7月离职,被告的这一行为已违反了其承诺,导致原告对其股权激励目的无法实现,为此,被告应依其承诺向原告承担相应的违约责任,支付违约金。因此,为维护原告的合法权益,特提起诉讼。一审诉讼请求为:(1)被告向原告支付违约金1,734,220.8元(违约金暂以原告2012年12月25日收盘价33.10元为依据计算,具体支付的金额以2012年12月30日的收盘价计)至付清之日止的迟延付款利息(利息从2013年1月9日起算);(2)本案的诉讼费用(诉讼费及保全费)由被告承担。庭审中,原告明确其第1项诉讼请求中的违约金金额为1,728,604.8元。

广东省深圳市南山区人民法院于2014年3月27日作出的(2013)深南法民二初字第50号民事判决书判决:被告杨建兵应于本判决生效之日起十日内向原告深圳市富安娜家居用品股份有限公司支付1,728,604.8元及利息(利息自2013年1月9日起按中国人民银行同期同档次贷款利率计算至本判决确定的付款之日止)。

法院观点

本案的两个争议焦点为:(1)原告的起诉是否超过诉讼时效期间;(2)被告出具的《承诺函》内容是否合法,被告是否构成违约。

关于第一个争议焦点,根据相关法律规定,向人民法院请求保护民事权利的诉讼时效期间为两年,本案中,原告要求被告根据其出具的《承诺函》支付"违约金",被告在《承诺函》中明确承诺于"本人应持有公司的股票在证券市场可以公开出售之日后三个交易日内向公司支付违约金",即诉讼时效期间应以被告承诺支付"违约金"期限届满的次日起计算,而被告所持有的股票在证券市场可以公开抛售之日为2012年12月30日,因2012年12月30日为非交易日,涉案股票可以公开出售之日顺延至2012年12月31日,被告应于此后三个交易日前即2013年1月8日前向原告支付"违约金",诉讼时效应自2013年1月9日起算,原告于2012年

12月26日起诉并未超过诉讼时效,故被告的此抗辩意见,广东省深圳市南山区人民法院不予采纳。

关于第二个争议焦点,被告辩称其从未签署《承诺函》,因原告在开庭审理时出示了《承诺函》原件,该函原件上有“杨建兵”的签名,在被告未提交反证的情况下,广东省深圳市南山区人民法院依法对《承诺函》的真实性予以认定,被告的此抗辩意见,不予采纳。

本案被告在原告处工作期间,向原告认购了股票,其与原告形成两种法律关系,一种是被告基于其劳动者的身份与原告构成劳动合同关系,另一种是被告基于其认购了原告的股票成为原告的股东,与原告形成了股东与公司之间的关系,本案原告以被告违反了其于2008年3月20日出具的《承诺函》的约定为由,要求被告支付违约金及相关利息。从《承诺函》中“本人杨建兵,为深圳市富安娜家居用品股份有限公司(以下简称公司)的股东。截至本承诺函签署日,本人持有公司股份3.6万股。鉴于本人在公司任职,且是以优惠的条件获得上述股份”的表述看,被告是基于原告给予其购股资格成为股东后而作出的承诺,而给予被告购股资格并非原告作为用人单位的义务。虽然《承诺函》中关于“不以书面形式向公司提出辞职、不连续旷工7日”的表述涉及劳动者应遵守的劳动纪律,但这并非劳动者了为获取工作机会而作出的承诺,承诺内容并非原告与被告对劳动合同的补充,而是在被告获得了以优惠价格购买原告的股票的资格后作出的承诺,即原告一方面给予被告以优惠价格购买股票的资格,另一方面也要对被告的行为进行一定的约束,被告在确认将其持有的限制性股票转换为普通股票的同时作出一定的承诺,是股东基于认购股票对公司的承诺,被告以其承诺换取股票收益,故原告与被告是公司与股东之间的普通合同纠纷,非劳动合同纠纷,判断《承诺函》的内容是否符合法律规定,应适用《中华人民共和国合同法》及《中华人民共和国公司法》,而不适用《中华人民共和国劳动合同法》。

《深圳市富安娜家居用品股份有限公司限制性股票激励计划(草案)》规定的面向激励对象发行的限制性股份是由激励对象(高级管理人员及主要业务骨干)自愿认购的、转让受到公司内部一定限制的普通股。此种激励计划有利于增强富安娜公司经营团队的稳定性及工作积极性,增进富安娜公司与股东的利益,不违反法律强制性规定,是合法有效的。该激励计划第11条“限制性股票的回购、再授予与注销”部分规定“在本限制性股票禁售期和限售期内,激励对象因辞职而终止与公司的劳动关系时,公司有权根据公司上一年度经审计的每股净资产作价回购其所持限制性股票”。根据此种回购条款,在约定条件发生时(当激励对象在禁售期和限售期内辞职时),富安娜公司有权从激励对象回购限制性股份,回购价格按富安娜公司上一年度经审计的每股净资产计算,激励对象只能获得约定的利益(上一年度经审计的每股净资产价值)。此种回购条款体现了激励与约束相结合原则,公平合理,当激励对象在约定期限内辞职这一条件成就时,激励对象从所持限制性股份中获得的利益应受该回购条款的限制。

由于在富安娜公司上市前其股份(包含激励对象所持股份)统一托管于中国证券登记结算有限责任公司且在上市后富安娜公司股份按证券交易所统一交易规则进行交易,富安娜公司在上市后将难以直接对激励对象转让股份的行为进行限制,亦难以直接回购激励对象的股份,故富安娜公司在终止《深圳市富安娜家居用品股份有限公司限制性股票激励计划(草案)》并根据自愿原则将激励对象所持限制性股份转化为无限制普通股的同时,采用由激励对象出具《承诺函》的方式继续对激励对象进行约束。根据《承诺函》,激励对象如在富安娜公司A股上市之日起三年内以书面的形式向富安娜公司提出辞职或连续旷工超过七日的,应向富安娜公司支付违约金,违约金=(激励对象持有的富安娜公司股份在证券市场可以公开抛售之日的收盘价-激励对象发生上述违反承诺的情形之日的上一年度的富安娜公司经审计的每股净资产)×(本承诺函签署日激励对象持有的富安娜股份+激励对象持有的富安娜公司股票在证券市场可以公开出售之日前赠送的红股)。此种《承诺函》实为原《深圳市富安娜家居用品股份有限公司限制性股票激励计划(草案)》回购条款的变通和延续,亦体现了激励与约束相结合原则,激励对象按照《承诺函》向富安娜公司支付"违约金"后所能获得的利益仍为激励对象违反承诺日上一年度经审计的每股净资产价。《承诺函》继续对提前辞职的激励对象所能获得的股份投资收益予以限制,并不违反公平原则,是合法有效的。

激励对象因身为富安娜公司高级管理人员或主要业务骨干而被富安娜公司认可具有认购限制性股份的资格。激励对象与富安娜公司之间劳动合同关系的成立和存续,影响到激励对象与富安娜公司之间股权关系的成立和存续。但劳动合同关系与股权关系属于两个独立的、不同性质的法律关系,有着不同的权利义务内容,不能混为一谈。激励对象认购富安娜公司增发的股份,双方成立新增资本认购合同关系,激励对象的合同义务是按时足额缴纳认股价款,激励对象在按时足额缴纳认股价款后其义务即已履行完毕。激励对象提前离职并非《深圳市富安娜家居用品股份有限公司限制性股票激励计划(草案)》或后续《承诺函》约定的股权关系之中激励对象的违约行为,而是股权关系中的回购条款或收益限制条款的生效条件,当该条件成就时,富安娜公司有权按《深圳市富安娜家居用品股份有限公司限制性股票激励计划(草案)》回购股份,或有权按《承诺函》限制激励对象获得收益,激励对象应依约将受限制部分的股份投资收益(违约金)返还给富安娜公司。

被告辩称其是因治疗疾病被迫辞职,因没有证据证实系原告迫使被告辞职,被告以此为由拒绝按《承诺函》约定承担责任的抗辩意见不成立,广东省深圳市南山区人民法院不予采纳。被告在富安娜公司上市后三年内离职,《承诺函》约定的对被告股份投资收益进行限制的条件已经成就,被告应依约将被限制的部分收益(违约金)返还给富安娜公司,即按"(本人持有的公司股票在证券市场可以公开抛售之日的收盘价-本人发生上述违反承诺的情形之日的上一年度的公司经审计的每股净资产)×(本承诺函签署日本人持有的股份+本人持有的公司股票在证券市场可以公开出售之日前赠送的红股)"向原告返还收益1,728,604.8元[(33元/股-170,816,910.18元÷7700万股)×56,160股],原告要求被告支付1,728,604.8元的诉讼请求,广东省深圳市南山区人民法院予以支持。按照《承诺函》的约定,被告应于2013年1月8日前向原告支付,被告未按时支付,其逾期支付的行为给原告造成了利息损失,故被告还应自2013年1月9日起按中国人民银行同期同档次贷款利率向原告支付利息,原告的该项诉讼请求,广东省深圳市南山区人民法院亦予以支持。

律师提示

股权激励被称为“金手铐”,是为了增强员工归属感,让员工成为共享公司发展成果的股东。在涉及股权激励方案时,公司通常要考虑员工离职(过错性解除劳动合同、员工单方要求解除劳动合同等)这一问题。我们认为,约定分批次行权、增加股权禁售期、离职时股权回购等条款必不可少。除此以外,建议在股权激励协议书中增加如下资格丧失条款、激励终止条款:

1. 资格的丧失或终止条款

出现下列情形的,乙方丧失股权激励的资格,但已获准行权资格尚未行使的权利继续保留行权权利:

(1)其他具有《公司法》规定的不得担任公司董事、监事、高级管理人员的情形;

(2)因违法行为被行政处罚或刑事处罚的;

(3)乙方职务变更成为不能参与本次激励计划人员的;

(4)乙方因不能胜任工作岗位、考核不合格、触犯法律、违反职业道德、泄露公司机密、失职或渎职等行为严重损害公司利益或声誉而导致的职务变更或者被公司解聘的;

(5)乙方辞职的;

(6)乙方非因执行职务负伤而导致丧失劳动能力的;

(7)乙方死亡(如乙方因执行职务死亡,按照公司股权激励制度中相关规定执行);

(8)公司股权激励相关制度中约定不得享受股权激励的其他情形。

2. 协议的终止条款

有下列情形之一的,本协议终止:

(1)协议到期;

(2)协议当事人协商同意;

(3)乙方死亡;

(4)乙方丧失行为能力时;

(5)公司股权激励相关制度规定的其他情形。

乙方违反本协议的有关规定,违反甲方关于股权激励的规章制度,或者国家的有关法律和政策要求甲方停止股权激励制度时,甲方有权视具体情况通知乙方终止本协议而不需承担任何责任。

100 如何防范保证金及居间费在融资本金中扣除?

案例索引

最高人民法院(2017)最高法民申2175号民事裁定书。

案例导读

1. 本案的知识点包括:成套设备系统是否可作为融资租赁标的物;没有融资租赁资质许可从事的融资租赁业务是否有效;保证金及居间费能否在融资本金中扣除;适用法律错误的再审事由成立,法院是否一定会裁定再审。

2. 本案融资租赁出租方交易结构安排设计操作不当,痛失120万元居间服务费,并损失了以600万元为基数的利息。在交易中,如何防范以上风险?

裁判要旨

承租人向出租人提供担保以确保出租人债权实现的,因法律法规未就融资租赁关系中设定担保予以禁止,因此上述行为不影响融资租赁合同的法律性质。

裁判逻辑

1. 将自有租赁物出售给中水电北固公司,再通过融资租赁合同将租赁物从中水电北固公司处租回,构成融资租赁法律关系的。

2. 根据“超越经营范围订立的合同,人民法院不因此认定合同无效”的规定,出租人不具有融资租赁业务的资质,不影响融资租赁合同的法律性质和法律效力。

3. 租赁物是否独立可分割及是否能实现租赁物的担保功能,不是否定融资租赁关系的法定理由。

4. 因融资合同的租赁标的物可能实际上无法收回或者起不到物权担保的作用导致出租人权利受损,当事人通过另行签订担保合同以保障租金债权的安全,不影响融资租赁合同的法律性质。

5. 根据《融资租赁合同》的约定,案涉融资租赁关系中出租人收取的租金以承租人实际占用的资金为基础计算并确定,故提前支付的保证金以及为融资租赁业务收取的服务费应从融资本金中予以扣除。

6. 原审判决适用法律错误,再审申请事由虽然符合《民事诉讼法》第200条第6项的规定,但因判决结果并无不当,仍应驳回再审申请。

交易结构图

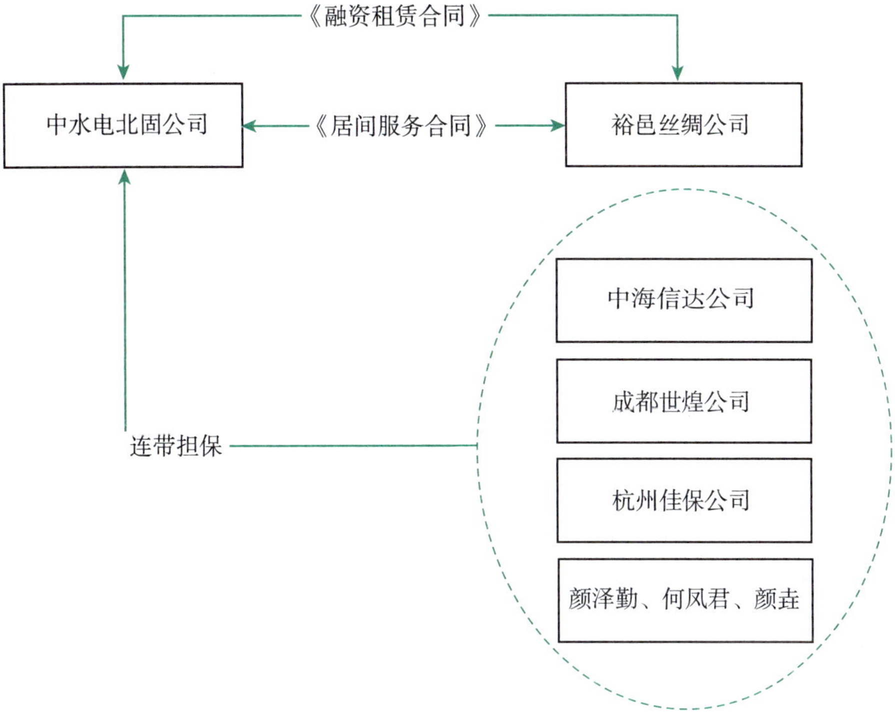

主要案情

再审申请人（一审原告、二审被上诉人）：中水电北固建设机械有限公司。

被申请人（一审原告、二审上诉人）：成都市裕邑丝绸有限责任公司。

被申请人（原审被告）：中海信达担保有限公司、成都世煌生物科技有限责任公司、杭州佳保网络科技有限公司、颜泽勤、何凤君、颜垚。

再审申请人中水电北固建设机械有限公司（以下简称中水电北固公司）为与被申请人成都市裕邑丝绸有限责任公司（以下简称裕邑丝绸公司）、中海信达担保有限公司（以下简称中海信达公司）、成都世煌生物科技有限责任公司（以下简称成都世煌公司）、杭州佳保网络科技有限公司（以下简称杭州佳保公司）、颜泽勤、何凤君、颜垚借款纠纷一案，不服河北省高级人民法院（2016）冀民终584号民事判决，向最高人民法院申请再审。

中水电北固公司依据《民事诉讼法》第200条第2项、第6项的规定申请再审。请求：（1）依法撤销二审民事判决；（2）判决裕邑丝绸公司向中水电北固公司支付租金32,118,016元及按日万分之八的标准计算至实际支付日的违约金；（3）中海信达公司、成都世煌公司、杭州佳保公司、颜泽勤、何凤君、颜垚对上述款项承担连带责任；（4）本案一审、二审、再审相关的诉讼费、律师费、保全费、拍卖评估等所有诉讼费用由被申请人承担。再审理由如下：

第一,原审判决认定基本事实缺乏证据证明。其一,裕邑丝绸公司向中水电北固公司支付的120万元手续费,是基于双方签订的《居间服务合同》成立的居间服务法律关系,与本案的融资租赁合同法律纠纷为两种不同的法律关系,若裕邑丝绸公司对该笔服务费持有异议,应另行起诉。原审判决将该120万元服务费抵扣本金,认定事实缺乏证据证明。其二,根据《融资租赁合同》第7.4条、第7.8条的约定,若裕邑丝绸公司未按合同约定向中水电北固公司支付租金及其他应付款项,中水电北固公司有权依照费用、违约金、损害赔偿金、到期未付租金、全部未到期租金、留购价款、其他应付款项的顺序进行冲抵,基于意思自治原则,该保证金应根据上述约定顺序进行冲抵。原审判决将裕邑丝绸公司向中水电北固公司支付的600万元保证金用于抵扣本金部分,认定事实缺乏证据证明。

第二,原审判决适用法律错误。其一,融资租赁作为以租赁物为载体的一种特殊的融资方式,是否兼具"融资"与"融物"的双重属性,是判断融资租赁法律关系是否构成的关键所在。就其"融物"而言,法律、法规并未有针对本案所涉及租赁物的禁止性规定。《金融租赁公司管理办法》(2014年)第4条规定,"适用于融资租赁交易的租赁物为固定资产"。提花机、变电供电设备系统、供水管网系统及天然气管网均为固定资产,其实质均为完整的生产设备,具有使用价值。以上租赁物所有权归中水电北固公司所有,中水电北固公司可对其主张所有权,具有担保功能,至于租赁物本身担保功能强弱与否,属于融资租赁公司的经营风险问题,不属于融资租赁合同的认定问题。因此,中水电北固公司与裕邑丝绸公司在实质上构成融资租赁法律关系。其租金及违约金应按合同中约定的条款予以支付。原审判决根据《最高人民法院关于审理融资租赁合同纠纷案件适用法律问题的解释》(以下简称《融资租赁司法解释》)第1条关于"结合标的物的性质、价值、租金的构成以及当事人的合同权利和义务,对是否构成融资租赁法律关系作出认定"的规定,认定中水电北固公司与裕邑丝绸公司之间的融资租赁关系,名为融资租赁实为借贷,适用法律错误。其二,根据《融资租赁司法解释》第3条关于"承租人对于租赁物的经营使用应当取得行政许可的,人民法院不应仅以出租人未取得行政许可为由认定融资租赁合同无效"以及《合同法》第237条关于"融资租赁合同是出租人根据承租人对出卖人、租赁物的选择,向出卖人购买租赁物,提供给承租人使用,承租人支付租金的合同"的规定,租赁物经营使用的行政许可约束的是承租人利用租赁物开展的经营行为,并不涉及出租人与承租人之间的合同效力问题。中水电北固公司虽未取得从事融资租赁业务的金融许可,但与裕邑丝绸公司签订的《融资租赁合同》系双方真实意思表示,且符合《合同法》第237条有关融资租赁合同的定义,系中水电北固公司根据裕邑丝绸公司的要求,购买电子提花机、变电供电设备系统、供水管网系统及天然气管网,并回租给裕邑丝绸公司使用,裕邑丝绸公司支付相应租金的合同,应当认定其真实有效。原审判决认定"中水电北固公司并未依法取得从事融资租赁的金融许可,其不具备与裕邑丝绸公司签订融资租赁合同的主体资格",适用法律错误。

第三,中海信达公司、成都世煌公司、杭州佳保公司、颜泽勤、何凤君、颜垚签订《无限连带责任保证书》,承诺对涉案合同项下裕邑丝绸公司的全部债务向中水电北固公司"提供不可撤销的连带责任保证”,故上述被申请人应按合同约定承担连带责任。

最高人民法院于 2017 年 6 月 28 日作出裁定:驳回中水电北固公司的再审申请。

法院观点

第一,本案的法律关系性质应为融资租赁法律关系。其一,裕邑丝绸公司与中水电北固公司签订的《融资租赁合同》,系裕邑丝绸公司按照双方约定,将自有租赁物出卖给中水电北固公司,再通过融资租赁合同将租赁物从中水电北固公司处租回,符合《融资租赁司法解释》第 2 条关于售后回租亦构成融资租赁法律关系的规定。其二,根据《合同法解释(一)》第 10 条关于超越经营范围订立的合同,人民法院不因此认定合同无效的规定,中水电北固公司虽不具有融资租赁业务的资质,但不影响《融资租赁合同》的法律性质和法律效力。其三,本案融资租赁标的物具备融资与融物相结合的特征,亦不存在仅有资金空转的情形,原审判决以覆盖全厂区的电网、煤气管网、自来水管网已于 2012 年即开始使用,且不是独立的可分割物,无法实现租赁物的担保功能为由,否定融资租赁关系的成立不妥。其四,因融资合同的租赁标的物可能实际上无法收回,或者起不到物权担保的作用导致出租人权利受损,故实践中存在承租人向出租人提供担保以确保出租人债权实现的情形。因法律法规未就融资租赁关系中设定担保予以禁止,故中水电北固公司与裕邑丝绸公司、其他保证人另行签订担保合同保障中水电北固公司债权的安全,不影响融资租赁合同的法律性质。综上,原审判决认定本案中水电北固公司与裕邑丝绸公司的法律关系名为融资租赁,实为抵押担保借贷不妥。中水电北固公司申请再审的第二项事由成立,最高人民法院予以支持。

第二,根据《融资租赁合同》的约定,案涉融资租赁关系中出租人收取的租金以承租人实际占用的资金为基础计算并确定。故原审判决将裕邑丝绸公司依据《融资租赁合同》的约定向中水电北固公司提前支付的 600 万元保证金,以及裕邑丝绸公司在二审中自认《居间服务合同》所涉 120 万元系中水电北固公司为融资租赁业务收取的服务费从融资本金中予以扣除,并无不当。中水电北固公司申请再审的第一项事由不能成立,最高人民法院不予支持。

综上,原审判决适用法律错误,但判决结果并无不当,中水电北固公司的再审申请事由符合《民事诉讼法》第 200 条第 6 项的规定。

律师提示

1. 本案再审申请人(出租人)的诉讼商业目标在于:提前支付 600 万元保证金及 120 万元的居间费不要在融资本金中扣除,已达到多计算利息及多获得收益,但再审的诉讼目标因本案最高人民法院的一纸裁定化为泡影。

2. 笔者建议,假如再审申请人(出租人)不直接向承租人收取该保证金及居间费,而是通过第三方中介机构来收取,也许结果会截然不同。

图书在版编目(CIP)数据

100个金融疑难案例与裁判逻辑 / 李小文, 诸奇红编著. -- 北京 : 法律出版社, 2020
ISBN 978-7-5197-5039-8

Ⅰ. ①1… Ⅱ. ①李… ②诸… Ⅲ. ①金融-经济纠纷-案例-中国 Ⅳ. ①D922.280.5

中国版本图书馆CIP数据核字(2020)第196603号

100个金融疑难案例与裁判逻辑
100 GE JINRONG YINAN ANLI YU CAIPAN LUOJI

李小文 诸奇红 编著

策划编辑 张 岩
责任编辑 张 岩
装帧设计 汪奇峰

出版 法律出版社
总发行 中国法律图书有限公司
经销 新华书店
印刷 天津嘉恒印务有限公司
责任印制 张建伟

编辑统筹 独立项目策划部
开本 787毫米×1092毫米 1/16
印张 34.5 **字数** 733千
版本 2020年11月第1版
印次 2020年11月第1次印刷

法律出版社/北京市丰台区莲花池西里7号(100073)
网址/www.lawpress.com.cn
投稿邮箱/info@lawpress.com.cn
举报维权邮箱/jbwq@lawpress.com.cn
销售热线/400-660-8393
咨询电话/010-63939796

中国法律图书有限公司/北京市丰台区莲花池西里7号(100073)
全国各地中法图分、子公司销售电话:
统一销售客服/400-660-8393/6393
第一法律书店/010-83938432/8433 西安分公司/029-85330678 重庆分公司/023-67453036
上海分公司/021-62071639/1636 深圳分公司/0755-83072995

书号:ISBN 978-7-5197-5039-8 **定价**:168.00元
(如有缺页或倒装,中国法律图书有限公司负责退换)